Reiner Albert

Außenpolitische Planung zwischen Vision und realem Möglichkeitsraum

Studien
zur Internationalen Sicherheit
und Strategieforschung

Band 2

LIT

Reiner Albert

Außenpolitische Planung zwischen Vision und realem Möglichkeitsraum

Woodrow Wilsons Theorieverständnis und Friedensplanung am Vorabend des 1. Weltkriegs

LIT

Die Deutsche Bibliothek – CIP-Einheitsaufnahme

Albert, Reiner
Außenpolitische Planung zwischen Vision und realem Möglichkeitsraum : Woodrow Wilsons Theorieverständnis und Friedensplanung am Vorabend des 1. Weltkriegs / Reiner Albert – Münster ; Hamburg : Lit 1993
(Studien zur Internationalen Sicherheit und Strategieforschung; Bd. 2.)
ISBN 3-89473-399-3

NE: GT

Dieckstr. 56 4400 Münster 0251 / 23 50 91
Hallerplatz 5 2000 Hamburg 13 040 / 446 446

INHALT

Außenpolitische Planung zwischen Vision und realem Möglichkeitsraum: Woodrow Wilsons Theorieverständnis und Friedensplanung am Vorabend des 1.Weltkrieges

I.Einleitung

> "Ich habe einmal Herrn Wilson bei seiner Wahl kennengelernt und zwei Wahlreden von ihm mitangehört, eine, die er in Boston im Tretmont Tempel, und eine, die er vor Deutsch-Amerikanern in New York hielt. Die Empfindung, die man damals von ihm hatte, als eines weltfremden Stubengelehrten, der die Welt draußen so ansieht, wie ein Chemiker auf seine Retorte blickt, trifft, glaube ich,vielleicht sein Bild am besten. Seltsam ist die graue Theorie, die ihn umgibt.Er kennt Europa nicht, aber er hält sich für berechtigt, es über die Staatsformen zu belehren,innerhalb deren seine Völker zu leben hätten. Er spricht von den Völkern, deren Schicksal von einer "kleinen Schicht einflußreicher Menschen" bewegt würde. Vielleicht denkt er dabei an die Vereinigten Staaten und an die Macht der Trustmagnaten, an die Macht der Leute, die dort die Wahlgelder für die Präsidentenwahl geben. Wenn er aber mit derartigen Äußerungen auf europäische Staaten oder auf uns hinzielt, dann war es schon damals nötig, ihm das Wort zuzurufen: Hände weg von unserem inneren Leben! " 1)

Mit dieser bildhaften Charakterisierung des 28.Präsidenten der Vereinigten Staaten stellte Gustav Stresemann in der Reichstagssitzung vom 1.März 1917 bedeutende Wesenselemente der Außen- und Weltpolitik Woodrow Wilsons heraus . Stresemann, der während der Weimarer Republik in den Jahren 1923-29 die überragende Persönlichkeit in der deutschen Außenpolitik darstellte, erkannte in den ersten weltpolitischen Schritten der neuen Großmacht USA die Verbindung zwischen außen- und innenpolitischer Interessenformulierung sowie die spezifisch Wilsonianische Methode einer unmittelbaren Umsetzung theoretischer Planungen in die politische Praxis. Stresemann war wie vielen anderen Zeitgenossen in den Jahren Wilsonscher Präsidentschaft klargeworden, daß in der Außenpolitik des 28.Präsidenten der USA ein mit Blick auf die internationale Staatenordnung immer stärker werdender, bewußt geplanter `Gestaltungswille` Formen annahm, der über das bis dahin bekannte Maß der Mitwirkung einer Großmacht in der Weltpolitik hinausging. Es war vor allem dieser Wille zu einer grundlegenden Neugestaltung, zu einer Verknüpfung von

innenpolitischen Wertvorstellungen und außenpolitischen Ordnungsplänen, der bei vielen Europäern Mißtrauen und Befürchtungen hervorrief.
Wilsons friedens- und ordnungspolitische Vorstellungen stellten nicht nur ein qualitatives Novum für die alte Staatenordnung dar, sie schienen auch unabsehbare Konsequenzen für die traditionellen zwischenstaatlichen und innerstaatlichen Machtstrukturen mit sich zu bringen .
Die spezifische Vorgehensweise Wilsons bei der Umsetzung theoretischer Planungen in die außenpolitische Praxis wird in eindrucksvoller Form von einem Theorieverständnis bestimmt, das dem theoretischen Planen auf dem Gebiete der internationalen Beziehungen einen weitaus höheren Stellenwert einräumt als den vorhandenen, historisch gewachsenen Strukturen und Realitäten. Wie das einleitende Zitat belegt, verglich Stresemann noch vor dem Kriegseintritt der USA [2] Wilsons Vorgehen mit dem Bild eines Chemikers [3]. Dieser Vergleich erweist sich als ebenso gelungen wie aussagekräftig. Der Chemiker vermag als eigenständig handelndes Subjekt - aufgrund seines Wissens und mit Hilfe der heutigen Techniken und Methoden - rational ein gewünschtes Objekt synthetisch 'herzustellen'. Eben diese Methode in der Vermittlung von rationaler (natur-)wissenschaftlicher Theorie und 'herzustellendender' Praxis übertrug der amerikanische Präsident auf die Sphäre der internationalen Beziehungen; zumal dieses methodische Vorgehen in der innenpolitischen Praxis der USA erfolgreich gewesen ist. Wichtige Aufschlüsse über das Theorie-Verständnis Woodrow Wilsons geben nicht nur seine friedenspolitischen Konzepte und Handlungen als Präsident der Vereinigten Staaten, sondern bereits seine wissenschaftlichen Arbeiten in der Zeit als Gelehrter in Princeton; in einer Zeit, die der amerikanische Historiker John M. Mulder als "Jahre der Vorbereitung" bezeichnet hat.[4] Ausgangspunkt für Wilsons Theorieverständnis ist das in zahlreichen Arbeiten des Hochschullehrers sichtbare Bekenntnis zur methodischen Grundhaltung einer aufgeklärten Rationalität, die die politische Theorie dem politischen Handeln voranzustellen sucht.[5]
Rechnet man das theoretische, voraussdenkende Planen in den Grundcharakter Wilsonscher und amerikanischer Politik mit ein, so tritt eine *Zweckrationalität* in den Handlungen Wilsons als US-

Präsident zutage, die sowohl das Streben nach einem auf amerikanischen Konzepten basierenden weltweiten Frieden als auch die gesellschaftspolitische und ökonomische Expansion seines Landes prinzipiell bestimmte. Die von Ernst Fraenkel geäußerte Auffassung scheint damit unhaltbar zu sein, daß die USA eine "Weltmacht wider Willen" sei [6] .Es ist vielmehr Hans-Ulrich Wehler [7] zuzustimmen, daß sich mit der Ausdehnung der "materiellen Interesssen" der Vereinigten Staaten ein Prozeß ideeller Vorbereitung und Rechtfertigung, des Vorausdenkens und Deutens aufs engste verband. Dieses Vorausdenken steht als Spezifikum der Politikformulierung der Neuzeit direkt mit einem zielgerichteten weltpolitischen Denken in Verbindung, wie insbesondere die Arbeiten Heinz Gollwitzers belegen.[8] So ist auch die oft zitierte Geschichtslosigkeit der USA , die vor allem den Beginn der Republik kennzeichnete, im Laufe der über 200 Jahre ihres Bestehens einem die politische Kultur und die Mentalität Nordamerikas prägenden , historisch gewordenen, eigenständigen Theorie-Praxis-Verständnis gewichen, das dem 'Vorausdenken' und seiner Vermittlung in die politische Praxis entspricht. Ein spezifisch amerikanischer Nationalcharakter hat sich einerseits aus Elementen der gemeinsamen Tradition mit Westeuropa, andererseits aber auch aus Elementen ergeben, die ihre Wurzeln in den geographischen, politisch-sozialen, ethnischen und historisch-gewachsenen Besonderheiten der USA haben . Auf der einen Seite ist ein gemeinsames Spezifikum mit den bürgerlich-revolutionären Bewegungen Europas des 18.Jahrhunderts gerade in jenem 'Herstellungsdenken' [9] der Theorievermittlung zu sehen. Auf der anderen Seite sind - trotz vieler transatlantischer Gemeinsamkeiten - spezifische Unterschiede in der amerikanischen und europäischen Entwicklung, vor allem auch mit Blick auf die Methoden der Umsetzung spätaufklärerischer Theorie in die politische Praxis, ausgehend von den Unterschieden in der Amerikanischen und der Französischen Revolution , zu erkennen. Die USA und die europäischen Staaten befanden sich in regional unterschiedlichen historisch-politischen Räumen, mit unterschiedlichen Nationalcharakteren. Eine Tatsache, die sich im besonderen Maße auf die Handhabung politischer Planungen auswirkte. Während die Vereinigten Staaten bei der Umsetzung ihrer 'Machbarkeits'-Philosophie auf historische und ethnische

Besonderheiten in ihrem Territorium zunächst keine Rücksicht zu nehmen hatten [10], mußten jene europäischen Staaten, die den Fortschritt der bürgerlichen Freiheiten auf ihre Fahnen schrieben, auf die geschichtlich gewachsenen politischen, ethnischen, geographischen und geistesgeschichlichen Eigenheiten achten, nicht zuletzt, um einen vernichtenden Bürgerkrieg zwischen Aristokratie und Bürgertum im 19.Jahrhundert zu vermeiden. Die historischen Rahmenbedingungen in Europa führten im Vergleich zu den USA entweder zu einem noch revolutionärereren Herstellungscharakter in der Politik [11], wie am Beispiel der Französischen Revolution zu erkennen war, oder zu einer gemäßigteren, d.h. an den vorhandenen politischen Strukturen angepaßten Umsetzung bürgerlicher Ideale, wie sie am Beispiel Englands [12] zum Ausdruck kam. [13]
Ein wesentliches Indiz für die Erreichung der Grenzen theoretischer Planung und ihrer Realisierungsmöglichkeit ist die Notwendigkeit eines erhöhten Mittelaufwandes, d.h. eines gesteigerten Einsatzes diplomatischer, militärischer und ökonomischer Mittel zur Erlangung des geplanten politischen Zieles. Es scheint, daß je höher der Grad an Entschlossenheit ist, eine entwickelte politische Theorie in all ihren kompromißlosen Auswirkungen in die Praxis umzusetzen, desto mehr wächst auch die Bereitschaft, Machtmittel anzuwenden. Je weiter man sich angesichts dieser Entschlossenheit von der realen Möglichkeit der Wirklichkeitsgestaltung entfernt, umso größer ist aber auch der Mittelaufwand ; das Mittel beherrscht den Zweck und verändert ihn. Der Einsatz der Mittel, der zur gewaltsamen Überwindung historisch gewachsener Strukuren und Wirklichkeitsphänomene benötigt wird, steht in keinem Verhältnis mehr zum politischen Zweck. Ein unverhältnismäßig hoher, immer stärker anwachsender Einsatz von Mittel ist Ausdruck einer in der historisch-politischen Praxis undurchführbaren unrealistischen und visionären Planung.
Politischer Zweck, politische Ziele und angewandte Mittel werden bei einer solchen Vorgehensweise nicht mehr als Einheit im Rahmen der realen politischen Gestaltungsmöglichkeiten gesehen; sie stehen in keinem wechselseitig ausgewogenen Verhältnis. Terror und allmähliches Scheitern der Politik sind gewissermaßen die gesetzmäßigen Folgen einer derart \`abenteuerlich\` konzipierten politischen Planung.
Aus diesen Überlegungen ergibt sich, daß man im Rahmen einer

umfassenden Betrachtung des Wilsonschen Theorieverständnisses auch den angewandten Mitteln in der politischen Praxis größte Aufmerksamkeit schenken muß. So stellen sich folgende Fragen: Inwieweit trifft eine Unverhältnismäßigkeit bei den außenpolitischen Mitteleinsätzen Wilsons zu? Welche Mittel wurden im einzelnen angewandt ? Waren sie überhaupt geeignet, zu einer realitätsgerechten Friedenssicherung beizutragen ?
Zusammengefaßt ist es das Ziel der vorliegenden Arbeit, vor dem Hintergrund der theoretischen und praktischen Wurzeln der amerikanischen Politikformulierung seit 1776 die dauerhaften und wesentlichen Faktoren der Außen- und Friedenspolitik Wilsons unter dem Aspekt des Theorieverständnisses, der `Vermittlungsmethode` und der angewandten Mittel herauszuarbeiten. Woodrow Wilsons Außen- und Friedenspolitik wird mit Blick auf die letztgenannten Aspekte in erster Linie unter sytematischen und methodischen und weniger unter chronologischen Kriterien untersucht. Es soll keine weitere detailgesättigte Darstellung den schon vorliegenden zahllosen Arbeiten zu Wilson, zum Ersten Weltkrieg oder zum Versailler-Frieden hinzugefügt werden. Vielmehr ist es die Absicht der vorliegenden Analyse, eine mit Blick auf das Theorieverständnis problemorientierte Deutung der Außen- und Friedenspolitik Wilsons im Gesamtzusammenhang mit der politischen Kultur der USA vorzunehmen. Hierbei wird von einer gewissen Kontinuität sowohl in der politischen Theorie und Praxis der USA als auch im Verhältnis von theoretischer Anleitung und praktischer Handlung seit der Amerikanischen Revolution ausgegangen . Trotz der zahllosen Veröffentlichungen zur amerikanischen, insbesondere zur Wilsonschen Außenpolitik mangelt es an Beiträgen, die auf der Grundlage eines ausgearbeiteten, methodisch nachvollziehbaren Analysekonzeptes die durch quellenkritische Untersuchungen gewonnenen Erkenntnisse in einen problemorientierten, systematischen Gesamtzusammenhang mit der politischen Theorie und Praxis seit der "Atlantischen Revolution" [14] einordnen können. Die Beschäftigung mit den traditionellen `Schulen` und Interpretationsmustern amerikanischer Außenpolitik macht darüber hinaus deutlich, daß die herkömmlichen Begriffe wie Idealismus/Realismus oder Internationalismus/ Isolationismus längst nicht mehr ausreichend sind.[15]

Bei der Untersuchung der theoretischen Grundlagen Woodrow Wilsons soll jedoch auf die unterschiedlichen Ansätze und `Schulen` der Theorie Internationaler Beziehungen weniger eingegangen werden. Aktuelle Probleme der Theorie Internationaler Beziehungen oder der historischen Friedensforschung sind nicht Gegenstand der vorliegenden Untersuchung; dies schließt nicht aus , daß die Ergebnisse der vorliegenden Arbeit zur weiteren Diskussion auf dem Felde der Theorie Internationaler Beziehungen oder der historischen Friedensforschung herangezogen werden können.
Primär soll der Frage nachgegangen werden, welchen Stellenwert die Anpassungsfähigkeit von politischer Planung an die Möglichkeiten der historisch-politischen Praxis grundsätzlich einnimmt.
Am weitesten vorangeschritten in der theoretischen Untersuchung Wilsonscher Außenpolitik scheint der amerikanische Historiker Lloyd Ambrosius zu sein, der die Notwendigkeit neuer Untersuchungskriterien herausstellt. Ambrosius hat mit seinen Interpretationskriterien "Interdependenz" und "Pluralität" jedoch zu wenig den metatheoretischen und ideengeschichtlichen Zusammenhang von politischer Philosophie/Theorie und politischer Praxis, von politischem Zweck und angewandten Mitteln berücksichtigt. [16)]
Hinsichtlich der Außenpolitik Woodrow Wilsons läßt sich feststellen, daß die verbale Zweckformulierung der Wahl der Mittel nur bedingt entspricht. Betrachtet man den politischen Zweck im Zusammenhang mit den Zielen und den Mitteln amerikanischer Außenpolitik, so kommt trotz vieler Einschränkungen ein gemäßigtes, aber dennoch revolutionäres Wesen zum Ausdruck, das für die Analyse der Interessensäußerungen der Supermacht USA von größtem Interesse ist. Wenn man der Grundbedingung, die politischen Zwecke Wilsonscher Außenpolitik, ihre Ziele und Mittel im Gesamtzusammenhang zu untersuchen, nicht folgt, ist eine realistische Beurteilung der Vereinigten Staaten bereits im Ansatz unmöglich. Diese Feststellung kann mit der teilweise einseitigen Wahrnehmung des politischen Charakters der USA in der Forschung belegt werden. Entweder konstatiert man, wie am Beispiel der revisionistischen amerikanischen Geschichtsschreibung zu sehen ist, ein dämonologisches, von wirtschaftlichen Machtinteressen geprägtes Wesen der USA [17)], oder ein im Sinne der menschlichen Freiheit gelungenes "Experiment des Fortschritts" [18)]. Beide

Richtungen der Historiographie decken nur Teilbereiche der Ganzheit des politischen Charakters der USA ab : die erste Richtung setzt die Mittelwahl mit der Zweckformulierung gleich, die zweite berücksichtigt nicht hinreichend die Mittelebene amerikanischer Politikformulierung. Mit anderen Worten: während die revisionistische Geschichtsschreibung nur die machtpolitischen und vor allem die wirtschaftlichen Mittel untersucht, beziehen sich Autoren wie Margaritha Mathiopoulos auf die politische Zweckebene, die ideengeschichtlich von der bürgerlich-liberalen Forderung nach Menschenrechten und individueller Freiheit abgeleitet wird. Obwohl sie in ihren Untersuchungsergebnissen durchaus auch auf richtige Teilaussagen stoßen, bleiben ihre Analysen unvollständig, weil die Vernachlässigung nur einer Grundebene des Theorie-Praxis- Verhältnisses zu fehlerhaften Forschungsergebnissen des Gesamtcharakters der USA führt . 19)
Aus diesen Gründen soll hier der Versuch unternommen werden, mit Hilfe einer der Wilsonanalyse vorangestellten, in die wissenschaftliche Debatte neu eingebrachten Untersuchungskategorie zu einer möglichst realitätsgerechten Beurteilung Wilsonscher Außen- und Friedenspolitik zu gelangen. Diese neue Untersuchungskategorie wird in der vorliegenden Untersuchung mit der Formel \`historischer Möglichkeitsraum\` zusammengefaßt. Der \`historische Möglichkeitsraum\` soll die ideengeschichtlichen und erkenntnistheoretischen Wurzeln sowohl der Außen- und Friedenspolitik Woodrow Wilsons als auch der internationalen Beziehungen behandeln. Aus diesem zweifachen Zugang soll sich ergeben, inwieweit im historischen Möglichkeitsraum - d.h. in den historisch-politischen und ideengeschichtlich-kulturellen Gegebenheiten amerikanischer Politikformulierung - Übereinstimmungen bzw. Diskrepanzen zu den strukturell vorgegebenen Prämissen der internationalen Beziehungen feststellbar sind. Ob und wie ggf. Unterschiede bei der friedenspolitischen Planung Wilsons Berücksichtigung fanden.
Als Leitfaden der vorliegenden Untersuchung soll aus dieser Fragestellung heraus die Hauptthese formuliert werden.
Diese Hauptthese steht in einem unmittelbaren Wechselbezug mit der vorliegenden Forschung, vor allem auch mit jener Literatur, die sich mit der Bedeutung und Wirkungsgeschichte Wilsonscher Friedensplanung beschäftigt . Deshalb ist es angebracht, neben

den bereits erwähnten Forschungsrichtungen noch einige der wichtigsten Forschungsarbeiten und Quellensammlungen überblickhaft vorzustellen.
Sowohl die Literatur als auch die Quellen zu den zu behandelnden Themenbereichen sind fast unüberschaubar geworden. Eine Fülle an Untersuchungen und an veröffentlichten Quellen - vor allem zum Bereich des Charakters amerikanischer Außenpolitik, zur Haltung der USA gegenüber der internationalen Friedensfrage im 20.Jahrhundert, zur Problematik des Versailler Friedens und des Völkerbundes und schließlich zur Rolle Woodrow Wilsons in der Weltpolitik - bringt die Komplexität dieses Themas zum Ausdruck. Die wohl mit Abstand ausführlichste, genaueste und umfangreichste Quellensammlung stellen die von Arthur S. Link, John W.Davidson, David Hirst und John Little herausgegebenen "Papers of Woodrow Wilson" dar.[20] Erst 1966 erschienen die ersten Bände des gesamten Privatnachlasses Woodrow Wilsons, mehr als vierzig Jahre nachdem Ray Stannard Baker die "Public Papers of Woodrow Wilson" herausgebracht hatte.[21] Die vom Wilson Biographen Link herausgegebenen "Wilson Papers" beginnen mit dem Band I in den Jahren 1856 - 1880. Die Edition hat inzwischen das Jahr 1920 (Band 65) erreicht. Die Bände 1 - 26 behandeln überwiegend die Jugend, das Studium, Wilsons Jahre als Princeton Professor und als angehender Politiker. Mit dem 27.Band der Edition rückt die Quellensammlung in den Rang von "Presidential Papers" auf. Neben den schriftlichen Zeugnissen Wilsons gewinnen in der Quellenedition mehr und mehr die Berichte von Augenzeugen seiner Tätigkeit als Parteiführer und letztlich als Präsident der Vereinigten Staaten an Bedeutung. [22]
Wie die meisten Quellen deutlich machen, scheint es, daß sich der \`eigentliche Wilson\` neben seinen wissenschaftlichen Arbeiten erst in persönlichen Gesprächen, im Kreis seiner engsten Berater offenbarte.[23] Zweifellos stellen die \`Wilson-Papers\` die grundlegende Quellensammlung für jede Wilsonanalyse dar. Für die vorliegende Untersuchung bedeutet dies, daß die Wilson-Papers sowohl für die Untersuchung des Wilsonschen Theorieverständnisses, das durch viele seiner wissenschaftlichen Aufsätze dokumentiert wird, als auch für die Mexiko- und internationale Friedenspolitik heranzuziehen sind. Trotz der großen Vorteile der Wilson Papers sind auch die übrigen bisher erschienen Quellensammlungen von

Bedeutung, da sie teilweise über den momentanen Stand der Wilson Papers hinausgehen und für die Sichtung und Bearbeitung durch die kleinere Auswahl an Dokumenten systematischer und problemorientierter zu handhaben sind. Beispielhaft für eine systematische Quellensammlung sind die von Baker, dem Vertrauten und Pressechef Wilsons in Versailles, herausgegebenen "Public Papers of Woodrow Wilson" . Baker hatte zuvor die erste Dokumentensammlung "Woodrow Wilson . Life and Letters" 24) veröffentlicht und galt damit als Pionier der Wilsonforschung.25) Mit Blick auf die wichtigsten Wilsonbiographien sind neben Baker, dem lange Jahre als allein authorisierter Biograph der Zugang zu den Papieren Wilsons vorbehalten war, einige andere Autoren besonders hervorzuheben. Eine herausragende Stellung nimmt vor allem Arthur Stanley Link ein; seine fünf Bände über das Wirken Wilsons wurden zur Grundlage der Wilsonforschung.26) Wissenschaftler wie Arthur Walworth und Robert Ferrel 27) kommen in ihrer langjährigen Forschungsarbeit immer wieder auf die Amtszeit des 28. Präsidenten der USA zurück. Zu diesem Kreis der Wilsonforscher ist auch Klaus Schwabe zu zählen .28) Zieht man die Arbeiten von Gordon Levin, Arno J.Mayer, Lloyd Ambrosius, Kendrick A.Clements und Erich Angermann 29) hinzu, so sind die bedeutendsten Autoren, die sich bis heute ausgiebig mit Woodrow Wilson beschäftigt haben, genannt. Sie bilden die Grundlage jeder Untersuchung zu diesem Themenbereich.

Zusammenfassend folgt aus dem inhaltlichen Studium dieser Literatur, daß trotz der zum Teil gutgemeinten ideellen Absichten Wilsons, ein friedliches Zusammenleben aller Völker zu erreichen, seine Politik für die zwischenstaatlichen Beziehungen eher zum Problem wurde. Eine Folge, die sich sowohl aus dem eigenständigen Charakter der politischen Kultur Amerikas als auch aus der komplexen Beschaffenheit der internationalen Beziehungen ergab. Die USA waren seit Beginn unseres Jahrhunderts aus einer Randposition zu einer wirtschaftlichen und politischen Großmacht und Führungsmacht innerhalb der internationalen Beziehungen aufgestiegen und haben die Bedingungen des weltweiten Friedens immer stärker als ein Hauptakteur mitbestimmt 30). Die entscheidende Entwicklung zu einer Weltmacht zeichnete sich mit der Beendigung des Bürgerkrieges am Ende des 19.Jahrhunderts ab, als die Vereinigten Staaten an die Grenzen ihrer nordamerikanischen Expansion gelangt waren. Der Bereich des `Frontiers`, wie der amerikanische Historiker Frederick Jackson Turner den freiheitsliebenden, vom Pioniergeist geprägten Amerikaner bezeichnete, dehnte sich nun endgültig wirtschaftlich und politisch angesichts der ennormen Ressourcen und materiellen wie ideellen Kräfteverhältnisse weltweit aus.Damit erfuhren auch die nationalstaatlichen Interessen der USA eine auf die übrige Welt angewandte Erweiterung. Angesichts ihrer lange im Verborgenen gebliebenen, aber seit Beginn unseres Jahrhunderts rasch ansteigenden Stärke waren die USA dazu gezwungen, ihre außen- und sicherheitspolitischen Möglichkeiten neu zu überdenken, da diese im Gegensatz zur inneramerikanischen Ausdehnung von nun an von anderen Mitgliedern der internationalen Beziehungen, mit anderen innenpolitischen sozioökonomischen Verfaßtheiten, mitbestimmt und begrenzt wurden. Der geographische Raum, innerhalb dessen sich die USA engagierten, erweiterte sich einerseits, andererseits engte dieses neue weltpolitische Betätigungsfeld auch die bislang gewohnten theoretischen und praktischen Möglichkeiten des politischen Handelns und Gestaltens ein. Als erster Schritt auf die Bühne der Weltpolitik wird gemeinhin der Kriegseintritt Amerikas am 6.April 1917 gewertet, wobei dieses Ereignis keineswegs die ersten weltpolitischen Aktivitäten der neuen Großmacht USA darstellte. Der Kriegseintritt war jedoch der

> "folgerichtige Abschluß einer Entwicklung von mehreren Jahrzehnten, in deren Verlauf Amerika immer stärker in das weltpolitische Kräftespiel hineingewachsen war" 31) .

Bereits vor der Amtsübernahme Wilsons im Jahre 1913 machten die USA im Prozeß des `Hineinwachsens` in die Weltpolitik neue Formen ihrer internationalen Interessenwahrung deutlich, die in einem engen Zusammenhang mit dem bisherigen Tätigkeitsraum ihrer liberal-demokratischen, kapitalistischen Innenpolitik standen. So wurde, fast folgerichtig, die von Präsident Wilson 1917/18 propagierte Realisierung eines "liberalen Modells" [32)] der internationalen Friedenssicherung, das starke inneramerikanische Bezüge enthielt, geradezu zum eigentlichen Kriegsziel der USA erhoben.[33)] Damit trat auch eine neue Form der Friedenssicherung in den Vordergrund, die die Forderung stellte, nicht nur dem Krieg zwischen Staaten, sondern auch dem innerstaatlichen Bürgerkrieg in seinen gesellschaftlichen und ökonomischen Erscheinungsformen ein Ende zu setzen. Man betrachtete damit die Gewaltmittel in der

Politik nicht mehr nur wie bisher auf der zwischenstaatlichen Ebene; vielmehr war das allgemeine Bewußtsein dahin gehend geschärft worden, daß es neben dem offenen bewaffneten Konflikt auch latente, oft nicht sichtbare Unterdrückung gab. Neue rechtliche und moralische Elemente (wie demokratische Menschenrechte oder Sozialismus) wurden zur Verurteilung von Gewalt herangezogen. Diese Verurteilung wurde erst dann "politisch legitim", wenn sie die verborgene Gewalt mit einbezog [34]. Ein universales Friedenskonzept, wie es Wilson mit Hilfe bereits vorhandener bürgerlich-liberaler Vorstellungen wie "Weltfrieden durch Freihandel","Frieden durch Weltstaat" und "Frieden durch Demokratie" [35] vertrat, begreift den direkten Zusammenhang von innenpolitischen, d.h. sozioökonomischen Lebensbedingungen und einem dauerhaften Frieden. Es wird ein Zustand angestrebt, in dem weder manifeste noch latente Gewalt existieren. Diese Vorstellungen von der `Einen Welt` in Frieden, die die globale Erweiterung der politischen Kultur der USA und deren Lebensstil de facto bedeutet hätte, entsprachen den grundlegenden Bedürfnissen der Amerikaner. Wilson-Biograph Kendrick Clements schreibt hierzu:

> "He asserted American world leadership and proclaimed support for international organization, orderly change,antiimperialism, arms reduction, and freedom of international trade. Presidents Herbert Hoover, Franklin D.Roosevelt, and Richard Nixon all identified themselves as "Wilsonians",thus testifying to the enduring importance of Wilson's ideas... Some critics charge he sought to create an "open door empire" of American political influence and economic profit. Others accuse him of being an impractical idealist whose vision of global order nourished America's "illusiion of omnipotence" and led to a dangerous overextension of American power. Both critics and admirers agree that Wilsonian policies reflected deep American desires that are still vital engines of foreign policy." 36)

Während des ganzen 20. Jahrhunderts blieb Wilsons Theorie als "Wilsonianismus" und ihre Bestandteile, wie die Forderung nach weltweiter Demokratie, weltweitem Freihandel und globaler Erfüllung der Menschenrechte, im Mittelpunkt amerikanischer Außenpolitik.[37] Sein Bestreben war eine Neuordnung der Welt. Wilson meinte, wie viele amerikanische Politiker vor, mit und nach ihm [38], daß die oft brutale Anarchie im internationalen Gefüge und das Kräftegleichgewicht [39] durch eine an ordentliche Prozesse und allgemeine Werte gebundene internationale Organisation abgelöst werden könnten. In dieser die internationale Ordnung bestimmenden Rolle würden die USA erst zu ihrer wahren Identität kommen. [40] Woodrow Wilsons zählt wegen seines bis heute andauernden Einflusses auf die Außenpolitik der Vereinigten Staaten zu den wichtigsten Präsidenten unseres Jahrhunderts. Er ist für die Formulierung eines weltpolitischen Friedenskonzeptes unter Einwirkung der `modernen` Politik von welthistorischer Bedeutung, da er als erster amerikanischer Staatsmann angesichts der Kräfteverhältnisse seines Landes, vor allem seiner wirtschaftlichen Stärke, für eine internationale Friedensgestaltung die Verantwortung bewußt und aktiv übernehmen und seine auf dem Hintergrund dieses neuzeitlich weltpolitisch geprägten Denkens ausgearbeitete und vorausgeplante Theorie auf den Bereich der zwischenstaatlichen Beziehungen übertragen wollte. Wilsons liberales Friedenskonzept setzte sich aus einer Kombination von demokratischen, freihändlerischen und weltstaatlichen Komponenten zusammen. Diese Zusammensetzung war u.a. das Ergebnis einer von Wilson eingesetzten Fachkommission, der "Inquiry" [41], die die wissenschaftlich herausgearbeiteten, theoretischen Grundlagen für eine Konzeption des weltweiten Friedens nach dem Ersten Weltkrieg legen sollte. Die drei genannten Hauptbestandteile Wilsonscher Friedenskonzeption wurden für eine breite Öffentlichkeit vor allem in Wilsons Rede zum Kriegseintritt 1917, in den "Vierzehn Punkten" vom Januar 1918 und in den "Vier Punkten" vom Juli 1918 deutlich. [42] Das geplante Wilson-Programm umfaßte die Abschaffung formaler Monarchien, die Ablehnung revolutionärer Umstürze, die Durchsetzung demokratischer Freiheiten und Menschenrechte, eine Abrüstung, den Glauben an eine "aufgeklärte öffentliche Meinung" , eine Weltwirtschaft der "Offenen Tür" und die Schaffung eines Völkerbundes. Wilsons Konzept von einem weltweit neugestalteten Frieden war sowohl gegen die traditionellen sicherheitspolitischen Ansätze gerichtet, als auch gegen Lenin, den revolutionären Herausforderer der liberal-kapitalistischen Staaten.[43] Es war die Vision einer globalen Ordnung jenseits von europäisch geprägter Machtpolitik,

> "die durch offenen Welthandel und durch Kooperation der Staaten auf der Basis des Völkerrechts, durch demokratische Herrschafts- und Lebensformen und durch internationale kapitalistische Handelsbeziehungen (Politik der offenen Tür) charakterisiert sein sollte." 44)

In der Friedenssicherung durch Freihandel sieht Gottfried Niedhart [45] das Kernstück des liberalen Modells . Ausgehend von den Vorstellungen liberaler Ökonomen wie Adam Smith, der eine Binnen- und Weltwirtschaft forderte, die nur einen Regulator kenne, nämlich den freien Markt, entwickelte sich eine Theorie, deren Überzeugung es war, daß , wenn die Regierungen sich nicht in die freie Wirtschaft einmischen würden, sich ein Interessen- und Konfliktausgleich im Rahmen eines `Interdependenzsystems` von selbst herstellen würde. Ungehinderter Handel würde sowohl zwischen Individuen als auch zwischen Nationen friedensstiftend wirken. Jeder Krieg würde somit nur die liberalen, weltwirtschaftlichen Verflechtungen stören und niemandem einen Vorteil bringen. Es war darüber hinaus die Meinung Adam Smith's, der wesentliche Grundlagen des liberalen Friedensmodells legte, daß der Freihandel auf diesem Wege von selbst zu einem Machtausgleich und damit zu einer Gleichberechtigung und Respektierung der Rechte aller Völker führe. Er glaubte damit die Abschaffung von Kriegen überhaupt zu erreichen.[46]
Die amerikanische Spielart dieses liberalen Friedensmodells entwickelte diese Gedanken weiter. Aus einer in vielen Phasen eschatologisch bestimmten Motivation heraus wurde das Freihandelskonzept mit dem amerikanischen Streben nach einer Verwirklichung des "Friedens durch Demokratisierung" verbunden. Wilson vertrat die Auffassung, daß der Weltfrieden [47] gerade durch die hohe Friedensfähigkeit von Demokratien [48] zu sichern sei. Der amerikanische Präsident wollte seiner Außen-, Friedens- und weltweit angelegten Sicherheitspolitikpolitik den Charakter einer endgültigen Problemlösung geben. [49] Mehrfach verweist Wilson dabei auf die der amerikanischen Nation zufallenden weltpolitischen Rolle und Verantwortung für den Frieden. Hier kommt das klassische Sendungsbewußtsein der USA zum Ausdruck, das sich in idealistisch-religiöser Denkart und Sprache artikuliert und deutliche Anklänge an den Mythos des "auserwählten Volkes" spüren läßt. [50] Woodrow Wilson , dessen Handeln und Denken der Biograph Klaus Schwabe in der Diskrepanz zwischen Puritanismus und

Liberalismus sieht, steht hierbei in direkter Beziehung zu säkularisierten Formen der christlich-abendländischen Kultur und Politikformulierung.

> "Politik war für ihn ...eine Sache der Moral und ließ sich insofern von der Sphäre der Religion nicht trennen". 51)

Die religiösen Wurzeln geben neben den wirtschaftlich motivierten Einflüssen wichtige Aufschlüsse über die Beschaffenheit Wilsonscher Interessensformulierung und den Zusammenhang zwischen bürgerlich-revolutionären Ideal- und Wertvorstellungen und christlicher, insbesondere protestantischer Weltanschauung. [52)] Das Schlagwort "make the world safe for democracy" diente als Bindemittel von nationaler und internationalen Komponente dieser Politik.[53)] Wilson glaubte für die gesamte Menschheit zu sprechen und nicht nur für sein eigenes Volk. Dieser Grundtenor amerikanischer Außenpolitik wird bis zum heutigen Tage von vielen Kritikern des moralischen Sendungsbewußtseins der USA mißbilligt, da er als immer noch wirksamer Charakterzug große Probleme für eine rationale Friedenssicherung mit sich bringt. Der Friedenssicherungsprozeß wird zusätzlich zu den traditionellen Konfliktfaktoren noch erschwert.[54)] Als Friedensziele waren Wilsons Forderungen nicht nur neu, sondern revolutionär, da sie die traditionellen Organisationsformen der Weltpolitik wie das Mächtegleichgewicht und die Bündnispolitik verändern, wenn nicht vollkommen abschaffen sollten. [55)] Im Gegensatz zur Welt- und Friedenspolitik der europäischen Großmächte, dem Convenance-Denken des sogenannten Europäischen Konzerts [56)], ist bei Wilson keine grundsätzliche Zustimmung zur ordnungspolitischen Form der internationalen Beziehungen des beginnenden 20.Jahrhunderts mehr zu erkennen. Für Wilson stand das internationale System selbst zur Diskussion. Eine Alternative sah der amerikanische Präsident in seiner friedenspolitischen Konzeption jener \`Einen Welt\`, die von den USA und ihrem System angeführt werden sollte. Als eine Variante des Weltstaats- Gedankens [57)] sah Wilson im Rahmen seines liberalen Friedenskonzeptes einen Völkerbund vor, in dem es innerhalb einer demokratisch-liberal- kapitalistisch geprägten \`Einen Welt\`, einer bürgerlichen \`Friedensgemeinschaft\`, keine Machtpolitik und Kriege mehr geben würde. [58)] Die traditionelle Außenpolitik der bislang souveränen Staaten sollten nach und nach einer \`Weltinnenpolitik\` weichen und die Sicherheitsfragen der einzelnen Länder würden kollektiv gelöst werden. 59) Prinzipielle Bedingung zur Erreichung eines solches Weltstaates wäre, daß die

> "in Frage stehenden Staaten auf die Ausdehnung und Stärkung ihres Einflusses außerhalb ihrer Grenzen verzichteten, daß sie den einmal gegebenen internationalen Zustand -juristisch, machtpolitisch, wirtschaftlich - grundsätzlich beibehalten wollten, mit andern Worten, daß sie es aufgeben würden, Großmachtpolitik zu treiben" 60)

Über den instrumentalen Charakter zur Statussicherung der USA hinaus kommt dem Völkerbund eine faktische Bedeutung (z.B. durch ein ausgearbeitetes Völkerrecht, das eine gegenseitige Anerkennung der Staaten bewirken könnte) zur friedlichen, d.h. nichtkriegerischen Lösung von Konflikten innerhalb der Staatengemeinschaft zu, die bei einer Beteiligung der USA einen Fortschritt in der Friedenssicherung dargestellt hätte, wie viele Untersuchungen zur internationalen Ordnung der Zwischenkriegszeit deutlich machen 61). Diese Bedeutung liegt sicherlich in der heute,d.h. am Ende des 20.Jahrhunderts, feststellbaren Tendenz gemeinsamer Interessen der internationalen Staatengesellschaft und ihrer wechselseitigen Interdependenzen sowie in der Möglichkeit einer Integrationsfunktion für eine "homogenenere" 62) internationale Ordnung. Für die vorliegende Untersuchung ist jedoch von Bedeutung, ob Wilson diese Tendenz zu Beginn unseres Jahrhunderts nicht überbewertet, d.h. angesichts der mannigfachen Interessensformulierungen der Nationalstaaten in ihrer Verifikations-Möglichkeit falsch beurteilt hat. Hinzu kommt die Tatsache, daß im Sinne der Wilsonschen Vorstellungen die inhaltliche Beschaffenheit des geplanten Völkerbundes im wesentlichen Ausdruck des spezifisch amerikanischen nationalen Interesses war. Nur eine gemäßigtere Wahrnehmung des eigenen Großmachtstatus im Sinne von Werner Links "Ausgleich der strukturellen Asymmetrien" 63) zugunsten einer allgemeinen "Kooperation" in der Staatenwelt wäre ein erster theoretischer und praktischer Schritt zur Erfüllung dieser Weltstaatsidee und damit des liberalen Friedensmodells gewesen. 64) Eine Herstellung, d.h. die mehr oder weniger direkte Umsetzung des liberalen Modells, wäre somit auf eine konkrete, historisch entfaltete Möglichkeit gestoßen, und die Realisierung des Friedenskonzeptes wäre in der Praxis nicht nur nach den Kriterien der formalen Logik denkbar gewesen. Damit hängen die historischen Möglichkeiten der Herstellung dieser weltweit angelegten Wilsonschen

Friedenskonzepte auch mit der Frage zusammen, inwieweit die Vereinigten Staaten unter der Präsidentschaft Wilsons selbst dem hohen Anspruch auf Verzicht machtpolitischer Mittel entsprochen haben, und wie der amerikanische Präsident die Großmachtpolitik seines Landes begriff?
Würden nämlich die USA als beispielgebende Nation ihren eigenen Anforderungen nicht entsprechen, so wäre schon hier der Herstellung des weltweiten liberalen Friedens der konkrete historische Boden respektive der Möglichkeitsraum entzogen .
Nicht zuletzt aus diesen Überlegungen und aus den von der Wilsonforschung abgeleiteten Fragestellungen und Erkenntnissen ergibt sich folgende These, die im Mittelpunkt der weiteren Untersuchung steht: Wesentliche Gründe für Wilsons Handhabung der internationalen Politik und Friedenssicherung scheinen vor allem in einem unagemessenen Theorieverständnis und in einem zu gering reflektierten Einsatz machtstaatlicher Mittel zu liegen. Woodrow Wilson hatte ein sich seit der Unabhängigkeitsbewegung der USA gebildetes Verständnis einer direkten Umsetzung friedenspolitischer Pläne in die politische Praxis zum Prinzip. Aus diesem methodischen Grundverständnis entwickelte sich eine revolutionäre, die Wurzeln der traditionellen internationalen Beziehungen unmittelbar angreifende Außenpolitik. [65)]
Der von historisch-kulturellen und geographischen Faktoren einzigartig bestimmte Raum USA, in dem fast unbegrenzte Möglichkeiten der freiheitlich-demokratischen Gestaltung möglich waren, bestimmte hierbei wesentlich das amerikanische Verständnis von der Umsetzung politischer Planungen in die politische Praxis; die Umsetzung theoretischer Planungen und die Notwendigkeit einer historischen Praxisnähe stellten kein wesentliches Problem dar. Bei der Planung außen- und friedenspolitischer Konzepte stieß man jedoch an die Grenzen amerikanischer Gestaltungsmöglichkeiten, nicht zuletzt, weil in der Außen- und Weltpolitik andere Bedingungen der theoretischen Planung zu beachten waren.So setzte Wilson gewissermaßen zwangsläufig - aufgrund des nur gering entwickelten amerikanischen Theorieverständnisses auf dem Gebiete der Außen, Welt- und Sicherheitspolitik - voraus, daß die Möglichkeiten der politischen Gestaltung in den unterschiedlichen geographisch und historisch-politisch bestimmten Räumen gleich wären. Er übertrug gewissermaßen den `historisch-politischen

Möglichkeitsraum` der Vereinigten Staaten auf den gesamten Bereich der internationalen Beziehungen. Mit anderen Worten: Wilson hatte die Vorstellung, einen neuen Möglichkeitsraum 'internationale Beziehungen ' unter inneramerikanischen, bürgerlich-liberalen Vorzeichen unvermittelt `herstellen` zu können. Metatheoretisch betrachtet sind diese direkten Umsetzungversuche des amerikanischen Präsidenten Ausdruck einer die historischen Gegebenheiten wenig berücksichtigenden ***Ungeduld***. Es tritt hierbei offen zutage, daß Wilsons Wahrnehmung von den Möglichkeiten friedenspolitischer Planungen und seine Perzeption der anderen, am internationalen Geschehen mitwirkenden Subjekte unmittelbar von seiner zu gering ausgeprägten metatheoretischen Betrachtungsfähigkeit abhingen.

Ausgehend von dieser These würden die Gründe des Scheiterns der zwischenstaatlichen Ordnung nach 1918 nicht nur in der ereignisgeschichtlichen Problematik der Versailler Friedensverhandlungen, der inneramerikanischen Auseinandersetzung um den Beitritt zum Völkerbund und der politischen Praxis der Nachkriegszeit liegen, sondern auch in den metatheoretisch unzureichenden und unangepaßten außen- und weltpolitischen Planungen . Angesichts der Schwächen im Wilsonschen Theorieverständnis ist die von Baker bereits 1922 beschriebene "furchtbare Zwangslage",in der sich Wilson in und nach Versailles befand , dem politischen Planen des amerikanischen Präsidenten selbst zu einem wesentlichen Teil zuzuschreiben.[66)]

Um diese Thesen zu überprüfen, müssen wir unsere Aufmerksamkeit vor allem auf die folgende Frage richten: In welchem Maße hat Wilson sowohl in seinem Theorieverständnis als auch in seiner praktischen Außenpolitik noch der internationalen Lage und ihren regional unterschiedlichen historischen, ethnischen und geistesgeschichtlichen Grundlagen entsprochen ?

Zur Beantwortung dieser Frage werden sowohl Wilsons theoretische Arbeiten als Princeton-Professor, als auch die ersten außenpolitischen Schritte des Präsidenten der Jahre 1913/14 , insbesondere seine Mexikopolitik, im zweiten Hauptteil der vorliegenden Arbeit untersucht. Sein Theorieverständnis als Gelehrter wird hierbei in direktem Zusammenhang mit der Tätigkeit als Präsident gesehen, so daß innerhalb dieses zweiten Hauptteiles sowohl das ***planerische*** als auch das ***praktische*** Theorieverständnis verdeutlicht werden soll. Bereits die amerikanische **Mexikopolitik** der Jahre 1913/14 entsprach in ihren Grundsätzen den "ideellen und materiellen" 67) Interessen Wilsonscher Außenpolitik, obwohl die Konzepte des liberalen Friedensmodells in diesen Jahren noch nicht für die Weltöffentlichkeit als Alternative zur Diskussion standen. In der Mexikopolitik traf - wie auch in der Weltpolitik der Jahre 1918/19 - das Problem amerikanischer Interessenwahrung und Friedenssicherung unmittelbar mit dem aktiven außenpoltischen Gestaltungswillen und den Schwächen der `Herstellungsmethode` der USA aufeinander. 68)

Der allgemeinere erste Hauptteil soll für diese Analyse die methodische Grundlage bieten. Mit Hilfe der bereits angesprochenen Untersuchungskategorie `historischer Möglichkeitsraum` werden im zweiten Hauptteil die relevanten historisch-kulturellen Hintergründe und Antriebskräfte des amerikanischen und Wilsonschen Theorieverständnisses herausgearbeitet und den strukturell vorgegebenen Gestaltungsmöglichkeiten der internationalen Politik gegenübergestellt. Im dritten Hauptteil wird das Theorieverständnis des 28.Präsidenten der USA anhand der wissenschaftlichen Arbeiten des Princeton-Professors und anhand der konkreten amerikanischen Mexiko-Politik der Jahre 1913/14 beleuchtet. Den drei Hauptteilen schließt sich ein resümierendes Schlußkapitel an. 69)

I. Der historische Möglichkeitsraum als Grundlage der Wilsonanalyse

0. Einführung in die erkenntnistheoretische Problemstellung

Gründe für eine neue Untersuchungskategorie

Lange Zeit wurde Woodrow Wilsons Außen- und Friedenspolitik in der Historiographie mit den sich gegenseitig abgrenzenden Untersuchungskriterien Idealismus und Realismus zu interpretieren versucht. Gerade die neuere Forschung zu Wilson ,und hier insbesondere die Arbeiten von Lloyd Ambrosius [1], machen deutlich, daß eine solche scharfe Abgrenzung innerhalb der politischen Kultur der USA nicht möglich ist. Ambrosius stellt fest, daß die Politik Wilsons nicht in den üblichen Kategorien von Idealismus oder Realismus , Konservatismus oder Progressivismus , Isolationismus oder Internationalismus zu untersuchen ist, sondern daß sowohl die Gemeinsamkeiten als auch die Gegensätze in der politischen Kultur der USA wichtige Erkenntnisse über Wilsons Politik geben. Bereits Klaus Schwabe betonte in seinem aufschlußreichen Beitrag zu Wilsons Außenpolitik [2], daß Wilson in Versailles zu einer Politik praktischer Verantwortung gefunden hatte, die das idealistische Moment in die Praxis der amerikanischen Außenpolitik und in die internationalen Beziehungen einzuordnen vermochte. Arthur S. Link sieht in der von liberalen Ideen geprägten Außen- und Weltpolitik Wilsons sogar einen "higher realism".[3] Ambrosius geht in seiner Beurteilung über diese Feststellung Links und Schwabes hinaus. Er kritisiert vor allem die von Wilson selbst eingeführten und von allen Richtungen der amerikanischen Geschichtsschreibung akzeptierten "categories". Diese Untersuchungskategorien , die auf dem erkenntnisleitenden Ansatz einer scharfen Trennung der politischen Interessen von Demokraten und Republikanern beruhen, erscheinen Ambrosius für die Wilsonanalyse unangemessen.Ambrosius arbeitet im Gegensatz zur bisherigen Forschung heraus, daß es hinsichtlich der außenpolitischen Interessensformulierung größere Gemeinsamkeiten unter den amerikanischen Parteien gab.Ausgehend von dieser

Feststellung benutzt Ambrosius einen eigenständigen Interpretationsansatz mit neuen Kategorien:

> "I offer a new_interpretation of Wilson's foreign policy, but not from a Wilson perspective.Emphasizing the manifold dimensions of the treaty fight, I do not equate the Democratic president and his League of Nations with internationalism, or Republican senators and their alternatives with isolationism.Those categories are inadequate.So,too, are the unqualified concepts of idealism and realism. Both Wilson and Lodge, despite their differences, believed in ideals and engaged in practical politics.On occasion, they both adhered to principle,or resorted to compromise, and both favored American military intervention in the European war." 4)

Mit diesem die Gesamtzusammenhänge stärker aufnehmenden Ansatz gilt Ambrosius' Darstellung als die fortgeschrittenste und systematischste Arbeit zu Wilsons Außenpolitik. Es gelingt Ambrosius angesichts der heutigen Fragmentierung der Theorie internationaler Beziehungen, eine übergreifende Betrachtungsebene zu erreichen, die auf erkenntnistheoretischem Gebiet noch abzusichern wäre. Dieser Absicht, die traditionellen Ansätze zu überwinden, folgen auch neuere Beiträge im Bereich der Theorie internationaler Beziehungen. 5) Mit seinen neuen Kategorien "Pluralismus" und "Interdependenz" beschreitet Lloyd Ambrosius wohl nicht vollkommen neue Wege 6); er weist jedoch auf die gegenwärtige Notwendigkeit für die Forschung hin, stärker die historische und theoretische Perspektive in die Wilsonanalyse zu integrieren. Obwohl die Absicht seiner neueren Konzeption erkennbar ist, die Aussagen der traditionellen Schulen des politischen Realismus und Idealismus hinsichtlich der Wilson-Analyse zu kritisieren, reichen Ambosius' wissenschafts- und erkenntnistheoretische Überlegungen nicht aus, um tatsächlich neue Untersuchungskriterien zu schaffen. Es ist eine wesentliche These der vorliegenden Untersuchung, daß tiefere Erkenntnisse über die Vorgehensweise des 28.Präsidenten der Vereinigten Staaten erst mit Hilfe der genauen Analyse der methodisch-erkenntnistheoretischen Grundhaltung des amerikanischen Verständnisses von politischer Theorie und Praxis erreicht werden können. Die von der Geschichtswissenschaft konstatierten Besonderheiten in der Theorie und Praxis Wilsons (vor allem seine innen- und außenpolitischen Reformpläne) stehen hinsichtlich dieses neueren Interpretationsansatzes, wie ihn auch Ambrosius andeutungshalber vertritt,in einem unmittelbaren Bezug zu dem historisch gewachsenen politischen Charakter und damit zur eigentlichen Substanz der Interessensformulierung der Vereinigten Staaten. Bereits Michael Kammen [7] arbeitete das Nebeneinander widersprüchlicher, auf den ersten Blick unvereinbar erscheinender Elemente in der politischen Kultur der USA am Beispiel der amerikanischen Revolution heraus. Aus diesem dialektischen Wesen amerikanischer Politikformulierung heraus gilt es auch die Weltpolitik Woodrow Wilsons zu begreifen. Dieses Wesen bietet den historischen und politischen Hintergrund, auf dem Wilson seine Friedenskonzepte entwickelte. Es ist zugleich Ausdruck sowohl einer den historisch-politischen Möglichkeiten angepaßten als auch nicht-angepaßten Politik. Es ist jedoch nicht, wie u.a. Ambrosius bemerkte, in die festgelegten Inhalte und Kriterien einer realistischen oder idealistischen Richtung eindeutig einzuordnen.Aus diesem Grunde wird die Untersuchungskategorie des `historischen Möglichkeitsraumes` in die Analyse Wilsonscher Außenpolitik eingeführt.

Unmöglichkeit und Möglichkeit politischer Planung

Möglichkeit und Wirklichkeit stellen für jeden realistischen Planer in der Politik ein Abhängigkeitsverhältnis dar, das Grundlage jedes theoretischen Denkens und praktischen Handelns ist.Der historische Möglichkeitsraum wird durch die dialektische Einheit von Wirklichkeit/Möglichkeit und Theorie/Praxis beschrieben.

> "Die Möglichkeit erscheint der Vorstellung zunächst als die reichere und die Wirklichkeit dagegen als die ärmere Bestimmung.Man sagt demgemäß: alles ist möglich; aber nicht alles, was möglich ist, ist deshalb auch wirklich...so kann das Absurdeste und Widersinnigste als möglich betrachtet werden."

Das heißt, daß prinzipiell alles logisch Denkbare möglich ist. Ein politisches Planen, das die historisch-politische Praxis als Grundkategorie anerkennt, besteht nicht aus allem logisch Denkbaren, sondern aus jenen realen Möglichkeiten, die im strikten Wirklichkeitsbezug die vorgegebenen gewachsenen politischen und gesellschaftlichen Strukturen berücksichtigt.

> "Bei diesem Reden von Möglichkeiten ist es dann vornehmlich das Denkgesetz vom Grunde, welches in der früher besprochenen Weise gehandhabt wird, und es heißt hiernach, möglich sei dasjenige, wofür sich ein Grund angeben lasse...Ob dieses

möglich oder unmöglich ist, das kommt auf den Inhalt an,d.h. auf die Totalität der Momente der Wirklichkeit, welche sich in ihrer Entfaltung als die Notwendigkeit erweist...Möglichkeit und Zufälligkeit sind die Momente der Wirklichkeit, Inneres und Äußeres, als bloße Formen gesetzt, welche die Äußerlichkeit des Wirklichen ausmachen." 8)

Für die Außen- und Sicherheitspolitik muß diese Regel des Wirklichkeitsbezuges ebenso gelten wie für die weltweit angelegte Friedenspolitik, wie sie der 28.Präsident der USA Woodrow Wilson konzipierte. Der Realität und den politischen Strukturen unangemessene "Unmöglichkeiten" oder "begrenzte Möglichkeiten" sind für eine effiziente Politikformulierung von geringem Wert. Arnold Brecht macht in seinem Werk "Politische Theorie" deutlich, daß die Wissenschaft dazu fähig wäre, "Unmöglichkeiten" wertneutral zu erkennen:

"Aber viele andere Dinge von praktischer Bedeutung sind wirklich unmöglich und können weder durch Überredung noch durch Gewalt möglich gemacht werden.Es gibt in der Tat eine unendliche Zahl von logischen,physischen, biologischen und rechtlichen Unmöglichkeiten. Durch ihre Aufzeigung kann die Wissenschaft objektiv zur Auswahl von Plänen beitragen, mit denen sich Regierungen vernünftigerweise befassen können." 9)

Darüber hinaus betont Brecht:

"Die politische Geschichte ist ein ungeheurer Friedhof von Plänen und Projekten, die zum Scheitern verurteilt waren. Ihr Gelingen war unmöglich - mindestens mit den angewandten Mitteln." 10)

Was sind jedoch Unmöglichkeiten in der Politik, wie sind sie festzustellen? Nach Arnold Brecht stellen zum Beispiel die weltweite Verwirklichung der Postulate wie "Gleichheit vor dem Gesetz" und "Rassengleichheit" Unmöglichkeiten dar.In begrenzten politischen und historischen Räumen sei jedoch die Möglichkeit der Verwirklichung gegeben :

"Was die Gesetzgebung nicht tun kann, mögen aber im Laufe der Zeit und unter günstigen Umständen vielleicht Erziehung und Beispiel vollbringen;jedenfalls kann dies wissenschaftlich nicht in gleichem Maße für unmöglich erklärt werden." 11)

Das Begriffspaar "Möglichkeit/Unmöglichkeit" beschäftigte bereits Plato in seinem "Staat". Dort läßt er Sokrates sagen, daß bei der Beurteilung jedes Reformvorschlags "Nützlichkeit" und "Möglichkeit" zwei bedeutende Aspekte seien. Sokrates spricht in ironischer Weise von faulen Köpfen, die wie man heute sagen würde, "utopische" Vorschläge machen, ohne über die Möglichkeit bzw.

Unmöglichkeit der Durchführung nachzudenken.[12] Sokrates kritisiert weiter, daß

> "ehe sie noch irgendwelche Mittel ausfindig gemacht haben mittels deren sie ihre Wünsche verwirklichen können - das ist etwas, was ihnen nie Sorgen macht - wollen sie sich lieber nicht durch Nachdenken über Möglichkeit oder Unmöglichkeit ermüden; sie setzen einfach voraus, daß das, was sie wünschen, schon verwirklicht wäre, gehen gleich dazu über, die Zukunft zu ordnen, und ergötzen sich daran, sich auszumalen, was sie alles machen wollen, wenn es so und so käme..." 13)

Gewiß gehört Woodrow Wilson, der als Staatsrechtler, Historiker und Politologe das "Nachdenken" zum Beruf hatte, nicht zu jenen naiven Idealisten, die Sokrates hier tadelt.Betrachtet man die Außenpolitik Wilsons im konkreten, so läßt sich erkennen, daß Wilsons theoretische Konzepte und politisches Handeln nicht auf ein einfaches "Unmöglichkeitsdenken" zurückzuführen sind, sondern Faktoren aufweisen, die Ausdruck einer bereits historischen Interessenswahrung amerikanischer Innen- wie Außenpolitik sind.Die neuere Forschung macht darüber hinaus deutlich, daß Wilson durchaus in einem bestimmten Umfange fähig war, die Interessen seines Landes realistisch in einer Art "higher realism" wahrzunehmen. [14] Es bleibt dennoch ein idealistischer, auf eine utopische Fixierung gerichteter Charakterzug der Wilsonschen Politik erhalten. Der wesentliche Grund für diesen naiv-idealistisch erscheinenden Charakter Wilsonscher Außenpolitik liegt in dem Glauben an die Möglichkeit einer technischen Übertragung des eigenständigen Möglichkeitsraumes USA auf den Bereich der internationalen Beziehungen.

Die Absicht des `historischen Möglichkeitsraumes`

Es ist grundsätzlich von der Unterschiedlichkeit zwischen den internationalen Beziehungen und den regionalen, d.h. nationalen Möglichkeitsräumen der Politikgestaltung auszugehen. Diese Tatsache ist der Ausgangspunkt, von dem eine realitätsgerechte Einschätzung außenpolitischer Planungen und Aktivitäten vorzunehmen ist. So sind auch die Entfaltungsmöglichkeiten der Außen- und Sicherheitspolitik der USA nur in Zusammenhang mit der Lage und Entwicklung der internationalen Beziehungen zu interpretieren. Der Gestaltungsraum der amerikanischen Außen-und Sicherheitspolitik bleibt von vorgegebenen Strukturen in den internationalen Beziehungen begrenzt . Die `Optionen` der

Großmacht USA werden nicht nur von den übrigen Akteuren in der Weltpolitik mitbestimmt und beschränkt, sondern auch von dem bislang erreichten Stand der historisch-politischen Entwicklung der internationalen Beziehungen.[15] Die Vereinigten Staaten sind aus diesen Gründen gezwungen, sich den Gegebenheiten und dem Wandel der internationalen Beziehungen anzupassen, auch wenn sie ihre global-politischen Zweck- und Zielformulierungen aus einer "insularen" [16] Grundhaltung verstehen. Es gilt hierbei zu beachten, daß die Politikformulierung der Vereinigten Staaten mit all ihren wechselseitigen Bedingungsverhältnissen zwischen Innen- und Außenpolitik zu betrachten ist. Gleichzeitig stehen die internationalen Beziehungen auch in einer dialektischen Beziehung zu bestimmten Entwicklungsformen regionaler und nationaler Politikgestaltung. [17] Nationale Möglichkeitsräume sind sowohl in ihrer Eigenständigkeit als auch in ihrer Beeinflussungsfähigkeit für den Bereich der internationalen Beziehungen zu sehen. So wird auch in der folgenden `Erstellung des historischen Möglichkeitsraums` auf die historische Entwicklung der Politikformulierung der `bürgerlichen Gesellschaft` im allgemeinen eingegangen; dies geschieht, weil hier wichtige Antriebskräfte für die internationale Politik und deren Gestaltungs- und Möglichkeitsräume sichtbar werden. Der historische Möglichkeitsraum wird sowohl von den historisch vorgegebenen Strukturen als auch von den dynamischen Elementen einer politisch-historischen Entfaltung und Weiterentwicklung bestimmt . Der Zweck der Bestimmung des historischen Möglichkeitsraums liegt in der Beschreibung eines friedensfördernden Weges für einen graduellen, evolutionären Wandel, der zugleich die Möglichkeiten eines vernünftigen theoretischen Planens erkennen läßt und die Grenzen der `Machbarkeit der Geschichte` deutlich macht. Der historische Möglichkeitsraum stellt ein Konzept dar, das nicht nur als **Interpretationsraster** im politisch-historischen und ideengeschichtlichen Bereich genutzt werden kann, sondern auch als **politikwissenschaftlicher Wirklichkeitszugang** die Grenzen und Gestaltungsmöglichkeiten der politischen (Sicherheits- und Friedens-)Planung auszuloten vermag. Mit der Bestimmung dieses Konzepts soll eine erkenntnistheoretische Hilfe geschaffen werden, die über die herkömmlichen Interpretationsmuster hinaus geeignet ist, die Zusammenhänge und Widersprüchlichkeiten in der dialektischen Einheit amerikanischer Weltpolitik aufzuzeigen.[18] Damit soll ein wissenschaftlich nachvollziehbares Grundgerüst aufgebaut werden, das die Außenpolitik Woodrow Wilsons systematisch untersucht. Der historische Möglichkeitsraum kann jedoch nicht endgültige Wahrheiten oder Prophezeiungen vermitteln. Mit seiner Hilfe soll lediglich der Versuch unternommen werden, angesichts des Kontingenzfaktors in Politik und Geschichte eine praxisorientierte Kategorie und `Urteilskraft` zu gewinnen, die als notwendige Voraussetzung sowohl die inhaltliche Beschaffenheit als auch das Wesen Wilsonscher Weltpolitik möglichst realitätsgerecht und mit angemessener Kritik bewerten kann.[19] Somit werden die Kriterien, die zur Analyse herangezogen werden, nicht aus einem beliebigen, d.h aus einem nicht nachvollziehbaren Zusammenhang gewonnen, sondern aus einem zuvor dargestellten und zum intersubjektiven Nachvollzug geeigneten Beurteilungsapparat.Es ist hierbei das konkrete Ziel, durch die Anerkennung bestimmter **Regeln** und Kennzeichen im Bereich der politischen Planung zu den realen Gestaltungsmöglichkeiten friedens- und sicherheitspolitischer Maßnahmen vorzudringen (s.u.). Eine absolute Erreichung dieses Zieles ist ausgeschlossen. Es ist nur die Beschreibung der **realen Möglichkeiten** erreichbar, die sich in einem ständigen Austausch von Wesensformen und Erscheinungsformen befinden.

In der Auseinandersetzung mit den Möglichkeiten politischer Theorie und Praxis vertritt das Konzept des historischen Möglichkeitsraums die bereits oben dargestellte Grundposition, daß nicht jede **logisch** mögliche Planung zu verwirklichen ist. Es ist prinzipiell zwischen politischen Möglichkeiten und Unmöglichkeiten zu unterscheiden. Die in der historisch-politischen Wirklichkeit wahrzunehmenden Möglichkeiten stellen gewissermaßen eine Teilmenge der `rein-logisch` denkbaren Planung dar. Das bedeutet: nicht jede logisch denkbare Möglichkeit ist auch real zu praktizieren. Logische Möglichkeiten, die nicht zugleich real möglich sind, haben keinen realen Raum, um Planung und Gestaltung in die Wirklichkeit umzusetzen. Logische und reale Möglichkeiten sind strikt zu unterscheiden - insbesondere hinsichtlich ihrer Auswirkungen auf die internationale Politik und die Anwendung von Gewaltmitteln. Je irrealer die Möglichkeiten, d.h. eine Unvereinbarkeit mit dem historischen Möglichkeitsraum besteht,

umso größer ist auch der Mittelaufwand bei der Durchsetzung des politischen Zwecks.[20]
Der `historische Möglichkeitsraum` wird die ideengeschichtlichen und erkenntnistheoretischen Wurzeln der Außen- und Friedenspolitik Woodrow Wilsons im besonderen und der internationalen Beziehungen im allgemeinen behandeln. Aus diesem zweifachen Zugang wird sich ergeben, inwieweit im historischen Möglichkeitsraum - d.h. in den historisch-politischen und ideengeschichtlich-kulturellen Gegebenheiten amerikanischer Politikformulierung - Übereinstimmungen bzw. Diskrepanzen zu den strukturell vorgegebenen Prämissen der internationalen Beziehungen feststellbar sind ; ob und wie ggf. Unterschiede bei der friedenspolitischen Planung Wilsons Berücksichtigung fanden.
Zusammengefaßt werden folgende Bedingungen für eine möglichst realitätsgerechte Wahrnehmung der Gestaltungsmöglichkeiten nationaler und internationaler Politik für das Konzept des historischen Möglichkeitsraums eine wichtige Rolle spielen:

1) Ein "praxisorientiertes" Theorieverständnis und ein aristotelisch geprägtes Politikverständnis;

2) die prinzipielle Anerkennung historisch-politischer Gestaltungsgrenzen und ein möglichst realitätsgerechtes Menschenbild im Spiegel des historischen Fortschritts;

3) die Differenzierung von Möglichkeiten und Grenzen der `bürgerlichen Gesellschaft`;

4) die methodische Einheit von `Können` und `Wissen` als Voraussetzung für eine `politisch kluge` Theorie;

5) die umfassende Betrachtung der politischen Zweck-, Ziel- und Mittelebene ;

6) die Anerkennung des Neben-, Mit- und Gegeneinanders von Nationalstaat und internationalen Strukturen .

I.1.Der Möglichkeitsraum als "praxisorientiertes" Theorieverständnis und aristotelisch geprägtes Politikverständnis;

1.1. Das Verständnis von einer `praktischen` Wissenschaft

Der historische Möglichkeitsraum ist eine erkenntnistheoretische Untersuchungskategorie, die sich im Sinne Dieter Oberndörfers im Rahmen einer praktischen Wissenschaft von der Politik bewegt.[21] Eine so verstandene `praktische' Politikwissenschaft beinhaltet einerseits deskriptiv-analytische Methoden, versucht aber auch andererseits, bei der Untersuchung gegebener historischer und politischer Phänomene nicht einfach stehenzubleiben:

> "Beschreibung ist nicht Selbstzweck, sondern Mittel,um durch die mit ihr zu gewinnende Einsicht in die politisch-soziale Wirklichkeit wissensmäßige Grundlagen für das Vordenken politischen Handelns zu erarbeiten . Die politisch-soziale Deskription soll prinzipiell in die Frage nach den in der jeweiligen historischen Konstellation enthaltenen Alternativmöglichkeiten politischen Handelns einmünden. Die praktische Wissenschaft von der Politik wird ferner eine Einsicht in die politisch-soziale Wirklichkeit anstreben, um in der Konfrontation mit politischen Programmen und durch die Analyse ihrer Folgen die Möglichkeiten ihrer Verwirklichung prüfen zu können.Schließlich wird sie bei dem bloßen Durchdenken von Möglichkeiten nicht haltmachen, sondern sich für legitimiert halten, unter Aufdeckung der Sachzusammenhänge und Motive ein bestimmtes politisches Urteil zu formulieren." 22)

Eine praktische Wissenschaft von der Politik hat die Aufgabe,nicht nur die bloßen Erscheinungsformen, sondern auch die wesentlichen Elemente und Kräfte, die die praktische Politik bewegen, herauszuarbeiten. Politische Philosophie, Geschichtsphilosophie und Erkenntnismethoden werden als praktisch wirkende Wissenschaft zur Betrachtung des Möglichkeitsraumes herangezogen. Politische Wissenschaft ist, so wie sie auch Wilson als Gelehrter verstand, eine praktische Wissenschaft. Eine rein historisch-deskriptive Methode allein reicht nicht aus. [23]

1.2. Der aristotelische Begriff einer praktischen Theorie

Die ideengeschichtlich-systematisierten Erkenntnisse Dolf Sternbergers über die Wurzeln heutiger Politikformen [24] geben nicht nur genauere Aufschlüsse über den Politikbegriff, sondern auch über die methodische Umsetzung von politischer Theorie in politische Praxis.Hierzu arbeitet Sternberger drei Wurzeln der Politik heraus: 1) Politik als das Staatliche,Öffentliche, Gemeinsame,als bürgerliche **Verfassung**, als geordneter Zustand im Sinne Aristoteles'; 2) Politik als subjektiver Kalkül, als kluge Ausübung von Führung und **Herrschaft**, als schlaue Planung der Mittel zum vorteilhaften Zweck des Handelns im Sinne Machiavellis; und 3) Politik als erlösungsbringender, **eschatologischer Vorgang**, der eine gesellschaftliche Veränderung begründen und vorantreiben soll. Diese drei Politikbegriffe, der aristotelische, der machiavellistische und der eschatologische sind nach Sternberger drei Phänomene, drei Erfahrungsbereiche. Sie bezeichnen drei Wurzeln

> "derjenigen 'Politik', in die wir selbst handelnd und leidend verstrickt sind." 25)

Die drei Politikbegriffe beinhalten zugleich dreierlei Typen von Frieden: Der politologische Frieden beruht auf der Verfassung, dem gemeinsamen Leben in den Institutionen und den Grundvereinbarungen der Bürger. Der dämonologische Friede wird ein imperialer oder hegemonialer sein, ein Friede durch Übermacht, der durch präsente Gewalt aufrechterhalten wird. Der eschatologische Friede ist der Friede , der alle Widersprüche und Konflikte in einem paradiesischen Zustand auf Erden gelöst haben wird. Dreierlei Frieden werden angestrebt: der Friede durch Regelung des Streits, der Friede durch Unterdrückung des Streits und der Friede durch Erlösung vom Streit.

> "Der Gemeinsamkeit des Namens \`Friede\` entspringt keine gemeinsame Sache.Es ist auf diesem Weg keine Versöhnung der drei Begriffe von Politik zu bewerkstelligen, keine Konvergenz zu erkennen." 26)

In Übereinstimmung mit Hannah Arendt ordnet Sternberger die Verfassungsstaaten, insbesondere die Vereinigten Staaten dem aristotelischen Politikbegriff zu :

> "Der moderne Verfassungsstaat mit seinen fundamentalen persönlichen und kolektiven Freiheiten, seinen repräsentativen Körperschaften und bürgerlichen Wählerschaften...- dieses komplizierte, an allen Ecken und Enden vom Verderb und Zerfall bedrohte, doch der Selbstkorrektur und schließlich auch der Selbstverteidigung fähige Gebilde läßt einige Wesenszüge des aristotelischen Urbilds wiedererkennen - und mir scheint, es sind die wichtigsten. Oder, wenn ein metaphorischer Ausdruck erlaubt ist: man kann in seinem Gewebe die alten Fäden schimmern sehen." 27)

Diese Auffassung Sternbergers gilt es in der konkreten Untersuchung der politischen Geschichte der USA unter die Lupe zu nehmen. Hinsichtlich einer eindeutigen Zuordnung Wilsons zur aristotelischen Politikrichtung gilt es jedoch schon jetzt festzustellen, daß diese Aussage Sternbergers mit Blick auf die historische Veränderung des klassisch-aristotelischen Politikbegriffs seit dem 17.jahrhundert zu differenzieren ist. Insbesondere die Untersuchungen des Theorieverständnisses Wilsons und seiner praktischen Politik werden zeigen, daß die USA im Verlauf eines sich immer in Bewegung befindlichen Theorie-Praxis-Verhältnisses neben aristotelischen Formen auch dämonologische und eschatologische Elemente - sowohl in ihren politischen Konzeptionen und praktischen Handlungen als auch in deren methodischen Vermittlung - aufgenommen haben. [28]

Aristoteles' politische Theorie [29] erlangte ihre historische Bedeutung durch die Tatsache, daß man es hier mit

> "der ersten diskursiv geschriebenen Abhandlung philosophischer Natur über die Probleme der Ordnung menschlicher Gemeinschaft in der abendländischen Geschichte" 30) zu tun hat.

Die politische Theorie Aristoteles ist in einem umfangreichen Kompendium überliefert, dessen zwei zusammengehörende Teile unter den Titeln Nikomachische Ethik und Politik bekannt sind. Die Wirkungsgeschichte des aristotelischen Denkens dauert bis heute an, obwohl, wie Ritter kritisiert, die moderne Welt sich aus dem Zusammenhang der aristotelischen Lehrtradition gelöst hat, und eine Erneuerung des aristotelischen Ganzheitsdenkens wünschenswert wäre.[31] Einzelne Bruchstücke des aristotelischen Denkens blieben mehr unbewußt als bewußt über die Aufklärungszeit und das bürgerlich- revolutionäre Zeitalter als Wurzeln der politischen Philosophien bestehen, wobei die naturrechtlichen und naturwissenschaftlichen Ansätze dominierend wurden. So führen, nach Angaben Joachim Ritters, Ethik, Rechts- und Sozialphilosophie ihre Geschichte im westlich-europäischen Denken auf Aristoteles zurück [33], obwohl die von Aristoteles ausgehende Lehrtradition der praktischen Philosophie mit dem 18.Jahrhundert abbricht.Die letzte große Zusammenfassung stellte Christian Wolffs "Philosphia practica universalis" dar. Nach Wolff sei eine praktische Philosophie die Lehre von der Begründung menschlichen Handelns in der menschlichen Natur; sie sei universal, weil sie als Grundlegung der "Philosophia Moralis","Oeconomica", "Philosophia Civilis" "alle Unterschiede menschlicher Handlungen", die Gründe "jeglichen Rechts" und "aller Verpflichtungen" im individuellen Tun, im Haus und den niederen Gemeinschaften, Wirtschaft, Recht, Staat zum Gegenstand hat.[34] Das ethische Prinzip tritt aus dem Zusammenhang von Recht,Gesellschaft,Staat heraus; es emigriert, nach Ritter, in die Innerlichkeit der Subjektivität. "Die praktische Philosophie wird", fährt Ritter fort,

> "als Ethik auf Postulate und Imperative reinen Sollens eingeschränkt, die nur im Inneren und in Gesinnungen das Handeln bestimmen. Sie wird als Theorie der "Moralität" von der Theorie der "Legalität" getrennt; damit wird für sie "alle Bestimmtheit des Rechts, der Pflicht und des Daseins in sich" verflüchtigt".35)

Es löst sich die Einheit der universalen, praktischen Philosophie auf und

> "das philosophische Connubium von Ethik und Rechtsphilosophie nimmt ein Ende. Sie leben heute getrennt.Mit ihrer Entzweiung wird der Zusammenhang, in dem die praktische Philosophie steht, ins Ferne der Geschichte gerückt". .

Auf der Suche nach der Einordnung der Staatsphilosophie in die universal-philosophischen Zusammenhänge, in das Wesen (des Sein des Seienden) menschlichen Zusammenlebens, greift Alexander Schwan auf das aristotelische Verständnis von einer praktischen Theorie zurück. Schwan pflichtet hierbei den Forderungen Eric Voegelins bei, daß die Wissenschaft von der Politik das sie umgreifende Struktur- und Ordnungsgefüge zurückgewinnen müsse, das sie geschichtlich konstituiert hat und essentiell stets weiter konstituiert, selbst wenn sie den Blick dafür verloren hat. Wie Voegelin geht es auch Schwan um die Wiederherstellung des vollständigen Sinngehalts von Politischer Wissenschaft durch die Berücksichtigung seiner rationalen Grundlegung bei Platon und Aristoteles, deren Gültigkeit von Zeit und Ort unabhängig sei.

Ihre Wiederherstellung, versichert Schwan, sei nicht das willkürliche Aufgreifen einer historisch bedingten Ansicht, sondern die theoretische conditio sine qua non der Politischen Wissenschaft.[36] Als wichtige erkenntnistheoretische Grundhaltung arbeitet Alexander Schwan eine bedeutsame, die praktische Wesensanalyse unterstütztende Aufteilung der "philosophia" heraus. Im Verständnis aristotelischen Denkens bestimmt Schwan die Philosophie in einem zweifachen Sinn. Zunächst sei eine erste,allgemeine und universale Philosophie erkennbar. In ihr geht es um das Vorverständnis alles Seienden im Hinblick auf das Sein, das größte und allgemeine Ganze. Dieses Ganze ist weltgeschichtlich, philosophisch und räumlich offen. Die zweite Bestimmung ist für die Erfassung des historischen Möglichkeitsraumes, auf dessen Spuren wir uns bewegen, noch entscheidender. In ihr gliedert sich die Philosophie in eine Vielheit spezieller und regionaler Philosophien. Inhalt dieser regionalen Philosophien ist das Vorverständnis des Seienden im Hinblick auf sein jeweiliges Wesen und auf seine Region. Zu den regionalen Philosophien zählen zum Beispiel die Natur-, Kunst-, Geschichts-, Religions- und auch die Staats- und Sozialphilosophie. Schwan versteht diese Philosophien als Ausfaltungsarten der allgemeinen und universalen Philosophie ; sie gehören strukturell unteilbar in diese. In ihnen liegen die **Möglichkeiten** des Entdeckens und Erforschens der Natur-, Geschichts-, Kunst-, Religions-, Staats- und Sozialwissenschaften usw. Die Möglichkeiten des Erkennens hängen jedoch vom Grad der Entfaltung des Ganzen , also vom gegenwärtigen Sein des Seienden, ab.Hier sind zugleich die Grenzen der Möglichkeiten vorgezeichnet.

> "Beide zusammengehörige Grundarten der Philosophie sind - wenn auch in je verschiedenem Ausmaß - vorausfragend und vorausentwerfend und in diesem Sinne apriorisch, weil ontologisch (auf das Sein und Wesen des Seienden im Ganzen und des Seienden in seinen jeweiligen Regionen, als des naturhaft Seienden,des geschichtlich Seienden usw.,bezüglich);die Wissenschaften im engeren Sinne dagegen sind aposteriorisch, weil ontisch, denn sie bestimmen Seiendes unter anderem Seienden und im beweisenden Rückgang stets nur auf anderes Seiendes." 37)

Die Staatsphilosophie stellt eine dieser regionalen, d.h.räumlich begrenzten Philosophien dar. Ihr gilt unsere Aufmerksamkeit in der inhaltlichen und erkenntnistheoretischen Auseinandersetzung mit

dem Begriff des historischen Möglichkeitsraumes, der sich auf den Bereich der Staatsphilosophie bezieht.
Als räumlich-zeitlich begrenzte Philosophie muß die Staatsphilosophie der Wissenschaft von der Politik im Sinne Aristoteles leitend vorausgehen. Ihre eigentliche Aufgabe sei es, die Ortsbestimmung der wissenschaftlichen Politik hinsichtlich ihres Wesens im `Kosmos der Wissenschaften` vorzunehmen. Die maßgebliche Philosophie der Gegenwart, die das Ende der Metaphysik und damit das Ende der traditionellen Philosophie bewirkt, ist nach Schwan nur schwer in der Lage, eine solche regionale Philosophie zu formulieren. Und dies gelte insbesondere hinsichtlich der Grundlegung einer Philosophie des Sozialen und Politischen.

> "Die Bewertung und Kritik vom partiellen einzelwissenschaftlichen Standpunkt, also etwa aus der Perspektive der Politik oder Soziologie, haben erst nachträglich, nachdem jene Voraussetzung gesichert ist, ihr Recht und werden dann durchaus wichtig, sofern sie an der Frage orientiert werden, inwieweit ein geschichtliches philosophisches und staatsphilosophisches Denken eine zureichende Grundlegung des politischen und gesellschaftlichen Lebens und dessen, was die wissenschaftliche Politik als Sachgegebenheiten feststellt und als Möglichkeiten vordenkt, zu leisten vermag." 38)

Wenn man die Untersuchung staatsphilosophischer Denkssysteme rein politisch oder soziologisch durchführen würde, bliebe man bestenfalls bei der Demonstration ihrer politischen Dynamik und Wirkungen oder ihrer gesellschaftlichen Bedingtheiten stecken. Eine solche Demonstration der Elemente kann zum Verständnis beitragen, stellt jedoch nur Teilwahrheiten heraus, die das Wesen der Sache verzerren, wenn sie verabsolutiert werden. Als Beleg dienen die unterschiedlichen Schulen in der amerikanischen Geschichtsschreibung und deren Kategorien wie Idealismus oder Realismus,Isolationismus oder Interventionismus. Als ein noch eindringlicheres Beispiel ließe sich die marxistisch-philosophiegeschichtliche Interpretation anführen, die Teilelemente zum Grundprinzip der Deutung philosophischen Denkens und politischer Theorien erhebt. Eine echte Auseinandersetzung mit den heutigen Denkmethoden kann nur auf dem Boden der überlieferten Denkweisen geleistet werden. Nur ein solches methodisches Vorgehen kann dieses Denken angemessen erfassen und den Weg zur Verständigung über die eigene Position und das eigene Verständnis dessen, was Welt, Geschichte, Mensch, Politik und Staat im Wesen sind und sein sollen, vorbereiten. Der Gang des philosophischen und staatsphilosophischen Denkens muß von einem grundlegenden Ansatz bis zu seinen Konsequenzen mitgedacht werden. Dies soll in der vorliegenden Arbeit im Rahmen der Untersuchungskategorie historischer Möglichkeitsraum, die die philosophische Dimension der Regionalonthologie Schwans berücksichtigt, geschehen. Der Begriff Regionalphilosophie entspricht dem Begriff jenes Raumes, der durch die historisch-philosophischen Vorbedingungen begrenzt und bestimmt wird.

1.3. Die Verbindung von universaler Philosophie und Staatsphilosophie bei Aristoteles

Das Denken des Menschen übersteigt seinen zufälligen Aufenthaltsraum - d.h. die hier und jetzt gerade in der Geschichte vorfindlichen Dinge (die physika) in ihrer natürlichen Beschaffenheit, und zwar so, daß es auf das Seiende als solches im Ganzen, d.h. aber in der Einheit der Welt, zugeht. Die Welt kann der Mensch als Ganzes alles Seienden, nicht im Blick haben. Man sieht nur Ausschnitte. Eine distanzierte Sicht von einzelnen Menschen ist nötig, um die Welt zu erkennen.

> "Mit solcher Distanznahme, mit solcher Abstraktion aber läßt das Denken das Einzelne in seiner natürlichen Beschaffenheit nicht etwa beiseite, sondern im Hinausgehen über das immer schon vorliegende und das gerade Begegnende auf das hin, was dem Seienden als Seienden im Ganzen der Welt einheitlich geschichtlich zukommt (das heißt in der Metaphysik), werden die Dinge dem Denken gerade in der entschiedensten, nämlich allgemeinsten und daher umfassendsten Weise zu eigen." 39)

Das von Schwan angesproche Weltverständnis ist dem historischen Wandel und dem Wandel innerhalb der Möglichkeitsräume unterzogen. Ebenso ergeben sich innerhalb dieses Wandels unterschiedliche Rangordnungen in der Welt des Seienden. Im traditionellen abendländischen Denken wurde dieser höchste Rang, diese höchste Stufe mit der wesentlichsten Seinsfülle Gott zugesprochen. Ein weiteres Grundthema, das Ausdruck der universalen Philosophie darstellt, und für den Möglichkeitsraum und dessen Entfaltungsmöglichkeiten von größter Bedeutung ist, stellt das Wesen des Menschen, die Anthropologie dar. Im Vorgang der philosophischen Entfaltung des abendländischen Denkens liegt die

Vorrangstellung des Menschen in der Welt. Der Mensch ist erst der Ort des Vollzugs der Wirklichkeit der Dinge und ihrer Welt. Der Mensch ist das Wesen des Sich-selbst-bewußt-werdens. Er ist das Wesen des Ins-Werk-Setzens der Wahrheit des Seienden. In der Anthropologie liegt die eigentliche Bedeutung der universalen Philosophie für die regionale und Staatsphilosophie, die in dem Vordenken der universal-philosophischen - anthropologischen Vorbedingungen begründet ist.[40)] Dieser Tatsache wird auch bei der Erkundung des historischen Möglichkeitsraums Woodrow Wilsons weiter unten konkret Rechnung getragen.

1.4. Die Staatsphilosophie als `Regionalphilosophie` und das Verhältnis von Theorie und Praxis

Die Staatsphilosophie hat nun als Regionalphilosophie oder auch Bereichsontologie eine bestimmte Region menschlichen Daseins zum Thema. Sie ist eine Regionalphilosophie im Bereich der philosophischen Anthropologie, die ihrerseits der universalen Philosophie eingefügt ist. Der Mensch ist ein rationales Lebewesen. Hier liegt das Hauptmerkmal, durch das sich er und seine Seele von den tierischen Seelentypen unterscheidet. Gewiß bestimmt die Rationalität nicht das gesamte Sein des Menschen, der als

> "synthetisches Wesen an allen Seinsstufen von der unbelebten Materie über das organische Leben bis zu seiner Teilhabe an der Göttlichkeit durch das Vernunftsprinzip des nous teilhat; aber der Besitz der ratio macht seine differentia specifica gegenüber anderen Lebewesen aus." 41)

Es ist deshalb im aristotelischen Verständnis möglich ,zu heuristischen Zwecken einen rationalen und einen irrationalen Teil in der Einheit der menschlichen Seele festzumachen. Als Tugenden des rationalen Teils lassen sich die dianoetischen Tugenden der Wissenschaft (episteme), der Kunstfertigkeit (techné), der Klugheit oder Wohlberatenheit (phronesis), der Vernunft (nous) und der Weisheit (sophia) bestimmen. Im Hinblick auf die Bestimmung der Staatsphilosophie und des bereichsontologischen Begriffs "Möglichkeitsraum" ist die Unterscheidung der Begriffe Kunstfertigkeit (techne') und Wohlberatenheit (phronesis) von größter Wichtigkeit. Sie unterscheiden sich voneinander dadurch, daß die Kunstfertigkeit (techné) sich primär auf den Bereich des

Schaffens (poesis) bezieht, also das Wissen um die Herstellung von Gegenständen hat und diejenigen Handlungen leitet, deren Ziel ein "außerhalb der Handlung selbst liegendes Produkt ist" 42). Die Kunstfertigkeit (techné) sieht Aristoteles also nur in jenem menschlichen Bereich, in dem es möglich ist , Subjekt und Objekt voneinander zu trennen. Während die auf den unmittelbaren Bereich der Handlung (praxis) bezogene Wohlberatenheit (phronesis) in einer engen Beziehung zur politischen Wissenschaft, zur Staatsphilosophie d.h. zur klassischen Lehre von der Politik im Sinne Aristoteles steht, und als

> "der Habitus des Handelns auf Grund richtiger Überlegung im Bereich dessen, was für den Menschen gut oder schlecht ist" festgelegt ist. 43)

Erst im Handeln nach den "dianoetischen Tugenden" ist der Mensch fähig, zur vollen Glückseligkeit zu gelangen. Der Mensch befindet sich als ein den Sinn aller Entwicklung bestimmendes Wesen sowohl im Bereich der "theoria" als auch im Bereich der "praxis". Bei Aristoteles bedeutet theoria zunächst das reine Betrachten des Seienden. Theoria ist eine der Möglichkeiten und ihre Leistung eine der Aufgaben des Menschen in seinem philosophisch bestimmten Wesen. Die theoria, also die Erfahrung der Schau des wirklichen Wesens der Realität, ist diejenige Form des Handelns (praxis), die eine vollkommene und autarke Glückseligkeit entstehen läßt, weil das "Tätigwerden der Seele sich hier soweit ins Unendliche erstreckt, wie dieses der begrenzten menschlichen Erfahrung", d.h. im Rahmen seines Möglichkeitsraumes," zugänglich ist." 44) Der Mensch ist als Lebewesen auch das Wesen der praxis. Er ist der denkende Seiende, der das Seiende verstehen kann; er ist aber auch ein endliches Lebewesen, das auf seine Grenzen stoßen muß.

> "Diesem Lebewesen ist der reine, sich unmittelbar selbstgenügende Vollzug des einfachhin schauenden Entbergens, das mit dem Entborgenen in absoluter Wesensidentität übereinkommt, nicht vergönnt - das wäre eine göttliche Sehensweise - . sondern nur die geschichtlich eingeschränkte, ausschnitthaft begrenzte (wenn auch dem Ganzen der Welt prinzipiell geöffnete und sich aus dieser Offenheit bestimmende) Bewerkstelligung der Wahrheitsleistung, die von einem sich entscheidenden und damit beschränkenden Handeln getragen sein muß." 45)

Zur Erfassung der Wirklichkeit gehört auch die Erfassung des Seienden mit Blick auf das "zu Bewerkstellingende. So braucht die menschliche theoria der ergänzenden Leistung der praxis; andererseits benötigt auch die praxis einer der praxis vorausgehenden theoria." 46)

Theoria und praxis sind deshalb niemals künstlich teilbar. Sie ergänzen sich in der Erfassung der Wirklichkeit und der daraus resultierenden Möglichkeit des Denkens und Handelns. Aristoteles betont, daß sich die praktische Philosophie/Theorie und damit die Politik nicht mit strenger Wissenschaft, der "apodeiktischen epistime" messen kann.[47)] "Praktische Philosophie" des Aristoteles bedeutet, daß ihr Thema die menschliche Praxis und Zufälligkeit ist. "Praxis" im Sinne von Aristoteles meint einen Begriff der aus dem Bereich der Philosophie,der "theoria" und Metaphysik, und der Kontingenz menschlichen Seins und Handelns kommt; der weder isoliert im Sinne eines untheoretischen, reinen Handelns noch im Sinne eines reinen wissenschaftlichen "Ausdenkens" zu verstehen ist.[48)] Die Theorie darf kein Entwerfen aus Prinzipien, kein Einholen des Guten an sich wie bei Platon, keine Wende und Umkehr sein, sondern ein Begreifen, das "sich in der Affirmation des Gewordenen noch in seiner Fragwürdigkeit zumutet, aus ihm das Wahre hervorzubringen, es in ihm aufzuweisen".[49)] Politik richtet sich

"in letzter Instanz immer auf die Herausbildung des Charakters; sie verfährt pädagogisch und nicht technisch".50)

Die wesentliche Leistung der Praxis erkennt Schwan,

"ist darum das Mit-sich-zu-Rate-Gehen bei einer Sache hinsichtlich dessen, worauf es uns ankommt, und so das Entdecken dessen, was zu tun ist. Erst die nachfolgende Leistung der Praxis liegt in der Handlung selbst gemäß dem Rat, also zufolge dieser vorgängigen und leitenden Entbergungsleistung. Die praxis, wesentlich verstanden als das Hinblicken auf ein Umwillen in einer bestimmten Lage, hat also eine spezifische, von der theoria unterschiedene Entdeckungsart."

Ihr ist eine eigene praktische "Wahrheit" zuzuordnen, die die theoria nicht in der Lage ist, isoliert zu erfassen. Eine theoria ist nur dann "glücklich", wenn es ihr gelingt, von einer geglückten praxis, vom rechten

"den Bedingnissen des Lebens eines sterblichen Lebewesens angemessenen, sich auf das Menschliche und das dem Menschen jeweils geschichtlich konkret Mögliche besinnenden Verhalten mitgetragen und durchherrscht ist" . 51)

Eine praktische Philosophie entspricht dem Raum der vom Menschen erfaßten Wirklichkeit, die in einem geglückten Verständnis der

Möglichkeit ihren Ausdruck findet.[52] Aus dieser Grundtatsache ergibt sich, daß der Mensch in einem ganzheitlichen Bezug zu Theorie und Praxis steht, und daß die Theorie nicht als Selbstzweck in den Mittelpunkt der Philosophie gestellt werden darf. Wäre das der Fall, würde die Theorie am Menschen vorbei erstellt werden; sie wäre nur im Sinne einer Kunstfertigkeit technisch und nicht im Sinne einer Wohlberatenheit praktisch. Diese Grundüberlegung muß die Staatsphilosophie beachten, wenn sie ihrem Anspruch gerecht werden will. Wenn nun die Politik die Staatsphilosophie im aristotelischen Sinne die rechte Praxis im menschlichen Zusammenleben sein will, dann muß sie die Politik in ihrem Wesen untersuchen. Die Untersuchung des Wesens der Politik stellt nach Schwan die folgenden Fragen nach dem Woher (arche),Wohin (telos),Woraus (ule) und nach dem Gepräge (eidos).[53] Die Frage nach dem Woher (arche) fragt nach der Notwendigkeit des Staatswesens.Diese Notwendigkeit liegt im sozialen Wesen des Menschen. Deshalb bleibt eine Theorie des menschlichens Handelns unvollständig, solange sie ihren Gegenstand von der sozialen Umwelt ablöst und als autonomes Individuum behandelt und nicht durch eine Theorie der Gesellschaft ergänzt wird.[54] Die Erfüllung des Menschen und sein philosophisch bestimmtes Wesen setzen die gegliederte Ordnung des Gemeinwesens voraus. Das geglückte Menschsein erfüllt sich in einer "strategisierten" Ordnung des menschlichen Gemeinwesens. Der Staat dient als Instrument der Erfüllung des Menschseins. Er faßt die Einzelwillen zu einem für alle zufriedenstellenden Willen des Gemeinwesens zusammen. Die Frage nach dem Wohin (telos) fragt nach dem Sinn, dem Zweck und der Aufgabe des Staates.Sie sucht nach der Bestimmung des Staates. Diese liegt in der Ordnung des menschlichens Zusammenlebens und in den "Wesensaufgaben" des Menschen. Der Staat darf nach Aristoteles kein Selbstzweck sein. Die Staatsphilosophie muß sich einerseits als die Lehre vom Eingeordnetsein des Menschen in das Gemeinwesen und andererseits als die Lehre von der Hinordnung des Gemeinwesens auf das philosophisch bestimmte Wesen des Menschen und die daraus sich ergebende Grundaufgabe seines Lebens erweisen. In der Staatsphilosophie geht es darum, wie der Mensch als rationales Wesen leben soll und muß (politische Ethik) und welche sozialen und staatlichen Voraussetzungen geschaffen werden müssen, damit der Mensch sich so verwirklichen kann,wie es ihm als rationales Wesen aufgegeben ist.[55] Die Frage nach dem Woraus schließt sich diesen Grundfragen an. Sie ist auf die historisch-materiellen Bedingungen gerichtet, auf die sich das Staatswesen aufbaut und die unbedingt berücksichtigt werden müssen. Zu diesen gehört das Territorium, auf dem ein Gemeinwesen entstand und über das es seine begrenzte Herrschaft ausübt, und die Bevölkerung, die zum "Staatsvolk" wird. Darüber hinaus wird hier philosophisch nach den notwendigen Strukturverhältnissen und den Bedingungen des Staatswesens gefragt. Es sind gerade diese Merkmale, die in einer bestimmten historisch-politischen Situation das jeweils Mögliche und Angemessene im Rahmen des Vorbestimmten und Aufgegebenen stets eingrenzen. Im Sinne Aristoteles handelt man "gerecht", wenn man dem Herkommen, dem Brauche der Stadt,so wie es Sitte ist, entspricht.Was Recht in der Stadt ist, weist die Gewohnheit in Haus und Stadt. Das Handeln des einzelnen wird "ethisch", indem er im

> "lernenden Eingewöhnen in die gegebene Sitte hineinwächst, und ihre Tugend ihm so zur eigenen, ihn prägenden Haltung wird".56)

Nach Aristoteles kann es keine Trennung von innerer "Moralität" und äußerer "Legalität" geben. Sie wachsen beide aus dem gleichen Grunde des Ethischen. [57] Staatsphilosophie und Ethik bilden eine Einheit, so daß eine praxis-ferne Staatspolitik, die rein technisch, d.h. rein politisch-kunstfertig, machiavellistisch (im Sinne Sternbergers) wäre, einer aristotelischen praktischen Staatsphilosophie widersprechen würde. Im grundsätzlichen Gegensatz zu Platon, der die "Alten" die "Stärksten" nennt, verharrt Aristoteles nicht auf den alten historischen Strukturen. Aristoteles sucht wohl aus dem, was geworden ist, das Wahre . Er erkennt jedoch, daß im Bewegen der Mensch als Mensch zum Subjekt und Maß der ethischen und politischen Ordnung im Gemeinwesen geworden ist. Was in der Lehrtradition der praktischen Philosophie selbstverständlich ist, wird hier zum Resultat : Herkommen und Überlieferung können noch so alt und ehrwürdig sein, sie finden im Menschsein des Menschen das Maß, das über ihr Recht entscheidet. Der Mensch und nicht überkommene historische Strukturen stehen bei Aristoteles im Mittelpunkt.[58] Joachim Ritter unterstreicht, daß von dieser Überzeugung aus alles ausgegangen ist, was in der europäischen Geschichte als Naturrecht und Menschenrecht, aber auch als Gedanke einer menschlichen Gesellschaft und eines auf den Menschen als Menschen in seinem Recht gestellten Staates wirksam geworden sei.

> "Die aristotelische Philosophie des Politischen ist hierfür der Anfang.Sie bestimmt zuerst als praktische Philosophie den Grund, auf dem die politische Ordnung der Stadt gründet, in der Zuwendung zur Praxis des Menschen....In dieser Bestimmung gehört sie für Aristoteles zunächst zum Wesen alles Lebendigen" 59)

Aristoteles erkennt die historischen Möglichkeiten der Gestaltung der Politik unter dem Primat jener Politik, die den Menschen und nicht das Kollektiv Staat mit seinen eventuell historisch- überkommenen oder utopischen Verfaßtheiten in den Vordergrund stellt. Die Frage nach dem Wie umschließt das Gepräge, die Verfaßtheit und die Einrichtungen des Staates,also die Staatsform und ihre Mittel. Im Wie der Verfaßtheit vollendet das Gemeinwesen erst sein Wesen.[60)] Einerseits muß das Gemeinwesen den Raum bieten, in dem es dem Menschen möglich ist, sich seiner Bestimmung gemäß zu entfalten; andererseits werden nur durch das Gemeinwesen und seiner Verfaßtheit und Ordnung mehrere Menschen durch eine allen gemeinsame Sache zu einer festgefügten Einheit. Aus dieser Tatsache ergibt sich die Grundfrage für jede Bewertung der Verfaßtheit , ob und wieweit eine Verfassung ein gemäß der menschlichen Aufgabe geglücktes Leben und das dem Menschen aufgegebene Werk ermöglichen, d.h.einen Raum zur Entfaltung der menschlichen und damit zur geschichtlichen Entwicklung und Entfaltung bietet.Hier liegen nach Meinung Alexander Schwans die Grundaufgaben der Politik. Da sich aber die Politik immer im Bereich der menschlichen Praxis,das bedeutet im Bereich des Veränderlichen, bewegt, muß die Verfassung sich an das jeweils Mögliche (im Rahmen der Bereichsontologie) anpassen können.

> "Aus der Kenntnis des in einer jeweiligen Situation Möglichen muß die Richtigkeit der politischen Erkenntnis und des politischen Handelns stets neu erstritten werden... So ereignet sich die Politik zugleich in der philosophischen Rückbesinnung auf das Vorgegebene und Aufgegebene und im wissenschaftlichen Wissen um das faktisch Geschehende sowie drittens im daran orientierten Bedenken des Möglichen, womit das Feld einer Theorie der (zukünftigen, auf die Zukunft gerichteten) politischen Praxis, einer Theorie der Ordnungspolitik, betreten wird, die beides, die philosophische Besinnung und die empirisch-wissenschaftliche Analyse, zu ihrer Voraussetzung hat und beiden nachfolgt." 61)

Eben dieses Wie der Verfaßtheit ist mit Blick auf die Wilsonsche Konzeption von der Gestaltung der internationalen Ordnung von größter Bedeutung.
Die Eruierung des Möglichen ist eine ständige Gratwanderung zwischen Theorie und Praxis. Eine geglückte Theorie im Sinne Aristoteles ist jene praxisorientierte theoretische Konzeption der Politik, die das rechte Bedachtsein auf das dem Menschen Aufgegebene, Gemäße (Anthropologie) und Mögliche in der historischen Dynamik zwischen Herkunft und Fortschritt [62]) aufzuweisen vermag.[63])

I.2.Die prinzipielle Anerkennung historisch-politischer Gestaltungsgrenzen und das Menschenbild der Neuzeit im Spiegel des historischen Fortschritts

Das dem Menschen Gemäße und Mögliche findet sich in jener philosophisch-theoretischen Planung, die aus der Erfahrung der menschlichen Praxis und des menschlichen Seins hervorgeht. Sie vermag die Grenzen und Möglichkeiten der Politik im Rahmen des menschlichen Fortschritts zu beschreiben. In verschiedenen aufschlußreichen Arbeiten hat vor allem der `Vater` des Fachbereichs `Internationale Beziehungen`, Reinhold Niebuhr, auf den Zusammenhang zwischen der menschlichen Natur, den politischen Gestaltungsmöglichkeiten und dem menschlichen Fortschritt hingewiesen. (Im Rahmen der Beschreibung des *historischen Möglichkeitsraums USA* ist Reinhold Niebuhr im weiteren Verlauf der vorliegenden Arbeit ein eigenes Kapitel gewidmet.)
Niebuhr geht von der anthropologischen Grundeinschätzung einer Doppelgesichtigkeit menschlicher Existenz aus. Das Wesen dieser Doppelgesichtigkeit habe bereits der Apostel Paulus in seinem Brief an die Römer (7/15) erkannt:

> "Was ich tue verstehe ich nicht, denn ich tue nicht, was ich will, sondern, was ich hasse, das tue ich.Wenn ich aber das tue, was ich nicht will, so willige ich, daß das Gesetz gut sei...Dann handle aber nicht mehr ich, sondern die in mir wohnende Sünde. Ich weiß, daß in mir, d.h. in meinem Fleisch, das Gute nicht wohnt.Denn das Gute wollen, dazu bin ich bereit, aber nicht es auszuführen.Ich tue nämlich nicht das Gute, das ich will, vielmehr was ich nicht will, das Böse, das tue ich".

Einerseits ist in der Geschichte der neuzeitlichen gesellschaftspolitischen Entwicklung eine zivilisatorische und eine auf Freiheitsrechte basierende Weiterentwicklung festzustellen. Andererseits offenbart sich gerade in dieser Freiheit, die nicht nur schöpferische, sondern auch ***zerstörerische*** Möglichkeiten umschließt, die Unmöglichkeit, die Probleme der Geschichte und der Politik durch Anwendung rein naturwissenschaftlicher Methoden theoretisch in ihrer Gesamtheit zu erfassen und praktisch zu meistern. Wer jedoch die Natur des Menschen, seine begrenzten schöpferischen Fähigkeiten und die Unberechenbarkeiten des Lebens mißachtet, kann keine praxisorientierte Theorie für den Frieden entwickeln.
Konkret bedeutet diese Feststellung, daß mit Blick auf eine historische Praxisorientierung die Konstanten und Variablen der modernen Politikformulierung seit Beginn der bürgerlichen Revolutionsbewegung zunächst erkannt werden müssen. Zu den bereits herausgestellten erkenntnistheoretischen Kategorien treten neue historische, d.h. dem konkreten politisch-sozialen Seinsbereich der Neuzeit entsprechende Inhalte hinzu .

2.1. Das voluntaristische Planen der Moderne - ein kurzer Überblick

Im Zusammenhang mit den Inhalten des Begriffs der Moderne arbeitete insbesondere Jürgen Habermas die Bedeutung der Neuzeit in ihrem "philosophischen Diskurs" heraus; in einem Diskurs, der seit dem späten 18.Jahrhundert, zum philosophischen, d.h. auch zum ideenpolitischen Thema erhoben worden war.[1)]
Verbunden mit dem philosophisch-ideenpolitischen Inhalten wies die Moderne eine eigenständige, vorbildlose erkenntnistheoretische Methode des Verständnisses der Vermittlung zwischen Philosophie bzw. Theorie und immanenter politischer Praxis auf.[2)] Zum einen glaubt eine wissenschaftlich begründete Sozialphilosophie wie die des neuzeitlichen Gesellschaftstheoretikers Hobbes, ein für allemal die Bedingungen der richtigen Staats- und Gesellschaftsordnung erkennen und bestimmen zu können. Dieses vom Naturrecht geprägte Theorieverständnis ist davon überzeugt, unabhängig von Ort, Zeit und Umständen und ohne die Berücksichtigung geschichtlicher Entwicklung eine dauerhafte Begründung des Gemeinwesens zu geben. Zum anderen ist die

Umsetzung der durch Methoden der Erfahrungswissenschaften herausgearbeiteten Theorie in die politische Praxis ein rein technisches Problem. Man braucht hierzu nicht mehr das praktisch kluge, politische Handeln von Menschen, sondern eine genau berechenbare `Erzeugung` von Regeln, Verhältnissen und Einrichtungen.

> "Die Ingenieure der richtigen Ordnung können von den Kategorien sittlichen Umgangs absehen und sich auf die Konstruktion der Umstände beschränken, unter denen die Menschen wie Naturobjekte zu einem kalkulierbaren Verhalten genötigt sind. Diese Loslösung der Politik von der Moral ersetzt die Anleitung zum guten und gerechten Leben und die Ermöglichung des Wohllebens in einer richtig hergestellten Ordnung.Damit verändert `Ordnung` ihren Sinn ebenso wie das `Gebiet`, das geordnet wird - es ändert sich der Gegenstand der politischen Wissenschaft selbst... Politik wird zur Philosophie des Sozialen, so daß heute mit Recht die wissenschaftliche Politik den Sozialwissenschaften zugerechnet werden kann." 3)

Zu Beginn unseres Jahrhunderts war für Max Weber in Auseinandersetzung mit Hegel und Marx die Verbindung der inneren, d.h. nicht nur kontingenten Beziehung zwischen der Moderne und dem, was er okzidentalen Rationalismus nannte, noch selbstverständlich.[4)] . Weber beschrieb jenen Entzauberungsprozeß als "rational", der in Europa dazu führte, daß die zerfallenden religiösen Weltbilder von einer profanen Kultur mit neuen theoretischen, innerweltlichen Erlösungsvorstellungen abgelöst wurden. Mit den modernen Natur- und Erfahrungswissenschaften und den aus Prinzipien begründeten Moral- und Rechtstheorien entstanden kulturelle Wertspären, die

> "Lernprozesse jeweils nach den inneren Gesetzmäßigkeiten theoretischer, ästhetischer oder moralisch-praktischer Probleme ermöglichten". 5)

Weber beschrieb mit seiner Rationalisierungsthese nicht nur die Profanisierung der westlichen Kultur, sondern vor allem auch die Entwicklung moderner Gesellschaften. Mit dieser Rationalisierung auf politisch-sozialem Gebiet entstand nicht nur eine Zweckrationalität, sondern auch ein bestimmtes Verhältnis zu Tradition und Herkunft im Leben der modernen Industriegesellschaften. Im Umgang mit der Zweckrationalität büßte nämlich die moderne Gesellschaft in der Regel ihre Naturwüchsigkeit ein. Der Rationalisierungsbegriff steht unmittelbar mit den Begrgiffen "Herstellung" oder auch "Planung" im Zusammenhang.[6] Der Herstellungsbegriff bezieht sich auf die Gegenwart und insbesondere auf die Zukunft, die man nicht dem Zufall überlassen will. Die planende Gestaltung beruht auf einem vorentwerfenden Projekt der zu erzielenden politisch-sozialen Wirklichkeit. Mit dieser Teleologie versucht man, einen innerweltlichen Endlösungszustand planerisch wie ein Architekt zu erreichen. Diesen Zielen sind wiederum bestimmte Mittel zugeordnet, die sich auf die zu erwartenden kalkulierbaren Umstände beziehen. Gesellschaft, Politik, Geschichte und damit die Friedensfrage werden berechenbar, d.h. zu einer positiven gesetzmäßigen Theorie. Planung und Herstellung werden auf den gesamten Gesellschaftskörper angewandt, der zu einem Objekt zweckrational-planenden Verhaltens wird.[7] Die Planung wird von der individuellen Ebene auf die Systemebene gehoben, und wird damit zu einem "neuartigen Modus" des Geschehens überhaupt [8]. Dieses Neuartige kommt darin zum Ausdruck, daß der Gang der Geschehnisse, der bisher spontan und naturwüchsig verlief, nun dem menschlichen Gestaltungswillen unterworfen, \`herstellbar\` wird. Eine solche \`Gesamtplanung\` beansprucht damit eine wirklichkeitsverändernde Qualität weltgeschichtlichen Ausmaßes. Durch die Universalisierung von Handlungsnormen und durch eine subjektive Generalisierung von Werten hatte sich das neue kommunikative Handeln in seinen sich selbst erweiternden Optionsspielräumen von eng umschriebenen Kontexten entbunden.[9] Um Max Webers direkte Beziehung zwischen Modernität und Rationalität in ihrem Gehalt verstehen zu können, muß man auf Hegel zurückgreifen. Denn es war Hegel, der als erster Philosoph einen klaren Begriff der Moderne entwickelt hat. Die übliche Einordnung der Moderne bzw. Neuzeit der Geschichtswissenschaft (in Neuzeit, Mittelalter und Altertum) verliert bei Hegel ihren bloß chronologischen Sinn. Als Moderne versteht Hegel ein geistiges Bewußtsein, das er als einen fortschreitenden Entwicklungsprozeß sieht, der mit der Aufklärung und der Französischen Revolution zunächst als ein "Aufscheinen des Ganzen" ein "neues Zeitalter" kennzeichnet [10]. Als "moderne" oder "neue" Zeit begreift Hegel den Gesamtzusammenhang des Vorgangs, den er mit seinen Schlüselworten : Revolution, Fortschritt, Entwicklung, Krise, Zeitgeist usw., beschreibt. Damit wird ein begriffsgeschichtliches Licht auf das Problem geworfen, das sich mit dem modernen

Geschichtsbewußtsein der westlichen Kultur stellte: die Moderne kann und will ihre orientierten Maßstäbe nicht mehr Vorbildern einer anderen Epoche entlehnen, sie muß ihre Normativität aus sich selber schöpfen. Die Moderne sieht sich, ohne Möglichkeit des Entweichens, an sich selbst verwiesen. [11)] Reinhard Koselleck hat im Rahmen einer begriffsgeschichtlichen Untersuchung das moderne Zeitbewußtsein unter anderem durch die wachsende Differenz zwischen "Erfahrungsraum" und "Erwartungshorizont" gekennzeichnet:

> "Meine These lautet, daß sich in der Neuzeit die Differenz zwischen Erfahrung und Erwartung zunehmend vergrößert, genauer, daß sich die Erwartungen immer mehr von allen bis dahin gemachten Erfahrungen entfernt haben." 12)

Die spezifische Zukunftsorientierung der modernen politischen Philosophie und Theorie der Neuzeit bildet sich erst heraus, als die gesellschaftliche Modernisierung als geistesgeschichtlichen Vorgang den alt-europäischen Erfahrungsraum der bäuerlich-handwerklich geprägten Lebenswelt aufreißt, mobilisiert und als erwartungssteuernde Direktive entwertet. Anstatt der tradierten Erfahrungen vorangegangener Generationen tritt jene Fortschrittserfahrung, die dem bis dahin fest in der Vergangenheit verankerten Erwartungshorizont eine "geschichtlich neue, utopisch dauernd überziehbare Qualität" verleiht.[13)] Das mittelalterliche Verhältnis zur Natur und das aristotelisch-scholastische Weltbild wurde seit dem 16.Jahrhundert immer stärker in Frage gestellt.[14)] Dramatische Veränderungen setzten mit Reformation und Aufklärung, kapitalistischer Produktionsweise und bürgerlichen Revolutionen, Naturwissenschaften und Technik, Verstädterung und Industrialisierung, und durch einen allgemeinen Säkularisierungsprozeß [15)] ein. Es entsteht [16)] nach allmählicher Vorbereitung durch Renaissance, Humanismus und Reformation das auf sich selbst bezogene bürgerliche Individuum. Die Zeit der Ideen und der revolutionäre Kampf um die jeweils richtige politische Philosophie beginnt,wie u.a. das Werk von Koselleck zum Ausdruck bringt. Ein "Weltbürgerkrieg" [17)] um die richtige Moralität, die auch die wirtschaftlichen Verhaltensstrukturen beinhaltet [18)], entfaltet sich von diesem weltgeschichtlichen Zeitpunkt an. Nicht Tradition und eine von Gottes Gnaden aristokratische Herrschaft bestimmen von nun an die Legitimität in der Politik, sondern der geschichtsphilosophisch, politik-theoretisch legitimierte planerische Entwurf, über den sich die Individuen einigen müssen (z.B in einer Vertragstheorie im Sinne Lockes). Karl Marx faßte bereits 1840 in seiner Dissertation diesen die Politik unserer bürgerlich-revolutionären Epoche bestimmenden Gesamtvorgang in folgenden Worten zusammen:

> "So ergibt sich die Konsequenz, daß das Philosophisch-Werden der Welt zugleich ein Weltlich-Werden der Philosophie, daß ihre Verwirklichung zugleich ihr Verlust,daß, was sie nach außen bekämpft, ihr eigener innerer Mangel ist, daß gerade im Kampfe sie selbst in die Schäden verfällt, die sie am Gegenteil als Schäden bekämpft, und daß sie diese Schäden erst aufhebt, indem sie in dieselben verfällt." 19)

Das (subjektivistisch-) moralische Element in der Politik führte also zu einer dauerhaften Polarisierung der politisch Denkenden, die ihre Grenzen nicht in der bloßen Abschaffung der Aristokratie sahen. Eine ausgesprochen wichtige Folge, die sich als Neuheit in der Politikformulierung ergab, ist in einer Polarisierung der politischen Meinungen im Namen der Moral in gleichzeitiger Abgrenzung zur traditionellen Staatsräson (Machiavelli) zu sehen. Das Phänomen der Entfessellung politischer Ideen setzt sich bis in unsere Tage fort. Mit der Freisetzung des Individuums wird die über es selbst hinausweisende Dialektik der bürgerlichen Gesellschaft entfesselt - mit der inneren Folge oppositioneller Gesellschaftsschichten und der äußeren Folge einer revolutionären Erhebung einer zweiten Welt sowie schließlich einer dritten Welt [20] .

2.2.Möglichkeiten und Grenzen des `modernen` Menschen: Die `Entzweiung` in der bürgerlichen Gesellschaft

Nach Habermas war Hegel der erste, der den Prozeß "der Ablösung der Moderne von den außerhalb ihrer liegenden Normsuggestionen der Vergangenheit" [21] zum philosophischen Problem erhoben hat. In direkter Reaktion zum Naturrecht, das das Theorie-Praxis-Verhältnis von Aufklärung und bürgerlich-revolutionärer Bewegung prägte, versuchte Hegel mit einer eigenständigen dialektischen Erkenntnistheorie die Krise, die durch das Denken und Handeln der Moderne in Mitteleuropa entstand, durch eine praktische Philosophie im Sinne Aristoteles zu überwinden, indem er sowohl die fortschrittlichen Elemente zu bewahren und die zerstörerischen einzudämmen suchte.[22] Hegel sah seine Philosophie bzw.Theorie als eine an die Zeit gebundene Größe mit striktem Praxis-Bezug an. In den "Grundlinien der Philosophie des Rechts" [23] kommt dieser Bezug deutlich zum Ausdruck:

> "Es ist ebenso töricht zu wähnen, irgendeine Philosophie gehe über ihre gegenwärtige Welt hinaus, als, ein Individuum überspringe seine Zeit. ... Geht seine Theorie in der Tat darüber hinaus baut es sich eine Welt, wie sie sein soll, so existiert sie wohl, aber nur in seinem Meinen - einem weichen Elemente, dem sich alles Beliebige einbilden läßt...Um noch über das Belehren, wie die Welt sein soll, ein Wort zu sagen, so kommt dazu ohnehin die Philosophie immer zu spät. Als der Gedanke der Welt erscheint sie erst in der Zeit, nachdem die Wirklichkeit ihren Bildungsprozeß vollendet und sich fertig gemacht hat. Die, was der Begriff lehrt, zeigt notwendig ebenso die Geschichte, daß erst in der Reife der Wirklichkeit das Ideale dem Realen gegenüber erscheint und jenes sich dieselbe Welt, in ihrer Substanz erfaßt, in Gestalt eines intellektuellen Reichs erbaut." 24)

In diesem theoretischen Verständnis liegt der eigentliche Wert Hegels für eine praktische Theorie der internationalen Friedenssicherung. Es war Hegels Versuch, die ***Entzweiung*** im weltgeschichtlichen Vorgang der Moderne "aufzuheben". Der Begriff der *Entzweiung* ist am deutlichsten im Zusammenhang mit dem schon angesprochenen Verfall der aristotelischen Denkweise mit der Aufklärung nachzuvollziehen. Das naturrechtliche Denken hebt sich vor allem dadurch vom aristotelischen ab [25] ,weil es eine grundlegende anthropologisch- onthologische Bedingung vernachlässigt,nämlich jene Vorbedingung, daß der Mensch erst zu seinem Sein heranwachsen muß.Dies geschieht, indem er in einem auf seine Natur gegründeten Staat lebt, und sich in seine ethische Ordnung eingewöhnt. "Es ergibt sich, daß die aus dem Gewohnten her kommende Tugend und Tüchtigkeit uns nicht von Natur zuwächst", und deshalb auch nicht einfach vom Menschen in einem geschichtslosen Raum ohne die vorangegangenen Stadien der politisch-gesellschaftlichen Entwicklung `hergestellt` werden kann.[26]

> "Die Natur des Menschen als Möglichkeit kommt nicht von Natur zur Verwirklichung, ihre Wirklichkeit (Aktualität) sind die ethischen politischen Ordnungen, in denen der Mensch zum Stande eines menschlichen Lebens kommt".27)

Alles Wissen des Menschen, sein Sein und die Philosophie selbst sind an eine Voraussetzung und Bedingung gebunden: die dem Menschen von Natur als Möglichkeit gegebene Vernunft muß bereits praktisch zum aktuellen Stand des Menschseins gekommen sein. Das bedeutet, daß die Möglichkeiten des Menschen sich erst im Entwicklungsverlauf der Geschichte und des Sich-selbst-bewußtwerdens des Menschen durch die Ethik ergeben. Der gerade erreichte Stand dieser Entwicklung stellt den eigentlichen Raum der Entfaltungs- und Gestaltungsmöglichkeiten dar, in dem die politische Theorie und Praxis bestimmt werden können. In besonders anschaulicher Weise arbeitet Reinhart Koselleck die ideengeschichtlichen Ursachen der "moralischen Entzweiung" heraus: Die Voraussetzungen für die Entfaltung einer moralischen Weltanschauung wurden nach Kosellek bereits im Friedenszustand des aristokratisch geführten Europa nach den Verwüstungen des Dreißigjährigen Krieges im Westfälischen Frieden von 1648 geschaffen, als die wachsende bürgerliche Bevölkerung sich ihrer Lage immer bewußter wurde :

> "Aber im Maße als die politisch machtlosen Individuen der religiösen Bindung entwachsen, geraten sie in Widerspruch zu dem Staat, der sie zwar moralisch freisetzt, aber gleichwohl ihnen die Verantwortung vorenthält, indem er sie auf einen Privatraum reduziert. Die Bürger geraten zwangsläufig in Gegensatz zu einem Staat, der durch die Unterordnung der Moral unter die Politik das Politische auf formale Art versteht und so die Rechnung ohne das Eigengefälle der Emanzipation seiner Untertanen macht. Ihr Ziel wird es nämlich sein, sich moralisch so weit zu vervollkommnen, daß sie tatsächlich selber wissen, und zwar jeder für sich, was gut ist und was böse".27b)

Gerade mit Blick auf Woodrow Wilsons moralische Formulierung der amerikanischen Weltpolitik gilt es die folgenden Äußerungen Joachim Ritters zu beachten. Die entscheidende Lehre Aristoteles ging in der modernen Welt, mit dem Bruch des 18.Jahrhunderts in Vergessenheit: daß die Natur als Substanz des Rechts und des Staates erst die ethisch verwirklichte Natur ist. Die Konsequenz dieses gedanklichen Verlustes ist, daß menschliche Natur und positives Recht, menschliche Natur und Staat unvermittelt aufeinander bezogen werden.

> "Die ethisch geschichtliche Fülle der aristotelischen Theorie verdampft. Zwischen Staat und Recht und der menschlichen Natur fehlt die Vermittlung, und Deduktionen und abstrakte Bestimmungen müssen den Begriff ersetzen, der für Aristoteles in der zur konkreten geschichtlichen, ethischen Fülle des Menschseins verwirklichten Natur des Menschen gegeben war". 28)

Die Ganzheit der Seinszusammenhänge geht verloren, zerfällt in eine Fragmentierung und Polarisierung der Moral, die nur noch künstlich aufrecht gehalten wird. Die bürgerliche Gesellschaft als System einer `Bedürfnisnatur` reduziert den Stand des Menschen auf das durch Arbeit und Nutzung gesetzte Naturverhältnis.

> "Daraus entspringt die Entzweiung, in welcher die Recht und Ethos übergreifende Einheit der aristotelischen praktischen Philosophie zerbricht"

Das Verständnis von Subjektivität bzw. Individualität zersetzt das Verständnis für die gewachsene Ethik des Gemeinwesen und für die Ganzheit der historischen Entwicklung. Es kommt zu einer Entzweiung der Menschen, die nur mit einer praktischen Philosophie im Sinne aufzuhalten ist.

> "Im unvermittelten Gegenüber von Gesellschaft und Subjektivität beginnt die sittliche Welt, das Ethos des Aristoteles, den Halt und ihr eigenes Sein zu verlieren".29)

Wie aussagekräftig Ritters aristotelisches Verständnis ist, kann man an Wilsons Konzept jener Einen Welt erkennen, die nicht von dem Gesichtspunkt der Ganzheit internationaler Bedürfnisse , sondern letztendlich von dem Aspekt des Eigeninteresses der USA bestimmt wurde. Auch wenn Wilson wesentlich von moralischen Gründen bewegt wurde, entspricht sein Denken und Handeln nicht einer an der Ganzheit orientierten Moral, sondern einer Partikularsicht, die nicht im vollen Umfange eine praktische Theorie im Sinne Aristoteles darstellt.30) Dieser Sachverhalt läßt sich auf die Formel bringen: Je moralischer der Anspruch einer Theorie, um so unmoralischer ist ihre Wirkung . Der tatsächliche ethische Wert einer Theorie liegt nicht in der Ehrlichkeit und in der Überzeugungskraft des Verkünders moralischer Werte, sondern in der Fähigkeit, den ganzheitlichen Bezug der bereichsontologischen Grundprämissen in die Theorie einzuarbeiten, d.h. den historischen Entwicklungsstand passend für den Bereich, in dem die Theorie ihre Gültigkeit haben soll, zu bemessen. Hier liegen die Gefahren eines `gleichmacherischen' Naturrechts, das von der Allgemeingültigkeit moralischer Normen ausgeht und die unterschiedlichen Entwicklungsphasen, in denen sich Individuen, Kulturen und Völker befinden, nicht berücksichtigt. Damit ist ein zentraler Punkt in der erkenntnistheoretisch-methodischen Grundhaltung des Naturrechts und der Aufklärung genannt, die wesentliche Wirkung auf die moderne bürgerliche Gesellschaft und ihre Staatsordnung

hatte. Gerade als politisch orientierter Philosoph, der sowohl die aristotelische Praxisorientierung als auch die Errungenschaften der Französischen Revolution zu bewahren suchte, erkannte Hegel diese fundamentale Schwäche der naturrechtlichen, bürgerlich-revolutionären Theorie und ihre Folgen für den Frieden.[31)]
Die Beunruhigung über das fundamentale Problem der Entzweiung führte Hegel zu seiner erkenntnisleitenden Aussage, daß dieses Phänomen der "Quell des Bedürfnisses der Philosophie" sei [32)] , und daß die vorbildlose Moderne aus den von ihr selbst hervorgebrachten Entzweiungen heraus stabilisiert werden, d.h. auf den Weg der Praxis innerhalb des historischen Möglichkeitsraumes zurückgeführt werden müsse. Hierzu ist es notwendig, die Entfaltung der Geschichte im Rahmen des Möglichkeitsraumes zunächst wahrzunehmen. Die Lage muß \`auf den Begriff gebracht werden\`.Es gilt deshalb den historischen Fortschritt möglichst genau zu betrachten. Hegel stellte <u>einerseits</u> mit Hilfe seiner Methode fest, daß Planungs- und Herstellungseuphorien des Naturrechts nicht vollständig auf dem realgeschichtlichen Grund gewachsen sind ; <u>andererseits</u> jedoch ist das bürgerlich-naturrechtliche Denken Ausdruck eines geschichtlich voranschreitenden Prozesses. In der Gleichsetzung aller Individuen (auch Völker) überzeichnet das Naturrecht, das von historisch ungebundenen Menschenrechten ausgeht, einen bislang erreichten Trend der gesellschaftlichen Entwicklung, des historischen Möglichkeitsraumes .[33)] Geschichtliche Entwicklung und technisch geplante Herstellung von politisch-gesellschaftlichen Strukturen müssen nicht zwangsläufig unüberbrückbare Gegensätze sein. Der historischen Entwicklung selbst ist seit der Moderne, vielmehr ein innerer Prozess zur Herstellung, zur Planung, zur Machbarkeit, zum "Kopfstand" immanent. In seiner dialektischen Betrachtung der weltgeschichtlichen Lage kommt Hegel zu einer genauen Bestimmung des *Möglichkeitsraumes* von Philosophie und Politik in der Moderne. Hegel sah sich am Ende einer alten Epoche und gleichzeitig am Beginn eines revolutionären Zeitalters, das er als den Anfang vom Ende der "alten" Geschichte begriff. [34)] Eine Gestalt des Lebens war alt geworden, so daß die Zeit der Philosophie dieser Gestalt angebrochen ist. Die Reflexion dieser geschichtlich alt gewordenen Gestalt weist sowohl in die Vergangenheit als auch in die Zukunft. Hegels historisch-perspektivische Theorie erkennt einen

systematischen Weg in der Weltgeschichte.[35] Er grenzt sich hierbei sowohl von der naturrechtlichen Fortschritts- und Vernunftsgläubigkeit als auch von der historistischen Geschichtsbetrachtung ab.[36] Den bisher zurückgelegten Weg erkennt Hegel als "Fortschritt im Bewußtsein der Freiheit". Dieses Bewußtsein wurde durch die Französische Revolution unumkehrbar allgemein,d.h. welthistorisch. Es bleibt die Aufgabe der weiteren Geschichte, in der historisch konkreten Situation in Europa zur einer Allgemeinheit zu finden. Dieser Vorgang muß sich jedoch nach und nach philosophisch wie politisch in der begrifflich-konkreten Situation noch weiterentfalten.(Die grundlegende Entfaltung des geschichtlich Vernünftigen vollzieht Hegel in seiner Logik [37] über die Seins- zur Wesens- und am Ende zur konkreten Begriffslehre.) Hegel verstand seine eigenen Erkenntnisse und Theorie nur als Moment auf dem Wege zu dieser historischen Entfaltung und Konkretisierung. Die Möglichkeit des praktischen Handelns hängt unmittelbar von dieser Entfaltung ab :

> "Die Philosophie hat es nur mit dem Glanze der Idee zu tun, die sich in der Weltgeschichte spiegelt." 38)

Dieser Satz deckt sich mit der Aussage, daß das Theoretische wesentlich im Praktischen enthalten sei.Das Problem der Moderne ist es aber,das Wesentliche in seinem Entfaltungsgrad im Allgemeinen zu erkennen.[39] Zunächst arbeitete Hegel in seiner Lageanalyse das Prinzip der Subjektivität heraus.Die neuzeitliche Wendung zum autonomen Subjekt stellte einen weltgeschichtlichen Wendepunkt dar, da sich das als frei empfindende Individuum nicht mehr an einer heiligen unantastbaren Welt und seinem Gottesgnadentum orientierte, sondern einer Welt, die vom Subjekt selbst verfaßt wird. Die Subjektivität äußert sich konkret a) im Individualismus, b) im Recht der Kritik, c) in der Autonomie des Handelns und der Verantwortungsbereitschaft: es gehört der modernen Zeit an, daß wir dafür stehen wollen, was wir tun [40] , d) in der idealistischen Philosophie selbst: Hegel betrachtet es als das Werk der modernen Zeit, daß die "Philosophie die sich wissende Idee erfaßt". [41] Aus diesem Prinzip verstand Hegel sowohl die Moderne in ihrer Überlegenheit als auch in ihrer Krisenhaftigkeit, sowohl als die Welt des Fortschritts als auch des entfremdeten Geistes.

Mit der sogenannten "Kopfstand-These" versuchte Hegel, den Fortschritt der Neuzeit auf eine Formel zu bringen:

> "Solange die Sonne am Firmamente steht und die Planeten um sie herumkreisen, war das nicht gesehen worden, daß der Mensch sich auf den Kopf, d.i. auf den Gedanken stellt und die Wirklichkeit nach diesem erbaut." 42)

Damit beschrieb Hegel das prinzipielle Verhältnis von Theorie/Philosophie und politischer Praxis, das von einer "Auf-sich- selbst-bezogenheit" bestimmt wird."Es ist das Große unserer Zeit, daß die Freiheit, das Eigentum des Geistes, daß er in sich bei sich ist, anerkannt ist." 43) Das Prinzip der Subjektivität steht in einem sich gegenseitig bestimmenden dialektischen Verhältnis mit dem schon erwähnten Begriff der Moral und vor allem mit dem Wissenschaftsverständnis der Moderne. Einerseits führen die wachsenden Erfolge der Naturwissenschaften zu einem neuen Verständnis von der Wissenschaftlichkeit des Lebens , insbesondere auch zu einem veränderten Verhältnis von Subjekt und politischer Kultur . Andererseits prägt die Selbstbezogenheit der Moderne ein eigenes, von alten Orientierungen losgelöstes wissenschaftliches Vorgehen, das Ausdruck des modernen Verständnisses von Theorie und Praxis ist. Jürgen Habermas faßt den *Herstellungscharakter* dieses neuzeitlichen Verständnisses von politischer Theorie und Praxis mit folgenden Worten zusammen:

> "Seit 1789 gibt es Revolutionen, die von ihren revolutionär gesonnen Anwälten als solche verteidigt, vorangetrieben, gelenkt und vollendet werden. Mit diesen (Anwälten) tritt ...jenes prekäre Praktischwerden der Theorie in die politische Planung der agierenden Einzelnen wieder ein; sind diese doch wiederum die Ingenieure, die im Modus des Herstellens handeln, den allgemeinen Normen unvermittelt Realität verleihen wollen." 44)

Grundlage dieses *Herstellungsdenkens* ist nach Habermas die Reduktion der "Weltkomplexität", wobei Komplexität dasjenige Problem ist,"im Hinblick auf welches soziologische Theorie sich als Praxis begreift", "sich mit der Praxis als eins weiß".
Die auf diese Weise gewonnene Gesellschaftstheorie stellt einen technokratischen Mißbrauch, d.h. eine ***Sozialtechnologie*** dar.[45] Es läßt sich heute, über zweihundert Jahre nach der Französischen Revolution, feststellen, daß die Bedeutung der Wissenschaftlichkeit für die politischen Inhalte und die Legitimation eines Staates auf grundlegende erkenntnistheoretische Faktoren zurückzuführen sind. [46] In diesem Zusammenhang betont

Hugo Staudinger die Paradoxie der herrschenden westlichen Wissenschaftskonzeption, der die moderne Welt nicht nur ihren relativ hohen "Wohlstand für alle" verdankt, sondern die auch zu einer Verkennung der Wirklichkeit und damit zu großen Gefahren führen kann. 47)

Hegel berücksichtigte in der ihm eigenen Betrachtungsweise sowohl die Vorteile als auch die Nachteile:

> "denn Hegel reflektiert nicht allgemein auf die Geschichtlichkeit der Philosophie und des Geistes überhaupt, er will den gegenwärtigen Vollzug der Metaphysik bestimmen. Sie kann für ihn dann und nur dann Erkenntnis des Seins bleiben, wenn sie zugleich Erkenntnis der eigenen Zeit ist."48)

Hegel sah sowohl den durch Naturrecht und Aufklärung bewirkten Fortschritt der Menschen in der Französischen Revolution im Sinne von "Geschichte ist Fortschritt im Bewußtsein der Freiheit", als auch das Krisenhafte dieser bürgerlichen Geistesbewegung, die zugleich einen sich verselbstständigenden und übertriebenen Vernunftsglauben hervorbrachte. Er begriff durch seinen dialektischen Ansatz und seinem metaphysischen Wertbezug, den er methodisch in der `Logik` entwickelte , die Moderne in ihrer Zerrissenheit und ihrer ausdifferenzierten Sphären im Bereich der Wissenschaft, Moral und Kunst .49) Hegel sah es als Aufgabe der Philosophie bzw. der Geschichtsphilosophie an, der Herausforderung der Zerrissenheit zu antworten und der Wirklichkeit den "Spiegel" vorzuhalten. Indem der Vorgang der Revolution von Hegel als weltgeschichtlich 50), als politisches und gesellschaftliches Problem der "demokratischen Weltrevolution" 51) erfaßt wird, sucht er die Ganzheit der Beziehungen geschichts- philosophisch zu klären. 52) Er setzte gegen die krisenhaften Erscheinungen, die in Folge der modernen Wissenschaftskonzeption und des naturrechtlichen Denkens entstanden, eine Versöhnungsdialektik, in der ein Ausgleich der "Entzweiung von Herkunft und Zukunft" 53) zum Ausdruck kommt: Diese "Vereinigungsphilosophie" 54) geht auf die persönlichen lebensgeschichtlichen Erfahrungen Hegels mit dem `Terreur' der Französischen Revolution und der Napoleonischen Kriege zurück.Einerseits erkannte Hegel hierbei in einer Bejahung der Revolution die Widerspiegelung der Idee der Vernunft und den nun erreichten Stand der geistigen Entwicklung des Menschen. Andererseits verstand er die subjektzentrierte Vernunft nicht im Sinne Kants als eine rein vom Menschen abhängige

"Verstandesvernunft", sondern im Sinne einer sich historisch-ontologisch zu entfaltenden Idee 55). Die reine Vernunftsreligion der Aufklärer erschien Hegel nur als ein "Fetischglauben", als bloße Abstraktion. Sie bringe es nur zu einer Art von "Privatreligion".56) , die die Gefahr der Selbstzerstörung in sich habe. Hegel bemerkte seit etwa 1795, daß die Revolution sowohl notwendig kommen mußte als auch - wegen des Terrors - zu einer "Furie des Verschwindens" wurde; zu ihr gehören "der platteste Tod", "der keinen inneren Umfang und Erfüllung hat,... ohne das Durchhauen eines Kohlhaupts oder ein Schluck Wassers" 57)
Die Revolution hat in ihrer direkten Umsetzung der Philosophie in die Politik das Grundproblem gestellt, das die Epoche auszutragen hat. In seiner Ungelöstheit treibt es die Frage hervor, warum es weder der Revolution selbst noch den revolutionären und restaurativen Versuchen der ihr folgenden Jahrzehnte gelingen konnte, zur politischen Stabilität zu kommen. Dies durch die Revolution gestellte und zugleich nicht gelöste Problem stellt die politische Verwirklichung der Freiheit im Rahmen des gegenwärtigen Zustandes der "bürgerlichen Gesellschaft" dar.58)

I.3. Möglichkeiten und Grenzen der `bürgerlichen Gesellschaft`

3.1.Enstehung und Inhalte des Begriffs

Die Entstehung der neuzeitlichen bürgerlichen Gesellschaft beschreibt Reinhart Koselleck mit dem Durchbruch der Aufklärung im 18.Jahrhundert als eine grundlegende historische Krise, deren ambivalente, dialektische Auswirkungen sich bis in die "Bürgerkriegssituation" der Gegenwart erstrecken. Zentrales Merkmal stellt die gegen das politische System des absolutistischen Staates gerichtete Kritik einer neuen öffentlichen `Moral` dar, die, von der staatlichen Gesetzgebung ausgeschlossen, in Form indirekter Gewaltnahme den Herrschaftsanspruch des sich emanzipierenden Bürgertums artikuliert. Die so entstandene "Krise der Politik" wird,

> "auch als der Bürgerkrieg bereits drohend vor Augen steht, als ein moralisches Gericht beschworen, das den geschichtlich sinnvollen Abschluß darstelle - Ende nur des kritischen Prozesses, den das Bürgertum gegen den Staat angestrengt hat." 59)

Insbesondere die staats-,sozial- und geschichtstheoretischen Überlegungen einzelner Philosophen wie Hobbes, Locke, Rousseau, Kant, Fichte aber auch Adam Smith, dem Begründer der modernen Nationalökonomie, wurden für die Begründung und Durchsetzung des "bürgerlichen" Herrschaftsanspruchs maßgeblich.[60)] Die \`bürgerliche Gesellschaft\` ist ein langfristig verlaufender, sozialstruktureller Wandel, der in seiner Universalität das politisch- soziale Selbstverständnis der Gegenwart in grundlegender Weise bestimmt und beeinflußt. Obwohl angesichts der Komplexität und der Verwobenheit ihrer Elemente noch keine Theorie der \`bürgerlichen Gesellschaft\` formuliert worden sei, so lasse sich, nach Utz Haltern doch eine "Matrix" definieren, mit deren Hilfe der neuzeitliche Gesellschaftsprozeß, umfassender und differenzierter, als es soziologische Kategorien (z.B.Industriegesellschaft) und ideologisch gegensätzliche und einseitige Zuordnungen (wie Bourgeoisie-Proletariat, Liberalismus, Kapitalismus) vermögen, in den ihm zukommenden historischen Dimensionen beschrieben, erklärt und analysiert werden kann.[61)]
Haltern gliedert in folgende Gegenstandsbereiche, die alle wechselseitig aufeinander bezogen sind und die nicht von einander isoliert betrachtet werden können:
a) Politik - die Institutionalisierung des Staatsbürgertums (Bürgerrechte, Verfassungsentwicklung, Parlamentarisierung) ,
b) Wirtschaft - Entstehung der Marktwirtschaft, die Entfaltung der kapitalistischen Produktionsweise und ihre Auswirkungen auf die Ausbildung der arbeitsteiligen Industrie- und Leistungsgesellschaft,
c) Gesellschaft - Untersuchung der sozialen Ungleichheit wie der Mobilität bürgerlicher Schichten und Angleichungstendenzen,
d) sozial-kulturelle Entwicklung - Übergang von der ständisch-agrarischen Sozialordnung zu den nationalstaatlichen, industriekapitalistischen und liberaldemokratischen Gesellschaftssystemen. Verbürgerlichung und soziale Angleichungen.[62)]
Wiederum war es Hegel, der als Erster die \`bürgerliche

Gesellschaft` sowohl in ihrer weltgeschichtlichen Konsequenz als auch in ihren Widersprüchen zum Thema gemacht hat. 63) Mit der Entfesselung des Individuums und der Produktivkräfte steht die bürgerliche Gesellschaft vor dem Problem, daß sich das Soziale und die Ökonomie aus der traditionellen Staatsordnung herausgelöst hat. Bei Hegel erhält der Begriff "bürgerlich", entgegen seiner ursprünglichen Bedeutung, einen primär "sozialen" Gehalt und wird nicht mehr, wie noch im 18.Jahrhundert, als gleichbedeutend mit "politisch" gebraucht. Der Ausdruck "bürgerlich" bezeichnet nur noch die "gesellschaftliche" Stellung des privatisierten Bürgers im politisch absolut gewordenen Staat, der

> "seinerseits erst damit der Gesellschaft einen eigenen Schwerpunkt verleiht und sie als "bürgerliche" freigibt." 64)

Die politisch-sozialen Widersprüche können von dem Traditionsbegriff der alten, vorrevolutionären bürgerlichen Gesellschaft nicht mehr aufgefangen werden. Bürgerbegriff und Bürgerrecht werden prinzipiell von der bürgerlichen Revolutionsbewegung auf alle Menschen einer Gesellschaft ausgedehnt, andererseits wird diese als "politische Gesellschaft" (im Sinne von Staat) neu auf den allgemeinen Willen der gleichberechtigten Bürger (citoyens) gegründet.Hegel erkennt hier grundlegende Widersprüche zwischen partikularen Interessen und Interessen der Gemeinschaft. Die Überwindung der alten "bürgerlichen" durch die neue "staatsbürgerliche" Gesellschaft zeigt sich nach Manfred Riedel als die absolute "Negation des bisherigen Verständnisses des Begriffs" 65) .Der neue Begriff "bürgerliche Gesellschaft" hängt unmittelbar mit dem "liberalen Modell" aufklärerischer Gesellschaftstheorien zusammen.

> "...das Soziale hat sich vom Politischen, die entpolitisierte Wirtschaftgesellschaft vom bürokratisierten Staat getrennt.Diese Entwicklung mußte die Fassungskraft der klassischen Lehre von der Politik überfordern.Diese zerfällt deshalb, seit dem ausgehenden 18.Jahrhundert, in eine Gesellschaftstheorie auf der einen, in eine Staatstheorie auf der anderen Seite." 66)

3.2.Die Abkehr von der klassischen Lehre der Politik

Seit dem Ende des 18.Jahrhunderts graben die neu sich herausbildenden Gesellschaftswissenschaften auf der einen, und die Disziplinen des öffentlichen Rechts auf der anderen Seite der klassisch-aristotelischen Politik das Wasser ab. Der moderne Begriff "Politik", der nach dem Muster einer (naturwissenschaftlichen) Erfahrungswissenschaft seine neue Bestimmung fand, hat mit dem alten aristotelischen Politikbegriff nicht mehr viel gemein. 67) Mit dem 17.Jahrhundert wurde dem klassischen Politikbegriff in der Philosophie sein Recht abgesprochen. Als Thomas Hobbes mit "the matter,form and power of a commonwealth" beschäftigte, sah er nicht mehr den alten Politikbegriff Aristoteles', sondern er betrieb schon hier eine "Sozialphilosophie". Hobbes vollzog damit

> "die Revolution der Denkungsart, die in der politischen Philosophie von Machiavelli auf der einen, Morus auf der anderen Seite eingeleitet worden war".68)

Es findet in diesem Vorgang ein Bruch mit der Tradition statt.Mit Machiavelli und Morus werden neue Begriffe des Politischen und des Sozialen einerseits in der "realpolitisch entzauberten" und andererseits in der "utopisch entworfenen" Welt 69) geprägt. Die Perspektive hat sich mit der Entfaltung der bürgerlichen Gesellschaft spezifisch verändert. Das politische Verhalten, das Machiavelli im Auge hatte, und die gesellschaftliche Ordnung, die Morus beschäftigte, werden nicht mehr von dem klassisch-aristotelischen Politikideal eines tugendhaften Verhaltens des Bürgers mit Blick auf das Gemeinwohl bestimmt, sondern nach den tatsächlichen Bedingungen des Überlebens. Zu Beginn der Sozialphilosophie stand die pragmatische Notwendigkeit,das physische Leben zu behaupten; \`technische\` Lösungen waren hierbei gefordert. 70) Die Sozialphilosophie versuchte die drohenden "Naturübel" zu beseitigen. In der Erkennung der Naturübel war sie nicht besonders erfinderisch.Die Sozialphilosophie hat bis heute die beiden, von denen Machiavelli ("Machtproblem") und Morus (gesellschaftliches Elend) ausgingen, nur modifiziert und variiert.

> "...den gewaltsamen Tod durch die Hand des Nächsten und den Tod durch Hunger und Elend". 71)

Seit Aristoteles kennt das Politische gute und entartete Verfassungen. Machiavelli und Morus entgehen dieser Betrachtung , weil sie die Struktur der Herrschaft aus dem ethischen Zusammenhang herauslösen. Machiavelli sieht trotz allem Wandel der politischen Geschichte eine grundlegende Struktur eines formal gleichbleibenden Verhältnisses der Repression.

"Sie ist durch die Unausweichlichkeit von Angriff und Verteidigung, von Bedrohung und Selbstbehauptung, von Eroberung und Niederlage, Aufstand und Unterdrückung, Macht und Ohnmacht bestimmt. Von dieser Spannung, die mit der potentiellen oder wechselseitigen Gewaltanwendung gleichsam natürlich gesetzt ist, bezieht der neue Begriff des Politischen überhaupt seinen Sinn." 72)

Morus versteht ebenfalls in Abkehr zur traditionellen Verfassungsproblematik einen anderen "modernen" Weg des Politischen. Er erkennt unter den wechselnden normativen Ordnungen eine gleichbleibende Substanz des Herrschaftsverhältnisses, statt aus einer unaufhebbaren Grundsituation der Menschen, aus dem mit dem Privateigentum gesetzten Zwang zur Ausbeutung:

"Wenn ich alle diese Staaten ... prüfend an meinem Geiste vorbeiziehen lasse,so finde ich ... nichts anderes als eine Art von Verschwörung der Reichen, die im Namen und unter dem Rechtstitel des Staates für ihren eigenen Vorteil sorgen". 73)

Morus nimmt damit den Begriff des Staates als einer "ökonomischen Zwanngsanstalt" voraus, der im Zusammenhang mit der bürgerlichen Gesellschaft wieder auftaucht. Er betont in seinen Überlegungen die die gesellschaftliche Heteronomie der privaten Tugend. Damit hält er am humanistischen Erbe einer naturrechtlich begründeten Moral, die so ausschlaggebend für den geistig-historischen Prozeß der Aufklärung wird, fest.Er beharrt auf den gesellschaftlichen Voraussetzungen, die erfüllt sein müssen, bevor die Masse der Bürger in Tugend und Glückseligkeit miteinander verbunden ist. Das Moderne an dieser These ist, daß

"die technisch-angemessene Organisation des Lebensnotwendigen, eine institutionell richtige Reproduktion der Gesellschaft, dem guten Leben vorausliegt, ohne selbst Inhalt und Ziel sittlichen Handelns zu sein".74)

So wie bei Machiavelli die Technik der Machterhaltung, wird auch bei Morus die Organisation der geselllschaftlichen Ordnung im aristotelischen Sinne moralisch (d.h.ontologisch) neutral.Sowohl Morus als auch Machiavelli stellen sich die Fragen nicht im Sinne der Praxis, sondern unter dem Primat der technischen Herstellbarkeit. Sie entwerfen Modelle unter "künstlichen" Bedingungen.

"Bevor noch die experimentelle Methode der Naturwissenschaften eingeführt ist, wird die methodische Abstraktion von der Vielfalt empirischer Verhältnisse hier vorweg erprobt. Machiavelli und Morus rücken auch in diesem Betracht überraschend auf eine Ebene, wenn man den heuristischen Sinn

> der realpolitischen Entzauberung in der gleichen Weise entschlüsselt wie den des utopischen Entwurfs." 75)

Beide Methoden entsprechen dem modernen abstrahierenden, reduktionistischen und isolierenden Vorgehen, entweder "Machtpolitik" (Machiavelli) oder sozio-ökonomische "Ideenpolitik" (Morus). Mit Blick auf diese Grundmethode der Moderne und der Wurzeln der \`bürgerlichen Gesellschaft\` stellt Hegels dialektisches Denken auf der Ebene einer Metatheorie eine wichtige "ganzheitliche Aufhebung" dar. Was nun der deutsche Philosoph mit der \`bürgerlichen Gesellschaft\` in das Bewußtsein der Zeit erhob, war nichts Geringeres als das Resultat der modernen Revolution:die Entstehung einer entpolitisierten Gesellschaft durch die Zentralisierung der Politik im fürstlichen bzw. revolutionären Staat und die Verlagerung ihres Schwerpunkts auf die Ökonomie, den eben zur selben Zeit diese Gesellschaft mit der industriellen Revolution, in der "Staats-" bzw. "National-Ökonomie" erfuhr. Erst in diesem Vorgang traten innerhalb der europäischen Gesellschaft ihre "politische" und ihre "bürgerliche" Verfassung auseinander, die vordem, in der klassischen Welt der alten Politik, ein und dasselbe bedeutet hatten. 76) Hegel sieht die politische Sphäre des Staates von der "bürgerlichen Gesellschaft" getrennt :

> "In der bürgerlichen Gesellschaft ist jeder sich Zweck, alles andere ist ihm nichts. Aber ohne Beziehung auf andere kann er den Umfang seiner Zwecke nicht erreichen. Diese anderen sind daher Mittel zum Zweck des Besonderen gibt sich durch die Beziehung auf andere die Form der Allgemeinheit und befriedigt sich, indem er zugleich das Wohl des anderen befriedigt." 77)

Die vom \`politischen\` Staat abgehobene \`bürgerliche Gesellschaft\` versteht sich im Sinne Hegels als die Sphäre bürgerlicher Privatleute ("bourgeois" im Gegensatz zu "citoyen"), die sowohl ihren "selbstsüchtigen" 78) Interessen als emanzipierte freie Individuen nachgehen als auch durch Eigentum, Arbeit und Tausch zur gemeinsamen Bedürfnisbefriedigung miteinander verbunden sind. Auf der einen Seite beinhaltet sie als ***System der Bedürfnisse***, d.h. als Wirtschaftsgemeinschaft das Prinzip ihrer eigenen Reproduktion, auf der anderen Seite droht ihr durch die Entfesselung der Willkürlichkeit der Bedürfnisse und der Dialektik der Klassengesellschaft das in ihr verwirklichte Normensystem des Rechts und der Freiheit wieder zu verlieren. 79) Gerade die soziale Desintegration , die durch die Entfesselung der Einzelwillen bewirkt wird, bewegt Hegel zur Vermittlung der \`bürgerlichen

Gesellschaft` mit dem Staat, der als "Wirklichkeit der sittlichen Idee" über die Institute der "Polizei"(Verwaltung) und "Korporation" (Berufsstände) auf die Gesellschaft eine begrenzende wie integrierende Wirkung ausübt. Da Hegel in der Emanzipation der Gesellschaft und der Wirtschaft eine Notwendigkeit im Sinne einer Durchlaufphase der Entwicklung hin zu einer höherwertigen, "aufgehobenen" Stufe versteht, ist es ihm möglich die "List der Vernunft" in dem für ihn einzig möglichen Träger der Wirklichkeit des Sittlichen - dem Staat - zu sehen. Es stellt sich hierbei nach Habermas für Hegel das Hauptproblem, wie die bürgerliche Gesellschaft nicht bloß als eine Sphäre des Zerfalls substantieller Sittlichkeit, sondern in ihrer Negativität zugleich als ein notwendiges Moment der Sittlichkeit begriffen werden kann.[80)] Eine unmittelbare Identität des einzelnen und allgemeinen Willens, der vom Staate erfaßt wird (Vertragstheorie), schließt Hegel aus, sie gehört geschichtlich dem Dasein der antiken Polis an. Eine Erneuerung dieser Vorstellung, wie sie Rousseau und Robespierre bewirken wollten, erwies sich nicht nur als unverträglich mit den neuen gesellschaftlichen Bedingungen der Französischen Revolution - sie wären nicht nur rein sozialtechnisch, totalitär - sondern sie wären auch grundsätzlich mit den "Bauformen und Elementen" des modernen Staatslebens überhaupt nicht in Einklang zu bringen. Dazu rechnet Hegel auch die neue Wissenschaft der Nationalökonomie. Hegels Rezeption der Nationalökonomie und ihrer Vertreter wie James Stewart, Adam Smith und David Ricardo hat in der Philosophie des deutschen Idealismus keine Parallele. Im Gegensatz zu Kant und Fichte bezieht Hegel die Nationalökonomie auf die klassische Politik und das moderne Naturrecht. Hegel hält an der Idee der sittlichen Totalität fest, deshalb muß er "das sittliche Ideal der Alten" in der Hinsicht, in der es dem Individualismus der Neuzeit überlegen ist, mit den Realitäten der gesellschaftlichen Moderne vermitteln. Mit der Differenzierung zwischen Staat und Gesellschaft, die Hegel, der Sache nach damals schon vornimmt, setzt er sich gleichermaßen von der restaurativen wie auch vom rationalen Naturrecht ab.[81)] Die Eigentümlichkeit des modernen Staates liegt in der Emanzipation des gesellschaftlichen Bereichs. Es ist nun die Aufgabe des modernen Staates im Namen der Idee, d.h. des Fortschritts die Ausuferungen der Subjektivität in die "substantielle Einheit zurückzuführen und so ihm selbst diese zu erhalten".[82] Eine Selbstregulation der bürgerlichen Gesellschaft kann die negativen Elemente der Revolution nicht auffangen. Der moderne Staat muß die Tendenzen der Selbstzerstörung eindämmen und die positiven Ergebnisse der Emanzipation bewahren. Hegel denkt dieses Positive als den Staat und löst das Vermittlungsproblem durch die "Aufhebung" der Gesellschaft in die staatliche Politik. [83] Der Staat ist jedoch keine inhaltslose Institution. Er steht in unmittelbarem Bezug zu den Erfordernissen des Systems der Bedürfnisse der modernen bürgerlichen Gesellschaft. Die wirtschaftlichen und klassenbezogenen Eigeninteressen der Individuen werden zu einem Teil des Politischen des Staates. Es entsteht über einen historisch-evolutionären Vorgang eine Wechselbeziehung zwischen den Inhalten der politischen Zwecke und den neuen sozioökonomischen Bedürfnissen.Diesen Prozeß versteht Hegel jedoch nicht als linearen Vorgang sondern als eine historisch-dialektische Durchlauf- und Anreicherungsphase zu der die Idee zu ihrem konkreten Sein kommt, wobei ein **Nebeneinander** von ökonomischer und gesellschaftlicher Emanzipation und gleichzeitiger Veränderung der Staatspolitik in Richtung einer Integration von gesellschaftlichen und ökonomischen Elementen festzustellen ist. Aus dieser Logik Hegels ergibt sich der Vorrang der höherstufigen Subjektivität des Staates vor der subjektiven Freiheit des Einzelnen. So liegt in der staatlich-politischen Ordnung nach Hegel ein höherer sittlicher Wert als im Ungeordnetsein der entfesselten Individuen. [84]

Der `Praxis`- Wert der Aussagen Hegels zur bürgerlichen Gesellschaft" liegt in dem Vermögen des politisch denkenden Philosophen, den Menschen und sein Freiheitsbewußtsein (im aristotelischen Sinne) auf der einen und die geordnete Sicherung des Erreichten im Rahmen der ontologisch-historischen Entfaltung auf der anderen Seite theoretisch miteinander ***versöhnt*** zu haben.[85] Letztendlich sieht Hegels `Versöhnungsdialektik` die sich in der bürgerlichen Gesellschaft des 19.Jahrhunderts noch nicht entfaltete allgemeine Möglichkeit, daß der Staat und die Politik bewußt die Aufgabe übernehmen könnten, Fortschritt und Entzweiung als Institution der Sittlichkeit "aufzuheben" . Im Staat erfüllt sich der Zweck oder der "teleologische Begriff":

"Im Zwecke ist das, was vermittelt oder Folge ist, zugleich ein unmittelbares Erstes oder Grund. Das Hervorgebrachte, durch die Vermittlung Gesetzte hat das Hervorbringen und seine unmittelbare Bestimmung zur Voraussetzung, und umgekehrt geschieht das Hervorbringen um des Resultates willen, welches der Grund, somit selbst die erste Bestimmung der Tätigkeit ist." ..."Diesen Zweck haben wir von Anfang an festgestellt; er ist der Geist, und zwar nach seinem Wesen, dem Begriff der Freiheit. Dies ist der Grundgegenstand und darum auch das leitende Prinzip der Entwicklung, das, wodurch diese ihren Sinn und ihre Bedeutung erhält..." 86)

Danach hat sich der Staat an dem übergeordneten Zweck, d.h. am `historischen Möglichkeitsraum` zu orientieren und nicht an einem "beliebigen Meinen", das entweder Ausdruck einer alten, überkommenen oder einer neuen, utopischen Politik ist.

3.3.Bürgerliche Gesellschaft, Politische Ökonomie und staatliche Interessen

"Interessen (materielle und ideelle) nicht: Ideen, beherrschen unmittelbar das Handeln der Menschen. Aber: die "Weltbilder", welche durch Ideen geschaffen wurden, haben sehr oft als Weichensteller die Bahnen bestimmt, in denen die Dynamik der Interessen das Handeln fortbewegte." 87)

An einer unauffälligen Stelle seiner Religionssoziologie hat Max Weber diese Definition entworfen, die für eine möglichst umfassende und wirklichkeitsnahe Analyse der bürgerlichen Gesellschaft und ihrer Außenpolitik herangezogen werden kann. Auch in der bürgerlichen Gesellschaft bleibt der Vorrang der staatlichen Politik erhalten. Obwohl das Wirtschaftliche einen hohen Stellenwert in der bürgerlichen Gesellschaft innehat, ist der ökonomische Faktor auf der staatlichen Ebene von der Vielheit ihrer wechselseitigen Bezüge zu anderen Faktoren der politischen Willensäußerung nicht zu trennen.[88)] So nimmt vor allem neben dem wirtschaftlichen auch der gesellschaftliche Bereich Einfluß auf die Politik: Ökonomie und Gesellschaft werden in die Staats-Politik aufgenommen; man kann hierbei von einer `Politischen Ökonomie` sprechen. Die Folge dieses wechselseitigen Prozesses ist es, daß Ökonomie und Gesellschaft die staatliche Politik bestimmen und die Politik Wirtschaft und Gesellschaft bestimmt. Dieser Sachverhalt wird gerade dann von großer Bedeutung für die Friedens- und Sicherheitspolitik (insbesondere mit Blick auch auf die Konzepte von Woodrow Wilson [89)]) , wenn man in dieser wechselseitigen Bestimmung auch den Zusammenhang zwischen Außenhandel und internationaler Politik zum einen und die Verbindung von innergesellschaftlicher Konzeption und außenpolitischer Interessensformulierung zum andern als spezifisches Konglomerat der modernen internationalen Politik (d.h. auch von Macht und Idee, von materiellen und ideelen Interessen) erkennt. [90] Im Gegensatz zu den Intentionen eines Smith, Hume, Ricardo oder Mill, die die Grundlagen der bürgerlich-liberalen Betrachtungsweise des ökonomischen Verkehrs der Staaten untereinander formuliert haben, ging im Verlauf des 19.Jahrhunderts der "durchaus vorhandene genuin politische Impetus" verloren. [91] Daß dieser Prozeß durch eine "Verwissenschaftlichung" bereits im grundlegenden methodischen Ansatz der Klassischen Ökonomie selbst verborgen lag, erkannte schon Karl Marx: Ihr Geheimnis bestehe

> "einfach in der Umwandlung veränderlich gesellschaftlicher Verhältnisse, die einer bestimmten historischen Epoche angehören und einem gegebenen Stand der materiellen Produktion entsprechen, in ewige, allgemeine, unveränderliche Gesetze, in Naturgesetze, wie sie auch von den Ökonomen bezeichnet werden."[92]

Weltbild und internationale politische Ökonomie sind unmittelbar seit Aufklärung und bürgerlicher Revolutionsbewegung miteinander verbunden. In dieser "bürgerlichen" Politischen Ökonomie nehmen die heutigen weltwirtschaftlichen Beziehungen ihren Ausgang. Internationale Ökonomie ist in die internationalen Beziehungen und die Ideengeschichte der Moderne eingebettet, Theorien wie das \`Freihandelskonzept\` können deshalb auch nicht losgelöst von dem politisch-ideengeschichtlichen Hintergrund, vom \`historischen Möglichkeitsraum\` eines Staates [93] betrachtet werden. Eine im Verlauf des 19.Jahrhunderts entstandene "Übervereinfachung" des Verhältnisses zwischen Ökonomie und Politik führte nicht nur zu einer strengen Grenzziehung zwischen Volkswirtschaftslehre und Politikwissenschaft, d.h. zwischen privat-wirtschaftlichem Engagement und staatspolitischer Machtausübung, sondern auch zu jenen gleichmacherischen weltpolitischen Ordnungsvorstellungen, die von einem "Interdependenzsymbolismus", ausgingen, der in

> "der Tradition des liberalen Friedensmodells das Ende der Interessenskonflikte suggeriert und Interdependenz als naturwüchsiges Phänomen interpretiert, dem sich die Politik im Sinne einer Stärkung kooperativer Mechanismen zur Lösung globaler Probleme anzupassen habe." 94)

In ideengeschichtlicher Perspektive mag

> "dieser Zustand der "Non-Linkages" als Endergebnis jener Entwicklung betrachtet werden, die mit dem Auseinandertreten von "Staat" und "Gesellschaft",mit der Entgegensetzung von "öffentlichem" und "privatem" Bereich in der Aufklärungszeit einsetzt." 95)

Eine solche die unterschiedlichen Weltbilder ignorierende Betrachtungsweise internationaler Beziehungen mißachtet weitgehend den "...`Link` zwischen ökonomischen und sicherheitspolitisch-militärischen Strukturen" 96) Der wirtschaftliche Bereich wird losgelöst von ideengeschichtlichen und machtpolitischen Gesichtspunkten verstanden. Das bedeutet, daß man wirtschaftliche Aktivitäten weder hinsichtlich ihrer ideellen, politisch-ethischen Prämissen noch unter dem Aspekt staats- und machtpolitischer Handhabungen wahrnimmt. Der genuin ganzheitliche Bezug wird in der bürgerlichen Gesellschaft *unter*bewußt oder geht teilweise ganz verloren. Die Bedeutung der wirtschaftlichen Macht,

> "die vor allem deshalb so erfolgreich ist, weil wir ihre Ausübung in aller Unschuld weitgehend verkennen, weil wir meinen, unsere Handlungen entsprächen Überzeugungen, die dem Anschein nach ganz normal, natürlich und moralisch sind" 97)

wird nicht mehr erkannt. Eine Tatsache, auf die insbesondere die "New Left" der amerikanischen Geschichtsschreibung hinzuweisen vermochte. Wenn man davon ausgeht, daß das internationale System gegenwärtig durch

> "zwei historische Haupttendenzen gekennzeichnet ist - nämlich die Transnationalisierung und Globalisierung seiner Ökonomie bei fortdauernder militärisch-industrieller Rivalität im überkommenen Kontext nationalstaatlicher Akteure",

dann kann eine Untersuchung oder gar eine Theorie, die sich nur auf der Basis von Interdependenzstrukturen gründet und die die gegegenseitige Durchdringung und Verschmelzung von Politik und Ökonomie nicht genügend berücksichtigt, keinen angemessenen Ansatz zur Bewältigung des weltweiten Friedensproblems darstellen.98) Eine

> "überkommene analytische Trennung zwischen Politik und Ökonomie, Sicherheits- und Gesellschaftspolitik,

> Sozialpolitik, Arbeitsmarktpolitik und Entwicklungspolitik" 99)

erscheint als nicht länger haltbar. Es tritt dem auf seinem Territorium mit dem Monopol legitimer physischer Gewaltsamkeit ausgestatteten modernen "Anstaltstaat" die Wirtschaftsgesellschaft als bürgerlich-privater Bereich des menschlichen Gemeinschaftslebens gegenüber:

> "der Staat erscheint - Notstaat im Hegelschen Sinn - als bürokratisch durchgebildete, Recht und Gesetz im Innern wie Sicherheit nach außen verbürgende Ordnung. Eine Ordnung die bei Smith das Funktionieren des sich selbst steuernden Mechanismus der Wirtschaft durch Wegräumen von Hindernissen zu ermöglichen hat, die sich selbst aber reglementierender Eingriffe in das bürgerliche Wirtschaftshandeln tunlichst enthalten sollte.Dem Staat wird die Wirtschaft als Bereich seines Handelns streitig gemacht: die Verfolgung der bürgerlichen Glücksseligkeit - der `pursuit of happiness` des zweiten Absatzes der Declaration of Independence - wird zur genuin gesellschaftlichen Kompetenz erklärt. Erst auf dieser Grundlage ist die Scheidung von Politikwissenschaft und Volkswirtschaft zu denken." 100)

Diese herrschende westliche Betrachtungsweise, der auch Woodrow Wilson in seinem Friedensmodell unterlag, sieht die internationale politische Ökonomie nicht in ihrem realen Wesen als :

> "politische Ökonomie der Beziehungen zwischen und in Staaten und nationalen Volkswirtschaften. Anders gewendet: die Internationale Politische Ökonomie erscheint als politische Ökonomie der internationalen Wirtschaftsbeziehungen in einem staatlich etablierten und regulierten, klassisch-machtpolitische wie international-privatrechtliche und völkerrechtliche Regelungsmomente einbindenden Gehäuse." 101)

Gewinnen wir uns einen Überblick über die enge Verknüpfung von ideellen und materiellen Interessen in der Politikformulierung seit Beginn der bürgerlichen Revolutionsbewegung . Ausgangspunkt für die Beurteilung des historischen Möglichkeitsraumes stellen die "Grundelemente der Weltpolitik" dar [102)]. Gottfried-Karl Kindermann sieht in der Entwicklung der internationalen Politik "drei praktisch stets vermischte Gruppen von Determinanten" [103)], die sowohl in einer differenzierenden Unterscheidung als auch in einer Zusammenschau (Konstellationsanalyse) wahrgenommen werden müssen. Die erste Gruppe besteht aus den im "transepochalen Längsschnitt und im transregionalen und transkulturellen Querschnitt der Geschichte" feststellbaren Konstanten. Die zweite Gruppe beinhaltet die Variablen der weltpolitischen Entwicklung, die sich aus den zeitlich und räumlich bedingten epochalen und systemspezifischen Determinanten ergeben. In der dritten Gruppe ordnet Kindermann die Faktoren des historisch "Einmaligen, des Zufälligen, des Unwiederholbaren und somit nicht Typisierbaren" ein.

Die ersten beiden Gruppen der Konstanten und Variablen in der Geschichte gilt im folgenden unsere Aufmerksamkeit, während auf die historisch kontingenten Elemente weiter unten eingegangen wird.

Die Hauptkonstante der Weltpolitik ist unbestreitbar der Faktor Macht. Er spielt im heutigen Staatensystem eine tragende Rolle.

> "Internationale Macht betrifft jeden, und keiner kann sich ihr entziehen, ohne sie deshalb freilich groß beeinflussen zu können - somit ist sie eines der beunruhigendsten Grundphänomene menschlicher Existenz" 104)

Analytiker und Theoretiker der internationalen Beziehungen sind sich über diesen Tatbestand einig. Ihre Aussagen und Beurteilungen sind jedoch so widersprüchlich und unterschiedlich wie das Phänomen der internationalen Macht selbst. Der *Vater* der Theorie Internationaler Beziehungen - Reinhold Niebuhr - sieht wie viele Theoretiker des Faches Politikwissenschaft den Begriff der Macht als die eigentliche Grundkategorie.[105)] Die Betonung des Faktors Macht in der internationalen Politik als das wesentlichste Element ist das Ergebnis des "Fragens nach dem Wesen des Politischen" [106)]. Der Ausgangspunkt ist hierfür auf der Ebene der Staats-Politik zu finden.Im Sinne von Max Weber ist Macht

> "jede Chance, innerhalb einer sozialen Beziehung den eigenen Willen auch gegen Widerstreben durchzusetzen, gleichviel worauf diese Chance beruht". 107)

Diese Definition Max Webers gewinnt an Inhalt, wenn man sie auf den Staat und die Politik bezieht.

> "Man kann vielmehr den modernen Staat soziologisch letztlich nur definieren aus einem spezifischen Mittel, das ihm, wie jedem politischen Verband, eignet: das der physischen Gewaltsamkeit. ...Wenn nur soziale Gebilde beständen, denen die Gewaltsamkeit als Mittel unbekannt wäre, würde der Begriff "Staat" fortgefallen sein... Heute dagegen werden wir sagen müssen: Staat ist diejenige menschliche Gemeinschaft eines bestimmten Gebietes - das "Gebiet" gehört zum Merkmal - **das Monopol legitimer physischer Gewaltsamkeit** für sich (mit Erfolg) beansprucht.Denn das der Gegenwart Spezifische ist, daß man allen anderen Verbänden oder Einzelpersonen das Recht zur physischen Gewaltsamkeit nur soweit zuschreibt, als der Staat sie von ihrer Seite zuläßt: er gilt als alleinige Quelle des "Rechts" auf Gewaltsamkeit." 108)

Der Staat ist also im Sinne Webers ein entwicklungsgeschichtliches (Erfolgs-)Ergebnis, das auf der Grundlage des konstanten menschlichen Strebens nach Macht entspringt und das seine Funktion als politischer Verband nach innen und nach außen erfüllt. Unter Politik versteht Max Weber "die Leitung oder die Beeinflussung der Leitung eines politischen Verbandes, heute also eines Staates".Die politischen Machtphänomene werden von ihm auf den Staat übertragen. Die Staaten werden zu den eigentlichen Akteuren der Macht nach innen und nach außen. Auf der Ebene der Politik der Staaten treffen innenpolitische und außenpolitische Interessen und der Machtfaktor zusammen [109]. Die Machtanalyse, so Kindermann, orientiert sich an der Frage ,"ob und wie die Akteure einer Konstellation ihren Willen in die Tat umsetzen,d.h. ihre Interessen verwirklichen können".[110] Macht dient einerseits als Mittel der politischen Ziel- und Zweckverwirklichung [111]. Andererseits wird Macht aber auch zum Ziel des Interesses. Obwohl außenpoltische Interessen unterschiedliche Ziele haben können, sind sie im Regelfall auch *machtbezogen*. Es gibt viele außenpolitische Zwecke aber nur ein Mittel der Durchsetzung: die Macht. Dieser instrumentale Charakter der Macht als Mittel der Politik ist als Konstante in der internationalen Politik dauerhaft zu beobachten, während Macht als Ziel und Zweck der Politik Wandlungen unterworfen ist.[112]

Die Variablen der internationalen Politik versuchte u.a. auch Friedrich Meinecke herauszuarbeiten. Er bestimmte die historisch-politischen "Wandlungen in Wesen und Geist der Machtpolitik seit den Tagen der Renaissance" .[113] Danach wurde mit der Aufnahme des Naturrechts in der politischen Philosophie der Aufklärung die Frage nach dem Verhältnis von Macht und Recht neu gestellt. In diesem grundlegenden Vorgang liegt ein wesentliches Spezificum der neuzeitlichen Politik . Die von Machiavelli noch im Rahmen eines Fürstenspiegels festgestellte traditionelle Staatsführung wird im Laufe der philosophischen Bewegung der Aufklärung vor die notwendige Aufgabe gestellt, subjektiv-ethisch-moralische Elemente der Legitimation in die Politik mitaufzunehmen, da ein allgemein-ethischer, (im Sinne Aristoteles) ontologischer Politikbegriff neutralisiert wurde, um die Herrschaft des Staatswesens über das Individuum zu rechtfertigen. Panajotis Kondylis unterstreicht in seiner Studie "Macht und Entscheidung. Die Herausbildung der

Weltbilder und die Wertfrage", daß zu Beginn des bürgerlichen Zeitalters eine "Verflechtung von Machtanspruch und Norm bzw. Wert" zu verzeichnen ist .114) In einer Studie mit dem Titel "Über das Wesen und den rechten Gebrauch der Macht" von Bernhard Welte wird das Recht als transzendente Idee zum "inneren Konstitutionsprinzip" der Macht erklärt und von ihm als der "Seele der menschlichen Macht" gesprochen. Dieses Recht sei außerhalb der Verfügungsgewalt der Machthaber.115) Ausgehend von dieser Idee des Rechts, ist in der menschlichen Machtentfaltung und -anwendung zu beurteilen, wann Macht mit Recht oder mit Unrecht benutzt wird. Weltes Erkenntnisse lassen sich mit dem Satz zusammenfassen: "Erst in der Einheit von Macht und Recht ist die Macht wahr".116) So gewinnt der Faktor Macht eine subjektiv-ethische, d.h. eine ideelle Bedeutung (Macht nicht nur im Sinne von Machiavelli, sondern auch im Sinne von Morus) .117) Aus diesem Grunde ist eine systematische Unterscheidung materiell-motivierter Machtausübung und ideell-motivierter Machtausübung für eine realitätsgerechtere Bestimmung des Machtbegriffs der Moderne hilfreich: Ideell-motivierte Machtausübung ist dann gegeben, wenn ein Staat in der Überzeugung handelt, über das beste `sozio-ökonomische Erlösungskonzept` gegen die *Notübel* zu verfügen. Betrachtet man in diesem Zusammenhang die Gedanken Max Webers in seiner Wirtschaftsethik der Weltreligionen, so werden die Verbindungen von religiösen Motivationen, Aufklärung und sozial- politischem Erlösungsglauben in Verbindung mit der Machtfrage noch etwas deutlicher: Weber weist darauf hin, daß die Konzeption der Erlösungsidee an sich uralt ist. Eine spezifische Bedeutung erlangte die Erlösung aber erst, wo sie Ausdruck eines systematisch-rationalisierten "Weltbildes" und der Stellungnahme dazu war. Was die Erlösung bedeuten wollte und konnte,hängt nach Weber von dem jeweiligen Weltbild ab.118) Eine politische Wissenschaft, die sich als eine Wissenschaft von der reinen materiell-, realpolitisch-motivierten Macht versteht, d.h. im Sinne der Erreichung, Entfaltung und Bewahrung eines Machtstatus, der ohne faktische ideelle Wertbezüge nur die Existenz des eigenen individuellen oder klassenspezifischen Machtbesitzes vor Augen hat, verfehlt das Politische, das eben nicht allein Macht ist, sondern in der dialektischen Spannung von Macht und Recht (im weitesten Sinne) seinen Ort hat. Macht hat instrumentalen

Charakter; sie wird erst wesentlich und sinnvoll im Blick auf die Ordnung, die sie trägt und sichert, und die Ziele, die in dieser Ordnung liegen bzw. durch sie verwirklicht werden sollen." 119)
In Abgrenzung zum traditionellen politischen Realismus eines Hans Morgenthau betonen Sontheimer und Kindermann den Primat der "Politik" nicht der Macht.120) Das staatliche Interesse wird in erster Linie von dem übergeordneten Politikbegriff bestimmt. Der Faktor Macht kann hierbei nur als Teilinhalt des Politischen und als Mittel der Politik eingeordnet werden. Der Status der Macht wird wie der Faktor Idee durch die Wechselseitigkeit der Beziehung relativiert. Der Faktor Idee erscheint nicht nur als Ausdruck einer instrumentalen materiellen Macht-Funktion, einer rein technischen Legitimierung der staatlichen Macht, sondern auch als subjektiv-ethisches Erlösungsverständnis zum Wohle des einzelnen Menschen und der Gemeinschaft. In einer Überzeichnung ideell-moralischer Vorstellungen liegt u.a. auch das messianistische Denken einer modernen politischen Interessenformulierung, wie sie uns in der praktischen Außenpolitik der USA - in besonderer Weise seit der Präsidentschaft Wilsons - entgegentritt, begründet. Darüber hinaus besteht ein unmittelbarer Zusammenhang zwischen der Verwebung von Machtpolitik und sozio-ökonomischen Ideen einerseits und dem Wandel der staatlichen Machtmittel andererseits:

> "Selbst bei Verwendung bloß wirtschaftlicher Machtmittel, wenn Militärmacht gar nicht ins Spiel kommt, wird der Zwangscharakter von Macht oft lebhaft empfunden ". 121)

3.4. Der Universalitätsanspruch - ein Grundproblem der internationalen Friedenssicherung

Setzt man die einzelnen Gesichtspunkte der `bürgerlichen Gesellschaft` in Beziehung zur realen politischen und sozialen Entwicklung, so sind - wie u.a. Manfred Riedel 122) - erkennt, auf der Grundlage der allmählichen Ausdehnung der allgemeinen Menschenrechte und Staatsbürgerrechte neben dem Prozeß der nationalstaatlichen Integration auch Ansätze zum Ausgleich zwischen den verschiedenen Gruppen des Bürgertums und den übrigen Gesellschaftsschichten, insbesondere der Arbeiterschaft festzustellen. Dennoch ist hinsichtlich dieser innenpolitischen Entwicklungen zu bemerken, daß

> "die schon im 18.Jahrhundert von vielen Autoren konstatierte weltgeschichtlich wirksame Universalität der bürgerlichen Entwicklung, wie sie auch im Begriff der `Zivilisation` wiederkehrt," nicht hinwegtäuschen kann, "daß eine allgemeingültige Theorie der "bürgerlichen Gesellschaft" nicht existiert" nicht existieren kann. 123)

Gerade mit Blick auf Wilsons Anspruch auf universale Gültigkeit des liberalen Modells gilt es in Auseinandersetzung mit der bürgerlichen Gesellschaft als Kategorie festzustellen, daß sie zeitlich wie räumlich unterschiedliche Entwicklungsebenen und -stufen umfaßt. Die Mißachtung dieses Sachverhalts im Sinne einer "Herbeiführung und Verwirklung des universalen Anspruchs" führt zur "Ideologieanfälligkeit" des Begriffs "bürgerliche Gesellschaft", obwohl er als historisch herausgebildete Kategorie die Möglichkeit bietet, gerade die Vieldeutigkeit und die Anfälligkeit zu einer ideologischen Ausnutzung zu überwinden.[124)] Wie groß Hegels Bedeutung für eine derart "entideologisierte" Handhabung des Begriffs der "bürgerlichen Gesellschaft" ist, verdeutlicht der Einfluß des deutschen Philosophen auf die Wissenssoziologie, deren Bestreben es ist, eine "entideologisierte" Wissenschaft zu betreiben. Hans Joachim Lieber faßt Hegels Einfluß mit folgenden Worten zusammen:

> "Neben der Prägung der wichtigsten geisteswissenschaftlichen Grundbegriffe sind es vor allem drei Dinge, durch die Hegel für die Wissenssoziologie eine Bedeutung gewinnt:Erstens durch seine Volksgeistlehre, zweitens durch seine Eingliederung des individuellen Bewußtseins in übergreifende und insbesondere volkhafte Zusammenhänge, drittens durch die Überwindung des Relativismus, der nur allzu leicht als Folgerung aus einer Auffassung vom zyklenhaften Wandel der Kultur und Geschichte gezogen werden mag". 125)

Wie schon mit Blick auf die Rechtsphilosophie beschrieben wurde, sieht Hegel die Staaten als die wirklichen *Volksgeister* und als notwendige Institutionen für den Vollzug des historischen Fortschritts an:

> "Die wahre Bedingung für die Weltgeschichte ist, daß Staaten sind." 126)

Als einzelnes Staatsindividuum stellt der Staat sich ausschließend gegen andere solche Individuen.[127)] Ihre Beziehungen zueinander sind von Willkür und Kontingenz geprägt.

> "Diese Unabhängigkeit macht den Streit zwischen ihnen zu einem Verhältnisse der Gewalt, einem Zustand des Krieges"..

Durch den Kriegszustand wird die Unabhängigkeit der einzelnen Staaten gefährdet. 128) Über diese Aussagen hinaus deutet Hegel an, daß mit der Veränderung der Politik und des traditionellen Staatsräsondenkens in Richtung eines ideellen und materiellen Erlösungsverständnisses sich nicht nur der Charakter der zwischenstaatlichen Beziehungen durch die neuen politischen Inhalte verändert hat, sondern auch die Motive und die Mittel der staatlichen Konflikte.

Exemplarisch für diese Entwicklung greift Roman Schnur aus der Fülle der zahllosen aufklärerisch-naturrechtlich orientierten Theoretiker zwei Autoren (Jaques-Pierre Brissot und Anarcharsis Cloots) heraus, die am Anfang einer internationalistisch orientierten bürgerlich-revolutionären Entwicklung standen.129) Das Denken der beiden Theoretiker trat in einen grundsätzlichen Gegensatz zum bisherigen Völkerrechtsdenken:

> "War bisher die Welt die Einheit der geschichtlichen Vielheit, so fordert Cloots die einheitliche Einheit. Es müssen alle Unterschiede beseitigt werden, weil man sonst nicht zur wahren Einheit kommt. Das bedeutet aber auch, daß alle bestehenden Institutionen beseitigt werden, der Mensch soll unvermittelt sich selbst und der Natur gegenüberstehen...Es kann also keine andere natürliche und damit vernünftige Schranke geben als diejenige zwischen der Erde und dem Firmament... Damit wird außenpolitisch gefordert, was innenpolitisch längst Postulat dieses Denkens war: Das geschichtliche Gewordene, die Pluralität der Staaten hat als naturwidrig der Einheit zu weichen." 130)

Im Gegensatz zur theologischen Einheit der Vergangenheit werde nach Cloots die politische Einheit alle Wohltaten hervorbringen. Das universelle Gesetz werde die Fabeln vom Goldenen Zeitalter verwirklichen . Nach Ansicht der Utopiker wie Cloots und Brissot erscheint das Problem der Politik gelöst, indem die Politik durch die universelle Einheit abgeschafft ist. Es wird dadurch der *Ewige Friede* herrschen, der totale Weltfriede. In diesem paradiesischen Frieden gibt es weder ökonomische noch soziale Probleme. Das gemeinsame Gesetz verwandele die Feindseligkeit in Liebe. Es entstehe eine "Weltrepublik", in der die Gemeinschaft für die Versorgung des Einzelnen aufkomme.

> "Damit begibt sich die Utopie in ein erstes Dilemma:Es soll also doch ein Gesetz regieren, das von Menschen gemacht wird. Jetzt muß gefragt werden, ob dies wirklich das Ende der Herrschaft bedeutet." 131)

Eine Herrschaft der Wahrheit, so wie sie diese ersten Theoretiker der modernen weltweiten Beziehungen verstanden, bedeutet auch die Herrschaft über Menschen. Diese Forderung nach Wahrheit beinhaltet, daß auch im neuen Zustand der Mensch in die Versuchung geraten kann, der Wahrheit nicht zu folgen, daß

> "Also nicht alle Menschen mit einem Schlage die Wahrheit im Kopfe haben... Aber dieser Souverän ist noch absoluter... als der absolute Souverän der Vergangenheit." 132)

Es richtet hier nur der Mensch. Er richtet deshalb, weil er sich als Herr über alles fühlt. Er muß deshalb auch die absolute Verantwortung übernehmen, wie schon Hegel als Zeitgenosse erkannt hatte. Der Souverän der Wahrheit ist schrankenlos. Die Herrschaft der Wahrheit und der Moral ist grenzenlos.
Für sie "gibt es keine moralfreien oder doch moraldifferenten Räume mehr, für andere Ansichten ist hier kein Platz." 133)
Wie sollte aber die Utopie zur Herrschaft gelangen? Wie war die Wirklichkeit zu überwinden? Der Widerstand der Andersdenkenden muß überwunden werden. Es stellt sich denjenigen die Augabe, die die "Wahrheit besaßen", den Falschdenkenden ihren Willen aufzudrägen. Damit nimmt die Utopie Bezug auf den "geschichtlichen Raum". 134)
Mit der Errichtung der französischen Republik tritt die Utopie in die Wirklichkeit ein, ihre Ideen werden für die außenpolitische Wirklichkeit Europas zum Politikum. Das Ideal des *Ewigen Friedens* prallt auf die Widerstände des Daseins. Der Ausweg wird angesichts der Komplexität und der Verzweifelung über diese Widersprüche in der Fortführung des technischen Herstellens im Krieg gesehen. Dieser Krieg stellt ein für den *Ewigen Frieden* geführter heiliger "Kreuzzug" der Wahrheit dar. In dieser absoluten politischen Zielsetzung stellt er eine historische Neuheit dar. Er kennt nicht den Kampf gegen Staaten, sondern nur den von globalen Parteien untereinander, vom Guten gegen das Böse; der Mensch wird als "Ideenträger" des falschen Bewußtseins vernichtet. In diesen Punkten erkennt der neue Krieg seine ganze Rechtfertigung. 135)
Die "Neue Macht" Frankreich stieß auf die "Alten Mächte" und die Grundlagen der von diesen konzipierten Ordnung der

zwischenstaatlichen Beziehungen. Es ging hierbei nicht mehr um eine Auseinandersetzung innerhalb des Rahmens des bisherigen Völkerrechts, sondern

> "um einen Kampf um die Grundlagen dieses Rahmens, für den das Jus Publicum Europaeum keine Regeln bereitstellen konnte:Für den die "normalen" Regeln für den Krieg nicht mehr zutreffen konnten...Nunmehr war eine Bürgerkriegssituation innerhalb des europäischen Konzerts gegeben".136)

Ein Konflikt wäre nur zu vermeiden gewesen, wo eine Verständigung zwischen den alten und den neuen Mächten gefunden worden wäre, d.h. indem die Frage nach der Staatsform des Anderen nicht gestellt worden wäre. Eine gemeinsame Einigung auf einen Verfassungsstandard, wie die konstitutionelle Monarchie wäre hierbei nicht ausgeschlossen gewesen, eine Regelung wie u.a.England sich erhofft hatte. Das utopische Denken drängte jedoch zum Krieg. Der Ausbruch des Krieges stellte die Entladung der Utopie dar. Die bloße Existenz des andersdenkenden Gegners ist bereits die Ursache und der Grund für die dauernde Gefahr des Krieges, wie Brissot erkannt hatte. Schon die Umstände werden als feindselig, offensiv empfunden. Die Wirklichkeit wird schlechthin zum Feind. Der Andere ist als Anderer der Aggressor. Die Frage des Angriffs, des Initiators des Krieges stellt sich nicht aus den Tatsachen der Handlungen heraus, sondern auf das Falschdenken des Anderen. Will man

> "vom Völkerstrafrecht sprechen, so richtet sich dieses neue völkerrechtliche nicht nach der Tat, sondern nach dem Tätertyp. Für ein solches Denken kann es mithin nur Verteidigung geben, und eine Erörterung darüber, ob eine eigene Handlung einen verbotenen Angriff darstellt, ist vom Prinzip her unmöglich." 137)

Das Berechenbare im außenpolitischen Kalkül der Monarchien, nämliche ihre "Staatsräson" geht bei der revolutionären Denkungsart verloren. Es gibt keinen *justus hostis* und keine *aequalitas* mehr, die wichtige Bestandteile des aus der Geschichte entwickelten "gerechten Krieges" waren. Der "heilige Krieg" dient zur Beseitigung des Nicht-Gleichen. Die Völkerrechtskonzeption des "heiligen Krieges" sieht den einzig *wahren* Frieden im "Weltfrieden" . Eine Verfolgung des "totalen" Weltfriedens birgt, wie Roman Schnur überzeugend darzustellen vermag, einen totalen "Weltbürgerkrieg" in sich. So wurden die französischen Revolutionskriege aus der Sicht der Revolutionäre nicht mehr im Rahmen des bestehenden internationalen Systems geführt; ganz im

Gegenteil: sie sollten das System zerstören, um danach - im Sinne des französischen Weltbildes - bürgerliche Wertvorstellungen in einem Endzustand international zu errichten. Napoleons Krieg hatte nicht nur die Ziele eines traditionellen Krieges vor Augen, `sein Krieg` sollte ein "Volkskrieg", ein "heiliger Krieg" sein. 138) Bereits der deutsche General Carl von Clausewitz konnte in den 20er Jahren des 19.Jahrhunderts diesen Sachverhalten feststellen. Nach Werner Hahlweg war das Phänomen des Weltbürgerkrieges in Clausewitz' `Überlegungen zum modernen Krieg seit 1789` schon erkannt :

> "Der heutige Krieg müsse mehr als jeder andere im Zusammenhang mit der Struktur der Gesellschaft gesehen werden.Sein Wesen sei vornehmlich bestimmt durch die zunehmende Gewalt der Massen, die fortgeschrittene Industrialisierung, eine hochentwickelte Naturwissenschaft und Technik, durch die wetteifernde Schaffung von Massen-Vernichtungswaffen in Verbindung mit einer zunehmenden Intensivierung der politisch-ideologischen Auseinandersetzung, die im Falle eines bewaffneten Konfliktes in einen Welt-, Bürger- und Partisanenkrieg von unabsehbarer Dauer, ungekannter Härte und Zerstörungskraft im Verein mit nie erfahrenen Entbehrungen und Leiden für alle beteiligten Völker ausmünden werde." 139)

Clausewitz, für den der Krieg kein "Ding für sich" war, sondern die bloße Fortsetzung der Politik, stellte fest, daß die Veränderungen des Phänomens "Krieg" unmittelbar mit den Veränderungen der politischen Inhalte zusammenfiel. Im Gegensatz zu den meisten seiner Zeitgenossen begriff er, daß die katastrophalen Niederlagen der alten Regime nur Teil eines Ganzen waren - und dieses Ganze, so schrieb er in seinem Werk "Vom Kriege", ist die Politik. 140) Mit dem allgemeinen Freiheitsbewußtsein ganzer Völker entsteht eine neue Politikformulierung, die wiederum den Charakter des Krieges prägen. Erscheinungsformen, die mit den französischen Revolutionskriegen zutagetraten, wie der "Volkskrieg" und der "Kleine Krieg" 141) bzw."Guerilla-" oder "Partisanenkrieg" sind lediglich Ausdruck der veränderten Politik. Neue Formen des Krieges und neue Mittel zur "Aufdrängung des eigenen Willens auf andere" wie propagandistische Motivierung eines Volkes durch moralisch-geistige Mittel im Sinne eines sozio-ökonomischen erlösungs-verheißenden Konzeptes haben ihren genuin politischen Ursprung. Weil Clausewitz das Wesen der Epoche auf die politische Revolution zurückführt, weil er hinter der militärischen "levée en masse" den Aufstand der neuen Gesellschaft gegen den alten Staat festzustellen vermag, gelingt ihm auch die analytische Lösung jenes Paradoxons, daß gerade der intensivste und extensivste Gewaltausbruch auf den revolutionär politischen Charakter seiner aus den Fugen geratenen Epoche verweist:

> "Je stärker die Motive des Krieges sind, je mehr sie das ganze Dasein der Völker umfassen... um so mehr wird der Krieg sich seiner abstrakten Gestalt nähern...um so mehr fallen das kriegerische Ziel und der politische Zweck zusammen, um so reiner kriegerisch, weniger politisch erscheint der Krieg zu sein.." 142)

Für Clausewitz ist der Krieg ein "Akt der Gewalt, um den Gegner zur Erfüllung unseres Willens zu zwingen" 143) . Clausewitz ergänzt wenig später .

> "Der Krieg ist ein Akt der Gewalt und es gibt in der Anwendung derselben keine Grenzen; so gibt jeder dem andern das Gesetz, es entsteht eine Wechselwirkung, die dem Begriff nach zum äußersten führen muß".144)

Der preußische General sieht in der Entwicklung seit 1789 in der Wechselwirkung zwischen Politik und Krieg die Tendenz "zum äußersten" . 145)
Der "absolute Krieg" stellt eine zu Ende gedachte Kategorie im Clausewitschen Denken dar, die er aufgrund der Analyse der robusten "Zweckmäßigkeit in der Operationsführung der Revolutionsheere" in der "Anbindung von Strategie und Taktik an den revolutionären Zweck" 146) entdeckt hat. Insofern ist der "absolute Krieg" Ausdruck des "heiligen" Charakters, den die moderne Staatspolitik ihm zuschreibt, und keine `Soll`-Forderung, die Clausewitz irrtümlich zugeschrieben wird, sondern eine tendenzielle `Ist-` bzw. `Kann-` Aussage. 147) Clausewitz wollte damit nur die dialektisch-widersprüchliche "Natur" des modernen Krieges beschreiben.

> "Und gerade weil diese Natur ein Akt der Gewalt ist und weil ihr die Tendenz zum Äußersten innewohnt, darf der Krieg kein unabhängiger, isolierter Vorgang sein, losgelöst also von der Politik, die Clausewitz als `Sachwalter aller Interessen` betrachtet. Wenn Politik dem Gemeinwohl dienen soll, kann und darf der Krieg nur ein Mittel, nichts anderes als ein Bestandteil der Politik sein. Clausewitz hat den Krieg nicht gefordert, nicht als unabwendbar angesehen; er hat ihn definiert und seine Gesetze aufgezeigt." 148)

Grundlage dieser Gewaltsamkeit stellt jener technische Herstellungsgedanke dar, der den evolutionären Charakter des historischen Möglichkeitsraumes mißachtet und die Wirklichkeit nicht im Rahmen der Praxis erkennt, sondern als eine Frage der

bloßen Umsetzung rational-reduktionistischer Theorien in die gewünschte `wirkliche` Politik.
Gerade weil Woodrow Wilson den Gedanken der "Weltfriedensidee" in seinem, das amerikanische *Friedensmodell* prägenden Friedenssicherungsplan der Vierzehn-Punkte und ihrer Erweiterungen in den Folgemonaten des Jahres 1918 aufgreift, und der Begriff des *heiligen* Krieges , wie einleitdend schon betont wurde, eine wohlausgesuchte Vokabel Wilsons, insbesondere mit Blick auf die Kriegserklärung an das Deutsche Reich, darstellte, gilt es diese Überlegungen über die Hintergründe des Weltbürgerkriegs-Phänomens für die Wilsonanalyse festzuhalten.

I.4.Die methodische Einheit von `Können` und `Wissen` als Voraussetzung für eine `politisch kluge` Theorie

Die von Clausewitz erkannte 'absolute' Kriegsgefahr führt zu dem Zwang zur gegenseitigen Anerkennung der "freien Völkerindividuen" - d.h. aus dem strukturell gegebenen Zustand des Krieges folgt mithin die Notwendigkeit zur gegenseitigen Anerkennung. Durch Friedensvergleiche werden sowohl diese allgemeine Anerkennung als auch die Befugnisse der Völker gegeneinander festgesetzt. Das äußere Staatsrecht beruht einerseits auf diesen positiven Traktaten; andererseits enthält es aber insofern nur Rechte, denen die wahrhafte Wirklichkeit abgeht.[1)] Das äußere Staatsrecht beruhe nach Hegel wohl auf dem "sogenannten Völkerrechte", dessen allgemeines Prinzip das vorausgesetzte Anerkanntsein der Staaten ist. Daher beschränkt das Völkerrecht die sonst ungebundenen Handlungen gegeneinander, so daß die ***Möglichkeit des Friedens*** bleibe. Clausewitz versuchte diese Möglichkeit durch eine Eindämmung des "heiligen Krieges" durch Faktoren eines den neuen Verhältnissen angepaßten "gerechten Krieg" zu erreichen. Im Hinblick auf das Erschließen des historischen Möglichkeitsraumes sind nicht nur die Ähnlichkeiten mit Hegel in den inhaltlichen Aussagen zur "revolutionären Epoche", sondern auch seine erkenntnistheoretischen Alternativen zur modernen Wissenschaftskonzeption, d.h. vor allem sein Theorieverständnis von Bedeutung:
Eine den historischen Möglichkeitsraum respektierende Theorie darf kein Entwerfen aus Prinzipien, kein Einholen des Guten an sich wie

bei Platon, keine Wende und Umkehr sein, sondern ein **Begreifen**, das

> "sich in der Affirmation des Gewordenen noch in seiner Fragwürdigkeit zumutet, aus ihm das Wahre hervorzubringen, es in ihm aufzuweisen". 2)

In Anlehnung an Aussagen von Werner Hahlweg, Ernst Vollrath und Dietmar Schössler 3) ist es gerade das anpassungsfähige Theorieverständnis von Clausewitz, das wichtige Aufschlüsse über die Möglichkeiten moderner außen-, sicherheits- und friedenspolitischer Planung zu vermitteln vermag. So habe Clausewitz die Gründe der zwischenstaatlichen Gewaltsamkeiten in einem überzogenen revolutionären Theorie-Praxis-Verständnis gesehen und ihm seine eigenen praxis-orientierten Planungen, die die Gewalt zähmen sollen, gegenübergestellt. Hierfür arbeitete der preußische General einen Ansatz heraus, mit dem man den entfesselten staatlichen Kräften entgegengetreten kann.

> "Wir denken die einzelnen Elemente unseres Gegenstandes, dann die einzelnen Teile oder Glieder desselben und zuletzt das Ganze in seinem inneren Zusammenhange zu betrachten, also vom Einfachen zum Zusammengesetzten fortzuschreiten. Aber es ist hier mehr als irgendwo nötig, mit einem Blick auf das Wesen des Ganzen anzufangen, weil hier mehr als irgendwo mit dem Teile auch zugleich immer das Ganze gedacht werden muß." 4)

Bereits in diesen ersten zwei Sätzen kommen die Grundlagen seines theoretischen und logischen Denkens in einer hermeneutischen Methode zum Ausdruck. Es taucht sowohl die dialektische Wechselwirkung zwischen \`Wesen des Ganzen\` und \`Glieder des Einzelnen\`, als auch der wechselseitige Bezug von deduktiver und induktiver Methode auf, wobei die Deduktion zuerst vorgenommen wird. In der kleinen Schrift von Clausewitz "Über das Leben und den Charakter von Scharnhorst" ist folgendes Zitat zu finden:

> "Die Franzosen hatten mit ihren revolutionären Mitteln das alte Instrument der Kriegsführung wie mit Scheidewasser angegriffen; sie hatten das furchtbare Element des Krieges aus seinen alten diplomatischen und finanziellen Banden losgelassen: er schritt nun mit seiner rohen Gewalt einher, wälzte eine ungeheuere Masse von Kräften mit sich fort, und man sah nichts als Trümmer der alten Kriegskunst auf der einen Seite und unerhörte Erfolge auf der anderen, ohne daß man dabei ein neues System der Kriegsführung, d.h. neue Wege der Klugheit, neue positive Formen im Gebrauch der Kräfte, deutlich unterschieden hätte". 5)

Das Theorieverständnis von Clausewitz ist sehr komplex. Seit langem ist es in der Clausewitzforschung bekannt, daß der Begriff

"Takt des Urteils" ein zentraler Grundgedanke innerhalb der Theorie des politisch-strategischen Denkers ist [6]. Das ganze Theorieverständnis von Clausewitz schließt sich von diesem Begriff auf. Clausewitz erkannte angesichts der revolutionären Umstände, daß die alte Klugheit nicht mehr ausreichte, daß eine neue politische Klugheit die Krise bewältigen mußte. Diesen neuen Weg sah er in dem, was er mit dem Begriff "Takt des Urteils" umschrieb.[7] Nirgendwo sonst konnte Clausewitz das finden, was seine Besonderheit und seine originäre Methode gegenüber allen anderen Ansätzen ausmacht :

> "den methodisch entscheidenden Bezug des "Taktes des Urteils" auf das von ihm herausgearbeitete Konzept des Handelns qua Gegenhandeln in "Friktion" und "Wechselwirkung". Genau dies ist seine originäre Entdeckung! Der "Takt des Urteils" ist das einzig angemessene und letztlich entscheidende Organ der Vernünftigkeit von Praxis, sofern diese phänomenal vom Gegenhandeln her anvisiert wird." 8)

Das Gegenhandeln kommt vor allem in dem Begriff der "Friktion" zum Ausdruck, in dem Clausewitz den eigentlichen Unterschied zwischen realem und dem `auf dem Papier konzipiertem` Krieg festmacht. Hier wird das eigentliche Verständnis Clausewitz` von Theorie und ihrer Verbindung zur Praxis deutlich. Da der Krieg Ausdruck des gesellschaftlichen, ökonomischen und nationalistischen Lebens ist, ist er weder eine Wissenschaft noch eine Kunst, sondern eher wegen seiner Möglichkeiten und Zufälligkeiten mit dem "Kartenspiel vergleichbar" [9]. Danach erscheint Clausewitz` `Takt des Urteils` als ein den Zufälligkeiten und den vielfachen Möglichkeiten von Handeln und Gegenhandeln in der Geschichte angepaßtes Theorieverständnis. Der `Takt des Urteils` ist ein in der politisch-historischen Praxis geübtes Urteil, das keine positive, also keine strenge, fixierbare Theorie, sondern ein `Können` im Denken und Handeln der politischen Praxis darstellt, das zugleich eine besondere hermeneutische Fähigkeit beinhaltet.[10] Eine solche hermeneutische Theorie stellt keine positive Lehre dar, die als Handlungsanweisung dienen könnte. Mit diesem Theorieverständnis überwindet Clausewitz die Spaltung von Theorie und Praxis durch eine an der Erfahrung und dem erworbenen `Takt des Urteils` geschulten "Tätigkeit". Es wird deutlich, daß mit Clausewitz' `Takt des Urteils` als Ausdruck einer neuen politischen Klugheit der Mensch in seinen Seinszusammenhängen an den Ort der Weltgeschichte gestellt , und das heißt im historischen

Möglichkeitsraum gesehen wird, der ihm zukommt [11]. Von hier aus müssen die Phänomene Krieg und Frieden zu einer dem Menschen gerechten Bewältigung gelangen.
Natürlich gibt es im gesellschaftlich-politischen, wie im militärisch-strategischen Bereich objektive Wissensbestände. Gerade Clausewitz weist auf die Notwendigkeit hin, das konkrete Wissen im wechselseitigen Zusammenhang mit dem Allgemeinen zu sehen. Er versteht darunter ein fachmännisches Wissen, das zugleich ein erstklassiges objektiv-szientistisches Wissen einschließt. Das szientistische Wissen ist jedoch dem eigentlichen Handlungswissen untergeordnet [12], da vom Handlungswissen bestimmt werden kann, auf welche Weise dieses fachmännische Wissen vernünftig angewendet werden kann.
Wie notwendig ein der internationalen Lage angepaßtes *Können*, eine Urteilskraft ist, zeigt sich in der angemessenen Anwendung der errungenen Freiheiten. Bewegt man sich in der Wahrnehmung der neuen Freiheiten über den historischen Möglichkeitsraum hinaus, so macht man zugleich viele der Errungenschaften der Vernunft wieder zunichte, wie man an der Gewaltsamkeit und des Terreurs der Französischen Revolution und der Napoleonischen Revolutionskriege deutlich sehen kann. Versucht man aber andererseits die Idee der Freiheit zu sehr einzuengen, bzw. deren Wert in der gegebenen historischen Situation zu verneinen, so gelangt man wiederum zu Ungerechtigkeiten, Unfreiheiten und gewaltsamen Auseinandersetzungen. In dieser schwierigen Sachlage ist die von Clausewitz geforderte neue politische Klugheit von größter Bedeutung.
Auf welche Art und Weise arbeitete Clausewitz jedoch konkret seine Erkenntnisse über historische Phänomene heraus? Um diese Frage beantworten zu können, ist ein Blick in die geistige Werkstatt Clausewitz' nötig. Seit den exakten quellenkundlichen Arbeiten von Werner Hahlweg und Raymond Aron [13] sind genaue Aussagen über das erkenntnisbringende Arbeiten Clausewitz' möglich geworden. Kurzgefaßt läßt sich Clausewitz' methodisches Arbeiten mit folgenden Begriffen charakterisieren : ständig verbessertes historisches Wissen, dialektischer Doppelzugriff auf die `Welt der Totalerscheinungen` und realistisch-kritische Dauerbeobachtung der Lage.[14] Im einzelnen bedeutet dies: Clausewitz schöpft zunächst aus der Tiefe des historischen Erfahrungsraumes [15], indem er

zahllose Kriege und Feldzüge des 16.-19. Jahrhunderts untersucht. Da jedoch Beispiele leicht durch Analogiebildung und Abstrahierungen zu einer erstarrten und undynamischen Methode führen, die in der Wiederholung die Regel erblickt, wendet Clausewitz eine kritische Methode an. Dies bedeutet, daß er sich in die Gedanken der Handelnden versetzt, danach ihre Entscheidungen und die jeweilige Wahl der Mittel zu einem naheliegenden Zweck zuordnet und dann diese Entscheidungen in einen größeren, d.h. nach und nach in einen erweiterten Gesamtzusammenhang einordnet. Clausewitz erreicht hierdurch eine Hierachie, die das Verhältnis von Zweck, Ziel und Mittel deutlich aufzeigt.[16)]

5.Die umfassende Betrachtung der politischen Zweck-, Ziel und Mittelebene

Die konkrete Anwendung der Clausewitzschen Urteilskraft und die Bestimmung des historischen Möglichkeitsraums ist unmittelbar mit der Betrachtung der drei Hauptebenen der Politik verbunden. Politische Zwecke, Ziele und Mittel müssen in ihren wechselseitigen Beziehungen untersucht werden; nur auf diese Weise ist eine realistische Beurteilung der außen-, sicherheits- und friedenspolitischen Lage zu erhalten. Eine selektive Betrachtung einer der drei Ebenen kann durchaus auch auf richtige Teilaussagen stoßen; die Analysen bleiben aber unvollständig, weil die Vernachlässigung nur einer Grundebene der Politikformulierung zu fehlerhaften Forschungsergebnissen des Gesamtcharakters führt . Darüber hinaus hat die ganzheitliche Betrachtung von politischem Zweck und angewandten Mitteln mit Blick auf die Bestimmung des historischen Möglichkeitsraums und die Planung friedens- und sicherheitspolitischer Konzepte einen hohen funktionalen und methodischen Stellenwert. So muß der Zweck die historischen Gestaltungsmöglichkeiten erkennen, damit der Mittelaufwand in einem ausgewogenen Verhältnis zum politischen Ziel steht. Die Grenzen der Möglichkeiten und des politischen Zwecks sind vom gegenwärtigen historischen Entwicklungsstand vorgezeichnet. Nur in einer besonnenen politischen Zwecksetzung, die den Stand der historischen Entwicklung und die Begrenztheit der schöpferischen Kraft des Menschen berücksichtigt, und in einer flexibel angelegten Theorie ist es möglich, die historischen Gestaltungsmöglichkeiten real wahrzunehmen und eine erfolgreiche Friedenspolitik zu führen. Ein ausgewogenes und vernünftiges Zweck-Ziel-Mittel-Verhältnis verfällt weder in ein *Abenteurertum* noch in eine restaurative Reaktion. Jeder auf ein sozialtechnisches Theorieverständnis begründete utopische Voluntarismus sprengt die Grenzen der politischen Zweckbestimmung und erfordert ein unüberschaubares Maß an Mittelaufwendung und Gewalt. So ist der vermehrte Mittelaufwand, d.h. der gesteigerte Einsatz diplomatischer, militärischer und ökonomischer Mittel zur Erlangung des geplanten politischen Zieles zugleich ein wesentliches Indiz für die Grenzen theoretischer Planung und ihrer Realisierungsmöglichkeit. Es zeigt sich: je höher der Grad an Entschlossenheit ist, eine entwickelte politische Theorie in all ihren Auswirkungen kompromißlos in die Praxis umzusetzen, desto stärker wächst auch die Bereitschaft, Machtmittel anzuwenden. Je weiter man sich angesichts dieser Entschlossenheit von der realen Möglichkeit der Wirklichkeitsgestaltung entfernt, umso größer ist auch der Mittelaufwand; das Mittel beherrscht den Zweck und verändert ihn. Der Einsatz der Mittel, der zur gewaltsamen Überwindung historisch gewachsener Strukuren und Wirklichkeitsphänomene benötigt wird, steht in keinem Verhältnis mehr. Ein unverhältnismäßig hoher, immer stärker anwachsender Einsatz von Gewaltmitteln ist Ausdruck einer in der historisch-politischen Praxis undurchführbaren, unrealistischen und visionären Planung. Politischer Zweck, politische Ziele und angewandte Mittel werden bei einer solchen Vorgehensweise nicht mehr als Einheit im Rahmen der realen politischen Gestaltungsmöglichkeiten gesehen; sie stehen in keinem wechselseitig ausgewogenen Verhältnis. Terror und allmähliches Scheitern der Politik sind gewissermaßen die gesetzmäßigen Folgen einer derart \`abenteuerlich\` konzipierten politischen Planung.

Die umfassende Betrachtung von politischem Zweck, Ziel und Mittel kam nach Werner Hahlweg in Clausewitz' kritischer Dauerbeobachtung der politischen Geschehnisse des 19.Jahrhunderts zum Ausdruck: Der deutsche General wandte schließlich eine dialektische Methode an, indem er in Gegensatzpaaren wie Totalität/Moment, Wesen/Erscheinungsform und Idealität/Wirklichkeit dachte.[1)]

Clausewitz gewann auf diese Weise ein durchgängiges Analyseschema, das drei Ebenen des politisch- sozialen Phänomens "Krieg" untersuchte [2],und das die einzelnen Elemente der Politik der Moderne in ihren widersprüchlichen Erscheinungsformen als historische Einheit bzw. Ganzheit betrachtet:

1. Die Zweckebene: die Ebene der Politik, die immer den Primat über die untergeordneten Ebenen besitzt, die die leitende Intelligenz eines Staates ist und die Art, Formen und Intensität der Willensaufdrängung gegenüber anderen Staaten bestimmt.
2. Die Ebene der Ziele: sie umfaßt die Prinzipien der Außenpolitik und die Militärdoktrin. Sie ist die Ebene der Strategie und der Wehrlosmachung des Gegners.
3. Die Ebene der Mittel: sie untersucht die Durchführung der strategisierten Staatspolitik und das Militär als ein Instrument der Politik zur Durchsetzung der Zwecke und Ziele bzw. zur Unterstützung einer Politik, die ein Staat verfolgt. Als Ergebnis der Französischen Revolution sind angesichts der Übernahme von gesellschaftlichen und wirtschaftlichen Interessen auch die Mittel der Staatspolitik verändert worden. Der Staat vertritt als Monopol legitimer physischer Gewaltsamkeit nicht nur gesellschaftliche und ökonomische Interessen, er benutzt auch Mittel, die der sozioökonomischen Sphäre entspringen. So wird sowohl politische Macht durch Appellierung an Klassen und ganze Völker (siehe als Beispiel Lenins Dekret über den Frieden und Wilsons Rede zum Kriegseintritt der USA) als auch durch wirtschaftliche Unterstützung oder wirtschaftliche Repression neben der traditionell militärischen Macht zur Durchsetzung von ideelen und materiellen Interessen benutzt. Im Gegensatz aber zur pessimistischen Einschätzung der Möglichkeit moralisch-humanitären Fortschritts, wie sie das (neo-) realistische Weltbild vornimmt, sieht die ganzheitliche Theorie Clausewitz' die staatliche Macht nicht als letzte Entscheidungsinstanz, sondern die Politik mit ihrer ganzen "Interessensbreite" (bzw. Breite des Zweck-Spektrums). Clausewitz erkennt auch bei dem Mittelbezug die gesellschaftliche Wirklichkeit.Während die (Neo-)Realisten gesellschaftliche und wirtschaftliche Motive und sozioökonomische Aktivitäten in den internationalen Beziehungen als Fundament des reinen Machtkampfes zwischen Nationalstaaten erkennen, stellt Clausewitz die Ganzheit des Politischen in seiner Zweck-Ziel-Mittel-Relation heraus.[3]

Diese methodische Einteilung bringt erst im Zusammenhang mit dem oben genannten "Takt des Urteils" ihre eigentliche Bedeutung zum Ausdruck. Während Raymond Aron als politischer Realist den Faktor der idealistisch-aristotelischen Praxis nur zum Teil erkennt, und im "Vom Kriege" die Zweckrationalität des Handelns unterstreicht [4]) bindet die neuere Forschung um Werner Hahlweg, Ernst Vollrath und Dietmar Schössler die Methode und das Gedankensystem Clausewitz` in die beschriebene Auffassung einer praxisorientierten Einheit von Theorie und Praxis, von Methode und historischen Bedingungen ein.
Diese Forschungsrichtung betont ausdrücklich, daß Clausewitz die Grenzen des Herstellungsdenkens im Abenteurertum Napoleons erkannt hatte. Mit dem Angriff auf das zaristische Rußland verließ Napoleon das ausgewogene Verhältnis von politischem Zweck, Ziel und Mittel. Eine Zweck-Ziel-Mittel-Relation kann nur dann ausgewogen und somit politisch erfolgreich sein, wenn der historische Möglichkeitsraum im Sinne der geschulten Urteilskraft Clausewitz' erkannt worden ist. Im Falle Napoleons wurde über diesen hinausgegangen, die Zwecke wurden voluntaristisch überhöht, die Ziele den gegebenen Umständen nicht angepaßt und die Mittel überschätzt. Darüber hinaus verstand Napoleon nicht, das Wechselverhältnis von Angriff und Verteidigung zu durchschauen [5]). Mit diesem Ungleichgewicht, das auf der Basis eines sozial-technischen Herstellungsdenkens formuliert wurde, war das Scheitern der revolutionären Außenpolitik Napoleons vorprogrammiert. Damit erkannte Clausewitz in der Grenzenlosigkeit der Politik Napoleons gleichzeitig auch Möglichkeiten einer Eindämmung dieser kriegerischen Aggression, die sich aus den theoretischen Grundlagen der revolutionären Politik selbst ergaben. Ähnlich wie Hegel bemerkte er in der Maßlosigkeit des technischen Herstellens revolutionärer Ziele eine "Furie des Verschwindens", sofern man sich den geistig- moralischen Voraussetzungen nicht sachgemäß anzupassen versteht. Der preußische General erkannte aber auch die Gefahren für jene traditionellen Kräfte , die es nicht verstanden, den (gesellschafts-)politischen Charakter der Napoleonischen Kriege als historisches Faktum wahrzunehmen und ihre politische Zweckformulierung und somit die Wahl der Mittel dem historischen Möglichkeitsraum entsprechend anzupassen. In diesem Zusammenhang

zählt der politische Stratege Clausewitz die moralischen Größen zu den "wichtigsten Gegenständen des Krieges". Kriegerische Tugend des Heeres bedeute für die Streitkräfte: vom Geiste und Wesen des Krieges durchdrungen zu sein, die Kräfte, die in ihm

> "tätig sein wollen, in sich üben, erwecken und aufnehmen, das Geschäft mit dem Verstande"

ganz durchdringen,

> "ganz darin aufgehen, aus dem Menschen übergehen in die Rolle, die uns darin angewiesen wird" 6)

Sowohl die Arbeiten Raymond Arons als auch Werner Hahlwegs stimmen in der Interpretation des Clausewitzschen Werkes überein, daß nur diejenige Politik fähig ist, eine erfolgreiche Friedenspolitik zu führen, die Ausdruck eines ausgewogenen und vernünftigen Zweck-Ziel-Mittel-Verhältnises ist, und die weder in ein Abenteurertum noch in eine restaurative Reaktion verfällt. Eine auf dieser Basis gegründete politische Theorie macht den Krieg in der Praxis nicht führbarer, wie viele Kritiker Clausewitz` zum Ausdruck bringen möchten, sondern dämmt ihn im Gegenteil ein. In dieser Aussage liegt die eigentliche Intention des Buches "Vom Kriege", das nach Meinung Werner Hahlwegs auch "Vom Frieden" heißen könnte. 7) Für eine realitätsgerechte Gestaltung des Friedens wäre es daher von größtem Nutzen, wenn sich die Theorie der internationalen Beziehungen nachhaltiger mit Clausewitz beschäftigen würde. Obwohl mit dem ehemaligen Harvard Professor und Außenminister der USA Henry Kissinger die Ideen und Methoden Clausewitz'einen wichtigen Exponenten fanden, kann man heute davon ausgehen, daß der Westen erst beginnt, diese bereits bekannten , teilweise lange mißverstandenen Methoden im Rahmen eines Methodenpluralismuses wieder aufzunehmen, wobei das allgemeine Bild der Theorie der internationalen Beziehungen immer noch von rein "behavioristischen und szientistischen" Methoden geprägt ist, wie es u.a. Reinhard Meyers zum Ausdruck brachte. 8)

6. Die Anerkennung des Neben-, Mit- und Gegeneinanders von Nationalstaat und internationalen Strukturen

6.1. Überblick

Obwohl man internationalistische Tendenzen im Bereich des historischen Möglichkeitsraums des 20.Jahrhunderts verzeichnen kann, sind sie nicht alleinbestimmend. Ein dialektisches Neben-, Mit- und Gegeneinander von universalen und nationalen Faktoren prägt das internationale System. Mit dem Problem des heutigen Staatenpluralismus befaßte sich in besonderer Weise Theodor Schieder: 9)

> "Die moderne Welt wird im allgemeinen als ein System nicht nur von globalem Ausmaß, sondern von vollständiger gegenseitiger Verkettung, Interdependenz aller seiner Teile, ja mit der Tendenz zur Vereinheitlichung sowohl einer gesellschaftlichen wie einer politischen Struktur verstanden. So sehr diese Tendenz dominiert, so wenig können doch auch andersartige, ja gegenläufige Bewegungen in der geschichtlichen Entwicklung der letzten 50 oder 100 Jahre übersehen werden." 10)

Vor allem das Nationalitätsprinzip des 19. und 20. Jahrhunderts, das ein Ergebnis des individualistisch-freiheitlichen Denkens der neuzeitlichen Politik- und Interessensformulierung ist, scheint den universal-vereinheitlichenden Tendenzen entgegenzuwirken. Infolge des Nationalisierungsprozesses kam es zu einem sprunghaften Ansteigen der sich als souverän bezeichnenden Staaten nicht nur in Europa, sondern auch weltweit. Diese Vermehrung betraf vorwiegend die mittleren und kleineren Staaten. Die Anzahl der großen Mächte verringerte sich. Entweder sind sie, wie das Beispiel Österreich-Ungarn zeigt, ganz verschwunden oder auf eine Zweitrangigkeit, wie man am Beispiel Großbritanniens, Frankreichs, Deutschlands, Italiens sehen kann, zurückgesunken. So konnten sich in der Spitzengruppe nur die USA und bis 1991 die Sowjetunion behaupten, wobei China eine eigene Großmacht für sich in Asien bildet. Auch die jüngste Entwicklung seit 1991 zeigt, daß Vielvölkerstaaten wie die ehemalige Sowjetunion und das frühere Jugolawien dem Nationalitätenprinzip Tribut zahlen mußten.
Es scheint sich die Tendenz zu bestätigen, daß der wachsende Pluralismus sich auf mittlere und untere Ränge beschränkt . 11)

Zwei Prozesse gehen in der Formung der modernen Welt ständig nebeneinander her:

> "die Konzentration der politischen Macht und zugleich eine immer größere staatliche Differenzierung." 12)

Es scheint auch aus diesen Gründen das Bewußtsein für die weltpolitische Interdependenz bei Großmächten größer als bei den kleineren Staaten zu sein. Nun stellt sich die grundlegende Frage, ob dieser Pluralismus von Staaten lediglich eine Erscheinung des Überganges zu einer einheitlichen Welt darstellt, so wie sie Wilson unter amerikanischen Vorzeichen konzipiert hatte, oder ob der Staatenpluralismus bleibender Bestandteil des internationalen Systems ist.
Würde man aus der Interdependenz von sozio-ökonomischen Faktoren und sicherheitspolitischen Blockbildungen in der Weltpolitik auf die These schließen, die Welt steuere in nächster Zukunft auf eine weltstaatliche Ordnung zu, so wäre dies eine Vermutung, die nicht der gesamten Lage der internationalen Ordnung und ihres historischen Möglichkeitsraumes entsprechen würde; sie liegt vielmehr, wie es Theodor Schieder ausdrückt 13), "im Schoße der Zukunft".

6.2. Der Nationalstaat und die Grenzen universaler Gestaltungsmöglichkeiten

Jede politische Emanzipation seit 1776 - sowohl die liberal-demokratische, als auch die nationale, die anti-kolonialistische und die sozialistische - haben in irgendeiner Form zu einer Staatsbildung geführt. Politische Theorie und Staatswerdung stehen damit in einem engen wechselseitigen Bezug, in dem der Staat und sein Monopol der physischen Gewaltsamkeit als historisches Entwicklungsergebnis zum notwendigen Träger der politischen Idee wurde. Der selbständige Staat wurde darüber hinaus zum Symbol der vollendeten Emanzipation. Aus dieser Emanzipation der Staaten bei gleichzeitigem globalem Anspruch moderner politischer Theorien ergeben sich außerordentlich widersprüchliche Tendenzen in der Weltpolitik, die aus der Verschiedenheit der emanzipierten Staaten resultieren. Theodor Schieder weist nicht nur auf die prinzipielle Bedeutung der amerikanischen Staatsgründung als Grundanstoß für die modernen Veränderungen auf die internationalen Beziehungen hin, er arbeitet auch die uneinheitlichen regionalen Entwicklungsmöglichkeiten heraus: die Nordamerikaner hätten mit den Prinzipien von 1776 die Basis für einen föderativen Großstaat gelegt, dessen Ausbreitung bis zum Pazifischen Ozean primär auf einem gesellschaftlichen Prozeß beruhte. Eine noch günstigere Entwicklung hätten die Vereinigten Staaten gerade dann genommen, als sie die Emanzipation nicht bis zum Auseinanderfallen in die einzelnen Staatskörper betrieben haben. Es sei damit den USA gelungen, den Pluralismus zu überwinden, um unter diesen guten Voraussetzungen sich in der Folgezeit einen ersten Rang und eine Überlegenheit im heraufziehenden Weltstaatensystem sichern zu können.[14)]

Ganz im Gegensatz zu dieser spezifisch amerikanischen Entwicklung steht jedoch die Staatenbildung in Lateinamerika (die mit Blick auf die amerikanische Mexikopolitik von größter Bedeutung ist). So wie in Nordamerika wurden auch in Lateinamerika Begriffe wie Selbstbestimmung und Unabhängigkeit zu den wichtigsten politischen Grundkategorien. Im Gegensatz zu den Vereinigten Staaten jedoch war der Rahmen der spanischen Kolonialverwaltung nicht fest und der Zusammenhang der Kolonien nicht eng genug, die "geographischen und raumpolitischen Voraussetzungen zu schwierig, um den Zerfall in partikulare Interessenbereiche regionaler und sozialer Natur aufhalten zu können." [15)] Es kam deshalb hier nicht zu einer `Union` wie in den USA, sondern zu einer Bildung von Staaten von zufälliger Größe und Zusammensetzung, also zu ganz anderen Voraussetzungen für eine einheitliche politische Theorie und praktische Interessensformulierung. Diese Zersplitterung und Pluralität gilt es mit Blick auf die grundlegenden Unterschiede in den historisch-politischen Räumen der USA auf der einen und der lateinamerikanischen Staaten wie Mexiko auf der anderen Seite festzuhalten .[16)] Auch wenn Wilsons Vorstellung vom Wandel der Welt im Zeichen der Selbstbestimmung steht und eine Staatengesellschaft in Gleichheit und Unabhängigkeit vor Augen hat, so trügt jedoch der erste Anschein einer großzügigen und liberalen Einstellung. Denn Gleichheit und Unabhängigkeit der Staaten in der modernen Welt sind höchst relative Begriffe. Tatsächlich bedeutet der Gleichheitsgedanke eine "schwache Sicherung rudimentärer staatlicher Rechte der Kleinen gegen die Großen. [17)] Die politische und wirtschaftliche Ungleichheit der

Staaten begrenzt schon im Vorhinein die Möglichkeiten für die Realisierung der abstrakten Begriffe wie Gleichheit und Unabhängigkeit.

> "Unabhängigkeit ist unter solchen Bedingungen oft nur ein moralischer Anspruch, hinter dem meist heftige Emotionen stehen. Wie sich auf Dauer solche Emotionen in die begrenzten Möglichkeiten partikularstaatlicher Souveränität vertragen werden, ist nicht abzusehen. Das gilt vor allem für das weite Gebiet der ökonomischen Interessen." 18)

6.3 Das Verhältnis von Innen- und Außenpolitik

In einer historiographischen und erkenntnistheoretischen Kontroverse Mitte der siebziger Jahre setzte sich die Geschichtswissenschaft in der Bundesrepublik mit dem Verhältnis von Innen- und Außenpolitik auseinander. Die Diskussion wurde vor allem von den Historikern Hans-Ulrich Wehler und Andreas Hillgruber geführt. Während Hans-Ulrich Wehler als Vertreter der modernen deutschen Sozialgeschichte mehr den Vorrang innenpolitisch-sozial-ökonomischer Strukturen für die außenpolitische Interessensformulierung der Staaten sah, sprach sich Andreas Hillgruber für eine stärkere Stellung der "politischen Geschichte moderner Prägung" aus. 19) Hillgruber wendet sich vor allem gegen eine monokausale Bestimmung der Außenpolitik durch innenpolitische Phänomene. Eine bloße Übertragung der sozialgeschichtlichen Kriterien, die die Innenpolitik der letzten zweihundert Jahre maßgeblich prägten, sei auf die Umstände und die Bedingungen, die die Außenpolitik zu beachten habe, nicht möglich. Angesichts der "gleichbleibenden Bedeutung der Gegensätze zwischen den Weltmächten" müsse der eigene Stellenwert der internationalen Politik und der Außenpolitik für "den Verlauf der allgemeinen Geschichte" stärker berücksichtigt werden.20) Ein lediglich von der Sozialgeschichte her vermitteltes Geschichts- und Politikverständnis würde nach Hillgruber zu kurz greifen. Hillgruber rechtfertigt seine Auffassung von der Eigenständigkeit des Untersuchungsobjekt "Außenpolitik", indem er fünf Erfahrungssätze aufnimmt: 21)

1."Alle soziale Dynamik" wie andererseits "alle ideologische Sprengkraft" hätten seit Beginn der industriellen Revolution das Eigengewicht der historisch geprägten Staaten und die relative Autonomie ihrer Außenpolitik nicht beseitigt.
2.An den Wirklichkeiten der internationalen Politik müsse die Übertragung der Erkenntnismethoden, die für den Bereich der Innen- und Gesellschaftspolitik entwickelt worden seien scheitern. Als Beispiel führt Hillgruber die im Analogieschluß zur Innenpolitik entwickelten normativen Kategorien der Völkerbundsbewegung an, die gegenüber den Realitäten der Zwischenkriegszeit versagt hätten.
3.Es sind Konventionen feststellbar, die zur Kontinuität der nationalen Geschichte beitragen. Diese politischen Traditionen seien nicht reduzierbar auf sich wandelnde wirtschaftliche Interessen. Gesellschaftliche Verhältnisse seien zwar die Bedingung der Möglichkeit bestimmter Regime, der Wirkungschancen von Ideologien u.a.m., aber sie könnten nicht als direkte Ursache innen- und außenpolitischer Koalitionsbildung, imperialistischer Politik etc. akzeptiert werden.
4.Hillgruber stellt die soziale Gebundenheit, d.h. das Interesse jedes Regimes an der Bewahrung der bestehenden sozialen Struktur, fest; er betont jedoch, daß sich immer wieder eine relative Entscheidungsfreiheit der Machteliten zeige. Hillgruber fordert, daß historische Untersuchungen über die Erkenntnisinteressen einer Sozialgeschichte hinausgehen und ergänzen müssen: Die Sozialhistorie müsse die Intentionen und Interessen der Führungsgruppen und die politische Strategie und Taktik rivalisierender Machteliten herausarbeiten, "policy and politics", machtpolitische Kalkulation und Ideen/Ideologien analysieren. Die Kritik Wehlers läuft darauf hinaus, daß Wehler in den Ausführungen Hillgrubers zwar ein Zugeständnis mit Blick auf die Integration der modernen Sozialgeschichte in die "politische Geschichte moderner Prägung" feststellen kann, daß jedoch dieses Eingeständnis wieder zurückgenommen werde, indem Hillgruber die Ergebnisse der Sozial-und Wirtschaftsgeschichte lediglich als "Hintergrund" politik-historischer Analysen begreife. Darüber hinaus werte Hillgruber theoretische und allgemein-strukturelle Konzeptionen über das Ganze ab, sei im Einzelfall der Untersuchung verhaftet. Die Sozialgeschichte würde hingegegen in einem fortschrittlicheren Ansatz Einsichten in die Möglichkeiten der

Veränderbarkeit und Beeinflussung der Politik vermitteln. 22) Angesichts dieser teilweise einseitigen Argumentationen beider Historiker sollte es für die Geschichtswissenschaft dennoch möglich sein, im Sinne Richard Löwenthals 23) einen systematischen Beitrag für den mittlerweile unüberschaubaren Komplex der Verflechtung von Innen- und Außenpolitik zu leisten. Die Frage nach dem Einfluß politischer Systeme auf die Außenpolitik anderer Staaten ist hierbei ebenso von Interesse wie die Wirkung des Gesamtprozesses des geschichtlichen Wandels politischer und gesellschaftlicher Systeme auf den Gesamtcharakter des internationalen Systems.

Eine isolierende Trennung von (außen-) politischer Geschichte und Sozialgeschichte ist angesichts neuerer Forschungserkenntnisse nicht mehr aufrecht zu erhalten. Gerade Autoren, die sich mit den Anfängen und der "Persistence" der politischen Kultur der USA beschäftigt haben, wie Michael Kammen und Bernard Bailyn, fordern eine die Zusammenhänge deutlich machende Sichtweise 24). Als Kritik an den einseitigen Überbetonungen durch die einzelnen Forschungsrichtungen ist der auf eine `ganzheitliche` Betrachtung der wechselseitigen Beziehungsverhältnisse zwischen Innen- und Außenpolitik angelegte Begriff des historischen Möglichkeitsraumes zu sehen, der einen Weg zu eröffen sucht, sowohl die Gemeinsamkeiten als auch die Eigenständigkeiten der Räume von Innen- und Außenpolitik aufzuzeigen.

6.4 Unterschiedlichkeit und Andersartigkeit in den geistig-politischen Entwicklungsstufen von historischen Möglichkeitsräumen

Als methodische Vorbedingung für eine friedens- und sicherheitspolitische Planung im Rahmen des historischen Möglichkeitsraums gilt es festzustellen, daß es eine `gleichzeitige Ungleichzeitigkeit` unterschiedlicher und andersartiger historisch-politischer Möglichkeitsräume gibt. Diese Verschiedenheit ist nicht nur ein Problem geographischer Erreichbarkeit, Kommunikation oder liberal-demokratischer Aufklärung, sondern sie ergibt sich auch aus den unterschiedlichen geistig-politischen Entwicklungsstufen und andersartigen Mentalitäten und Kulturen .

Das Werden der Staaten liegt nach Hegel in einer Phase vor der Weltgeschichte. In dieser Phase waren das "Allgemeine des Gedachten, die Objektivität des Gesetzes und die Wirklichkeit des Handelns und des Gemüts noch in unmittelbarer Einheit.[25] Diese Einheit ist sowohl der Ausgang als auch das Ziel der ganzen Entwicklung der "Entäußerung" und des "Zusichselbstfindens". Der ursprüngliche Zustand muß verlassen werden, damit er zum Wissen seiner selbst kommen kann. Diese Bewußtseinsentwicklung vollzieht sich in vier Momenten. In der Erscheinungswelt der Geschichte als der "Selbstproduktion des allgemeinen Geistes" [26] geschieht dies über vier "Volksgeist- Stufen", deren unmittelbare Wirklichkeit die weltgeschichtlichen Staaten bzw. Reiche sind. Der Bewußtseinsstand und damit die entsprechende Gesamtvermittlung von Staat und Gesellschaft dieser welthistorischen Staatsindividuen stimmen mit den vier Momenten der Selbstproduktion des Geistes (als der Idee, die aus ihrem Anderssein in sich zurückkehrt durch ihre eigene Tat, ihre Selbstproduktion):

(1) Das orientalische Reich, das der Form des substantiellen Geistes enstpricht, wo die Einzelheit noch in das Substantielle versenkt ist.

(2) Das griechische Reich , das vom Wissen des substantiellen Geistes geprägt ist.

(3) Das römische Reich, das vom Erfassen des Fürsichseins bestimmt ist, jenem Erfassen, daß das Substantielle im menschlichen Geiste selbst ist.

(4) Das germanische Reich, wo jene erfaßte Idealität objektiv gemacht wird, um die Realität wiederherzustellen. D.h. das Reich, dem das Christentum zum Grunde liegt, das, wo Gott sich offenbar gemacht hat.

> "Hier ist eine Innerlichkeit, die aus sich selbst ihre Welt hervorbringt, und zwar eine Welt als an und für sich seiend. Dies ist der höchste Punkt." [27]

Jeder welthistorische Staat hat das Moment geographischer und klimatischer Bestimmungen. Er ist an seine Zeit an eine bestimmte Entwicklung seines Bewußtseins gebunden und muß seine Momente der Wirklichkeit durchlaufen. Er hat seine eigene Geschichte. Hegel sieht jedoch auch hier die Möglichkeit eines "Zu-sich-selbstfindens" durch die Idee : Als beschränkter Geist ist die Selbstständigkeit des Staates ein Untergeordnetes;

> " er geht in die allgemeine Weltgeschichte über, deren Begebenheiten die Dialektik der besonderen Völkergeister, das Weltgericht, darstellt." 28)

Als dialektischer Prozeß muß das Bewußtsein des Staates sich jedoch über den in jedem welthistorischen Volke enthaltenen Gegensatz, der zur nächsthöheren Stufe der Bewußtseinsentfaltung drängt (im Sinne der Geschichte als Fortschritt der Freiheit) 29) allgemein entfalten. So wie das griechische Prinzip über das orientalisch-persische siegte, enthielt das griechische auch Elemente seines Zerfalls, wodurch das römische Staatsprinzip seine weltgeschichtliche Überlegenheit bekam, bis es vom christlich-germanischen überwunden wurde.
Die "allgemeine Entfaltung" hat bis in unsere heutigen Tage nicht stattgefunden , wie jede Lagebeurteilung der internationalen Beziehungen auf Anhieb verdeutlicht. Ein dialektisches Nebeneinander von universalen und nationalen Faktoren prägt das internationale System. Man spricht sogar von verschiedenen Welten: von der `Ersten Welt`, von der `Zweiten Welt` und von der `Dritten Welt`. So leben am Ende des 20.Jahrhunderts in der internationalen Staatengesellschaft gleichzeitig Nationen und regionale Großmächte bzw. unterschiedliche `Welten` , die zum Teil einen vollkommen ungleichen oder andersartigen Entwicklungsstand haben als die liberal-demokratisch-kapitalistische `Erste Welt`. Die Vielfalt der unterschiedlichen und autonomen Möglichkeitsräume stellt trotz Interdependenzen und Fortschritten im internationalen Zusammenleben ein bislang unüberwindbares Hindernis für die Planung eines einheitlichen universalistischen Konzeptes dar. Die bislang bekannten Konzepte der Vereinheitlichung politischer Systeme und damit der internationalen Beziehungen setzen einen gleichen oder einen ähnlichen Entwicklungsverlauf und Entwicklungsstand voraus. Diese Konzepte stießen gerade im 20.Jahrhundert auf die Realität der historischen Möglichkeitsräume sowohl im Inneren der zu vereinheitlichenden Staaten als auch im internationalen System selbst, was zur Zunahme militärischer Gewaltanwendung führte. Die heutige Staatenwelt ist bestenfalls imstande, ein funktionierendes System gegenseitiger Anerkennung hervorzubringen, das den anarchischen Charakter des internationalen Zusammenlebens auf der Grundlage völkerrechtlicher

und institutioneller Maßnahmen regelt. Das internationale System ist aufgrund seiner Konsistenz als eigener historischer Raum zu behandeln, der keineswegs mit dem Möglichkeitsraum nur einer Supermacht - sei sie noch so stark - gleichzusetzen ist. Das internationale System hat im Verlauf der letzten 350 Jahre seine eigenen Regeln und Gesetze entwickelt. Das bedeutet für den außenpolitischen Bereich seiner Mitglieder, sich den Gegebenheiten und dem Wandel der internationalen Beziehungen anzupassen. Hieraus folgt, daß eine universalistisch planende Großmacht wie die Vereinigten Staaten die Grenzen des eigenen historisch-politischen Raumes berücksichtigen muß. Ein einfaches und unreflektiertes Übertragen eigener Ordnungs- und Wertvorstellungen wäre nur logisch , aber nicht real denkbar und würde andere Möglichkeitsräume verletzen.
Neue faktische Gestaltungsmöglichkeiten für einen umfangreichen Weltfrieden sind bestenfalls in der weiteren graduellen Entwicklung der internationalen Beziehungen zu erwarten. Vielfalt und Einheit werden solange in ihrem Spannungsverhältnis weiterbestehen. Dennoch können friedenssichernde Maßnahmen erfolgreich sein, wenn sie neben den regionalen, ethnischen und politisch-kulturellen Identitäten in ausgewogener Zweck-Ziel-Mittel-Relation internationalistische Orientierungen verfolgen.

Exkurs

Das Bewußtsein des ethnischen Freiheitsrechts und der Wunsch nach Selbstbestimmung der Völker sind in der internationalen Politik allgemein geworden und lassen sich nur mit Gewalt unterdrücken. Trotz regionaler Nachbarschaften, internationaler Interdependenzen und weltweiter Kommunikations- und Wirtschaftsbeziehungen stellt der Nationalstaat als Subjekt auch 1993 einen eigenen historischen, politischen und kulturellen Möglichkeitsraum dar. Nach außen kann dieser wohl, wie u.a. das deutsche Beispiel zeigt, seine Grenzen öffnen und ein gut-funktionierendes Mitglied übernationaler Strukturen und Bündnisse darstellen; als strukturelle und weitgehend souveräne Einheit kann der historische Möglichkeitsraum \`Nationalstaat\` jedoch von anderen Möglichkeitsräumen nicht künstlich einverleibt werden.
Die Kehrseite der nationalen Selbstbestimmung und der Fragmentierung von Vielvölkerstaaten (insbesondere: Sowjetunion

und Jugoslawien) kommt in einer zunächst geringeren internationalen Stabilität zum Ausdruck. Während der Ost-West-Konflikt die Bedrohungslage scheinbar noch überschaubar hielt, nimmt heute mit der wachsenden Anzahl staatlicher Konfliktparteien die sicherheitspolitische Instabilität im internationalen System zu; gleichzeitig ist jedoch in West-, Mittel- und Osteuropa die reale historische Möglichkeit gegeben, die vorhandenen ethnischen Konflikte möglichst gewaltfrei auszutragen. Hier sollten vor allem die vorhandenen internationalistisch orientierten Institutionen wie UNO, EG und KSZE als **integratives** Moment des zwischenstaatlichen Zusammenlebens im Sinne einer neuen politischen Klugheit genutzt werden. Denn es besteht eine "reale Chance" nach Beendigung des Kalten Krieges, wie u.a. Willy Brandt im Vorwort seiner Einnerungen im Jahre 1992 betonte,

> "aus den Vereinten Nationen das zu machen, was sie schon 1945 hätten werden sollen."

Durch verantwortungsvolle Maßnahmen dieser Organisationen könnte sich in Europa ein zeitgemäßes Nationalgefühl entwickeln, das sich nicht mehr über andere erhebt und expansiv ausgerichtet ist, sondern das sich selbst aus `freier Überzeugung` in der Ausübung des Selbstbestimmungsrechts Grenzen setzt und Regeln gibt.

Zwischenergebnisse

Ausschlaggebend für die politische Zweckformulierung von historischen Möglichkeitsräumen bleibt die nationale Dimension, d.h. der individuellen politischen Kultur und Geschichte eines Volkes. Nationalbewußtsein und nationale Eigenständigkeiten sind nach wie vor in der politischen Theorie und Praxis feste Bestandteile geistig und politisch souveräner Räume.
Der geistig-politische, von innerweltlicher Eigenverantwortung geprägte "Kopfstand" ist das Ergebnis einer historisch-philosophischen Entfaltung. Diese Form des `Herstellungsdenkens`, das Sein und Werden der geschichtlichen Entwicklung in seiner Beurteilung politischer Gestaltungsmöglichkeiten zu verbinden vermag, kann als `praxisorientierte Herstellung`, das rein technische Herstellungsdenken, das die historische Möglichkeit in Theorie und Praxis unter dem Aspekt eines voluntaristischen

Optionsdenken mißachtet, als `sozialtechnische Herstellung` bezeichnet werden.
Dem praxisorientierten Denken verpflichtet, lassen sich mit Blick auf die im folgenden Kapitel vorgenommene Bestimmung des `historischen Möglichkeitsraums USA` und seine Auswirkung auf die amerikanischen außen- und friedenspolitische Konzepte unter Woodrow Wilson einige Aussagen vorwegnehmen:
Außen- und friedenspolitische Planungen, die wie die heutigen Konzepte im Bereich der internationalen Politik stark von Perzeptionen und Nationenbildern abhängig sind, müssen die Komplexität und Verschiedenheit in der Staatenwelt beachten:

> "Andere Einstellungen und andere Bilder von der Welt müssen als reale Gegebenheiten berücksichtigt und in das eigene Denken integriert werden, um langfristig Erfolge für die eigene Konzeption zu gewährleisten."

Und :

> "Daß aber das Bild, das eine Nation von sich selbst und von anderen Nationen hat, bei der internationalen Kommunikation und im politischen Entscheidungsprozeß eine erhebliche und oft auch entscheidende Rolle spielt, ist oft genug angedeudet und auch gefolgert worden. Bei Untersuchungen über den Ablauf von Entscheidungsprozessen etwa wird der `perzeptiven Komponente` oder dem `subjektiven Bild` ein entsprechender Rang zugeordnet (bzw. eine **Scheinrealität**)". 30)

Eine Scheinrealität besteht auch dann, wenn man auf politischer Ebene die Wertvorstellungen und politischen Entfaltungsmöglichkeiten des eigenen Landes unreflektiert auf fremde Möglichkeitsräume projeziert.
Um eine realitätsgerechte Wahrnehmung des anderen zu erzielen, ist die Berücksichtung der erkenntnistheoretischen Einheit von politischer Theorie und Praxis eine unabdingbare Bedingung. Jede Wahrnehmung der Möglichkeiten friedens- und sicherheitspolitischer Planung und jede Perzeption eines am internationalen Geschehen mitwirkenden Subjektes bleibt so lange unzureichend, wie der metatheoretische Ausgangspunkt, d.h. die Erkenntnis über die eigene Handhabung von politischer Planung, unerkannt bleibt. Eine politische Planung muß sich deshalb zunächst den **Standort ihres Theorieverständnisses** bewußt machen: strebe ich nach einer möglichst realitätsgerechten und praxisorientierten oder eher nach einer voluntaristisch-technischen Konzeption? Diese Fragestellung stellt die Grundlage für eine möglichst erfolgreiche politische

Planung dar. Von ihr aus gilt es zunächst, die eigene - in unserem Falle: die amerikanische - Position im Bezugsrahmen der Vielfältigkeit historischer Möglichkeitsräume zu bestimmen. Es muß bei dieser Untersuchung sowohl eine Bestimmung der historisch-politischen Eigenheiten der USA vorgenommen als auch der Frage nachgegangen werden, ob amerikanische Politiker - insbesondere Woodrow Wilson - sich im Verlauf der politischen Geschichte der USA der erkenntnistheoretischen Problemstellung bewußt waren und ob sie daraus Schlüsse für ihre außenpolitische Planungen zogen.
Hinsichtlich des `Möglichkeitsraums USA` läßt sich vorweg feststellen:sowohl der politisch-historische Raum der USA als auch die internationalen Beziehungen, wo sich die Außenpolitik der USA abspielt, sind zunächst von einander getrennt zu analysierende Räume, die ihre eigenen Gesetze haben. Durch das Hinzukommen neuer, teilweise auf universale Gültigkeit angelegter Politikformulierungen seit der "Atlantischen Revolution" ergaben sich, wie u.a Theodor Schieder herauszustellen vermochte, zu dieser Eigenständigkeit der Räume zusätzliche politische Perspektiven, die auf die internationale Politik hin orientiert waren.
Bereits mit der Unabhängigkeitserklärung der USA traten Interdependenzen, die innenpolitische und außenpolitische Zielsetzungen verbanden, zutage. Auch wenn Außenpolitik nicht die bloße Fortsetzung der Innenpolitik bedeutet, so haben Innen- und Außenpolitik gemeinsame Elemente, die sich auf einen historisch-dialektischen Prozeß der Theorie und Praxis politischer Interessensformulierung zurückführen lassen. Die gemeinsamen Elemente der innen- wie außenpolitischen Interessensformulierung sind in dem oben beschriebenen Politikbegriff der Moderne und seinen Inhalten zu finden. Trotz dieser Gemeinsamkeiten und wechselseitigen Interdependenzen behielt die Innen- wie die Außenpolitik der einzelnen Staaten - wie auch die internationalen Beziehungen im Ganzen - ihren eigenen Stellenwert, d.h. ihren zu gestaltenden Möglichkeitsraum. Jeder eigenständige historische Raum stellt seine `subjektiven` Bedingungen und Ansprüche, die für eine realistische Friedensplanung Berücksichtigung finden muß.

II.Der historisch-politische Raum der USA

II.1.Überblick

Bereits zu Beginn des 19.Jahrhunderts beschrieb Hegel in seinen Vorlesungen über die Philosophie der Geschichte die Gemeinsamkeiten, die der nordamerikanische Raum geistig und sprachlich mit dem alten Europa teilte. Hegel betonte aber auch - in Abgrenzung zu Europa und Südamerika - die Eigenheiten der USA, die sich aus geographischen, politischen und historischen Spezifika ergaben. Darüber hinaus stimmte der deutsche Philosoph mit den Aussagen Tocquevilles 1) und des fast achtzig Jahre später lehrenden amerikanischen Historikers Frederick Jackson Turner 2) überein, daß die USA ein potentielles Land der Zukunft seien:

> "Die Welt wird in die Alte und Neue geteil, und zwar ist der Namen der neuen daher gekommen, weil Amerika und Australien uns erst spät bekannt geworden sind. Aber diese Weltteile sind nicht nur relativ neu, sondern überhaupt neu, in Ansehung ihrer ganzen physischen und geistigen Beschaffenheit. ...Da nun die ursprüngliche Nation geschwunden oder so gut wie geschwunden ist, so kommt die wirksame Bevölkerung meist von Europa her, und was in Amerika geschieht, geht von Europa aus. ...In Nordamerika sehen wir das Gedeihen, sowohl durch ein Zunehmen von Industrie und Bevölkerung, durch bürgerliche Ordnung und eine feste Freiheit; die ganze Föderation macht nur einen Staat aus und hat ihre politischen Mittelpunkte. Dagegen beruhen in Südamerika die Republiken nur auf militärischer Gewalt".

Die ganze Geschichte Südamerikas sei ein fortdauernder Umsturz: föderierte Staaten fielen auseinander, andere hätten sich wieder verbunden, und alle diese Veränderungen seien durch militärische Revolutionen begründet. Die näheren Unterschiede beider Teile Amerikas würden zwei entgegengesetzte Richtungen zeigen: der eine Punkt sei der politische, der andere die Religion. Südamerika, wo sich die Spanier niederließen und die Oberherrschaft behaupteten, sei katholisch, Nordmarika, obgleich ein Land der Sekten überhaupt, sei den Grundzügen nach protestantisch. Eine weitere Abweichung sei die, daß Südamerika erobert, Nordamerika kolonisiert worden ist. Die Spanier hätten sich Südamerikas bemächtigt, um zu herrschen und reich, sowohl durch politische Ämter als Erpressungen, zu werden. Die nordamerikanischen

Freistaaten seien dagegen ganz von Europäern kolonisiert worden. Da in England Puritaner, Episkopalen und Katholiken in beständigem Widerstreit begriffen gewesen seien und bald die einen, bald die anderen die Oberhand gehabt hätten, seien viele ausgewandert, um in einem fremden Weltteile die Freiheit der Religion zu suchen.Es seien industriöse Europäer gewesen, die sich des Ackerbaues, des Tabak- und Baumwollanbaus usw. befleißigten. Bald sei eine allgemeine Richtung auf die Arbeit eingetreten, und die Substanz des Ganzen seien die Bedürfnisse, die Ruhe, die bürgerliche Gerechtigkeit, Sicherheit, Freiheit und ein Gemeinwesen, das von den Atomen der Individuen ausging, so daß der Staat nur ein Äußerliches zum Schutze des Eigentums gewesen sei. Von der protestantischen Religion sei das Zutrauen der Individuen gegeneinander ausgegangen, das Vertrauen auf ihre Gesinnung, denn in der protestantischen Kirche sind die religiösen Werke das ganze Leben, die Tätigkeit desselben überhaupt.

> "... Was nun das Politische in Noramerika betrifft, so ist der allgemeine Zweck noch nicht als etwas Festes für sich gesetzt,...denn ein wirklicher Staat und eine wirkliche Staatsregierung entstehen nur, wenn bereits ein Unterschied der Stände da ist, wenn Reichtum und Armut sehr groß werden und ein solches Verhältnis eintritt, daß eine große Menge ihre Bedürfnisse nicht mehr auf eine Weise, wie sie es gewohnt ist, befriedigen kann. Aber Amerika geht dieser Spannung noch nicht entgegen, denn es hat unaufhörlich den Ausweg der Kolonisation im hohem Grade offen."

Und:

> "Durch dieses Mittel ist die Hauptquelle der Unzufriedenheit geschwunden, und das Fortbestehen des jetzigen bürgerlichen Zustandes wird verbürgt. Eine Vergleichung der nordamerikanischen Freistaaten mit europäischen Ländern ist daher unmöglich, denn in Europa ist ein solcher natürlicher Abfluß der Bevölkerung, trotz aller Auswanderungen, nicht vorhanden: hätten die Wälder Germaniens noch existiert, so wäre freilich die Französische Revolution nicht ins Leben getreten. Mit Europa könnte Nordamerika erst verglichen werden, wenn der unermeßliche Raum, den dieser Staat darbietet, ausgefüllt und die bürgerliche Gesellschaft in sich zurückgedrängt wäre.... Erst wenn wie in Europa die bloße Vermehrung des Ackerbaus gehemmt ist, werden sich die Bewohner, statt hinaus nach Äckern zu drängen, zu städtischen Gewerben und Verkehr in sich hineindrängen, ein kompaktes System bürgerlicher Gesellschaft bilden und zu dem Bedürfnis eines organischen Staates kommen. Die nordamerikanischen Freistaaten haben keinen Nachbarstaat, gegen den sie in einem Verhältnis wären, wie es die europäischen Staaten unter sich sind, den sie mit Mißtrauen zu beobachten und gegen welchen sie ein stehendes Heer zu halten hätten.Kanada und Mexiko sind für dasselbige nicht furchtbar. Amerika ist somit das Land der

Zukunft... es ist ein Land der Sehnsucht für alle die, welche die historische Rüstkammer des alten Europa langweilt." 3)

Hegels weitblickende Beurteilung, daß die USA erst in der Zukunft an ihre geographisch-entwicklungsgeschichtlichen Grenzen im `Inneren' ankommen müßten, um sich zu einem Staat mit einer organisierten bürgerlichen Bedürfnisstruktur nach innen und nach außen zu formieren, weist bereits auf die Lage der Vereinigten Staaten zu Beginn des 20.Jahrhunderts hin. Fast hundert Jahre nach Hegels Prognose fand Nordamerika die Lösung seiner aufkommenden sozio- ökonomischen und religiösen Spannungen in dem Wunsch nach weltweiter Ausdehnung seiner wirtschaftlichen Macht und gesellschaftlichen Wertvorstellungen. In der weltpolitischen Rolle, die Wilson angesichts der internationalen Interessen seines Landes anstreben wollte, gab es zwei Möglichkeiten, als Staat unter Staaten außenpolitisch zu handeln: entweder mußten die USA eine ungewollte Angleichung ihres bislang in der internationalen Politik so gut wie `unschuldigen` Landes an die bis zu diesem Zeitpunkt von Europa bestimmten Strukturen der internationalen Beziehungen hinnehmen, oder es mußten sich die internationalen Beziehungen dem amerikanischen System angleichen. Bei diesem weltgeschichtlich so bedeutenden Vorgang trafen unterschiedliche Möglichkeitsräume aufeinander, wobei die Vereinigten Staaten sich erst in der Auseinandersetzung mit den anderen Nationalstaaten zur Bestimmung und Wahrnehmung des eigenen seinsbedingten Raumes und seiner Grenzen auf dem Bereich der internationalen Politik gelangen konnten.

Im folgenden soll nun auf der Grundlage der oben herausgearbeiteten Kriterien des historischen Möglichkeitsraumes der historisch-politische Raum der USA in seiner spezifischen Seinsgebundenheit überblickhaft bestimmt werden. Die spezifisch amerikanische Seinsgebundenheit, die sich aus eigenständigen historischen, geographischen und ideengeschichtlichen Bedingungen der politischen Kultur der Vereinigten Staaten ergibt, gewinnt vor allem dann an Bedeutung, wenn man sie dem in der Geschichte der politischen Kultur Amerikas herausgewachsenen Verständnis von global angelegter politischer Theorie und praktischer Politik gegenüberzustellt. 4) Die Bestimmung der Spezifika amerikanischer Politik wird vor allem deshalb vorgenommen, um gemäß der oben dargestellten Analysekriterien des Möglichkeitsraumes das Theorieverständnis amerikanischer Staatspolitik zu ermitteln.

Darüber hinaus lassen sich nach Ermittlung des historisch-politischen Raumes Aussagen über die Anpassungsfähigkeit amerikanischer Politik an die historisch entfalteten Strukturen machen, d.h. man kann auf diese Weise Hinweise über die \`Praxisorientierung\` der USA finden.
In Anlehnung an die Worte Dolf Sternbergers, der moderne Verfassungsstaat lasse mit seinen fundamentalen persönlichen und kollektiven Freiheiten, seinen repräsentativen Körperschaften und bürgerlichen Wählerschaften einige Wesenszüge des aristotelischen Urbildes wiedererkennen, läßt sich feststellen, daß auch der bürgerlich-liberale Verfassungsstaat nicht vollkommen den Kriterien des aristotelischen Politikbegriffs entspricht; neben aristotelischen Elementen beinhaltet er auch eschatologische und dämonologische.
Als räumlich-zeitlich begrenzte Philosophie muß die Staatsphilosophie der Wissenschaft von der Politik (im Sinne Aristoteles) leitend vorausgehen. Ihre eigentliche Aufgabe sei es, die Ortsbestimmung der wissenschaftlichen Politik hinsichtlich ihres Wesens im Kosmos der Wissenschaften zu bestimmen. Die Untersuchung des Wesens der Politik stellt , wie oben beschrieben, die Fragen nach dem Woher, Wohin, Woraus und nach dem Gepräge. Im folgenden soll in der Auseinandersetzung mit der historisch-politischen und ideengeschichtlichen Entwicklung des \`Gemeinwesens USA\` geklärt werden, inwieweit die amerikanische Politik in Theorie und Praxis diesen Fragestellungen und damit einer praxisorientierten Politikanwendung gerecht wurde.
Da, wie Hegel zu Beginn dieses Kapitels feststellte, die ursprüngliche Nation geschwunden oder so gut wie geschwunden, war, traf "die wirksame Bevölkerung von Europa her" auf einen Raum, der unvergleichbar leer an politischen Traditionen war, so daß eine Anpassung an eine vorgebene politische Kultur in Nordamerika nicht notwendig wurde.

> "Was in Amerika geschieht, geht von Europa aus. ...Viele Engländer haben sich daselbst festgesetzt, wo Lasten und Abgaben fortfallen und wo die Anhäufung europäischer Mittel und europäischer Geschicklichkeit fähig waren, dem großen und brachliegenden Boden etwas abzugewinnen". 5)

Damit erkannte der deutsche Philosoph, daß die Geschichte aus der Enge des alten Europas in der Weite Nordamerikas ihre Fortführung fand, wobei sich der gemeinsame Weg an dieser Stelle zugleich auch

wieder in unterschiedliche Räume abzweigte. Die amerikanische Entwicklung insbesondere die Möglichkeit der Umsetzung politisch-aufklärerischer Freiheitsideen wurde von wesentlich besseren Umständen in Nordamerika als in Europa bestimmt. Die USA befanden sich in einer sehr geschützten geographisch-strategischen Lage, deren Inselhaftigkeit sie von etwaigen existenzbedrohenden Nachbarn bewahrte. Hinzu kamen die Weite und der Bodenreichtum des Landes. Auch wenn diese Faktoren im Nuklearzeitalter relativiert werden können, so stellen sie doch ein sehr wichtiges Kriterium für die ungehinderte geistige und materielle Entwicklung der USA seit 1776 dar. Gerade der geistig-historischen Entwicklung gilt mit Blick auf die Problemstellung unser Hauptinteresse.
Wie Ernst Nolte mit seiner Charakterisierung der USA als "ersten Staat der Linken" zum Ausdruck brachte [6] ,ist die Sowjetunion nicht der erste Staat in der Geschichte der neueren Zeit, der seine Innen- wie Außenpolitik auf weltanschauliche Grundwerte bezieht. Weltanschauliche Grundwerte und Amerikanische Revolution stehen hierbei in einem unmittelbaren Zusammenhang, denn gerade der Kampf der nordamerikanischen Kolonien um die Unabhängigkeit stellt die geistesgeschichtliche und politische formative Phase der politischen Kultur der USA dar. In den revolutionären Ereignissen um das Jahr 1776 bildet sich das Dispositiv der Grundwerte amerikanischer Politik heraus, das seine Geltung bis zum heutigen Tage nicht verloren hat. Unterstrichen wird diese Feststellung u.a. auch von Eckehart Krippendorff, der die dominierende Leitlinie amerikanischer Außenpolitik auf die innenpolitischen Entwicklungen der Amerikanischen Revolution zurückverfolgt. [7] So beginnt auch der amerikanische Autor Michael H. Hunt das Kapitel über die Amerikanische Revolution in seinem Buch über Ideologie und amerikanische Außenpolitik mit den Worten "The American nation was the child of a revolutionary age". Und Ralf Dahrendorf sieht in der amerikanischen Gesellschaft "Die angewandte Aufklärung", d.h. die Fortführung der aufklärerischen und freiheitlichen Ideale des alten Europas. [8] Die Hauptaussage der genannten Autoren läuft auf die Feststellung hinaus, daß der amerikanische Nationalcharakter sich sowohl aus Elementen der gemeinsamen ideengeschichtlichen Entwicklung mit Westeuropa, insbesondere mit der Aufklärung und der bürgerlichen Revolutionsbewegung des 18.Jahrhunderts, als auch aus Elementen ,

die ihre Wurzeln in den geographischen, politisch-sozialen, ethnischen und historisch-gewachsenen Besonderheiten der USA haben, ergab. Der Autor Trevor Colburn arbeitete in seinem Werk "The Lamp of Experience" 9) heraus, in welch starkem Maße sich das amerikanische politische Denken des 18.Jahrhunderts in einem historischen Bezugsrahmen zu den europäischen, vor allem zu den englischen Entwicklungen bewegte. Bereits Bernard Baylin wies in seiner grundlegenden Untersuchung über die "Ideological Origins of the American Revolution" 10) darauf hin, daß die englischen Aktionen der 1760er und 70er Jahre gegenüber den amerikanischen Kolonien den Kolonisten vor dem Hintergrund ihres Geschichtsphilosophischen Verständnisses als bewußte und koordinierte

> "Handlungen zur Unterminierung ihrer Freiheit erscheinen mußten.Sie sahen in den verschiedenen Maßnahmen der englischen Politik nur die einzelnen Stadien eines ihnen aus der historisch-politischen Literatur seit langem geläufigen klassischen Verlaufstypus - der Untergrabung freiheitlicher Verfassungen und der Versklavung freier Völker." 12)

Es wird durch die Arbeiten von Baylin und Colburn die These unterstrichen, daß der Einfluß radikaler Whigs durch die bewußte Aufnahme freiheitlich-aufklärerischer Ideen in den USA ungleich größer war als in England selbst. Vor allem der "Saxon myth" als eine Vorstellung von einem vornormannischen goldenen Zeitalter der Freiheit war, wie Colburn nachweist, in den amerikanischen Kolonien weit verbreitet. So habe auch Jefferson zeit seines Lebens an ihm festgehalten, auch nachdem "die englischen Radikalen sich in den 80er Jahren von dieser Deutung entfernt hatten." Es zeichnet sich damit bereits in diesem "transatlantische Beginn" der bürgerlich-revolutionären Geistesbewegung eine Eigenständigkeit der sich entwickelnden politischen Kultur der Vereinigten Staaten ab. In eindrucksvoller Weise ist in der amerikanischen Entwicklung zu erkennen, wie hier die Vertragslehre, die Idee also, daß der Staat nur durch die Zustimmung seiner Bürger bestehen könne, den

> "fiktiv- theoretischen Charakter, den sie in Europa überwiegend besaßen, verlieren und höchst ernsthaft beim Wort genommen werden." 13)

Es sei in das Bewußtsein der Amerikaner gedrungen, daß durch die unmittelbare Beteiligung der Bürger ein neuer und historisch einzigartiger Weg beschritten worden ist. 14) Der konkrete Eintitt der USA in die "Weltgeschichte" vollzog sich am 4.Juli 1776. An diesem Tag legten sie selbst mit der Verkündigung der Unabhängigkeitserklärung der Welt ihre Geburtsurkunde vor. Die einleitenden Sätze der Erklärung wandten sich an alle Menschen. Seither stellt für die politische Kultur der USA in die Unabhängigkeitserklärung - trotz vieler gegensätzlicher Erscheinungsformen im politischen Alltag - eine wichtige Grundlage, ein kostbarer Besitz, eine verpflichtende Lebensregel, ja eine messianistische Aufgabe dar. 15)

> "Kein Zweifel, die Unabhängigkeitserklärung hat das amerikanische Bewußtsein in einem für Ausländer kaum nacherlebbaren Ausmaß durchdrungen und ist als Heilsbotschaft aufgerichtet und zu anderen Völkern hinausgetragen worden."16)

Der Schauplatz, auf dem die Selbstständigkeit von 13 englischen Kolonien erreicht wurde, hatte bereits einen "weltgeschichtlichen Zuschnitt" 17). Es ging bereits während der Kolonialzeit um die Zukunft eines Kontinents, um die sich vor allem die europäischen Großmächte Frankreich und England stritten. Bald nachdem 1763 die Franzosen das Feld vollständig räumen mußten, fielen die englischen Siedler vom britischen Mutterland ab. Als `Amerikaner` verkündeten sie im Namen einer neuen Nation der übrigen Welt ihre Unabhängigkeit und nahmen ihr Territorium in Besitz. Im Zentrum des amerikanischen Erdteils stehend, vertraten sie den Anspruch, ihn gegen die Interessen der indianischen Ureinwohner zu besiedeln, zu durchdringen und als relativ menschenleeren Raum politisch-kulturell `auszugestalten` .

> "Ein weltgeschichtlicher Schauplatz, der mit europäischen Verhältnissen von Anfang an nicht vergleichbar ist!". 18)

Für die vorliegende Untersuchung ist hierbei vor allem von Bedeutung, daß sich in dieser Zeit des "In-Besitznehmens" eines historisch-politischen, ideengeschichtlichen `Vakuums` ein eigenständiges, liberales, bürgerliches System herausbildete, das im Bewußtsein des Fortschritts und der Freiheit des Individuums eine von der Aufklärung geprägte Gesellschaftstheorie in die Praxis revolutionär zu den traditionellen aristokratischen Gesellschaftssystemen Europas umzusetzen vermochte. In dieser Gründungsphase der amerikanischen Nation hat sich eine die politische Kultur bis in die Gegenwart prägende Weltanschauung entwickelt, die u.a. auch in der amerikanischen Verfassung von 1787 zur Wirkung kam. Gordon S.Wood, der sich näher mit dem ideengeschichtlichen Ursprung der amerikanischen Verfassung beschäftigte, stellt fest:

> "Das allgegenwärtige Merkmal dieser politischen Kultur war der Republikanismus. Er bestimmte nicht nur das politische System, an das die Gründer glaubten, er bestimmte auch ihre moralischen und gesellschaftlichen Ziele. Republikanisch zu werden, darum ging es in der amerikanischen Revolution. ... In jener Zeit eine radikale Ideologie, war dieses Gedankengebäude für das 18.Jahrhundert das, was für das 19.Jahrhundert der Marxismus bedeutete. Im 18.Jahrhundert war der Republikanismus eine oppositionelle Ideologie des Protests, ein intellektuelles Werkzeug, mit dem die Unzufriedenen den Luxus, den Egoismus und die Bestechlichkeit der monarchischen Kultur anprangern konnten....Republikanismus war die Ideologie der demokratischen Revolutionen des späten 18.Jahrhunderts; sie war die Ideologie der Völker, die gegen Monarchen und Erbaristokraten aufstanden." 19)

Verbunden war dieses Streben nach Republikanismus mit der Forderung der Verwirklichung der Menschenrechte. Auf dem Weg der Entwicklung eines praktisch-aristotelischen Theorie- und Politikverständnisses, das den Zusammenhang von individuellem und freiheitlichem Menschsein und Gemeinwohl erkennt, spielt das "Zu-sich-selbst-finden" des Individuums und seiner zu Beginn der bürgerlichen Revolutionsbewegung geforderten Menschenrechte eine herausragende Rolle. Der Begriff der Menschenrechte wurde so in der modernen Politik, um mit den Worten Gerhard Ritters zu sprechen, "ein brennendes Lebensproblem". 20)

Die Bestimmung der menschlichen Grundrechte, wie politische und rechtliche Gleichheit aller Bürger eines Landes, oder die Freiheit der Meinung, der Selbstbestimmung u.s.w., hat mit der Erklärung der Menschenrechte in Nordamerika einen unmittelbaren Wirklichkeits- und Praxisbezug erhalten, der den Bedingungen des aristotelischen Theorie- und Politikverständnisses weitgehend entsprach. In diesem Vorgang ist eine Seite der gesamten Entwicklung zu erkennen, die sich als ein praxisorientiertes, positives Ergebnis der Amerikanischen Revolution aus den historisch vorgebenen Möglichkeitsraum entwickelt und entfaltet hat. In der Amerikanischen Revolution ist jener unumkehrbare, aus der Geschichte selbst entfaltete Qualitätssprung in Richtung \`allgmeines Freiheitsbewußtsein\` zu konstatieren, den Hegel als wichtigen Bestandteil der bürgerlichen Revolution erkannt hatte. Regional-ontologisch betrachtet steht dieser Qualitätssprung jedoch nicht am Ende der historisch-praktischen Entwicklung, sondern am Anfang einer weiteren dialektischen Entfaltung im Sinne des `Allgemeinwerdens` des Freiheitsbewußtseins und der Menschenrechte. In diesem qualitativen Neuanfang der Amerikanischen Revolution stecken zugleich alle Widersprüchlichkeiten der oben dargestellten "bürgerlichen Gesellschaft".[21] Die tendenziell zutreffende Feststellung eines praxisorientierten qualitativen Neuanfangs im Sinne der Freiheit darf jedoch nicht darüber hinwegtäuschen, daß die in der Naturrechtsphilosophie angelegten Gedanken der Universalität von Menschenrechten zugunsten einer nationalstaatlichen Verfassungsaufnahme im Sinne von Grund- und Bürgerrechten ihre Anwendung in der politischen Wirklichkeit der USA fanden, was eine direkte Übertragung des amerikanischen Beispiels auf eine weltweite Menschenrechtsverwirklichung (so wie sie u.a. auch Wilson vertrat) vornherein in ihren Möglichkeiten eingrenzte. Man könnte so mit Blick auf den spezifisch amerikanischen Möglichkeitsraum sagen: "Factum und Idee", d.h. die historisch gewachsene Selbstständigkeit und die politische Idee der Unabhängigkeit auf der Grundlage des Naturrechts und der Menschenrechte, sowie das

> "wirtschaftliche Interesse und die Rechtslage trafen zusammen. Die neue Gesellschaft war schon aus den kolonialen Verhältnissen herausgewachsen, sie schuf sich einen neuen Staat." [22]

Eine eingehendere Untersuchung der Gemeinsamkeiten und Unterschiede in der Rezeption des Naturrechts gibt uns konkrete Aufschlüsse, wie dieser neue Staat geschaffen wurde, welche Methoden und Mittel in der Umsetzung politischer Theorien in die Praxis benutzt wurden, ob eine aristotelische Beschaffenheit amerikanischer Politik vorliegt und wo der historisch-politischen Raum der USA seine Grundlagen hat. Denn gerade das Naturrecht und das daraus hervorgehende revolutionäre Herstellungsdenken bilden, wie noch zu zeigen ist, einen zentralen Ausgangspunkt für die Gemeinsamkeiten und unterschiedlichen Spezifika der europäischen und amerikanischen Entwicklungslinien; Unterschiede , die weniger in der `moralischen` Überlegenheit der USA als in den besonders günstigen amerikanischen Voraussetzungen für die Umsetzung politischer Theorien in die Praxis liegen.
Um die amerikanische Naturrechtsrezeption in den weltgeschichtlichen Vorgang der atlantischen Revolution richtig einordnen zu können, ist grundlegend festzuhalten, daß

unverkennbare Unterschiede in der amerikanischen und europäischen Rezeption zu verzeichnen sind. Obwohl die amerikanischen Menschenrechtserklärungen aus der Rebellion gegen England geboren wurde, schlossen sie sich zunächst fast nahtlos an die englische geistesgeschichtliche Entwicklung an. [23)] Nicht zu Unrecht hat man den Streit zwischen dem Mutterland und den nordamerikanischen Kolonien parallel zu den großen englischen Verfassungskämpfen des 17.Jahrhunderts gesehen, d.h. zunächst als Kampf gegen die vermeintlich verfassungswidrig agierende Krone und schließlich gegen den vermeintlichen englischen Parlamentsabsolutismus . Vor allem diese Richtung des Verfassungsstreites wurde von seiten der nordamerikanischen Kolonien übernommen, wobei der englische und der amerikanische Weg sich in einen "Parlamentsabsolutismus" auf der einen und in eine "Volkssouveränität" auf der anderen Seite trennten. Aus dieser Trennung von England und dem gemeinsamen `Rechtsraum` folgte unter Berufung auf die Volkssouveränität eine stärkere Betonung des Naturrechts als in England , zumal die Amerikaner die abstrakte Betrachtung von Natur- und Vertragsrecht im Gegensatz zum alten Europa bereits in die Praxis umzusetzen vermochten. [24)] Hinsichtlich der Bestimmung des revolutionären Charakters amerikanischer Naturrechtskonzeption und des historisch- politischen Raumes der USA ist vor allem der Vergleich mit der französischen Naturrechtskonzeption und damit auch mit der Französischen Revolution von großer Bedeutung. Obwohl sich Amerikaner wie Franzosen gleichermaßen auf das moderne Naturrecht berufen und sogar, wie Georg Jellinek herausgearbeitet hat, bei den Grundrechtsdeklarationen beider Länder bis in den Wortlaut hinein Gemeinsamkeiten zeigen [25)], erfüllen beide eine unterschiedliche Absicht. Während die Nordamerikaner mit der Berufung auf die Menschenrechte ihre Unabhängigkeit vom englischen Mutterland rechtfertigten, planten die Franzosen einen Umsturz des Ancien Régime. Gemeinsam wurden Staatsverfassungen mit Grundrechten erstellt, wobei aber die amerikanischen Bills of Rights Ausdruck des bestehenden Rechtsbesitzes britischer Bürger waren und die Form ihrer universal-naturrechtlichen Begründung nur im Hinblick auf die Emanzipation vom Mutterland notwendig geworden ist. Die französische Deklaration beabsichtigte dagegen , ein prinzipiell neues Recht positiv erst zu Geltung zu bringen.

> "Der revolutionäre Sinn der Deklaration ist in Frankreich die Begründung einer neuen Verfassung, in Amerika aber die Unabhängigkeit, in deren Folge allerdings eine neue Verfassung nötig wird." 26)

Für Thomas Jefferson stellte sich mit der Unabhängigkeitserklärung nicht die Aufgabe, neue Prinzipien und Argumente zu finden, "but to place before mankind the common sense of the subject". 27) Das kurz vor der Unabhängikeitserklärung erschienene Pamphlet Thomas Paines, das die Lockesche Tradition mit der Emanzipationsfrage verbunden hat und das den Titel trug "Commonsense" scheint diesbezüglich auf Jefferson eingewirkt haben.

> "Für die amerikanischen Kolonisten waren Lockes Schlußfolgerungen zu Gemeinplätzen geworden; anstelle gelehrter Beweise waren die eigenen Erfahrungen mit einer Regierung, die vom Parlamentsabsolutismus eines fernen Mutterlandes nur in der Handelspolitik fühlbar abhängig blieb, überzeugend genug. Eine Deklaration konnte unter diesen Umständen nur den Sinn eines bekräftigenden Ausdrucks der ohnehin lebendigen gemeinsamen Überzeugungen haben:`it was intended to be an expression of the American mind... All its authority rests then on the harmonizing sentiments of the day...` " 28)

Aufschlüsse über die Unterschiede zwischen der französischen und amerikanischen Deklaration von Grundrechten geben die Sitzungen der französischen Nationalversammlung zwischen dem 9.Juli und dem 4.August 1789. Danach begann ein Wortbeitrag in der Nationalversammlung mit dem Hinweis, daß doch ein ungeheurer Unterschied zwischen einem Kolonialvolk, das die Fesseln einer fernen Regierung zerbrochen hat, und einem der ältesten Völker der Erde, das schon seit 1400 Jahren eine Regierungsform entwickelt hat, bestehe. Diesen und weitere Unterschiede führte in einer späteren Rede der Erzbischof Champion de Cice weiter aus. Er betonte, daß das Beispiel Nordamerikas nicht auschlaggebend sei, da es dort nur Eigentümer und gleiche Bürger gäbe. Schließlich erklärte der Abgeordnete Malouet, daß die Amerikaner unbedenklich die natürlichen Rechte deklarieren könnten, denn dort bestehe die Gesellschaft in ihrer Mehrzahl aus Eigentümern, die schon an Gleichheit gewöhnt sind und kaum das Joch der Steuern und der Vorurteile kennen. Solche Menschen seien ohne Zweifel für die Freiheit vorbereitet gewesen, anders als die Menschen in Frankreich. 29) Während die philosophischen Geister der Nationalversammlung den Bruch des modernen mit dem klassischen

Naturrecht strenger, (sozial-)technischer und revolutionärer mit Blick auf die Positivierung des Naturrechts realisieren wollten, hat die Positivierung des Naturrechts den Amerikanern keine revolutionäre Rolle abverlangt.

> "Eine Spannung zwischen Theorie und Praxis, zwischen naturrechtlichen Prinzipien und ihrer technischen Verwirklichung, Überlegungen, wie philosophische Einsicht über die öffentliche Meinung selbst politische Gewalt erlangen könne, hat es hier nicht gegeben."

Die Amerikaner waren vielmehr

> "auf die kluge Applikation vorgegebener Normen auf eine konkrete Lage bedacht". 30)

Hinter der Französischen und Amerikanischen Revolution standen nach Meinung Jürgen Habermas' unterschiedliche Naturrechtskonstruktionen, wobei die amerikanische praxisorientiert, die französische sozialtechnisch und terroristisch war.

> "Aus diesem spezifischen Unterschied zwischen der in Amerika und Frankreich herrschenden Naturrechtskonstruktion der bürgerlichen Gesellschaft folgt notwendig eine verschiedene Deutung der revolutionären Aufgabe: das Naturrecht zu positivieren und Demokratie zu verwirklichen." 31)

Im Gegensatz zur politisch-polarisierten französischen Gesellschaft, gegen die die französischen Revolutionäre eine naturrechtliche Gesamtverfassung erst \`sozialtechnisch\` durchsetzen mußten, sahen sich die Amerikaner als eine geistig-politische Einheit, die ihre Fesseln von Ständeordnung und monarchischem Absolutismus abgeschüttelt hatten und die nur noch die "spontanen Kräfte der Selbstregulierung im Einklang mit dem Naturrecht" 32) freisetzen mußten. Während die Franzosen um die Frage ,wer die richtige Idee vertrat, untereinander und mit den übrigen europäischen Mächten gewaltsam kämpften, waren sich die Amerikaner bewußt über die Grunglagen ihrer naturrechtlichen Ideen einig. 33)

> "Geschichte und Fortschritt haben in Amerika und Europa eine Entwicklung genommen, die neben Gemeinsamkeiten erhebliche Unterschiede aufweist. Die amerikanische Fortschrittsidee - Freiheit, Demokratie, Gleichheit, Menschenrechte - wurde in der Amerikanischen Revolution geboren und prägte seither als \`American Creed\` die nationale Identität und politische Wirklichkeit der USA in letztlich ungebrochener Weise bis heute. Demgegenüber ist das europäische Geschichtsbewußtsein und Fortschrittsdenken gebrochen - oft bis zur krisenhaften Zuspitzung. Die Negativ-Ideologisierung der Fortschrittsidee

> begann in der Französischen Revolution, die die Ideale der Umwälzung dogmatisierte, verabsolutierte und mit der Schreckensherrschaft Robespierres totalisierte. Daraus entwickelten sich die großen ideologischen Ansätze des 19.Jahrhunderts - Marxismus und Nationalismus - die ihr zerstörerisches Potential dann im 20.Jahrhundert in der Totalisierung des Fortschritts im Nationalsozialismus und im Kommunismus voll zur Entfaltung brachten." 34)

In diesen Worten Margarita Mathiopoulos' erscheinen die Vereinigten Staaten als das einzig wahre bürgerlich-liberale Land, das das Experiment des historischen Fortschritts mit Erfolg praktiziert hat. Ein bedeutender Sachverhalt ging der Autorin jedoch verloren, nämlich die Tatsache, daß eine wesentliche Folge des gemeinsamen transatlantisch-revolutionären Prozesses in der oben beschriebenen Entfesselung des freien bürgerlichen Individuums lag. Während die friedliche Eingrenzung dieser Entfesselung politischer, sozialer, ethnischer und wirtschaftlicher Willensäußerungen in der amerikanischen Gesellschaft lange Zeit durch unvergleichbare Umstände positiv beeinflußt wurde und der Fortschritt sich von der politischen Theorie auf die praktische Politik aus den gleichen Gründen leichter \`herstellen\` ließ, hatten die Europäer aufgrund ihrer regionalen und historischen Vorbedingungen weitaus größere Schwierigkeiten zu überwinden. In diesem Zusammenhang machte Max Weber als "Wandler zwischen zwei Welten" beispielhaft die Beobachtung, daß in Amerika alle europäischen Probleme nicht oder - noch nicht bestünden. 35)

In ihrer amerikafreundlichen Sicht geht Margarita Mathiopoulos nicht auf diese Bedingungen der unterschiedlichen politisch-historischen Räume ein. Der von der Autorin herausgestellte innergesellschaftliche Fortschritt und Frieden, den die Amerikaner im Laufe ihrer Geschichte erfolgreich mit Hilfe eines relativ hohen Grades an sozialer und rechtsstaatlicher Gerechtigkeit demonstriert haben, ist durchaus als ein Wesenselement zu würdigen, doch zeigen gerade neuere Arbeiten zur politischen Kultur Amerikas, daß weitere, weniger positive Aspekte der Wesensbestimmung hinzugerechnet werden müssen, wenn man ein realitätsgerechteres Gesamtbild von den USA erhalten will. Ein differenzierenderes Bild wird uns im Gegensatz zu dieser Betrachtung Mathiopoulos' von einer erkenntnistheoretisch orientierten Gesamtbetrachtung vermittelt, die sowohl die ganze Zweckebene amerikanischer Politikformulierung,unter Einschluß des

Faktors Macht, als auch das Verständnis von der Umsetzung politischer Theorien in die Praxis und die in der Politik angewandten Mittel in einer Zusammenschau mit der Zweckformulierung von Anbeginn der formativen `revolutionären` Phase amerikanischer Politik berücksichtigt.
Erinnern wir uns nochmals an Jürgen Habermas Aussage, daß der moderne Politikbegriff, der nach dem Muster einer (naturwissenschaftlichen) Erfahrungswissenschaft seine neue Bestimmung fand, erkenntnistheoretisch-methodisch mit dem alten aristotelischen Begriff von der Politik nicht mehr viel gemein hat. Mit dem 17.Jahrhundert wurde dem klassischen Politikbegriff in der Philosophie sein Recht abgesprochen. Thomas Hobbes sah nicht mehr den alten Politikbegriff Aristoteles', sondern er hat schon hier eine "Sozialphilosophie" betrieben. Es stellt sich nun im Zusammenhang mit der Bestimmung des historisch-politischen Raumes der USA, so wie er auch dem amerikanischen Präsidenten Wilson begegnete, die Frage, inwieweit diese `Sozialphilosophie` und ihre Methode als Faktor gemeinsamer Entwicklung mit der europäischen Ideen-und Theoriegeschichte trotz der Eigenständigkeiten auf die amerikanische Entwicklung übertragen werden kann, und wo sich die USA ihre Spezifika aus der weitgehend praxisorientierten Politik der Gründerjahre noch bewahren konnten? Wie bereits oben dargestellt wurde, war es bei der Staatsbildung der Nordamerikaner nicht nötig gewesen, das Naturrecht zu positivieren, da die ehemaligen Kolonisten gemäß der Wertgrundlagen der Natur- und Menschenrechte eine gemeinsame Linie bereits in der Praxis ihres Zusammenlebens vertreten hatten. Das heißt jedoch nicht, daß die ahistorische und reduktionistische erkenntnistheoretische Grundmethode der Theorievermittlung im Sinne des technischen `Herstellungsdenkens` keine Bedeutung und Auswirkungen für die künftige Politik gehabt hätte.
Mit Blick auf die Tradition der Aufklärung in der politischen Kultur der USA konstatiert Ralf Dahrendorf, daß Amerikaner und Soziologen einander so nahe sind,

> "daß die Konjunktion Gesellschaft und Soziologie sich bei der Darstellung der Vereinigten Staaten geradezu aufdrängt." 36)

Nach Dahrendorf enthalte das amerikanische Experiment im Kern und seit seinen Anfängen den sozusagen selbstgestellten Auftrag zu einer rationalen Durchdringung und Durchleuchtung seiner eigenen

Verhältnisse, seiner politischen, ökonomischen und ideologischen Strukturen; rational aber heißt hier so viel wie wissenschaftlich, planmäßig, berechenbar; und so ergibt sich das weite Feld der Sozialwissenschaften als das gewissermaßen natürlichste Forum amerikanischen Selbstverständisses und amerikanischer Selbstverständigung.[37] Mit dieser Feststellung Dahrendorfs scheint die politische Kultur der USA den von Habermas herausgearbeiteten Kriterien der \`Sozialphilosophie\` mit ihrem \`technisch-planmäßigen\` und \`ausschnitthaft- reduktionistischen\` Grundcharakter zunächst vom Begriff her zu entsprechen. Auch inhaltlich wird diese Vermutung u.a. in Dahrendorfs Kapitel über "Die machbare Welt und ihre Grenzen" [38] unterstrichen:

> "Es kann nicht als Zufall gelten, daß einer der Autoren der Unabhängigkeitserklärung und Väter der amerikanischen Verfassung zugleich den Blitzableiter erfand",

beginnt Dahrendorf seine Ausführungen. Blättere man in den philosophischen Papieren Benjamin Franklins, so tauchen immer wieder Begriffe wie \`rules\`, \`scheme\` oder \`plan\` auf, die auf eine eigenständige Rationalität - die zweifellos auch auf den aufklärerischen Einfluß Europas zurückgehen - in der politischen Kultur der USA schließen lassen:

> "Alle Überlegungen sind auf praktische Zwecke gerichtet, und diese sind natürlich so vielfältig wie die Welt unseres Handelns selbst. Umgekehrt könnte man aber auch sagen, daß hier alle praktischen Aufgaben mit Überlegung angegriffen werden. Gewiß verrät diese vorsichtige Formulierung... die experimentelle Gesinnung des Wissenschaftlers; aber diese Gesinnung setzt voraus, daß man nicht blind oder naiv handelt, sondern Handeln und Denken in der praktischen Überlegung verbindet."

Dahrendorf betont :

> "Rationalität als amerikanische Nationaltugend heißt, daß der mündige Mensch die Welt für machbar erklärt - oder doch die machbare Welt zu seiner erklärt und sich in dieser Einstellung seinem business zuwendet...Wer hätte, außerhalb der amerikanischen Kolonien, im 18.Jahrhundert schon geglaubt, daß man einen Staat \`machen\` , gewissermaßen in der Retorte herstellen kann? Um einen Staat rational zu machen, braucht man Überlegung, politische Theorie. Für den experimentell gesinnten Aufklärer aber verlangt diese politische Theorie Information, und zwar wissenschaftliche, also systematisch erworbene Information über die einschlägigen Fragen." 39)

Diese Feststellungen erinnern an die über hundert Jahre zuvor gemachte Beobachtung Tocquevilles:

> "In Amerika wird der rein praktische Teil der Wissenschaft wunderbar gepflegt, und man befaßt sich dort sorgfältig mit dem zur Anwendung unmittelbar nötigen theoretischen Teil; hierin bekunden die Amerikaner einen stets klaren, freien, ursprünglichen und fruchtbaren Geist; fast niemand aber widmet sich dem wesentlich theoretischen und abstrakten Teil menschlichen Wissens. Die Amerikaner zeigen in dieser Hinsicht eine übertriebene Einstellung, die man, wie ich denke, bei allen demokratischen Völkern, wenn auch im geringeren Grade, vorfinden wird." 40)

Tocqueville sprach hier nicht nur die Rationalität eines Theorie-Praxis-Verständnisses an, das zur erfolgreichen Entwicklung in den USA selbst führte und das wegen seines praktischen Bezugs oftmals dem zaudernden und \`übertriebenen\` Theorieverständnis [41)] der Europäer überlegen schien, er läßt darüber hinaus auch eine Kritik an dieser amerikanischen Handhabung der Theorie anklingen. Dieses Theorieverständnis versteht es, nicht nur auf der Grundlage eines günstigen historisch-politischen Raumes die politische Theorie in die Praxis erfolgreich umzusetzen, sondern es bringt darüber hinaus auch Schwächen zum Ausdruck, die in ihrer oberflächlichen Betrachtungsweise von theoretischen Überlegungen zum Ausdruck kommen. Über die praktische Herstellung naturrechtlicher Ideen hinaus läßt dieses Theorieverständnis die Tiefenbetrachtung politisch-philosophisch-historischer Grundlagen außer acht. Komplexere Seinszusammenhänge (wie z.B. das Krieg/Frieden-Phänomen) werden simplifiziert, nicht über die Schwelle der eigenen Geschichte und der eigenen weltanschaulichen Grundwerte (die im Verlauf der amerikanischen Geschichte oft zu Gemeinplätzen wurden) hinaus zu Ende gedacht. Die Folge ist eine prinzipielle Methode eines oftmals ahistorisch und unbewußten Experimentierens im Bereich der Politik , einer Verwissenschaftlichung, einer naturwissenschaftlichen Berechnung und unnatürlichen Gleichsetzung menschlichen Darseins, menschlicher Naturwüchsigkeit und Zufälligkeit.

> "Diese Art von Wissenschaftsglaube und Verwissenschaftlichung bedingt geradezu den Glauben an die Erziehbarkeit des Menschen und damit die zentrale Stellung der Bildungsinstitutionen in der Gesellschaft... Nur durch Erziehung wird die Menschenwelt machbar. Erziehung nimmt dann die Form eines Erlernens, der Habitualisierung vorgeprägter Muster an - und zwar die Erziehung zum Buchhalter nicht anders als die zum Demokraten, zum Vater, zum Nachbarn, zum Autofahrer. Man darf wohl ohne Übertreibung behaupten, daß sich kaum eine soziale Rolle denken läßt, die man nicht irgendwo in den Vereinigten Staaten regelrecht lernen könnte". 42)

Diese Einstellung läßt auf eine technische Handhabung des Menschen ganz im Widerspruch der Ideale wie Freiheit, Liberalismus, Selbstbestimmung schließen; sie stellt zugleich eine wichtige Voraussetzung für den Wunsch zur messianistischen Erziehung anderer Völker dar. Diese erzieherische Grundmethode in der Politik der USA vermag einerseits anstelle des alles erlaubenden \`Laissez-faire-Denkens\` gewisse Grundwerte der Geistesentwicklung und des politisch-sozialen Fortschritts in einem gewissen Rahmen noch zu \`kanalsieren\` und zu bewahren, andererseits führt die aus dem Naturrecht kommende generelle Übertragung auf alle Bereiche des menschlichen Lebens zu einer Sprengung des historischen Möglichkeitsraums moderner Politikformulierung, in dem diese Werte neben anderen nur einen Teil des Ganzen darstellen.

> "Wie unreflektiert Amerikaner hier vorgehen, sieht man an den Exzessen solcher Wissenschaftsentwicklung".[43] .

II.2.Die politische Kultur der USA und ihre spezifische Einstellung zum eigenen historisch-politischen Raum

II.2.1. Reinhold Niebuhr

Vor allem die sich nach dem Zweiten Weltkrieg entwickelnde sogenannte Realistische Schule amerikanischer Außenpolitik, die in dem Theologen Reinhold Niebuhr einen geistigen Vater fand, machte auf die lange Zeit beherrschende unkritische Haltung in der Selbstwahrnehmung der USA aufmerksam. Mit den philosophisch-anthropologischen Grundprämissen, die Reinhold Niebuhr in seinen Arbeiten erläutert, werden die Wurzeln eines politischen Realismus verdeutlicht, der auf dem Hintergrund einer geschichtsorientierten Perspektive die menschliche Natur und die historischen Möglichkeiten in der heutigen internationalen Politik aufzeigt. 1) Niebuhr kritisiert vor allem die geistige Einstellung seiner Landsleute zu ihrer eigenen Außenpolitik, die er im Gegensatz zu den realen anthropologischen und historisch-strukturellen Möglichkeiten im nationalen und internationalen Zusammenleben sieht. Grundtenor seiner Ausführungen stellt die Feststellung dar, daß der moderne liberale Staat USA nicht die Konstante "Machtpolitik" in der Geschichte erkennt und die eigene "heilbringende" Rolle überbewertet. Die Außenpolitik sei in ihrer theoretischen Planung wie in ihrer praktischen Ausführung von einer bürgerlich-revolutionären Weltanschauung, von einem "Weltbild" geprägt, das Ausdruck eines nationalen Macht- und Eigeninteresses ist und das nicht, wie die meisten Amerikaner lange Zeit glaubten, den universalen Werten eines internationalen Gesamtinteresses entspricht. Grundlage dieser Fehlinterpretation liege nach Niebuhr in der Überbewertung des eigenen Vernunfts- und Fortschrittsdenken der USA, das von einer vorgeblichen wissenschaftlichen oder vernünftigen "Objektivität" ausgeht und das sich von einem ebenfalls überbewerteten Freiheitsbewußtsein speist. 2) Dieses Freiheitsbewußtsein diene den USA als Legitimation, als fortschrittlichstes und "vernünftigstes" Land der menschlichen Zivilisation planerisch über die Konstanten der geschichtlichen Strukturen hinwegzugehen.
Dieses von Niebuhr dargestellte Vorverständnis, das spezifisch amerikanische Interessen mit universalen Bedürfnissen gleichsetzt,

scheint die eigenen amerikanischen Wahrnehmungsmöglichkeiten einzuengen und hindert die politischen Entscheidungsgremien, realitätsgerechte Perzeptionen vorzunehmen. Gerade eine realitätsgerechte Analyse ist jedoch im Verständnis Reinhold Niebuhrs eine wesentliche Voraussetzung für die Erhaltung eines dauerhaften Friedenszustandes in den internationalen Beziehungen. Mehrfach betont Niebuhr, daß sowohl der eigene nationale Charakter als auch die zwischenstaatliche Ordnung in ihrem Wesen verstanden werden müssen, d.h. vor allem, daß der Faktor Macht in seinen unterschiedlichen Erscheinungsformen so wahrgenommen werden muß, wie er sich in der Politik der USA und in der realen Staatenordnung äußert, und nicht, wie man ihn subjektiv gerne haben möchte. Niebuhr sieht insbesondere im utopischen, idealistischen, von einem optimistischen Fortschrittsglauben und von einem innerweltlichen Erlösungsdenken bestimmten Theorie-Verständnis den wichtigsten Kritikpunkt, der zu dieser Fehlwahrnehmung führt. Das von Niebuhr angesprochene moralisch motivierte Erlösungsdenken der Amerikaner kann bereits von anthropologischer Seite her den Realitäten nicht entsprechen. In all seinen Werken, insbesondere in "The Nature and the Destiny of Man" und in "Glaube und Geschichte" geht Niebuhr von der anthropologischen Grundvoraussetzung der Doppelgesichtigkeit in der Existenz des Menschen aus.Das Wesen dieser Doppelgesichtigkeit habe bereits der Apostel Paulus in seinem Brief an die Römer (7/15f) erkannt :

> "Was ich tue verstehe ich nicht, denn ich tue nicht, was ich will, sondern, was ich hasse, das tue ich.Wenn ich aber das tue, was ich nicht will, so willige ich, daß das Gesetz gut sei...Dann handle aber nicht mehr ich, sondern die in mir wohnende Sünde. Ich weiß, daß in mir, d.h. in meinem Fleisch, das Gute nicht wohnt. Denn das Gute wollen, dazu bin ich bereit, aber nicht es auszuführen.Ich tue nämlich nicht das Gute, das ich will, vielmehr was ich nicht will, das Böse, das tue ich".

Niebuhr unterstreicht diese anthropologische Prämisse und erweitert im Sinne von Augustinus sogar die `Doppelgesichtigkeit` auf den geistig-moralischen Bereich und sieht damit nicht nur den Dualismus von Körper und Geist. Die Betonung der Sündhaftigkeit des Menschen in seiner Gesamtheit wird zur Grundlage des ganzen theologischen und politischen Denkens bei Niebuhr. Die "superbia", die eigentliche Erbsünde, ist die tiefste Quelle der Dauerhaftigkeit menschlichen und politischen Konflikts.

In dem konstanten Wesen des Menschen und seinem Erlösungsdenken erkennt Niebuhr den eigentlichen Widerspruch der Moderne, die durch die ihm eigentümliche Fähigkeit bestimmt wird,

> "im Endlichen verhaftet, sich durch sein Geschichtsbewußtsein rückwärts gewandt wie auch visionär-zukunftsgerichtet über die Geschichte und die endliche Grenze hinaus zu erheben, um im Verlangen nach dem Unendlichen seiner Einwirkung auf die Geschichte die Dimension des Endgültigen zu geben". 3)

Diesem religiös-säkularisierten Element im menschlichen Verhalten widerspricht jedoch das grundsätzliche Unvermögen des Menschen, im politischen Bereich konstant unter Ausschaltung des Eigeninteresses zu handeln. Mehr noch, es wird im menschlichen Verhalten offenbart, daß der Mensch unfähig ist, den eigenen moralischen Postulaten und Normen entsprechend zu handeln. Man fordert von anderen mehr als man selbst vollbringen kann. Als einen wesentlichen Grund für diesen Sachverhalt bezeichnet Niebuhr die Überbewertung der eigenschöpferischen Fähigkeiten des modernen Menschen; eine Festsstellung, die mit Blick auf das konstatierte `Herstellungsdenken` und den historischen Möglichkeitsraum von größtem Interesse ist. Eine Wurzel des Dauerkonfliktes in der Politik entstammt gerade der neuzeitlichen Freiheit des schöpferischen Gestaltens. In einer Freiheit, die nicht nur schöpferische, sondern auch zerstörerische Möglichkeiten umschließt [4], offenbart sich nach Niebuhr auch die Unmöglichkeit, die Probleme der Geschichte und Politik durch Anwendung naturwissenschaftlicher Methoden vollauf theoretisch in ihrer Gesamtheit zu erfassen und praktisch meistern zu können, auch wenn moderne Wissenschaftler glauben, alle Welträtsel mit naturwissenschaftlichen Methoden gelöst zu haben.[5] Nach Meinung des amerikanischen Theologen findet die größte Übertreibung der menschlichen Freiheit und Nichtachtung der menschlichen Kreatürlichkeit (als Geschöpf Gottes) ihren Ausdruck in der weit verbreiteten Überzeugung, daß der historische-wissenschaftliche Fortschritt allmählich die Lage der Menschheit verändert [6]. Die wachsende Freiheit des Menschen würde ihn nach dieser These zunächst von der Unterwerfung unter die Naturnotwendigkeiten befreien und mache ihn schließlich zum Herrn über das historische Geschick. Damit widerspricht Niebuhr der voluntaristischen Grundstimmung der Moderne, die Proudhon beispielhaft zum Ausdruck brachte:

"Wir halten uns trotz Gott an die Gesellschaft und die Wissenschaft. Jeder Fortschritt ist ein Sieg, in dem wir die Gottheit zu Boden drücken." 7) .

Der heutige "Tatmensch", betont Niebuhr, würde keine Zeit mehr mit ängstlicher Spekulation über metaphysische Lenkung und über das Unabänderliche im Universum oder in der menschlichen Natur verschwenden.

"Dieses optimistische Glaubensbekenntnis enthält den modernen Irrtum in seiner nacktesten Form." 8)

Mit Blick auf die spezifische (Seins-) Gebundenheit amerikanischer Politik an den historischen Möglichkeitsraum macht Niebuhr folgende wichtige Aussage:

"Die Vergrößerung der Freiheit bewirkt einige bleibende Faktoren in der Geschichte, doch ist darunter nicht die erhoffte beständige Befreiung des Menschen von den natürlichen Gegebenheiten. Der Mensch bleibt nach wie vor ein Geschöpf der Natur und ein Geschöpf jener selben historischen Umgebung, die er mitgeschaffen hat." 9)

Damit bringt Niebuhr in aller Deutlichkeit seine Kritik an dem in den USA vorherrschenden liberal-bürgerlichen Theorie-Praxis-Verhältnis zum Ausdruck, in dem der dauerhafte Widerspruch von schöpferischen und zerstörerischen Möglichkeiten menschlicher Freiheit als eine Konstante, aus der auch die dauerhafte Anwendung des Faktors Macht entspringt,nicht aufgelöst ist.10) Niebuhr weist deshalb mit Nachdruck darauf hin, daß das moderne liberale Denken keinen Grund zur Überheblichkeit hat. Der amerikanische Theologe legt dar, daß die bürgerliche Epoche keinen Alleinanspruch auf Vernunfts-und Freiheitsdenken im Sinne eines moralischen Fortschritts haben darf, und daß auch andere historische Zeitabschnitte sich durch eine der Realität angepaßte, von hohen ethischen Grundsätzen geprägte Theorie und Praxis auszeichnen. 11)
Der "Wille zur Macht" bleibt für Niebuhr die grundlegende Konstante, auch wenn seine Landsleute diese Tatsache nicht für den amerikanischen Bereich wahrhaben wollen. Oberflächlich betrachtet, würden die traditionellen Gemeinschaften die Ordnung als einziges Ziel des staatlichen Lebens betonen,während es den modernen Gemeinschaften stärker um die Gerechtigkeit, um Menschenrechte geht. Beruhe dieser Unterschied auf der größeren Empfindlichkeit des modernen Menschen gegenüber dem moralischen Charakter der Gemeinschaft?

Niebuhr antwortet mit den von ihm herausgearbeiteten Unterschieden: die demokratischen Staaten unserer Epoche würden sich von den alten durch eine viel stärkere Betonung der Gerechtigkeit als der Ordnung und damit der Gleichheit aller unterscheiden, während die traditionellen Gemeinwesen beharrlich einen außerordentlich hohen Preis an Gerechtigkeit für ihre Ordnung bezahlen.Jedoch gehe es ohne eine Hierachie der Machtbefugnisse bei den demokratischen Staaten aber auch nicht, so Niebuhr, obwohl die modernen Demokratien zweifellos die Gleichheit aller zum regulativen Prinzip der Rechtsgebung gemacht hätten .12) Bei allen Verschiedenheiten der alten und neuen Gemeinwesen würden sich doch gewisse Übereinstimmungen und Ähnlichkeiten finden lassen. So könnten moderne Staaten die Gefahren der Anarchie nicht dulden,die dem offenen beweglichen Sytem politischer Autorität innewohnen, bis endlich die vielfältigen Formen einer wirtschaftlichen oder politischen Konsolidierung der Gemeinschaft genügend Stabilität erreicht haben, um sich ein gewisses Maß an Unordnung ungestraft leisten zu können. Niebuhr bringt damit zum Ausdruck, daß auch der bürgerlich-demokratische Staat sich des Faktors Macht bedienen muß, um das Monopol physischer Gewaltsamkeit im Sinne Max Webers für sich zur Stabilisierung und Sicherung des Systems und der Ordnung zu gewinnen. Mit diesem Vorgang würden neue Elemente der Wahrnehmung des Rechts und der Gleichheit mit dem traditionellen Element der Macht bzw. der Staatsräson verbunden. Die Erkenntnis, daß Ordnung das höchste Gut jeder Gemeinschaft bleiben muß - da Chaos gleichbedeutend mit Nichtexistenz ist (die "Furie des Verschwindens"!) - bilde eine Konstante, die auch den radikalsten Wandel in der Geschichte überdauert. Darüber hinaus sei auch in der Erhaltung der Ordnung ein gewisser moralischer Anspruch und Wert festzustellen. Diese Konstante des staatlichen Machtmonopols mag auch demonstrieren, daß "freie Wahlen" nicht einfach ein "Segen der Gemeinschaft" sind, sondern daß diese ihre machtpolitischen Grundlagen haben. So würden auch demokratische Regierungen ihre Autorität einerseits von der Würde oder dem Ansehen des Staatswesens andererseits von der physischen Gewalt beziehen. 13) Wie Clausewitz, auf dessen erkenntnistheoretische Grundlagen weiter oben schon hingewiesen wurde, sieht auch Niebuhr eine Konstante im Begriff der Macht als Ganzheit, die sich aus moralischen und physischen Faktoren zusammensetzt. Niebuhr spricht von dem Prestige und von der Würde, die die eigentliche Grundlage der Staatsautorität bilden, und von der Gewalt, die in einem geordneten Staatswesen nur eine untergeordnete Rolle gegenüber dem freiwillig geleisteten Gehorsam spielt, der durch das Prestige bedingt ist. [14] Der amerikanische Theologe sieht daneben einen grundlegenden Zusammenhang zwischen Religion und Aufrechterhaltung der Ordnung. [15] Die moderne Demokratie habe den religiösen wie vernunftbegründeten Protesten gegen die traditionelle Ungerechtigkeit viel zu verdanken. Er gibt zu bedenken, daß die moderne politische Kultur innerweltlich und wissenschaftlich orientiert und sich meistens ihrer Wurzeln nicht mehr bewußt sei. Sie unterscheide sich darin von der religiös geprägten Kultur aller traditionellen Staatswesen. Jedoch erkennt auch hier Niebuhr Ähnlichkeiten, die ihn zu der Frage veranlassen, ob der politisch-innerweltliche Messianismus und dessen Erscheinungsformen nicht mit den Kreuzzügen des Mittelalters, mit den Formen eines Heiligen Krieges vergleichbar seien? In "Staaten und Großmächte" und in "Glaube und Geschichte" weist Niebuhr darauf hin, daß das christliche Erlösungsdenken in der politischen Kultur der USA zu einem innerweltlichen, säkularisierten, missionarischen Erlösungsdenken mit einer "religiösen Dimension" geworden sei. Religiöse metaphysische Erlösungsbedürfnisse gingen hierbei eine Symbiose mit einem vom Geiste des Menschen konzipierten Rationalismus ein.[16] Säkularisierte Religionsinhalte, Philosophie, Rationalität waren mit der bürgerlichen Revolutionsbewegung seit Ende des 18.Jahrhunderts in einer vollkommen neuen Konstellation in einem wechselseitig bedingenden Seinszusammenhang in die Welt getreten. Sie trafen auf die Endlichkeit und Begrenztheit des Menschen und brachten zugleich in ihren Erscheinungsformen des "Weltbürgerkrieges" negative Seiten der schöpferischen Fähigkeiten des Menschen zum Ausdruck.[17] Das bedeutet, daß in der "zerstörerischen Kraft der Freiheit" jene politische Elemente zum Ausdruck kommen, die im Sinne von Dolf Sternberger als eschatologisch und dämonologisch zu bezeichnen sind. In welchem Maße diese "zerstörerische Kraft der Freiheit" im damit in unmittelbaren Zusammenhang stehenden spezifisch amerikanischen `Herstellungsdenken` zur Wirkung gekommen ist, geht aus einer eingehenderen Untersuchung des Verhältnisses von politischem Zweck und angewandten Mitteln hervor. Bereits Clausewitz erkannte die Tatsache, daß der Mensch zwischen Theorie und Praxis in seiner Tätigkeit vermitteln muß.Diese Vermittlung muß sich geradezu zwangsläufig sowohl den vorgegebenen als auch den variierenden Strukturen und Zufälligkeiten anpassen. Damit wird auch der Herstellungsimpuls und das voluntaristische Optionsdenken in der politischen Praxis relativiert.Gerade aus diesem Grunde ist es notwendig, Theorie und Praxis als eine Einheit von politischer Theorie, Tätigkeit des Menschen und politischer Praxis zu sehen. Es geschieht eine gewisse naturbedingte Annäherung der Theorie an die Praxis, wobei durchaus die Tendenz unterschiedlicher Stufen eines revolutionären, voluntaristischen Theorie-Praxis-Verhältnisses bestehen bleibt. Die politische Theorie ist um so praxis-orientierter wie sie es versteht, mit möglichst geringem Aufwand an Machtmitteln das Herstellungskonzept in die Tat umzusetzen. Daraus folgt auch der Umkehrschluß : je größer die Differenz zwischen dem Herstellungsdenken und den aufzuwendenden Mitteln ist, um so praxis-ferner ist die dahinterstehende Theorie und Methode. Der Aufwand an Machtmitteln ist um so geringer, wie sich der politische Zweck den historischen Möglichkeiten angenähert hat, d.h. wenn die staatliche Führung weniger Mittel zur Theorieumsetzung benötigt .

II.3.Erkenntnistheoretische Selbsterkenntnis und Sendungsbewußtsein in der Geschichte der USA

Blickt man mit der kritisch geübten Urteilskraft eines Reinhold Niebuhrs in die Geschichte der USA , so kann man zu der Erkenntnis kommen, wie wechselseitig sich die von Niebuhr herausgearbeitete Verbindung von missionarischem Erlösungsdenken und staatlicher Machtanwendung sowohl auf der politischen Zweck-Mittel-Ebene als auch innerhalb des amerikanischen Theorie-Verständnisses gestaltet. Nicht zuletzt durch eine gründlichere Untersuchung der Mittelebene wurde in der wissenschaftlichen Literatur zur amerikanischen Geschichte ein selbstkritischeres Bild entworfen, d.h. es wurde die gestörte erkenntnistheoretische Selbstkenntnis amerikanischer Wissenschaftler qualitativ verbessert. Mittlerweile ist es sogar fast Mode vieler Untersuchungen zum Themenkomplex "Politische Kultur der USA" geworden, die Vereinigten Staaten als eine ehemals moralisch große Nation zu sehen, die heute ihre Seele verloren hat. [18] Danach sei im Siegeszug von einem auf unbeschränkten Individualismus gegründeten Liberalismus und einem von Machtinteressen geprägten Kapitalismus jene Tugend verloren gegangen, die den Bürger auf das Gemeinwohl hin , d.h. auf die hohen Ideale der Amerikanischen Revolution verpflichtet hat.Der Historiker Kurt L. Shell relativiert diese Interpretation in dem Sinne, daß es in den Vereinigten Staaten trotz aller negativer Erscheinungsformen in Politik, Wirtschaft und Gesellschaft noch eine besondere Sensibilität und Nachfrage an ideellen Fragen,wie Gemeinwohl und Tugend, gebe.[19] Obwohl das politische System kein durchorganisiertes Ideengebäude wie z.B. das ehemalige System des Marxismus-Leninismus hat, so repräsentiert es doch in den Augen der meisten Beobachter Ideen wie Liberalismus, Kapitalismus und Menschenrechte, d.h. die eigentlichen "ideologischen" Grundwerte der amerikanischen Gesellschaft. [20] Eigenbild und Fremdbild haben hier ihren Ausgangspunkt. Auf dem Hintergrund der liberalen und kapitalistischen Wirklichkeit der USA war es auch "Progressive Historians" [21] und den Historikern der sogenannten Williams-Schule [22] möglich, ihre nachhaltige Kritik am amerikanischen System zu formulieren. Revisionistische Autoren wie Williams A. Williams werfen den führenden Politikern der Vereinigten Staaten vor, daß sie den ursprünglichen moralisch so starken und fortschrittlichen Liberalismus zum Zwecke eines machtpolitischen insbesondere eines wirtschaftspolitischen Hegemonialstrebens mißbraucht haben. Der zentrale Punkt der Interpretation Williams' kommt in der These zum Ausdruck, daß die Außenpolitik der USA seit 1898/99 (Krieg mit Spanien) von Wilson über Hull bis zu Truman diesen politischen Zweck weltweit zu verwirklichen trachtete. Das amerikanische Interesse an der Erhaltung der freien Marktwirtschaft war zugleich die Voraussetzung für diese Ausdehnung auf die übrige Welt und die Durchsetzung eines globalen Freihandels, der die Schaffung eines indirekten Imperiums der USA bedeutet hätte. "Wenn eine fortgeschrittene Industrienation eine beherrschende und einseitige Rolle in der Entwicklung einer schwächeren Volkswirtschaft spielt", stellt Williams prinzipiell fest,

> "oder zu spielen sucht, dann kann die Politik des mächtigeren Landes exakt und objektiv nur als imperialistisch bezeichnet werden....Das so entstehende Imperium kann wohl informell bleiben in dem Sinn, daß die Tagespolitik des schwächeren Landes nicht von administrativen Statthaltern beherrscht oder dieses nicht zunehmend durch Zuwanderer aus dem fortgeschrittenen Land bevölkert wird, und doch handelt es

> sich um ein Imperium. Die ärmere und schwächere Nation trifft ihre Entscheidungen innerhalb der direkt oder indirekt von der mächtigeren Gesellschaft gesetzten Grenzen, und oft tut sie dies, indem sie sich tatsächlich zwischen Alternativen, die vom anderen formuliert wurden, entscheidet. Und die Politik der Offenen Tür sollte nicht nur die Bedingungen für die Entfaltung der wirtschaftlichen und politischen Macht der Vereinigten Staaten schaffen, sondern sie wurde auch in Asien, Lateinamerika und Afrika nach diesem Muster in die Tat umgesetzt. Nebenbei bemerkt, auch in Kanada und Europa." 23)

Zur Durchsetzung dieser Interessen hätten nach Williams die Vereinigten Staaten mehrmals in Staaten Lateinamerikas interveniert. Hier seien vor allem auch die Gründe zu suchen, die Washington dazu bewegten, in den Ersten und Zweiten Weltkrieg einzutreten. [24] Mit der wirtschaftlichen Motivation hat Williams sicherlich ein wichtiges Hauptelement der politischen Zweckformulierung amerikanischer und Wilsonscher Außenpolitik herausgearbeitet. Es reicht jedoch nicht aus, amerikanische Politik nur aus der Perspektive des ökonomischen Machtstrebens her zu beurteilen. Eine solche einseitige Analyse würde dem Gesamtbild der politischen Zweckformulierung und dem historisch-politischen Raum der USA nicht gerecht werden. Die nationale ökonomische Macht-Motivation entstammt als **ein** Element der Gesamtheit des bürgerlich-liberal-kapitalistischen Denkens. Die dem ökonomischen Denken übergeordnete Kategorie stellt das von Niebuhr herausgearbeitete Erlösungsdenken dar, das in seinem universalen Anspruch sowohl gesellschaftpolitische als auch ökonomische wie machtpolitische und ethisch-moralische Implikationen in dialektischen, wechselseitigen Beziehungsverhältnissen enthält. Betrachtet man die Zweckebene amerikanischer Politik- formulierung unter diesem Gesichtspunkt im historischen Kontext, so lassen sich in der Tat seit der formativen Phase amerikanischer Politik sowohl alle Elemente der bürgerlichen Gesellschaft mit ihren Widersprüchen als auch das von Niebuhr betonte "Erlösungsdenken" feststellen.

> "Bis in die Gegenwart hinein prägt ein - oftmals säkularisiertes - pathetisches Sendungsbewußtsein die amerikanische Außenpolitik und deren Legitimierung im innenpolitischen Diskurs." 25)

Religiöse und moralische Vorstellungen haben die Grundmuster "von der Gründung der neuen englischen Kolonien und der Gründung der amerikanischen Republik bis heute" geprägt .[26] Das spezifisch amerikanische Verhältnis von Religion, innerweltlichem

Erlösungsdenken und politischer Interessensformulierung hat für den Mitteleuropäer einen ungewohnten, "fremden Charakter" [27]. Eine Ausklammerung dieses Faktors führt mit Blick auf die Beurteilung des politischen Charakters Amerikas zu keinem realitätsgerechten Bild. Wie die Arbeit von Ernest Lee Tuveson zum Ausdruck bringt, entwickelte sich aus dem protestantisch-calvinistischen Millenniumsdenken die Wurzel für das amerikanische Sendungsbewußtsein. [28] Tuveson geht der Entwicklung dieses auf die Außenpolitik so einflußreichen Elementes nach und erkennt wesentliche Gründe in der allzu wortgetreuen amerikanischen Interpretation biblischer Prophezeiungen. In Anlehnung an Reinhold Niebuhr sieht Tuveson jenen Hauptkritikpunkt, der sich aus der Gleichsetzung innerweltlichem und transzendentem Erlösungsdenken ergibt. So sei seit der Entdeckung und Besiedelung Nordamerikas das traditionelle Augustinische Geschichtsbild abgelehnt worden, das den "Staat Gottes" von dem "weltlichen Staat" strikt trennte.[29] Die Mehrheit der amerikanischen Protestanten hätten seit der Frühzeit der Republik daran geglaubt, daß das irdische Millennium nicht nur vorausgesagt worden sei, sondern auch zu errichten wäre, wenn nur der Mensch im Bewußtsein dieser Vorstellung den Rahmen zur Vollendung schaffen (bzw.herstellen) würde. Nach Tuveson sahen die Amerikaner es als selbstverständlich an, daß sie als auserwähltes Volk den Plan Gottes erfüllen sollten.

> "Here, in capsule form, are the elements of the idea I have called `the redeemer nation`. Chosen race,chosen nation; millenial-utopian destiny for mankind; a continuing war between good (progress) and evil (reaction) in which the United States is to play a starring role as world redeemer - surely such an idea must be religious in origin; and so, I shall try to show, it is." 30)

Bereits in den historischen Anfängen der Vereinigten Staaten sieht Bernard Bailyn [31] einen wechselseitigen Zusammenhang zwischen den religiösen Freiheiten der Kolonisten und dem gesellschaftspolitischen Freiheitsbewußtsein, das zu einer wichtigen Grundlage der Unabhängigkeitserklärung wurde [32]. Der Begriff Puritanismus ist deshalb nicht nur in seiner theologischen, sondern auch in seiner kulturell-gesellschafts-politischen Bedeutung zu sehen. Der protestantische Puritanismus war eine Lebensanschauung [33], die tief in der englischen Gesellschaft verwurzelt war und die über die nordamerikanische

Kolonisation unmittelbar auf die geistig-politischen Grundlagen der USA einwirkte. Insbesondere der "Chiliasmus" im Puritanismus hatte als Ausgagngspunkt für ein revolutionäres Bewußtsein die Vorstellung von einem zukünftigen vollkommenen Zeitalter oder von einem vollkommenen Land verbunden mit der künftigen tausendjährigen Herrschaft Christi auf Erden vor Augen.

> "Im Mittelpunkt stand die Idee von Gottes providentieller Herrschaft und Führung des Volkes, das an ihn, und jeder der Teile untereinander, durch einen Bund (convenant) gebunden sei. Demgemäß wurden Ereignisse aus der Sicht dieses göttlichen Bundes interpretiert - eine Niederlage der Armee des Parlaments im Krieg galt als Strafe Gottes, Sieg im Krieg war Gottes Segen. Alle Ereignisse gewannen deshalb Bedeutung in bezug auf Gottes souveräne Lenkung des Geschichtsablaufs.34)

Die Folge dieses Denkens kam in jenem eschatologischen "Millenniarismus" zum Ausdruck, der vor allem von Calvin und weiteren englischen Reformatoren im Gegensatz zu Luther, der die "Offenbarung des Johannes" am liebsten aus der Bibel streichen wollte, vertreten wurde. 35) Mit Blick auf die Herausbildung der politischen Kultur Amerikas gilt es festzuhalten, daß das Leben in den britischen Kolonien Nordamerikas im 18.Jahrhundert zur Hauptsache durch zwei impulsgebende Faktoren bestimmt wurde: durch diesen auf calvinistischer Tradition basierenden Puritanismus und durch die Aufklärung.36) Stärker als in Europa erhielten sich in der Neuen Welt die Bindungen an die protestantisch-puritanistischen Traditionen. Der ideengeschichtliche Zusammenhang von puritanistischer Grundeinstellung und politisch-gesellschaftlicher Interessensformulierung hat hier seit der formativen Phase der politischen Kultur der USA eine stärkere Wirkung hinterlassen. Autoren wie Henry F.May und William G. McLoughlin sehen die Bedeutung des protestantisch-puritanistischen Denkens in der Rolle als geistigen Aktivator für Aufklärung und Revolutionszeit.37) Puritanismus bzw. Pietismus 38) dienen hierbei als Schlüssel zum Verständnis amerikanischer Aufklärung und amerikanischer Kultur, insbesondere auch für Woodrow Wilsons geistige Wurzeln. McLoughlin macht zwei Hauptströmungen in der Entwicklung des Pietismuses aus, wobei beide Flügel zusammen gegen die korrupte Kirche der alten Welt kämpften. In der ersten Hauptströmung erkennt der Autor ein pragmatisches, eher konservatives Verhaltensmuster, in der zweiten eine zum Perfektionismus neigende, zur Vollendung (d.h.zur Herstellung) der

Erlösung auf Erden entschlossenere Grundhaltung. Während der erste Flügel mit einer ideengeschichtlichen Traditionslinie zum ehemaligen Mutterland verbunden ist, kommt im zweiten das spezifisch amerikanische utopische Millenniumsdenken zum Ausdruck.

> "Having thrown off the shackles of an Erastian, hierachichal state-church system by the very act of coming to America, they proceeded to attack the economic and political tyranny of hereditary monarchy; at the same time they gradually abolished the restrictions of a static corporate society with its fixed class system and its state-controlled economy. And ultimately, having erected both state and federal constitutions which imbedded the moral law into written law of the land, they gradually established the complete equality of all white men under God through universal manhood suffrage and rotation in office. The concept of the omni-competent, self-governing, self-reliant common man was really the final triumph of the first stage of American pietistic-perfectionism." 39)

Es ist in der wissenschaftlichen Literatur so gut wie unbestritten, daß der Protestantismus ein Faktor war, der Anfang, Verlauf und Ergebnis der revolutionären Unabhängigkeitsbewegung mitbestimmt hat. Doch der Gesamtzusammenhang dieses Verhältnisses ist noch nicht hinreichend geklärt. 40) Er kann auch im Rahmen der vorliegenden Arbeit nur angedeutet werden. Konkretere Untersuchungen zeigen, daß die Religion nicht nur ein Mitläufer einer Entwicklung ist, die die Rhetorik revolutionärer amerikanischer Politik bestimmte 41), sondern einen wesentlichen Faktor der Spannungen im gesamten politisch-sozialen und wirtschaftlichen Leben der amerikanischen Bevölkerung ausmacht. 42) In diesem Zusammenhang hebt der Autor Glenn T.Miller die Rolle des zunächst religiös motivierten Milleniumsdenkens hervor:

> "that the conjunction of millennial speculation and Revolutionary self-confidence provided the nation and the church with new vitality for the task of nation building that remained after the dèbris of battle had been cleared. ... we maintain that the Revolution in the hearts and minds of the people was secured only after the War was interpreted for the nation in such a way that the national potential could be freed for its proper tasks." 43)

Der Sieg im revolutionären Unabhängigkeitskampf bestärkte die Amerikaner im Glauben, daß sie von Gott auserwählt seien, als Teil eines göttlichen Planes die Menschheit auf Erden zu erlösen.

> "It was axiomatic that the \`design of God in all his dispensations... has been to promote the Redeemer's Kingdom\`; consequently, the present victory could only be part of God's redemptive activity...Just as Israel had pointed toward the redemption to be found in the Church, America pointed toward

> the fuller redemption which was to be present in the Kingdom." 44)

Das Königreich, das sie erwarteten, enthielt

> "much of the Kingdom of man. Ultimately, they predicted that American history would lead to the perfection of man and his environment;many less religious men shared this hope." 45)

Der Millennialismus, betont Miller, war **eine interkonfessionelle** Theologie, die über die religiösen Grenzen des Puritanismus, Presbyterianismus bzw.Pietismus hinausging:

> "Congregationalists, Reformers, Presbyterians, Anglicans, Unitarians, and others found it a congenial framework for their understanding of man and destiny". 46)

Dieser Millennialismus vereinigt biblische und wissenschaftlich-rationale Elemente, religöse und innerweltliche Faktoren. Der Millennialismus des späten 18.Jahrhunderts war

> "part of a rational philosophy of history. As such, it was available to Americans who wished to gain a religious perspective on the events of their own history. The synthesis of reason and history in the eighteenth-century form of the doctrine opened up the Biblical myth of latter days to men of a rationalistic age. 47)

Erinnern wir uns in diesem Zusammenhang an die Worte von Karl Marx, der mit Blick auf die Spezifika der Moderne zu der Erkenntnis kam, daß die Philosophie weltlich und die Welt philosophisch geworden sei. Dieser Tatbestand ist zweifellos auch auf die christliche Theologie, insbesondere auf den Protestantismus, zu übertragen, wobei dem Protestantismus eine katalysatorische Bedeutung in der \`Weltlichwerdung\` der Philosophie zugeschrieben werden kann. Der Säkularisierungsprozeß der Moderne hat, wie Max Weber deutlich machte, alte , immer schon vorhandene religiöse Erlösungswünsche auf das innerweltliche staatspolitische Denken projeziert. Die ideengeschichtliche Entwicklung der Gesellschafts- und Staatstheorie steht hierbei in einem wichtigen wechselseitigen Bezug zu Reformation und Protestantismus. Obwohl diese historische Traditionslinie bis heute kontrovers in der Forschung wahrgenommen wird 48), ist zu vermuten, daß das politisch-soziale Bewußtsein der modernen bürgerlichen Gesellschaft aus einem Nebeneinander von innerweltlichen und christlich-transzendenten, vor allem protestantischen Formen hervorgegangen ist, wobei die calvinistische Prädestinationslehre - wie Max Weber in der "Protestantischen Ethik" herausgearbeitet hat - ein wichtiger

Ausgangspunkt zur Aufhebung der Trennung innerweltlicher und transzendenter Erlösungsvorstellungen und damit auch für das Machbarkeitsbewußtsein im modernen Theorie-Verständnis darstellt. Es war im wesentlichen die Absicht Max Webers

> "den Einschlag, welchen religiöse Motive in das Gewebe unserer aus zahllosen historischen Motiven erwachsenen modernen, spezifisch \`diesseitig\` gerichteten Kultur geliefert haben, etwas deutlicher zu machen".[49)]

Weber suchte die Antwort in der Analyse der Verhaltensweisen des "asketischen Protestantismus" vom 16. bis zum 18.Jahrhundert. Er verstand darunter den Calvinismus, Pietismus, Methodismus und die aus der Täuferbewegung stammenden Sekten. Diese religiös-geistige Richtung war

> "nun aber nicht eine bloße \`Förderung\` einer an sich schon ganz ebenso vorhandenen psychischen Disposition, sondern sie bedeutete, innerhalb der weltlichen Sphäre wenigstens, einen neuen \`Geist\`: aus ihrem eigenen religiösen Leben, aus ihrer religiös bedingten Familientradition, aus dem religiös bestimmten Lebensstil ihrer Umwelt heraus erwuchs hier in den Menschen ein Habitus, der sie in ganz spezifischer Weise geeignet machte, den spezifischen Anforderungen des modernen Frühkapitalismus zu entsprechen" 50).

Der "Unternehmer" war nicht mehr nur von Gott toleriert, sondern er war auch durch das calvinistische Prädestinationsverständnis mit einem ungebrochen guten Gewissen

> "von dem Bewußtsein erfüllt...,daß er vor allem am Erfolg in seinem Beruf ... seinen Wert nicht nur vor den Menschen, sondern vor Gott messen könne". 51)

Verbindet man die Grundaussage Webers mit den Feststellungen Millers und McLoughlins über den Pietismus in den USA, so erscheint der "Unternehmer" auch ein \`unternehmender\` bzw. \`herstellender\` Mensch sowohl auf religiösem als auch auf politischem und gesellschaftlichem Gebiet zu sein, der in ganz besonderer Weise sich für geeignet hält, den spezifischen Anforderungen der biblischen Prophezeiungen von einer irdischen Erlösung zu entsprechen. Im allgemeinen Verständnis dieser Erlösung versuchte der pietistische Perfektionismus die sozialen und wirtschaftlichen Bedürfnisse der Menschheit selbst in die Hand zu nehmen. Gerade in dieser Eigenverantworetlichkeit, die in einem engen Verhältnis zur Prädestination steht, liegt der besondere Charakter des pietistischen Denkens, der das amerikanische Theorie-Praxis-Verständnis im Sinne des \`Herstellens\` prägte. Man wartet nicht mehr fatalistisch auf Gottes Glückszuweisungen, man nimmt stattdessen das Glück durch "Industria" selbst in die Hand, und der Erfolg wird zum Maßstab des göttlichen Willens. 52) Diese Auffassung hat zur Folge, daß man nicht mehr Gott, sondern das eigene Verhalten für eventuelles Mißgeschick verantwortlich macht. Man ist im Sinne des Pietismus aber nicht nur für sich alleine verantwortlich, sondern auch im beträchtlichen Maße für das Allgemeinwesen und für den weiteren Verlauf der Geschichte, d.h. für die Erlösung der Menschheit auf Erden:

> "American pietism is the belief that every individual is himself responsible for deciding the rightness or wrongness of every issue (large or small) in terms of a higher moral law; that he must this decision the moment he is confronted with any question in order to prevent any complicity with evil; and having made his decision, he must commit himself to act upon it at once, taking every opportunity and utilizing every possible method to implement his decision not only for himself and his own home or community, but throughout the nation and the world. 53)

Die Erkenntnis über die Richtigkeit des eigenen Handelns behält man nicht egoistisch für sich, man muß sie gewissermaßen zur Erreichung des religiösen und weltlichen "telos", des Millenniums, zum Wohle der Gemeinheit, und zur Vollendung der Gesellschaft verantwortungsbewußt in alle Welt hinaustragen. In diesem Denken nehmen nicht nur die religiösen Motivationen ihren Ausgang, sondern auch - was für das utopische Sendungsbewußtsein der USA von größerer Bedeutung ist - das innerweltliche subjektive Moralverständnis, das in der Gesellschafts- und Staatspolitik, in der Wirtschaftsordnung und in der Außenpolitik der Vereinigten Staaten,insbesondere in der Politik Woodrow Wilsons, zur Geltung kommt.

> "For better or for worse America is, and always has been, a nation engagé - commited to a moralistic approach to life - a nation of pietists." 54)

Die Auswirkungen des von McLoughlin dargestellten Pietismus auf den amerikanischen Volkscharakter sind unterschiedlich: neben positiven Zügen wie Generosität, Selbstkontrolle, Sozialbewußtsein sind in gleicher Weise auch negative Eigenschaften wie Selbstgerechtigkeit, Überheblichkeit, Bigotterie und dümmliche Naivität auf den Einfluß des Pietismus zurückzuführen. 55) Selbstgerechtigkeit und Überheblichkeit führen nicht nur zu der religiösen und politischen Fiktion, über allgemein anerkannte Urteilsnormen zu verfügen 56),sondern auch zur Fehlwahrnehmung des eigenen Charakters, den man moralisch überbewertet. Ein Überlegenheitsgefühl verspürt man vor allem gegenüber der Alten Welt, wobei das spezifisch amerikanische Bewußtsein zum eigenen politischen Raum voll zur Wirkung kommt. Bereits in den ersten Jahrzehnten der amerikanischen Republik kombinierten die Propheten, die den Sieg über England im Zusammenhang mit den millennialistischen Weissagungen sahen, ihre Zukunftserwartungen

> "with the traditional American belief that the New World should serve as an example to the Old." 57)

Diese prinzipielle Einstellung war keineswegs nur die Antwort auf die Auseinandersetzung mit Großbritannien, sie stellte generell den Ausgangspunkt für die Beziehungen zu Europa dar, um sowohl eine intervenierende als auch eine im Sinne des Isolationismus zurückgezogene,insulare Politik legitimieren zu können. 58) Henry Steele Commager legte im Jahre 1967 beim Kommitee für internationale Beziehungen dar:

> "a deep and persistent trait of the American mind: the belief in Old World corruption and New World innocence. The men who won the independence of America...were convinced that the Old World was abondoned to tyranny,misery,ignorance,injustice and vice, and that the New World was innocent of these sins. Closely related to this `shibboleth of Old World wickedness and New World virtue` is ... a tendency to "transform our wars into crusades" - visible from the Mexican War to the action in South Vietnam". 59)

Ebenso eng verbunden mit dieser Idee der nationalen Unschuld ist nach Commager "the somewhat more activist notion of New World mission". Vorsehung oder Geschichte

> "has put a special responsibility on the American people to spread the blessings of liberty, democracy, and equality to others througout the earth, and to defeat, if necessary by force, the sinister powers of darkness". 60)

Die Selbstgerechtigkeit und Überheblichkeit amerikanischen Bewußtseins steht jedoch in unmittelbarem Widerspruch zu den Mitteln, die man im Glaube, die Welt perfektionieren zu müssen, benutzt. Bereits weiter oben wurde betont, daß die politische Theorie um so praxisorientierter ist, wie sie es versteht, mit möglichst geringem Aufwand an Machtmitteln das Herstellungskonzept in die Tat umzusetzen. Der Aufwand an Machtmitteln ist um so geringer, wie sich der politische Zweck den historischen Möglichkeiten angenähert hat, d.h. wenn der Staat sich des `Machbaren` bewußt ist. Nicht zuletzt durch die Aussagen Reinhold

Niebuhrs ist bekannt, daß auch in der Innenpolitik der Vereinigten Staaten traditionelle Machtpolitik für die staatspolitische `Strategisierung` im Sinne des Monopols physischer Gewaltsamkeit genutzt wurde, wobei hier im Gegensatz zu den Europäern ein gewisser "Basiskonsens" der Bevölkerung zu ihrer Staatsordnung von Anfang an vorhanden war, der den Einsatz von staatlichen Machtmitteln entschieden eingrenzte. [61] Trotz des Basiskonsenses in der amerikanischen Gesellschaft ist festzustellen, daß die USA in ähnlicher Weise wie die Europäer von Anfang an der Dialektik der bürgerlichen Gesellschaft ausgesetzt waren, daß auch sie zu traditionellen staats- und machtpolitischen Mitteln greifen mußten, um ihr politisches und wirtschaftliches System zu etablieren und zu bewahren. Das bedeutet,wie man anhand der Arbeiten Beards u.a. sehen kann, daß auch in der amerikanischen Politik seit 1776 - zur Erhaltung des Status quo führender bürgerlicher Schichten - eine bewahrende Machtpolitik nach innen und nach außen betrieben wurde. Durch die Arbeiten von Charles Beard wissen wir, daß Gründe für diese Status-quo-Orientierung in den Widersprüchlichkeiten der bürgerlichen Gesellschaft und im Eigeninteresse des bürgerlichen Individuums zu suchen sind. Beards Hauptthese läuft darauf hinaus, daß die Mitglieder des Verfassungskonvents von 1787 fast ausnahmslos Angehörige der besitzenden Schichten und Eigner "aufwertungsverdächtiger" Staatspapiere waren und aus klassen-, wenn nicht aus persönlich-egoistischen Motiven heraus

> "eine eigentums-freundliche, freiheitlich-demokratischen Bestrebungen eher abträgliche, sozial-konservative, eine kleine merkantile und grundbesitzende Elite auf Kosten der Masse der agrarischen Bevölkerung begünstigte Verfassung verabschiedet hätten." [62]

Der amerikanische Autor Michael Kammen betont hinsichtlich dieser erkennbaren Widersprüchlichkeiten, daß ein umfassenderes Verständnis der Amerikanischen Revolution nötig sei, das sowohl dem revolutionären als auch dem konservativen Charakter der USA entspräche. [63] Unterstrichen wird diese Aussage von Hermann Wellenreuthers Beitrag über die politische Praxis in der Verwaltung der noch unerschlossenen Territorien im Westen der USA. Hier geriet die staatliche Macht mit den Vorstellungen von politischer Selbstbestimmung, die rebellierende Kolonisten entwickelten, in Konflikt. Seine Studie zeigt darüber hinaus, wie aus dem Geist der Amerikanischen Revolution konzipierten Northwest Ordinance von 1787

> "die Möglichkeiten zu einer Beilegung solcher Konflikte angelegt waren. Vor allem aber wirft sie auch ein neues Licht auf die gar nicht so liberale Haltung der Machthaber des aus antikolonialem Impetus entstandenen Staates, sobald es um die Durchsetzung der eigenen Herrschaft in nunmehr abhängigen Gebieten ging" . 64)

Gleiche Beobachtungen führten zu Jeffersons Befürchtungen, daß in der staatlichen Praxis der jungen amerikanischen Republik die politische und gesellschaftliche Mobilität und damit die revolutionäre Offenheit, die durch die Unabhängigkeit erreicht worden war, zugunsten eines statischen Systems aufgegeben, wenn nicht mißbraucht werden könnte. [65] Jeffersons Weitsicht resultierte aus der direkten Anschauung europäischer Verhältnisse. Er befand sich nicht nur im unmittelbaren Kontakt mit den politischen Philosophen der Französischen Revolution, er nahm auch eine beratende Funktion bei der Formulierung der Menschenrechte wahr.Hier registrierte er sowohl die Analogien zur bürgerlich-revolutionären Entwicklung in Amerika, als auch die kritischen Äußerungen der Pariser Revolutionäre zur Amerikanischen Bundesverfassung von 1787.[66]

> "His fears were not misplaced. Indeed, as the historian Robert R.Palmer has observed, European friends found Americans too conservative when momentum for change developed in France. French philosopher the Marquis de Condorcet could even see the limitations America's virtues entailed; because Americans had never suffered from abuses of aristocracy they could not appreciate the more radical needs of the French." 67)

Jeffersons berechtigte Befürchtungen zielten auf die macht-politische Konservierung des Erreichten durch jene politische Kräfte in seinem Land, die den Glauben hatten, daß nur ihr eigener Weg der einzig richtige zum `bürgerlichen Fortschritt` wäre. Wenn auf innenpolitischem Gebiet bereits einige Ansätze zur Widersprüchlichkeit der bürgerlichen Gesellschaft USA in den Jahren um 1776 wahrnehmbar sind ,so stellt sich die Frage, ob man nicht auch auf der außenpolitischen Ebene ähnliche Beobachtungen machen kann, die eine "moralische" Überlegenheit der USA bezüglich ihrer angewandten Machtmittel relativieren.

Obwohl die sozio-ökonomischen Spannungen der amerikanischen Politik bis in die zweite Hälfte des 19.Jahrhunderts nicht in ihrer innen- wie außen- und weltpolitischen Bedeutung zum Tragen kamen, tauchten bereits in den ersten Jahren nach 1776 erste Indizien auf, wie Amerika seine Politik im internationalen System gestalten wollte. Es wäre sicherlich überinterpretiert, wenn man bereits mit der Gründung der USA ein auf die internationale Ordnung angelegtes idealistische Erlösungsdenken, so wie es erst bei Wilson's `idealistischer Verantwortungsübernahme` voll zur Entfaltung kam, erkennen würde. 68) Der Primat amerikanischer Interessensformulierung lag zunächst in der inneren Sicherung und in der inneren Kolonisation des **eigenen** Landes, das bedeutet, daß die junge Republik erst aus der Kolonialzeit, aus der Landnahme im Westen und aus der beginnenden Industrialisierung zu einem Staat mit seiner vielfältigen `Bedürfnisstruktur` nach innen und außen erwachsen mußte, wobei bereits in der politisch-philosophischen und ideengeschichtlichen, wie materiellen Interessenslage der USA das Gewebe der späteren Weltmacht im Verlauf des 19.Jahrhunderts immer stärker durchschimmerte. Gerade dieses Gewebe, das sich aus naturrechtlichen, messianistischen und universal angelegten Fasern politischer, religiöser und wirtschaftlicher Ideen zusammensetzte, stand von Beginn der Republik an im Widerspruch mit dem Wunsch einiger Gründerväter, sich im Sinne eines **isolationistischen** Verhaltens auf die Sicherung ihrer **eigenen** `Insel Utopia` zurückzuziehen. 69) Innere Interessen und internationale Politik waren so eng in der politischen Kultur der USA miteinander verbunden, daß sie voneinander nicht zu trennen waren; das bedeutet, daß eine nationale Selbstbeschränkung im Bereich des Unmöglichen lag. Wer dennoch glaubte isolationistisch auf seiner Insel verharren und gleichzeitig aus dem amerikanischen Welthandel Profit schlagen zu können, war sich seiner eigenen Ideen und Interessen, ihrem historischen Kontext und ihrer Herkunft nicht bewußt. Ein Problem, das sich auf die erkenntnistheoretische Grundhaltung des ahistorisch, reduktionistischen und pragmatischen Herstellungsdenkens vieler Amerikaner zurückführen läßt. Die Folge ist nicht nur ein "Selbstbelügen", wie es u.a. Niebuhr herausgearbeitet hat, sondern auch eine fehlerhafte Nutzung von sogenannten universalgültigen Begriffen, die eigentlich eine Vermischung wissenschaftlich-philosophischer Erkenntnisse über allgemeinere Tendenzen in der Weltgeschichte und dem eigenen `Erfahrungsraum` waren. Dieser Erfahrungsraum wurde auf der Grundlage des nationalen politischen Raums gewonnen, wobei gerade die spezifisch nationalen Interessen einflossen. Dieser Sachverhalt läßt sich deutlich am Beispiel des amerikanischen Verständnises vom Völkerrecht nachvollziehen. Eine bestimmte Konzeption des Völkerrechts bestand nach Meinung des Autors Gregg L. Lint bereits seit der Gründung der Nation. 70)

> "The Revolutionary leaders, in fact, postulated a new sytem of international relations - an American system - based on universal recognition of the law of nations and pointed toward the efforts of the Congress of Vienna.Without such a system the American's hopes for future neutrality and free trade were doomed to failure, and they could not guarantee the lasting peace that would permit establishment and expanion of the new nation's economic foundation so as to insure its survival in a hostile world" . 71)

Schon zu Beginn der amerikanischen Geschichte sieht Lint in den nationalen und internationalen Zielorientierungen der USA die Notwendigkeit einer Veränderung des internationalen Systems. Die USA versuchten, das vorhandene internationale Recht im Sinne ihrer völkerrechtlichen Vorstellungen zu benutzen, zu verändern oder auszubauen, um kurzfristige und langfristige Ziele zu erreichen. Amerikaner fühlten sich vom Völkerrecht gerade deshalb angezogen, weil es wie ihr innenpolitisches System sich auf das Naturrecht und die Rechtsstaatlichkeit bezog. Aus einer ähnlichen Interpretation des Naturrechts heraus rechtfertigten die Gründerväter der Vereinigten Staaten ihre Unabhängigkeit. Darüber hinaus war es gerade dieser Glaube an Rechtsstaatlichkeit, der über das Vertragsrecht die Ordnung für die Gemeinschaft lieferte. Diesen innenpolitischen Vorgang versuchten die USA auf die internationale Ordnung zu übertragen. So wurde das Landesrecht der bürgerlichen Gesellschaft USA unmittelbar als praktisches Beispiel für das Völkerrecht der Weltgesellschaft herangezogen. Über den Faktor Naturrecht hinaus fühlten sich die Amerikaner - auch aus Gründen des Eigeninteresses - zum Völkerrecht hingezogen. Für sie waren Handels- und Außenpolitik Synonyme.

> "Self-interest, as reflected in the desire for free trade and the need to protect and maintain the nation's sovereignty, also drew Americans to the law of nations. To Americans commercial and foreign policy were synonymous. And economics was the dominant force of international society. They sought to trade on an equal basis with all nations in both war and peace. " 72)

Der Primat außenpolitischer Aktivität lag auf dem internationalen Handel und dem kommerziellen Konkurrenzkampf weniger im Austrag traditioneller militärisch-realpolitischer Konflikte, wofür die geo-strategische Lage der USA eine günstige Voraussetzung bot. Daraus ergab sich das Neutralitätsstreben der jungen USA, die sich aus den machtpolitischen Querelen Europas auch aus Gründen der eigenen Schwäche heraushalten und nur Handel treiben wollten. Zu diesem Zweck sollte das Völkerrecht für das noch schwache Amerika der Gründerzeit eine Schutzfunktion erfüllen. Eine aktive, groß angelegte Verteidigungs- und Sicherheitspolitik sollte mit Hilfe eines allgemein anerkannten Völkerrechts vermieden werden, da ohnehin ein Krieg die amerikanische Volkswirtschaft geschwächt hätte.[73)] Aber diese im Sinne der amerikanischen Bedürfnisse und Vorteile voluntaristische Form des Völkerrechts war ein "American law of nations". [74)] Die USA machten sich damit ihr eigenes Völkerrecht, das nicht aus dem `Raum` der internationalen Beziehungen, sondern aus dem spezifischen historischen Möglichkeitsraum ihres Nationalcharakters und ihrer Interessen stammte.

> "Finally, in turning to the law of nations the United States adopted a system that was fundamentally European in its origin and took for granted, in its operation, the balance of power, abolute monarchies, large standing armies, closed economic systems, and war as a instrument of national policy - the very principles that the United States, in the Revolution, had rejected. The United States thus adopted the forms of the law while ignoring its substance and placed its reliance on a system that, while it might serve its ideals and principles, could not safeguard its interests."

Diese nicht in ihren ideen- und begriffsgeschichtlichen Möglichkeiten durchdachte Form von theoretischen Termini und komplexen Konzepten unterstreicht die schon mehrfach angesprochene erkenntnistheoretische Schwäche des pragmatischen, ahistorischen Herstellungsdenkens in der Außenpolitik der USA. Es hat den Anschein, daß die Amerikaner ihren eigenen Begriffen und Tätigkeiten vollkommen unbewußt, naiv bzw. voluntaristisch gegenüberstanden und/oder daß sie jeweils versuchten, ihre wahren Interessen hinter einer verwirrenden Begrifflichkeit zu verbergen.

> "Why...did the United States adopt such a policy? American weakness, alienation from traditional forms of European diplomacy, need to expand commerce to promote economic prosperity, and limited perception of the law itself made a policy based on the law of nations the only realistic choice that united interests and principles and produce a domestic consensus." 75)

Ergänzt wird diese Beobachtung u.a. in dem Beitrag des amerikanischen Historikers James Hutson: Zwischen den Revolutionsführern habe ein Konsensus über die Notwendigkeit von Machtmitteln bestanden, deren Anwendung sie mit der (über-)lebenswichtigen Sicherung ihres Landes und des Friedens rechtfertigten. Die Gründerväter seien sich über die innenpolitischen Prinzipien einig gewesen, wobei man zu diesem Zeitpunkt nicht von einem "crusading internationalistic idealism" 76) ausgehen könne, da nationale Probleme der jungen Republik zu stark im Vordergrund gestanden hätten. Dieser machtsichernde Wesenszug wurde nach Meinung Hutsons erst mit dem Einfluß des "Bürgers Genet", der 1793 das leidenschaftlich-idealistische Moment der Französischen Revolution nach Amerika brachte, und mit der Präsidentschaft Jeffersons durch einen \`idealistischen\` Internationalismus abgelöst. Nach der anfänglich leidenschaftslosen ersten Jahre amerikanischer Außenpolitik sei nach Hutson jeder Konsens zerstört worden; "idealistischer Internationalismus" und politischer Messianismus seien geweckt worden. 77) Ein Neben-, Mit- und Gegeneinander der idealistischen und materiell-realpolitischen Richtungen beeinflußte die außenpolitische Interessensformulierung der USA, wobei das Dilemma einer nationalen und gleichzeitig globalen Politikformulierung, in einem ständigen Wechselbad zwischen Anpassung und Überschreitung des historischen Möglichkeitsraumes zu einem wichtigen Bestandteil der Problematik amerikanischer Außenpolitik wurde. Das konservative, mehr materiell-realpolitische und machtsichernde Element amerikanischer Politikformulierung relativierte hierbei nicht nur den Fortschritt und die moralische Überlegenheit der Neuen Welt, es wurde auch in seiner Verbindung mit der idealistisch-revolutionären Erlöserrolle zu einem \`machterweiternden\`, expansionistischen Wesenszug amerikanischer Außenpolitik und damit zu einem brissanten Problemfeld in den internationalen Beziehungen.

II.4.Erste außenpolitische Folgen der amerikanischen Einstellung zum eigenen historisch-politischen Raum im 19.Jahrhundert

Weder eine reine Isolationspolitik noch eine reine internationalistische Politik ist in der historisch-politischen Praxis der Vereinigten Staaten festzustellen. Eine reine isolationistische Politikformulierung hätte dem eigenen weltpolitischen Denken der USA ebenso wenig entsprochen wie dem "neu auftretenden Prinzip internationaler Gruppierung" seit der "okzidentalen Revolution". 78) Es ist vielmehr in Anlehnung an Max Webers Interessen-Definition von einem `materiell-realpolitischen` und von einem `ideellen` bzw. von einem `idealistischen Internationalismus` auszugehen, wobei beide Formen des Internationalismus in einem spezifischen wechselseitigen Verhältnis stehen. Bereits für das 19.Jahrhundert ist ein "Prinzipienkonflikt amerikanischer Europapolitik" zwischen **Isolation** und **Intervention**, zwischen "nationaler Orientierung und universalem politischen Missionsbewußtsein, zwischen non-entaglement und manifest destiny" 79) festzustellen, der sich vor der Sezession um die Mitte des 19.Jahrhunderts deutlich zeigte und sich gegen Ende des Jahrhunderts noch verstärkte, um zu einem prägenden Faktor im außenpolitischen Denken der Amerikaner zu werden. Als im Laufe des 19.Jahrhunderts die Völker der Erde weltwirschaftlich, weltpolitisch, kulturell und technisch-kommunikativ zusammenwuchsen, wurde allmählich ein Gegensatz zwischen historisch neu entstandenen, universalen und nationalstaatlichen Strukturen deutlich. Dieses weltwirtschaftliche und weltpolitische Zusammenwachsen hatte seine Konsequenzen für die außenpolitische Interessensäußerung und damit für den militärischen und sicherheitspolitischen Bereich. Die Globalität außenpolitischer Interessen brachte immer deutlicher zum Ausdruck, daß es keine autonomen geographischen, politischen oder wirtschaftlichen Räume auf der Erde mehr geben könne, daß neben den Eigenständigkeiten auch wichtige Gemeinsamkeiten in den ideengeschichtlichen und politischen Entwicklungen vorhanden waren, wobei weltpolitisches Denken und Handeln in ständigem Wechselbezug zu einer weltweiten macht- und ideenpolitischen Polarisierung standen. Dieses Phänomen äußerte sich nach Meinung

Heinz Gollwitzers in der faktischen Existenz von sogenannten Weltparteien, die wiederum zu einer internationalen Blockbildung beitrugen:

> "Von wenigen Ausnahmen abgesehen, hatten in der europäischen Bündnispolitik zwischen dem Westfälischen Frieden und der okzidentalen Revolution machtpolitische, insbesondere territorialpolitische und handelspolitische Gesichtspunkte den Ausschlag gegeben.Seit der okzidentalen Revolution hebt eine bis zum heutigen Tag währende Ära an, in der als Faktor unter anderen auch die gesellschaftspolitisch-ideologischen Positionen und Überzeugungen zur internationalen Politik beitragen und im Einzelfall sogar maßgebend beitragen können.Es verhält sich keineswegs so, daß sich in der Geschichte der auswärtigen Politik eine Epoche durch eine gänzlich andere abgelöst worden wäre. Vielmehr hat man alle überkommenen Spielarten der großen Politik beibehalten; neue traten hinzu." 80)

Die politischen Ideen wie Freiheit, Gleichheit, Gerechtigkeit und die damit im Zusammenhang stehenden wirtschaftlichen Vorstellungen von Handels- und Gewerbefreiheit nach innen und freiem Welthandel nach außen kennen keine nationalstaatlichen Grenzen. Transnationale und internationale Parteienbildungen bestimmen deshalb im Verlauf des 19.Jahrhunderts die auswärtigen Beziehungen immer stärker,

> "sei es, daß diese unabhängig von offizieller Staatspolitik auftritt, sei es, daß sich Staatswesen unter ideologischen Vorzeichen zusammenschließen, sei es - und das ist der häufigste Fall - daß sich der Block als Kombination von Regierungsaktivität und freier Agitation quer über die Nationen erweist". 81)

Das Resultat dieser Entwicklung war, daß die internationale Gesellschaft "jetzt nicht mehr nur Staatengesellschaft" war, sondern zugleich zu einer "transnationalen Gesellschaft" wurde, wo eine bürgerliche, eine aristokratische und - als eine weitere revolutionäre Herausforderung zur bürgerlichen - eine sozialistische Internationale 82) die "Weltparteien-" und "Blockbildung" beeinflußten. Globalität und Polarisierung dieser Internationalen stehen hierbei im unmittelbaren Zusammenhang mit Erlösungskonzepten. Die ideen- und machtpolitisch formulierten Interessen der modernen Staaten haben ein gewisses strategiepolitisches Konzept, ein ideelles und materielles Vorausdenken, das auf eine endgültige Lösung politischer, gesellschaftlicher und ökonomischer Probleme zielt ("Weltbürgerkriegssituation"!). Die Untersuchungsergebnisse Gollwitzers aufgreifend, arbeitet Günter Moltmann die überkontinentalen Ausmaße ideologischer

Frontbildungen in der Folge der transatlantischen Revolutionsbewegung im 19.Jahrhundert heraus:

> "Es ist eine korrekturbedürftige Simplifikation mancher Geschichtsbetrachtungen, daß sich die Vereinigten Staaten im 19.Jahrhundert politisch konsequent von Europa abgewandt und getreu den Mahnungen George Washingtons und James Monroes von 1796 bzw. 1823 isoliert hätten, um kontinental abgesteckte Ziele zu erreichen und sich von politischen Praktiken der Alten Welt zu distanzieren." 83)

Washington habe zwar vor einer drohenden Verwicklungen der noch schwachen jungen Republik in den europäischen Revolutionskrieg gewarnt, er habe aber zugleich auch zeitlich begrenzte Allianzen zur Verteidigung und für außerordentliche Notfälle befürwortet. Und Monroes Botschaft implizierte nicht notwendig, daß sich die Vereinigten Staaten jeglicher diplomatischer Aktivität oder jeglicher Einmischung in Angelegenheiten anderer Kontinente enthalten müßte. Auf der einen Seite wollte Monroe bekräftigen, daß die USA sich nicht an den europäischen Auseinandersetzungen beteiligten und der amerikanische Kontinent nicht Ziel europäischer Interventionen oder kolonialer Ambitionen sein dürfe und daß die Distanzierung wegen der unüberbrückbaren gesellschafts-politischen Strukturunterschiede notwendig zur Konfliktvermeidung vorgenommen werden müsse, auf der anderen Seite betonte der amerikanische Präsident, daß Amerikaner höchst interessierte Zuschauer europäischer Vorgänge seien und "äußerst freundliche Empfindungen zugunsten Freiheit und Glück ihrer Mitmenschen auf jener Seite des Atlantik" hegten. In derselben Botschaft drückte er auch seine Sympathien für die griechischen Freiheitskämpfe aus, wobei die "glühendsten Wünsche" der Amerikaner sie begleiteten. 84) Darüber hinaus betont Moltmann, daß die Monroe Doktrin das Resultat eines Kompromisses zwischen John Quincy Adams und Monroe gewesen sei.

> "Die Prinzipiendivergenz, die sich bei der Formulierung im Kabinett ergeben hatte, konnte aus dem endgültigen Text schwerlich herausgelesen werden. Das isolationistische Prinzip fand deutlicher seinen Niederschlag als das ideologisch-propagandistische, revolutionsfreundliche Prinzip, da provozierende Äußerungen vermieden wurden." 85)

Auseinandersetzungen dieser Art gab es schon seit der Französischen Revolution. So sei Jeffersons Unterstützung bei der Formulierung der Menschenrechte in Paris und die Akkreditierung des amerikanischen Gesandten bei der Ersten Republik Ausdruck einer "interventionistischen Einstellung" gewesen. Moltmann erkennt vor allem aber in den Debatten des amerikanischen Repräsentantenhauses und des Senates bezüglich der Ereignisse in Europa im Revolutionsjahr 1848 eine beträchliche Zunahme des interventionistischen Denkens.Beide Häuser hätten 1848 fast einstimmig für eine gemeinsame Glückwunschbotschaft an das republikanische Frankreich zugestimmt. Mit dieser Botschaft wollte man nicht nur für Frankreich selbst und gegen feindliche Mächte Stellung nehmen, sondern für

> "Freiheit und Republikanismus gegen Tyrannei und Despotismus. Im Kampf der Prinzipien beziehe Amerika seine Position. Das sei keine Einmischung in politische Verhältnisse anderer Nationen, sei keine Abweichung von der Neutralität und bedeute nicht eine konkret-politische Bindung für die Zukunft... Dem eigenen System wurde - wie das schon oft zuvor geschehen war - Modellcharakter zugesprochen, was wiederum moralisch-politische Verpflichtungen implizierte." 86)

Über diese moralische Stellungnahme des Jahres 1848 hinaus wurde im Zusammenhang mit der ungarischen Entwicklung in den Jahren 1851/52 ein konkretes, machtvolles Engagement in Europa nicht nur von extremen Interventionisten gefordert. Hinzu kamen auch viele Virginia-Demokraten, bei denen sich wirtschaftliche Interessen mit ideellen Zielen verbanden.

> "Senator Pierre Soulé aus Louisiana meinte im März 1852 im Kongreß:`Was sprecht Ihr von Isolation! Habt Ihr nicht Märkte zu sichern für den Überschuß Eures zukünftigen Reichtums?`" 87)

Zusammengefaßt kommt Moltmann zu der Feststellung, daß offensichtlich die simple Vorstellung, daß das Isolationismusprinzip Amerikas Außenpolitik von Monroe bis zum Ende des Jahrhunderts bestimmte, den Blick verenge. Wo Interventionstendenzen doch zur Geltung kamen, wurden sie gern als Divergenz von Theorie und Praxis dargestellt.

> "Das in der Geschichts- und Politikwissenschaft noch immer verbreitete Verfahren, Machtpolitik von Ideenpolitik zu trennen, ist von fragwürdigem Wert. Missionsanspruch, Prestigedenken und Machtanspruch gehen oft Hand in Hand, und es kommt nur darauf an zu erkennen, wie die Akzente verteilt sind. Dem außenpolitischen Grundsatz der Isolation stand... im Amerika des 19.Jahrhunderts der Grundsatz gegenüber, daß der Kampf für eine Gesellschaftsordnung nach amerikanischem Muster ein Weltkampf sei, aus dem sich keine Nation heraushalten könne. Es gab längst den Gedanken an die zukünftige `Eine Welt`..." 88)

Moltmann bringt damit zum Ausdruck, daß bereits in der ersten Hälfte des 19.Jahrhunderts, in einer Phase, die gemeinhin von der Forschung als `isolationistisch` bezeichnet wird, Ansätze zu einem `idealistischen Internationalismus` vorhanden waren. Das ebenso ideenpolitische wie machtpolitische Grundgewebe amerikanischer Außenpolitik ist genuin mit dem Wesen der politischen Kultur der USA verwoben und gewann bereits in einer Zeit an Bedeutung, als die USA selbst noch nicht an die Grenzen ihrer inneren Entwicklung gestoßen waren; es nahm dabei die Grenzen der materiellen wie ideellen Möglichkeiten des eigenen historisch-politischen Raumes nicht realitätsgerecht wahr und verletzte damit nicht nur die Grenzen des historischen Möglichkeitsraumes in einem `technischen` Sinne, sondern auch - angesichts ihrer universalistischen Übertragung nationalstaatlicher Grundwerte - die Interessen anderer Nationalcharaktere.

II.5.Die nationale `Bedürfnisstruktur` der bürgerlichen Gesellschaft USA wird evident

Das Grundgewebe amerikanischer Politikformulierung trat offen zutage, als angesichts innenpolitischer `Krisenerscheinungen` die sozio-ökonomischen Widersprüche der bürgerlichen Gesellschaft USA zum Vorschein kamen. Die in der Folge der innenpolitischen Krise entwickelte Politik griff in fremde historisch-politische Räume über. Bald stand ein materiell-machtpolitischer, bald ein idealistisch-artikulierter Internationalismus im Vordergrund, wobei beide `Internationalismen` sich in der Interessensformulierung amerikanischer Außenpolitik nicht voneinander trennen ließen. Besonders deutlich entfaltete sich dieser Charakterzug in den wirtschaftlichen und gesellschaftspolitischen Krisen der 1880er Jahre. Diesem Abschnitt der amerikanischen Geschichte hat sich Hans-Ulrich Wehler angenommen. [1] Wehler hebt hervor: Im Vordergrund habe ein materialistischer Internationalismus gestanden, der idealistisch legitimiert und durch gesellschaftspolitische und machtpolitische Erwägungen bestimmt gewesen sei. Politische Erlösungsinhalte und die Mittelauswahl standen in dieser `Machterweiterung` in wechselseitigem Bezug. Es wurden nicht mehr, wie im alten Europa, in erster Linie militärische Zwangsmittel für eine direkte Herrschaft über andere Territorien herangezogen, sondern (gemäß der sozio-ökonomischen liberalen und kapitalistischen `Erlösungsinhalte`) im wesentlichen Mittel aus dem wirtschaftlichen Bereich, die eine Abhängigkeit von der Kapitalstärke der USA und damit eine indirekte Herrschaft erzwingen sollten. 2)

II.5.1. Krise, Amerikanischer Imperialismus und `Open Door` zu Beginn des 20.Jahrhunderts

Kaum ein anderes Beispiel moderner Politikformulierung ist hinsichtlich seiner widersprüchlichen Erscheinungsformen aussagekräftiger als die Politik der Vereinigten Staaten. Solange die Weite des Landes die USA davor schützte, sich den Folgen der 'Bedürfnisstruktur` (i.S.Hegels) der modernen Gesellschaft, d.h. auch der sozio-ökonomischen Konflikte, auszusetzen, trifft die von Jürgen Habermas konstatierte `relative Praxisorientierung` weitgehend zu. Je näher aber die Vereinigten Staaten an die geographischen, wirtschaftlichen und demographischen Grenzen des nordamerikanischen Kontinents gelangten, um so stärker nahmen auch die Widersprüche zu, so wie sie Hegel u.a. für die französischen Verhälnisse erkannt hatte. Nun gewannen auch die erkenntnistheoretischen und methodischen Schwächen im politischen Planen der USA an Bedeutung. Die große Expansionsbewegung über die Weite des nordamerikanischen Kontinents war spätestens mit dem Jahr 1890 abgeschlossen. Das offizielle Ende der "Frontier" war gekommen, die territorialen Ausweichmöglichkeiten erschöpft. Ein ungeheuerer geographischer Raum war in wenigen Jahrzehnten nach der Unabhängigkeit durch die "go west"- Bewegung der nordamerikanischen Siedler durchschritten, und selbst der amerikanische Bürgerkrieg (1861-65) änderte nichts an der stürmischen Industrialisierung, der allgemeinen Verstädterung und rasch anwachsenden Bevölkerung. Ein nationaler Zuwachs der Kräfte war insbesondere mit Blick auf die internationale Stellung Amerikas als Handels- und Seemacht seit der zweiten Hälfte des 19.Jahrhunderts die Folge. Die USA gewannen auf diese Weise eine sich nach und nach vergrößernde Bedeutung in der internationalen Staatenordnung, die sich ihrerseits zu einem für die politische

Planung Amerikas immer größer werdenden Kalkulationsfaktor entwickelte. Verbunden mit dieser Entwicklung waren nicht nur positive Auswirkungen wie eine noch nie dagewesene wirtschaftlichen Leistungsfähigkeit, sondern auch eine stetig wachsende Abhängigkeit vom Weltmarkt, wo man die überschüssigen Güter zum Export anbieten mußte und wo man mit den übrigen handeltreibenden Ländern immer stärker in einen Konkurrenzkampf geriet. Gleichzeitig wurde die amerikanische Gesellschaft mit neuentstandenen Trusts und Monopolen, die sich unbeaufsichtigt von öffentlicher Kontrolle in den USA entwickelten, konfrontiert. Arbeiter, kleinere Geschäftsleute und Farmer standen diesen Zusammenballungen industrieller Macht hilflos gegenüber. Auf dem Höhepunkt der Wirtschaftskrise von 1893-97 erlebten die Vereinigten Staaten die schwerste wirtschaftliche, gesellschaftliche und geistige Erschütterung ihrer bisherigen innenpolitischen Entwicklung. In der \`großen Depression\` zwischen 1873 und 1897 mit ihren drei lang anhaltenden Tiefkonjunkturen (1873-79,1882-85,1893- 97) war sowohl die amerikanische Landwirtschaft als auch die sich rasend entwickelnde Industrie betroffen. Es waren in den 90er Jahren schätzungsweise zweieinhalb bis drei Millionen Arbeitslose in der amerikanischen Bevölkerung zu verzeichnen, was vor allem in den Industriebezirken zu einigen schweren sozialen Unruhen führte,

> "denen Arbeitgeber und Regierungen im allgemeinen nichts als brutale Gewalt entgegenzusetzen hatten."

Auch wenn

> "im Zeichen der wiedereinsetzenden wirtschaftlichen Prosperität ...sich die Lage erstaunlich rasch" 3)

beruhigte, saß der Schock der Krise sehr tief im Selbstbewußtsein der amerikanischen Nation. So verstärkte die Krise die ohnehin wachsende Tendenz zur Monopolisierung bzw. Oligopolisierung ganzer Industriezweige . Aber nicht nur bei den \`Monopolkapitalisten\`, sondern auch in allen wirtschaftlichen Bereichen - sowohl in der Landwirtschaft als auch in der Industrie - , bei vielen Politikern und Intellektuellen war ein

> "an Besessenheit grenzendes Interesse an der Erschließung neuer Absatz- und Rohstoffmärkte" 4)

festzustellen. Es ergab sich ein

> "bemerkenswerter ideologischer Konsensus, dem die Expansion nach Übersee, die sozialimperialistische Ableitung innerer Probleme nach außen als einzig erfolgversprechender `response` auf den `challenge` der Krisenzeit erschien. 5)

Diese sich nach und nach herausbildende Auffassung wurde wissenschaftlich und theoretisch unterstützt u.a. durch die Frontier-Thesen des jungen amerikanischen Historikers Frederick Jackson Turner. Bereits 1893 verwies er auf die spezifische Kraft, die die `Frontier` für den individualistischen und demokratischen Lebensstil des amerikanischen Volkes, seine gesellschaftlichen und politischen Institutionen und den Aufbau seiner Wirtschaft gehabt hatte.[6] Turner, der nicht nur ein Studienfreund Woodrow Wilsons war, sondern auch nachweislich dessen Verständnis von innenpolitischen Reformen und außenpolitischen Aktivitäten beeinflußt hat, schätzte in der Krisensituation der 1890er Jahre das verletzte Selbstbewußtsein seiner Landsleute richtig ein. Er versuchte, das Selbstwertgefühl der Amerikaner neu zu wecken, indem er auf die erfolgreiche Tradition uramerikanischen Werte und auf das bisher Erreichte verwies. Es ging Turner hierbei vor allem um die Betonung der Funktion der sog. `Frontier` als

> "Auffangbecken für überschüssige Kräfte und `Sicherheitsventil` für unruhige Elemente, die zum Nutzen der etablierten Gesellschaft in den älteren Siedlungsgebieten auf neue Aufgaben abgeleitet werden konnten...Sollte diese einzigartige amerikanische Entwicklung, auf die man stolz war, nun vorbei sein? Wohin sollte man fortan mit den überschüssigen Kräften, die bisher der `Manifest Destiny` zugute gekommen waren, der `offenbaren Bestimmung` des amerikanischen Volkes, sich und seine Herrschaft über den Kontinent auszudehnen? Drohte den Vereinigten Staaten nun das Schicksal der verderbten Alten Welt mit ihrer Überbevölkerung, ihren sozialen Spannungen, ihren kriegerischen Konflikten?" 7)

In breiten Kreisen der amerikanischen Bevölkerung sah man eine Lösung nur noch in einer kräftigen Expansion des Außenhandels, in der die Möglichkeit für eine anhaltende Prosperität der US-Wirtschaft und damit für die Chance zur Lösung der sozialen Spannungen in ihrer Gesellschaft lag. Wie die Arbeiten von Walter LaFeber, Hans-Ulrich Wehler, Heinz Gollwitzer und Erich Angermann zeigen, hatte diese expansive Orientierung amerikanischer Außenpolitik einen imperialistischen Charakter. (Man kann Parallelen zu dem weltweiten kolonialpolitischen und wirtschaftlichen Konkurrenzkampf der europäischen Großmächte ziehen). Imperialisten hatte es in Amerika schon seit längerer

Zeit gegeben. Solange jedoch die inner-amerikanischen Grenzen nicht erreicht waren, fehlte es noch an der nötigen breiten Basis in der Öffentlichkeit, die um das Jahr 1890 erstmals deutlicher zum Ausdruck kam. Eine zeitliche Bestimmung imperialistischen Denkens und Handelns kann im Gegensatz zu den europäischen Mächten wie Deutschland und Frankreich nur vage bleiben, da sich, wie gezeigt, in den USA seit der Unabhängigkeitserklärung bereits ein kontinentales Expansionsstreben abzeichnete.[8] Eine ideengeschichtlich wichtige Etappe im Zuge dieser "contiguous expansion", also des stets auf jedes neue Nachbargebiet ausgreifenden Expansionsdranges [9], stellte die bereits erwähnte Monroe-Doktrin dar, da in ihrem Namen ihr Geltungsanspruch nach und nach ausgeweitet wurde. Vor allem aber nach dem amerikanisch-spanischen Krieg von 1898 intendierte sie letztlich die Hegemonialstellung in der gesamten "westlichen Hemisphäre".[10] Das Jahr 1898 stellt einen bedeutenden Bezugspunkt für die Beurteilung der praktischen Umsetzung imperialistischer Ideen über die Staatsgrenzen der USA hinaus dar. [11] Obwohl sich der nordamerikanische Imperialismus 1898 und während einiger darauf folgender Jahre strukturell und in Stil am ehesten den europäisch-imperialistischen Spielarten angenähert hatte, blieb es nicht dabei. Den Ausschlag für die internationalen Beziehungen gab vielmehr,

> "daß Washington sich im Klub der Weltmächte anmeldete und die Ereignisse des Jahres 1898 eine amerikanisch-britische Kooperation einleiteten, die sich im 20.Jahrhundert vielfach bewähren sollte." 12)

Auf der einen Seite fühlten sich die USA zu diesem Zeitpunkt in einen Wettbewerb mit dem für sie bedrohlichen europäischen Imperialismus gerissen. Sie sahen sich vor allem seit dem Jahr 1895 der Gefahr einer Aufteilung des chinesischen Reiches ausgesetzt, die eine wesentliche Schwächung amerikanischer Weltwirtschaftspolitik bedeutet hätte. Auf der anderen Seite zeigte die innenpolitische Krise der letzten Jahre, wie notwendig der Einfluß der USA auf den Welthandel zur Erhaltung des inneren sozialen Friedens war. In zwei Hauptstoßrichtungen äußerte sich der amerikanische Imperialismus. [13] Die Expansion über die Grenzen des eigenen Möglichkeitsraumes hinaus hatte den einen Schwerpunkt in Lateinamerika, das u.a. Williams A. Williams als "Laboratorium", d.h. als Versuchs- und Experimentierungsfeld der

Washingtoner Außen- und Weltpolitik bezeichnet hat [14], den anderen in China, wobei zwischen beiden Hauptstoßrichtungen ein weltpolitischer Zusammenhang bestand. In Lateinamerika hatten die USA seit Ende des letzten Jahrhunderts erstmals außenpolitische Planungen und Methoden entwickelt, die für die Untersuchung der amerikanischen Außen, Friedens- und Weltpolitik von genereller Bedeutung wurden. Durch das sich immer stärker entwickelnde nationale Selbstbewußtsein in den Staaten Lateinamerikas wurde am Ende des 19. und zu Beginn des 20.Jahrhunderts der europäische Einfluß zurückgedrängt. Die USA sahen ihre Interessen als dominierender nördlicher Nachbar mit Blick auf die national-revolutionären Ereignisse und der allgemeinen innenpolitischen Labilität zahlreicher lateinamerikanischer Staaten bedroht. Die Folge war der Versuch, die politische Stabilität mit Hilfe amerikanischer Eingriffe in die innenpolitische Entwicklung dieser Staaten zu sichern, wobei der Krieg mit Spanien 1898 das Recht auf Intervention alleine den USA sichern sollte. [15] Nach dem Sieg über Spanien im Jahre 1898 \`erbten\` die USA Puerto Rico und die Philippinen als erste eigene Kolonien. Indem der amerikanische Präsident McKinley ein faktisches Protektorat über Kuba errichtete, hatte die US-Regierung in der Karibik den

> "Rücken frei, um ihre ganze Aufmerksamkeit dem \`Fernen Westen\` zuzuwenden. Der Bildung notwendiger Stützpunkte diente im gleichen Jahr die Annexion Hawaiis sowie die Besetzung der Inseln Wake und Guam".16)

Auf dem Wege des "Great Rapprochements" versuchten die USA und Großbritannien eine gemeinsame Kontrolle des gesamten Indischen und Pazifischen Ozeans zu erreichen. Hinter der Rhetorik, standen konkrete weltpolitische Überlegungen, die deutlich machten,daß sich die USA planmäßiger als zuvor in der Weltpolitik engagierten. [17] In der zweiten Stoßrichtung - d.h. Richtung China - legten die Vereinigten Staaten sich auf die sogenannte Open Door Policy fest,

> "ein ökonomisches Programm, dessen weltpolitische Implikationen von Anfang an erkennbar waren. Die Konzeption besagte im wesentlichen, daß man sich in Ostasien, speziell in China, zum Prinzip freier wirtschaftlicher Betätigung und Konkurrenz, vor allem zur Gleichheit der wirtschaftlichen Chance auf Grund der Meistbegünstigungsklausel, bekenne. Damit wandte man sich, vorerst noch unausgesprochen, gegen die von Japan und Rußland ausgehenden Bestrebungen, das Reich der Mitte in Interessensphären aufzuteilen, die sich politisch und wirtschaftlich voneinander abkapseln mußten". 18)

Als einflußreicher Vordenker des amerikanischen geopolitischen Navalismus und der Ostasien-Orientierung ist Admiral Alfred Thayer Mahan (1840-1914) zu nennen, dessen 1890 herausgegbene Arbeit "The influence of Sea Power upon History, 1660-1763" großen Einfluß ausübte. Seine geopolitische und strategische Theorie entsprach dem vorausdenkenden Planen und einem beginnenden \`Gestaltungswillen\`, der zum Einstieg in das weltpolitische Denken und Handeln der USA führte, und der zugleich die \`geplante Herstellung\` neuer weltpolitischer Strukturen auf die Grundlage einer Legitimation durch ethisch-wissenschaftliche Überlegungen stellte. 19) In weiteren Aufsätzen, die in den 1890er Jahren erschienen, setzte sich dann Mahan mit der aktuellen weltpolitischen Stellung der USA auseinander. Das traditionelle Verständnis der Monroe-Doktrin hielt er als einer der namhaften Geopolitiker seiner Zeit für überholt. Insbesondere in der Zusammenarbeit mit Großbritannien müßte, wenn nötig mit Gewalt,die Vorherrschaft im Fernen Osten sichergestellt und die Tür nach China offengehalten werden. Das \`Open-Door\`-Prinzip sah er keineswegs nur auf dem ökonomischen Gebiet des Freihandels, sondern vielmehr auch in Verbindung mit der geistigen und ethischen Durchdringung des Fernen Ostens.

> "Der materielle Gewinn, meinte er, sei bestenfalls zweifelhaft. Was die Nation jedoch auf jeden Fall als Folge der Expansion für sich buchen könne, seien eine regenerierende Idee, eine Herzenserhebung, eine Saat künftiger wohltätiger Aktivität, ein Übersichselbsthinauswachsen in die weite Welt, der man die Gabe vermitteln wolle, die man selbst so üppig empfangen habe...Mahans letzte Zukunftsperspektiven liefen darauf hinaus, daß er in den westlichen Imperialismen keine Dauerlösungen, sondern im Hinblick auf die unterdrückten Völker Anstöße von außen sah, die ihre spätere Emanzipation bewirken und sie schließlich als gleichberechtigte Mitglieder dem \`international body\` der Menschheit einfügen sollten". 20)

Die Tür in China und Lateinamerika sollte wegen der wirtschaftlichen Expasion Amerikas offengehalten werden, wobei die treibenden Kräfte zunächst weniger die Großunternehmer und Bankiers der USA waren, sondern die Staatsmänner selbst, die die negativen Auwirkungen für die gesamte Staatspolitik erkannt haben, die sich aus einer Aufteilung der Welt in Interessenspären ohne ein etwaiges Mitwirken der USA ergeben hätte. Danach war es angesichts der innenpolitischen Krise der 1890er Jahre und der Interessen am Welthandel die dringliche Aufgabe, der Tendenz der Aufteilung der Welt entgegenzutreten und "den Vereinigten Staaten einen angemessenen Anteil am Welthandel zu sichern" 21),

wenn man nicht am eigenen Überfluß ersticken wollte. In diesem Zusammenhang ist William H. Seward zu nennen, der bereits in den Jahren 1849-1861 als Senator und 1861-69 als Außenminister die Expansionsidee einer `Manifest Destiny` aus dem kontinentalen Kontext herausgelöst und sie auf die überseeische Expansion übertragen hatte . 22) Nach Meinung Sewards hätten die USA den Auftrag, den gesamten Welthandel zu beherrschen, um auf diese Weise langfristig eine dominierende Rolle in der Welt spielen zu können. "Eine neue und vollkommenere Zivilisation", sagte Seward in einer Rede vor dem Kongreß im Jahre 1850,

" wird entstehen, um die Erde unter dem Einfluß unserer geliebten und wohltätigen demokratischen Einrichtungen zu beglücken". 23)

Hier verband Seward bereits eine globale materielle Handelsausdehnung der Vereinigten Staaten mit dem aus seiner Sicht paradiesischen Charakter des Traumlandes `Utopia`, dessen geographischer und kultureller Ausgangspunkt die USA darstellen sollten. 24) In den zunächst nicht spezifisch imperialistischen Überlegungen, daß eine Ausdehnung des amerikanischen Außenhandels die Voraussetzung einer

"prosperierenden amerikanischen Wirtschaft und damit im Lebensrecht des amerikanischen Volkes begründet sei",

treffen "defensive und expansive" 25) Elemente zusammen. Aus diesem Grunde wurden expansionistische Gedanken auch über solche eher materiell eingestellten Internationalisten wie Seward hinaus von Männern wie Grover Cleveland und William Jennings Brian geteilt, die später im antiimperialistischen Lager zu finden sind.

"Freilich gab es auch zunächst für diesen allgemein gutgeheißenen wirtschaftlichen Ausdehnungsdrang kein festes und einheitliches Aktionsprogramm. Die verschiedenartigen, auf verstärkte auswärtige Aktivität drängenden Kräfte - militanter Nationalismus, Betätigungsdrang, missionarischer Reformeifer und ökonomischer Expansionismus - mußten sich erst zu einer Aktionseinheit formieren...Wenn dabei auch nur einige wenige an die Errichtung eines "Reiches" mit auswärtigen Besitzungen dachten, so war dies doch in der damaligen Weltsituation eine naheliegende Tendenz". 26)

In unmittelbarem Zusammenhang stand diese Tendenz mit dem Wachstum des amerikanischen "Kulturbewußtseins" 27) im 19. Jahrhundert.

Insbesondere nach dem Bürgerkrieg der 60er Jahre verschmilzt das steigende Selbstbewußtsein der USA

> "mit dem Fortschrittsgedanken einer vorwärts stürmenden Technik und der materiellen Verbesserung, ja der materiellen Sinndeutung des Daseins. Der Sieg des Tüchtigsten offenbart sich in der Eroberung des Raums, in den die Einwanderer strömen, in der Zusammenballung gewaltiger finanzieller Kräfte, aber dieser Sieg des Tüchtigsten ist zugleich auch Führung durch die Hand Gottes zur Kultivierung der Wildnis und zur Verbesserung babarischer Sitten. So hatten schon die Puritaner ihre neue Lebensaufgabe aufgefaßt." 28)

Trotz des allgemein großen Selbstwertgefühls der Amerikaner waren große Kontroversen mit antikolonialen Kräften entstanden, bis

> "die einigermaßen rohen Frühformen dieser Expansionsbewegung sich in eine verfeinerte Form des Einflusses bringen ließen, die den geheiligten politischen Traditionen Amerikas, den Prinzipien der Selbstbestimmung und Selbstregierung, dem Antikolonialismus und einer freiheitlichen Gesellschaftsverfassung, wenigstens nach außen hin einigermaßen gerecht wurde." 29)

Auf die einzelnen Stationen dieser Politikformulierung kann an dieser Stelle nicht eingegangen werden. Es ist herauszustellen, daß innerhalb weniger Jahre in der amerikanischen Außenpolitik ein Bogen zwischen einem rigorosen Imperialismus und einem moderaten Internationalismus gespannt wurde. In der außen- und weltpolitischen Experimentierungsphase der 1890er Jahre und des ersten Jahrzehnts nach der Jahrhundertwende, die von seiten der USA sowohl von einer technischen Umsetzung politischer Planungen als auch von einem pragmatischen und anpassungsfähigen Theorie-Praxis-Verständnis geprägt war, schälte sich über die pluralistische Meinungs- und Willensbildung der amerikanischen Öffentlichkeit und ihrer politischen Führungen ein Amalgam verschiedener politischer Richtungen heraus [30]. Dieses Amalgam wies in der Praxis der Wahrung außenpolitischer Interessen von Fall zu Fall verschiedene Erscheinungsformen auf: von der

> "ungehobelten und brutal-nationalistischen Behandlung des Venezuela-Konfliktes von 1895 über den Krieg mit Spanien von 1898, der das nackte imperialistische Machtinteresse auf seinem Höhepunkt zeigt",

und zu der von Präsident William McKinley (1843-1901) und dem Außenminister John Hay (1838-1905) schon im folgenden Jahr eingeleiteten, auf friedfertige wirtschaftliche und politische Durchdringung gerichteten Politik der `Offenen Tür`. [31] Grundlage dieser verschiedenen Formen des Internationalismus waren unterschiedliche theoretische Konzepte der außen-, welt- und friedenspolitischen Gestaltungsmöglichkeiten der USA, auf die weiter unten mit Blick auf die methodische Umsetzung von Theorie und Praxis der Jahre vor der Präsidentschaft Wilsons noch näher eingegangen wird.

II.5.2.Progressive Movement und das `Open-Door`- Konzept als Ausdruck neuer politischer Mittel in den internationalen Beziehungen

Dem weiten Bogen der Zweck- und Zielformulierung amerikanischer Außenpolitik der 90er Jahre des 19.Jahrhunderts und des beginnenden 20.Jahrhunderts entsprechend, weist auch die Wahl der politischen Mittel, die zur Durchsetzung der außenpolitischen Konzepte angewandt wurde, eine unterschiedliche Bandbreite auf. Nach Meinung William A. Williams [32)] hat das im Hinblick auf China konzipierte, bald aber allgemein in der amerikanischen Weltpolitik vertretene Prinzip der Open-Door-Politik nicht allein den Streit zwischen Imperialisten und Antiimperialisten um einen amerikanischen Kolonialismus entschärft, sondern auch die Basis für den Ausbau eines wesentlich auf wirtschaftlicher Durchdringung statt auf politischer Herrschaft beruhenden "informal Empire" [33)] gelegt. Im Open-Door-Denken kamen, wie u.a. Richard Hofstadter [34)] zum Ausdruck bringt, die unterschiedlichen Spielarten des amerikanischen Imperialismus und der politisch-sozialen Reformbewegung des sogenannten Progressive Movement zusammen, wobei sich die zunächst auf den innenpolitischen Bereich konzentrierten Reformer vor allem wegen ihrer Fähigkeit, nationales Interesse mit traditionellen ideellen Wertvorstellungen und außenpolitischen Ziel- und Zwecksetzungen zu verbinden, als eine tragende Bewegung innerhalb des amerikanischen Expansionismus des beginnenden 20.Jahrhunderts durchzusetzten vermochten. Das Progressive Movement setzte sich aus einer Anzahl junger Intellektueller aus zumeist altangesehenen, wohlsituierten Familien der angelsächsisch-protestantischen Führungsschicht Neuenglands zusammen, die sich als eine relativ homogene

Bildungselite mit sozialem Verantwortungsbewußtsein darstellte. Die Reformbewegung brachte als namhafte politische Führungspersönlichkeiten neben Woodrow Wilson vor allem Theodore Roosevelt und William Jennings Bryan hervor. Zum ersten Mal in der amerikanischen Geschichte wurden von diesem Progressive Movement in der Innenpolitik nicht nur die amerikanischen Grundwerte in Wirtschaft und Gesellschaft wie "free enterprise" und "laissez faire" in Frage gestellt, sondern auch politische und soziale Reformen gefordert. Darüber hinaus wurde die Korruption in den städtischen Verwaltungen und die Profitgier der "Trusts" angeprangert und eine staatliche Kontrolle der Energiequellen und -versorgung vorgeschlagen. 35) Angesichts der chaotischen Mißstände in der Praxis des bürgerlich-gesellschaftlichen Zusammenlebens in den Kommunen wie auf dem Lande war der Charakter der USA als der einer "unfertigen Gesellschaft" 36) schon seit den ersten Krisenjahren deutlich hervorgetreten. Fast alle Ziele des Progressive Movement waren aus deshalb auch schon von früheren Reformbewegungen verfolgt worden. Das Neue der politischen Aktivitäten des Progressive Movement lag insbesondere darin, daß es verstand, alle Ziele zusammenzufassen und eine intelligente Führungsgruppe mit Blick auf die gesamte Bevölkerung zu koordinieren, was ihnen eine viel größere Durchschlagkraft verlieh. Wichtig für unsere vorliegende Problemstellung ist vor allem, daß man auf dem Gebiet der Außenpolitik versuchte, theoretische Planungen und nationales Interesse den in der praktischen Durchsetzung anzuwendenden Mitteln, d.h. dem hohen und fortschrittlichen innenpolitischen Entwicklungsstand anzupassen 37).

> "Hier war dem Sendungsbewußtsein des amerikanischen Volkes und dem Missionseifer seiner Reformer ein weites Feld eröffnet, wobei man ganz naiv von der Vorbildlichkeit amerikanischer Ideen und Institutionen ausging und diese auf ganz andersgeartete Gesellschaften zu übertragen versuchte. Der Zusammenhang zwischen Progressive Movement und dem, was Williams \`Imperialism of Idealism\` genannt hat, wird hier besonders deutlich." 38)

Im Open-Door-Konzept glaubte man das beste Instrument zur Erhaltung und Erreichung der ideellen und materiellen Interessen, die im Zusammenhang mit der überseeischen Expansion standen, in Händen zu haben. Dieser Konzeption lag die Überlegung zugrunde, daß der amerikanische Handel bei formaler Gleichstellung mit anderen Handelsnationen ohne Einsatz von militärisch-gewaltsamen Mitteln und der Errichtung von Kolonien erfolgreich konkurrieren kann und sich angesichts der amerikanischen Produktionskraft sogar langfristig als überlegen erweist.

> "Kolonialpolitik blieb die Ausnahme, sie wurde auch im Zeitalter des okzidentalen Imperialismus nicht die Regel...diese Verbindung von Antikolonilismus und Wirtschaftsimperialismus kennzeichnete jahrzehntelang die amerikanische Expansion". 39)

Mit Recht weist der Autor Lloyd C.Gardner auf die Verbindung des selbstbewußten Auftretens der neuen Industriemacht USA auf der Bühne der internationalen Politik und seiner zunächst wirtschaftlichen Mittelanwendung hin:

> "...the ongoing assumption behind the policy was that American Far Eastern trade, and our national interests in general, would be better served by equal access to all of China than by a preferred position in a sphere of influence. It was, in theory and in fact, the foreign policy of a confident industrial power. And as such it soon became the United States approach to its dealings with other areas of the world, particulary colonial and underdeveloped areas." 40)

Materielle und nationale Interessen, liberale Wertvorstellungen, anti-koloniales Denken, eine traditionell geringe staatliche Intervention und eine möglichst geringgehaltene Mittelanwendung hätten bei einer reibungsfreien Übertragung auf die Praxis (von der man ausging) mit dem Selbstbewußtsein der fortschrittlichsten und zivilisiertesten Gesellschaft der Welt und seinen friedlichen Ziel- und Zweckvorstellungen einhergehen können. Es standen den hochgesteckten Ziel- und Zweckvorstellungen der theoretischen Planung *nur* die Realität der Praxis gegenüber. Aber gerade diese nichterkannten begrenzten Möglichkeiten in der Praxis der internationalen Ordnung stellten das Grunddilemma amerikanischer Außenpolitik dar; erst die konkrete aktive Tätigkeit und Mitwirkung in der internationalen Politik belehrten die USA eines Besseren. Die Folge der Nichtanerkennung der Grenzen des eigenen Möglichkeitsraumes zeigten sich in der Tatsache, daß selbst bei besten Intentionen, Konflikte mit den von den USA als Entwicklungsländer begriffenen Staaten keineswegs ausgeschlossen waren. [41)] Obwohl die Open-Door-Konzeption in der Theorie eine direkte politische und militärische Konfrontation vermeiden wollte, ergab sich, daß oft nur der staatliche Machtapparat "die Tür offen halten konnte. Frieden und ökonomische Dominanz ließen sich keinewegs immer vereinbaren. In Lateinamerika nötigte die `Offene Tür`, wie sie Washington verstand, seit dem Beginn der 90er Jahre zu ständigen Interventionen." 42)

Überblickt man zum Beispiel die Politik des Wilsonvorgängers im Präsidentenamt William Howard Taft, so wird das Dilemma der Durchsetzung der Offenen-Tür-Theorie in eine friedliche außenpolitische Praxis deutlich. Im Gegensatz zu Theodore Roosevelt, der als innenpolitischer Reformer in besonderer Weise seine machtpolitischen Ziele ethisch zu fundieren wußte und - von einem angelsächsischen Rassedenken durchdrungen - eine rigorose Außenpolitik der Offenen-Tür mit militärisch-strategischen Mitteln bei den militanten Interventionen in Venezuela (1902/03),in Panama (1903) und in Santo Domingo (1905/07) zum Ausdruck brachte, versuchte Taft, das Konzept der Offenen-Tür mit der sogenannten "Dollar-Diplomacy" zu verwirklichen. 43) Was die Zweck- und Zielebene anging, sah es Taft ebenso wie Roosevelt für notwendig an, neue Exportmärkte für die amerikanische Wirtschaft zu erschließen, wobei er die außenpolitischen Interessen möglichst ohne Rückgriff auf militärische Mittel durchsetzen wollte. 44) Schon als Kriegsminister unter Roosevelt hatte Taft im Jahre 1907 auf die Bedeutung einer expansiven Außenwirtschaft und der politischen Durchsetzung dieser Ziele gegenüber anderen Handelsnationen hingewiesen. Taft verstand danach die gesamte Außenpolitik primär als Instrument zur Durchsetzung der wirtschaftlichen Interessen:

"The necessity for an ever-expanding economic frontier was...the assumption on which the Taft Administration based its foreign policy". 45)

Die außenpolitischen Aktivitäten Tafts sind vor allem auch auf dem Hintergrund der wirtschaftlichen Rezession Amerikas in den Jahren 1907/08 zu sehen, wobei die wesentlich neuen Komponenten seiner Open-Door-Politik sich aus dem Einsatz finanzieller Mittel zur Realisierung außenpolitischer und außenwirtschaftlicher Zweck- und Zielsetzungen ergaben. Taft versuchte die innere Stabilität von Staaten wie Nikaragua, Dominikanische Republik, Honduras, Guatemala und Mexiko durch finanzielle Mittel zu erreichen, um auf diesem Wege den Absatz amerikanischer Produkte anzuregen und zu sichern. Tafts Außenminister Knox formulierte in diesem Zusammenhang:

"True stability is best established not by military, but by economic and social forces.The problem of good government is inextricably interwoven with that of economic prosperity and sound finance; financial stability contributes perhaps more than any other one factor to political stability".46)

Auch die Chinapolitik Tafts war auf die Zielsetzung einer langfristigen Sicherung der wirtschaftlichen Interessen Amerikas orientiert:

"The State Department promoted concessions for American banks and corporations, intervened actively in support of American interests, and both cooperated and competed with the European Powers and Japan".47)

Auch wenn Taft bei der Durchsetzung der Open-Door-Politik und der Aufrechterhaltung der territorialen Integrität Chinas eine "community of interests" mit den europäischen Staaten und Japan anstrebte, war er dennoch bereit, zur Realisierung seiner Zwecke und Ziele Interessenkollisionen mit anderen Staaten auf sich zu nehmen. 48) Die Unterstützung von innenpolitischen Reformen in China mit Hilfe finanzieller Mittel geschah von Seiten der Taft Administration aber nicht nur alleine unter wirtschaftlichen Gesichtspunkten, sondern auch aus humanitär- ideellen, wobei diese mit Blick auf die eigentliche Antriebskraft der Open-Door-Politik Tafts nicht als vorangig erscheinen.49)

II.5.3.Zusammenfassende Überlegungen zum Theorie-Praxis-Verhältnis im Zeitalter des amerikanischen Imperialismus

Faßt man an dieser Stelle die Gründe, Antriebskräfte, Mittel und Methoden des amerikanischen Imperialismus bzw. Internationalismus vor der Präsidentschaft Wilsons zusammen, so ergibt sich folgendes Bild:

Der amerikanische Historiker Frank Ninkovich schreibt mit Blick auf die politische Ziel- und Zweckformulierung (und nicht zuletzt hinsichtlich der eben beschriebenen Mittelwahl) der Außenpolitik der USA zunächst keinen eigenständig "politischen" Stellenwert zu.

"...the Open Door ideology was designed to encourage commercial and cultural expansion while avoiding political entanglements...the United States did have a policy".50)

Ninkovich ist dahin zu interpretieren, daß die Außenpolitik unter Roosevelt und Taft noch kein aktives Mitwirken und Nachdenken über die internationale Ordnung und die Gestaltung des Weltfriedens mit sich brachte. Vielmehr handelte es sich bei dieser Form der Open-Door-Politik um den Versuch (bzw. um das Experiment), auf welche Weise man am besten in Lateinamerika und in China die eigenen wirtschaftlichen und materiell-realpolitischen Interessen mehr oder weniger in Einklang mit den traditionellen amerikanischen Wertvorstellungen bringen konnte. Das `Inselbewußtsein` der Amerikaner stand hierbei noch Pate. Man glaubte seine Interessen mit möglichst geringen militärischen Mitteln - d.h. mit überwiegend wirtschaftlich und finanziellen Mitteln - auch ohne eine verantwortungsvolle Teilnahme am Geschehen der internationalen Staatengemeinschaft wahren zu können. Wenn über diese Feststellung eines eher "unpolitischen" Charakters der auf wirtschaftlichen Motiven basierenden Open-Door-Politik hinaus dennoch ein politischer Wert registriert werden kann, dann resultiert dieser aus der für die bürgerlich-revolutionäre Politik seit 1776/89 so typischen Verbindung von innenpolitischen und außenpolitischen Planungen und Handlungen: So betont der Autor Akira Iriye hinsichtlich der amerikanischen Interessenformulierung zu Beginn unseres Jahrhunderts:

> "it preferred to play its role as a culture, not as a power, in the world arena" 51)

Wie oben dargestellt wurde, hatte die Politikformulierung des bürgerlichen Staates in der Geschichte seit 1776 bzw. 1789 neue umfassendere Inhalte bekommen. Die wirtschaftliche und politische Ausdehnung wurde durch die `Entfessellung` der Individualität des freien politischen und wirtschaftlichen Bürgers, durch das Privateigentum an Produktionsmittel und durch die daraus rasch erwachsende industrielle Entwicklung unterstützt. Die wirtschaftliche und gesellschafts-systemische `Entfessellung` demonstrierten, daß sie nicht vor Staatsgrenzen haltmachten und daß sie auf eine internationale Ausweitung der Interessen angelegt waren. Die vom bürgerlichen Staat USA formulierte Politik war von Beginn an bestrebt, den Interessen der individuellen und kollektiven Bedürfnisse seiner `Bürger` zu entsprechen. Dieser Sachverhalt äußerte sich insbesondere auch in der Mittelwahl dieser auf ständige sozio-ökonomische Expansion angelegten Politikformulierung. Wenn nun die Open-Door-Politik der Jahrhundertwende eher in ihrer privatwirtschaftlichen als in ihrer staatspolitischen Gestalt zum Ausdruck kam, so muß sie gerade hier als Erscheinungsform einer ihrem Wesen nach umfassenderen Politikformulierung wahrgenommen werden. Diesbezüglich stoßen sowohl Ninkovich als auch Iriye mit ihren Aussagen auf das bereits weiter oben dargestellte Dilemma, das bei einer eindeutigen Einordnung der amerikanischen Außenpolitik unter entweder diplomatie- bzw politikgeschichtliche oder sozialgeschichtliche Gesichtspunkten auftritt. Als Beispiel für eine unzureichende Betrachtung amerikanischer Außenpolitik wäre George F. Kennans Werk "American Diplomacy 1900-1950" 52) zu nennen. In seinem diplomatiegeschichtlich- realistischen Ansatz bezeichnet Kennan die amerikanische Außenpolitik als eine Interessenformulierung, die von einem "legalistic-moralistic approach" geprägt war. Kennan begreift wie viele `Realisten` die amerikanische Außenpolitik in den ersten beiden Jahrzehnten unseres Jahrhunderts als ein von den innenpolitischen Problemen der USA isoliertes Phänomen, wobei er die Frage nach den innenpolitischen Antriebskräften gar nicht erst stellt; er läßt es bei seiner Charakterisierung der US-Außenpolitik mit der Bezeichnung `idealistisch` bewenden.53) Diese diplomatie- bzw. politikgeschichtliche Deutung wird sowohl dem Charakter der Außenpolitik der USA und seiner neuartigen Mittelanwendung nicht gerecht als auch dem Theorie-Praxis-Verhältnis, das in dieser Politik zum Ausdruck kommt. Andererseits läßt eine monokausale Interpretation wie die der sogenannten Williams Schule, die alleine in der Nutzung innenpolitisch notwendig gewordener wirtschaftlicher Machtmittel den nationalegoistischen, ideologisch- verschleiernden Wesenszug amerikanischer Außenpolitik sieht, ebenfalls keine hinreichend realitätsgerechte Deutung zu. Angesichts des heutigen Forschungsstandes erscheint die Auffassung, daß sich die Antriebskräfte aus der Ganzheit der politischen Kultur (und somit aus dem historisch-politischen Raum der USA) ergeben, angemessener. 54) So bringt u.a. Frank Ninkovich hinsichtlich der Open-Door-Politik der USA zum Ausdruck, daß die Ideologie- bzw. Ideenpolitik in der außenpolitischen Interessensformulierung der USA keineswegs einen zu vernachlässigenden Faktor darstellt. Vielmehr spiele die Ideenpolitik eine eigenständige Rolle. 55) Es reiche deshalb trotz aller Verdienste der Revisionisten nicht aus, daß ihre Autoren sich darauf beschränken, der Ideologie- bzw. Ideenpolitik die Aufgabe einer Vermittlerrolle für ökonomische

Interessen zuzuschreiben und ihre Funktion als Verschleierungsmöglichkeit ökonomischer Klasseninteressen darzustellen (wie z.B. Lloyd Gardners "Architects of Illusions"). Ideologie bzw. Ideenpolitik sei vielmehr als ein autonomer Faktor zu beachten, der eine eigene Kausalität für die Politikformulierung der USA beansprucht.

> "ideologies are world views that contain within their boundaries a series of related political, social, esthetic, religious - in other words, cultural - values." 56)

Ninkovich kommt damit zu dem Ergebnis, daß Ideenpolitik nicht nur als Instrument materieller Interessen eingeschätzt werden darf, sondern auch neben und mit den realpolitischen Überlegungen in der amerikanischen Außenpolitik als eine sichselbsthervorbringende Kategorie ideeller Politikformulierung zu bewerten ist. In diesem Sinne ist hinsichtlich des amerikanischen Imperialismus und der Open-Door-Politik Washingtons zu Beginn unseres Jahrhunderts festzustellen, daß bald der materiell-machtpolitische-nationalistische, bald der idealistische Internationalismus im Vordergrund stand, wobei beide Internationalismen als Ergebnis eines freien Meinungs- und Politikbildungsprozesses innerhalb der Praxis der Interessenformulierung amerikanischer Außenpolitik aufeinander einwirkten und insgesamt mit Blick auf die politische Kultur der USA von Fall zu Fall unterschiedliche und konkurrierende Akzente hervorbringen konnten. Letztlich war die internationalistische Orientierung in der amerikanischen Außenpolitik nicht mehr eindeutig in ihre Elemente zu zerlegen: eine auf nationale Machtpolitik angelegte und aus den innenpolitischen Ordnungs- und Wertvorstellungen herausgelöste Außenpolitik war ebenso nicht mehr möglich wie eine reine, von \`ideellen\` Vorstellungen geprägte Politikformulierung. Beide Kategorien stellten in ihrer Gesamtheit die amerikanische "Ideologiepolitik" resp. das Zusammenwirken von ideellen und machtpolitischen Faktoren dar, was nicht zuletzt die Mittelwahl in der Durchsetzung politischer Planungen in die politische Praxis unterstreicht. [57)]

Konkret läßt sich aus diesen Aussagen feststellen: Der Ausgangspunkt der ökonomischen Expansion war die breite Überzeugung von der Notwendigkeit einer wirtschaftlichen

Expansion, wobei angesichts dieser Form der amerikanischen Politikformulierung spätestens 1898 deutlich wurde:

> "Economic expansion leads to the creation of interests abroad that become the incubators of political and, ultimately, military involvement. According to William Appleman Williams,`conflicts in the market place automatically become political conflicts`." 58)

Um den Konflikten der bürgerlichen Gesellschaft im innerstaatlichen Leben zu entgehen, wurden andere `Ausdehnungsmöglichkeiten` gesucht, die den ideellen und den dringlichen materiellen Bedürfnissen bzw. Interessen entsprachen. Im amerikanischen Imperialismus wurden die gesellschaftlichen Probleme und die politischen Auswirkungen in "allerengstem funktionellen Zusammenhang" gesehen.

> "Die unauflösbare Wechselwirkung zwischen diesen drei Bereichen stand zahlreichen Politikern und Repräsentanten der Wirtschaft illusionslos vor Augen, ja eben dieser Nexus steigerte ihre Befürchtungen hinsichtlich der Kohärenz des soziopolitischen Systems".

Aus diesen pessimistischen Erwägungen heraus entstand seit den 1880er Jahren in den USA

> "eine auf defensive Herrschaftsstabilisierung im Innern gerichtete Strategie, die die äußere Expansion in unterschiedlichen Formen als Legitimationsmittel einsetzte und wegen ihrer Zentralprobleme: der Verteidigung des gesellschaftlichen Status quo und der von ihm abhängigen Funktionsfähigkeit der politischen Institutionen als Sozialimperialismus bezeichnet werden kann".59)

Im Vordergrund stand damit ein unter "nationalen Perspektiven" 60) stehender materialistischer Internationalismus, der von einem idealistischen begleitet und legitimiert wurde. Obwohl dieser stark national definierte und durch die innenpolitische Krise wirtschaftspolitisch geprägte Internationalismus ausschlaggebend und bereits auf die Erhaltung eines ökonomischen Weltmachtstatus orientiert war, blieben wirtschaftliche Expansion und politisch-eschatologische Momente auf der Zweckebene in der amerikanischen Expansion in wechselseitigem Bezug mit der Wahl der politischen Mittel. Es wurden nicht mehr, wie im alten Europa, in erster Linie militärische Zwangsmittel für eine direkte Herrschaft über andere Territorien ausgewählt, sondern im wesentlichen Mittel aus dem wirtschaftlichen Bereich, die eine Abhängigkeit von der Kapitalstärke der USA und damit eine indirekte Herrschaft erzwingen sollten. Nach Hans-Ulrich Wehler bediente sich die amerikanische Expansion überwiegend der oft schwer fixierbaren indirekten Herrschaft, nicht aber der formellen, kolonialen Territorialherrschaft. Hier liegt nicht nur das politische Wesen amerikanischer Open-Door- Politik ,sondern auch das spezifisch Moderne. 61)

> "Als Musterland republikanisch-demokratischer Freiheit und als Verkörperung des Fortschrittdenkens, dem Missionsauftrag puritanischer Herkunft folgend und eines kontinentalen Imperiums gewiß, konnten sich in diesem ebenso amorphen wie wirksamen Sendungsbewußtsein Leitvorstellungen des amerikanischen Nationalismus vereinigen." 62)

Wehler zeigt die engen Verbindungen zwischen einem verweltlichten, zunächst religiös bestimmten Erlösungsdenken und jenem missionarischen Sendungsbewußtsein auf, das in der amerikanischen Außenpolitik am Ende des letzten und zu Beginn unseres Jahrhunderts deutlich zum Vorschein kam. Vor allem das innerweltliche Erlösungsdenken der Reformer des Progressive Movements, das das religiös-protestantische Denken auf die innenpolitische und außenpolitische Interessenwahrung der USA übertragen hatte,spielte in diesem Zusammenhang eine entscheidende Rolle. 64) Der Weg des vom Progressive Movement maßgeblich mitbeeinflußten Politikfindungsprozesses zu Beginn unseres Jahrhunderts lief auf die manifeste und aktive Weltpolitik Woodrow Wilsons hinaus, die der Autor Robert M. Crunden als die letztendliche Erreichung der "Presbyterian Foreign Policy" bezeichnet. 65)

> "Man geht wohl nicht fehl, wenn man die Erklärung dafür in der Herkunft so vieler dieser Fortschrittler aus dem Geist des neuenglischen Puritanismus sucht. Dies gilt nicht nur für Woodrow Wilson, der von beiden Eltern her dem presbyterianischen Pfarrhaus entstammte, sondern ganz genauso für Theodore Roosvelt, den Verfechter eines rastlos-tätigen Lebensstils ("Strenous Life"), den Fundamentalisten William Jennings Bryan und viele andere." 66)

Dieser puritanistische Missionseifer trat in der Folgezeit mehr in einer unbewußten "säkularisierten" Form auf. Dies drückte sicht nicht nur in der Vorstellung von der kulturellen Überlegenheit der "angelsächsischen Rasse" über die anderen zurückgebliebenen Völker aus, sondern auch in der Selbstrechtfertigung einer erlösungsbringenden Welthandelsmacht. Nicht zuletzt die innenpolitische Durchsetzung des Progressive Movement führte u.a. auch dazu, daß im beginnenden 20.Jahrhundert der Fortbestand des

"American System" 67) mit der erfolgreichen Expansion der Wirtschaft über die Grenzen der USA hinaus verbunden wurden.
Die USA besaßen noch vor der Präsidentschaft Wilsons hinsichtlich der Beschaffenheit ihrer außenpolitischen Beziehungen einen originären ideellen Reformglauben, der als ideell-motivierter Gestaltungswillen, verbunden mit materiell-machtpolitischen Interessen,in der Form des methodisch-erkenntnistheoretischen Herstellungsdenkens in der außenpolitischen Praxis zum Vorschein kam. Dieser außenpolitische Gestaltungswille entwickelte sich wie u.a. die Arbeiten von Heinz Gollwitzer und Robert M. Crunden deutlich machen, aus der Verbindung eines innenpolitischem Reformdenkens (das den neueren sozio-ökonomischen Bedingungen der industrialisierten US-Gesellschaft entsprechen wollte) und einer außenpolitischen Gestaltungs- und Missionsbereitschaft, die auch im Sinne Walter LaFebers

> "the culmination of a generation of systematic planning and preparation to promote the economic interests of a nation rapidly shifting from an agricultural to an industrial base" 68)

darstellte.
Hinsichtlich der methodischen Umsetzung der politischen Planung in die politische Praxis kann man deshalb hervorheben, daß sich das weltpolitische Denken und Planen der amerikanischen Praxis vorausging, wobei dieses Vorausplanen immer stärker einen staatspolitischen (i.S.v. Ninkovich) Charakter annahm. Dieser zunächst anhand der Publizistik nachvollziehbare politische Charakter des amerikanischen Internationalismus setzt sich sowohl aus wachsenden globalpolitischen Erwägungen als auch aus sogenannten moralischen Faktoren zusammen. Es stellt sich für die folgende Untersuchung dieses publizistisch-theoretischen Vorausdenkens vor allem die Frage, inwieweit diese weltpolitischen Konzepte den oben herausgearbeiteten Untersuchungskriterien des historischen Möglichkeitsraumes im Sinne eines tatsächlich sicherheits- und friedenspolitischen Gestaltungsbedarfs entsprochen haben? 69)

II.5.4.Konzepte der weltpolitischen Gestaltung in der amerikanischen Publizistik vor 1913

Nicht zuletzt durch die chaotische Situation des internationalen Selbsthilfesystems der Jahrhundertwende und des Ersten Weltkrieges wurde deutlich, daß man den Herausforderungen der modernen nationalistischen und sozio- ökonomischen Politikformulierungen mit geeigneten Konzepten entgegentreten mußte. Es setzte sich mehr und mehr im transatlantischen Einflußbereich der 'bürgerlichen Internationale' der Gedanke durch, daß es den vielerorts erreichten Fortschritt der bürgerlichen Gesellschaft auf den Bereich der internationalen Ordnung zu übertragen galt. Im folgenden soll auf diesen Zusammenhang von tatsächlichem Gestaltungsbedarf in den internationalen Beziehungen und bürgerlichen Friedenskonzepten eingegangen werden. Im Mittelpunkt der Betrachtung steht zunächst die allgemeine Feststellung, daß bereits grundlegende Anpassungsprobleme der Großmächte sowohl in ihrer Innenpolitik als auch innerhalb des internationalen Systems hinsichtlich der revolutionären Veränderungen bis zum Zeitpunkt der Friedensverhandlungen von 1919 zu verzeichnen waren. [70] Die Umstellung der inneren Strukturen und die Anpassung der internationalen Ordnung auf den historischen Wandel wurden gleichzeitig von einem außenpolitischen Machtverfall maßgeblicher Mitglieder begleitet, wie am Beispiel des britischen Empires seit Beginn des 20.Jahrhunderts zu erkennen war. Darüber hinaus war ein enormer Machtzuwachs des außereuropäischen Staates USA zu verzeichnen. Das Bild der internationalen Ordnung wird mit Blick auf jene europäischen Länder ergänzt, die in einem explosiven Gemisch aus einem zunächst von fortschrittlich liberaler Seite her formulierten, dann aber vom überkommenen traditionellen Herrschaftsapparat übernommenen Nationalstaatsbewußtsein [71] und einer rasch anwachsenden Industrialisierung ein entfesseltes Großmachtstreben demonstrierten. Diese Charakterisierung traf insbesondere auf das Deutsche Reich zu. In diesem Zusammenhang unterstreicht die Autorin Margarita Mathiopoulos, daß unterschiedliche Entwicklungsformen der am internationalen System beteiligten Staaten beachtet werden müssen. So haben die Vereinigten Staaten und Westeuropa zunächst gemeinsame bürgerlich-revolutionäre Wurzeln, die jedoch die Europäer im Laufe der ideengeschichtlichen und philosophischen Entwicklung des 19.Jahrhunderts zuungunsten eines realen Fortschritts verspielten:

> "Geschichte und Fortschritt haben in Amerika und Europa eine Entwicklung genommen, die neben Gemeinsamkeiten erhebliche Unterschiede aufweist."

Die amerikanische Fortschrittsidee sei unmittelbar in die politische Kultur der USA unwiderruflich eingegangen, während das europäische Geschichtsbewußtsein und Fortschrittsdenken gebrochen sei

> "oft bis zur krisenhaften Zuspitzung. Die Negativ-Ideologisierung der Fortschrittsidee begann in der Französischen Revolution, die die Ideale der Umwälzung dogmatisierte,verabsolutierte und mit der Schreckensherrschaft Robespierres totalisierte. Daraus entwickelten sich die großen ideologischen Ansätze des 19.Jahrhunderts - Marxismus und Nationalismus - die ihr zerstörerisches Potential dann im 20.Jahrhundert in der Totalisierung des Fortschritts im Nationalsozialismus und im Kommunismus voll zur Entfaltung brachten." 72)

Seit dem 19.Jahrhundert hätten sich im Gegensatz zu den USA in Europa machtpolitische Misch- und Entartungsformen des liberalen Fortschrittsdenkens entwickelt, die für den internationalen Frieden höchst gefährliche Erscheinungsformen annahnmen und die sich im Imperialismus am Ende des 19.Jahrhunderts und in den beiden Weltkriegen unseres Jahrhunderts entluden. Die europäische Ordnung, die bis in die erste Hälfte unseres Jahrhunderts auch den Maßstab der gesamten internationalen Beziehungen darstellte, erwies sich auf dem Wege der Erlangung eines historischen Fortschritts eher konterrevolutionär. Den europäischen Großmächten gelang es nicht, einen eigenen Weg des Fortschritts zu finden. Eine Versöhnung der alten mit den neuen Elementen in der Weltgeschichte durch eine gleichzeitige Bejahung und Kritik der neuen revolutionären Elemente fand nicht statt. Eine politisch-philosophische Orientierungslosigkeit war die Folge, da die europäische Philosophie es nicht verstand, Lösungsvorschläge für die Probleme des historischen Wandels zu entwickeln. 73) Über diese Feststellungen hinaus gilt es jedoch zu beachten, daß als eine bedeutende Folge des gemeinsamen transatlantisch-revolutionären Prozesses Übereinstimmungen in der methodischen Umsetzung politischer Ideen in die politische Praxis festzustellen sind. Während die Entwicklung dieser Entfesselung politischer, sozialer, ethnischer und wirtschaftlicher Willensäuerungen in den Vereinigten Staaten durch unvergleichbare Umstände zur nahezu problemlosen Durchsetzung der föderativen Strukturen begünstigt wurde und der Fortschritt sich deshalb leichter `herstellen` ließ, hatten die Europäer aufgrund ihrer regionalen und historischen Vorbedingungen weitaus größere Schwierigkeiten bei dem Neben-, Gegen- und Miteinander alter und neuer gesellschaftlicher Strukturen zu überwinden. [74] Ausgangspunkt für eine Analyse des friedens- und sicherheitspolitischen Gestaltungsbedarfs der internationalen Ordnung des beginnenden 20.Jahrhunderts sind die Revolutionskriege nach der Französischen Revolution im Zeitalter Napoleons und die darauf folgende Phase der Bündnissysteme der Heiligen Allianz. [75] Bereits am Ende des 18.Jahrhunderts entstanden die Koalitionskriege aus dem Gefühl der akuten Bedrohung durch die Französische Revolution. Nachdem Frankreich diese Kriege mit Erfolg abgewehrt hatte, entwickelte sich unter Napoleon eine Periode der Expansion, in der ein neues Bewußtsein der Kraft und der nationalen Stärke im französischen Volk nicht zuletzt durch die bürgerlich-liberalen Fortschritte, die man erzielt hatte, zum Ausdruck kamen. Eine Reihe von wichtigen Institutionen und systembedingten Erneuerungen, wie z.B. das Napoleonische Recht, wurden damit über die Grenzen Frankreich hinausgetragen. In der Zeit der französischen Volkskriege erwies sich, daß alle Unternehmungen, realpolitische Kompromisse zur Aufteilung Europas in Machtsphären an dieser Stärke der System- und Ideengegensätze und am machtpolitischen Gegensatz zwischen Frankreich und England scheitern mußten. 1815 war Napoleon entgültig geschlagen und mit dem Wiener Kongreß wurde die Restauration durchgeführt. Es wurde dann das Bündnis der Heiligen Allianz mit dem Ziel gegründet, die revolutionäre Gefahr hinsichtlich demokratischer und nationalistischer Bewegungen noch vor einer Wiederbelebung im Keime zu ersticken. Das Jahrhundert zwischen dem Wiener Kongreß und dem Ausbruch des Ersten Weltkrieges wird oftmals als die Blütezeit der Diplomatie angesehen.Autoren wie Henry Kissinger und Alan Palmer[76] betonen in ihren Arbeiten zur Großmacht- und Geheimdipolomatie des 19.Jahrhunderts die Erfolge, die durch die Anwendung einer politischen Klugheit zwischen den führenden Nationen zustande kamen. Immerhin gelang es, Europa in der Zeit nach 1815 vor großen Kriegen zu bewahren. Als ein hervorstechendes Merkmal der Epoche bezeichnet Palmer die Art und Weise, wie die friedenspolitischen

Probleme in einem "gegenseitigen Verstehen" zwischen "Herrschern, Staatsmännern und Diplomaten" gelöst wurden.

> "Der diplomatische Zirkel der europäischen Hauptstädte blieb klein, exklusiv und einflußreich" 77).

In gleicher Weise, wie Henry Kissinger in seiner Studie zur Großmachtdiplomatie von Metternich und Castlereagh den Wert diplomatischer Formen im Rahmen eines "legitimen internationalen Systems" nachdrücklich betont [78],erblickt Palmer im Grundverständnis der führenden Staatsmänner das Ergebnis jener "Konferenzdiplomatie", die sich mit dem Wiener Kongreß ausbildete. Dort hatte sich nämlich eindrucksvoll gezeigt, daß die "Diplomatie am runden Tisch", also die Verhandlung hochbrisanter sicherheitspolitischer Fragen im direkten Dialog aller am Friedensprozeß beteiligter Staaten und deren Fachleute, dazu geeignet war, stabile Lösungen auf Dauer zu erzielen. Darüber hinaus setzte sich in Wien die Erkenntnis durch, daß es durchaus besser war,

> "wenn Gesandte und Botschafter Kompromisse aushandelten und politisch lavierten,als wenn souveräne Herrscher eine demütigende Abfuhr riskierten." 79)

Ein solches Verfahren setzt ein enges Vertrauensverhältnis zwischen den Diplomaten [80] und ihren Landesherrn und Regierungen voraus - sicher einer der Gründe für die Exklusivität der diplomatischen Zirkel, die vor allem auch von liberalen Denkern (siehe auch Wilsons 14-Punkte-Programm) mißbilligt wurde. Vor Ort war darüber hinaus die Kongreßdiplomatie in Form der Botschafterkonferenz häufig ein probates Mittel, um Eskalationen vorzubeugen. Der Erfolg dieser Diplomatie liegt für Palmer auf der Hand. Zwar blieb der Krieg innerhalb des im Sinne Kissingers legitimen Systems ein politisches Instrument, insbesondere nach der Zäsur des Krim-Kriges (1853-56), doch war es ihnen zugleich gelungen, diese Kriege örtlich und zeitlich zu begrenzen. Damit stellt sich aber für den kritischen Beobachter natürlich die Frage, warum dieses von Kissinger und Palmer herausgestellte bewährte System der Kongreß- und Geheimdiplomatie im Juli/August 1914 kollabierte. [81] Im Gegensatz zu Kissinger bemüht sich Palmer, eine Antwort auf den Zerfall der Kongreßdiplomatie zu geben. Er sieht in jenem Moment, als sich die europäischen Großmächte seit 1907 endgültig in zwei Bündnissystemen gegenüberstanden, den ausschlaggebenden historischen Zeitpunkt, in dem die Diplomatie in dem Maße ihren Handlungsspielraum verlor, wo sich die Bündnisverpflichtungen in einen Zugzwang für die Staatsmänner der Zeit verwandelten. Eine gewisse Eigendynamik der Entwicklung hatte zwei Konsequenzen, zum einen die wachsende Abhängigkeit der Führungsmächte der beiden Bündnissysteme, England und Deutschland, vom

> "überstürzten Vorgehen der kleineren Mächte, auf die sie sich zum Zwecke des Erhalts des Bündnisses angewiesen glaubten, und zum anderen die terminabhängigen und durch eine politisch kaum noch Kontrollierbarkeit der eigenständigen Entwicklung geprägten "Bedürfnisse der Generalstäbe".82)

Seit Ende Juli 1914 diktierte dann endgültig die "Durchführung der Kriegspläne" die Politik. In dieser Situation "versagten die alten Schutzmechanismen der Kanzlerdiplomatie", selbst das Mittel der Botschafterkonferenz, mit deren Hilfe es 1912/13 in London noch einmal gelungen war, einen großen europäischen Krieg zu verhindern. 83) Palmer vermag in Übereinstimmung mit der neueren historischen Forschung die Symptome der krankenden internationalen Ordnung des beginnenden 20.Jahrhundert zu erfassen, die eigentlichen Ursachen, die in den allgemeinen sozialen und politischen Widersprüchen zu suchen sind, bleiben jedoch verborgen. Die Sicht auf den Zusammenhang von innerer gesellschaftlicher Ordnung und internationalem Staatensystem geht wegen der Fixierierung Palmers auf die pragmatischen Ziele der "Realpolitik" verloren. Die eingangs von Wilson geforderte Untersuchung der gesellschaftspolitischen Hintergründe der weltpolitischen Konflikte gilt es bei der Analyse des Scheiterns der Kongreßdiplomatie als wesentlichen Beweggrund stärker zu beachten. 84) Bereits mit der Französischen Revolution hat Frankreich als erstes bürgerlich-revolutionär geführtes Land eine Störung im internationalen Staatensystem bewirkt, deren revolutionärer Grundcharakter und soziale Bedingtheit die weltpolitischen Blockbildungen nach 1789 bis in die Gegenwart beeinflußt und geprägt hat. 85)

Wie bereits oben dargestellt wurde, verlief diese Entwicklung ähnlich jener des 16.Jahrhunderts bis zum Westfälischen Frieden von 1648, als die christlich- reformerischen Ideen nicht vor Staatsgrenzen haltmachten und ihre Ausdehnung nur mit schärfsten gewaltsamsten Mitteln einzudämmen waren, mit dem politisch sozialen Fortschrittsdenken der Spätaufklärung und der

Revolutionsbewegung im 19.Jahrhundert. Die von Metternich und Castlereagh gegen den revolutionären Zeitgeist konzipierte Ordnung wollte sich dem Gang der Geschichte gewaltsam und unbeirrt in den Weg stellen, und widersprach so auf restaurative Weise dem historisch bereits vorgegebenen politischen Möglichkeitsraum. Deshalb hatte dieses alte Ordnungskonzept schon bald ihre ersten sicherheitspolitischen Probleme. Als erste Großmacht innerhalb der Heiligen Allianz löste sich das fortschrittsorientierte Großbritannien aus dem Zusammenhang dieser Politik, die zum Ausdruck geistiger und kultureller Sterilität wurde. Mit dem Entschluß Cannings, die Ausdehnung der Aktivität der Heiligen Allianz auf Lateinamerika mit Hilfe der britischen Flotte zu verhindern, brach Großbritannien aus der restaurativen Interessenswahrung aus. England setzte seine Prioritäten alsbald auf die eigene machtpolitische und wirtschaftliche Entwicklung und stellte sich der evolutionär-reformerischen Entwicklung Europas nicht in den Weg. 86)

Um das Jahr 1830 setzte sich der Prozeß eines Aufbrechens der restaurativen internationalen Ordnung fort. Das ganze moderne Westeuropa löste sich nun aus dem Machtbereich der Heiligen Allianz. Dieser Vorgang zeichnete sich in der Revolution des Jahres 1830 in Frankreich, die das Bürgertum wiederum zur Macht brachte, und den englischen Wahlen des gleichen Jahres, aus denen das Parlament der Reformbill hervorging, ab. Als die am politischen und sozialen Fortschritt orientierten Mächte - Großbritannien und Frankreich - einer Intervention der Heiligen Allianz gegen die Gründung des belgischen Nationalstaates einen Riegel vorschoben, wurde der Einflußbereich der Heiligen Allianz auf die weniger entwickelten Bereiche Mittel-, Ost- und Südeuropas beschränkt. Innere Konflikte innerhalb der Großmächte der Allianz machten sich mehr und mehr bemerkbar. Ein bedeutender Konfliktgegenstand entstand durch den Zerfall der Türkei und durch den Kampf um die Hinterlassenschaft des "kranken Manns am Bosporus". 1841 war es wohl auch hier noch einmal gelungen, eine gemeinsame Verständigung herzustellen. Weitere Teilerfolge konnte dann die Heilige Allianz im Niederringen der deutschen, italienischen und ungarischen Revolutionen von 1848 verzeichnen. Rußland und Österreich erreichten sogar 1849 eine zeitweise Unterordnung preußischer Politik unter die Führung der Allianz.

Aber diese Ereignisse machten deutlich, daß nicht nur die innere Legitimität der europäischen Mächte, sondern auch das zwischenstaatliche Ordnungssystem in Frage gestellt wurde. Das internationale Zusammenleben war in Bewegung geraten. Ein Aufhalten der Veränderungen schien nicht mehr möglich. Der eigentliche Zusammenbruch der Heiligen Allianz geschah dann während des Krimkrieges, der eine bedeutende Schlüsselrolle für die internationale Ordnung spielte. 87) Der Imperialismus der europäischen Großmächte 88) und die Nationalitätenkonflikte am Vorabend des Ersten Weltkrieges waren nur noch Ausdruck eines zusammengebrochenen,`entfesselten` internationalen Systems, das von der inneren Zerrissenheit 89) und den nationalen Egoismen (Rüstungswettläufe und Blockbildungen waren die Folgen) ihrer Großmächte bestimmt wurde.

> "Die europäische Diplomatie nach 1890 kann nicht mehr mit den gleichen Elementen und Größen rechnen wie die Diplomatie der Bismarckzeit. Die Staaten beginnen sich ebenso radikal zu verändern wie die Nationen, die Wirtschaft, die Kultur. Die Konzentrationsbewegung der Nationalstaaten wird abgelöst durch eine ohne Grenzen in die Welt ausgreifende Expansion, die sich mit imperialen Ideen durchdrängt hat. Das politische Bewußtsein der europäischen Nationen wandelt sich. Überall erscheinen Momente der Unruhe, eines eigentümlichen geistigen und politischen Vagabundierens...Der politische Machtrausch ist nur ein Spiegelbild des technischen Rausches, des unbegrenzten und noch durch keinen Rückschlag eingedämmten Glaubens an die Weltveränderung und Weltbeherrschung. Technische, wissenschaftliche und politische Weltbeherrschung gehen einen Bund ein."

Im Gegensatz zu diesem globalen Herstellungs- und Beherrschungsdenken steht die Tatsache, daß die Diplomatie dabei ist

> "in größerem Maße als in dem Jahrhundert zuvor die Kontrolle über die politische Entwicklung zu verlieren...Die alten Traditionen gelten nicht mehr, und die Konstanten der alten Diplomatie beginnen sich aufzulösen." 90)

Im Gegensatz zur politischen Praxis amerikanischer Außenpolitik der Jahrhundertwende, in der eine mit Blick auf den internationalen Frieden beabsichtigtigte und bewußte Verantwortungsübernahme noch keine bedeutende Rolle spielte, befand sich die amerikanische Publizistik und Wissenschaft des beginnenden 20.Jahrhunderts bereits in einem Meinungs- und Planungsprozeß, der über den bislang praktizierten US-Imperialismus bzw. den materialistisch-machtpolitischen

Internationalismus hinausging. Innerhalb dieses Prozesses setzte man sich insbesondere mit der weltpolitischen Fragestellung auseinander, wie man am besten angesichts der enormen wirtschaftlichen, geistigen und moralischen Kräfte der USA die amerikanische Außenpolitik mit Blick auf das überkommene internationale System gestalten könnte. Im folgenden soll überblickhaft auf einige einflußreiche, für den `Ideenhintergrund` Wilsons wichtige, weltpolitische Konzeptionen noch eingegangen werden, um im Vorfeld der konkreten Wilsonanalyse ein Bild vom Theorie-Praxis-Verhältnis der vorhandenen Theorielandschaft zu vermitteln. Grundsätzlich läßt sich feststellen, daß der von Wilson vorgenommenen Wahrnehmung weltpolitischer Aufgaben und Pflichten ein theoretischer Erkenntnis- und Entfaltungsweg vorangegangen ist, der unterschiedliche Konzepte eines amerikanischen Internationalismus hervorbrachte. Sowohl Visionen von unermeßlichen Märkten in Lateinamerika und Ostasien als auch die Monroedoktrin, das Prinzip der Offenen Tür, der Panamerikanismus, der Antineutralismus und der Antiimperialismus bestimmten die weltpolitische Publizistik des beginnenden 20.Jahrhunderts. Es lassen sich hierbei schematisch folgende mit Blick auf eine Mitwirkungung an der internationalen Politik unterschiedliche und geographisch begrenzte Entfaltungsschritte dieses theoretischen Internationalismus erkennen:

1) Lateinamerika im Rahmen des Amerikanischen Imperialismus, der Monroedoktrin, des Open-Door-Konzeptes und des Panamerikanismus ;

2) China im Rahmen der Open-Door-Politik und im Rahmen von Ansätzen einer geopolitischen Seemacht-Politik (Mahan);

3) antineutralistische, transatlantische Interessen-Kooperation mit Großbritannien (jedoch Vermeidung von "entangling alliances" in Europa), was unter dem Eindruck des Ersten Weltkrieges und der absehbaren Niederlage Großbritanniens und Frankreichs zum endgültig weltpolitischen Aufgabenbereich für die USA führte, nämlich

4) Europa im Rahmen eines antiimperialistischen, solidarisch-internationalistischen Weltstaatskonzeptes, das die weltpolitischen Interessen der USA auch unter sicherheitspolitischen Aspekten berücksichtigen sollte. Gehen wir zuächst zur Beurteilung der internationalistischen Theorien des beginnenden 20.Jahrhunderts nochmals zur Monroedoktrin und ihrer

Wirkung auf den lateinamerikanischen Einflußbereich zurück. Die Monroedoktrin bewies als "langlebiges Exemplar ihrer Gattung" stets eine außerordentliche Wandlungs- und Ergänzungsfähigkeit, auf die die unterschiedlichsten internationalistischen, insbesondere lateinamerikanischen Überlegungen zurückgingen. Aus der stets mit den politischen Ereignissen korrespondierenden Interpretationsgeschichte der Doktrin ragen die vorrangig imperialistische, materiell- machtpolitische Auslegung durch den Staatssekretär Richard Olney während der ersten Venezuelakrise heraus, und

> "die beiden Corollare Th. Roosevelts von 1904 und 1905, die, um den Widerstand gegen europäische Intervention zu rechtfertigen, ein Aufsichtrecht über lateinamerikanische Kleinstaaten proklamierten".91)

Neben der Monroe-Doktrin spielte der Panamerikanismus - als ein eher dem internationalen Solidarismus zuzuordnendes Theoriemodell - eine nicht zu vernachlässigende Rolle, auch wenn die Zahl der überzeugten US-Panamerikaner gering blieb.

> "Im Rahmen der Weltfriedensbewegung und der Geschichte der internationalen Organisation erweist sich der Panamerikanismus als selbstständiger Faktor, während er als machtpolitisches Phänomen eher ein Instrument, nämlich des Suprematiestrebens der USA gewesen ist." 92)

Der nationalegoistische US-Imperialismus,das eher ökonomisch-machtpolitische Open-Door-Konzept und das Programm gesamtamerikanischer Partnerschaft bestanden nebeneinander, wobei der Panamerikanismus angesichts der US- Interessen untergeordnet blieb. Der Autor Roland G. Usher nennt die meisten panamerikanischen Argumente Fiktionen und Täuschungen. Die Mischlinge Lateinamerikas würden die Weißen fürchten.

> "Auf keinen Fall wollen sie sich nach dem Muster der USA ummmodeln und von Nordamerika beherrschen und ausbeuten lassen. Allianzen Lateinamerikas mit den lateinischen Nationen Europas seien durchaus wahrscheinlich. Der Panamerikanismus sei noch nie eine Realität gewesen, und er habe, von der Möglichkeit einzelner nützlicher Einrichtungen abgesehen, auch keine Zukunft.Eine Bedrohung Lateinamerikas durch Europa bestehe schlechterdings nicht. Realitäten seien jedenfalls die amerikanische Expansion auf der westlichen Hemisphäre und der Imperialismus im Fernen Osten." 93)

Von weitaus größerer Bedeutung für den amerikanischen Internationalismus, der auf Wilson wirken sollte, war vor allem die vom Progressive Movement wesentlich beeinflußte Strömung des \`liberalen Utopismus\`, wie ihn seine Gegner nannten, obwohl die gegensätzliche Richtung in der Praxis amerikanischer Außenpolitik zunächst noch Übergewicht hatte. Der philosophisch-ideengeschichtliche Hintergrund dieser Internationalismus-Strömung speiste sich aus einem internationalen Solidarismus, wie er u.a. in William James' Aufsatz "The Moral Equivalent of War" zum Ausdruck kam. 94) Einfluß gewann vor allem eine Gruppe um die Publizisten Herbert Croly und Walter Lippmann. Diese versuchten ihre Landsleute zu einem weltpolitischen Denken zu erziehen, das nicht nur die engeren Interessen von "big business" einbeziehen, sondern das die Notwendigkeit für die Außenpolitik der USA erkennen sollte, aktiv im Sinne eines internationalen Solidarismus in der internationalen Staatengesellschaft Pflichten zu übernehmen. Ihre eigentliche Aufgabe sahen Croly wie Lippmann darin, Amerika mit Blick auf die internationale Sicherheits- und Friedenslage, die sie unmittelbar mit den eigenen nationalen US-Interessen in Verbindung brachten, aus dem insularen welt- und sicherheitspolitischen Bewußtsein herauszuholen. Es war hierbei vor allem die Erkenntnis Walter Lippmanns, des berühmtesten und wohl einflußreichsten amerikanischen Publizisten, daß das zugunsten der USA ausschlagende internationale Kräfteverhältnis den Vereinigten Staaten eine besondere Verantwortung für eine dauerhafte Weltfriedensordnung geradezu aufdrängen würde. Eine Isolierung von den weltpolitischen Entscheidungsebenen sei demnach nicht mehr möglich, bzw. eine aktive Mitwirkung an der Gestaltung der Weltpolitik zum Erhalt des eigenen Staates unerläßlich. 95) So rechtfertigte Lippmann u.a. im Namen des internationalen Solidarismus die weiter unten noch ausführlich zu behandelnde Intervention Wilsons in Mexiko als "panamerikanische Pflicht" und "nicht als imperialen Akt" der USA:

> "Was man zur Kenntnis nehmen muß, ist, daß die Monroedoktrin, die panamerikanische Aktion und der Rest der Paraphernalia die vorhandene Maschinerie sind, mittels welcher Mr.Wilson einige Funktionen einer Weltregierung wahrnehmen kann. Würde ein echter Weltstaat existieren, würde Mexiko durch eine internationale Streitmacht zur Ruhe gebracht. Ein solcher Weltstaat existiert nicht, aber die Monroedoktrin und der Panamerikanismus sind Versuche, das Vakuum auszufüllen.Die Not ist groß, daß man diese Ersatzmittel anwenden muß." 96)

Beide Publizisten glaubten, das nationale Interesse mit der internationalen Friedenspolitik koppeln zu können, d.h. Machtpolitik im Bewußtsein zu treiben, daß am Ende "etwas Höheres als diese" steht. 97) Croly, der sich zunächst innenpolitischen

Reformplänen gewidmet hatte, erkannte bald, daß ein unlöslicher Zusammenhang zwischen Innen- und Außenpolitik bestand. Es waren hierbei gerade seine inneren Reformvorstellungen, die ihn zu den Überlegungen führten, eine aktivere weltpolitische Rolle der USA zu unterstützen. Für eine erkenntnistheoretische Untersuchung ist hierbei Crolys `realistischer` Appell an das politische Bewußtsein seiner Landsleute von Bedeutung, die Unerfahrenheit [98] hinsichtlich des internationalen Kräftespiels abzulegen und tiefere Erkenntnisse über die komplexen Bindungen und Pflichten innerhalb eines für die Vereinigten Staaten nötigen friedlichen internationalen Systems zu gewinnen:

> "The logic of the national democratic ideal and the responsibilities of a national career in the world". 99)

Croly sah die Verbindung von Macht- und Interessenpolitik, inclusive der von ihm bejahten Kolonialinteressen, mit Friedenspolitik als amerikanische Spielart von Weltpolitik.

> "In Crolys Gesamtkonzept eines dialektischen Verhältnisses zwischen Innen- und Außenpolitik steckten demokratische Verfassungs- und Gesellschaftsordnung die letzten Ziele auch für die Weltpolitik. Andererseits schien ihm weltpolitisches Engagement das Niveau, den Stil und die Qualität der inneren Politik bedeutend zu heben." 100)

Croly und Lippmann stellten herausragende Beispiele einer nicht nur auf Wilson, sondern auch auf immer breitere Kreise der amerikanischen Öffentlichkeit Einfluß nehmenden progressiven Publizistik dar, die einen Antiimperialismus und zugleich einen Antineutralismus (i.S. eines von europäischer Politik abstandnehmenden Isolationismus [101]) im Rahmen eines `amerikanistischen` Weltstaatsgedankens vertraten. Der Antiimperialismus hat die nationalen Belange keineswegs unbeachtet gelassen, er hat sie im Gegenteil sogar meistens als Primat betrachtet. Seine Vertreter versuchten jedoch, den nationalen Faktor in das internationale System und seiner Gestaltungsmöglichkeiten einzuordnen, wohingegen die Imperialisten Nationalimperialisten geblieben sind. [102] Die antineutralistische Komponente bestand vor allem in der Überzeugung, daß ein amerikanisch-britischer Zusammenschluß der einzige erfolgreiche Weg sei, um nicht nur die nationalen materiellen und ideellen Interessen der Seemacht USA im überseeischen Bereich zu wahren, sondern auch auf dem Wege des Zusammenschlusses der Großmächte unter demokratischen-liberalen Vorzeichen der konfliktbeladenen, von kriegerischen Auseinandersetzungen bestimmten Entzweiung der internationalen Beziehungen entgegenzutreten, um auf diese Weise einem internationalen Solidarismus - im Sinne einer bürgerlichen Internationale - gerecht zu werden. So wurde es auch ein Hauptthema Walter Lippmanns, gegen Deutschland und für Großbritannien

> "im Dienste der weltpolitischen Konzeption des progressiven Internationalismus" 103)

Partei zu ergreifen. Sowohl Lippmanns als auch Croly's Konzepte stimmten hier mit Wilsons weltpolitischen Überzeugungen überein: sie wünschten eine von den (demokratischen) Weltmächten getragene universalistische Friedensordnung unter bürgerlich-liberalen Vorzeichen, wobei der Kern dieser Ordnung das anglo-amerikanische Verhältnis darstellen sollte. Lippmann ging es, die Intentionen Wilsons in Versailles vorwegnehmend, um einen neuen Stil der Außenpolitik, die Arno J. Mayer mit Blick auf die Politik des amerikanischen Präsidenten als "New Diplomacy" 104) bezeichnete. Diese "New Diplomacy" sollte so attraktiv sein, daß sie einerseits von anderen Staaten übernommen werden konnte, andererseits aber auch die Weltführungsrolle der USA unterstützen. Letztendlich war die neue Außenpolitik der USA, so wie sie Lippmann konzipierte, auf die Ablösung des Gleichgewichtsprinzips durch das der "community of power" und auf Friedenssicherung durch einen Völkerbund aus. Dementsprechend formulierte er seine Kriegskommentare (1915):

> "Der entscheidend-moralische Gesichtspunkt ist , ob wir den Krieg in Richtung eines Völkerbunds der zivilisierten Nationen lenken können oder nicht...Nicht wer den Krieg angefangen hat, ist die entscheidende Frage, sondern zu welchem Ende man ihn führen kann" 105)

Inwieweit der Gedanke eines Völkerbundes unter den Aspekten eines internationalen Solidarismus die Diskussion über die zukünftige Gestaltung der internationalen Beziehungen mitbestimmte, zeigt sich außerhalb der spezifischen Publizistik in der Tätigkeit der unterschiedlichen Friedenssicherungsbewegungen, vor allem auch in Großbritannien. 106) In diesen Planungen kamen sowohl der historisch gegebene, theoretische wie praktische Gestaltungsbedarf als auch die Gestaltungsbereitschaft internationaler liberaler Kräfte zum Ausdruck. Es war vor allem der über das bisher propagierte pazifistische Instrumentarium hinausreichende Ansatz der American League to Enforce Peace (LEP), der hier mit Blick auf die Umsetzungsproblematik von politischer Theorie und Praxis von Bedeutung ist: das Neue in diesem Friedensansatz lag in der Forderung "positiver" Gewaltanwendung gegen Friedensbrecher, d.h.in der Androhung, künftig notfalls wirtschaftliche Sanktionen und einen Sanktionskrieg im Rahmen eines zu schaffenden Völkerbunds anzuwenden. Wie bei der Gruppe um Lippmann, wird auch in diesem Völkerbundskonzept die große weiterführende Aufgabe der zivilisierten Weltmächte in der Entwicklung und Erziehung der zurückgebliebenen Teile der Erde gesehen, was zur endgültigen Überwindung der Sinnlosigkeit von Kriegen führen soll. Lippmann stellte fest, daß die unumgängliche Erschließung der Erde sich bisher nicht in Form einer Teamarbeit der großen Mächte abspielte, sondern als rivalisierende und antagonistische Weltpolitik. Die Gründe für den Ersten Weltkrieg sah er unter dem Gesichtspunkt der ausschlaggebenden Verfügungsgewalt über die "backward countries". Als Alternativen bot Lippmann die Einrichtung permanenter Konferenzen und Spezialkommissionen der Großmächte für die kritischen Zonen der Erde unter dem Hauptgedanken der "kollektiven Sicherheit" an. Der ihm vorschwebende Völkerbund sollte diesbezüglich keine Weltföderation oder ein Weltparlament darstellen, sondern vielmehr der Aufrechterhaltung des Status der westlichen Ländern in der Auseinandersetzung mit den undemokratischen Aggressoren der übrigen Welt dienen.

> "Isolationismus ist ein Mythos geworden, und wir haben nur die Wahl, das passive Opfer internationaler Unordnung zu werden oder den Entschluß zu fassen, aktiv und führend den Krieg zu beenden".

Amerika habe die Aufgabe seiner traditionellen Abneigung gegen europäische Allianzen zu entsagen: der

> "patriotische Internationalist hat nur den einen Weg vor sich, den Einfluß seines Landes in der Weltpolitik zu steigern, um eine bessere Weltordnung durchzusetzen".107)

Daß dieser von amerikanischen Publizisten vorgeschlagene Weg der internationalen Friedenssicherung auch bei den anderen Befürwortern des Völkerbundsgedankens im Bereich der `bürgerlichen Internationale` nicht immer ohne Widerspruch blieb, geht aus den berechtigten Einwändungen britischer Vertreter der Völkerbundsidee hervor: Obwohl man sich im Lager des bürgerlichen Internationalismus darüber einig war, daß der intellektuell fortgeschrittenste Teil der Menschheit die Sinnlosigkeit des Krieges, zumindest zwischen den europäischen Nationen, längst erkannt habe, bestand gerade von englischer Seite her Skepsis - wie die Aussagen des britischen Sozialisten Brailsford belegen - , ob die Allgemeinheit und vor allem, ob die Mächtigen in der Welt schon so weit waren, eine Friedenssicherung im Rahmen des Völkerbundskonzeptes zu akzeptieren. [108)] So gab Brailsford zu bedenken, daß: 1. wenn Krieg im nationalen Interesse sich nicht auszahle, doch vom Standpunkt einer kleinen regierenden Klasse oder mächtiger Privatinteressen dies sich anders verhalten könne; 2. daß Rüstungen zunächst vielleicht weniger als Kriegsvorbereitung denn als Bestandteil der Gleichgewichtspolitik aufzufassen, unentbehrlich für "dry warfare" sei; 3. erscheine bewaffnetes Eingreifen bei der überseeischen Expansion noch allgemein für das angemessene Verfahren; 4. sei das Kapital zwar im Prinzip kosmopolitisch, aber vielfach habe es sich doch imperialistische Politik dienstbar gemacht oder umgekehrt. All dies berechtige nicht zu einer optimistischen Beurteilung der internationalen Lage. Mit dieser Skepsis hat Brailsford die internationalen Beziehungen unmittelbar vor dem Ersten Weltkrieg realistisch wiedergegeben. Seine, im Vergleich zu den amerikanischen Publizisten, scharfsinnigere Urteilskraft trieb ihn nicht in eine Resignation, sondern sie gab ihm die eigentliche Motivation, Instrumentarien für eine allmähliche Verbesserung der internationalen Ordnung auszuarbeiten. Zu diesen Instrumentarien zählten Aufklärung, Verbreitung politischer Bildung, Förderung politischer Wissenschaft (Primat geistiger Grundlagen zur Sicherung eines dauerhaften Friedens!) und in der Praxis demokratische Kontrolle, realisiert durch parlamentarische Überwachung der Diplomatie, Demokratisierung des auswärtigen Dienstes und Dezentralisation des außenpolitischen Entscheidungsprozesses. Der Begriff `Geheimdiplomatie` galt bei den Internationalisten als Reizwort. Kriterien, die bei Wilson, nicht zuletzt in seinen Vierzehn Punkten, Berücksichtigung fanden. Der Zweck der politischen Aufklärung sahen Brailsford und seine Anhänger vor allem im Abbau von Spannungen durch ein Bewußtmachen von Fehlperzeptionen, die insbesondere in der Irrationalität, der Hysterie und in den Fiktionen der deutschen und britischen Großmacht zum Ausdruck kamen. [109)] Schließlich war man sich darüber im klaren, daß eine Änderung der internationalen Beziehungen nicht nur auf dem Wege eines durch Aufklärung zu erreichenden Konsensus der Nationen, gewissermaßen `von unten` zu realisieren war, sondern daß es auch ein Führungs- und Initiativproblem gab. Während einige britische Theoretiker auf die bislang `unbelastete` Stellung der USA in den internationalen Beziehungen hinwiesen und aufgrund dieser Tatsache, ähnlich wie ihre amerikanischen Kollegen, einen Führungsanspruch der USA ableiteten, schwankte Brailsford zwischen der Führung eines Sechs-Mächte-Systems (alle zivilisierten Mächte, inklusive der USA) und einer westlichen (regional begrenzten) Führungsgruppe, die aus

> "England, Frankreich und dem Deutschen Reich bestehen und als `Western Group`, als `entente for peace` in den zu schaffenden europäischen Gremien die Rolle der liberalen Partei im Sinne einer außenpolitischen Gruppierung spielen sollte." 110)

Diese Planung Brailsford hätte zur Folge gehabt, daß unter dem Aspekt eines kooperativen Denkens (das sich gegen das Balance-Prinzip wandte) die Briten in das alte Kontinentalsystem einzutreten und ihre kontinentale Politik der Isolierung aufzugeben hätten. Für Brailsford waren die am Vorabend des Ersten Weltkrieges bestehenden Bündnisse "unnatürlich"; Alternativen sah er in einem echten europäischen Konzert, das diesen Namen verdiene. Das weltpolitische Interesse, das die Weltmächte jeweils nur für sich in Anspruch nähmen, sollte universalisiert und konkret auf das europäische Konzert übertragen werden. Nur so könne die Abrüstung kollektiv vorangetrieben werden. Letztendlich war vor allem die Auffassung, daß selbst wenn das Prinzip der Suprematie des Konzerts durchdringen werde, noch keine sofortige Harmonie oder Abrüstung zu erwarten sei, Ausdruck eines britischen, d.h. gemäßigten Weges der Neugestaltung der internationalen Beziehungen. Was man erhoffte, war ein

> "Bewußtseinsstandard für die zivilisierte Welt, ein objektiver Test für loyale Politik und vor allem eine gemeinsame Verankerung für alle Friedensparteien." 111)

Kommt man abschließend nochmals auf die amerikanischen Konzeptionen der Neugestaltung der internationalen Beziehungen zurück, so läßt sich festellen: Im Gegensatz zu den bescheidener formulierten Zielen Brailsfords hatten die sogenannten amerikanischen "liberalen Utopisten" bzw. "progressiven Internationalisten" um Lippmann und Croly nicht nur die

Bewältigung der internationalen Krise vor Augen, sondern sie suchten über diese hinweg nach einer Gestaltungsmöglichkeit, die ein für alle Male, d.h. auch für die Zukunft der Weltpolitik, die Probleme der nationalen Bedürfnisse und der internationalen Staatengemeinschaft (in dieser Reihenfolge!) lösen sollte. Das bedeutete: sie suchten den amerikanischen Begriff von Fortschritt durchaus auf die weltweite sicherheitspolitische Problematik im Sinne einer dauerhaften Verhinderung der gegenseitigen Vernichtung menschlicher Existenz auszuweiten. In diesem Punkt wollte man eine Übereinstimmung aller "fortschrittlichen" (d.h. aller demokratischen und liberal-kapitalistischen) geistigen und politischen Kräfte im internationalen Gefüge erreichen. Lippmann und Croly gingen in ihrem Streben nach internationalem Frieden über das herkömmliche Maß einer Mitwirkung am internationalen System hinaus, obwohl ihre Konzepte einerseits bei einem angemessenen Theorie-Praxisverständnis im Rahmen des zu erkennenden historischen Möglichkeitsraumes durchaus fortschrittliche und friedensfördernde Elemente enthielten. Beide Publizisten nahmen realitätsgerecht wahr, daß die Vereinigten Staaten aufgrund ihrer nationalen Größe und Stärke (insbesondere ökonomische, territoriale und demographische, später nach 1917 auch militärische Stärke), ihrer innenpolitischen Stabilität und ihres internationalen politischen Einflusses (vor allem im Bereich der Finanz- und Wirtschaftspolitik) sowohl den Möglichkeiten als auch den Notwendigkeiten entsprochen hätten, im internationalen System aktiv mitzuwirken. Eine moderate Mitwirkung hätte nicht nur das wirkliche Verhältnis der internationalen Kräftekonstellationen zum Ausdruck gebracht, sondern sie hätte auch zugunsten einer Stabilisierung des internationalen Systems beigetragen (eine Tatsache, die insbesondere nach der Entscheidung der USA, nicht am Völkerbund mitzuwirken, evident wurde). Lippmann und Croly sahen deshalb auch ihre persönliche Aufgabe darin, das amerikanische Volk davon zu überzeugen, daß es nicht nur für alle Amerikaner, sondern auch für alle anderen Völker besser sei, wenn die USA die Ordnung der internationalen Beziehungen selbst in die Hand nehmen (d.h. sie herstellen) würden. Das endgültige Ziel ihrer publizistischen Bemühungen bestand in einer von der Politik praktisch übernommenen Herstellung ihrer Konzepte, die eine weltweite Pax Americana bedeutet hätten. Lippmann, Croly und die vielen anderen, die sich diesem Gedanken verpflichtet fühlten, sahen sich einem sicherheitspolitischen Grunddilemma gegenüber, das über kurz oder lang nicht nur die europäischen, sondern auch die eigenen Sicherheitsinteressen existenziell betraf. In der Lösung dieser Problematik schwankten sie zwischen den Polen theoretisch visionärer Planung und praktischer Möglichkeiten bzw. Notwendigkeiten. In ihre Planungen flossen neben realitäts- und fortschrittsgerechten Momenten auch voluntaristische ein, was nicht nur zu einer Neutralisierung progressiver Elemente führen, sondern auch hinsichtlich des internationalen Friedens in das Gegenteil umschlagen konnte. So wußte u.a. Croly selbst, wie er in seinem Hauptwerk "The Promise of American Life" darstellte, daß vor allem seine (mit Blick auf Kanada) panamerikanischen Überlegungen zur Zeit der Veröffentlichung des Buches nicht zu erzielen seien, aber als weltpolitischer Denker wünschte er eben nicht nur, eine Gegenwartsdiagnose zustande zu bringen, sondern auch weit in die Zukunft hinein zu planen. [112)] Das Theorieverständnis dieser Publizisten demonstrierte nicht nur ein Verantwortungsbewußtsein für die nationalen und internationalen Belange, sondern es brachte auch angesichts seines immensen Gestaltungswillens ein unzureichendes Verständnis für die vorhandene Lage der europäischen Mächte und der internationalen Beziehungen zum Ausdruck. Als Folge dieser spezifisch amerikanischen Theorieformulierung hätten die USA angesichts der historisch-kulturellen Unterschiedlichkeiten in den Staaten des internationalen Systems direkt in fremde - von den USA teilweise fehlerhaft wahrgenommene - historisch-politische Räume hinein machtpolitische Elemente mit Faktoren des Sendungsbewußtseins auf \`technische\` Weise miteinander verbunden. Bereits hier gilt es festzustellen, daß die Ziele von Lippmann und Croly weitgehend identisch mit Wilsons Konzeption der internationalen Beziehungen waren. Inwieweit Wilson als politischer Akteur, der seine Landsleute erst noch von einer verantwotungsvollen Mitwirkung in der Weltpolitik zu überzeugen hatte, diese Methode teilte, muß aus den folgenden Untersuchungen des Theorieverständnisses des Gelehrten und der Mexikopolitik des Staatsmannes der Jahre 1913/14 hervorgehen.

III.Das Theorie-Verständnis des Gelehrten und Staatsmannes Woodrow Wilson

Sowohl in den Publikationen des Gelehrten Woodrow Wilson als auch in seiner Tätigkeit als Politiker wird ein Theorieverständnis deutlich, das für die außen-,welt- und friedenspolitischen Planungen des amerikanischen Präsidenten von größter Bedeutung ist. Das Weltbild [1] Wilsons und seine Beziehung zu den von ihm wahrgenommenen Gestaltungsmöglichkeiten der Weltpolitik werden ebenso wie sein Eingebundensein in das traditionelle Theorie-Praxis-Verständnis der USA Gegenstand der folgenden Betrachtung sein.

III.1. \`Jahre der Vorbereitung\` - Der Gelehrte Woodrow Wilson

III.1.1. Internationalistische Orientierung und Übernahme des spezifisch amerikanischen Theorie-Verständnisses

Daß Wilson gerade seine innenpolitischen Ordnungs- und Wertvorstellungen für seine außenpolitischen Planungen herangezogen hat, scheint **nur** auf den ersten Blick auf eine innenpolitische Fixierung im Sinne der "Irony of Fate"- These [2] zu verweisen. Betrachtet man die kulturgeschichtlichen Zusammenhänge des historischen Raumes der USA, so wird deutlich, daß es kein Zufall war, daß Wilson auf jene bereits zum Teil vorhandenen Konzepte für einen Internationalismus zurückgriff, die sich aus der theoretischen und praktisch politischen Entwicklungsgeschichte seines Landes ergeben haben. Die "irony of fate"-These entwickelte sich aus der folgenden, von Wilson selbst vorgenommenen Bemerkung, die er nur wenige Tage vor seinem Amtsantritt im März 1913 gegenüber einem Freund geäußert hat:

> "It would be an irony of fate if my administraion had to deal chiefly with foreign affairs" 3)

Dies war der Anlaß für viele Autoren, die Wilsons Außen- und Weltpolitik untersuchten, die These zu vertreten, daß es aus der Zufälligkeit und Schicksalhaftigkeit der Geschichte heraus einen stark auf innenpolitische Reformen fixierten Präsidenten getroffen habe, der vor der großen Aufgabe stand, die schwierigen außenpolitischen Probleme der Jahre nach 1913 zu bewältigen. [4] Im Gegensatz zu diesem Bild einer undifferenzierten, etwas simplifizierenden "irony of fate"-These [5] ist nicht zuletzt durch die neuen Quellenbände der Wilson Papers, die sich mit der beginnenden Präsidentschaft Wilsons beschäftigen, ein wesentlich facettenreicheres Bild von den außenpolitischen Leistungen des amerikanischen Präsidenten entstanden. Aus dieser Möglichkeit und Notwendigkeit der Neubewertung heraus wird unter dem Gesichtspunkt einer Relativierung dieser wichtigen These das Theorie-Praxis-Verständnis Wilsons näher bestimmt. Es gilt vor allem, die folgenden, mit der "irony of fate"-These verbundenen vier Behauptungen eingehender zu behandeln:

1) Wilson sei hinsichtlich außenpolitischer Überlegungen und Erfahrungen unzureichend vorbereitet gewesen.

2) Die Außenpolitik seiner Administration sei wegen der Haltung ihres Präsidenten `linkisch und dümmlich` vorgegangen, insbesondere während der ersten zwei Jahre.

3) Wilson selbst und sein Außenminister Bryan wären hoffnungslos idealistisch in ihren politischen Visionen gewesen, die sie aus einer religiösen Orientierung heraus formulierten.

4) Wilson hätte eine armselige bis miserable Leistung in seiner Vorkriegs-Außenpolitik demonstriert und verbesserte diese auch in den späteren Jahren kaum. [6]

Schon ein erster Blick in die Wilson Papers zeigt, daß weit mehr der Briefe, Berichte, Tagebucheinträge und Abschriften sich mit außenpolitischen Themen beschäftigten.[7] Außenpolitische und diplomatische Fragen erschienen für Wilson oft unvertraut und zu komplex, so daß sie mehr Zeit in Anspruch nahmen als innenpolitische Angelegenheiten. Gerade in der Anfangszeit seiner Präsidentschaft, unterstreicht der Autor John Milton Cooper, war Wilson nicht ein Mann der einsamen Beschlüsse, sondern

> "he was right when he characterized himself to Mrs. Hulbert not as the stagecoach driver but as the team's lead horse". [8]

Diese Feststellung untermauert den wesentlichen Punkt einer Relativierung der "irony of fate" -These, nämlich die Tatsache, daß Wilsons Politikformulierung nicht nur ein Eigenprodukt einer überdurchschnittlich starken Persönlichkeit darstellte, sondern darüber hinaus auch in der Zusammenarbeit mit Mitarbeitern aus den Ministerien und vor allem mit persönlichen Ratgebern eine Fortbzw. Weiterführung bereits vorhandener außenpolitischer Verhaltensmuster der politischen Kultur der USA (im Rahmen einer strukturellen politischen Seinsgebundenheit). Würde demnach Wilsons auf Unerfahrenheit begründetes außenpolitisches Handeln vollkommen den bis dahin praktizierten Methoden und Handlungsmuster der USA in einer unrealistischen Weise widersprochen haben, dann wäre im Rahmen der vorhandenen administrativen und verfassungsrechtlichen Strukturen dies zu korrigieren gewesen.

Es ist die These der vorliegenden Arbeit, daß man durchaus eine Unerfahrenheit Wilsons auf außenpolitischen Gebiet feststellen kann, die ihre eigene Problemstruktur mit sich brachte, daß jedoch diese Unerfahrenheit nur eine Konsequenz des von der politischen Kultur der USA tradierten Theorie-Praxis-Verständnisses war. Dadurch wurden die entwicklungsgeschichtlichen Möglichkeiten der USA im Bereich der internationalen Politik überbetont. Mit Blick auf eine Realativierung der "irony of fate"-These soll nun im Rahmen der hier vorliegenden Untersuchung mit den folgenden Kapiteln über die außenpolitische \`Vorbereitung\` des Akademikers Wilson und über die praktische Außenpolitik des Staatsmannes der Jahre 1913/14 ein in Auseinandersetzung mit diesen vier Punkten differenzierteres Bild enstehen. Die Ergebnisse zu Wilsons Theorie-Verständnis können als ein Indikator für die Anpassungsfähigkeit des Präsidenten und zugleich amerikanischer Außenpolitik an die Realitäten der welt- und friedenspolitischen Problemstellungen dienen .[9)]

III.1.2.Die Wurzeln des Wilsonschen Internationalismus

Hinsichtlich des ersten Kritikpunkts der "irony of fate"-These ist festzustellen, daß sich Wilson zu Beginn seiner Amtszeit zwar in erster Linie als innerer Reformer verstand und noch wenig außenpolitische und diplomatische Erfahrungen besaß, aber dennoch als Professor bereits bestimmte Vorstellungen von den Möglichkeiten der politischen Gestaltung seines Landes entwickelt hatte.[10)] Es ist erkennbar, daß kaum ein anderer Staatsmann der USA sich so sehr für die Analyse seines Theorie-Praxis-Verständnisses eignet wie der Staatsrechtler, Historiker und Politiker Thomas Woodrow Wilson. Wie bei kaum einem anderen amerikanischen Präsidenten sind die theoretischen und geistigen Grundlagen seines politischen Denkens und Handelns so deutlich nachvollziehbar. Im wissenschaftlichen Reflektieren Wilsons wird bereits deutlich, worin er den eigentlichen Zweck amerikanischer Politik, insbesondere amerikanischer Außenpolitik, sah, welche Mittel er glaubte, anwenden oder nicht anwenden zu müssen, und welche erkenntnistheoretisch-methodische Haltung er hinsichtlich der praktischen Durchsetzung amerikanischer Vorstellungen von der Ordnung der internationalen Beziehungen einnahm. Außenpolitische Pläne und Vorstellungen des Wissenschaftlers Wilsons, in denen seine politische Zweckbestimmungen zum Vorschein kamen, sind nicht nur Ausdruck von kulturgeschichtlichen, sondern auch lebensgeschichtlichen Zusammenhängen. Es scheint geradezu das Ergebnis dieses spezifischen Aufeinandertreffens von persönlich-biographischen und politisch-kulturellen Elementen zu sein, die zu jener außenpolitischen Zweckformulierung führten, die in den späteren Jahren der Präsidentschaft Wilsons für die praktische Außenpolitik der USA so auschlaggebend wurden. Aus diesen Gründen seien hier einige Bemerkungen zu Wilsons Leben vorangestellt.[11)]

1.2.1.Lebensgeschichtliche Faktoren

Thomas Woodrow Wilson wurde in Staunton im US-Staat Virginia am 28. Dezember 1856 geboren. Sein Vater, Reverend Dr.Joseph Ruggles Wilson, war Sohn eines schottischen Emmigranten und übte als presbyterianischer Theologe den Beruf eines Predigers und Dozenten aus. Wilsons Mutter, Janet Wilson, geb. Woodrow, wurde im englischen Carlisle geboren und konnte auf eine lange Reihe gelehrter Vorfahren, insbesondere presbyterianische Theologen, zurückblicken. In die Jahre der Kindheit des späteren Präsidenten fielen die Vorläufer einer religiösen Erweckungsbewegung, die den

> "ohnehin starken gesellschaftlichen und politischen Einfluß des Protestantismus in den Vereinigten Staaten einem neuen Höhepunkt entgegenführte und um die Jahrhundertwende in das \`soziale Evangelium\`, eine christlich-soziale Reformlehre, ausmündete." 12)

Wilson wuchs im Laufe seiner Jugend durch die Einflüsse seiner Familie und durch die gesellschafts- und kulturpolitische Aufwertung dieser Bewegung geradezu in eine Entwicklung hinein, die der Autor Robert M. Crunden als die Konversion traditionell religiöser ,d.h. calvinistisch-puritanistischer, Geistesströmungen in politisch-sozial-reformerische Anschauungen bezeichnet.13)

> "Charakteristisch für dieses erneuerte Christentum war die Verdrängung der überlieferten calvinistischen Glaubenssätze durch zeitgenössische Vorstellungen vom menschlichen Fortschritt. Der Mensch als irdisches Geschöpf erschien nicht mehr als grundsätzlich verworfen, sondern als der moralischen Besserung und spirituellen Reinigung fähig; die diesseitige Welt wurde nicht mehr nur als Vorbereitung auf das Jenseits betrachtet, sondern als Stätte der Bewährung des Christen in seiner Aufgabe, das irdische Dasein im christlichen Geist zu erfüllen und dem Vorbild des Gottesreiches näher zu bringen; ein Christentum also, das sich mit einer kräftig auf das Diesseits gerichteten Ethik verbunden und damit einen -typisch amerikanisch! - optimistischen Grundton angenommen hatte."14)

Wilsons religiöse Bindungen blieben, wie seine Biographen wiederholt unterstreichen, eine ständige Verpflichtung, im Sinne des calvinistischen Glaubens zu leben und handeln. Nach seiner Überzeugung standen dem Menschen nur zwei Wege offen

> "entweder als Erwählter Gottes diesen Gesetzen zu folgen zu suchen oder aber als Verdammter sich ihnen zu widersetzen. Wilson bekannte sich damit zu einem religiös-moralischen Rigorismus, der leicht den Charakter starrer Selbstgerechtigkeit annehmen und der vor allem leicht mit dem liberalen Credo in Konflikt geraten konnte, das Wilson dann als Politiker angenommen hat".15)

Wie u.a. die Untersuchungen Arthur S. Links, John M. Mulders und vor allem die Wilson Papers 16) deutlich machen, war es vor allem Wilsons Vater, der sich auf besonders intensive Weise der Erziehung und geistigen Ausbildung, d.h. auch der formal-sprachlichen und rhetorischen Schulung seines Sohnes widmete. Der Vater weckte nicht nur das theologische, sondern auch das politische und historische Bewußtsein des späteren Präsidenten, vor allem aber auch das Interesse an britischer Politik. Bereits der neunzehnjährige Wilson zeigt sich in einem Tagebucheintrag als rückhaltloser Bewunderer des britischen Verfassungslebens. Das britische Kabinettssystem mit parlamentarischer Verantwortlichkeit auf sein eigenes Land zu übertragen, war hierbei seine Lieblingsidee.17) Wie sehr gerade das Interesse an Politik den jungen Wilson bestimmte, geht u.a. aus seinem ersten veröffentlichten Essay, in dem er das Wesen des christlichen Staatsmannes schilderte, hervor:

> "Der rettende Glaube an Christus ... ist die erste Voraussetzung für den Staatsmann, auf dem eine so schwere

> Verantwortung gegenüber Gott und Mensch lastet...Kein Staatsmann soll zulassen, daß Parteilichkeit seine Ansichten verzerrt, sobald es um Wahrheit oder Unwahrheit...geht. Er soll nach der Wahrheit mit aller Entschlossenheit suchen und sich dabei um die Hilfe Gottes bemühen... Wenn er nicht aktiv die Wahrheit verteidigt, verteidigt er den Irrtum. Diejenigen, die nicht für die Wahrheit sind, sind gegen sie; Neutralität gibt es nicht".18)

Eine wesentliche Übereinstimmung mit diesen idealen Vorstellungen erkannte Wilson in der Politik des britischen Staatsmannes William Ewart Gladstone [19],dessen Rolle Wilson für sich selbst erträumte [20]. Am bemerkenswertesten an der Politik Gladstones fand Wilson, daß es dem britischen Staatsmann gelungen zu sein schien, liberale Ideen mit dem christlichen Glauben in der praktischen Politik zur Deckung zu bringen, worin Wilson einen wesentlichen Fortschritt im menschlichen Zusammenleben sah. Um in gleicher Weise diesen Zielen entsprechen zu können, wollte Wilson möglichst viel Wissen erlangen und sich in der Redekunst üben, um sich die Fähigkeit anzueignen, andere für diese Zwecke zu gewinnen.[21] Bereits zu diesem Zeitpunkt ist der vitale Wunsch des späteren Präsidenten zu erkennen, im Bereich der Politik und Gesellschaft selbst kreativ-gestaltend, im Sinne seiner moralischen Vorstellungen, tätig zu werden. In diesem Zusammenhang ist auch Ray Stannard Bakers Bemerkung zu verstehen:

> "The first fifty-four years of Wilson's life were all preparatory." 22)

In Wilsons Streben nach politischer, moralischer und religiöser Perfektion in der Politik kam aber nicht nur der Wunsch zum Ausdruck, selbst als Politiker eine persönliche lebensgeschichtliche Erfüllung zu erreichen, sondern auch sein unbändiger Ehrgeiz, die Bestimmung seines Landes zu finden und dieser zu dienen. So lassen die ersten Bände der Wilson Papers die Vermutung zu, daß es dem Studenten und Doktoranden Wilson nicht nur um die gute Benotung seiner akademischen Leistungen, sondern vielmehr auch um die Vervollkommnung seines rednerischen Talents, d.h. seiner Überzeugungskraft, ging [23], die er im Sinne des Schlagwortes "Wissen ist Macht" verstand; einer Macht, die er zur Erreichung seiner ehrgeizigen innenpolitisch-reformerisch-missionarischen Ziele erstreben wollte. Die seelischen Spannungen, die dieser Ehrgeiz seiner selbstgestellten Aufgabe schuf - die Wahrheit zu verbreiten und das politische Leben seines Landes zu reinigen [24] - führten ihn immer wieder in tiefe Depressionen [25], wobei auch die "Fähigkeit, mit Inbrunst zu hassen" 26) sehr stark zum Vorschein kam. Es war wiederum der Vater, der seinen über die Doktorandenzeit Wilsons hinaus wirkenden Einfluß geltend machte, um diesen Ehrgeiz in realisierbare Bahnen zu lenken. So bereitete auch der Vater Wilson auf die erträumte Laufbahn in der politischen Publizistik vor. Jedoch traf der junge Wilson gegen die Bedenken seines Vaters selbst den Entschluß, nicht auf dem Wege einer juristischen Karriere seine Ziele zu erreichen, sondern mit Hilfe einer weiteren akademischen Ausbildung im Bereich der Politik- und Geschichtswissenschaft.27) Diese Ausbildung sollte ihn zu einer "politisch wirksamen Kraft außerhalb der Tagespolitik machen" 28). Wie sehr den späteren Präsidenten hierbei seine Überlegungen von einer besseren moralischen Beschaffenheit der Staatsmänner und der Verfassung im politischen Raum der USA beschäftigte, machen seine frühen Essays über das amerikanische Regierungssystem deutlich, vor allem u.a. auch seine Forderung nach einer stärkeren Stellung des Staatsoberhauptes, das im Sinne Wilsons als das führende Organ über die Durchführung der eigentlichen moralischen Prinzipien in der Politik kontrollierend und ausgleichend wachen sollte.29) Im Jahre 1885 erschien in Fortführung dieser Gedanken sein erstes Buch, das den Titel "Congressional Government" 30) trug. Mit diesem Erstlingswerk bekam Wilson nicht nur den Doktortitel, er wurde darüber hinaus im wissenschaftlichen Bereich bekannt.31) Im Jahre 1890 folgte dann auch der Ruf nach Princeton, wo er zum Professor für Rechtswissenschaften ernannt wurde. In frei vorgetragenen Vorlesungen beschäftigte er sich eingehend mit Rechts- und Verfassungsgeschichte, Geschichte der Nationalökonomie und vergleichende Verwaltungskunde. Die Ausweitung seiner Themen sind sehr gut anhand der Wilson Papers, insbesondere der Bände sechs (1888-1890) bis vierzehn (1902-1903) nachzuvollziehen. Wilson erscheint hier als ein Gelehrter, der seine Studien über das amerikanische Regierungssystem zu einer international vergleichenden und historisch beschreibenden Verfassungslehre erweitert, die nicht nur das große Vorbild Großbritannien ("The English Constitution") 32) und Westeuropa, sondern auch das damalige Deutschland bis zu seinen germanischen Ursprüngen umfaßt. Darüber hinaus beschäftigte sich Wilson - wie seine Vorlesungen zeigen - mit der Geschichte Roms, Griechenlands, der Renaissance und der Reformation (Luther,Zwingli,Calvin) [33], immer in rechtlichen und politischen Zusammenhängen. Wilsons Verwaltungskunde und Verwaltungsrecht stellte eine in den USA neu eingeführte Disziplin dar, die er zum großen Teil mit Hilfe deutscher Handbücher ausarbeitete.[34] Neben der Lehre lief Wilsons Tätigkeit als Publizist und Redner weiter. So zeigte er sich auch in seinem Buch "Division and Reunion", einer Geschichte der USA im 19.Jahrhundert seit Jackson, als ein Historiker, der die jüngste Geschichte seines Landes in origineller Weise interpretiert hat. In dieser Abfassung nimmt Wilson, der in enger Geistesverwandschaft mit seinem Studienfreund Turner lebte, sogar einige Aussagen seines Kollegen über die Bedeutung der "frontier" vorweg.[35] Wilsons wissenschaftliches Ansehen war bereits vor seiner Princeton-Zeit unumstritten. Als Lektor an mehreren Universitäten, politischer Publizist bei den führenden Zeitschriften seiner Tage, fand er dennoch die Zeit sein zweites Hauptwerk "The State" fertigzustellen, das in Anlehnung an seine wissenschaftlichen Vorträge und politischen Essays eine historisch deskriptive, vergleichende Verfassungskunde für den Universitätsunterricht darstellte.[36] Wilson verstand sich selbst als vom Verfassungsrecht kommender Politikwissenschaftler, nicht als politisch-philosophierender. Es war wohl einerseits sein Bemühen, das juristische Studium in Princeton historisch und philosophisch anzureichern, andererseits sah er sein eigentliches Interesse über die Lehre hinaus in der Tätigkeit als politischer Publizist. Hier wollte er immer stärker zu einem "Führer der öffentlichen Politik" werden, indem er sich zum "Führer der öffentlichen Meinung" machte [37]. So entsprachen auch die sich ihm neu bietenden Möglichkeiten dem politischen Gestaltungswillen Wilsons, als er im Jahre 1902 in Princeton zum Präsidenten seiner Universität gewählt wurde. Sein ehrgeiziges Streben war es von nun an, aus Princeton eine für ganz Amerika richtungsweisende Universität zu machen.[38] In den folgenden acht Jahren demonstrierte Wilson einen kompromißlosen Reformwillen, der im Jahre 1910 zum plötzlichen Ende seiner Universitätspolitik führte. Das auschlaggebende Ereignis, das Wilsons Rücktritt bewirkte, entwickelte sich aus einer Auseinandersetzung mit seinem Kollegen Andrew West und einigen finanzkräftigen "Alten Herren" (ehemaligen Absolventen, die ihrer "alma mater" verbunden blieben) über den

Bau einer Graduiertenschule auf dem Universitätsgelände. Nach nervenaufreibenden Streitigkeiten, bei denen Wilson seinen ersten Schlaganfall erlitt, mußte der spätere Präsident sich den Kapitalgebern geschlagen geben. Er zeigte sich hier als zäher Gegner, der selbst keine Kompromisse einging und diesem Konflikt einen primär moralischen, ja religiösen Charakter zuschrieb.[39] Er verteufelte hierbei nicht nur seine Gegner, sondern er verrante sich gänzlich in dieser Auseinandersetzung bis er fast vor der körperlichen Selbstzerstörung stand.[40] Trotz dieser für Wilson bitteren Niederlage stellten die Jahre als Universitätspräsident keine verlorene Zeit dar. Sie boten ihm die Gelegenheit, seine Fähigkeiten als Verwaltungsbeamter, als Organisator und vor allem als Reformer zu erproben. Zur relativ raschen Überwindung dieser lebensgeschichtlichen Krise trug vor allem Wilsons Ehrgeiz und sein auf eine allgemeine bessere Zukunft orientiertes, perspektivisches und von den höheren ethisch-religiösen Zielen getragenes Denken bei. Für den über Fünfzigjährigen trat sein Scheitern in der Universitätspolitik vor der

> "erregenden Aussicht in den Hintergrund, von der er schon in seiner Jugend geträumt hatte:Er war für die Politik entdeckt worden."41)

Bereits im Jahre 1906 schlug ihn der einflußreiche Zeitungsverleger George Harvey, ein Vertreter des rechten Flügels in der demokratischen Partei, für das Präsidentenamt vor.[42] Harvey war begeistert von Wilsons Schriften und Reden, so daß er geradezu eine Werbekampagne für Wilsons zukünftige politische Karriere betrieb. Nach dem Ende der Universitätskarriere schickten Harvey und Wilson sich an, zunächst sich politisches Ansehen in einem regionalen Bereich zu verschaffen. Es bot sich hierzu nichts weniger als eine Stelle als Gouverneur im Bundesstaat New Jersey an, wozu auch Wilsons universitäre Heimat Princeton zählte. Auch wenn Wilson als Universitätsreformer bekannt war und bei Reden das Monopol von Managern und Bossen in Wirtschaft und Politik attackierte, egalitäre Vorstellungen in seinen Schriften vertrat und mit Blick auf seine verwaltungskundliche Forschungen den wenig effektiven Parteienproporz in der Administration abschaffen wollte, so galt er dennoch bei seinen demokratischen Parteifreunden zunächst als konservativer "Südstaatler", der sich als Freihändler und Verteidiger der Rechte der Einzelstaaten gegenüber der Union gegen allen staatlichen Eingriffe in das freie

Spiel der Kräfte in der Wirtschaft aussprach.[43] Doch bereits einige Zeit nach seiner Entdeckung als Politiker näherte Wilson sich nach und nach dem Progressive Movement an, das inzwischen in der gesamten amerikanischen Öffentlichkeit zu einer bedeutenden Bewegung wurde.[44] Wilson sah hierbei im Gegensatz zu seinen konservativen Parteifreunden nicht nur die notwendigen Voraussetzungen, die in dieser Lage mit Blick auf die Erreichung eines politischen Amtes opportun waren, er erkannte zugleich auch, wie sehr die progressivistischen Forderungen breiter öffentlicher Kreise seinem Bedürfnis nach reformerischer Gestaltung und Erneuerung entsprachen. Bereits in seinen Wahlreden legte er sich immer unwiderruflicher auf konkrete progressive Reformgesetze fest.[45] Als Wilson die Wahl vom 8. November 1910 für sich entschieden hatte, sah er diesen Erfolg als Mandat für eine progressive Politik an. Seine Wahlversprechen löste er durch mehrere wichtige Reformgesetze ein. So wurden u.a. Vorwahlen eingeführt, die den Einfluß der Parteibosse bei der Kandidatenauswahl beschneiden sollten; die Wahlfinanzierung sollte künftig offengelegt und Wahllisten überprüft werden; ferner wurden die Energieversorgungsbetriebe staatlicher Aufsicht unterstellt und eine Art Unfallversicherung für Arbeitnehmer, sowie ein Gesetz zur Regulierung der Frauen- und Kinderarbeit und gegen die Bildung von neuen Holding- Gesellschaften in New Jersey verabschiedet. Obwohl die Mehrheiten in New Jersey wechselten und sich eine neue Niederlage für Wilson abzeichnete, befand sich Wilson an einem neuerlichen Beginn einer noch größeren Karriere. Durch seine ersten Reformmaßnahmen hatte sich Wilson in ganz Amerika als Präsidentschaftskandidat ins Spiel gebracht. Wilson schien mit seiner Politik genau im allgemeinen öffentlichen Trend der von der progressiven Bewegung mehr und mehr bestimmten politischen Stimmung zu liegen.[46] Erst nach dramatischen Abstimmungskämpfen wurde Wilson von den Delegierten des Parteikonventes als Präsidentschaftskandidat nominiert. Sein eigentlicher Rivale im Wahlkampf wurde Theodore Roosevelt, der in Abspaltung von der republikanischen Partei die "Progressive Party" gründete, was die Chancen für die Demokraten bei weitem vergrößerte. Letztendlich bedingte die Spaltung des republikanischen Lagers und das von Louis Brandeis (dem späteren wirtschaftspolitischen Berater des Präsidenten) ausgearbeitete und von Wilson angenommene wirtschaftliche Reformprogramm mit dem klingenden Namen "New Freedom", das eine geglückte Verbindung zwischen Laisser-faire-Kapitalismus und den Notwendigkeiten moderner Wirtschaftspolitik (es sollte vor allem dem Wachstum der Wirtschaftsmonopole Einhalt geboten werde) war, daß Wilson bei den Wahlen vom 5.November 1912 zum 28.Präsidenten der USA gewählt wurde. Bei seiner Amtseinführung am 4.März 1913 versprach der neu gewählte Präsident, daß er der "Gerechtigkeit und Barmherzigkeit" zur Herrschaft verhelfen und die Regierung davor bewahren wollte, "Instrument des Bösen" zu werden.

> "This is not a day of triumph; it is a day of dedication. Here muster, not the forces of party, but the forces of humanity. Men's hearts wait upon us; men's lives hang in this balance; men's hopes call upon us to say what we will do. Who shall live up to the great trust? Who dares fail to try? I sommon all honest men, all patriotic, all forward-looking men, to my side. God helping me, I will not fail them, if they will but counsel and sustain me!"47)

Nachdem Wilson seinen Beraterstab und das Führungspersonal ausgewählt hatte 48), brachte er ein bemerkenswertes, progressivistisch orientiertes Gesetzgebungsprogramm im Kongreß durch. Aus drei Komplexen bestanden seine Reformen: einer Senkung der amerikanischen Einfuhrzölle und der gleichzeitigen Erhebung einer allgemeinen Einkommenssteuer ("ein erster und folgenreicher Schritt auf dem Wege zu einer alle Schichten gleichmäßig betreffenden Besteuerung!" 49)); einer Reform des Bank- und Geldwesens, das Wilsons wichtigster Beitrag zur Modernisierung des amerikanischen Wirtschaftslebens darstellte und das die Macht der eigentlichen Schaltstellen des amerikanischen Geld- und Kreditwesens, die mittlerweile alles beherrschenden Trusts, durch eine Art föderatives staatliches Bundesbanksystem mit kontrollierendem Aufsichtsrecht, dessen Hauptinstitution das "Federal Reserve Board" war, einschränkte; darüber hinaus sollte gewissermaßen als dritter Komplex der Reformmaßnahmen eine Verschärfung der bundesstaatlichen Aufsicht über die großen industriellen Konzerne zur Wiederherstellung gleicher Wettbewerbschancen u.a. durch das Verbot von Preiskartellen beitragen (Clayton Gesetz). Damit hatten die Grundgedanken des "New Freedom" 50) in diesen Gesetzen ihren authentischen Ausdruck gefunden, auch wenn Wilson mit Blick auf das Clayton Gesetz wichtige Kompromisse gegenüber dem Kongreß eingehen mußte

(Wettbewerbs-Verstöße wurden wieder wie früher nicht prinzipiell, sondern von Fall zu Fall geahndet) , nicht zuletzt weil angesichts der starken Rezession im Verlauf des Jahres 1913 ein härteres Durchgreifen nicht möglich schien. In Wilsons starkem innenpolitischen Reformwillen kam eine Entschlossenheit zum Ausdruck, wirtschaftspolitische Planungen im Sinne einer staatlichen Interventionspolitik gegen die Machtkonzentration privater Großunternehmen durchzusetzen, die auch im Hinblick auf Wilsons Gestaltungswillen in außenpolitischen Fragen von größter Bedeutung ist. Es gilt im Sinne Klaus Schwabes zu berücksichtigen, daß die innenpolitischen Reformmaßnahmen einige weitere Charakterzüge Wilsons hervortreten lassen, nämlich seine Fähigkeit, Synthesen zu finden und Kompromisse zu akzeptieren; einer Kunst, die Wilson im Grunde nicht angeboren waren. Wichtigster Gesichtspunkt für Wilson blieb hierbei jedoch immer der

> "ursprüngliche Impuls, der göttlich inspirierte Prozeß der \`Reinigung\` an sich." 51)

So erwies sich Wilson in der Innenpolitik nicht als "starrsinniger Ideologe, sondern als wandlungsfähiger Pragmatiker". Mit Blick auf die folgende Untersuchung der erkenntnistheoretisch-methodischen Grundlagen Wilsons sind dies wichtige Vor-Informationen über ein etwaig gleichgelagertes Theorie-Praxis-Verständnis auf dem Bereich der Außenpolitik.

III.1.2.2.Erkenntnistheoretische Hintergründe des politischen Gestaltungswillens Woodrow Wilsons

Wie schon betont wurde, schien Wilson nur wenig in seiner akademischen und frühen politischen Laufbahn auf die Beschäftigung mit außenpolitischen Fragen vorbereitet gewesen zu sein. 52) Als Historiker und Politologe schenkte er seine Aufmerksamkeit überwiegend innenpolitischen Problemen, ausgenommen in der für die internationalistische Orientierung so aufschlußreichen Periode zwischen 1898 und 1900, als er zum Spanisch-amerikanischen Krieg Stellung nahm. Bis zu diesem Zeitpunkt sind die Äußerungen Wilsons über das Verhältnis seines Landes zur übrigen Welt recht spärlich. Selbst seine Wahlreden zur Präsidentschaft im Jahre 1912 und seine Antrittsrede tangierten, wie u.a. die Autoren Ray Stannard Baker und Harley M. Notter[53] deutlich machen, fast keine außenpolitischen Fragen. Trotz dieser Feststellung kann man davon ausgehen, daß die historischen und politischen Publikationen Wilsons im Hinblick auf Wilsons (innen- wie außen-)politische Antriebskräfte, seiner Bestimmung der staatspolitischen Ziele und Zwecke, und schließlich auch hinsichlich seines Theorie-Praxis-Verständnisses eine wesentliche Untersuchungsgrundlage darstellen.[54] Während die größeren Werke wie "Congressional Government" und "The State" stärker den innen- und reformpolitisch denkenden Staats- und Verfassungsrechtler Wilson demonstrieren, und ansatzweise auch für eine Untersuchung des wissenschaftlich-methodischen Vorgehens und Denkens herangezogen werden können, sind die konkreten Antriebskräfte und Zielformulierungen, sowie die außenpolitischen Vorstellungen Wilsons eher aus seinen zahlreichen Essays ersichtlich, in denen er vor allem in historisch-politischen Betrachtungen die geschichtliche Bestimmung seines Landes im Zusammenhang mit aktuellen Ereignissen untersucht.[55] In der folgenden Untersuchung dieser Arbeiten des Universitätsprofessors Wilson sollen die oben ausführlich dargestellten Untersuchungskriterien des historischen Möglichkeitsraumes der Moderne ihre Anwendung finden. Es werden hierbei zunächst allgemeine, dann besondere Aspekte der erkenntnistheoretischen Grundhaltung Wilsons analysiert. Wir fragen anhand der großen Werke überblickhaft nach der eigentlichen Fachrichtung, nach der Wilson seinen Ansatz ausgerichtet hat? Welche Zielgruppe Wilson ansprechen wollte und welche Schwerpunkte und Intentionen er in der Erkenntnisfindung setzte? Die darauf folgende Untersuchung möchte dann die besonderen Aspekte, d.h. die erkenntnistheoretischen Spezifika und Details, herausstellen, um auf diesem Wege das Theorie-Verständnis Wilsons mit Blick auf konkrete außenpolitische Fragestellungen näher zu betrachten. Es soll hier u.a. gefragt werden, ob und gegebenenfalls wie Wilson eine regional-ontologische, weltgeschichtliche Bestimmung der amerikanischen Politik, d.h. eine historische Zweckbestimmung vorgenommen hat und auf welche Weise er in diesem Zusammenhang den Begriff des geschichtlichen Fortschritts bestimmte. Wir suchen ferner am Beispiel einiger ausgewählter Essays nach Hinweisen auf die anthropologische Grundhaltung des Gelehrten und nach dem Maß seiner innenpolitischen wie außenpolitischen Praxis-Orientierung.

Gehen wir zunächst nochmals auf Wilsons Hauptwerke ein. In Anlehnung an Walter Bagehot's Methode der kritischen Untersuchung der britischen Verfassungspraxis fragte die Wilsonsche Studie "Congressional Government" nach der "lebenden Verfassung" der USA und nicht wie üblich nach den verfassungsrechtlichen Normen und Überlieferungen. Wilsons Hauptkritik setzte - wie auch Bagehot's Kritik - an der zum Teil nicht mehr reflektierten Gewaltenteilung an, die in der politischen Praxis ihre Funktion nicht mehr erfüllte und stattdessen ein wesentliches Hindernis für die Ausbildung klarer politischer Verantwortlichkeiten und effektiver Führung darstellte. Wilson arbeitete heraus, daß dem Parlament ein unverantwortlicher und dazu machtloser Präsident einer Volksvertretung gegenüberstand, die nach britischem Vorbild an sich das Zentrum der politischen Willensbildung hätte werden können, die es aber in der Realität nicht wurde, weil sie ihre Tätigkeit in eine Vielzahl allmächtiger und hinter verschlossener Tür tagender Ausschüsse verlegte.[56] Die politische Verantwortung wurde auf viele anonyme Schultern übertragen, so daß eine Identifizierung in diesem Technokratentum nicht mehr möglich gewesen sei. Parlament und Staatsbürger hätten sich fremd gegenüber gestanden und die eigentlichen Bezüge einer verantwortungsvollen Volksvertretung wären verloren gegangen, weil man im Gegensatz zu den realen Notwendigkeiten an der herkömmlichen, nicht mehr effektiven Gewaltenteilung festhielt.[57] Wilsons Untersuchung sieht deshalb zwei Grundvoraussetzungen für ein effektives Parlament vor, "that were at least reinforced by his Presbyterian heritage": Ordnung und Verantwortung, die er angesichts einer

> "chaotic structure of Congress,its committees of `little legislatures', and the absence of effective leadership" 58)

in der Verfassungspraxis der USA zu Beginn des Jahrhunderts bemängelte. Diese Idee einer verantwortungsbewußten Regierung "would later be foremost in his political philosophy".[59]
Wie u.a. Wilsons Essay über Gladstone zeigte, hatte bereits der junge Gelehrte genaue Vorstellungen, wie diese Verantwortung wahrgenommen werden sollte, nämlich im Sinne der eigentlichen ethisch-religiösen und liberalen Ziel- und Zweckformulierungen, so wie sie die Gründerväter der USA in ihren Politikformulierungen bereits dargestellt hatten. Für Wilsons Gestaltungswillen und

Theorie-Verständnis ist von größter Bedeutung, daß er im Bewußtsein seines calvinistischen Glaubens die aktive und verantwortungsvolle Tätigkeit eines Staatsmannes sehr hoch einschätzte:

> "Wilson's religious tradition had resolved the ambiguities of God's salvation by giving God and human beings complementary degrees of power and responsibility. In the same way, government should have a definite structure which made those who ruled publicly accountable for their policies. With more than a note of the Calvinist God who judges the people, Wilson described the best rulers as `those to whom great power is intrusted in such a manner as to make them feel that they will surely be abundantly honored and recompensed for a just and patriotic use of it, and to make them know that nothing can shield them from full retribution for every abuse of it'".60)

Neben einem starken und verantwortungsbewußten Präsidenten 61) sollten vor allem die "Cabinet officers" gegenüber dem Kongreß direkt verantwortlich gemacht werden. In der öffentlichen Auseinandersetzung der Standpunkte würden die Verantwortlichkeiten deutlich, und jeder würde für seine Handlungen seine persönliche Verantwortung tragen müssen. Optimistisch beurteilte Wilson hierbei die Möglichkeiten und Fähigkeiten einer auf diese Weise dem Volk transparent gemachten Politik. Die eigentlichen Wert- und Zielvorstellungen würden so durch die Offenlegung der politischen Entscheidungen im Sinne einer Aufklärung und Erziehung der Öffentlichkeit verantwortungsbewußter verfolgt. Es würden auch die praktischen Notwendigkeiten für etwaige reformerische Maßnahmen im realen Verfassungsleben besser für jedermann zu Tage treten:

> "A coherent structure of government, a faith in the power of debate and oratory to forge effective public policy, a concernto institutionalize positions of leadership within government- these were the notes Wilson consistenly sounded throughout Congressional Government." 62)

Während "Congressional Government" sich noch auf einen engeren innenpolitischen Themenbereich beschränkte, stellte das zweite Hauptwerk Wilsons "The State" für den Gelehrten eine ausgearbeitete Vorstudie für sein geplantes und nie geschriebenes Magnum Opus, einer "Philosophie der Politik", dar. Dieses Groß-Projekt taucht immer wieder in Bemerkungen und Notizen im Zusammenhang mit Gliederungsvorschlägen auf. 63) Offenbar wollte Wilson mit diesem Werk die verschiedenen nationalen Ordnungsvorstellungen über politische Organisationen und

Entwicklungen vergleichend analysieren. Er hatte hierfür einen längeren Aufenthalt in Europa vorgesehen, der ebenso wie das ganze Werk durch Krankheit und andere Umstände nicht realisiert werden konnte. Bemerkenswert bleibt die Erkenntnis des herangereiften Wissenschaftlers Wilson, wie notwendig eine Betrachtung der politischen Philosophie für die konkrete Analyse der unterschiedlichen Verfassungskonzepte sei. Die Herausgeber der Wilson Papers stellen fest, daß Wilsons erste Entwürfe für die Arbeit "Democratic Government" eine Richtungsänderung

> "of his major scholarly and political concerns - away from preoccupation with particular constitutional forms toward much broader subjects"

darstellte. `The Modern Democratic State' war nicht nur

"a milestone in Wilson's career as a publicist and scholar", sondern diese Arbeit brachte zugleich im Gegensatz zu "Congressional Government" und "Government by Debate", wo lediglich die Forderung nach Aufklärung und Erziehung der Öffentlichkeit gestellt wurde, auch Wilsons breiteren, historisch-perspektivischen Ansatz im Sinne der Betonung der

> "origins and organic evolutionary development of institutions as a basis for the discussion of political progress, political expediency, political morality, political prejudice, practical politics etc."

zum Vorschein.

> " `The Modern Democratic State', the first written evidence of this change of direction, in fact signaled the beginning of what would become Wilson's long and systematic study of origins, development, and problems of democracy in the modern world.... `The Modern Democratic State` was the foundation. Indeed it was more than this: it was the ideological framework which Wilson never seriously deviated." 64)

Dieser Wechsel der Untersuchungsungebene führt von der reinen Betrachtung der historischen verfassungsrechtlichen Strukturen 65) und Erscheinungsformen weg zu einem grundsätzlicheren Reflektieren über die Wurzeln des modernen Staates. Bereits hier - auf der methodisch-analytischenen Ebene - zeichnete sich eine Umorientierung Wilsons hin zu globaleren Themenbereichen ab. Aus diesen wissenschafts- und erkenntnistheoretischen Zusammenhängen heraus war Wilsons "The State" entstanden. Hier fügte Wilson Teile seines Verständnisses von Gesetzen, Prinzipien und historisch-politischer Entwicklung ein. Über Inhalt und methodisches Vorgehen gibt eine aufschlußreiche deutsche Buchbesprechung Auskunft:

> "Die Methode Wilsons ist eine entwickelungsgeschichtliche, gemäß seiner Ueberzeugung, dass die staatlichen Weiterbildungen sich im Wege conservativer Anpassung, durch Umwandelung alter Gewohnheiten in neue, durch Modifizierung alter Mittel zur Erreichung neuer Zwecke, vollziehen. Wie es insbesondere für einen Angehörigen der Vereinigten Staaten natürlich ist, sieht er eine allgemeine und durchgreifende Geltung demokratischer Einrichtungen voraus. Die moderne Demokratie aber unterscheidet sich nach seiner Auffassung von der antiken dadurch, dass der Staat für die Individuen - nicht diese für den Staat - existiert und daher auch sich gegenüber Rechte der Individuen anerkennt. Dennoch ist Wilsons Standpunkt kein rein individualistischer, sondern vielmehr zugleich, wie er selbst S.658-659 ausführt, ein in gutem und gemässigtem Sinne sozialistischer, insofern insbesondere der Staat die individuellen Rechte mit den sozialen Pflichten in Einklang zu setzen berufen sei."66)

Betrachtet man "The State" im ganzen, so wird deutlich, von welchen Beweggründen und Absichten Wilson bestimmt wurde. Auch wenn der Universitätsprofessor größere Zusammenhänge und Wurzeln im Rahmen einer Ideengeschichte der modernen Demokratie herausstellen wollte, so lassen seine Aufzeichnungen und seine historische Darstellung des Staates keinerlei Vermutung zu, daß Wilson tieferen philosophischen Gedankengängen oder gar einem metatheoretischen Diskurs moderner Philosophierichtungen nachging. "The State" ist eine Art Beschreibung der Geschichte abendländischer politischer Staatsordnungen und ihrer verfassungsrechtlichen Zusammenhänge, wobei bereits hier - in einem noch generalisierenderen Maße als in den früheren Arbeiten Wilsons - die Bestimmung von Zielen und Zwecken der Regierung vorgenommen wird: 67)

> "Politisches Interesse und politische Kontroversen gipfeln in der besonders viel umstrittenen Frage: Welches sind die eigentlichen Zwecke der Regierung?...Welchen Anteil soll die Regierung an den Angelegenheiten der Gesellschaft nehmen? Das ist die Frage, die im Mittelpunkt der Fehde steht. Worin sollen die Funktionen der Regierung bestehen? Auf der einen Seite stehen die Radikalen, die beständig der Regierung zurufen: \`Hände weg' \`Laissez faire!\` \`Laissez passer\`, die auf jede Handlung der Regierung, die nicht lediglich eine Ausübung ihrer Polizeigewalt ist, mit Argwohn blicken, die die Regierung zwar für notwendig, aber für ein notwendiges Übel halten und die sie soweit wie irgend möglich von allem fernhalten möchten, was irgendwie durch die Initiative und die Bemühungen Einzelner erreicht werden könnte. Auf der anderen Seite stehen diejenigen, ... die, eingenommen von gelegentlichen wohltätigen Folgen des Eingreifens der Regierung im Mittelalter oder im Altertum oder von Träumen kooperativer Bestrebungen einiger großer sozialistischer

> Phantasten, der Ansicht sind, daß man den Staat zur Pflegemutter eines jeden Mitgliedes der politischen Familie machen könne."

Deutlich sind in diesen Aussagen Wilsons Bezüge zu den krisenhaften Herausforderungen der 90er Jahre in den USA zu erkennen. Wilson gibt den radikalen Extremen beider Richtungen eine Absage. Er stellt den radikalen Forderungen das historische Herkommen von Politik, Gesetz, Religion und Gesellschaft gegenüber, wobei er wiederum das englische Vorbild vor Augen hat:

> "Es ist das Herkommen, die stille und äußerlich kaum merkbare, aber deshalb nicht weniger ausschlaggebende Kraft, die dem gemeinsamen Denken und Handeln einer Gemeinschaft innewohnt... Gesetze veralten, weil sie außer Gebrauch kommen, aber erst das Herkommen zeigt, daß sie buchstäblich tot, daß ihre Bestimmungen nicht mehr anwendbar sind. Das Herkommen hört auch niemals auf, neue Formen der Praxis zu erfinden... Herkommen ist Gewohnheit unter einem anderen Namen und Gewohnheit zwingt durch ihre Ausbreitung... das formale Recht, sich ebenfalls langsam ihren Einflüssen anzupassen... Römisches und englisches Recht zeichnen sich unter den Rechtssystemen des westlichen Europas durch die Freiheit und Individualität ihrer Entwicklung aus...Aber englisches und römisches Recht sind beide gleichermaßen viel weniger von fremden Quellen berührt und gefärbt worden als andere Rechtssysteme, und sie haben der Welt das geschenkt, was man als Beispiel einer natürlichen, normalen, ungehinderten Entwicklung des Rechts bezeichnen kann. Das Herkommen ist in der Tat die älteste Quelle von Recht, aber die Religion ist die gleich alte, ebenso fruchtbare und in manchen Stadien der Entwicklung beinahe identische Quelle; die Rechtssprechung tritt ungefähr ebenso früh auf wie die Autorität selbst und geht Hand in Hand mit der Gerechtigkeit."68)

Wilson bestimmt das Herkommen als die wesentliche Grundlage für weitere politische Veränderungen im Staate, wobei Anklänge an die aristotelische Staatsphilosophie deutlich werden. Der Universitätsprofessor sucht hier ebenfalls wie in seiner Beschreibung des amerikanischen Verfassungslebens ("Congressional Government") einen theoretischen Praxisbezug, der sich im Gestalt eines "progressiven Konservatismus" gegen die radikalen politischen Strömungen der USA stellt. In diesem Verständnis war der Staat kein notwendiges Übel. Es scheint vielmehr die Absicht Wilsons gewesen zu sein :

> "to destroy the idea of government as a necessary evil whose power must be controlled by law and structural balance, the organic character of the state, Wilson believed, made it the highest expression of individual life in society".69)

Wilson machte deutlich, daß er die Vorrangstellung von gesellschaftlicher, wirtschaftlicher und kultureller Entwicklung in der staatlichen Politikformulierung sah, die wiederum mit dem Gemeinwesen in einer `organischen` Wechselbeziehung zu verbinden war.

> "Die Aufgabe der Bildner von Recht ist mehr die, auszulegen, zu formulieren, als selbständig neues Recht zu erkennen; sie können mit Erfolg keinen Schritt tun, der weit von dem Wege abführt, den bisher das Leben der Nation gegangen ist. Das Recht ist die Schöpfung, nicht vom Einzelnen, sondern von besonderen Bedürfnissen, von besonderen Gelegenheiten, besonderen Gefahren oder Mißgeschicken des Gemeinwesens. Kein Gesetzgeber kann einem Volke ein Gesetz aufzwingen, das ihm nicht in gewissen Sinne von den Umstäneden oder Meinungsäußerungen der Nation, der er Gesetze gibt, nahegelegt worden ist.In allen Staaten üben die Herrscher die Souveränität des Gemeinwesens aus, aber keine andere....Es (das Gesetzt) mag sogar dem Willen eines einzelnen Despoten sein Entstehen verdanken, aber in Wirklichkeit können Gesetze, die von der willkürlichen oder despotischen Autorität ausgehen, niemals volle Wirksamkeit erlangen, wenn nicht in der einen oder anderen Form die Macht der Gemeinschaft hinter ihnen steht. Ob diese Macht nur zu aktiver Betätigung organisiert oder das bewegungslose Fundament des großen Baues der absoluten Herrschaft ist, immer muß die Macht des Gemeinwesens das Gesetz unterstützen, oder es bleibt wirkungslos."70)

Der Staat ist deshalb für Wilson :

> "an abiding natural relationship; neither a mere convenience nor a mere necessity; neither a mere voluntary association nor a mere corporation; nor any other artificial thing created for a special purpose, but the eternal, natural embodiment and expression of a higher form of life than the individual, namely, that common life which gives leave to individual life, and opportunity for completeness, - makes individual life possible and makes it full and complete".71)

Wilson verbindet seine Auffassung von der übergeordneten Stellung des Staates mit der Forderung nach Bewahrung des Erreichten durch gleichzeitige Anpassung an die Veränderungen in der politischen Praxis. Er wendet sich, wie im Sinne des Hegelischen Rechts- und Staatsverständnisses, gegen die "Furie des Verschwindens" historisch erreichter zivilisatorischer Werte als Folge eines alles erlaubenden Staates. Immer deutlicher tritt in diesen Darstellungen zutage, daß Wilson sich mehr und mehr - und nicht nur auf wirtschaftspolitischer Ebene - von den "laissez faire"-Theorien des Manchestertums abwandte.72) Der Staat hatte für Wilson weitergehendere Funktionen als nur die Gewährleistung einer freien gesellschaftlichen und ökonomischen Entfaltung seiner Bürger; er schreibt ihm vielmehr ganz bestimmte Aufgaben hinsichtlich eines Eingreifens in das "freie Spiel der Kräfte" zu,

Aufgaben, die unmittelbar im Zusammenhang mit den grundsätzlichen sozio- ökonomischen Inhalten der modernen bürgerlichen Politikformulierung stehen:

> "Es sollen daher von jedem Freund der Gesellschaft alle Mittel, durch sie mit Hilfe der Regierung vervollkommnet werden kann, durch die die Rechte der Einzelnen mit den Pflichten der Allgemeinheit in Einklang gebracht und ihnen angepaßt werden können, durch die die Selbstentwicklung des Einzelnen in den Dienst der sozialen Entwicklung gestellt und zu deren Ergänzung verwertet werden kann, eifrig gesucht und, wenn sie gefunden sind, eifrig benutzt werden. Das ist die Art von Sozialismus, der jeder mit der ganzen Kraft einer jeden edlen Regung, deren er fähig ist, dienen sollte, wenn er seine Mitmenschen liebt."73)

Dem verfassungsrechtlich scharfsinnigen Denker Wilson wurde anscheinend im Verlauf seiner Studien immer bewußter, daß im Bereich des praktisch politischen Lebens nicht alleine der prinzipielle Wille der Regierung ausreiche, um die Rechte der Einzelnen mit den sozialen Pflichten der Allgemeinheit in Einklang zu bringen. In seinem Bemühen, realitätsgerecht Problemfelder im Verfassungsrecht zu hinterfragen, ging er deshalb noch weiter in die Strukturen der politischen Praxis. Er untersuchte als einer der ersten Wissenschaftler seines Landes den Bereich der Verwaltung, den er für die praktische Auswirkung der staatlichen Regierungspolitik besonders wichtig erachtete. In dem Essay "The Study of Administration", das im weiteren Zusammenhang mit den allgemeinen Studien zu "The State" und zu "Philosophy of Politics" stand, schrieb Wilson:

> "The science of administration is the latest fruit of that study of the science of politics which was begun some twenty-two hundred years ago. It is the birth of our own country, almost of our own generation...Administration is the most obvious part of government; it is government in action; it is the executive, the operative, the most visible side of government, and is of course as old as government itself" .

Dieser praktischen Regierungsausübung stellte Wilson jedoch die herkömmliche Beschreibung der "constitution of government" entgegen.

> "The question was always: Who shall make law, and what shall that law be? The other question, how law should be administered with enlightment, with equality, with speed, and without friction, was put aside as "practical detail" which clerks could arrange after doctors had agreed upon principles. That political philosophy took this direction was of course no accident, no chance preference or perverse whim of political philosophers. The philosophy of any time is, as Hegel

> says,"nothing but the spirit of that time expressed in abstract thought"; and political philosophy, like philosophy of every other kind, has only held up the mirror to contemporary affairs".74)

Eine bloße Betrachtung der Verfassung war im Sinne Wilsons nicht mehr zeitgemäß. In früheren Zeiten reichte es aus, nur nach den verfassungsrechtlichen Zusammenhängen zu fragen. Angesichts der politischen und wirtschaftlichen Komplexität des modernen Staates ist die Frage nach der tatsächlichen Praxis der administrativen Aspekte der Regierung zu stellen.

> "Wilson recognized that his basic problem involved taking the work of German political scientists, attuned to the needs of a highly centralized government, and appropriating it for an American context. ...Wilson insisted that administrative theory was necessary to adjust democracy to the new conditions produced by industrialization and the concentration of economic power". Wilson definierte selbst diesen neuen Forschungsbereich, indem er ihm einen moralischen Zweck zuschrieb:"The objekt of administrative study is to rescue executive methods from the confusion and costliness of empirical experiment and set them upon foundations laid deep in stable principle." 75)

Ordnung basierte auf wertbezogenen Prinzipien - dies war Wilsons wesentliche Überzeugung bei seinem Studium der Verwaltungskunde. Der Politologe war der Meinung, daß dieses Studium

> "closely connected with the study of the proper distribution of constitutional authority" 76)

war. Die staatliche Ordnung wurde im Verständnis Wilsons zum eigentlichen verantwortungsbewußten Entwicklungsträger des gesellschaftlichen Fortschritts. Sie wurde ein "höheres Sein" in der gleichzeitigen Verbindung mit den wertbezogenen Prinzipien, die sich aus dem Herkommen des Staates ergeben. In dieser Suche nach einer möglichst praxisnahen Lösung der von Wilson erkannten politischen und verfassungsrechtlichen Problemstellungen werden Analogien zu Aussagen und Methoden des deutschen Idealismus, insbesondere Hegels, zur rechtsphilosophischen und geschichtsphilosophischen Rolle des Staates mehr als deutlich. Es lassen sich Nachweise finden, die darauf schließen lassen, daß Wilson auf dem Wege seiner verwaltungsrechtlichen und volkswirtschaftlichen Studien mit dem deutschen Idealismus in Berührung kam. Bei dieser theoretischen \`Kontaktaufnahme\` fand vor allem die Methode des "behutsamen Anknüpfen am Herkommen, Evolution, nicht Revolution"77)

bei Wilson Anklang. 78) Während der deutsche, insbesondere der Hegelische Idealismus die Möglichkeiten der weiteren Entwicklung der einzelnen Staaten und Nationen für die geschichtliche Entfaltung offen ließ und keine Handlungsanweisungen für die Vollendung geschichtlicher Bestimmung gab (was vor allem die sogenannten Links-Hegelianer kritisierten), stellte Wilson die ideell motivierte Forderung, daß die tatkräftig handelnde Selbstverantwortung des Einzelnen und der Gesellschaft die geschichtliche Entwicklung bestimmen sollte. Hier kam ein wichtiger Baustein im methodischen Denken Wilsons zum Vorschein. Der Princeton-Professor ging aufgrund seiner Anschauungsmöglichkeiten von einer bereits erreichten Übereinstimmung des Einzelwillens mit dem Allgemeinwillen und dem Willen des Staates aus. Die Erreichung dieses Konsenses war in der Geschichte der USA nach Auffassung Wilsons über die politische Aufklärung und Erziehung zu erzielen. Auch die weitere historische und geistige Entwicklung der bürgerlichen Gesellschaft der USA sollte, wie Wilsons Aussagen z.B. in "Congressional Government" zeigen, durch eine gewisse staatliche Erziehung und Kontrolle kanalisiert werden. 'Entartungen' sollten auf dem Wege politischer Transparenz und Aufklärung eingedämmt werden. In der Wahrung moralischer und geistiger Werte im allgemeinen Bewußtsein von Regierenden und Regierten sollte nichts mehr dem Zufall der Geschichte überlassen bleiben. Geschichte wird im Verständnis Wilsons nach dem Beispiel der amerikanischen Revolution und dem ihr innewohnenden Geist des freien bürgerlichen Individuums `gemacht`. In den Studien zu "The State" und "Political Philosophy" sind nicht nur Wilsons "Konservatismus" zu erkennen, sondern auch sein missionarischer Wunsch, sein Land und dessen Institutionen aktiv gestalterisch und verantwortungsbewußt zu reinigen. Wilson stieß hierbei auf Möglichkeiten, die sich aufgrund der einzigartigen geistig-historisch-politischen Entwicklung der USA durchaus ergaben, da eine Erziehung, mit `sozialtechnischen` Hintergründen, in Richtung einer neuen idell begründeten Selbstverantwortung keine Vergewaltigung des politischen Geistes und Willens der Amerikaner darstellte, zumal Wilson für dieses Unterfangen angemessene Mittel aus dem allgemein anerkannten Bereich der Publizistik und

Öffentlichkeitsarbeit benutzte. Die Ergebnisse in den von Wilson getroffenen Aussagen zu innenpolitischen Problemen und ihrer Lösungsmöglichkeiten scheinen deshalb auf eine dem historischen Möglichkeitsraum der USA entsprechende (d.h. praxisorientierte) Fähigkeit Wilsons hinzuweisen. Dieser originäre Praxisbezug in der innenpolitischen Untersuchung von bürgerlichem Staat, Regierung und Administration veranlaßte Arthur S. Link zu der Aussage, daß man Wilsons analytische Fähigkeiten im Sinne eines "higher realism" zu bewerten habe.[79)] Die Erreichung tieferer historischer Erkenntnisebenen in der intellektuellen Entwicklung Wilsons während der 1890er Jahre war wohl entscheidend für das auf die Innenpolitik zutreffende Verständnis einer Neugestaltung der amerikanischen Politik, es reicht hinsichtlich der allgemeingültigen, **global** angelegten Aussagen, so wie sie in "The State" vorgenommen wurden, nicht aus. Anhand der Art und Weise der von Wilson herausgearbeiteten Geschichte der staatlichen und verfassungsrechtlichen Entwicklungen, daß Wilson in seinen allgemeinen Aussagen von amerikanischen Erscheinungsformen, hier deutlich von den Krisenerscheinungen der 1880er und 1890er Jahre, ausging. So ist die allgemein stärker historisch-politische Orientierung im wissenschaftlichen Arbeiten Wilsons geradewegs auf

> "Wilson's reaction to the economic, social, and political upheaval of the troubled nineties" 80)

zurückzuführen. Darüber hinaus macht nicht zuletzt die teleologische Gliederung von "The State" deutlich, daß nach Meinung seines Verfassers generell die politisch-zivilisatorische Geschichte sich in eine einzige Richtung hin zum "triumph of democracy" bewege. [81)] Diese Auffassung resultiert aus Wilsons Annahme, daß die Entwicklung der untersuchten Staaten allgemein den gleichen Verlauf wie die USA nähmen. Die Gründe für diese Annahme sind vor allem auch im wissenschaftlich-theoretischen Vorgehen Wilsons zu finden, das sehr stark von seinem mehr oder weniger \`ererbten\` Weltbild mitbestimmt wurde. Um einen für die Probleme der USA gemäßen Praxisbezug zu erreichen, mußte Wilson der eigentlichen Bestimmung des politischen Zwecks anhand der historisch-ethisch-politischen Lageanalyse jener Position nachgehen, die die USA in der weltgeschichtlichen Entwicklung eingenommen haben. Auch wenn Wilson hierbei nicht namentlich eine historisch-ontische Zweckanalyse im Sinne Aristoteles direkt vorgenommen hat, und eine tiefere Auseinandersetzung mit der Philosophie des Abendlandes ausblieb, so reicht seine Vorgehensweise doch aus, um zur Bestimmung des historischen Möglichkeitsraumes der USA vorzudringen. Eine Tatsache, die aus den günstigen Bedingungen der überwiegend homogenen geistigen und politischen Kultur der USA reultiert. Sowohl das Streben nach Praxisnähe als auch der Wunsch, die historische Bestimmung seines Landes zu untersuchen, sind hinsichtlich der kulturgeschichtlichen wie religiösen Herkunft geradezu ein natürliches Bedürfnis für einen geschichtsbewußten und theoretisch reflektierenden Menschen wie Wilson. 82) Der faktische Versuch der historischen Zweckbestimmung einer bisher ausgeführten oder geplanten Politik stellt geradezu den spezifischen Ausgangspunkt einer modernen, von visionär-utopischen Elementen beeinflußten Politikformulierung dar. Es wird bei dieser geschichtlichen Lage-/ Möglichkeiten-analyse und politisch-ethischen Zweckbestimmung der Versuch unternommen, die Geschichte in eine rationale (End-)Bestimmung zu überführen. Theorie wird verzugslos in die politische Praxis umgesetzt. Wichtig ist ein historisch und wissenschaftlich fundierter (weltgeschichtlicher), theoretisch wohl durchdachter Orientierungsmaßstab. Er kann als Grundlage für eine den historischen und aktuellen politischen Möglichkeiten entsprechende und somit erfolgreiche Politik benutzt werden. Ein Hauptkriterium hierbei ist jedoch die Frage, inwieweit es gelingt, die im Verlauf des modernen "Kopfstandes" vorgenommenen theoretischen Überlegungen den tatsächlichen Gestaltungsmöglichkeiten realitätsgerecht im Sinne einer Praxisnähe anzupassen. Der Grad der Anpassungsfähigkeit hängt unmittelbar von der Richtigkeit der Zweck- und Lageanalyse ab. Diese Fähigkeit, die über eine geschulte Urteilskraft erlangt werden kann, ist zugleich der Maßstab, ob die Umsetzung der Zweckbestimmung den Rahmen einer gewaltfreien und freiheitlichen Entwicklung von Gesellschaften und Völkern gewährleistet. Wilsons Aussagen in "The State" dürfen als sehr brauchbar für die praxisnahe Beurteilung inneramerikanischer Verhältnisse bewertet werden. Die allgemeine Schlußfolgerung Arthur S. Links, der prinzipiell Wilson als Verkörperung eines "Realismus höherer Art" versteht, muß jedoch, relativiert werden. Mit Recht verweist Link auf die analytischen Fähigkeiten Wilsons im Bereich der Innenpolitik und auf den Ursprung dieser Haltung in

Wilsons religiös-ethischen Überzeugungen. 83) Sie waren auch der eigentliche Beweggrund, eine immer weitergehende Bestimmung der amerikanischen Geschichte auf dem Wege historischer Studien vorzunehmen. 84)

> "In effect, Wilson was making theological claims for the state, extending to the political sphere what his Calvinist forbears had traditionally claimed for the church." 85)

In den Ausführungen Wilsons in "The State" und "Congressional Government" nahm die historisierende Zweckbestimmung immer deutlichere Konturen an. In Bemerkungen zu Beginn seiner Studien zu "Democratic Government" fragte sich Wilson im Jahre 1885:

> "Why may not the present age write, through me, its political autobiography?" 86)

Seine erfolgreichen Versuche in dieser Richtung kamen nicht nur in seiner dritten größeren Arbeit "Division and Reunion" zum Ausdruck, sondern auch in den weiteren historischen Essays der nachfolgenden Jahre.

> "An example of this new depth and perspective is apparent in Wilson's historical writing, particularly in the correspondence dealing Division and Reunion, his first major historical work, and with `A Short History of the United States,` an undertaking that would preoccupy him for several years after 1894...It is now possible to get a better conception of the reforms Wilson hoped to see introduced in American higher education".87)

Wilson war nicht nur ein Produkt der Kultur des modernen Bürgertums und ein Kind der Auflärung, er wollte mit Hilfe der Geschichtswissenschaft sogar bewußt methodisch `aufklären`. Seine eigentlichen Intentionen lagen nicht auf dem Gebiet der forschenden historischen Quellenarbeit. Er sah vielmehr seine Arbeit als eine Interpretation der amerikanischen Geschichte im Sinne eines allgemeinen Bewußtmachens historischer Strukturen im Zusammenhang mit der von ihm selbst gestellten Aufgabe der Aufklärung und Reinigung seines Volkes. Woodrow Wilson begriff prinzipiell den Beruf des Historikers vornehmlich als das Bemühen um die Verlebendigung einer Vergangenheit, gewissermaßen mit "ganzheitlichen" Bezügen.

> "History is not a record of all facts: that were impossible. It is a record of some of the facts, selected for their significance, and set forth in such order and combination, with such a touch of realizing imagination, with such colour and life as shall cause them, if possible, to make the same

> impression upon us that they must have made on those who were actors in the midst of them." 88)

Wilson lebte geradezu in der Geschichte und der Kultur seines Landes; er identifizierte sich mit ihr. Aber das, was Wilson eigentlich beschäftigte, war nicht nur die Geschichte der USA an sich, sondern die Frage nach "The True American Spirit", nach "The Proper Perspective of American History" und schließlich nach "The Significance of American History" 89). Schon während seiner frühen Jahre in Princeton hatte Wilson sich mit den New Historians gegen die

> "eindimensionale politische Historie gewandt und als das eigentliche Aufgabengebiet des Historikers nicht das Geschehen, sondern das, was ihm zugrunde liegt, bezeichnet, also nicht die Wellen an der Oberfläche, sondern die Kräfte, die sie bewegten."90)

Wilson stellte die Geschichte und das geistig-zivilisatorische Vermögen der USA in den Gesamtzusammenhang der menschlichen Entwicklungsgeschichte, wobei er den für die historische Entwicklung der letzten 200 Jahre so wichtigen Begriffen wie Vernunft und Aufklärung größte Bedeutung zuschrieb.91) Besondere Bedeutung hat in diesem Zusammenhang Wilsons Aufsatz "When A Man Comes to Himself" aus dem Jahre 1899. 92) Er vermag wichtige Hinweise auf Wilsons Vernunftdenken zu geben, das nicht nur für Wilsons Zuweisung der weltgeschichtlichen Rolle der USA von Bedeutung ist, sondern auch die Orientierungslinie seines von Aufklärung und bürgerlicher Revolutionsbewegung bestimmten Theorie-Praxis-Verständnisses darstellt. Im Vergleich zu Wilsons früheren Arbeiten und Essays ist in "When A Man Comes to Himself" ein weiterer Grad der wissenschaftlichen Verallgemeinerungstendenz sichtbar. Er spricht nicht nur von dem amerikanischen Menschen oder von der amerikanischen Verfassung wie in früheren Arbeiten. Wilson spricht ganz allgemein von den Möglichkeiten des menschlichen Individuums, von Realitäten und Wahrheiten als auch vom "eigenen Platz" .

> "He comes to himself after experiences of which he alone may be aware: when he has left off being wholly preoccupied with his own powers and interests and with every pretty plan that centers in himself; when he has cleared his eyes to see the world as it is, and his own true place and function in it." 93)

Wilson zeigte damit die Möglichkeiten aller Individuen auf, auf dem Wege der Vernunft zur eigentlichen Bestimmung eines freien und gerechten Lebens auf Erden zu gelangen. Wilson erkannte nicht nur, daß dieses Telos nicht sofort herstellbar war, er wandte sich zugleich gegen alle radikalen Illusionisten, die sofort das Pradies auf Erden erstellt haben wollten. Wilsons Versuch einer `Klugheitslehre` sah die praktische Erfahrung im Vordergrund:

> "It is a process of disillusionment.The scales have fallen away. He sees himself soberly and knows under what conditions his powers must act, as well as what his powers are.He has got rid of earlier prepossessions about the world of men and affairs, both those which were too favorable and those which were too unfavorable - both those of the nursery and those of a young man's reading. He has learned his own paces, or, at any rate, is in a fair way to learn them; has found his footing and the true nature of the "going" he must look for in the world; over what sorts of roads he must expect to make his running, and at what expenditure of effort; whither his goals lies, and what cheer he may expect by the way. It is a process of disillusionment, but it disheartens no soundly made man."94)

Wilsons Ausführungen haben geradezu autobiographische Züge. Mit den Realitäten konfrontiert, verfiel der von Idealen bestimmte Gelehrte nicht einer Depression, sondern er versuchte stattdessen mit Hilfe der Wissenschaft, den möglichen Weg seiner Nation nüchtern herauszuarbeiten. Er rückte hierbei von einem naiven, z.T. irrealen Idealismus ab, um auf realistische Weise seine Ideale im Bereich der amerikanischen Innenpolitik zunächst theoretisch, später als Politiker und Staatsmann praktisch im Rahmen der vorgegebenen Bedingungen umzusetzen. Eigentliche Antriebskräfte waren seine Überzeugungen:

> "It brings him to a light which guides instead of deceiving him; a light which does not make the way look cold to any man whose eyes are fit for use in the open, but which shines wholesomely, rather, upon the obvious path, like the honest rays of the frank sun, and makes travelling both safe and cheerful." 95)

Wilson sah prinzipiell die Möglichkeit, über die Vernunft zur eigentlichen Erleuchtung zu kommen, die den zu bewältigenden Weg klar und deutlich im Sonnenlicht der Geschichte erscheinen läßt. Im Hinblick auf Wilsons anthropologisches Grundverständnis ist die folgende Einschränkung von Bedeutung:

> "There is no fixed time in a man's life at which he comes to himself, and some men never come to themselves at all. It is a change reserved for the thoroughly sane and healthy, and for those who can detach themselves from tasks and drudgery long and often enough to get, at any rate once and again, view of the proportions of life and of the stage and plot of action.

> We speak often of men who "have no senses of humor", who take themselves too seriously, who are intense, self-absordes...thinking of nothing so much as themselves. These are men who have not suffered that wholesome change. They have not come to themselves".96)

Erst die Gemeinschaft und das soziale Bewußtsein führt im Verständnis Wilsons zum geistigen Wachstum des einzelnen Menschen.

> "A man is the part he plays among his fellows. He is not isolated; he cannot be.His life is made up of the realtions he bears to others...There is nothing else upon which he can spend his spirit - nothing else that we can see. It is by these he gets his spiritual growth....A man who lives only for himself has not begun to live - has yet to learn his use, and his real pleasure too, in the world".97)

Erst durch die Verantwortungsübernahme für die Allgemeinheit kann der Mensch das finden, was "das beste in ihm ist". Diesen Tatbestand bewußt zu machen im Sinne einer Aufklärung der Öffentlichkeit stellt für Wilson ein weiterer Schritt auf dem Wege der "Selbstfindung" dar. Ein Mensch kommt zu sich selbst, wenn er ein geistiges, soziales und kulturelles Ziel hat, und nicht nur das Streben nach Reichtum und Macht:

> "He had come to himself to the full realization of his powers, the true and clear perception of what it was his mind demanded for its satisfication...He felt the keen zest, not of success merely, but also of honor, and was raised to a sort of majesty among his fellow-men." 98)

Diese Aussagen Wilsons zeigen, daß er Tradition und Herkommen der modernen Staatsphilosophie bewußt in seinem Denken und Handeln aufgenommen und damit in der politischen Philosophie der Neuzeit und in deren sozialen Bezügen den Fortschritt der historischen Entwicklung erkannt hat. Bereits in den wenigen hier dargestellten Ausschnitten von "When A Man Comes To Himself", stecken aussagekräftige Grundmuster des Wilsonschen Denkens, die er sehr eng mit der historischen Entwicklung und der weltgeschichtlichen Ausnahmestellung seines Landes verknüpfte. Wilson stellte mit Blick auf ein realistisches Theorie-Praxis-Verständnis die historische Erfahrung in den Mittelpunkt, die mit Hilfe eines aufklärerischen Vernunftdenkens zur eigentlichen Zweckbestimmung amerikanischer Politik führen sollte. In der Rede "An Address on the Nature of History" 99) weist sich Wilson als historischer Methodologe aus, der sich mit der Ganzheit bzw. Einheit und der Unterschiedlichkeit bzw. Besonderheit in der Geschichtsschreibung beschäftigt:

> "No piece of history is true when set apart to itself, divorced and isolated. It is part of an intricately whole, and must needs be put in its place in the netted scheme of events to receive its true color and estimation; and yet it must be itself individually studied and contrived if the whole is not to be weakened by its imperfection. Whole and part are of one warp and woof." 100)

Zwei Hauptrichtungen macht Wilson in der Geschichtsschreibung aus: Die eine verkörpert eine Ereignisgeschichte, die andere eine Interpretationsgeschichte:

> "Some regard history as a mere record of experience, a huge memorandum of events, of the things done ... - a book of precedents to which to turn for instructions, correction, and reproof. Others regard it as a book of interpretation, rather in which to study motive and the methods of the human spirit, the ideals that elevate and the ideals that debase; from which we are to derive assistance, not so much in action as in thought; a record of evolution, in which we are not likely to find repetitions, and in reading which our inquiry should be of processes, not of precedents. The two views are not, upon analysis, so far apart as they at first appear to be. I think that we shall all agree...that what we seek in history is the manifestation and development of the human spirit, whether we seek it in precedents or in processes." 101)

In der Auseinandersetzung mit jener Ereignisgeschichte, die sich im wesentlichen mit den Einzelheiten und Besonderheiten der Geschichte befaßt, stellt Wilson fest:

> "A history of `events' cannot be a history of the people; it can only be a history of the life of the body politic, of the things which statesmen observe and act upon." 102)

Andererseits würde es von der Verbindung von historischem Detailwissen und ganzheitlicher Interpratation abhängen, ob eine historische Darstellung der Wahrheit entspricht. Wilson schrieb dem Spezialisten eine Synthese-Rolle zu. Der Princeton-Professor bejahte die Arbeit des Spezialisten, die er aber erst dann als sinnvoll erachten würde, wenn der Historiker sich über den eigentlichen Sinn und Zweck der Geschichte auf der Basis eines soliden entwicklungsgeschichtlichen Grundwissens bewußt ist.

> "It depends, after all, on the specialists whether there shall be successfull synthesis or not. If they wish it, if it be their ideal, if they construct their parts with regard to the whole and for the sake of the whole, synthesis will follow naturally and with an easy approach to perfection; but if the specialists are hostile, if their enthusiasm is not that of those who have a large aim and view, if they continue to insist on detail for detail's sake and suspect all generalization of falseness, if they cannot be weaned from the provincial spirit of petty farmers, the outlook is bad enough,

> synthesis is indefinitely postponed... if I may speak from the experience of our American universities, students are put to tasks of special investigations before they are sufficiently grounded in general history and in the larger aspects of the history of the age or nation of which they are set to elaborate a part." 103)

Geschichtsstudenten sollten deshalb nach Meinung Wilsons in die Lage versetzt werden,

> "to learn a very different process of synthesis: to establish the relations of circumstances already known to the general history of the day in which they occured. These circumstances should not all be political or economic or legal; they should as often concern religion, literature, art, or the development of language, so that the student should at once become accustomed to view the life of men in society as a whole."104)

Seine Forderung,

> "History must be revealed, not recorded, conceived before it is written... We must not suffer ourselves to fall dull and pedantic, must not lose our visions or cease to speak the large words of inspiration and guidance", 105)

sah der Universitätsprofessor in einer weit auszulegenden, vom calvinistischen Denken jedoch stark beeinflußten, Religionsgeschichte verwirklicht:

> "The history of religion is not merely the history of social forces, not merely the history of institutions and of opinions. It is also the history of something which transcends our divination, escapes our analysis, - the power of God in the life of men. God does, indeed, deal with men in society and through social forces, but he deals with him also individually, as a single soul, not lost in society or impoverished of his individual will and responsibility by his connection with the lives of other men, but himself sovereign and lonely in the choice of his destiny. This singleness of the human soul... is a thing no man is likely to overlook who has noted the genesis of our modern liberty or assessed the forces of reform and regeneration which have lifted us to our present enlightenment; and it introduces into the history of religion, at any rate since the day of Christ, the master of free souls, an element which plays upon society like an independent force, like no native energy of its own." 106)

Auf der Grundlage einer Religions- bzw. Kulturgeschichte stellte für Wilson dieser ganzheitlich-organische Prozeß, in dem das Schicksal des Einzelnen mit der Gesellschaft verwoben ist, die wesentliche Erkenntnis- und Betrachtungsebene dar.
Erkenntnisinteresse, historische Methode und Zweckanalyse bilden so bei Wilson eine sich wechselseitig bedingende Einheit, wobei immer deutlicher wird, daß aus Wilsons religiöser Grundhaltung sich ein ideell begründeter Patriotismus eigener Art entwickelt hat. Als ein erster Schritt auf dem Wege dieser ganzheitlichen,

religiös bestimmten Sichtweise der amerikanischen Kultur ist der Versuch Wilsons zu werten, den "wahren" nationalen Geist der USA zu bestimmen. Mit dem 1892 erschienen Esay "The True American Spirit" 107) wollte Wilson die historische Besonderheit, das in der menschlichen Entwicklungsgeschichte bislang Einzigartige der politischen Kultur der USA enthüllen. So wie Wilson im Laufe seiner Jugend, seiner Studien- und Doktorandenzeit, als Professor, Hochschulreformer, Parteipolitiker und Verwaltungschef, als Christ und Mensch, sich der politischen Errungenschaften der Weltgeschichte und damit der Geschichte seines Landes bewußt wurde, so fand die Geschichte in der staatlichen Gestalt der USA zu sich selbst, d.h. zu Freiheit, Fortschritt und Gerechtigkeit. Wilson verstand dieses "Zu-sich-selbst-finden" als einen individuell-nationalen historischen Entwicklungsprozeß. Die amerikanische Revolution sah er nicht als Revolution im engeren Sinne an, sondern als bisher einzigartiges Ergebnis jener Entwicklung, in der der Einzelne und das Gemeinwesen zu sich selbst finden konnten. Wie in "The State" und in "Congressional Government" steht in "The True American Spirit" das in der Geschichte neuartige Staatsverständnis Amerikas im Vordergrund. Wilson erkannte in den Vereinigten Staaten die Identität von bürgerlicher Gesellschaft und staatlichem Gemeinwesen: der Staat wird von allen getragen und nicht nur von wenigen, die über die Mehrheit bestimmen. Das historisch Neuartige bei dieser Feststellung war, daß das Volk freiwillig die Ideale des Gemeinwesens teile.

> "The true American spirit is a spirit that chooses and does not obsequiously submit. If the American spirit is different from the spirit of any other nation it is so because of the history of America. That history has been a history of choice and independence. A high-spirited and adventurous people chose a pioneer life on a new continent in preference to submitting to opinions and institutions of which they did not approve, and having subdued that the new continent to the uses of civilization they established upon it a government which was meant to have as its fundamental doctrine the right of every man to choose his own principles and his own life." 108)

Dies war jedoch im Verständnis Wilsons nicht nur dem Geist der Demokratie und ihrer theoretischen Grundlagen zu verdanken, sondern im wesentlichen dem in der praktischen Politik bewährten, einzigartigen Geist der Amerikaner, der aus der

> "institutional history of England-English institution...upon an American scale and with American modifications" 109)

entwickelt hat. Wilson sah in der politischen Kultur der USA jene Gemeinsamkeit zwischen Volk und Regierungssystem, die man als Basis- und Verfassungskonsens bezeichnen kann. Dieser prinzipielle Konsens der Bevölkerung mit seiner Regierungsform war für Wilson Ausdruck eines bislang von anderen Ländern unerreichten gesellschaftspolitischen, zum Sinn der Geschichte gelangten Prozesses.

> "The vital principle of development is that there is an opportunity to lead; the indispensable element of health and power for the political body as a whole is that there exist a good average capacity among the people for choosing leader, a high average of independence in rejecting them when they cease to lead wisely or in the right paths... the true democratic or American spirit is a spirit of co-operation as well as a spirit of independence. Men must act upon principle, but they cannot act nation-strong unless they act in bodies.... The progress of a democratic nation is made in disciplined hosts, not by the speed of individual runners... A man is a true American only when he acts upon conviction.The true American spirit is the spirit of choice and of independent choice".110)

Der soziale und politische Friede, der sich aus dieser innerstaatlichen demokratischen Entwicklung ergab, war durchaus ein Indikator für den von Wilson erkannten historischen Fortschritt. Um den herausragenden Stellenwert der USA in der Weltgeschichte genauer zu bestimmen, unternahm Wilson nicht nur eine Analyse der modernen Demokratie, die er mehr und mehr als direkten Maßstab für den Fortschritt eines Landes benutzte,sondern auch die entwicklungsgeschichten Vergleiche mit anderen Staaten. Die Frage nach der Natur und dem Wesen der modernen Demokratie beschäftigte Wilson schon 1885, als er die Einleitung zu "The Modern Democratic State" niederschrieb.[111)] Für Wilson stellte die moderne Demokratie einen Entwicklungsprozeß dar, der bisher nur in den USA sein Erwachsenenalter erreicht hat.

> "It is a form of state life which is possible for a nation only in the adult age of its political development. A people must have gone through a period of political tutelage which shall have prepared them by gradual steps of acquired privileges of self-direction for assuming the entire control of their affairs. Long and slowly widening experience in local self-direction must have prepared them for national self direction...When practiced, not by communities, but by nations, democracy, far from being a crude form, is possible only amongst peoples of the highest and steadiest political habit. It is the heritage of races purged alike of hasty,

> barbaric passions and of patient servility to rulers, and schooled in temperate common counsel. It is an institution of political noon-day, not of the half light of political morning.It can never be made to sit easily or safely on first generations, but strengthens through long heridity." 112)

Wilson konstatierte, daß grundsätzlich die Bedingungen und Möglichkeiten für eine Demokratie geistig in einer Nation vorhanden bzw.entwickelt sein müssen, damit sie effektiv funktionieren kann.

> "The successfull operation of democratic institutions depends upon several all-important conditions: as (I) upon homogeneity of race and community of thought and purpose among the people. There is no amalgam in democracy which can harmoniously unite races of diverse habits and instincts or unequal acquirements in thought and action...Homogeneity is the first requisite for a nation that would be democratic. The second requisite is that the nation should not only feel itself an organic homogeneous body, but should also be accustomed or at least prepared to act as an organic body." 113)

In der letzteren Voraussetzung sprach Wilson die notwendigen staatlichen Einrichtungen gewissermaßen als Realist an, die im Sinne der ganzheitlichen Verantwortung für die Staatsbürger und das Gemeinwesen den Zweck der Nation "co-operative" verfolgen sollen.[114)] Mit diesen Aussagen stimmt Wilson mit den Bedingungen des historischen Möglichkeitsraums überein. Der Gelehrte Wilson erkannte auf der Basis eines praxisnahen Theorieverständnisses die Besonderheit der USA in der Entwicklungsgeschichte der Moderne und unterstreicht das Vorhandensein unterschiedlicher geistiger und politischer Entwicklungsstufen anderer Länder. Diese Feststellung ließe vorschnell auch auf ein praxisnahes Theorieverständnis hinsichtlich der internationalen Beziehungen schließen, wenn nicht bereits im Gesamtzusammenhang der Abhandlung "The Modern Demokratic State" die Absicht Wilsons erkennbar wäre, die entwicklungsgeschichtliche Überlegenheit der USA in den Mittelpunkt außenpolitischer Planung zu stellen. Diese von Wilson konstatierte Überlegenheit führte zu der Aussage, daß das jetzige Zeitalter das der USA sei.[115)] Anklänge an eine göttliche Berufung der USA waren zu hören, auch wenn die eigentliche Intention Wilsons auf innenpolitische Problemstellungen noch gerichtet war. Der spätere Präsident wandte sich, wie nicht zuletzt die einleitenden Worte zu "The Modern Democratic State" zeigen, gegen die idealistischen Radikale seines Landes, denen die damalige demokratische Praxis der USA nicht weit genug im Sinne einer endgültigen Lösung aller politischen Probleme ging.

"Instead of political salvation, the world has extracted from Democracy nothing greater than much instructive and helpful political experience.For Democracy has received long, open, and severe test of its qualities: and all who are in haste to perfect the world have cooled towards it." 116)

Obwohl Wilsons politische Zweckbestimmung noch auf die Bewahrung der "inneren Werte" der USA konzentriert war, verweisen bereits der Vergleich mit anderen Staatssystemen und die Notwendigkeit erzieherischer und aufklärerischer Maßnahmen im "Kindesalter" 117) auf weiterführende Bereiche der Wilsonschen Ziele.
Patriotismus und Religions- bzw. Kulturgeschichte gingen nach den Vorstellungen Wilsons eine einzigartige Verbindung zum Vorteil der politischen Entwicklung seines Landes ein:

"No doubt patriotism breeds a noble sentiment, but patriotism itself is a sense of duty. It is a principle of devotion, a principle of devotion to some definite thing which we know and love, to that spirit which lifts a nation to the level of its duty, which lifts a nation along the way to its destiny. For it seems to me that you can conceive patriotism truly only when you have conceived it as a sort of larger, a sort of universal friendship...And so it seems to me that religion connects itself with patriotism, because religion is the energy of character which, instead of concentrating the man himself, concentrates upon a service which is greater than the man himself" 118)

Ein wissenschaftlich begründeter, ideell-religiös motivierter Patriotismus kommt zum Vorschein, der nicht nur im innenpolitischen Bereich, sondern auch im außenpolitischen das Verhältnis sowohl gegenüber den befreundeten Staaten wie England 119) als auch den noch in der 'Entwicklungsgeschichte zurückgeblienen' Staaten bestimmte. Dieser Patriotismus ist nicht mit einem bloßen nationalen Machtstreben gleichzusetzen, er hatte vielmehr höhere nationale und internationalistische Ziele. Er prägte in der Verbindung mit Wilsons moral-politischen Idealen und Zielen auch das Fortschrittsverständnis des Princeton-Professors. Wilsons Glaube an den Fortschritt basierte auf seinen Glauben an Gott und seiner Herrschaft auf Erden. Der Gelehrte Wilson war davon überzeugt, daß Gott den Sieg von gläubigen Männern und Nationen vorherbestimmte. Der Fortschritt war für den Christen geradezu zwangsläufig im Kampf des Guten gegen das Böse; ein Kampf, der trotz der Gewißheit von Gottes letztendlichem Triumph fortbestand.120) In Wilsons Rede "The Bible and Progress" kommt zum Ausdruck, daß die Bibel für Wilson die Quelle universalgültiger Gesetze für den moralischen und geschichtlichen Fortschritt war.

> "This is the people's book of revelation, revelation of themselves not alone, but revelation of life and of peace...A man has found himself when he has found his relation to the rest of the universe, and here is the book in which those relations are set forth...He knows the kingdom for which he is bound...and therefore he has seen his responsibility in the world. This is the revelation of life and of peace." 121)

Aus dieser prinzipiellen Überzeugung leitete Wilson nicht nur seinen starken Patriotismus ab, sondern auch seine Prioritäten als Mensch, Wissenschaftler und Staatsmann. Für Wilson waren die USA die in der göttlichen Vorsehung am weitesten fortgeschrittene Nation. In den USA erfüllte sich die göttliche Vorsehung und die ***Geschichte in ihrem Erwachsenenalter***.

> "We do not judge progress by material standards.America is not ahead of the other nations of the world because she is rich.Nothing makes America great except her thoughts, except her ideals, except her acceptance of those standards of judgement which are written large upon these pages of revelation.America has all along claimed the distinction of setting this example to the civilized world - that men were to think of one another, that governments were to be set up for the service of the people, that men were to be judged by these moral standards which pay no regard to rank or birth or conditions, but which assess every man according to his single and individual value... America was born as a Christian nation. America was born to exemplify that devotion to the elements of righteousness which are derived from the revelations of Holy Scripture".122)

Religion und Patriotismus stellten für Wilson Synonyme dar [123)], da er keinen Unterschied zwischen Christenheit und Amerikanismus machte. Die von Wilson herausgearbeitete welthistorische Einzigartigkeit und Überlegenheit veranlaßten ihn zu der Erkenntnis, daß jede nur mögliche Sicherung vorzunehmen wäre, um das Erreichte in der staatlichen Gestalt der USA zu bewahren und den göttlichen Willen in der Geschichte zu vollenden. Jede Stärkung der USA führte danach zur Erfüllung des göttlichen Willens und der Vorsehung. Jede Unterstützung der USA diente dem Fortschritt der ganzen Menschheit. Das spezifisch Wilsonsche Verständnis von Religion, innerweltlichem Erlösungsdenken und politischer Interessensformulierung bricht bereits in diesen Gedanken deutlich hervor. Für den Autor Michael H. Hunt treffen im spezifisch amerikanischen Verständnis drei wesentliche Bestandteile der "US- Ideolgie" aufeinander: die Vision einer nationalen Größe, das presbyterianische Prädestinations- und das anglo-amerikanische Rassedenken, sowie "the perils of Revoution".[124] Grundlegend läßt sich hervorheben, daß die religiösen Überzeugungen Wilson zu dem Schluß veranlaßten, die überwiegend positiven moralischen Seiten des amerikanischen Staates auf alle Fälle zu bewahren. Jede Form von radikaler Veränderung im innenpolitischen Bereich lehnte Wilson als "Konservativer" ab, da sie die USA vom eigentlichen Weg, von der eigentlichen historischen und göttlichen Bestimmung, abbringen würde. Aber gerade die Verantwortung [125] für die Zweckbestimmung eines höheren moralischen staatlichen Wesens machte das aktive Handeln Wilsons im Sinne einer erzieherischen und reinigenden Aufgabe nötig. Dieses Handeln bestand in einer bewußt wahrgenommenen Gestaltung im Sinne reformerischer Maßnahmen. Es sollte die politische Praxis wieder der geistig-theoretischen Konzeption Wilsons angepaßt werden. Hier verstand sich Wilson als "Progressiver", der den innenpolitischen Fortschritt als "Reinigung" interpretierte.[126] Die höchste Form eines gesellschaftlichen Erwachsenseins hatten die USA ja schon erreicht, es galt nunmehr über `kosmetische Korrekturen` die Homogenität in der Bevölkerung und eine "gereinigte" politische Ordnung wieder herzustellen. Wilsons `Erziehungsphilosophie` spielte bei dieser Umsetzung der theoretischen Zweckplanung in die Praxis eine bedeutende Rolle.

> "What was needed was leadership and statesmanship for an age of confusion and doubt...Like his political thought, Wilson's educational philosophy retained the same profound tension between individualism and organicism..there was a tension between power and order on the one hand and freedom and shared authority on the other. In both his religious and political thought, Wilson vacillated between these two poles...education remained the transmission of ideas which could not be institutionalized. In this regard, his educational and religious ideas were inextricably linked, for he believed that education was basically spiritual in character, recreating individuals and providing the values by which they could live."[127]

Die Bedeutung der Erziehung ist im Zusammenhang mit Wilsons Versuch zu sehen, noch eine begrenzte Kontrolle innerhalb des bürgerlich-liberalen Systems der USA auszuüben. Der bisher erreichte Fortschritt sollte angesichts der manigfachen negativen Erscheinungsformen nicht innerhalb der freien Gesellschaftsordnung der USA zu einer `Furie des Verschwindens` (Hegel) werden, sondern in geordneten Bahnen verlaufen; eine Ziel- und Zwecksetzung, die nicht auf die innenpolitischen Vorgänge beschränkt blieb.

III.1.3."Orderly Progress" und Internationalismus

Für das "orderly-progress"-Verständnis macht der Wilson-Biograph Arthur S.Link in erster Linie die presbyterianischen Wurzeln des späteren Präsidenten verantwortlich, die sowohl das Postulat nach Gleichheit und Freiheit des Einzelnen als auch die Forderung nach Ordnung beinhalteten.

> "Woodrow Wilson knew the polity, laws, and procedures of the Presbyterian Church long before he knew those of his state and nation. Thus it is a temptation, particularly to an admirer and practitioner of the Presbyterian form of government, to say that Wilson was profoundly influenced by the constitutional structure and political ethos of the Presbyterian Church. The influence operated, and operated undoubtedly in a powerful way." 128)

Der kirchliche Einfluß wurde mehr indirekt über die persönliche Erziehung Wilsons ausgeübt, so daß er nicht wie am Beispiel Bagehots exakt nachvollzogen werden kann:

> "But we are not totally in the dark, and I think that we are entitled so say that the experience of growing up in the Presbyterian Church influenced Wilson's more general secular political ideology ...Wilson inherited from the Calvinistic tradition its repudiation of the rationale of an ordered society based upon birth and wealth. With Wilson, it was an inherited assumption that God is no respecter of persons and calls whom He will to bear rule in Church and State. This was Calvinism's most important contribution to modern political development. In the case of the United States, it was one of the main causes for the development of what would eventually become equalitarian democracy. In Wilson's own case, it was the foundation stone of an unchanging belief in the inherent capacity of all men, generally speaking, for self-government."129)

In der von Wilson im Jahre 1889 gehaltenen Rede "Nature of Democracy in the United States" benutzte er zum ersten Male öffentlich den Begriff "orderly progress". Hier kamen seine Gedanken über die methodischen Wege und Mittel zur Erhaltung und Erlangung des politischen Fortschritts zum Vorschein.

> "But, after all, progress is motion, government is action... What is the valuable element in monarchy which causes men constantly to turn to it as to an ideal form of government, could it but be kept pure and wise? It is cohesion, its

> readiness and power to act, its abounding loyality to certain concrete things, to certain visible persons, its concerted organization, its perfect model of progressive order" 130)

Der Autor Lloyd Ambrosius ordnet die gesamte Methode und Vorgehensweise des Wilsonschen Fortschrittsdenken diesem Begriff des "orderly progress" zu .[131] Nach Wilson sei das, was die amerikanische Demokratie benötige `progressive order`. Wie andere Progressive habe Wilson gehofft, ein unkontrollierbares Chaos "by managing orderly change" zu verhüten.

> "The maintenance of the status quo no longer appeared feasible to him either in the United States or abroad".

Als ein typisch progressiver Amerikaner habe Wilson Reformen Revolutionen vorgezogen.

> "This preference shaped his attitude toward revolutions in other countries. He welcomed moderate changes, especially when these resulted in greater American influence, but opposed radical revolution.In short, under Wilson's leadership the United States searched for a dynamic form of control, not merely for order." 132)

"Orderly progress" war zunächst noch der Versuch des Wissenschaftlers Wilson im Bewußtsein des hohen Stellenwertes des menschlichen Planens die historische Entwicklung im Sinne des gesellschaftspolitisch-moralischen Zwecks zu leiten und zu kontrollieren. In diesem Vorgehen drückte sich Wilsons Position gegenüber dem eigenen historischen Möglichkeitsraum aus: den USA war es einerseits gelungen, Natur und historische Entwicklung der Technik und Wissenschaft zu unterwerfen.[133] Andererseits waren die Vereinigten Staaten mit den innenpolitischen Veränderungen und Krisenerscheinungen konfrontiert, die bereits die Suche nach "progressive order" zum Bestandteil der öffentlichen Diskussion machten.[134] Es war seit den 1890er Jahren die prinzipielle Frage aufgeworfen:

> "Wie kann eine Gesellschaft und eine Großmacht des zwangzigsten Jahrhunderts, die sich noch immer aus ihrer revolutionären Geburtsstunde versteht und daher die damals geschaffenen demokratisch-liberale und kapitalistische Grundordnung als verbindlich betrachtet, revolutionären Bewegungen gegen diese Ordnung begegnen, ohne das einst selbst angerufene Recht auf Revolution zu verleugnen und ohne die eigene Existenz in Frage zu stellen?" 135)

Die Antwort des Progressive Movements bestand in der Methode der "social control", die Wilson teilte.[136] Die geistigen und religiösen Bindungen, die Wilson mit dieser Bewegung gemein hatte, lassen nicht nur auf eine genuine Beziehung Wilsons zum

Reformverständnis der Progressiven schließen, sondern auch auf das gemeinsame Ziel, den wahren Charakter der USA mit Hilfe von Reformen zu bewahren. Unterstrichen wird diese Feststellung mit der wissenschaftlichen Suche Wilsons nach geeigneten Vorbildern, die in ähnlicher Weise versuchten, das historische Herkommen des eigenen Landes mit dem innenpolitischen Wandel zu vereinbaren. In den Theorien des Engländers Edmund Burke fand Wilson einen neuen Orientierungspunkt:

> "Wilson's avowal of a change of masters signaled a very important shift in his own political thought and concerns. To state the matter in its essence, under the impact of the Populist upheaval and the national crisis that was developping by the summer of 1893 in the wake of the Panic of that year, Wilson turned to Burke to find political principles to guide the nation through the storm." 137)

Die Wirkung, die Burke auf Wilson ausübte, ist nicht nur an der Vielzahl Burkescher Zitate abzulesen, sondern auch anhand überlieferter Vorlesungen, die Wilsons speziell über den britischen Gelehrten hielt.[138)]

> "What occured in 1893, and what is dramatically revealed in the Burke lecture, was a change in the emphasis and direction of Wilson's political thought".139)

Wilson suchte in der Auseinandersetzung mit den historischen Wurzeln der USA eine Methode,bzw.eine gemäßigte Mittelanwendung in Wissenschaft und politischer Praxis, die sowohl dem politischen Charakter der USA entsprach als auch die krisenhafte Lage zu bewältigen verstand; hierzu verglich er die unterschiedlichen Erscheinungsformen der Amerikanischen und der Französischen Revolution. Burke stellte als historisch und praktisch denkender Kopf eine wesentliche Hilfe für Wilsons Konzeptionen dar, weil er in der Lage war, geeignete Methoden für einen politischen Fortschritt herauszuarbeiten.

> "The significant portions of the Burke lecture were not the biographical section...The significant portion of the lecture was Wilson's discussion of Burke and the French Revolution. In this we can see Wilson's own reactions to the social, economic, and political upheaval of 1893. After reading lessons from the Burkeian scriptures, Wilson proceeds to preach his own sermon to the American people: On all sides there are loud demands for change, but to innovate is not necessarily to reform. There must be progressive, constructive change, but such reforms has to be expedient, that is, prudent because based upon tradition and consonant with prevailing majority habit. Adoption of utopian theories as guides to public policy can only lead to disaster, as had happened in

> France. America in the 1890's, like England a century before, has to be made immune to the `radically evil and corrupting' libertarian theories that had found their fullest application in the French Revolution. The state exist primarily to establish justice, not to maintain liberty. Above all, order is the absolutely indispensable prerequisite of progress."140)

Edmund Burke galt als der "eifernde" Gegenrevolutionär, den Freiherr vom Stein mit folgenden Worten charakterisierte:

> "Dieser große, erfahrene und durch seinen edlen Charakter verehrungswürdige Staatsmann verteidigte mit Kraft und hinreißender Beredsamkeit in seinem unsterblichen Werk `Reflections on the Revolution in France` die Sache gesetzlicher und religiöser Freiheit gegen die metapolitischen Neuerer, die Frankreich verwüsteten".141)

Burke wurde für Wilson zum Maßstab moderater Reform-Politik in einem revolutionären Zeitalter schlechthin. Der englische Gelehrte und Staatsmann wurde 1729 in Dublin geboren und kam 1750 nach London, wo er 1765 durch die Protektion des Earl of Rockingham ins Unterhaus gelangte. Burke stieg zu einem Führer der Whigs auf und kämpfte in seinem Amt für Verwaltungsreformen und gegen Korruption; lebensgeschichtliche Parallelen mit Wilson werden hier deutlich, die sicherlich auch zu dieser starken Burke-Rezeption Wilsons beitrugen. Burkes innenpolitisches Reformstreben hielten ihn jedoch nicht ab, vehement gegen die Französische Revolution zu Felde zu ziehen. Burkes "Reflections on the Revolution in France" sahen bereits 1790 die kommenden Folgen voraus: Terror und Anarchie, an deren Ende die Diktatur des populären Generals stehe, der Kommandogeist besitze, die Soldaten diszipliniere und Ruhe und Ordnung als Herrschaft der Bajonette wiederherstelle. 142) Burke erkannte, daß es sich bei der Französischen Revolution nicht um praktische Reformen handelte, sondern um eine Umwälzung aus "Ideen":

> "Man könnte auch von einem Religionskrieg sprechen, doch gehe es nicht um religiöse Fragen, sondern um Politik und Gesellschaft; es beginnt ein Zeitalter, in dem die überkommene Religion eben darum fanatisch bekämpft wird, weil die revolutionären Ideologien selbst quasi-religiöse, messianische Züge annehmen und als innerweltliche Heilswahrheiten auftreten. Es handelt sich um etwas Neues, bisher Unbekanntes, um die erste ihrem Anspruch nach totale Revolution." 143)

Burke warf in erster Linie der Französischen Revolution vor, daß sie nicht an traditionelle Institutionen anknüpfte und stattdessen alles Alte ihrem revolutionären Plan gemäß zerstörte. Burke kam es darauf an, im Sinne einer "konservativen Freiheitswahrung" 144), das Durchschlagen absoluter Macht zu verhindern, das führte dazu, daß einerseits Burke die Rechte des Parlaments in England gegen die Machtansprüche der Krone verteidigte und andererseits nach 1789 die Monarchie unterstützte. Im Ringen um das Machtgleichgewicht und die Verteidigung der Freiheit galt der Kampf jeweils den Kräften, die die Balance bedrohten. 145)

> "Konservieren heißt bewahren, reformieren verändern; das eine scheint zum anderen in striktem Gegensatz zu stehen. Man könnte aber auch umformulieren: Reformieren heißt bestehende Institutionen so verändern, daß sie neuen Verhältnissen, gewandelten Anforderungen gerecht werden und eben damit bewahrt werden können. Ein wohlverstandener Konservatismus müßte darum das Gegenteil von Reaktion und Repression sein, des fatalen Zirkels aus Panik und Erstarrung, der früher oder später zur Katastrophe des erstarrten `Systems` treibt. In Burkes Worten:`Einem Staat ohne Möglichkeiten des Wandels fehlen zugleich die Möglichkeiten der Selbsterhaltung.` Ohne solche Möglichkeiten riskiert er den Verlust sogar jener Bestandteile seiner Verfassung, die er als geheiligste zu bewahren wünscht".146)

Mit diesen Aussagen beschrieb Burke die angemessenen Möglichkeiten des historisch-politischen Raumes seines Landes aufgrund einer `politischen Klugheit`. Für Burke wie auch für die oben genannten deutschen Idealisten kam es darauf an, eine geeignete Anpassungsfähigkeit der Politik herauszufinden. Es galt, Reformen in kontrollierbaren Teilschritten zu vollziehen:

> "Mit größtem Ernst möchte ich die Regierung bitten, die Weisheit frühzeitiger Reformen zu bedenken. Frühzeitige Reformen gleichen Übereinkünften unter mächtigen Freunden, verspätete Reformen Bedingungen, die man einem unterworfenen Feind diktiert. Frühzeitige Reformen finden in ruhiger Atmosphäre statt, verspätete in allgemeiner Erregung. Ist es erst so weit gekommen, dann nimmt ein Volk an seiner Regierung nichts Achtenswertes mehr wahr. Es verfällt in die Wut einer wilden Menge, die nichts mehr verbessern, sondern nur noch niederreißen will... Wenn es im Interesse der Regierung liegt, daß Reformen rechtzeitig durchgeführt werden, dann ist es das Interesse des Volkes, daß sie gemäßigt bleiben. Denn eine gemäßigte Reform ist dauerhaft und schließt ein Prinzip des Wachstums ein. Wann immer wir verbessern, sollten wir Raum für weitere Verbesserungen lassen. Wir sollten uns umblicken und prüfen, um festzustellen, was wir bewirkt haben. Dann können wir mit Zuversicht fortfahren, weil wir es mit Klugheit tun. Bei überhasteten Reformen dagegen, bei dem, was man mit mehr Eifer als Überlegung **`ganze Arbeit`** nennt, ist alles meist so unausgereift, schroff und unverdaut, so sehr mit Unüberlegtheit und Ungerechtigkeit vermischt..., daß die gleichen Leute, die eben noch die größten Eiferer waren, bald abscheulich finden, was sie angerichtet haben. ... das Ideal guter Politik gerät als Utopie unerfahrener Hitzköpfe in Mißkredit. So werden schließlich die Übel unheilbar, nicht aus

> sich selbst, sondern wegen der falschen und gewaltsamen Heilmittel. "147)

Burke demonstrierte angesichts der revolutionären Ereignisse in Europa ein vom historischen Herkommen praxisorientiertes Theorieverständnis, das den inneren Frieden und die Möglichkeit einer freien Entscheidungsfindung zum Ziel hatte. Wilson eignete sich diese Auffassungen Burkes für seine innenpolitischen Überlegungen an. In "The Ideals of America" versuchte der Princetonprofessor das traditionell gemäßigte Reformdenken und damit auch das praxisorientierte Theorieverständnis der politischen Kultur seines Landes auf der Grundlage einer "Lageanalyse" zunächst anhand der Amerikanischen Revolution darzustellen. Wilson begann seine Ausführungen mit folgenden Worten:

> "The spirit of the old days is not dead...It is from its memories of days old and new that it gets its sense of identity, takes its spirit of action, assures itself of its power and its capacity, and knows its place in the world. Old colony days, and those sudden days of revolution when debate turned to action and heady winds...were our own days, the days of childhood and our headstrong youth".148)

Nach einem kurzen Überblick über Unabhängigkeitskrieg und Verfassungsgebung betonte Wilson:

> "Not battles or any stirring scene of days of action, but the slow processes by which we grew and made our thought and formed our purpose in quiet days of peace, are what we find it hard to make real to our minds again, now that we are mature and have fared far upon the road...We smile upon the simple dreams of our youth...And yet it was by those dreams we were formed. The lineage of our thoughts is unbroken...We shall not forget those deathless passages of great speech, compact of music and high senses, in which Edmund Burke justified us and gave us out of his riches our philosophy of right action in affairs of state."

Im Sinne von Burke, der ein Symbol der geistigen Verwandtschaft und der Zusammengehörigkeit von Amerikanern und Briten ist, hätten auch die Väter der Republik die pragmatischen Notwendigkeiten verstanden:

> "Washington, Henry, Adams, Hancock, Franklin, Morris, Boudinot, Livingston, Ruteledge, Pinckney, - these were men of affairs, who thought less of books than of principles of action. They sought for the plain right of self-government, which any man could understand".149)

Obwohl einerseits "here was too new a thing. Government without precedent was governement without license or limit. It was government by innovation, not government by agreement. Old ways were the only ways acceptable to English feet", vertraten die amerikanischen Revolutionäre nicht "revolution at all, but for the maintainance of accepted practices, for the inviolable understandings of precedent, - in brief, for constitunional government." Die USA hätten damit nicht ein vollkommenes Novum erstellt, sondern sich in einem bereits in England begonnenen Prozeß befunden, der wiederum auf Großbritannien beispielhaft zurückwirkte:

> "We had begun the work of freeing England when we completed the work of freeing ourselves" 150)

So wie zwischen England und den USA zugunsten beider Völker und zugunsten der Freiheit ihrer Bewohner eine Beziehung bestand, die sowohl von der geistigen Herkunft als auch von dem praktischen amerikanischen Vorbild eines neuartig von der Verfassung bestimmten demokratisch-parlamentarischen Regierungssystems geprägt war, stellte Wilson sich eine politisch-geographische Ausbreitung der angelsächsischen Kultur zugunsten weiterer Staaten im internationalen Bereich vor:

> "It is thus the spirit of English life has made comrades of us all to be a nation. This is what Burke meant by combining government with liberty, - the spirit of obedience with the spirit of free action. Liberty is not itself government. In the wrong hands, - in hands unpracticed, undisciplined, - it is incompatible with government."151)

Wilson betonte das Zusammenwirken von Freiheit und der notwendigen geseztlichen und staatlichen Ordnung. Er führte Burke nicht nur mit Blick auf die Beruhigung und Bewältigung der innenpolitischen Krisenerscheinungen und hinsichtlich einer gemäßigten Mittelanwendung an, sondern auch, um unter beispielhafter Heranziehung dieser mehr oder weniger gütlichen und fruchtbaren Auseinandersetzung mit dem ehemaligen Mutterland die friedlich-evolutionären Möglichkeiten einer Erweiterung der Zweckbestimmung der amerikanischen Geschichte aufzuzeigen. Hinzu kam Wilsons Auffassung, daß alleine die Angelsachsen zum historischen Erwachsenenalter vorgedrungen seien und von daher ihnen bezüglich einer weiteren Entfaltung dieses positiven historischen Status eine neue Aufgabenstellung zugewachsen ist:

> "Discipline must precede it, - if necessary, the discipline of being under masters. Then will self-control make it a thing of life and not a thing of tumult, a tonic, not an isurgent madness in the blood.Shall we doubt, then, what the conditions precedent to liberty and self-government are, and what their

> invariable support and accompaniment must be, in the countries whose administration we have taken over in trust, and particularly in those far Philippine Islands whose government is our chief anxiety? We cannot give them any quittance of the debt ourselves have paid. They can have liberty no cheaper than we got it. They must first take the discipline of law, must first love order and instinctively yield to it... We are old in this learning and must be their tutors." 152)

Wie im innenpolitischen Bereich wollte Wilson in seinem Politikverständnis gegenüber Staaten, die nach Selbstbestimmung strebten, das revolutionäre Chaos verhindern helfen. Wie in seinen innenpolitischen Vorstellungen spielte die geschichtliche Erfahrung des historisch Erwachsenen eine große Rolle, die ihn dazu befähigen, Beschützer und Erzieher auf dem Wege zu einer demokratischen Selbstbestimmung zu sein.

> "They are children and we are men in these deep matters of government and justice. If we have not learned the substance of these things no nation is ever likely to learn it, for it is taken from life, and not from books...But we may set them upon the way with an advantage we did not have until our hard journey was more than half made. We can see to it that the law which teaches them obedience is just law and even-handed. We can see to it that justice be free and unpurchasable among them. We can make order lovely by making it the friend of every man and not merely the shield of some. We can teach them by our fairness in administration that there may be a power in government...And, if we are indeed bent upon service and not mastery, we shall give them more" 153)

Eine ***Erziehung*** wurde für Wilson nötig, weil für ihn das Selbsbestimmungsrecht nur dann sinnvoll war, wenn die Philippinen jenen politischen Entwicklungsstand erreicht hätten, der ihnen es erlaubte, sich selbst und bewußt zu regieren. Das entwicklungsgeschichtliche Vakuum machte unbedingt eine Hilfe notwendig, sonst herrschte revolutionäre Gewalt statt eine echte Selbstbestimmung. Die Betrachtungsebenen Wilsons hatten sich verändert. Nicht nur die innenpolitischen Radikalen waren nun sein Thema, sondern auch die ausländischen revolutionären Bewegungen, für die Wilson ein ***Verantwortungsbewußtsein*** entwickelte. Daß Wilson sich mit der innenpolitischen Beschaffenheit anderer Staaten beschäftigte, hatte seine Gründe aber in den aktuellen historischen Umständen seines eigenen Landes. Bewogen wurde Wilson zu dieser **missionarischen** [154)] Erweiterung der amerikanischen Zweckbestimmung durch die innenpolitischen Krisenerscheinungen und die außenpolitischen Ergeinisse des Jahres 1898. Eine innere gemäßigte Kontrolle erschien angesichts der Krise in der amerikanischen Wirtschaft und Gesellschaft mit alten Mitteln nicht mehr alleine ausreichend zu sein, deshalb kam eine erweiterte Zweckbestimmung und Interessenformulierung der USA hinzu. Der geistige Einfluß seines langjährigen Studienfreundes Turner kam in dieser besonderen nationalen Lage zum Durchbruch. Die Intentionen, die Wilson in den folgenden Jahren mit seinen wissenschaftlichen Arbeiten verfolgte, sind eng mit den geistesverwandten Aussagen Turners verbunden. Der Autor Harley Notter stellt mit Blick auf den Beginn dieser Freundschaft fest:

> "During the years at Wesleyan, as had been true the last year at Bryan Mawr, Wilson regularly delivered lectures at The John Hopkins University. There he formed, in 1888-1889, a most stimulating friendship with a younger man destined to become recognized as a distinctive thinker in historical interpretation, Frederick Jackson Turner. Boarding at the same house, they talked often together about the growth of the national idea and the role of the West in American history. Wilson freely admitted that all he wrote on the influence of frontier came from Turner. It was in these years, then, that Wilson began to apprehend the meaning of the West in the development of the national idea and of nationality in American history." 155)

Wie sehr Turner Wilson schätzte geht aus einem Brief an seine Verlobte aus dem Jahre 1889 hervor:

> "This house has been the home of the brightest men that J.H.U. ever sent out in history and literature. Dr. Wilson who is to give a course of lectures in February is to be here when he returns - for he used to board here...I shall enjoy meeting him. He is one of the best historical men in this country".156)

Auf dem Höhepunkt seiner Universitätskarriere versuchte Wilson zu Beginn des Jahrhunderts, Turner nach Princeton zu berufen. Als Rektor der Universität ging Wilson sogar eine folgenreiche Feindschaft mit seinen Princetonkollegen ein, was letztendlich nichts gegen die Ablehnung Turners durch das Professorenkollegium nutzte. Auch wenn hierdurch eine räumlich engere Zusammenarbeit Wilsons mit Turner verhindert wurde, blieb der schon lange Zeit vorhandene Gedankenaustausch bestehen, der u.a. die ohnehin existierenden Gemeinsamkeiten in den historischen Interpretationen verstärkte.[157)] Erinnern wir uns deshalb nochmals an Turners Aussagen und Intentionen. Bereits 1893 verwies er auf die spezifische Kraft, die die "Frontier" für den individualistischen und demokratischen Lebensstil des amerikanischen Volkes, seine gesellschaftlichen und politischen Institutionen und den Aufbau seiner Wirtschaft gehabt hatte. Turner schätzte in der

Krisensituation der 90er Jahre das verletzte Selbstbewußtsein seiner Landsleute richtig ein, stärkte ein neues Selbstwertgefühl, das aus einer neuerlichen Besinnung auf die erfolgreiche Tradition uramerikanischer Werte und auf das bisher Erreichte hervorgehen sollte. Die Bedeutung, die Turners Erkenntnisse in der Folgezeit gewannen, resultierte vor allem aus dieser zutreffenden Analyse der mentalen Bedürfnisse der Krisenjahre und in der Tatsache, daß er als Wissenschaftler eine optimistische Stimmung in der Enge der Krisensituation für das amerikanische Volk entwickeln konnte. Es darf jedoch nicht vergessen werden, daß Turner die Funktion der Frontier in erster Linie als Auffangbecken für überschüssige Kräfte und als "Sicherheitsventil" für unruhige Elemente sah. Hierin trafen sich auch der Konservatismus Turners und Wilsons. Viele Interpreten, die bereits über Turners Intentionen hinausgingen, erkannten eine *Erlösung* aus der innenpolitischen Krise nur noch in einer Ausweitung der "Frontier". Vor allem in der kräftigen Expansion des Außenhandels, in der die Möglichkeit für eine anhaltende Prosperität der US-Wirtschaft und damit für die Chance zur Lösung der sozialen Spannungen in ihrer Gesellschaft lag, erkannte man neue Entwicklungsmöglichkeiten. Daß diese Auweitung des Frontier-Denkens schon auf der theoretischen Ebene nicht widerspruchslos war, macht u.a. die Studie Roland H. Becks deutlich. Beck stellt sich kritisch gegen Turners Grundthese, wonach das typisch Amerikanische, der Staat, die Gesellschaft und Wirtschaft aus dem spezifischen Frontier-Geist des Westens hervorgegangen[158)] sei:

> "Aber die Frontiertheorie hat ihre Grundlagen in einem zeitlich, örtlich und geistig beschränkten Sektor des amerikanischen Lebens. Sie schöpft ihr primäres Material aus einer kurzen Zeitspanne von ungefähr 65 Jahren (1765-1830), erhebt aber den Anspruch einer Gesamtinterpretation amerikanischer Geschichte... Turners Theorie reißt die Entwicklung der Vereinigten Staaten aus dem allgemeinen Zusammenhang der europäischen Kultur und Zivilisation heraus und schafft einen eigenen, isolierten amerikanischen Kulturraum...Die Grundkonzeption der Frontiertheorie ist romantisch: Sie schaltete die schaffenden, handelnden Menschen und realen Kräfte aus und setzte an deren Stelle die geheimnisvoll wirkenden mystischen Potenzen der amerikanischen Natur, die ihrerseits von der Idee der Evolution überlagert waren. Sie betonte immer ein organisches Verhältnis und sah die Dinge als Teile oder Stufen in einem dynamischen Prozeß."159)

Wilsons Absichten gingen sicherlich über eine romantische Interpretation amerikanischer Geschichte hinaus, wie sie Turner hinsichtlich einer `isolationistischen` Perspektive amerikanischer Politik verstanden haben wollte. Für Wilson dienten die Frontierthesen nicht nur zur Eruierung einer spezifisch amerikanischen Zweckbestimmung und historischen Lageanalyse, sondern auch dem Ziel, die besondere Stellung der USA in der Weltgeschichte zu unterstreichen und die international immer größer werdenden Interessen der USA intelektuell-wissenschaftlich mit der zivilisatorischen Überlegenheit Amerikas zu legitimieren. Der Gelehrte Wilson nutzte darüber hinaus den neuen von Turner mitbewirkten Patriotismus als Mittel und als Gelegenheit, um im Bereich der öffentlichen Meinungsbildung die innenpolitischen Krisenerscheinungen kompensieren und Auswege aus der Krise aufzeigen zu können. Der Princetonprofessor begann so ein amerikanistisches Bewußtsein in seinen Veröffentlichungen zu stärken:

> " `Not every man born and bred in America was a great `American` `, he thought; and he endeavored to supply an answer to Crèvecouer's memorable question, `What, then, is this American, this new man?` There was a definite American type, Wilson insisted; and there was an American spirit distinct from the Anglo-Saxon spirit of liberty from which it sprang. The American spirit was bred in the wilderness and was consequently a `progressive, optimistically progressive,`a hopeful and confident spirit, unpedantic, unprovincial, unspeculative, unfastidious`...In an address before the New Jersey Historical Society in 1895, Wilson developed more fully the conception of a distinct American civilization. He wholeheartedly adopted Turner's frontier thesis, set forth in 1893, and give it a twist of his own." 160)

Der Wissenschaftler Wilson war davon überzeugt, die bislang erreichten Erkenntnisse über die amerikanische Innenpolitik mit den neuen außenpolitischen Tendenzen auf dem Wege einer erweiterten Bestimmung neuer Frontier nahtlos verbinden zu können. Turners Auswirkungen auf Wilson sind vor allem in Wilsons Essays um die Jahrhundertwende abzulesen, obwohl bereits in "Division and Reunion" und in "History of the American People" 161) deutliche Übereinstimmungen vorhanden sind. In "The Proper Perspective of American History" betont Wilson nicht nur die eigenständige Entwicklungsgeschichte seines Landes und dessen Überlegenheit gegenüber der Kultur der "alten Welt", er leitet auch direkt den höheren zivilisatorischen Stand von Turners Frontier-These ab und ruft zu einem neuen selbstbewußten und ideell motivierten Patriotismus auf.

> "Our national history has its own great and spreading pattern, which can be seen in its full form and completeness only when the stuff of our national life is laid before us in broad surfaces and upon an ample scale. But the detail of the pattern, the individual threads of the great fabric, are to be found only in local history. There is all the intricate weaving, all the delicate shading, all the nice refinement of the pattern, - gold thread mixed with fustian, fine thread laid upon coarse, shade combined with shade. Assuredly it is this that gives to local history its life and importance... a new temper, a new spirit of adventure, a new impatience of restraint, a new license of life, - these are the characteristic notes and measures of the time when the nation spread itself at large upon the continent, and was transformed from a group of colonies into a family of States." 162)

Wilson endet mit den Worten:

> "Let us resume and keep the vision of that time: know ourselves, our neighbors, our destiny, with lifted and open eyes: see our history truly, in its great proportions: be ourselves liberal as the great principles we profess; and so be the people who might have again the heroic adventures and do again the heroic work of the past. This thus we shall renew our youth and secure our age against decay." 163)

In dem 1901 veröffentlichten Aufsatz "The Significance of American History" geht Wilson bei der Bestimmung des historisch politischen Zwecks der USA noch weiter. Er beschreibt nicht nur die Bedeutung der USA für die übrige Welt und die ganze Weltgeschichte, er leitet darüber hinaus die Führungsrolle der historischen Entwicklung des 20.Jahrhunderts davon ab.

> "...the history of the United States has now been brought at last into perspective, to be seen as what it is, an integral portion of the general history of civilization; a free working-out upon a clear field, indeed, of selected forces generated long ago in England and the old European world... We see it all, now that America, having come out of her days of adoloscence and preparation, has taken her place among the powers of the world, fresh and still in her youth, but no stranger among the peoples, - a leader, rather, and peace-maker in the wide field of affairs... At its outset American history discloses a novel picture of men out of an old world set upon the coasts of a new to do work of pioneers...And yet they did not break with the past..., were frontiersmen with traditions not of the frontier, traditions which they cherised and held very dear, of a world in which there were only ancient kingdoms and a civilization set up and perfected time out of mind...The twentieth century will show another face. The stage of America grows crowded like the stage of Europe. The life of the new world grows as complex as the life of the old. A nation ... now finds its first task roughly finished

> and turns about the look curiously into the tasks of the great world at large, seeking its special part and place of power. A new age has come which no man may forecast. But the past is the key to it; and the past of America lies at the centre of modern history." 164)

Harley Notter bemerkt :

> "Turner's thesis of the influence of the frontier was for the most part accepted...From the fact that we had lost our frontier, it followed that the `Westerner, in some day soon to come, will pass out of our life...Then a new epoch will open for us. Perhaps it has opened already.' " 165)

Mit der Schließung der inneramerikanischen Frontier waren im Verständnis Wilsons die Amerikaner gezwungen, die Suche nach "new frontiers" 166) fortzusetzen. Wie vor allem der Aufsatz "The Making of the Nation" 167) deutlich macht, sollte es auf diese Weise den Amerikanern gelingen, zu ihrer eigentlichen nationalen und historischen Bestimmung zu gelangen:

> "The country is of one mind in its allegiance to the government and its attachment to the national idea; but it is not yet of one mind in respect of the fundamental question. What policies will best serve us in giving strength and development to our life?"

So wie der Amerikaner als Individuum über das gesellschaftliche und nationale Bewußtsein zu sich selbst gefunden hatte, so konnte in dieser besonderen Situation, wo die letzten Frontier erschlossen waren, ein "Zusichselbstfinden" der ganzen Nation - gewissermaßen als höheres Subjekt - in ihrem beispielhaften zivilisatorischen und moralischem "Vor-Leben" zu sich selbst finden. Hierbei hätten Turners Hervorhebungen der Spezifika amerikanischer Geschichte die Identitätsfindung der Amerikaner begünstigt:

> "It is true that the `West` is not, as a matter of fact, a region at all, but, in Professor Turner's admirable phrase, a stage of development, nowhere set apart and isolated, but spread abroad through all the far inferior of the continent. But it is now a stage of development with a difference, as Professor Turner has shown, which makes it practically a new thing in history".168)

Der Ausweg aus den innenpolitischen Problemen sah Wilson in einer neuen, höheren Frontier, die sowohl dem amerikanischen Streben nach Größe entsprechen als auch die Einheit der Nation und ihre Überlegenheit zum Ausdruck bringen sollten.169) Die Vereinigten Staaten mußten nun, nachdem sie sich auf ihre innenpolitische Entwicklung lange Zeit konzentriert hatten, "its specials part and place of power" in der Welt suchen.170) Bringt man diese Aussagen des Aufsatzes "The Making of the Nationen" in den Zusammenhang mit den Ausführungen von "The Ideals of America", so liegt es auf der Hand, daß das Neue in der Geschichte von seiten Wilsons im Sinne eines Verantwortungsbewußtseins für die historische Entwicklung im internationalen Bereich zu finden war:

> "The frontier's closing, Wilson thought, had forced Americans to search for `new frontiers for ourselves beyond the seas. 'Regarding the Spanish-American War of 1898 as the natural consequence of this shift from domestic to foreign expansion, he applauded the willingness of Americans to become `apostles of liberty and of self-government` in Cuba and Philippines. He believed that because of these countries's lack of progress toward democracy under Spanish rule, the United States needed to contribute to their political education, as England had done to the American colonies. When the Filipinos revolted against this forceful instruction, their behavior seemed to Wilson to demonstrate their ignorance about the necessity for order in a democratic society. He wanted the United States to control them".171)

Als "chosen nation" und "chosen race" erkannte Wilson das endgültige "Making of the Nation" und den weiteren Ausbau amerikanischer Größe im Sinne einer "redeemer nation".[172)] Mit dieser Argumentation hatte Wilson wissenschaftlich wie publizistisch die Form einer neuen erweiterten internationalistischen Zweckbestimmung seines Landes erreicht. Der Missionierungsgedanke kam in der Gestalt der "erzieherischen" Aufgabe der USA voll zum Vorschein. Wilson wollte auf diese Weise seine grundlegende Schlußfolgerung aus den Wahrnehmungen der allgemein revolutionären Lage der Weltgeschichte ziehen:

> "What was needed was leadership and statesmanship for an age of confusion and doubt".173)

Die Konsequenz war die Kontrolle historischer Vorgänge, wobei aufgrund der innenpolitischen Notwendigkeiten und Interessen auch ausländische politische Räume missioniert werden sollten. Die Begründung für Wilsons vom Patriotismus bestimmten Internationalismus sind sowohl in der auf stetige Expansion drängenden politischen Kultur der USA als auch in der religiösen Bindung des späteren Präsidenten zu sehen. Arthur S. Link betont in seinem Kapitel "America's Mission in the World as Ministry":

> "Woodrow Wilson's whole thinking about foreign policy was shaped by his concept of ministry and his belief in divine providence. Ministry of unselfish service to individuals, societies, and nations. He believed that God had created the United States out of diverse peoples for a specific, eschatological role in history - as one scholar has written,

> `to realize an ideal of liberty, provide a model of democracy, vindicate moral principles, give examples of action and ideals of government and righteousness to an independent world, upon the rights of man, work for humanity and the happiness of men everywhere, lead the thinking of the world, promote peace - in sum, to serve mankind and progress.` "174)

Es erscheint ein religiös-ethisch motivierter Internationalismus, der aber im Vergleich mit den realen Gestaltungsmöglichkeiten der internationalen Beziehungen und im Gegensatz zu den von Wilson wahrgenommenen innenpolitischen Erfordernissen voluntaristische und unreflektierte Züge enthält. Wilson hatte in erster Linie den Primat eines ideell motivierten Patriotismus vor Augen, der von spezifisch amerikanischen Interessen geprägt war, und der nicht das komplexere Wesen der internationalen Staatengemeinschaft zu berücksichtigten vermochte. Obwohl "Wilson was a belated convert to the notion that an assertive foreign policy was the key to national greatness", änderte er seine Vorbehalte vor einer Annexion der Philippinen im November 1898 angesichts deutscher und russischer Annexionsversuche, damit die USA als "the light of day" und nicht "the light of darkness" die Ordnung und die zukünftige Entwicklung der Inseln bestimmen konnten. 175) Andererseits waren die materiellen und machtpolitischen Vergrößerungen der USA den Wilsonschen Intentionen dienlich, so daß eine machtpolitisch orientierte Staatspolitik nach außen keineswegs den ideellen Vorstellungen widersprach - solange die ethischen Werte den Primat der Politik bestimmten.

> "Despite their differences, Roosevelt and Wilson carried Latin American policy in a strikingly similiar direction. Their predecessors had done much to define that direction when, prompted by the familiar attitudes about national greatness, racial superiority, and political disorder, they began to seek regional dominance." 176)

Wilsons Überlegungen zur Ausweitung der Frontier entsprachen einerseits zwar den innenpolitischen Interessen der USA, so daß auch hier ein praxisorientiertes Theorieverständnis noch zum Ausdruck kam, jedoch gingen andererseits die in diesem Zusammenhang geäußerten Erziehungsmaßnahmen im Bereich ausländischer politischer Räume über eine Praxisorientierung hinaus; Wilson überschritt theoretisch den spezifisch amerikanischen Möglichkeitsraum und drang mit spezifisch amerikanischen Zielen, Methoden und Mittel in fremde Räume ein.

III.2. Wilsons Theorie-Praxis-Verständnis in der Mexikopolitik der USA 1913/14

Die von Wilson praktizierte Mexikopolitik soll in der folgenden Untersuchung mit problemorientiertem Blick auf die methodische Umsetzung der politischen Theorie in die politische Praxis der USA und ihrer Inhalte analysiert werden. In der Betrachtung der Mexikopolitik der Vereinigten Staaten unter Woodrow Wilson wird nicht nur eine Kontinuität in den Inhalten amerikanischer Interessen deutlich, sondern auch eine Intensivierung der Mittelanwendung bei der methodischen Umsetzung politischer Ziele und theoretischer Planungen in die außenpolitische Praxis.
Die Expansion über die Grenzen des eigenen Möglichkeitsraumes hatte einen ihrer Schwerpunkte in Lateinamerika, das u.a. Williams A. Williams als "Laboratorium", als Versuchs- und Experimentierungsfeld der Washingtoner Außen- und Weltpolitik bezeichnet hat.[1)] Hier haben die USA seit Ende des letzten Jahrhunderts erstmals außenpolitische Planungen und Methoden entwickelt, die für die Untersuchung der amerikanischen Außen-, Friedens- und Weltpolitik von genereller Bedeutung wurden.
Klaus Schwabe hebt den Stellenwert amerikanischer Mexikopolitik hervor. Sie würde nach seiner Meinung die faszinierende und außerhalb Amerikas viel zu wenig bekannte Episode der amerikanischen Außenpolitik in einer Weise dokumentieren, die Wilsons Motivation genau so deutlich hervortreten läßt wie den Grad seiner Vertrautheit mit der Lage in Mexiko.

> "Ein wichtiges Vorspiel für Wilsons Diplomatie in dem durch den Ersten Weltkrieg revolutionierten Europa!" 2)

Diese Aussage wird unterstrichen von Robert M.Crunden:

> "The first test for the Presbyterians in Washington was in Mexico; preconceptions and patterns of behavior established in dealing with Mexico remained crucial to more significant issues of European wartime diplomacy" 3)

Die Bedeutung der amerikanischen Mexikopolitik ist nicht nur für die USA und für ihren südlichen Nachbarn von Bedeutung, sondern auch im weiteren Verständnis für die gesamte internationale Ordnung zu Beginn unseres Jahrhunderts. So konstatiert John Milton Cooper:

> "Any estimate of his performance during that period must ultimately stand or fall on an evaluation of his Mexican policies. Mexico was easily the most important problem faced before August 1914. The United States had far more at stake and could exert much greater influence there than almost anywhere else in the world. Moreover, the Mexican revolution was the first twentieth-century uprising of what has since been called the `third world`. Wilson's response to that revolution would have ramifications that have not yet run their course in American foreign policy" 4)

Lloyd C.Gardner betont:

> "The Mexican Revolution, to put the issue in its broadest context, represented the first serious challenge to the international order established by the industrial nations after the middle of the nineteenth century".5)

Bei der Beschäftigung mit Wilsons Außenpolitik sind zwei Hauptgruppen von Kritikern festzustellen: Die erste Richtung besteht aus jenen Wilson-Kritikern, die die "irony of fate"- These vertreten. Für sie stellt die Mexikopolitik des amerikanischen Präsidenten eine praktische Umsetzung des idealistischen Denkens dar,das zu einer unerfahrenen und unbrauchbaren Außenpolitik führte. Die andere Hauptrichtigung der Kritik stammt aus dem Lager der sogenannten Revisionisten amerikanischer Geschichtsschreibung. Sie versuchen Wilsons Außenpolitik als "masked or at best rationalized capitalist expansionism" zu entlarven.[6] Die vorliegende Arbeit stellt sich zur Aufgabe, anhand der konkreten Politikformulierung und des Theorieverständnisses Wilsons diese Aussagen differenzierter darzustellen.

III.2.1.Überblick über die Ereignisse

Wilson war sich wie kaum ein anderer Politiker Amerikas bewußt, in einem revolutionären Zeitalter mit seinen besonderen Spezifika in der Politikformulierung zu leben. Einerseits hatte Wilson, wie Harley Notter unterstreicht, "a reasoned antagonism to violence, disorder, instability, and speculative doctrine", andererseits verurteilte er als Burke-Schüler jede Revolution, sofern sie auf die `Herstellung` verfassungsmäßig garantierter Rechte in den betroffenen Ländern und auf die Erhaltung bzw. Erweiterung amerikanischer Interessen zielte. Im Sinne des Wilsonschen Moralismus fanden jedoch jene Revolutionen keine amerikanische Unterstützung, die allein dem Machthunger Einzelner bei gleichzeitiger Mißachtung bürgerlicher Freiheiten entsprangen.[8]

Im Gegensatz zu Wilsons früherer Tätigkeit gewannen seine Überzeugungen als Präsident für die praktische Gestaltung der amerikanischen Außenpolitik eine weitaus größere Bedeutung. Wilsons seit früher Jugend gehegter Wunsch, selbst aktiv an der Politik gestalterisch und verändernd mitzuwirken, hatte sich erfüllt. Im Amt des Präsidenten prallten jedoch Überzeugungen und Gestaltungsvorstellungen direkt auf die Möglichkeiten in der politischen Praxis. Erste Folgen zeichneten sich bereits in der Frühphase der außenpolitischen Tätigkeit des Präsidenten ab; bedeutende Folgen, die Klaus Schwabe vor allem in der Mexikopolitik der Jahre 1913/14 sieht: Wilson habe hier

> "das Paradebeispiel für seine missionarische Diplomatie, deren hohe Ziele und bedenkliche Konsequenzen" 9)

geliefert.
Um tiefer in diese Thematik eindringen zu können, ist ein Überblick über die politischen Ereignisse in Mexiko und Washington notwendig:
Im Jahre 1911 wurde in Mexiko der langjährige Diktator Porfirio Diaz von einer revolutionären Bewegung gestürzt. Francisco Madero, ein liberaler Denker aus dem Bereich der Großgrundbesitzer, wurde für kurze Zeit Diaz' Nachfolger, bis er von einem Mordkommando unter der Führung des machthungrigen und skrupellosen Generals Victoriano Huerta im Februar 1913 getötet wurde. Fast zeitgleich fiel der Staatsstreich Huertas mit der Amtsübernahme Wilsons zusammen. Wilsons erste größere Phase außenpolitischer Beschäftigung stieß zeitgleich auf die Ablösung Huertas und ihrer Folgen.[10)] Der mexikanische General war alles andere als jener demokratische Staatsmann, den Wilson als Staatsoberhaupt des südlichen Nachbarn sehen wollte.[11)] Deshalb zögerte auch Wilson im Gegensatz zu den übrigen Staaten in den internationalen Beziehungen, die Regierung des Usurpators diplomatisch anzuerkennen, obwohl er von dem amerikanischen Gesandten in Mexiko und vor allem von den Vertretern der Firmen, deren wirtschaftlichen Interessen berührt wurden, bedrängt worden ist.[12)] Die Vereinigten Staaten gerieten mit der Nichtanerkennung Mexikos in den wichtigsten diplomatischen Konflikt, der auch hinsichtlich britischer Ölkonzessionen in Mexiko für eine kurze Zeit die anglo-amerikanischen Beziehungen belastete und der von nun ab bis in das Jahr 1916 Wilsons Außenpolitik problemreich

verfolgte. Der amerikanische Präsident betrachtete es als spezielle Aufgabe seiner \`progressiv-reformerischen\` Außenpolitik, parlamentarisch-rechtsstaatliche Zustände auch in den Staaten Lateinamerikas zu ***errichten***, was eine neuerlich erweiterte Auslegung der Monroe-Doktrin darstellte und aus britischer Sicht auf eine Art "amerikanisches Protektorat" über Lateinamerika hinauslief.[13)] Die Gegner General Huertas sammelten sich um Venustiano Carranzas, dem "First Chief" [14)], einem Grundbesitzer, der in dem gestürzten revolutionären Regime die Stellung eines Senators und Provinzgouverneurs innehatte. Diese Gruppe glaubte Wilson mit Blick auf die zu ersetzende Regierung von Huerta unterstützen zu müssen. Zunächst versuchte Wilson, beide politische Gruppierungen zur Einstellung ihrer Feindseligkeiten und zur Abhaltung freier Wahlen überreden zu können. Da jedoch der Rücktritt Huertas eine wichtige Voraussetzung war, intensivierten sich noch die innenpolitischen Spannungen und Huerta löste das gerade gewählte, ihm aber nicht gefügige Parlament auf.[15)] Wilson versuchte als Reaktion auf Huertas Verhalten einerseits, diesen außenpolitisch zu isolieren, und andererseits das zuvor verhängte Waffenembargo gegen Mexiko einseitig zugunsten Carranzas zu lockern. Der Anführer der Konstitutionalisten bedankte sich zwar für die Waffenhilfe, er verbat sich aber jede Einmischung von außen. Auch die Drohungen, die Wilson gegen Huerta formulierte, hatten eine entgegengesetzte Wirkung. Der mexikanische Diktator benutzte nämlich Wilsons Aussagen, um sich gegenüber seinem Volk als Verteidiger des Vaterlandes auszugeben. Wilson's erzieherische Mitgestaltungsersuchen wurde von beiden Seiten des mexikanischen Bürgerkrieges abgelehnt.

> "Obwohl enttäuscht und verärgert, verrannte er sich trotzdem immer mehr in den Irrtum, er sei imstande, 'den Latein-Amerikanern beizubringen, wie man gute Regierungen wählt\` "16).

Die letzte Möglichkeit, seine Gestaltungsvorstellungen von einem genehmen Nachbarn im Süden durchzusetzen, erkannte Wilson nur noch in einer direkten amerikanischen Intervention. Wenn auch nicht von den Mexikanern gerufen, so glaubte er letztendlich von der modernen Kultur- und Zivilisationsgeschichte zu diesem Schritt legitimiert zu sein. Der amerikanische Präsident benutzte einen mehr oder weniger harmlosen Zwischenfall, um amerikanisches Militär zum Einsatz zu bringen. Als am 9.April 1914 im mexikanischen Hafen Tampico einige amerikanische Matrosen von einem Huerta-Offizier versehentlich festgenommen wurden, nahm dies Wilson zum Anlaß, die Landung amerikanischer Truppen in Tampico und Veracruz zu befehlen. Es kam zu Schießereien mit Verlusten auf beiden Seiten. Wilson schien am Rande des Krieges mit Mexiko zu stehen. Nicht zuletzt die Verurteilung seiner Intervention von Seiten aller Bürgerkriegsparteien führten zu Wilsons Entschluß, interventionistische und kriegerische Handlungen ruhen zu lassen. Das Vermittlungsangebot einer kleineren Gruppe südamerikanischen Staaten [17)] griff Wilson dankbar auf. Bei einer Konferenz im Mai 1914 in Niagara Falls, Kanada, versuchte Wilson, auf friedlichem Wege eine Beendigung des Konfliktes mit Mexiko zu seinen eigenen Bedingungen zu erreichen. Wilson scheiterte vor allem an Carranza, der angesichts neuerer Erfolge über Huerta beste Aussichten hatte, unter seinen eigenen und nicht unter Wilsons Bedingungen den Bürgerkrieg zu beenden. Die Konferenz von Niagara Falls endete ohne einen Erfolg für Wilson, während es Carranza am 13.August 1914 gelang, als neuer Präsident die Führung seines Landes zu übernehmen. Zuvor war Huerta, der durch die amerikanische Besetzung der beiden wichtigsten Hafenstädte von der Außenwelt abgeschnitten war, dazu gezwungen, aufzugeben und außer Landes zu fliehen. Wilson hatte jedoch nicht vergessen, daß Carranza seine Bedingungen ausgeschlagen hatte. Er reagierte auch im Falle Carranzas ähnlich wie bei Huerta. Er erkannte die Regierung Carranzas diplomatisch nicht an. Stattdessen nahm der amerikanische Präsident mit einem neuen Gegenspieler Carranzas, mit Francisco Villa, Kontakt auf. Villa, der Kommandeur der im Norden Mexikos stehenden Truppen Carranzas war, hatte sich kurz vor der Machtübernahme der Konstitutionalisten mit Carranzas überworfen und forderte für sich, als der wahre Vertreter der Revolution die Führung seines Landes. Sobald Villa durch oberflächliche Schmeicheleien die Sympathien Wilsons gewonnen hatte, setzte er seine Truppen gegen Carranza in Marsch. Jedoch war auch er "für demokratische Spielregeln nicht zu haben! Der zweite Akt des mexikanischen Bürgerkrieges begann." [18)] Nachdem Wilson erkannt hatte, daß er mit Villa auf das falsche Pferd gesetzt hatte, demonstrierte er in der Beschäftigung mit der mexikanischen Innenpolitik größere Zurückhaltung. Im November 1914 ließ er die amerikanischen Truppen aus Veracruz und Tampico zurückziehen. Auch als sich im Verlauf des Jahres 1915 erwies, daß Carranza Villa schlagen würde, unternahm Wilson keinen neuen militärischen Interventionsversuch. Stattdessen erkannte er im Oktober 1915 die Regierung Carranzas de facto an. Neuere Umstände innerhalb der internationalen Beziehungen bewegten Wilson zu diesem Schritt. Wilson erachtete es für die Interessen der USA als vorteilhafter, angesichts des seit 1914 in Europa stattfindenden Krieges, sich Deutschland gegenüber den Rücken freizuhalten. Mit seiner Mexikopolitik der Jahre 1913/14 gelang es Wilson, einen machtbesessener Diktator zu stürzen, andererseits erreichte der amerikanische Präsident nicht sein eigentliches Ziel, die Befriedung des südlichen Nachbarns durch die Übertragung demokratischer Lebensverhältnisse nach amerikanischem Muster. Wilson verstrickte sich vielmehr immer stärker in die inneren Auseinandersetzung eines fremden Staates, zog sich die Feindschaft aller Mexikaner zu und trug dazu bei, daß es auf zwischenstaatlicher Ebene fast zu einer kriegerischen Auseinandersetzung kam. Statt Ordnung, Stabilität und Frieden im Interesse seines Landes und Mexikos zu erreichen, schuf Wilson eine ständige Unruhe zwischen den beiden betroffenen Ländern.

III.2.2. Materielle-realpolitische Interessen der Wilsonschen Mexikopolitik

Wilsons Konservatismus und Nationalismus entsprang zwar nicht einem simplen nationalen Egoismus und einem primitiven Machtstreben im internationalen Bereich - auf diese Hintergründe wird weiter unten im Zusammenhang mit den ideellen Motiven Wilsons noch eingegangen -, Konservatismus und Nationalismus bewirkten aber, daß materielle und machtpolitische Elemente die Politikformulierung Wilsons mitbestimmten. Der amerikanische Präsident erkannte einen ideell überlegenen Status Amerikas in der Weltgeschichte, den es zum einen zu bewahren galt und der zum anderen dazu dienen sollte, weltweit unter der Führungsrolle der USA das Reich Gottes auf Erden zu verwirklichen. Aus diesem Denken resultierte auch Wilsons Streben nach nationalem Wohlstand, nationaler Sicherheit und nationaler Größe. Auch Wilsons Bemühen um politische Stabilität in Lateinamerika hing unmittelbar mit der Sicherung materieller und realpolitischer amerikanischer

Interessen - d.h. mit dem Streben nach politischem Einfluß - zusammen. Ausgehend von diesen Vorüberlegungen versuchte Wilson, an die erfolgreiche ökonomische Expansion seiner Vorgänger anzuknüpfen. Die Open Door-Politik blieb auch bei Wilson ein Leitmotiv im Bereich der Außenpolitik, auch wenn sie von ihm einer umfangreicheren Zweckbestimmung untergeordnet wurde. Wie wir im Zusammenhang mit der Behandlung amerikanischer Open Door-Politik weiter oben gesehen haben, wurde angesichts der Krisenerscheinungen am Ende des 19.Jahrhunderts in den USA erkannt, das wirtschaftlicher Wohlstand und Stabilität des eigenen Gesellschaftssystems nur bei einer anhaltenden kommerziellen Expansion gesichert werden konnten. [19] Von Revisionisten wie Williams und heutigen Postrevisionisten [20] werden die Untersuchungsergebnisse der Wilsonbiographen Arthur S. Link, Arthur Walworth, Klaus Schwabe heftig kritisiert, da sie abgesehen vom ökonomischen Faktor noch weitere bestimmende Elemente des Wesens Wilsonscher Innen- und Außenpolitik in den Vordergrund stellen. So wirft u.a. Hans-Jürgen Schröder Klaus Schwabe vor, daß angesichts der von der Regierung Wilson systematisch betriebenen Politik, das Erbe des britischen Weltreichs anzutreten, die ökonomische überseeische Expansion keineswegs als Randproblem der Wilsonschen Politik bezeichnet werden dürfe.[21] Die wichtigsten Kritikpunkte der revisionistischen Geschichtsschreibung an Wilson und an einige seiner Biographen gehen sehr deutlich aus einer Sammelbesprechung William A. Williams hervor. Williams setzt sich hier mit Neuerscheinungen im wesentlichen zu der ersten Phase Wilsonscher Außenpolitik auseinander. Sein Hauptangriff zielt konkret auf den "liberalen Imperialismus" Wilsons, der unter Berufung auf einen übergeordneten historischen Zweck die ökonomische Expansion und die Gewaltanwendung in der US-Außenpolitik legitimieren wollte.

> "The issue involves two complex and interrelated developments. One is the gradual confluence of various economic, ideological, and political arguments for expansion into an integrated an dynamic theory of empire.The other is the gathering of psychological momentum behind the propensity to use force in dealing with challenges that appear to threaten the integrity of the empire." 22)

Es reiche nach Meinung Williams nicht aus, Wilsons Imperialismus erst mit dem Jahre 1917 anzusetzen, da der amerikanische Präsident bereits 1913 in seiner Politik gegenüber China und Mexiko wichtige

Elemente der amerikanischen Imperial-Politik zum Vorschein gebracht habe. Danach habe Wilson schon seit seinem Amtsantritt versucht,"the standards of the West" international zu verbreiten:

> "As for the Mexicans, there were mounting a noncommunist revolution that said no to orthodox Western capitalism, no to Western (and particularly Anglo-Saxon) parliamentary politics, and no to Western individualism."

Williams will in diesen ersten größeren Zusammenstößen "an ongoing confrontation between modern Western capitalism and its domestic and international critics" erkennen. In dieser Perspektive habe Wilson eine zentrale Figur dargestellt "in the counterattack mounted by Western capitalism". Obwohl Wilson als Gelehrter gegen das herkömmliche "Laissez faire"-Denken einen "Christian socialism" gestellt hat, habe er darauf bestanden "order is absolutely indispensable to progress of any sort". Ausgehend von dieser Überzeugung und dem Verständnis, daß es einen Führer geben müsse, übertrug Wilson seine Erkenntnisse auch auf die Außenpolitik, wo er die Führungsrolle für die USA forderte. Williams stellt sich hierbei gegen die Auffassung Arthur S.Links:

> "Link tell us that he was uniterested in foreign policy and unprepared to conduct foreign affairs. That becomes more than a bit of an exaggeration after one reads Wilson's histories and essays written prior to 1912. Never mind. Wilson learned quickly and soon acted like a divine right monarch in the conduct of foreign relations." 24)

Obwohl Wilson generell gegen Ausbeutung gewesen sei, vertrat er die Ansicht "his way of development was the only permissible way to make progress" - dieser Weg durfte keineswegs gestört werden. Die mexikanische Revolution

> "posed the problem in visceral terms by challenging American property and investments in the name of self-determination, economic development, and social welfare."

Williams unterstreicht mit Blick auf den imperialen Charakter Wilsonscher Außenpolitik die Aussagen P.E. Haley's 25). Haley habe herausgearbeitet, daß es Wilsons Hauptproblem gewesen sei, "sympathy for the revolutionaries and their cause and his desire to control Mexico's destiny" zu kombinieren.26) Williams kommt zu dem Schluß:

> "That led to intervention just as surely as pressure from corporations and it was intervention designed to maintain American economic power in Mexico as part of the broad objective of ensuring `the slow and steady improvement of

> mankind through the spread of a reformed and socially responsible democratic capitalism.` "27)

Versuchen wir, die ökonomischen Antriebskräfte Wilsons zu beleuchten. Wilson stand, wie nicht zuletzt die Arbeiten Lloyd C. Gardners zum Vorschein bringen, in einem Dilemma: zum einen wollte Wilson die amerikanischen Interessen in Mexiko sichern, zum anderen bemühte er sich, die Lateinamerika-Politik mit seinen liberal-demokratischen Zielen und Zweckvorstellungen in Einklang zu bringen.

> "Roosevelt and Taft had established a system of American protectorates in the Caribbean, but Wilson and Bryan seemed to want to try something else, more in the line with American democratic traditions." 28)

So wie Wilson innenpolitisch seine Ziele dem Reformprogramm des Progressive Movement anpaßte, so distanzierte er sich auch von der Dollar-Diplomatie Tafts. Die Expansion der amerikanischen Wirtschaft erschien für Wilson im bloßen Dienst der Interessen einiger kapitalistischer Geldanleger und Großfirmen zu stehen. Wilson "was deeply suspicious of the power of the 'special interests' at home and of `Dollar Diplomacy` abroad." [29] Er forderte bereits in seiner Princetonzeit, daß die ideelle Mission Amerikas wieder die Politik bestimmen sollte.[30]

> "Amerikas Außenpolitik sollte sich an den Wünschen des kleinen Mannes in aller Welt orientieren und nicht an dem Egoismus einiger Großunternehmer. Wilson wollte seinen Kampf gegen wirtschaftliche und politische Machtkonzentration also auf dem Feld der Außenpolitik verlegen." 31)

Um die Ernsthaftigkeit seiner Aussagen zu demonstrieren, versuchte Wilson, bereits kurze Zeit nach seinem Amtsantritt entsprechende Schritte zu unternehmen. So zog der amerikanische Präsident die amerikanischen Mitglieder eines internationalen Konsortiums, das den Eisenbahnbau in China finanzieren wollte, zurück; von einem Geschäft, an dem nur einige wenige amerikanische Großbanken profitieren sollten. Wilson beabsichtigte aber nicht, die amerikanische Wirtschaft von den chinesischen Märkten fernzuhalten. Er bejahte die Erschließung des chinesischen Marktes für amerikanische Exporte, so wie es die berühmten Open-Door-Noten der Jahrhundertwende bewirken sollten.[32]

So sah Wilson auch seine Mexikopolitik: einerseits im Zusammenhang mit seinen reformerischen Vorstellungen, andererseits mit Blick auf die Offenhaltung für den amerikanischen Handel und für den politischen Einfluß der USA. Die klassische Stellungnahme Wilsons und seiner Administration zur Dollar-Diplomatie in Mexiko war seine "Mobile Speech on Latin American Policy", die der Präsident am 27.Oktober 1913 hielt.[33] In dieser Rede vor nord- und südamerikanischen Geschäftsleuten kamen wesentliche Elemente seiner außenpolitischen Politikformulierung zum Vorschein.

> "It provided a case study of the goals and limitations of Wilsonian policy." 34)

"It is a spiritual union we seek", sagte Wilson. Kapitalisten hätten nicht das Recht, Konzessionen in Lateinamerika zu fordern, sondern nur die Möglichkeit zu investieren und Gewinne zu machen.

> "Wilson sypmathized with the exploited peoples, flattered their achievements, and reverted to Lincolnian language to speak of their 'emancipation' from the policies of dollar diplomacy." 35)

Der amerikanische Präsident bemerkte:

> "We have seen material interests threaten constitutional freedom in the United States. Therefore, we will now know how to sympathize with those in the rest of America who have to contend with such powers, not only within their borders but from outside their borders also."36)

Im Verlauf der Vorbereitung seiner Rede in Mobile strich Wilson einen Satz, dem man mit Blick auf die Wilsonsche Wahrung amerikanischer Interessen größere Aufmerksamkeit schenken muß.[37] Zunächst wollte Wilson sagen:

> "As in Cuba the United States was willing to lend its assistance in the securing of independence from a foreign political power, so in Mexico this nation is willing to assist in maintaining Mexico's independence of foreign financial power." 38)

Aus diesen Worten geht nicht deutlich hervor, in welchem "reform context" Wilson seine Äußerungen interpretiert wissen wollte. In der endgültigen Form der Wilsonrede - d.h. ohne den ausgelassenen Satz - ist die Rede im Zusammenhang mit der Forderung des Progressive Movements zu verstehen, den amerikanischen Trusts auch außerhalb der USA Herr zu werden. Mit diesem Satz erscheint die Rede aber in einem anderen Zusammenhang. Hier scheint das Hauptanliegen Wilsons "the elimination of `foreign` interests", im Sinne von nicht-amerikanischen Interessen zu sein.[39] So fragten sich auch die Briten, ob Wilson etwas Konkretes im Sinn hatte, ob der Präsident nur naiv allen Interessen, ausgenommen den der amerikanischen Kapitalisten, gerecht werden oder ob Wilson nur Zeit gewinnen wollte.

"Perhaps he simply did not know what he was doing." 40) Lord Grey sandte Sir William Tyrell nach Washington, um dieser Frage nachzugehen. In einem Gespräch des Briten mit dem amerikanischen Präsidenten beschränkte Wilson sich auf die Feststellung, daß der Kommandeur der Konstitutionalisten in Tuxpam ihm versichert habe, auf der Grundlage einer Verfassung, die Interessen fremder und heimischer Ölgesellschaften unangetastet zu lassen. Der britische Gesandte fragte sich nach diesen kurzen Ausführungen des Präsidenten, ob Wilson wirklich verstanden hätte, daß sein Verhalten trotz allem angesichts der realen Verhältnisse in Lateinamerika auf "de facto Protektorate" der USA hinauslaufe."If Wilson did not", berichtete Tyrell nach London,

> "others in Washington did, and they actively sought 'to achieve that object'." 41)

Die außenpolitische Praxis der USA der folgenden Jahre gab dem britischen Gesandten Recht. Wilson konnte seine Versprechen mit Blick auf eine verfassungsrechtliche Demokratisierung des südlichen Nachbarns und einer gleichzeitigen Sicherung aller Interessen nicht halten. Auch wenn Wilson die Außenpolitik der USA unter ideellen Gesichtspunkten neugestalten wollte [42)], so blieben die Kontinuitäten amerikanischen Außenpolitik doch ein wesentliches Faktum Washingtoner Politik- und Interessenformulierungen, die mit bloßen Absichtserklärungen nicht so einfach zu überwinden waren. Wilson war innerhalb des historisch-politischen Raums der USA in die geschichtlichen Strukturen seines Landes eingebunden, hier wurden die Grenzen einer realistischen Politikformulierung gesteckt. Um eine neue Außenpolitik gestalten zu können, wäre ein theoretisches Reflektieren und `Bewußtwerden` über diese Tatsache notwendig gewesen. Nur so wären auf eine praxisorientierte Weise Schlußfolgerungen für eine realistische Planung der Lateinamerika-Politik und der anzuwendenden Mittel zu ziehen gewesen. Stattdessen erscheinen Wilsons praktische Handlungen und seine Rhetorik für viele Kritiker als unkoordiniert, als Widerspruch von Theorie und Praxis. Bereits Wilsons historische Lageanalyse amerikanischer und mexikanischer Politikformulierung entsprach den politischen Gegebenheiten und Gestaltungsmöglichkeiten nicht. In der Einschätzung der Möglichkeiten, überschätzte Wilson vor allem den Stand der historisch-politischen Entwicklung seines eigenen Landes; insbesondere den Tatbestand, daß die USA von der national-egoistischen Wahrung materieller Interessen abhingen und deshalb traditionell wirtschaftliche und machtpolitische Mittel einsetzen mußten - und unter Wilsons eigener Führung weiter einsetzten - , um innenpolitisch den sozialen Frieden zu bewahren. Den innenpolitischen Erfordernissen konnte und wollte sich der nationalistisch orientierte Wilson in seiner Form des `Internationalismus` nicht widersetzen . Die Absage an die bisherige Lateinamerika-Politik darf nämlich nicht darüber hinwegtäuschen, daß

> "Wilson ebenso wie sein Vorgänger für eine expansive Außenwirtschaft eintrat. Eine solche Expansion über die Grenzen hinaus ergab sich für Wilson aus der Tatsache, daß er die amerikanische Wirtschaftsstruktur nicht prinzipiell in Frage stellte.Damit war auch für Wilson die wirtschaftliche Expansion über die Grenzen hinaus für das "American System" eine Notwendigkeit".43)

Wenn nun Wilson die "special interests" von Großunternehmern der USA mißbilligte, so wollte er trotz allem nicht den eigentlichen existenziellen Interessen seines eigenen Landes im Wege stehen. Der Präsident beabsichtigte mit seinem Internationalismus, keinesfalls das Kinde (USA) mit dem Bade (i.S. eines solidarischen Internationalismus) auszuschütten. Eine Tatsache, die sich nicht zuletzt anhand einer genaueren Untersuchung amerikanischer Interessenwahrung in Lateinamerika ergibt: die USA hatten in Mexiko traditionell materiell-machtpolitische Interessen. In steigender Anzahl waren Amerikaner vor allem um die Jahrhundertwende nach Mexiko gekommen. Sie hielten sich für "pioneers responding to the same urge as those who had gone west into the territories" und amerikanisches Kapital "had likewise penetrated Mexico". Bereits um das Jahr 1910 hatten amerikanische Firmen "the largest share of the estimated $ 1,5 billion invested in Mexico."

> "Foreign capital extended into almost all areas of commerce and industry; for example, it controlled 97 percent of mining and more than 90 percent of the petroleum industry".44)

Die allgemeine Folge für Mexiko war eine totale wirtschaftliche Abhängigkeit von den USA und anderen, zumeist europäischen Industriestaaten wie Großbritannien und Deutschland. Präsident Taft verteidigte 1910 die "business orientation" seiner

Außenpolitik.[45)] Nach seiner Auffassung hatte die amerikanische Regierung das Recht

> "to include active intervention to secure for our merchandise and our capitalists opportunity for profitable investment which shall insure to the benefit of both countries concerned".46)

Friedliche Beziehungen sollten so Hand in Hand gehen mit Handelsbeziehungen. Dieses amerikanische Grundverständnis war verbunden mit der Überzeugung, daß demokratische Regime in Lateinamerika die allgemeine Stabilität sichern würden.

> "These facilated the loaning of money by American banks and the production of raw materials valuable to American business. They also worked to the diplomatic advantage of American power and prestige, and helped keep out European powers. If political or financial instability threatened, then American troops assisted Latin countries by keeping order and the businessmen by maintaining the payment of interest and legitimate bills." 47)

So wurde u.a. ein Eisenbahnnetz unter maßgeblicher Mitwirkung der Amerikaner aufgebaut, das in Mexiko zu einer sich verstärkenden Abhängigkeit von den USA beitrug. Mit Beginn des Schienenverkehrs geriet ein großer Teil Nord-Mexikos unter die Kontrolle amerikanischer Firmen. Die Eisenbahn diente eher

> "as pipelines from the Mexican interior to American markets than they did as a stimulus to Mexico's economic development."48)

Schon bald wurden Rohmaterialien und Schwerindustrie von amerikanischen Firmen kontrolliert. als Reaktion auf diese Erscheinungsformen bildetete sich innerhalb der mexikanischen Führungsschicht eine nationalistische Gruppe heraus die Cientificos, die Diktator Diaz der Unfähigkeit anklagte, mexikanisches Eigentum zu verteidigen. Diese Argumentation trug wesentlich zur mexikanischen Revolution bei. Nach Meinung der Kritiker Diaz' konnte Mexiko erst dann seine Rückständigkeit verlieren, wenn die Nation selbst volle Kontrolle über seine Resourcen und sein Schicksal gewinne. Huertas Hauptwidersacher wurde der bereits erwähnte Francisco Madero.

> "Madero spoke a language that resembled the language of American liberalism." 49)

Im Jahre 1911 übernahm Madero das Präsidentenamt. Mexiko blieb jedoch instabil.Gruppen, die von Huerta, Zapata und Villa geführt wurden, bedrohten sowohl Maderos Leben als auch die mexikanische

Demokratie. Ein weiterer einflußreicher Gegner Maderos stellte der amerikanische Botschafter in Mexiko, Henry Lane Wilson, dar, der in den Forderungen des neuen liberalen mexikanischen Regierungschefs eine Bedrohung für amerikanische und britische Geschäftsinteressen sah. Deshalb unterstützte auch der Botschafter die letzte entscheidende Revolte gegen Madero im Februar 1913. Botschafter Wilson, dessen Verhalten "was increasingly that of a pro-consul in the outskirts of empire", befand sich in engen Gesprächen mit Huerta. Der Amerikaner machte deutlich, daß Huerta keine Gefahr von seiten amerikanischer Truppen zu erwarten habe, "if the President resigns and order is restored".[50)] Im Verständnis des Botschafters war es notwendig, der neuen Regierung Huerta sofort Hilfe zur Befriedung des Landes zu leisten. Kurz nach dem Staatsstreich mahnte jedoch Tafts Außenminister Knox, Huerta klar zu machen, daß keine mexikanische Regierung ohne die Billigung der USA überleben könne und daß Amerika

> "expected to supervise affairs in Mexico before things really got out of hand".51)

In dieser Situation übernahm Woodrow Wilson im März 1913 das Amt des Präsidenten. Bei seiner Nominierung als Präsidentschaftskandidat im Jahre 1912 hatte er mit Blick auf die materiellen Interessen in Lateinamerika geäußert:

> "Our industries have expanded to such a point that they will burst their jackets, if they cannot find a free outlet to the markets of the world...Our domestic markets no longer suffice. We need foreign markets" 52)

Aus diesen Worten geht hervor, daß Wilson keine realisierbare Alternative zur expansiven Außenwirtschaft der USA erkannt hatte. [53)] Jedes territoriale Interesse der USA schloß Wilson hierbei aus. Aus seinen häufigen Aufrufen für eine Handelsexpansion der amerikanischen Wirtschaft könnte einerseits der Eindruck entstehen, Wilson sei geradezu das "Modell eines Open-Door-Ideologen" [54)]. Andererseits verwarf aber sein Progressivismus die Idee, daß die Regierungspolitik (die Innen- wie auch die Außenpolitik) der Verteidigung von spezifisch kapitalistischen Interessen zu dienen hat. Wilson gab sich hierbei größte Mühe, damit seine Politik nicht den Anschein einer ökonomischen Motivation hatte. Nach Wilson hatte die US-Politik sogar mit den traditionellen Normen der Außenpolitik gebrochen, da

> "the government of the United States has not the spirit of other governments, which is to put the force, the army and navy of that government behind investment in foreign countries. Just so certainly as you do that, you coin this chaos of competing and hostile ambitions." 55)

Wilson beteuerte, daß die USA

> "in the interests of Mexico alone and not in the interests of any body of persons who may have personal or property claims in Mexico"56).

War es denn überhaupt möglich, daß die USA unter Wilson die "special interests" der amerikanischen Wirtschaft im Rahmen der "freundschaftlichen Unterstützung" ihres südlichen Nachbarns ausklammern konnten. Waren Politik und Ökonomie zwei von einander zu trennende Sachbereiche? Standen ökonomische Momente außerhalb der Wilsonschen Zweck- und Politikformulierung, so daß man sie davon losgelöst betrachten konnte? Um diese Fragen beantworten und um den eigentlichen Stellenwert der materiellen Interessen im Gesamtzusammenhang der Wilsonschen Politikformulierung verstehen zu können, ist eine Betrachtung des theoretischen Verständnisses Wilsons hinsichtlich der ökonomischen Beschaffenheit der amerikanischen Politik hilfreich.
Wichtige Aufschlüsse vermittelt der Aufsatz Martin J.Sklars, der die amerikanische Politik in den Gesamtzusammenhang der politischen Ökonomie des modernen Liberalismus stellt.[57)] Nach Sklar hat Wilson die Ökonomie seines Landes durchaus in einem größeren Zusammenhang gesehen, den man als politische Ökonomie bezeichnen kann. Die These, daß "the 'Puritan ethic', to which students of Wilson have attached fundamental importance as basic to his mentalitiy" hätte vorweg innerweltliche Überlegungen zu wirtschaftlichem Machtstreben ausgeschlossen, sei nicht aufrecht zu erhalten. Vielmehr spielte die Wirtschaftsordnung, insbesondere das liberal- kapitalistische System der USA eine große Rolle für die Politikformulierung Wilsons. Wilson habe, so Sklar, der Ökonomie die gleichen moralischen Postulate gestellt wie der Politik. Diese Erkenntnisse leitete der Präsident aus seinem religiösen Verständnis ab. Nicht zuletzt Wilsons Studien über Adam Smith, dessen Beweggründe ebenfalls in der Sphäre der Moral lagen, stellten einen fundamentalen Zusammenhang zur politischen Ökonomie des Liberalismus her.

> "In Smith, Bright, and Cobden, Wilson found secular moral sanction for the borgeois democratic political economy as well as indefeasible economic principles."

Privates Unternehmertum entsprach ganz dem naturrechtlichen Verständnis Wilsons von den Gesetzmäßigkeiten menschlichen Zusammenlebens und den moralischen Anforderungen, die er an eine politische Ökonomie stellte:

> "Private, competitive enterprise manifested natural law in the realm of political economy, and went hand in hand with republican institutions, comprising together the essential conditions of democracy, individual liberty, and increasing prosperity." 58)

In erster Linie war es aber die Aufgabe der Ökonomie, den Erfordernissen des politischen Gemeinwesens zu dienen und nicht umgekehrt. Mit Blick auf die heimischen "Trusts" formulierte Wilson eine Wirtschaftspolitik für den inneren Bereich seines Landes, die ein Primat des staatlichen vor dem großunternehmerischen Interesse vorsah.

> "He defined the general welfare or national interest not in terms of abstract reasoning or visionary dreams, or from 'pure' moral principles, but historically in terms of the 'facts' of the existing economic structure and business organization.For Wilson, the 'facts' were that the large corporation and large-scale industry had replaced the individual entrepreneur and small producing unit as the central and dominant feature of modern capitalism." 59)

Das "business" sah Wilson nicht nur unter dem Gesichtspunkt von individuellem Profitstreben, sondern auch hinsichtlich der gesamten Gesellschaft und ihrer moralisch-historischen Perspektive, so wie er sie herausgearbeitet und verstanden hatte.

> "Wilson's view of economic relations as basic to social, political, and spiritual life, fit altogether consistently into his conservative-historicist, natural law approach to society. Understood in these terms, Wilson's 'idealism' arose therefore, from his conception of practical experience, of 'natural' social evolution, of the genius of evolved social institutions, custom, habit, and tradition, of 'irresistible' social forces, and the law of commerce. It was that mixture of classical nineteenth century liberalism with conservative-historicism that made Wilson the Progressive he was: rational adjustments, determined by enlightened men concerned with general welfare, were made to irrational processes, that is, to processes not determined by men but evolving irresistibly in accordance with supra-human natural law or predetermination."60)

Was jedoch die Wirtschaftspolitik im außenpolitischen Bereich der USA und die Ausdehnung des amerikanischen Marktes bzw.

Wirtschaftssystems anging, stellte Wilson seine praxisorientierte Lageanalyse einer mangelhaften innenpolitischen Ordnung, die einer "Reinigung" bedurfte, zurück. Auf dieser Ebene spielten neue und andere Gesichtspunkte eine Rolle. Einerseits ermahnte Wilson in seinen Reden die amerikanischen Großunternehmen in Lateinamerika, seinen moralischen Forderungen zu folgen, (er schrieb ihnen letztendlich auch mangelndes Verständnis für die moralischen Zwecke des Gemeinwesens zu [61)]); andererseits war seine Lageanalyse der Außenwirtschaftspolitik auf die von ihm herausgearbeitete historisch-politische Zweckbestimmung seines Landes fixiert: Wilson ging davon aus, daß der hohe zivilisatorische Stand der amerikanischen Innenpolitik eine Einheit mit einem ebenso hohen Stand der ökonomischen Entwicklung bilde. In diesem Zusammenhang diente eine ökonomisch, liberal-kapitalistische Missionierung der Welt und die Ausweitung des ganzen sozio-ökonomisch-politischen Systems der USA den hoch gesteckten Zielen einer im Sinne göttlicher Vorsehung vorgenommenen Erlösung der Menschen:

> "Taken together,Puritanism and Smithian-Manchestrian economics instilled Wilson with the compulsion to serve the strengthening and extending of the politico-economic system he knew in the United States as a positively moralistic commitment, since that would strengthen and extend the sphere of liberty, democracy, prosperity, and Providence, and accorded with natural law." 62)

Die Herstellung neuer Märkte in fremden historisch-politischen Räumen faßte Wilson nicht als Imperialismus auf. Imperialismus war für Wilson das wirtschaftliche und realpolitische Weltmachtstreben der europäischen Mächte. Die Amerikaner bewegten sich im Verständnis Wilsons auf der legitimen Basis von "free trade", zumal sie, im Verständnis Wilsons, aus ideellen und damit aus fortschrittsorientierten Beweggründen handelten,

> "In the Wilsonian manner, former president Truman recently remarked 'The Open Door Policy is not imperialism; it is free trade'." 63)

Sobald Wilson seine Politik für den außenpolitischen wie für den Außenhandelsbereich formulierte, waren die Bedenken über die innenpolitische Lage kein Thema mehr. Angesichts der moralischen und zivilsatorischen Überlegenheit der USA gegenüber den übrigen Mächten in der Welt, wurden die Schwächen des eigenen Wirtschaftssystems, seine Ungerechtigkeiten und unmoralischen

Erscheinungsformen ausgeklammert. Bei der Übertragung des amerikanischen Systems auf andere politische Räume spielten nur noch die positiven Erscheinungsformen amerikanischer Politik eine Rolle für Wilson. Die erkannte Einheit von moralischem und gesellschaftspolitischem Fortschritt, Demokratie und liberaler Wirtschaftsordnung wurde nur nach der positiven Seite wahrgenommen. Negative Seiten des Wirtschaftssystems wurden, sobald man die Ebene der Außenwirtschaft betrat, getrennt vom gesamtpolitischen Bereich als "special interests" gesehen. Hier wurden vordergründig Politik und Ökonomie voneinander getrennt. Andererseits ergaben sich für Wilson auf der Basis des politischen und wirtschaftlichen Einflusses der amerikanischen Wirtschaft in Mexiko auch Möglichkeiten, die bei der Umsetzung außenpolitischer und missionarischer Gestaltungsvorstellungen von größtem Gewicht waren. Diese Möglichkeiten gingen aus der "Pionierarbeit" der Großunternehmen hervor; einer Vorleistung der Wirtschaft, die die politische Einflußnahme der USA auf den südlichen Nachbarn sicherstellen konnte.

> "An der Nahtstelle von Politik, Wirtschaft und Gesellschaft, von Innen-, Außen und Außenwirtschaftspolitik bilden internationale Kartelle ein Scharnier, das externe und interne Vorgänge verknüpft.Sie sind ein Bereich, indem die Strategien der Industrie auf diejenigen der Regierung stoßen. Sie ermöglichen es der Wirtschaft, die offizielle Außenpolitik zu flankieren oder aber zu durchkreuzen. Sie stellen umgekehrt ein Instrument dar, das es der Regierung ermöglicht, ihre innere und äußere Politik mit ihrer "economic foreign policy" zu koordinieren." 64)

Wilson konnte in Mexiko nicht in gleicher Weise wie in den USA die Macht der Großunternehmen beschneiden. Zum einen handelte es sich in Mexiko "nur" um die Interessen eines fremden und nicht-demokratischen Landes, wofür es sehr schwer politische Mehrheiten angesichts der krisenhaften Wirtschaftslage der USA zu finden gab; zum anderen wurden Wilson mit der Hilfe der Großunternehmer Möglichkeiten zur Beeinflussung der mexikanischen Politik eröffnet, die er als Patriot und politischer "Missionar" nicht ungenutzt lassen konnte. Mexiko spielte für die USA eine weitaus größere Rolle als irgendeine andere lateinamerikanische Nation. Hier hatten sie die Gelegenheit, Einfluß auszuüben, wie sonst nirgendwo in der Welt.[65)] Zum einen stand mit der mexikanischen Revolution dieser Einfluß auf dem Spiel, zum anderen war für Wilson in Mexiko angesichts der vorhandenen Schwäche des dortigen

Systems zu erkennen, daß die Umsetzung amerikanischer Vorstellungen auf den Bereich der zwischenstaatlichen Verhältnisse Lateinamerikas auf die scheinbar günstigsten Umstände traf. Die hierbei vorzunehmende Ausnutzung wirtschaftlicher Macht zur Erreichung politischer Ziele hatte bereits seine Tradition in der amerikanischen Außenpolitik, wie nicht zuletzt Wilsons Vorgänger, Taft und Roosevelt, deutlich machten. Für Wilson hatte aber dieser Einsatz ökonomischer Mittel die Aufgabe, einen weitreichenderen Zweck zu verfolgen, nämlich die praktische Durchsetzung seiner ideellen Vorstellungen. Sehen wir deshalb im folgenden,inwieweit Wilson eine ideell- motivierte Politik in Mexiko formulierte, welche Maßnahmen er in der Praxis traf, um im Sinne eines verantwortungsbewußten, ideell-solidarischen Internationalismus die Interessen des südlichen Nachbarn zu verfolgen.**66)**

III.2.3. Ideelle Interessen der Wilsonschen Mexikopolitik

Wilsons berühmte Rede in Mobile brachte beispielhaft den ideellen Gehalt seiner außenpolitischen Interessenformulierung zum Ausdruck. Der Präsident begann mit folgenden Worten:

> "The future, ladies and gentlemen is going to be very different for this hemisphere from the past. These states lying to the south of us, which have always been our neighbors, will now be drawn closer to us by innumerable ties, and I hope, chief of all, by the tie of a common understanding of each other. Interest does not tie nations together; it sometimes separates them. But sympathy and understanding does unite them, and I believe that by the new route that is just about to be opnened, while we physically cut two countries asunder, we spiritually unite them. It is a spiritual union we seek...Human rights, national integrity, and opportunity as against material interests that, ladies and gentlemen, is the issue which we now have to face. I want to take this occassion to say that the United States will never again seek one additional foot of territory by conquest. She will devote herself to showing that she knows how to make honorable and fruitful use of the territory she has; and she must regard it as one of the duties of friendship to see that from no quarter are material interests made superior to human liberty and national opportunity. I say this, not with a single thought that anyone will gainsay it, but merely to fix in our consciousness what our real relationship with the rest of America is. It is the relationship of a family of mankind devoted to the development of true constitutional liberty...We know that this is a cause which we are making in common with our neighbors, because we have had to make it for ourselves."67)

Wie aus dieser Rede hervorgeht, empfand Wilson eine moralische Verantwortung für die Entwicklung in Südamerika. Die Vereinigten Staaten hatten nach Wilson gerade den unterentwickelten Ländern gegenüber die Aufgabe, ihnen bei der Schaffung demokratischer Regierungsformen beizustehen [68]. Die bereits als Princeton-Professor ausgearbeiteten Vorstellungen von einer verantwortungsbewußten Gestaltung der zwischenstaatlichen Beziehungen spielten eine gewichtige Rolle. Ein Mann wie der mexikanische General Huerta war für Wilson alles andere als ein Partner, mit dem man die demokratische Umgestaltung der lateinamerikanischen Beziehungen bewältigen konnte. Zum Staatsstreich Huertas, den Wilson entschieden mißbilligte, äußerte Wilson im März 1913:

"Cooperation is possible only when supported at every turn by orderly processes of just government based upon law, not upon arbitrary or irregular force. ... there can be no freedom without order based upon law and upon the public conscience and approval...We shall lend our influence of every kind to the realization of these principles in fact and practice,knowing that disorder, personal intrigue and defiance of constitutional rights weaken and discredit government and injure none so much as the people who are unfortunate enough to have their common life and their common affairs so tained and disturbed.We can have no sympathy with those who seek to seize the power of government to advance their own personal interests or ambition.We are friends of peace, but we know that there can be no lasting or stable peace in such circumstances.As friends,therefore, we shall prefer those who act in the interest of peace and honor, who protect private rights and respect the restraints of constitutional provision.Mutual respect seems to us the indispensable foundation of friendship between states, as between individuals." 69)

Eine internationale Note vom 23.November 1913 unterstrich Wilsons Zweckbestimmung amerikanischer Mexikopolitik:

"The purpose of the United States is solely and singly to secure peace and order in Central America by seeing to it that the processes of self government there are not interrupted or set aside. Ursurpations like that of General Huerta menace the peace and development of America as nothing else could.They not only render the development of ordered self-government imposible; they also tend to sent law entirely aside, to put the lives and fortunes of citizens and foreigners alike in constant jeopardy, to invalidate contracts and concessions in any way the usurper may devise for his own profit, and to impair both the national credit and all the foundations of business, domestic or foreign.It is the purpose of the United States,therefore, to discredit and defeat such usurpations whenever they occur. The present policy of the Government of the United States is to isolate General Huerta entirely; to

> cut him off from foreign sympathy and aid and from domestic credit, whether moral or material, and so to force him out...If General Huerta does not retire by force of circumstances, it will become the duty of the United States to use less peaceful means to put him out." 70)

Selbst gewaltsame Mittel schloß der amerikanische Präsident nicht aus, um die Mexikaner von einem, wie er es verstand, unliebsamen und die Demokratie hemmenden Diktator zu befreien. Die durch die Einmischung Wilsons in die inneren Angelegenheiten Mexikos - d.h. durch die Nichtanerkennung Huertas und die Unterstützung der Konstitutionalisten - entstandene Konfrontation mit der Regierung des südlichen Nachbarns ging eigens auf das persönliche Konto des Präsidenten. Spezialisten des Außenministeriums unterstüzten die Auffassung des amerikanischen Botschafters in Mexiko, Henry Lane Wilson, daß Huertas Regierung in der Tat die einzige Regierung in Mexiko sei und das eine Ablehnung der Anerkennung nur revolutionäre Elemente ermutigen würde, so daß Huerta nicht ausländische Leben und Eigentum schützen könnte.[71)] Counselor John Bassett Moore, stellvertretender Außenminister, fügte unter Berufung diplomatischer Prinzipien hinzu:

> "The Government of the United States having originally set itself up by revolution has always acted (in the matter of recognation) upon the de facto principle. We regard governments as existing or not existing. We do not require them to be chosen by popular vote. ...Our deprecation of the political methods which may prevail in certain countries can not relieve us of the necessity of dealing with the governments of those countries. ...We look simply to the fact of the existence of the government and to its ability and inclination to discharge the national obligations." 72)

Wilson erklärte aber, daß eine faktische Anerkennung nur jene mexikanische Regierung erhalte, die sich auf auf eine verfassungsrechtliche Grundlage stützten könne - was zugleich dem wesentlichsten Prinzip seiner außenpolitischer Gestaltungskonzepte entsprach. Dieser Forderung kamen die Revolutionäre, die sogenannten Konstitutionalisten, eher entgegen als der Diktator Huerta.[73)] Die Nichtanerkennung reflektierte ganz offensichtlich die politisch-ideellen und moralischen Werte Wilsons .

> "Wilson's political values seem to have impelled him toward active opposition to Huerta only insofar as they reinforced his belief that such a tyran must lack popular support and be easy to topple."74)

Huerta war für Wilson ein nicht-rechtmäßiger Vertreter seines Volkes und somit nicht der richtige politische Partner. Wilson

setzte im Gegensatz zu den allgemeinen diplomatischen Gepflogenheiten innenpolitische Maßstäbe als Grundlage für eine Anerkennung der mexikanischen Regierung und für einen reibungslosen Ablauf der zwischenstaatlichen Beziehungen .75)
Obwohl der amerikanische Präsident auf weitere mögliche Mittel in seiner internationalen Note hinwies, verband er mit der diplomatischen Nichtanerkennung zunächst noch keine weiteren Sanktionen:

> "Privately,Wilson was highly critical to Huerta, whom he regarded as a murderer, but his public statesments commited the administration only to a wait-and-see attitude." 76)

Lloyd Gardner bemerkt:

> "The development of Wilson's thought on the Mexican Revolution followed differnt paths, however, as `watchful waiting` gave way to a more active attempt to influence the outcome of the struggle between Huerta and the `Constitutionalists`." 77)

Nach Wilson hätte eine Anerkennung Huertas dem diktatorischen Regime einen enormen Auftrieb und eine gewisse Legitimation verschafft, wobei die revolutionären Konstitutionalisten sich dann von den USA verraten und verkauft gefühlt hätten. Die Personalpolitik seines Vorgängers Taft in Mexiko revidierend, faßte Wilson einen wichtigen Entschluß. Er entließ den amerikanischen Botschafter in Mexiko Henry Lane Wilson, der - an den Machenschaften gegen Madero wenigstens indirekt beteiligt - mit der Forderung nach Anerkennung Huertas die Interessen amerikanischer Großunternemen in Mexiko durchsetzen wollte.78)

> "The President mistrusted Henry Lane Wilson and had little confidence in Secretary Bryan. Woodrow Wilson also mistrusted the diploamtic corps as a den of Republicans insufficiently moral and excessively devoted to dollar diplomacy. But instead of finding good men and building up an efficient service, Wilson insisted on appointing special envoys, often with no official status, to report what they found. As with Colonel House, he preferred loyal Democrats who spoke his truth. ... When one of Wilson's own experts, such as John Bassett Moore, rightly objected to the course of events, he found his position unconfortable." 79)

Um über die Verhältnisse in Mexiko besser informiert zu sein, schickte der Präsident seine "Privat-Agenten" aus, die dazu beitrugen, die Stellung des Botschafters Wilson in Mexiko zu unterminieren. Der erste war William Bayard Hale, ein Journalist und früherer Schüler Wilsons. Seine "reports" unterstrichen den pessimistischen Eindruck Wilsons von der Regierung Huertas. Wenige

Wochen vor seiner Entlassung reagierte Botschafter Wilson mit folgenden Worten, die er direkt an den Präsidenten richtete:

> "I have assumed, that Dr.Hale has no official mission in Mexico and he is not charged with the making of any report to you concerning conditions in Mexico, but in the event that information should be offered you from this source I deem it my duty, as your personal representative here, to say to you that this person is by temperament and habit entirely unfit to form a just and clear idea of the situation here.His mind appears to me...to be unevenly balanced, and the questions which he asks relative to events which have occured here indicate a complete failure to grasp the underlying causes of the unrest in Mexico and absolute ignorance, or, rather, misinformation as to the true history and chronology lying behind the scenes of the Mexican drama." 80)

Der amerikanische Botschafter beklagte sich einige Tage später:

> "The presence here in Mexico of persons claiming be representives of the President are lowering the dignity of the embassy and detracting from the respect and deference with which the Mexican people have been taught to regard it." 81)

Die langen Berichte von Hale und später von John Lind, einem weiteren Spezial-Agenten des Präsidenten, unterstützten Wilson's Einschätzungen über Huerta und die Notwendigkeit, ihn auch im Sinne des mexikanischen Volkes die Anerkennung zu verweigern. Von den beiden Berichterstattern konnten Wilson und Bryan das hören, was sie hören wollten, zumal die Agenten des Präsidenten ihrem ideellen Denken sehr nahe standen.[82)] Hales und Linds "reports" über die vergangenen und gegenwärtigen Ereignisse beim südlichen Nachbarn und über das Verhalten der amerikanischen Kolonie in Mexiko lieferten sowohl Analysen zu den sozio-ökonomischen Bedingungen, unter denen die Mexikaner lebten, als auch Beschreibungen der unterschiedlichen politischen und revolutionären Cliquen und ihrer Führer. Sie befürworteten die Herstellung eines "constitutional government" unter amerikanischen Vorzeichen.[83)] Nachdem Henry Lane Wilson auf Drängen Bryans endgültig im Juli 1913 nach Washington zurück beordert worden war [84)],versuchte Wilson, mit einem eigenen Plan im mexikanischen Konflikt zu vermitteln. Dieser Plan, den er in einer Rede an den Kongreß am 27.August 1913 erläuterte, sah vor:

> "a 'satisfactory settlement' that would require an armistice, a pledge of an early election, Huerta's promise not to be a candidate, and agreement by all parties to accept the election results." 85)

Wilson versprach, eine aus freien Wahlen hervorgegangene Regierung sofort anzuerkennen. Der Mann, der den Plan den mexikanischen Konfliktparteien vortragen sollte, war John Lind, der als ehemaliger Gouverneur des Staates Minnesota und als guter Freund Bryans das Vertrauen Wilsons besaß. Lind hatte nur eine geringe Qualifikation, um der Aufgabe eines "Advisor to the American Embassy in the City of Mexico", d.h. der Funktion eines "de facto Botschafters" 86), nachzukommen. Er hatte weder Erfahrung auf dem Gebiete der Diplomatie und Außenpolitik, noch konnte er die spanische Sprache.

> "In addition, Lind's anti-imperialist and anti-big-business views, so prevalent among progressives, guaranteed that he would not advocate a return to the policies of Henry Lane Wilson." 87)

In den Berichten an Bryan und Wilson ist John Lind als ein Mann zu erkennen, der sich über die Kluft zwischen ihm und dem mexikanischen Volk durchaus bewußt war :

> "we cannot expect to make them conform in any very great degree to our standards in the matter of government. They are incapable of understanding our viewpoints." 88)

Lind, der gewöhnlich die Menschen in `rassische` Kategorien einteilte, glaubte festzustellen, daß die Mexikaner im Gegensatz zu der angelsächsischen Rasse keine politischen oder sozialen Ideale besaßen. Sie würden nur Macht und Autorität anerkennen. Huerta war für ihn ein heuchlerischer Mörder, dessen Zusagen man keinesfalls ernstnehmen dürfe. Die USA sollten deshalb in erster Linie eine Verständigung mit Carranza suchen. 89) Auf Hales Hinweise hin versuchte Lind, zunächst als wesentliche Vorbedingung einer erfolgreichen Vermittlungsaktion einen Waffenstillstand zwischen Huerta- und Carranza-Truppen zu erreichen. Die Verhandlungen brachten jedoch keinen Erfolg. Huerta lehnte die Waffenruhe ab. Es schien weder nach Linds noch nach Hales pessimistischen Einschätzungen eine Alternative mehr zu geben :

> "to recognition of the belligerency of the rebels or outright American intervention" 90).

Diese Voraussagen wurden bestätigt, als Huerta am 10.Oktober 1913 110 Mitglieder der Abgeordneten-Kammer festnehmen ließ. Wilson stand nach seinen erfolglosen Vermittlungsversuchen vor dem

"ruin of his well-intentioned but inept policy". 91)
Im Verständnis Kendrick A. Clements habe Wilson sich auf verschiedene Weise ungeschickt verhalten:

> "in misreading Huerta; in failing to find out what the Constitutionalists wanted; and in asuming that an election would be a panacea for Mexico's troubles. All of his assumptions were now revealed as wrong, and the president was forced to a painful reexamination of his policy." 92)

Einerseits versuchte Wilson, nach den Ereignissen im Oktober und November 1913 in Mexiko sich stärker um die Zusammenarbeit mit den Konstitutionalisten zu bemühen, andererseits hatte der Präsident für das ablehnende Verhalten der Mexikaner gegenüber einen Sündenbock gefunden, den er im europäischen Imperialismus sah; diese Erkenntnisse trugen zu einem ***durchgreifenderen***, interventionistischeren Verhalten - im Sinne der direkten Übertragung amerikanischer Wünsche und Wertvorstellungen auf den mexikanischen Möglichkeitsraum - bei. Der amerikanische Präsident glaubte trotz einiger Bedenken, daß die revolutionären Truppen um Carranza am besten dazu geeignet wären, im Zusammenwirken mit den USA die erhofften Verhältnisse in Mexiko \`herzustellen\`. Als sich die Fronten im Frühjahr 1914 eher verhärteten, hob Wilson das bestehende Waffenembargo gegenüber Mexiko auf und ließ einseitig Waffenverkäufe zugunsten Carranzas zu. Eine Ungeduld bemächtigte sich den Präsidenten, der das mexikanische Problem ***auf einen Schlag*** lösen wollte. Eine begrenzte amerikanische Intervention schien für Wilson und Bryan nicht mehr ausgeschlossen, um amerikanische und mexikanische Interessen zu wahren. Wilson stand nicht zuletzt unter Druck, weil die europäischen Staaten immer stärker angesichts der offensichtlich plan- und erfolglosen Handlungen der Amerikaner versuchten, die Angelegenheiten in Mexiko im Sinne ihrer eigenen Interessen zu beeinflussen. Der amerikanische Präsident glaubte den europäischen Großmächten gegenüber beweisen zu müssen, daß die USA alleine im Stande wären, vor ihrer Haustüre für Ruhe und Ordnung zu sorgen.[93)] Die interventionistischen Impulse begannen einerseits ideelle Überzeugungen Wilsons, wie das Selbstbestimmungsrecht der Völker, zu überwältigen [94)], andererseits übernahmen für Wilson neue Erkenntnisse über die moralisch-zivilisatorische Beschaffenheit der internationalen Beziehungen die Rolle einer ideellen Rechtfertigung amerikanischen Verhaltens. So war Wilson der

Meinung, daß der Zweck einer gründlichen "Reinigung" Lateinamerikas von den imperialistischen Strukturen der Alten Welt die Mittel einer eigenen Intervention heiligen würde.

> "Wilson may even have enjoyed the thought that he might use an imperialistic ploy against the imperialists. However that may be, in April 1914, Wilson's long-standing belief that the Latin American revolutionary penchant had its origins in the European revolution-reaction cycle came to a head." 95)

Für Wilson war Lateinamerika ein Spiegelbild des alten, überkommenen Europa, dessen Gesellschaftsordnungen und unzivilisierten kriegerischen Konflikte er abstoßend fand. Der europäische Imperialismus hätte die sozio-ökonomischen Ungerechtigkeiten geschaffen, die sich in den Revolutionen Lateinamerikas entluden. Bereits am 24.Oktober 1913 entwarf Wilson eine Note für die europäischen Großmächte, die, obwohl sie nie verschickt wurde, seine aus der Mexiko-Problematik heraus entwickelte Überzeugung offenbart, daß das zentrale Problem in Mexiko der europäische Imperialismus sei.[96)]

> "This Government having, in the announcement and maintenance of the Monroe doctrine, shown its willingness to protect the people of this hemisphere from encroachment at the hands of European powers, having proven by its actions in the Venezuelaen contest its willingness to protect a little republic in its rights to have its controversies with great nations settled by arbitration rather than by force, is now prepared to assert with equal emphasis its unwillingness to have an American Republic exploited by the commercial interets of our own or any other country through a government resting upon force.If the influences at work in Mexico were entirely domestic, this government would be willing to trust the people to protect themselves against any ambitious leader who might arise, but since such a leader relies for his strengthn not upon the sympathy of his own people, but upon the influence of foreign people, this Government, whether that foreign capital is from the United States or from other countries, would be derelict in its duty if by silence or inaction it seemed so sympathizes with such an interference in the rights and welfare of Mexico." 97)

Der amerikanische Präsident erkannte ein grundsätzliches Dilemma für die amerikanische Außenpolitik und ihre zwischenstaatlichen Beziehungen zu den Staaten Lateinamerikas.

> "He saw that this neoimperialism might, as in the Mexican case, obstruct free development, and he had begun to feel that the United States might have a benevolent role of counterimperialistic intervention that would break the power of foreign capitalists in nations like Mexico and restore self-determination. Confident of American rectitude and secure in the altruism of his own motives, he did not yet realize

> that virtuous American intervention might be just as destructive of self-determination and just as likely to create a dependency relationship as more traditional imperialism."98)

Welche Funktion Wilson sich und seinem eigenen Land bei der Bewältigung des Imperialismus zuschrieb, geht unter anderem aus einem Gespräch mit Thomas B. Hohler, einem britischen Diplomaten, der sich auf dem Wege nach Mexiko befand, hervor.[99)] Wenige Wochen vor der Veracruz-Intervention erkannte Wilson seine persönliche Mission in der endgültigen Lösung der ständigen Auseinandersetzungen in Lateinamerika. Wilson machte Hohler gegenüber klar, daß es sich in Mexiko nicht einfach um irgendein politisches Problem handele. Die Problemstrukturen lägen wesentlich tiefer:

> "So long as the present system under which whole provinces were owned by one man continued to exist, so long there would be perpetual trouble in the political world." 100)

Aus diesen Gründen heraus unterstütze Wilson mit Nachdruck Carranzas Truppen, deren Führung ihm zusicherte, alle amerikanische Interessen zu sichern und keine europäische Großmacht zu Hilfe zu rufen, um die Zusicherung freier Wahlen und das Ziel einer verfassungsmäßigen Regierung zu erreichen.[101)] Wilson war der Auffassung, daß, wenn gleiche Rechte und demokratische Bedingungen in den Ländern Lateinamerikas unter maßgeblicher Unterstützung der USA hergestellt seien und der Einfluß der imperialistischen Mächte Europas endgültig zurückgedrängt wäre, sowohl sozialer Friede und Ordnung als auch gute zwischenstaatliche Beziehungen in Lateinamerika herrschen würden. In diesem Zusammenhang sind auch Wilsons panamerikanischen Initiativen zu verstehen, die der amerikanische Historiker Mark Gilderhus in einem aufschlußreichen Aufsatz untersucht hat.[102)]

III.2.4.Das Zusammenwirken von `Interessen` am Beispiel der panamerikanischen Initiativen Wilsons

Auch wenn am Ende der panamerikanischen Bemühungen Wilsons kein bedeutender "Pan-American-Treaty" herausgekommen ist, so sind in der Beschäftigung mit Wilsons Initiativen zu einer besseren Koordination der US-Politik mit den lateinamerikanischen Staaten sehr deutlich die Ziele und Methoden des Präsidenten zu erkennen.

> "Through coordinated lines of policy, both political and economic, Wilson hoped for better relationships within the Western Hemisphere and for the construction of a community of interest around the principles of `liberal-capitalist

> internationalism'. While seeking opportunities for trade and investment and the security of the region from European instrusions, he also attempted to provide a multilateral system of international police power through the negotiations of a Pan-American treaty." 103)

Nach Gilderhus hatte Wilson den Glauben, daß kollektive Maßnahmen besser sein würden als Einzelunternehmen "as a means of policing the Western Hemisphere". Für Wilson mußte die Monroe-Doktrin angesichts der Revolutions-Problematik in Lateinamerika neu interpretiert werden. Neue, ideell erweiterte Zweckformulierungen, wie die unterstützende Hilfe der USA bei der Demokratisierung der südlichen Nachbarn, waren hinzugekommen. Die zwischenstaatlichen Beziehungen hatten sich nicht zuletzt durch die sozio-ökomischen Entwicklungen der letzten Jahrzehnte verändert. Die USA standen vor der Aufgabe, diesen komplexen Veränderungen für die Politikformulierung Lateinamerikas gerecht zu werden. Mit Hilfe vor allem der sogenannten ABC-Staaten (mit den politisch relativ stabilen Staaten wie Argentinien, Brasilien und Chile) wollte Wilson den Einfluß der europäischen Großmächte in ***seiner*** Hemisphäre beschränken und eine freie sozio-ökonomische Entwicklung der lateinamerikanischen Völker in Richtung Demokratie bewirken. Nicht zuletzt in seiner berühmten Mobile-Rede verurteilte er die europäischen Kapitalisten, die nur zu ihrem eigenen Vorteil die Selbstbestimmung des mexikanischen Volkes verhinderten.[104)] So gab er im wesentlichen den britischen Erdölfirmen die Schuld, daß sich Huerta in Mexiko so lange halten konnte.[105)] Auf der anderen Seite suchten die USA "the establishment of closer commercial ties" mit Lateinamerika. In diesem Zusammenhang wurde auch die "Latin American Trade Conference" im September 1914 abgehalten. Trotz der geringen Verhandlungserfolge mit Blick auf einen "Pan-American-Treaty", betonte Wilson immer wieder pan-amerikanische Themen

> "expressing his wish to develop \`a full and honorable\` partnership as a manifestation of a \`growing sense of community of interest...in matters political and...economic\`." 106)

Wilson wollte ein gut funktionierendes "regional system", ein lokalbegrenztes zwischenstaatliches System von Staaten Nord- und Lateinamerikas, das von europäischen Mächten unabhängig, im Sinne der Wilsonschen Interpretation von Selbstbestimmung, agieren konnte und das

> "open to the expansion of trade, and capable of policing itself" 107)

war. Der Aufbau engerer politischer Beziehungen erwies sich als wesentlich schwieriger, als Wilson geglaubt hatte:

> "mainly because of Latin America mistrust of broad definitions of international police power. It seemed that the threat of intervention worried Latin American governing elites more than the prospect of commercial domination."108)

Gilderhus kommt zu dem Schluß, daß Wilson trotz der amerikanischen Intervention in Mexiko "multilateral police actions" bevorzugte. Mit Hilfe jener lateinamerikanischen Staaten, die sich durch Ruhe und Ordnung in ihrem Innern auszeichneten, wollte Wilson den anderen, die sich in revolutionären Umbrüchen befanden, helfen, damit sie ein Mitglied in einer liberal-kapitalistischen Gemeinschaft der amerikanischen Nationen werden. Sein Irrtum war es jedoch, daß die lateinamerikanischen Staaten seine Vision teilen würden.

> "It would claim too much to depict Wilson's vision of a regional system as a model for the Fourteen Points, yet perhaps it functioned in some way as an early prototype. The integration of political and economic aims with collective guarantees clearly attracted the president from an early date." 109)

In besonderer Deutlichkeit kommt in Wilsons panamerikanischen Initiativen das Zusammenwirken eines von solidarischen Erwägungen motivierten und materiell-realpolitisch-nationalistisch orientierten Internationalismus zum Vorschein.

> "For Wilson, Pan-American initiatives might serve multiple purposes by relieving the United States of unilateral burdens, safeguarding security interests, and opening new doors to the expansion of trade."110)

Wilson hob als Patriot und stark national orientierter Gelehrter und Politiker einen ideell überlegenen Status Amerikas in der Weltgeschichte hervor, den es auf alle Fälle zu bewahren galt. Dies hatte vor allem auch mit Blick auf sicherheitspolitische Erwägungen Konsequenzen, die im Mittelpunkt der folgenden Betrachtung stehen sollen.

Auch wenn es Woodrow Wilson in seinen öffentlichen Reden vermied, auf sicherheitspolitische und militärisch-strategische Interessen der USA in Lateinamerika hinzuweisen, so spielten diese im Gesamtzusammenhang mit der Wilsonschen Politikformulierung eine gewichtige Rolle. Walter Lippmann wies einige Jahre später im Zusammeng mit dem amerikanischen Kriegseintritt 1917 auf einen

Grundfehler Wilsonscher Außenpolitik hin: Wilson habe seinen Landsleuten nie deutlich gemacht, daß sicherheitspolitische Fragen auch für die Vereinigten Staaten eine große Rolle spielten. Auf dem Gebiete Lateinamerikas und insbesondere in Mexiko trafen zum ersten Male die seit Ende des 19.Jahrhunderts bewußt wahrgenommenen Großmachtinteressen der USA auf die Interessen europäischer Staaten. In der Betrachtung dieser aufeinanderstoßenden Interessen wird auch der "Grad der Verknüpfung der aktiven Interventionspolitik in Lateinamerika mit der wachsenden Teilnahme Washingtons an den politischen Entwicklungen in der Alten Welt" [112)] deutlich. Schon Wilsons Vorgänger Theodor Roosevelt wollte mit der Verkündigung seiner Roosevelt-Corollary zeigen, daß es keinesfalls für die Europäer zweckmäßig wäre, militärisch in Lateinamerika zu intervenieren. Ohne die Bedeutung der wirtschaftlichen Interessen der USA in Lateinamerika zu unterschätzen, wird deutlich, daß die USA vor der Lösung strategischer und sicherheitspolitischer Fragen standen. Wilson wollte in seinem Verständnis der Monroedoktrin nicht die kolonialen und militärischen Streitigkeiten der Alten Welt in der unmittelbaren Nachbarschaft der USA zulassen. Lateinamerika wurde deshalb auch unter militärischen Gesichtspunkten als Einflußsphäre der USA betrachtet. Als eine reale sicherheitspolitische Bedrohung wurde im Verlauf der ersten beiden Jahre Wilsonscher Präsidentschaft vor allem der spätere Hauptgegner des Ersten Weltkrieges, das deutsche Kaiserreich, gesehen, das mit Hilfe einer hoch gerüsteten Flotte in Mexiko Einfluß zu nehmen suchte.[113)] Mit dem Staatsstreich General Huertas sah Berlin die Chance gekommen,

> "die Früchte einer Politik zu ernten, die schon seit Jahren darauf hingearbeitet hat, Mexiko aus dem amerikanischen Einflußbereich herauszulösen und eventuell sogar als einkalkulierbare militärische Macht gegen Washington aufzubauen." 114)

Der deutsche Admiral Paul von Hintze vertrat in diesen Jahren das Deutsche Reich in Mexiko. Hintze war alles andere als amerikafreundlich und versuchte sein Bestes, Deutschland bei Huerta ins Spiel zu bringen. Es läßt sich ohne Einschränkung sagen, daß das Deutsche Reich in Mexiko in den Jahren zwischen 1913 und 1917 eine "bedeutende wenngleich zweideutige Rolle spielte und daß kein Versuch unternommen wurde, die deutsche Politik in Mexiko mit den Zielsetzungen Washingtons abzustimmen, etwas, was die Franzosen und die Engländer, nach allerdings anfänglichen Widerstreben, zuwege brachten." 115)

Auf die Einzelheiten der deutschen Politik in Mexiko kann im Rahmen der vorliegenden Arbeit nicht eingegangen werden. Alleine am Beispiel des deutschen Mitwirkens bei der Veracruz-Krise wird schon deutlich, wie sehr die Deutschen bereit waren, ihre eigenen Interessen in Mexiko auch gegen Washington durchzusetzen.
So war es ein Dampfer der Hamburg-Amerika-Linie, der am 21.April 1914 die in Washington bereits geplante Landung amerikanischer Truppen in Veracruz auslöste. Nachdem Huerta es abgelehnt hatte, sich anläßlich der kurzfristigen Gefangennahmen amerikanischer Marinesoldaten zu entschuldigen, bat Wilson den Kongreß, in Mexiko militärisch eingreifen zu können. Noch bevor ein Beschluß gefaßt wurde, bekam Wilson die Information, daß ein deutsches Schiff mit einer großen Waffenladung für Huerta Veracruz anlaufe. Wilson reagierte rasch mit der Besetzung Veracruz', ohne die Zustimmung des Kongreß abzuwarten. Der amerikanische Präsident wollte unbedingt verhindern, daß das deutsche Kriegsmaterial dem ihm verhaßten Huerta in die Hände fiel. In diesem Zusammenhang war es für die Amerikaner vor allem bewußt geworden,

"daß sie in Mexiko einen Kleinkrieg gegen Deutschland kämpfen müßten".116)

Bezeichnenderweise floh Huerta auf der Dresden, die damals vor Veracruz kreuzte. Es waren auch deutsche Admiralstabsagenten, die im Frühjahr 1915 die Rückkehr des Generals vorbereitet hatten.

"Deutsche Agenten höchster Ebene verhandelten ebenfalls mit Francisco Villa und später mit Carranzas Konstitutionalisten. Die deutsche Regierung endlich war es, welche den Mexikanern die amerikanischen Budesstaaten Texas, New Mexico und Arizona als Entgelt für eine gemeinsame Kriegführung gegen die Vereinigten Staaten zusagte...Das volle Ausmaß der deutschen Aktionen in Mexiko... zeigt nicht nur ein mit dem Kriegsausbruch in Europa zunehmendes Interesse Deutschlands am karibischen Raum, sondern es wird auch deutlich, daß die deutsche Beharrlichkeit in Mexiko für Washington ein ständiger Hinweis auf die von Süden her drohende Gefahr sein mußte. Es ist ganz bezeichnend, daß Berlin die Achilesferse des 'Colossus of the North' früh erkannte und in seine strategischen Überlegungen in Nord- und Südamerika mit einbezog. Hier würde man den kriegsunwilligen Wilson in Auseinandersetzungen verstricken, die unter Umständen dazu führen könnten, einen großen Teil der amerikanischen Streitkräfte in Mexiko, bzw. am Rio Grande festzulegen." 117)

Trotz aller gegensätzlicher Absichten für den lateinamerikanischen Bereich führte Wilson die Großmachtpolitik seiner Vorgänger fort. Der politische Zweck Wilsonschen Handelns hatte zwar seinen Schwerpunkt in den Ideen des amerikanischen Fortschritts und in der Idee eines internationalen Solidarismus mit den Staaten Lateinamerikas, die Erscheinungsformen seiner praktischen Politik waren aber ähnlich. Wilson war bei der Durchsetzung seiner ideell-moralischen Vorstellungen durchaus bereit, mit gewaltsamen Mitteln nachzuhelfen. Der höhere Zweck amerikanischer Politikformulierung heiligte im Verständnis Wilsons die Mittel. In diesem Zusammenhang sei hier nochmals [118)] auf das prinzipiell amerikanische Grundverständnis verwiesen, das u.a. Walter Lippmann zum Ausdruck brachte. Lippmann rechtfertigte im Namen des internationalen Solidarismus die Intervention Wilsons in Mexiko als "panamerikanische Pflicht" und "nicht als imperialen Akt" der USA:

> "Was man zur Kenntnis nehmen muß, ist, daß die Monroedoktrin, die panamerikanische Aktion und der Rest der Paraphernalia die vorhandene Maschinerie sind, mittels welcher Mr.Wilson einige Funktionen einer Weltregierung wahrnehmen kann. Würde ein echter Weltstaat existieren, würde Mexiko durch eine internationale Streitmacht zur Ruhe gebracht.Ein solcher Weltstaat existiert nicht, aber die Monroedoktrin und der Panamerikanismus sind Versuche, das Vakuum auszufüllen.Die Not ist groß, daß man diese Ersatzmittel anwenden muß." 119)

III.2.5.Die operative Umsetzung der Wilsonschen Zweckbestimmung

Eine bloße Betrachtung des Endergebnisses Wilsonscher Politik ist für eine erkenntnistheoretische Untersuchung nicht hinreichend. Motivationen und Antriebskräfte sind für die Analyse amerikanischer Außenpolitik ausgesprochen wichtig. Sie legen u.a. die Wurzeln und Hintergründe des interventionistischen Verhaltens Wilsons in Mexiko frei [120)] und verweisen damit auch auf die Spezifika Wilsonscher Politikformulierung. Nach Klaus Schwabe war es für Wilson die große Lehre,

> "die er aus seinen Erfahrungen mit Mexiko hat ziehen müssen, daß auch eine der Absicht nach altruistische, reformerisch-missionarische Außenpolitik - will sie es nicht bei bloßer Rhetorik bewenden lassen - Machtpolitik werden und damit militärische Risiken eingehen muß".121)

Seit Beginn seiner Präsidentschaft brachte Wilson eine Ambivalenz zum Ausdruck, die sich zwischen dem Verlangen nach der Errichtung einer westlichen bzw. amerikanischen Einflußsphäre und dem Versprechen bewegte, die Würde und Unabhängigkeit anderer Nationen zu respektieren. 122)

Wo aber lagen die Schwerpunkte Wilsonscher Politikformulierung? Die revisionistische Geschichtsschreibung betont, daß Wilson letztendlich den Vorrang des nationalstaatlichen wirtschaftlichen Machterwerbs im Vordergrund sah. Die enge Wechselbeziehung ökonomischer und idealistischer Motive hat Gordon S. Levin anhand der Wilsonschen Friedenspolitik der Jahre 1917/18/19 am deutlichsten herausgearbeitet.123) Im Gegensatz zu Arthur S. Link, Klaus Schwabe, Kendrick A. Clements und Robert Crunden sieht Levin die ökonomischen Zielsetzungen im Vordergrund. Der von Wilson beabsichtigtigte ideell motivierte Internationalismus hat für Levin nur eine funktionale Bedeutung. Für die anderen genannten Autoren stellt bei Wilson das handelspolitische Motiv aber nicht das entscheidende Argument für seine außenpolitische Zweckformulierung dar. Dies lasse sich vielfach anhand der Erscheinungsformen Wilsonscher Mexikopolitik belegen. So lehnte der amerikanische Präsident im Juli 1914 eine Hilfe für das amerikanische Kapital in Mexiko kategorisch ab:

> "If American enterprise in foreign countries, particularly in those foreign countries which are not strong enough to resist us, takes the shape of imposing upon and exploiting the mass of the people in that country...it ought to be checked and not encouraged. I am willing to get anything for an American that money and enterprise can obtain, except the suppression of the rights of other men. I will not help any man buy a power which he ought not to exercise over his fellow men." 124)

Robert M.Crunden betont, daß für Wilson die geistige Entwicklung seines Landes im Vergleich zu den übrigen Staaten im Vordergrund gestanden hätte. Diese einseitige Wahrnehmung von den positiven Werten und der Beschaffenheit der politischen Kultur der USA sei in Wilsons außenpolitischen Überlegungen eine Hauptkonstante geblieben.

> "Always, spiritual values took precedence over material ones. American history demonstrated the spiritual value of the democratic process and the legitimacy of constitutions... For him America enacted the will of God in the forms of its government and the manner of its citizens'political and religious actions....Morality and not expediency guided American policy, and in only a few generations, Wilson looked forward to being ùpon those great heights where there shines unobstructed the light of the justice of God'."125)

Auch Kendrick A. Clements unterstreicht, daß Wilson den Primat der (Gesellschafts-) Politik im Ganzen gesehen hat, dem sich andere Faktoren wie die wirtschaftliche Expansion unterzuornden hatten.

> "Wilson assumed that all issues troubling nations were essentially political in nature. At the same time his own domestic policy was based on a belief that certain economic interests had gotten out of hand, and he found it easy to believe the situation might be worse elsewhere".126)

Wilson erklärte vor dem Pan American Scientific Congress, daß hinter der "community of material interests" eine "community of political interests" stehe.[127)] Mit 'politisch' meinte er letztlich politische Ideale, denn er war überzeugt, daß

> "the one thing that the world cannot permanently resist is the moral force of great triumphant convinctions".128)

Die liberale Wirtschaftsordnung und ihre Prinzipien sind wohl einerseits, wie u.a. Sklar deutlich machte, wesentliche Bestandteile Wilsonscher Politikformulierung und Zweckbestimmung, andererseits weist die Nichtbeschränkung amerikanischer Firmen in Mexiko nicht zwangsläufig auf den Vorrang des ökonomischen Machtstrebens hin. Die Anwendung von bestimmten Mitteln in der Politikformulierung läßt wohl auf die Inhalte des Zwecks schließen, der Charakter der Mittel ist jedoch nicht eindeutig mit dem Zweck gleichzusetzen.[129)] Man kann vielmehr von einer operativen Nutzbarmachung materiell-machtstaatlicher Mittel sprechen. Im Verständnis von Frank Ninkovich transformierte Wilson die unpolitische, die den materiellen aber nicht den ideellen Interessen amerikanischer Innenpolitik entsprechende Open-Door-Politik in einen Wilsonianismus, in einen "politically dynamic crusading faith", um. [130)]

Die Revisionisten amerikanischer Geschichtsschreibung vor Augen bringt Ninkovich zum Ausdruck:

> "To continue to insist on the primacy of economic factors is to confuse the necessary with the sufficient and to deny the importance of the contingent in historical explanation. More importantly, it is to retreat to a simple reductionism that a cultural formulation was originally designed to avoid. If we must have an ideological explanation, it must do justice to the actual complexities of ideological experience." 131)

Als Metapher diene der Begriff "Open Door" für die "politisch-isolationistische" Zeit vor Wilson. Mit Wilson entstand im Sinne Ninkovichs eine bewußt politische Übertragung eines ganzen "belief-system", das sowohl ideelle als auch materielle

Gesichtspunkte amerikanischer Interessenpolitik zum Vorschein brachte. Wilsons eigentlicher Zweck lag in der Übertragung der ganzen politischen Kultur der USA auf andere Staaten.[132)] Man könne deshalb nicht mehr von einer Open-Door-Politik Wilsons sprechen, sondern von einer "Open-World"-Politik. [133)] Das heißt für die Problemstellung der vorliegenden Arbeit, daß Wilson auf dem Hintergrund dieser "Open-World"- Politik die Notwendigkeit erkannt hat, aktiver an der Gestaltung der internationalen Beziehungen mitzuwirken und die internationale Politik im Sinne der Übertragung amerikanischer Wertvorstellungen selbst in die Hand zu nehmen. Aus dieser umfangreichen Ziel- und Zwecksetzung resultierte letztendlich auch die Bereitschaft, stärker operative Mittel zur Erreichung des politischen Endzwecks einzusetzen.[134)] Gerade in dieser operativen Nutzung wirtschaftlicher und militärischer Mittel zur Erreichung des historischen Endzwecks amerikanischer Politik liegen die Spezifika Wilsons. Die Kritik, daß Wilson seine Politikformulierung und Zweckbestimmung zu sehr unter ideellen Gesichtspunkten vorgenommen hat, spielt wohl die gewichtigste Rolle. Wilson wollte zwar keine wirtschaftliche Ausbeutung der lateinamerikanischen Staaten, er strebte jedoch eine ideell-moralische Gesamtkonzeption eines Idealzustandes an, den er von der spezifischen Geschichte der USA ableitete, ohne tiefergehendere Erkenntnisse von den Gegebenheiten und Gestaltungsmöglichkeiten im Bereich der internationalen Beziehungen zu besitzen. Diese Politikformulierung war bei weitem mehr als die politische Zweckbestimmung seiner Vorgänger. Der Einsatz traditioneller Mittel auf dem Gebiete der Außenpolitik erhielt im Zusammenhang mit dieser Zweckbestimmung eine neue Qualität. Die politischen Mittel bekamen eine höhere Legitimation, weil man sie nicht nur für den nationalen Selbstzweck nutzte, sondern auch für eine endgültige Lösung der zwischenstaatlichen Friedensproblematik.

III.2.6. Zusammenfassende Überlegungen zu Wilsons Mexikopolitik der Jahre 1913/14

2.6.1. Überblick über das methodische Verhalten Wilsons

Am Ende der Untersuchung des Theorie-Praxis-Verständnisses des Gelehrten und Staatsmannes Woodrow Wilsons läßt sich feststellen, daß Wilsons politische Zweckbestimmung in eine mittelfristige und in eine langfistige einzuteilen ist. Aus dieser Einteilung heraus wird sowohl Wilsons Verhalten als auch der wechselseitige Bezug von materiellen und ideellen Motiven deutlicher. In Wilsons mittelfristiger Zweckbestimmung spielte die Erhaltung und Ausweitung der politischen Kultur der USA die wichtigste Rolle. Auf seiner längerfristig angelegten Betrachtungsebene sah er eine liberal-demokratische, handeltreibende und friedvolle Weltgesellschaft. Lateinamerika sollte hierbei ein erster Schritt sein.

In diesem großen Ziel erkannte Wilson als Gelehrter und Staatsmann seine "guiding stars".

Bei seinen mittelfristigen Zielen ging Wilson noch von einer Pluralität und Heterogenität der Staaten aus, in der die USA die Aufgabe zugesprochen bekamen, die Rolle einer fortschrittsorientierten Führungsmacht zu übernehmen. Dieses Ziel heiligte als Zweckbestimmung seines Handelns das Mittel interventionistischer Eingriffe.

Auf der längerfristig angelegten Planungsebene nahm Wilson bereits eine Homogenität der Staaten als faktische Möglichkeit an, die von den Interdependenzen in Wirtschaft und Politik getragen sei.

Da eine angemessene Theorie der internationalen Beziehungen fehlte und beide Planungsebenen von Wilson in der Rhetorik vermischt wurden, entstand ein Grunddilemma Wilsonscher Außenpolitik, das er am Ende der ersten Phase der Mexikopolitik nur noch mit einem operativen Einsatz militärischer und wirtschaftlicher Mittel zu lösen glaubte. Mit dieser Intervention diente Wilson weder seiner längerfristigen Zweckbestimmung noch seiner mittelfristigen. Er widersprach mit dem militärischen Einsatz seinen eigenen Zweckformulierungen und seiner Grundüberzeugung von einer gewaltfreien fortschrittlichen Entwicklung von Geschichte und

Politik. Im Zusammenhang mit diesen beiden Zweckebenen sind unterschiedliche methodische Phasen in Wilsons Mexikopolitik auszumachen.

> "During the first six months Wilson's policy was dictated more by instinct than by knowledge" 135)

und John Milton Cooper betont, daß dem Präsidenten und seinem Außenminister Bryan zunächst ein klares theoretisches Konzept für die Mexikopolitik und generell für die Außenpolitik fehlte. Sie seien mit wenigen Überlegungen zu den möglichen Auswirkungen ihrer Politik für Mexiko und für die zwischenstaatlichen Beziehungen vorgegangen. Wilson reizte seine Politik bis zu einer interventionistischen Handlung am Rande des Krieges mit Mexiko aus, wobei er letzendlich vor einem "exzessiven Idealismus"- im Sinne eines unbesonnenen Abenteuerertums - haltmachte.[136)]
Der amerikanische Präsident Wilson scheint überwiegend stark und bestimmend in seiner Vorkriegsdiplomatie agiert zu haben.[137)] Er ergriff die Führung in der Außenpolitik schnell und übte diese Politik reibungslos aus. Obwohl Wilson nicht arrogant war, so zeigte er doch einen beinahe mystischen Glauben an sich selbst und an seine Aufgabe als Sprecher des Volkswillens. Seine Außenpolitik war, wie Cooper zum Ausdruck bringt, keinesfalls linkisch, sondern vielmehr selbstsicher und zum Teil "herrisch". Probleme wie die Kontroverse mit Japan und der Kanalzoll-Disput, die am Anfang seiner Tätigkeit standen, hat Wilson mit wenig Rücksicht auf seine höheren politischen Ideen abgewickelt. Er behandelte sie mehr oder weniger als standard-diplomatische Angelegenheit. Es waren jedoch gerade seine dezidierten Vorüberlegungen und Überzeugungen als Gelehrter, die auf der anderen Seite in Mexiko zu einer stärker idell- motivierten Außenpolitik führten. Als den größten \`Schnitzer\` ist der Veracruz-Zwischenfall zu werten. Hier zeigte Wilson ein fast zu exzessives Vertrauen auf sein eigenes Urteil. Die mit diesen Ereignissen im Zusammenhang stehende erste Phase der amerikanischen Mexikopolitik ist gerade deshalb von Bedeutung, weil sie zwei herausragende Wesenselemente Wilsonscher Politikformulierung und Theorieumsetzung zum Vorschein bringt:
1) Wilson ging zu Beginn von seiner langfristig angelegten Zweckbestimmung aus, die er vor allem in der Erfüllung ideell-internationalistischer und nationalistischer Gestaltungswünsche im zwischenstaatlichen Bereich sah. So wie sich die guten Beziehungen

zu Großbritannien durch die innenpolitischen demokratisch-parlamentarischen Gemeinsamkeiten entwickelt hatten, glaubte Wilson, könnte sich auch das Verhältnis zu Mexiko auf dem Wege einer demokratischen Entwicklung des lateinamerikanischen Staates nach dem Vorbild der USA verbessern. Wilson vertrat als \`Amerikaner\` die Auffassung, mit "erzieherischen" Maßnahmen Mexiko einen \`Dienst\` zu erweisen; einen Dienst, der sowohl dem südlichen Nachbarn als auch den USA selbst zugute kommen sollte. Das von der Revolution aufgewühlte Mexiko hätte nach Wilson mit Hilfe der USA eine stabile Ordnung und einen inneren Frieden erhalten. Der Weg zu der dazu notwendigen Demokratisierung sollte zusammen mit den USA bewältigt werden. Ein Diktator wie Huerta wurde deshalb von Wilson nicht als legale Führung des mexikanischen Volkes anerkannt, weil er freien Wahlen und dem Aufbau demokratischer Strukturen im Wege stand. Huerta war für Wilson kein gleichberechtigter Partner im zwischenstaatlich-diplomatischen Verkehr. In der Erreichung seiner Ziele setzte Wilson bewußt politische, wirtschaftliche und militärische Mittel und Repressionen ein, wie der Veracruz-Zwischenfall demonstrierte. Hier gilt es festzustellen, daß Wilson als Patriot einerseits im Sinne seiner mittelfristigen Zweckbestimmung eine für die Interessen der USA gemäße Politik betrieb; andererseits verletzte er aber auch die Interessen des spezifischen historischen Möglichkeitsraums des mexikanischen Volkes. Dieses Verhalten störte das friedliche Zusammenleben der beiden Staaten empfindlich. In dem Grad seiner Entschlossenheit, seine Ziele und Zwecke auch mit gewaltsamen Mitteln zu realisieren, liegt das zweite Wesenselement Wilsonscher Politik, das seine grundlegende Methode der Umsetzung von politischer Planung in die Praxis deutlich macht.

2) Obwohl Wilson in seiner Mexikopolitik mit der direkten und unreflektierten Übertragung seiner innenpolitischen Wertvorstellungen begann und als \`Sozialtechniker\` mit den Gestaltungsmöglichkeiten im zwischenstaatlichen Bereich experimentierte, demonstrierte er dennoch ein gewisses Maß an Rationalität und Besonnenheit in der Übertragung seiner Wunschvorstellungen, was seiner grundsätzlichen Absage an radikale Lösungen entsprach:

> "Wilson had a closer look at revolution and war than any of his predecessors in the office. He began as an expansionist, full of nineteenth-century liberal assumptions. He ended in a different mood." 138)

Gardner unterstreicht:

> "Wilson's idealism and moral imperialism were not only mistakes" 139)

Der Präsident hatte nicht nur bemerkenswerte analytische Fähigkeiten, er zeigte sich auch als besonnener und pragmatischer Staatsmann. Zunächst erkannte Wilson als Kind des aufgeklärten Zeitalters den Zusammenhang zwischen innenpolitischer Beschaffenheit und zwischenstaatlichem Verhältnis. In dieser Verbindung begriff er vom friedens- und sicherheitspolitischen Standpunkt aus, daß ein Nachbar mit demokratisch legitimierter und stabiler Führung besser den Interessen seines Landes entgegenkam als häufig wechselnde Revolutionsregierungen, die keine innere Stabilität erreichen konnten. Wilson versuchte, \`der Furie des Verschwindens\` und dem Terror revolutionärer Erhebungen in Lateinamerika Herr zu werden, um die zivilisatorischen und friedenspolitischen Errungeschaften des modernen Staates, insbesondere der Vereinigten Staaten, nicht zu gefährden.

> "Denn seine Revolutionsfurcht beschränkte sich keinesfalls auf die innere Entwicklung der Vereinigten Staaten. Vielmehr hielt er die von ihm als notwendig erachtete weltweite Durchsetzung amerikanischer Ordnungsvorstellungen durch revolutionäre Tendenzen prinzipiell für gefährdet." 140)

Dieser von ihm wahrgenommenen Gefährdung trug Wilson Rechnung,als er im Frühsommer und Sommer 1914 eine intensivere interventionistische Mitteleinsetzung der USA ausschloß. Im August 1914 sagte Wilson zu seinem Kriegsminister:

> "There are in my judgement no conceivable circumstances which would make it right for us to direct by force or threat by force the internal processes of what is a profound revolution, a revolution as profound as that which occured in France".141)

Hatte Wilson das interventionistische Verhalten Amerikas in Mexiko zuvor noch als Notwendigkeit zur Sicherung amerikanischer Interessen und als ein \`Erlösungsakt\` erachtet 142), so siegte letztendlich Wilsons besonnenes Denken über sein "interventionistisches Herz". 143)

So läßt sich auch im Hinblick auf die "irony of fate"-These konstatieren, daß Wilson keineswegs alleine von einem "visionären Beharren" bestimmt blieb. 144) Der Präsident hielt vielmehr nach der Phase des Experimentierens eine gemäßigt-erzieherische Hilfe der USA in Richtung Demokratie und Stabilität für wirksamer. Diese Lösung wäre mit Hilfe eines theoretisch konkreter durchdachten Konzeptes, das stärker auf die Erfordernisse Mexikos und der zwischenstaatlichen Beziehungen eingegangen wäre, bereits vor dem Veracruz-Zwischenfall zu finden gewesen. Eine theoretisch durchdachte Planung gab es jedoch nicht; insofern trifft auf der erkenntnistheoretischen Ebene der von der "irony of fate"-These festgestellte Mangel an Kenntnissen über andere Staaten und zwischenstaatlichen Beziehungen zu. Wilson und sein Außenminister machten Versuche und Experimente in Mexiko, ohne die Konsequenzen gründlich zu reflektieren. Das Problem dieser Experimentierungsphase lag in der unsensiblen Vorgehensweise Wilsonscher `Erziehungsmaßnahmen` und der zu geringen Kenntnis über den historischen Möglichkeitsraum Mexikos. Ausgehend von der Allgemeingültigkeit der demokratischen Entwicklungsgeschichte der USA, setzte Wilson voraus, daß auch andere Nationen diesen Weg gehen könnten. Aus diesem Grunde zeigte er und Bryan eine gewisse Gleichgültigkeit bei dem Einsatz der diplomatisch unerfahrenen "Agenten" Hale und Lind. Diese besaßen wohl das Vertrauen des Präsidenten und auch seine Weltanschauung, sie brachten aber nur eine geringe Qualifikation für die ihnen zugewiesene difizile Aufgabenstellung mit. Das daraus resultierende Fehlen wesentlicher Grundkenntnisse über die mexikanische Mentalität hatte unmittelbar die Auswirkung, daß Wilsons ideell-internationalistischen Aussagen und Versprechungen bis auf wenige Ausnahmen nur Lippenbekenntnisse bleiben mußten. Denn seinen ideellen Bekundungen mangelte es an realen Gestaltungs- und Verwirklichungsmöglichkeiten - sowohl im Bereich seiner eigenen Außen- und Wirtschaftpolitik als auch in der Mexikopolitik und im Bereich der zwischenstaatlichen Beziehungen. Weder Wilson noch Bryan schienen vor April 1914 Gedanken darauf verschwendet zu haben, nicht in Lateinamerika zu intervenieren, obwohl der Präsident seinen Außenminister am 20.Januar 1914 fragte:

> "Just now when we are trying to gain a certain moral prestige in Central America, I should like to know how you think the pressing of the Nicaraguan treaty would affact opinion towards us in the rest of that region." 145)

Im Juli 1913 sagte Wilson im Verlauf einer Pressekonferenz:

> "The trouble is that we don't know what is going on in Mexico." 146)

Sein Unverständnis für die revolutionären Ereignisse in Mexiko führte Wilson zu dem Schluß, den er gegenüber seiner Frau im September 1913 äußerte:

> "Mexico is sui generis. I do not know what to make of it. The apparent situation changes like quicksilver. But the real situation, I fancy, remains the same, and is likely to yield to absent treatment." 147)

Nachdem er in der ersten Phase seiner Mexikopolitik - auch mit einem stärkeren Mitteleinsatz - nicht den erwünschten Effekt einer Problemlösung seiner ideell-internationalistischen und nationalistischen Planungen und Vorstellungen verwirklichen konnte, erwies sich Wilson als Pragmatiker, der sich an die Realitäten anpassen konnte. Diese Anpassungsmöglichkeit als politisch Praktizierender ist nicht zuletzt darauf zurückzuführen, daß der ehemalige Historiker Wilson eine entwicklungsgeschichtliche Perspektive hatte, die es zuließ, den Prozeß des Werdens und Wachsens einer Demokratie in seinen Zusammenhängen zu sehen. Obwohl Wilsons Verantwortungsbewußtsein im Verlauf seiner politischen Tätigkeit einen immer stärker werdenden internationalistisch-solidarischen Bezug erfuhr, war Wilson kein Theoretiker der internationalen Beziehungen. Ein ausgearbeitetes theoretisches Konzept hätte angesichts der Komplexität der internationalen Beziehungen tiefere methodische Erkenntnisse erfordert, d.h. wesentlich tiefere Erkenntnisse als Wilson sich im Bereich der Innenpolitik angeeignet hatte. Wilsons theoretisches Denken nahm seinen Ausgangspunkt in der Betrachtung der nationalen Geschichte und seiner Werte. Er blieb ihm immer verhaftet.
Seine Mexikopolitik nahm wohl kurze Zeit einen operativen Charakter an; sein Theorie-Praxis-Verständnis verstand es aber auch, angesichts der Nichterreichung der hoch angesetzten politischen Ziele und Zwecke gegebenenfalls zurückzustecken:

> "Yet Wilson persisted despite mistakes and misunderstandings, and the result was a policy vastly more practical and succesful than most historians have realized. 148)

III.2.6.2.Auswirkungen des ideell motivierten Internationalismus Wilsons

Der amerikanische Präsident verkannte wesentliche Faktoren,die in der praktischen Auswirkung seiner Außenpolitik eine kardinale Bedeutung bekommen sollten. Wilson machte sich vor allem nicht klar, daß das Selbstbestimmungsrecht der Völker unmittelbar mit der Selbstbestimmung über die eigenen wirtschaftlichen Ressourcen, die eigene gesellschaftliche Verfaßtheit und eigene nationalgeschichtliche Entwicklung zusammenhing. Er war sich der Tatsache zu Beginn seiner außenpolitischen Tätigkeit nicht bewußt, daß zwischenstaatliche Beziehungen empfindlich gestört werden, wenn man, ohne aufgefordert zu sein, zu sehr in die inneren Angelegenheiten fremder Staaten eingreift. 149) Die Folgen des Wilsonschen Versuchs, Reformpolitik, ökonomische Expansion und Interventionsanspruch im Namen des Selbstbestimmungsrechts zu verknüpfen, waren sicherlich so nicht gewollt. Die Gründe für dieses ungewollte Ergebnis ist in der von Wilson nicht durchkalkulierten Übertragung ideeller Zweckbestimmung und in der fehlenden theoretischen Kenntnis über die Beschaffenheit anderer historisch-politischer Räume zu sehen. Hinzu kam, daß Wilsons außenpolitische Ziele und gewünschte Verhaltensmuster im Gegensatz zu den materiellen Zielen vieler seiner Landsleute standen. Die größtenteils erkennbare Homogenität in den politischen Wertvorstellungen der Amerikaner beschränkte sich mehr auf den innenpolitischen Bereich, wobei auch hier von Wilson "zu reinigende Auswüchse" festgestellt wurden. Was jedoch die Außenpolitik betraf, waren Wilsons ideelle Zwecke und Ziele keineswegs ungeteilt. Sowohl im wirtschaftspolitischen wie im sicherheitspolitischen Bereich überwog das national-egoistische Interesse. Die Verantwortungsbereitschaft im Sinne eines ideell-solidarischen Internationalismus war nicht allgemein geweckt. Wilson, der von sich glaubte, wie kaum ein anderer amerikanischer Politiker die Überzeugungen seiner Landsleute zu kennen, überschätzte die Selbstlosigkeit seines Volkes. Aus einer zu positiven Einschätzung der Amerikaner resultierte auch eine fehlerhafte Wahrnehmung der Gestaltungsmöglichkeiten auf dem Gebiete der Außenpolitik. Wilson war wie sein progressiver Parteifreund und Außenminister Bryan davon überzeugt

> "that God guided their hearts and hands...Genuinely selfless in many ways , they elevated personal morals into government policy to benefit the poor of Latin America.It went without saying that good intentions produced good results. Countries got to heaven the same way people did, because their hearts were pure and their acts worthy...The real problem in Wilson's foreign policy was its provincial, culturebound, intolerant, and arrogant ways... They could not conceive of a people who did not share their moral principles. They could not conceive of a people who might prefer dictatorship, aristocracy, monarchy, theocracy, or communism to liberal democracy." 150)

Aus der von Wilson nicht wahrgenommenen Widersprüchlichkeit in der politischen Kultur und Wirtschaft der USA ergab sich ein prinzipieller Gegensatz zwischen Wilsons Wunsch von einer weltweiten Durchsetzung des Selbstbestimmungsrechtes und der Erweiterung des "amerikanischen Modells".

> "Wilson's personal dilemma symolized the broader difficulties faced by classical liberalism. According to the basic principles of natural law, he should have accepted the revolutions as competing units which would contribute their share to a broader and deeper harmony of interests. But his expansionist philosophy of history, his crusading zeal and his nationalism - which also were integral parts of his liberalism - prompted him to oppose the revolutions as barricades on America's road to domestic well-being and world leadership. The tragedy was defined by his attempt to resolve the dilemma by preserving and extending democracy through a policy of open door expansion." 151)

Auch wenn der Einsatz von ökonomischen und militärischen Instrumentarien in der Interessenformulierung Wilsons nicht auf ein Übergewicht des von Wilson propagierten Liberalismus hindeutet, sondern nur auf die operative Nutzung wirtschaftlicher und militärischer Mittel, so bleibt dennoch die Problematik bestehen, die sich aus der Übertragung des widersprüchlichen Wesens amerikanischer politischer Kultur auf andere Möglichkeitsräume ergibt. Wilson wandte sich einerseits gegen "special interests" der amerikanischen Wirtschaft und gegen die \`Dollar-Diplomatie\` seines Vorgängers, sofern diese Politikformulierung nur ausbeutete und keine übergeordnete Verantwortung für die weitere ethisch-politische Entwicklung der betroffenen Länder übernahm; andererseits konnte Wilson als Politiker einer der stärksten handeltreibenden Nationen verstehen, wie notwendig der mexikanische Markt und die mexikanischen Rohstoffe für die USA waren:

> "Wilson was no friend of disorder and chaos. But ...he thought the only way to remove the wedge was to bring the \`special interests" under control. And the only way to do that would be

to seek the proper remedy: free elections. The main problem, he thought, was how to introduce a benign American influence without playing the game of the `special interests`." 152)

Ohne eine eigenständige theoretische Grundlage für den außenpolitischen und außenwirtschaftlichen Bereich stand Wilson vor einer schier undurchschaubaren, komplexen Situation, die für ihn zu einem prinzipiellen Dilemma zwischen der Forderung nach einer besseren und friedlicheren Welt und der materiellen und machtpolitischen Absicherung seines eigenen Landes werden sollte.

"Zwischenstaatliche Beziehungen und sicherheitspolitische Ordnungssysteme einerseits, Konjunkturen und strukturelle Gegebenheiten nationaler Ökonomien und der Weltwirtschaft andererseits bilden mit ihren Wechselbezügen zu innergesellschaftlichen und transnationalen Verteilungskämpfen einen komplexen, in seiner Dynamik im einzelnen äußerst schwer aufzuhellenden Wirkungszusammenhang" 153),

einem Zusammenhang, den Wilson mit Blick auf den widersprüchlichen Charakter amerikanischer Politik und ihrer moralischen Grundsätze sich nicht deutlich machen konnte.

"The ugly reality that Wilson always faced in Mexico was that if he adhered rigidly to the noble ideals of nonintervention and self-determination, others, powerful and unscrupilous, would serve their own ends by maintaining a repressive but friendly regime in power. They had done so for a generation before Wilson came in office, and it seemed probable to the president that they would do so for another generation unless the United States opposed them." 154)

Wilson machte in seinem ideell-internationalistischen Verständnis Versprechungen, die er selbst angesichts der Beschaffenheit seines eigenen Landes nicht halten konnte. Hier zeigten sich die Folgen des Wilsonschen theoretischen Reduktionismus. Im Gegensatz zu seinen gutgemeinten, aber nicht genügend durchdachten theoretischen Plänen gestaltete sich die Übertragung seiner moralischen Vorstellungen in der zwischenstaatlichen Praxis schwieriger, als er angenommen hatte. Wilson war nicht in der Lage, wirklich mit der tradierten Politik seiner Vorgänger zu brechen, zumal existenzielle materielle Interessen mit der Lateinamerikapolitik der USA auf dem Spiele standen. Um den politischen Interessen seines Landes nicht zu schaden, beschränkte er sich hinsichtlich der Eindämmung großkapitalistischer Einflüsse in Mexiko größtenteils auf rhetorisch-aufklärerische Mittel. An die wirtschaftliche Überlegenheit der amerikanischen Firmen in Mexiko appellierte der Präsident nur mit seiner Standardformel "Verantwortung für den gemeinsamen Zweck" .Dieser Appell an die geistig-positiven Werte seiner Landsleute war aber nicht hinreichend, um den eigenen hohen Idealen in der Praxis einer moralisch-selbstlosen Außenpolitik entsprechen zu können. Die geschichtlich gewachsene, materiell orientierte Praxis amerikanischer Wirtschaftspolitik konnte keineswegs durch diese ideellen Aufrufe zu einer selbstlosen Interessenformulierung verwandelt werden. Wilson stand vor dem Dilemma, sein pesönliches Verständnis von einem uneigennützigen, zivilisatorisch überlegenen System der USA an andere Staaten verkaufen zu müssen, obwohl das amerikanische System in erster Linie dem Stärkeren - den USA selbst - Nutzten brachte. Die Folgen der amerikanischen Politik waren den Mexikanern schon seit längerer Zeit bekannt. In Mexiko war bereits eine Tradition des Anti-Amerikanismus zu verzeichnen. 155) Als den rhetorischen Aufforderung zur Kooperation kein Abbau wirtschaftlicher Abhängigkeit folgte, und stattdessen das nationale Expansionsstreben der USA fortgesetzt wurde, war wieder einmal das prinzipielle Mißtrauen und Vorurteil gegenüber dem großen Nachbarn im Norden bestätigt. Auch die Ereigisse, die in der Folgezeit im Zusammenhang mit der Veracruz-Affäre geschahen, machten den Mexikanern deutlich, wie die USA "Kooperation" verstanden. Die Attraktivität des US-Systems für mexikanische Verhältnisse mußte zwangsläufig für die Mexikaner angesichts der von Wilson faktisch demonstrierten Politik der \`Außenbestimmung\` gering sein. In diesem Zusammenhang spielt nicht nur die Problematik der ökonomischen Selbstbestimmung eine wichtige Rolle, sondern auch das Nationalgefühl der Mexikaner. Wilsons "Modell Amerika" prallte in der Praxis seiner Mexikopolitik auf einen "revolutionären Nationalismus" Mexikos, wie nicht zuletzt die aufschlußreiche Falluntersuchung Robert Freeman Smith's deutlich macht. Unter revolutionärem Nationalismus versteht Smith :

> "...a combination of those ideological and emotional elements which involves some significant change in the sozio-economic and political power structures; the assertion of national control over the economy and the society; and a movement for national regeneration. This intensity and contours of revolutionary nationalism will vary according the country, time, cultural milieu, and historical experiences." 156)

Wilson verkannte in seinem Übertragungsversuch amerikanischer Verhältnisse ganz und gar den Nationalstolz der Mexikaner, der mit der unsensiblen Vorgehensweise Wilsons keineswegs zu überwinden war. Ein Gefühl des Ausgeliefertsein und der Überrumpelung führte dazu, daß Wilson nach Veracruz das ganze mexikanische Volk gegen sich hatte.

> "Deshalb mußten alle seine Versuche, der mexikanischen Revolution sein Gesetz aufzuerlegen, schließlich scheitern. Die Doppelrolle des liberalen Emanzipators und des puritanisch-strengen Erziehers zu demokratischem Wohlverhalten, die er übernahm, vermochte die Mexikaner nicht zu überzeugen." 157)

Der amerikanische Präsident hatte nicht nur ein falsches Konzept, er trug auch mit der Nichtanerkennung Huertas und der Unterstützung der Konstitutionalisten zur Verlängerung und "depening of revolution" [158)] bei. Anstatt Ordnung und politisch-sozialen Frieden in Mexiko zu erwirken, verschärfte Wilson sowohl die innenpolitische Situation des südlichen Nachbarn als auch die zwischenstaatlichen Beziehungen der USA zu Mexiko. Die ideellen Antriebskräfte Wilsons trugen mit ihrer `redeemer`- Perspektive zu einer Verschärfung der sicherheitspolitischen Problemstellung im zwischenstaatlichen Bereich bei. Wilson unternahm zum ersten Mal in der Geschichte der amerikanischen Außenpolitik gegenüber einem anderen Land den Versuch, die wirtschaftliche und zum Teil auch militärische Stärke der USA operativ in Verbindung mit seinen ideell- moralischen Vorstellungen und der Forderung nach innenpolitischer Angleichung zu bringen. Indem der amerikanische Präsident die Legitimität der mexikanischen Regierung anzweifelte und zwischenstaatliche Beziehungen zu Huerta ausschloß, stellte er zugleich die Struktur und die Legitimität der vorhandenen internationalen Beziehungen in Frage. Für Wilson stellte die Intervention in Mexiko eine heilige Sache dar, die sich vom Imperialismus europäischer Provenienz bei weitem unterschied. Der amerikanische Präsident ist zwar nicht als Heuchler zu bezeichnen [159)], er machte sich aber die wahre Bedeutung des (national-)egoistisch-ökonomischen Machterwerbs sowohl als Teil der Zweck- als auch der Mittelebene seines Landes nicht bewußt. In diesem Zusammenhang ist William A.Williams zuzustimmen:

> "Wilson used the Navy, the Army, and economic measures that denied food to countless Mexicans...Yet in another sense the Mexicans were the first Cubans, the first Russians, even the first Vietnamese". 160)

Wilson schloß unter der Berücksichtigung seiner längerfristigen Zweckebene einen "Covenant with Power", wie Lloyd C.Gardner zum Ausdruck bringt.[161)]

> "Wilson machte sich keine Illusion über die Notwendigkeit in der Erfüllung dieser ideellen Erziehungsaufgabe gegebenenfalls Gewalt anzuwenden. Freiheit, so rief er in einer 1908 gehaltenen Rede aus, ist eine spirituelle Konzeption, und wenn die Menschen zu den Waffen greifen, um andere Menschen zu befreien, dann hat ein solcher Kampf etwas Heiliges an sich."162)

Daß diese Wertorientierungen angesichts einer nicht-durchdachten Theorie in sich größte Widersprüche trugen, geht aus den paradoxen Erscheinungsformen Wilsonscher Politikformulierung hervor. Wilson hat einerseits unter Berufung liberaler Werte, wie das Selbstbestimmungsrecht der Völker, die Nichtintervention fremder Staaten gefordert, aber andererseits unter Berufung der Bewahrung der weltgeschichtlichen Zweckbestimmung der USA wiederum eine Intervention seines eigenen Landes in Mexiko bejaht. Es resultiert daraus der grundsätzliche Widerspruch, daß man zur Verwirklichung

> "des einen Wertes (Intervention) den anderen vergewaltigten (Nicht-Intervention) muß". 163)

Der eigentliche Grund für diese widersprüchliche Politikformulierung ist nicht in einem "ideologischen" \`Verschleierungsversuch\` Wilsons zu sehen. Der amerikanische Präsident bezweckte nicht, machtpolitische Expansion und Suprematiestreben der USA mit gehaltvollen und moralischen Worten vordergründig dem eigenen Volk und anderen Nationen gegenüber zu legitimieren. Der eigentliche Grund bestand vielmehr in den zu geringen theoretischen und methodischen Überlegungen Wilsons über die Praxis der zwischenstaatlichen Beziehungen, deren Möglichkeitsräume und begrenzten Gestaltungsmöglichkeiten; sie führten den Präsidenten zu dem Irrglauben, spezifisch amerikanische Vorstellungen und Werte mehr oder weniger unvermittelt übertragen zu können. Dieses These läßt sich auch zur Beurteilung Wilsonscher Mexikopolitik nach dem April 1914 aufrecht erhalten. Obwohl Wilson letztendlich eine prinzipielle Besonnenheit demonstrierte, die es verstand, die praktische Umsetzung der göttlichen und geschichtlichen Vorsehung noch zeitlich zu verschieben [164)], brach sein ideell motivierter Wunsch nach einer liberalen Weltgeschellschaft und sein Mittel der wirtschaftlichen und militärischen Intervention auf anderen

Schauplätzen wieder durch, nicht zuletzt auf dem weltpolitisch so entscheidenden europäischen Kriegsschauplatz.

> "Wilson did not resolve his dilemmas, and he made errors. Later Presidents would have done well to study these. But they would also have done well to ponder his insistence that `INTERVENTIONS` (that is the rearrangement and control of Mexico's domestic affairs by U.S.) there shall not be either now or at any other time if I can prevent it' ".165)

Ergebnisse zu Wilsons Theorieverständnis

1.Erkenntnistheoretische Schlußfolgerungen : Woodrow Wilson und Reinhold Niebuhr

Niebuhr und Wilson verbindet sowohl eine vom christlich-protestantischen Glauben bestimmte Weltanschauung als auch das Interesse und Verantwortungsbewußtsein für eine angemessene amerikanische Außen-, Friedens- und Weltpolitik. Die Ziele dieser beiden Gelehrten weisen insofern Gemeinsamkeiten auf, ihre Erkenntnisse und Beurteilungen außenpolitischer Gestaltungsmöglichkeiten stehen sich aber in konträrer Weise gegenüber.

Obwohl Niebuhr als Beobachter Wilsonscher Außenpolitik in seinen zahlreichen Werken nie die Frage stellt : "Wie kann ich wissen?", erscheinen seine methodischen Aussagen über die Elemente der internationalen Beziehungen nicht nur von höchstem erkenntnistheoretischem Wert, sondern auch hinsichtlich der Erforschung der Gestaltungsmöglichkeiten der internationalen Friedenspolitik im Vergleich mit anderen theoretischen Ansätzen und Zugängen am weitsichtigsten und der Praxis der internationalen Beziehungen am nähesten.
Mit den philosophisch-anthropologischen Prämissen, die Reinhold Niebuhr in seinen Arbeiten mehrfach betont hat, werden die Wurzeln eines politischen Realismus verdeutlicht, der auf dem Hintergrund einer geschichtsorientierten Perspektive die menschliche Natur und die historischen Möglichkeiten in der heutigen internationalen Politik aufzeigt. Diese Grundprämissen sind das Ergebnis eines langen Reflexionsprozesses, der sich entschieden von dem Begriff einer bloßen Real- oder Machtpolitik abgrenzt.
Diesem Urteilsvermögen nahm sich vor allem der Theologe und Freund Niebuhrs Paul Tillich in einer kritischen aber zugleich auch würdigenden Weise an [1)]. Tillich arbeitet heraus [2)], daß eine explizite Erkenntnislehre vor allem in Niebuhrs Lehre von der Vernunft und - in versteckter Form - in der Ablehnung der ontologischen Frage in der Theologie zu finden sei. Wenn Niebuhr die Darstellung des Menschen als eines vernunftbegabten Wesens einer Kritik unterzieht, so gehe er von einem Begriff der Vernunft aus, der sich weit von der klassischen Lehre entfernt habe. In der Beurteilung der antiken und modernen Philosophen unterscheide

Niebuhr nicht die verschiedenen Vernunftsbegriffe. Tillich zeigt zwei Formen der Vernunft in der Geschichte der Philosophie auf: den ersten bezeichnet er als den Logos-Typ. Der Logos-Typ der Vernunft sei als ein Element innerhalb des göttlichen Lebens, als das Prinzip der göttlichen Selbstmanifestation sowohl gegenüber sich selbst wie auch gegenüber allem von ihm Getrennten zu sehen. Diese Vernunft sei gegenwärtig in den Strukturen der Wirklichkeit und in den Strukturen des menschlichen Geistes, die miteinander korrespondieren und so Erkenntnis und ästhetische Intuition, ethische Einsicht und politische Gerechtigkeit ermöglichen. Eine solche Vernunft sei essentiell göttlich und dürfe keinesfalls im Gegensatz zum Glauben gesehen werden. Diesem ersten Vernunftbegriff stellt Tillich den zweiten, den berechnenden Vernunftbegriff, gegenüber. Das berechnende Vernunftsdenken sei so alt wie die Fähigkeit des Menschen, sich Werkzeuge zu machen. In den Angriffen der Philosophen des 18.Jahrhunderts gegen die Verzerrung der religiösen und politischen Überlieferungen wäre der klassische Begriff der Vernunft noch lebendig gewesen und wurde als ein kritischer Maßstab gegenüber diesen Verzerrungen angewandt. Die "kritische" Vernunft der aufgeklärten Philosophen erwuchs aus der Vernunft im Sinne des logos. Allmählich löste sich aber diese enge Verwurzelung auf und die Vernunft wurde zur bloßen Erkenntnisfunktion reduziert. Sie wurde zu einer technischen Vernunft, wissenschaftlich-analytisch und berechnend, im Sinne einer verstandesmäßigen Beweisführung. Der Zusammenhang zwischen Vernunft und göttlichen Natur ging verloren, Relationen wurden reduziert und mißachtet. Eine rein technische Vernunft ist im Sinne Niebuhrs nicht fähig, Gott zu erkennen. Vernunft, erkennt Tillich, ist mehr als nur technisch-formale Vernunft. Niebuhr differenziere zu wenig die erkenntnistheoretischen Grundlagen und kann deshalb die Zweiteilung des Vernunftsbegriffs nicht vollziehen. Nach Ansicht Tillichs würde Niebuhr sagen ,daß die Vernunft, selbst wenn sie essentiell auf Gott bezogen wäre, nach dem Sündenfall des Menschen verdorben sei, wie dessen ganzes Sein. Dieser Aussage Niebuhrs würde Tillich zustimmen, sie jedoch insoweit einschränken, daß die Verderbnis nicht die völlige Vernichtung darstelle.[4)] Tillich betont, daß Verderbnis die Wirklichkeit dessen voraussetzt, was verdorben ist. Die Offenbarung Gottes ersetzt die Vernunft nicht, sondern sie überwindet die Verderbnis der Vernunft des Menschen und seiner Welt. 5) Mit der Feststellung Tillichs, daß Niebuhr zu sehr den Sündenfall des Menschen als Ausgangspunkt eines Vernunftbegriffes aufgreift und damit das Logos-Vernunftdenken zu sehr außer acht läßt, ist ein bemerkenswerter Kritikpunkt an Niebuhrs historisch-anthropologischer Grundanschauung herausgearbeitet worden, der für die weitere erkenntnistheoretische Auseinandersetzung von größtem Interesse ist. Trotz der oben beschriebenen wertvollen Erkenntnisse Niebuhrs über die Theorie und Praxis in den heutigen internationalen Beziehungen trifft die Kritik Tillichs auf eine zentrale Schwachstelle in der Erkenntnistheorie Niebuhrs. Glaube sei nach Tillich nicht ein Geschehen außerhalb der Vernunft. Der Glaube wäre vielmehr der Zustand der vernunftbegabten Person, in dem sie von dem ergriffen wird, was die Vernunft in ihrer Unverdorbenheit wiederherstellt. In diesem Sinne sei der Glaube vernunftgemäß; er stelle eine Vernunft dar, die durch ihre eigene göttliche Tiefe bewegt und geformt werde. Tillich kommt auf diese Weise der historischen Praxis im Sinne Aristoteles näher, indem er den Vernunftbegriff nicht nur in seiner Verdorbenheit,sondern auch in seiner Möglichkeit unterstreicht: Der Transzendentalismus Niebuhrs von der Deutung des Menschen und der Geschichte würde an Überzeugungskraft gewinnen, wenn das, was jenseits der menschlichen Möglichkeiten und des geschichtlichen Fortschrittes liegt, als die Tiefendimension des Menschen und seiner Welt verstanden würde

> "Das Göttliche ist nicht ein Bereich oberhalb des Lebens, sondern eine Dimension des Lebens selbst" 6) .

Der erkenntnistheoretische Gegensatz, der hier in Erscheinung tritt, wird nach Auffassung Tillichs in Niebuhrs Verständnis vom Paradox-Begriff am deutlichsten. Niebuhr bezeichne das Paradox gern als "unmögliche Möglichkeit". Im theologischen Verständnis könne diese Wortverbindung das wirkliche und einzige christliche Paradox ausdrücken,daß nämlich das Prinzip der göttlichen Selbstmanifestation, also der göttliche logos, ohne Einschränkung im Leben eines Menschen erschienen sei. "Unmögliche Möglichkeit" sei deshalb nicht irrational, wenn man statt dessen sagen würde: "menschlich unmögliche göttliche Möglichkeit". Den Ausdruck "Paradox" solle man in diesem nicht-irrationalen Sinn nur für die Erscheinung der essentiellen Gott-Mensch-Einheit unter den

Bedingungen der Existenz verwenden. Außerdem dürfe es keine Verwechslung zwischen dem Geheimnisvollen und dem Paradoxen oder dem Dialektischen und dem Paradoxen geben. Das Geheimnisvolle sei die Tiefe der Vernunft, der unendliche und unergründliche Grund des Seins. Tillich unterstreicht wiederum, daß das Dialektische jeden Lebensprozeß, auch den Prozeß des göttlichen Lebens, beschreibt.Hätte Niebuhr eine solche Differenzierung vorgenommen, wäre er dem Vorwurf der Irrationalität hinsichtlich seiner Wortverbindung "unmögliche Möglichkeit" aus dem Wege gegangen. Eine weitere, mehr oder weniger verborgene Erkenntnistheorie liegt nach Meinung Tillichs in Niebuhrs Kampf gegen die Ontologie innerhalb des Christentums. Schöpfung, Sündenfall, Erlösung und Vollendung sollen nach Ansicht Niebuhrs nicht durch rationale Notwendigkeit bestimmt werden. Wenn das in der Tat der Fall wäre, stellt Tillich fest, wenn also ontologische Kategorien Gott, Mensch und Welt die Freiheit und Möglichkeit nehmen würden, wenn Sündenfall und Erlösung notwendige Strukturen der Wirklichkeit wären, würde Niebuhrs Ablehnung der Ontologie gerechtfertigt sein. Wenn Ontologie ein Produkt der berechnenden Vernunft wäre, könnte sie nach Meinung Tillichs in der Theologie nur eine dienende Rolle spielen. Tillich bringt jedoch im Gegensatz dazu zum Ausdruck, daß Ontologie mehr als dies bedeute. So erhält der Begriff der Freiheit in der Verknüpfung mit Schicksal einen ontologischen Rang,der trotz der Befürchtungen Niebuhrs die echte Bedeutung des biblischen Mythos nicht zerstört. Alles, was der Mensch als ein "zentriertes Selbst" tun würde, so Tillich, habe den doppelten Charakter der Verantwortlichkeit und Notwendigkeit. Es liege Schicksal in allem, was wir in Freiheit entscheiden. Und es lebe Freiheit in allem, was wir als Schicksal erfahren.

> "Auf diese Art - und hier sprechen wir ontologisch - sind sowohl der individuelle wie auch der universale Charakter der menschlichen Entfremdung von Gott gewahrt, und der Theologe hat es nicht nötig, den Mythos vom Fall zu zitieren . Er braucht nicht zu befürchten, den Ernst und das Irrationale der Sünde aufzuheben, wenn er den Zustand der Sündhaftigkeit als eine Form des Seins beschreibt." 7)

In Aufarbeitung der Niebuhrschen Grundlagen sieht Kenneth W. Thompson die außenpolitischen Erfahrungen der USA im Spannungsfeld zwischen Moral und Politik 8). Die Schlußfolgerungen, die er aufgrund einer sehr kenntnisreichen Prüfung der vielfältigen ethischen und politischen Aspekte des Problems zieht, sind normativer Natur. Er empfiehlt mit Nachdruck eine "practical morality" (in gleichzeitiger Abgrenzung zum Wilsonianismus), die darin besteht, Umsicht und Klugheit (prudence) walten zu lassen und den harten Gegensatz zwischen moralischen Forderungen und politischer Realität zu mildern. Thompson sieht darin den einzig gangbaren Mittelweg zwischen moralischem Zynismus und fanatischem Kreuzfahrergeist. Er fordert damit indirekt eine politische Klugheit, die fähig ist, sowohl Moral und Menschenrechtsidee als auch Machtpolitik ausgewogen zu handhaben. Da diese Elemente nun einmal das Wesen der internationalen Beziehungen bestimmen, müssen alle Faktoren für eine ***practical morality*** in einer politischen Klugheitslehre berücksichtigt werden. Niebuhrs wie auch Wilsons Erkenntnisse können aber nur einen Teilbereich abdecken. In "Christian Realism and Political Problems" kommt Niebuhrs Orientierung hinsichtlich einer politischen Klugheit deutlich zum Ausdruck [9)]: Auf dem Felde der Außenpolitik seien von seiten des amerikanischen Konservatismus große Fehler gemacht worden. Amerika sei die stärkste Nation der Welt. Der Konservatismus der USA hätte aus zwei Alternativen bestanden: aus einem Isolationismus, der kein Mittel für die steigende Verantwortung in der größer gewordenen Welt sei, und aus einem Abenteurertum (= Wilsons Idealismus), das nicht seine Grenzen und Risiken beurteilen konnte. Dieses Versagen des amerikanischen Konservatismus sei deshalb so bedeutsam, weil es gerade die Tugend des traditionellen europäischen Konservatismus sei, die Risiken und die Verantwortung in der Außenpolitik und in der internationalen Ordnung zu erkennen. Der europäische Konservatismus habe seine Wurzeln in der aristokratischen Tradition, und seine höheren Einsichten wären durch eine lange Beschäftigung mit einer Verantwortungsübernahme auf diesem Feld erlangt worden. Er kenne die Relationen zwischen den Nationen, die von Machtfaktoren beherrscht werden, besser als der Liberalismus, bei dem der Machtfaktor in Vergessenheit geraten sei. Der europäische Konservatismus sei an die begrenzten Möglichkeiten und kurz-entschlossenen Pläne gewöhnt und hätte sich mit den Launen der internationalen Beziehungen als ein weiser Staatsmann abgefunden.

Anhand dieses kurzen Abschnittes aus Niebuhrs Werk werden die analytischen Fähigkeiten des Theologen deutlich. Mit Recht kritisiert er die Unerfahrenheit und das Abenteurertum in der

Außenpolitik der USA, Faktoren die gerade auch in der Politik Wilsons zu Tage traten. Hier liegt der große Verdienst Niebuhrs, der auf die Kernpunkte der Realitäten in der internationalen Politik nicht gemäßen amerikanischen Außenpolitik hingewiesen hat. Niebuhrs Orientierung in Richtung traditioneller europäischer Mächtepolitik und Staatsräson erscheint einerseits mit Blick auf die Anpassungsfähigkeit einiger europäischer Staaten (hier insbesondere Großbritanniens) an die internationale Ordnung als zutreffend, andererseits angesichts der neuartigen Konstellationen in der Weltpolitik als nicht ganz ausreichend. Eine der heutigen Lage der internationalen Beziehungen angepaßte politische Klugheit muß imstande sein, neben den historischen Konstanten die Besonderheiten unseres Zeitalters zu erfassen. Alte Gestaltungs-Konzepte reichen nicht aus, um den Frieden dauerhaft zu sichern, wie die Entwicklung bis zum Ersten Weltkrieg deutlich zeigte. Vielmehr ist eine neue politische Klugheit unerläßlich, die den `logos-Typ` der Vernunft registriert und den realitätsgerechten Gestaltungsbedarf der internationalen Beziehungen auf der Grundlage eines klugen und ausgewogenen Theorie-Praxis-Verständnisses eruiert. Daher ist es auch erforderlich, die traditionellen Kategorien des politischen Realismus zu verlassen. Die Untersuchungskategorie des historischen Möglichkeitsraumes ist aus diesen Erwägungen heraus entwickelt worden. An den historischen Möglichkeiten, die Wilson bei einer tiefer gehenden Theoriearbeit zu Verfügung gestanden hätten, ist zu zeigen [10], daß der oft als eng empfundene Pfad, der den sog. "politischen Idealismus" mit dem "politischen Realismus" verbindet, zugunsten einer dauerhaften Friedenssicherung prinzipiell beschritten werden kann.

Der für den realistischen als auch für den idealistischen Ansatz offene historische Möglichkeitsraum, mit seinen dargelegten Möglichkeiten für ein effektives Theorie-Praxis-Verständnis, will bessere Entfaltungsalternativen der Friedensgestaltung bieten. Ausschlaggebend für die politische Praxis ist hierbei die methodisch-theoretische Voraussetzung, eine möglichst realitätsnahe `neue politische Klugheit` unter Beachtung der Kriterien eines dialektischen-hermeneutischen Ansatzes, der eine umfassende und kritische Dauerbeobachtung der politischen Geschichte beinhaltet, zu erwerben.

Beide theoretische Richtungen der Lehre der Internationalen Beziehungen erwiesen in der praktisch-historischen Entwicklung unseres Jahrhunderts wie in den Möglichkeiten der theoretischen Analyse ihre Schwächen und ihre Stärken. Unter den Kriterien des historischen Möglichkeitsraums betrachtet, können Elemente von \`Idealismus\` und \`Realismus\` \`aufhebenswert\` (i.S.Hegels) sein. Unter Berücksichtigung der historischen Räumlichkeiten und der realen Entwicklungsmöglichkeiten vermögen sie einen wichtigen Beitrag für ein dem Wandel der Zeit angepaßtes Theorie-Praxis-Verständnis zu leisten.

2.Wilsonsches Theorieverständnis und internationale Friedensgestaltung

Auf dem Hintergrund der Kategorien des historischen Möglichkeitsraumes ist festzustellen, daß Wilson auch im Sinne einer ontischen Perspektive, wie sie Tillich forderte, realitätsgerechte Lagebeurteilungen vorgenommen hat. Diese Tatsache wird häufig übersehen, weil Wilson in seinem Bestreben, die außenpolitische Ziel- und Zweckbestimmung auf die Praxis der realen internationalen Politik zu übertragen, die \`Erlöser-Rolle\` seines Landes übertrieb.
Schon Wilsons Schriften als Gelehrter ließen einen aktiven politischen Gestaltungswillen zum Vorschein kommen. Hier traten theoretische Schwächen, insbesondere bei der Lageanalyse der internationalen Beziehungen, deutlich hervor. Wilson ging bereits in den frühen Jahren seines akademischen Studiums von einer angelsächsischen Überlegenheit in der Geschichte der abendländischen Zivilisation aus. Motiviert von dieser Grundeinstellung, leitete er im Verlauf seiner wissenschaftlichen Tätigkeit eine amerikanische Führungsrolle für den Bereich der Weltpolitik ab. Die Weltpolitik sollte aktiver von den USA und deren Wertvorstellungen bestimmt und gestaltet werden. Diesem Gestaltungswillen [11)] entsprach in der Praxis der internationalen Beziehungen der Jahre um 1914 in einem gewissen Umfange ein tatsächlicher Gestaltungsbedarf. Wie aber die vorliegende Untersuchung zeigte, kam in Wilsons politischer Planung und Praxis eine Differenz zwischen Gestaltungsbedarf bzw. Gestaltungsmöglichkeit und Gestaltungswillen zum Ausdruck. Diese Differenz äußerte sich im wesentlichen in der bereits in der

Planung falsch wahrgenommenen Möglichkeit der Umsetzung theoretischer Vorstellungen in die politische Praxis. Die theoretischen Vorstellungen Wilsons von der Herstellung neuer außen- und friedenspolitischer Strukturen in der Außenpolitik der USA und in den internationalen Beziehungen gingen voluntaristisch über den realen Gestaltungsbedarf, über den Stand der historischen Entwicklung und der Gestaltungmöglichkeit der internationalen Ordnung hinaus [12]. Wilson hatte sich in der praktischen Umsetzung seiner außen- und weltpolitischen Konzepte der vorhandenen Pläne nordamerikanischer Publizisten wie Walter Lippmann und Herbert Croly bedient; aber bereits diese Konzeptionen hatten den realen Gestaltungsbedarf überschritten. Aus der wirtschaftlichen (später ab 1917 auch der militärischen) Stärke der USA ergab sich die Notwendigkeit einer verantwortungsvollen und aktiven Mitwirkung der Vereinigten Staaten in der internationalen Friedens- und Weltpolitik.[13] . Angesichts der Grundtendenzen der Moderne, der Zuspitzung der Krise des Fortschritts [14] und der zunehmenden Ideologisierung [15], erkannte Wilson in Anlehnung an Lippmann und Croly realitätsgerecht, daß das alte Selbsthilfesystem der internationalen Ordnung nicht mehr ausreichte, um der Entfessellung der mannigfachen nationalen und transnationalen [16] Bewegungen Herr zu werden. Der amerikanische Präsident unterstrich, daß die Wurzeln der Kriege und nicht nur ihre Symptome behandelt werden müssen. Insoweit erkannte die Wilsonsche außen- und friedenspolitische Planung wichtige Elemente eines neuen Gestaltungsbedarfs.

Auf der anderen Seite steht Wilsons Verständnis von einem Sendungsbewußtsein der USA, das die eigenen amerikanischen Interessen vor Augen hatte.

Verantwortungsbewußtsein und Eigeninteresse trafen im Internationalismus Wilsons zusammen:

> "The world has been made safe for democracy. There need now be no fear that any such mad design as that entertained by the insolent and ignorant Hohenzollerns and their counselors may prevail against it. But democracy has not yet made the world safe against irrational revolution. That supreme task, which is nothing less than the salvation of civilzation, now faces democracy, insistent, imperative. There is no escaping it, unless everything we have built up is presently to fall in ruin about us; and the United States, as the greatest of democracies, must undertake it".17)

So entsprachen auch seine in den Vierzehn Punkten dargelegten Wahrnehmungen zum Teil den tatsächlich vorhanden Problemstrukturen der internationalen Beziehungen.18) Wie wichtig u.a. die Zurückstellung eigennütziger wirtschaftlicher Interessen unter dem Gesichtspunkt liberal-demokratischer Grundlagen für die Erhaltung von Frieden und Menschenrechten sein konnte, wird im Vergleich mit jenen "Isolationisten" in der amerikanischen Politik deutlich, die wohl ihre Vorteile aus dem internationalen, insbesondere wirtschaftlichen, Engagement der USA zogen, aber den Preis einer verantwortungsvollen Mitwirkung am internationalen System nicht zahlen wollten. Indem Wilson aus Solidarität mit der übrigen Staatenwelt die Verantwortung für den Frieden in der Welt bewußt übernahm, grenzte er sich gegen diese "isolationistischen" Kreise ab. Wilson hatte über das nationale Interesse hinaus ein Verantwortungsbewußtsein, das die tatsächlichen, bisher erreichten Errungenschaften der menschlichen Entwicklung,wie die Freiheit des Individuums und die Gleichheit vor dem Gesetz, weltweit und nicht nur für den "Eigenbedarf" realisieren wollte.[19)] Doch wurde der Bedarf nach Neugestaltung bei aller Weitsicht Wilsons überschritten, als auf der methodischen Ebene seines Theorie-Verständnisses sowohl die historisch-politischen Strukturen der einzelnen außenpolitischen Partner wie Mexiko als auch die der gesamten internationalen Ordnung unberücksichtigt blieben. Als praktische Folge dieser unangemessenen Gestaltungsversuche ist ein mit Blick auf die internationalen Beziehungen gerichteter revolutionärer Charakter amerikanischer Außen- und Weltpolitik zu erkennen. Sowohl die Unkenntnis über die Möglichkeiten der internationalen Beziehungen und anderer historisch-politischer Räume als auch das Streben nach neuen Mustern der zwischenstaatlichen Beziehungen sind nicht das alleinige Ergebnis Wilsonscher Politik. Eine historische Betrachtung der politischen Kultur der USA relativiert die Rolle Woodrow Wilsons. Die Verbindung von außen- und weltpolitischen Gestaltungskonzepten mit innenpolitischen Wertvorstellungen zählte grundsätzlich zur politischen Kultur der USA. Sie hat auf kulturgeschichtlichem Wege schon zu Studien- und Dozentenzeiten in das Denken Woodrow Wilsons Eintritt gefunden . Wilsons eigenständiger Wert in der Geschichte amerikanischer Außenpolitik lag vielmehr in der Tatsache, daß er die bereits vorhandenen Wertvorstellungen von einem idealen zwischenstaatlichen Zusammenleben in der Außenpolitik der Jahre 1913/14 und der Weltpolitik der Jahre 1917/18/19 zum ersten Mal bewußt im Sinne einer politisch-agierenden Großmachtrolle in die politische Praxis der internationalen Politik direkt übertrug.[20] Obwohl sich in der Geschichte der USA zunächst ein gemäßigtes Herstellungsdenken und ein mit Blick auf die Notwendigkeiten der innenpolitischen Verhältnisse ein praxisorientierter Gestaltungswille abzeichneten, wurden nach einer auf regionale Beziehungen angelegten Außenpolitik in der Periode des `Werdens und Wachsens` der amerikanischen Nation bereits um die Mitte des 19.Jahrhunderts Bestrebungen deutlich, die auf den Wunsch nach außenpolitischen Interventionen (Moltmann) im Sinne eines "ideellen Internationalismus" hinwiesen. Spätestens seit dem Ende des letzten Jahrhunderts trug dieser schon lange vorhandene Wunsch dazu bei, aus der außen- und weltpolitischen Zurückhaltung auszubrechen. Als die USA an die Grenzen ihrer innenpolitischen Ausweitungsmöglichkeiten bei gleichzeitiger stürmischer Industrialisierung gelangt waren, war für den außenpolitischen Bereich endgültig der Zeitpunkt gekommen, die außenpolitischen Beziehungen neu zu gestalten. Das Reflektieren über die Neugestaltung außenpolitischer Beziehungen hing eng mit dem geistigen Leben der nach dem Bürgerkrieg zu neuem nationalen Bewußtsein gelangten Amerikaner zusammen:

> "The political disaster of the Civil War was inherent not only in the appeal from reason to force, but also in the modern means of violance. The war is often seen as the first modern industrial war. It was modern not only in regard to weapons and bloodshed but also in regard to the systematic use of political ideas that served to mobilize the masses for the trenches and for the factories".21)

Für die Amerikaner wurde nicht nur die gewaltige Kraft deutlich, die bei der Propagierung ideeller Ziele frei wurde, sondern auch die Bedeutung eines einheitlichen nationalen Bewußtseins, das, wenn es erst einmal zu seiner Identität gefunden hatte, bisher ungeahnte Möglichkeiten im Bereich des politischen Handelns hervorbringen konnte. Die unmittelbare Folge des Amerikanischen Bürgerkrieges war deshalb auch nicht "popular cynicism", sondern "the rise of popular enthusiasm".[22] Die innenpolitische Praxis in den USA mußte den neuen nationalen Gefühlen gerecht werden, wenn sie erfolgreich sein wollte:

> "The normal politics of interest had been overruled. What Summer called 'the proper domain of politics'- the politic of selfishness, of material gain and loss for groups and individuals - had been replaced by a new politics of 'unselfishness and moral and religious motives,' deeply influenced by `heroic elements, - sacrifice for moral good,and devotion to right in spite of expediency.'" 24)

Mit der ungeahnt scharfen ökonomischen Krise der 1890er Jahre waren die USA zum ersten Mal seit ihrem Bestehen auf Gebiet der politischen Theorie gefordert. Diese Zeit zwischen Ende des Amerikanischen Bürgerkrieges, dem Wiederaufbau, des nationalen Erwachens und der ökonomischen Krise ist um so bedeutender, als in diesen Jahren auch Wilsons politisches Denken geformt wurde. Wilson war Kind seiner Zeit. Nicht zuletzt die neueren Arbeiten,die von der umfangreichen Quellensammlung der Wilson Papers profitieren, lassen erkennen, daß

> "Wilson's writings contain a distinct expression of the changes in academic political thought ensuing from the war and the victory of nationalism...Wilson's ideas of political economy, administration, and leadership were deeply dependent upon his idea of American nationality."24)

Die annexionistische Phase der nationalistisch geprägten amerikanischen Außenpolitik machte nur einen sehr kurzen Abschnitt aus. Bedeutender wurden noch vor der Präsidentschaft Wilsons die Realisierungen des Konzepts der "Offenen Tür" in Ostasien, der "Präponderanzanspruch auf der westlichen Hemisphäre im Sinne des Roosevelt-Corollary zur Monroedoktrin" und die engeren Bindungen zu Großbritannien.

> "Es handelte sich alles in allem um eine den USA ganz eigentümliche Variante des Imperialismus, die sie realisierten".25)

Eine mit Blick auf den internationalen Frieden beabsichtigtigte und bewußte Verantwortungsübernahme spielte hier zunächst noch keine bedeutende Rolle. Sie wurde erst von Wilson in der praktischen Politik der Kriegsjahre vertreten. In der Historiographie zur amerikanischen Geschichte läßt sich eine ständige Auseinandersetzung über den revolutionären Gehalt der Innen- wie Außenpolitik der Vereinigten Staaten seit dem Ende des 19.Jahrhunderts feststellen. Einerseits tritt der Sachverhalt zu Tage, daß die amerikanischen Regierungen darum bemüht waren, das auf bürgerlich-revolutionäre Weise selbst erreichte innere System zu bewahren und unter Umständen auch auszudehnen, andererseits versuchten die USA seit Ende des letzten Jahrhunderts, revolutionäre Erhebungen vor der eigenen Haustüre einzudämmen. Ein weiterer Aspekt dieses "Spannungsgefüges von revolutionärem Selbstverständnis und politischer Praxis" [26] ergibt sich aus der ideellen Forderung nach demokratischer Beschaffenheit und zwischenstaatlichen Beziehungen; einer Forderung, die den traditionellen diplomatischen Gepflogenheiten der internationalen Beziehungen des 19.Jahrhunderts nicht entsprach und das internationale System selbst in Frage stellte. Aufschlußreich erscheint in diesem Zusammenhang ein Beitrag Klaus Hildebrands über die praktizierte Politik der Hauptakteure der Zwischenkriegszeit. [27] Die USA seien nicht regional, sondern weltweit orientiert , nicht graduell sondern umfassend ausgerichtet, nicht kompromißhaft, sondern revolutionär veranlagt gewesen. Die Vereinigten Staaten gehörten wie die Sowjetunion und Deutschland zu den Staaten, die das internationale System auf Dauer revolutionierten. Lange Zeit im sog.Isolationismus verharrend und machtpolitisch auf die eigene Region konzentriert, war das Land seinem historischen Ursprung und seiner ungestümen Existenz gemäß doch insgesamt universalorientiert. Die Prinzipien der Unteilbarkeit des Weltmarktes, der Freiheit und des Friedens ließen es zu Großbritannien, Frankreich, Italien, Japan, der Sowjetunion und Deutschland in prinzipielle Konkurrenz treten. Hildebrand betont, daß die Vereinigten Staaten die Welt entweder beherrschen oder ihr entfliehen wollten; eine Politik des bedächtigen Gradualismus wäre ihnen fremd gewesen. So gefährdete ihr militärischer Isolationismus die Weltordnung ebenso wie ihr selektiver Interventionismus . Auf wirtschaftlichem Gebiet dehnten die USA sich gleichermaßen unbewußt aus, wie sie in politischer Hinsicht ganz bewußt, ja missionarisch der Welt ihre freiheitlichen Institutionen, ihren "way of life" aggressiv (d.h.im Sinne des Herstellungsgedankens) offerierten, der in der säkularisierten Religion des Individualismus, dem "pursuit of happiness", gründete und zur liberalen Weltvorherrschaft Amerikas führen mußte. [28] Diese Charakterisierung Hildebrands unterstreicht die Notwendigkeit einer differenzierenden Betrachtung des revolutionären Wesens der Vereinigten Staaten. Der hier zum Vorschein kommende generelle außenpolitische Herstellungs- und Gestaltungswille steht einerseits in dem beschriebenen Zusammenhang mit der nationalen Kulturgeschichte der USA, andererseits strebte er mit der Präsidentschaft Woodrow Wilsons und dessen hartnäckigem Reformwillen einem neuen entwicklungsgeschichtlichen Höhepunkt entgegen, d.h. einem qualitativen Sprung in die manifeste, praktisch-politische und "operative" Wahrung nationaler Interessen innerhalb der Außen- und Weltpolitik . Während die Open-Door-Politik um die Jahrhundertwende eine primär nationalegoistisch-wirtschaftspolitische Komponente im Vordergrund sah [29], kam sowohl in Wilsons Mexiko- als auch in seiner späteren Europa- und Weltpolitik eine noch stärkere Wahrung politischer Interessen mit wirtschaftlichen und militärisch-strategischen Mitteln zum Vorschein. [30] Frank Ninkovich sieht in diesem Vorgang nicht nur eine Trennung von der unpolitischen Vorgehensweise der Open-Door-Phase in der amerikanischen Außenpolitik,

> "but also a metamorphosis in which the development of an operative ideology amounts, both in theory and in practice".31)

Im Sinne von Ninkovich ist zu konstatieren, daß Wilson über den ihm vorgegebenen "historischen Möglichkeitsraum" hinausging, indem er auf die internationalen Durchsetzung der gesamten "politischen Kultur" der USA, d.h. mit all ihrer Spezifika und innerer Widersprüchlichkeiten , abzielte, obwohl gerade er sich als innenpolitischer Reformer ("New Freedom") über den Charakter der USA einer fehlerhaften, "unfertigen Gesellschaft" im klaren gewesen sein mußte.

Wie u.a. Akira Iriye herausgearbeitet hat, sind internationale Beziehungen

> "by definitions relations among nations, but each nation has its distinctive traditions, social and intellectual orientations, and political arrangements. Because a nation must sustain itself as an entity, it must develop technology to harness resources and generate energy, organize itself in social groupings for survival and defense, and develop ideas and concepts to provide meaning for its existence. A nation, in a word, is a "cultural system," and international relations are interactions among cultural systems." 32)

Insbesondere die Übertragung dieser ganzen politischen Kultur mit ihren sozio-ökonomischen und historisch-politischen Implikationen auf die Außenpolitik der USA und die Intoleranz, die man undemokratischen Regierungen bei der Mitwirkung in der internationalen Politik erwies, führte zu jener "revolutionären"

Qualität innerhalb der internationalen Beziehungen, die eher einem technischen Herstellungsdenken als einer aus der Praxis der bisher vorhandenen historischen Möglichkeiten hervorgegangenen Planung entsprach. Es ging Wilson nicht mehr nur um den traditionellen staatlichen Machterwerb, der die alte Staatenordnung prägte, sondern auch um die endgültige Durchsetzung des bislang innenpolitisch erprobten liberalen Gesellschaftsmodells mit seiner freien und kapitalistischen Wirtschaftsordnung. Dieser universale Ganzheitsanspruch mußte zwangsläufig bei einer aktiven Teilnahme der USA an der internationalen Staatenordnung auf die Konfrontation mit den übrigen "Nationalcharakteren" stoßen, zumal diese sich in unterschiedlichen ideengeschichtlichen und materiellen Entwicklungszuständen befanden.
Wilsons Außen-, Welt- und Friedenspolitik läßt sich bildhaft zusammenfassen: Der amerikanische Präsident versuchte mit seinen theoretischen Vorstellungen in fremde historische Möglichkeitsräume zu verreisen, er führte jedoch nur die politische Landkarte der USA mit, so daß sich naturgemäß Orientierungsschwierigkeiten bei der praktischen Außen- und Weltpolitik ergeben mußten.
Aus der anfänglich verantwortungsvollen Gestaltungsbereitschaft Wilsons entstand unter der prägenden Einwirkung des falschen Theorieverständnisses eine unangemessene Friedenstheorie, die in ihrer \`operativen\` Umsetzung in Mexiko wie auch später in Deuschland in einer "revolutionären" Außenpolitik zum Ausdruck kam. Der Verbindung von ideeller Grundkonzeption und operativer Durchsetzung kam größte Bedeutung zu. 33) Als Wilson seine voluntaristische Friedenstheorie angesichts der "Macht der Ereignisse" nicht auf dem bisher innenpolitisch praktizierten Wege durchzusetzen vermochte, wurden die Interessen mit "physischen" (militärischen und wirtschaftlichen) Gewaltmitteln zu einer operativen Interessenpolitik umgestaltet, um die Verhältnisse so "herzustellen" wie man sie sich in der (oberflächlichen) Theorie erdacht hatte. Die ablehnende Haltung gegenüber der Anerkennung Huertas und der interventionistische Einsatz in Veracruz waren die ersten Anzeichen für jenen Widerspruch in der amerikanischer Außenpolitik, der sich aus einem eher reduktionistischen Theorie-Verständnis und einem teilweise unreflektierten Zweck-Ziel-Mittel-Denken ergab. 34) Vor allem machte Wilson sich und seinem Volk

nicht den eigenen außenpolitischen Zweck, das "Grundgewebe" amerikanischer Politikformulierung deutlich, das sich nicht nur aus ideellen und noblen Motiven, sondern auch aus rein national-egoistischen und machtpolitischen Elementen zusammensetzte. [35] Es gelang Wilson vor allem nicht, wie Lloyd Ambrosius deutlich zum Ausdruck bringt, den wechselseitig-dialektischen Bezug von internationalen Interdependenzen und nationalem Pluralismus in der Staatengesellschaft des 20.Jahrhunderts zu erkennen. [36] Obwohl die Welt über wirtschaftliche Interessen, technische Kommunikations- und Reisemöglichkeiten und über transnationale politische Einrichtungen zusammengewachsen war, verfolgten konkurrierende Nationen immer noch Sonderinteressen. Paradoxerweise wurde die moderne Welt sowohl durch Tendenzen der Vereinheitlichung wie auch der Entzweiung, dem gleichzeitigen Gedeien von Internationalismus und Nationalismus bestimmt.[37] Die Unkenntnis Wilsons über dieses Phänomen geht ganz eindeutig aus seinem fehlerhaften Theorieverständnis hervor.

Gerade die erkenntnistheoretischen methodischen Schwächen, die in einem wechselseitigen Bezug zu den überinterpretierten ideellen amerikanischen Wertvorstellungen Wilsons standen, führten zu jenem spezifisch amerikanischen Verständnis von außenpolitischer Planung und Praxis, das die Forschung gemeinhin unter den Begriffen "amerikanische Ideologie" oder als "politischen Idealismus" begreift.

Dem theoretischen (Voraus-)Planen wurde einerseits ein hoher Stellenwert in der praktischen Politikausübung der Moderne seit 1776/89 zugeschrieben, andererseits verkümmerte jedoch die philosophische Tiefe des theoretischen Reflektierens der Amerikaner und stattdessen nahm ein pragmatisches Experimentieren ihren Platz ein. Lange Zeit warf dieser Sachverhalt hinsichtlich der günstigen innenpolitischen Entwicklungsmöglichkeiten keine Probleme auf, er erwies sich jedoch im Imperialismus der 1890er-Krisenjahre und insbesondere bei der Konzeption neuer außen- und weltpolitischer Aktivitäten als ein folgenreicher Mangel, der bei dem Versuch der Übertragung in die politische Praxis zu einem unangemessenen technischen Herstellungsdenken führte.

Im Hinblick auf die vielfach in der Literatur geäußerte "Irony of fate"-These ist deshalb festzustellen, daß es nicht nur an der persönlichen außenpolitischen Unerfahrenheit des Präsidenten lag, sondern auch am traditionell vorgegebenen unangemessenen Theorie-Praxis-Verständnis der amerikanischen politischen Kultur. Sie hatte die Grenzen und Möglichkeiten des eigenen historischen Raumes tendenziell nicht wahrgenommen. Ein Theorieverständnis, das sich der eigenen und der internationalen Lage bewußter gewesen wäre, hätte die fehlenden außenpolitischen Erfahrungen des Präsidenten in der Wechselwirkung mit der politischen Kultur der USA kompensieren können. Wilson hatte bald

> "a characteristic view of the role of the political theorist. He tended to consciously suppress the active and creative contribution of political theory in favor of the perception of political reality" 38)

entwickelt. Nur allmählich kam Wilson zu der Ansicht,daß

> "leadership could arrogate to itself the creative role that the theorist had lost".39)

Eine Verbesserung der Innenpolitik war im Sinne Wilsons nur eine Sache praktischer Maßnahmen, die gemäß seiner reformerischen Ideale zu einer "Reinigung" ineffizienter Bestandteile beitrugen. Neue politische Theorien, insbesondere sozialistische Ideen, schloß Wilson aus. Wilson sah aufgrund einer traditionell fehlenden außenpolitischen Lage- und Zweckanalyse nicht, daß es sich bei der Innen- und Außenpolitik um unterschiedliche Möglichkeitsräume mit unterschiedlichen Zweckbestimmungen drehte. Trotz der Komplexität der internationalen Beziehungen machte sich Wilson bei weitem weniger Gedanken über die Gestaltungsmöglichkeiten der zwischenstaatlichen Beziehungen als über die innenpolitischen Verhältnisse. In der Innenpolitik erkannte er nur geringe Gestaltungsmöglichkeiten. Die Gefahr einer Revolutionierung des internationalen Systems hatte Wilson nicht bedacht. Paradoxerweise vertrat der amerikanische Präsident die Auffassung, daß man in den internationalen Beziehungen weniger sorgfältig reflektieren muß als in der Innenpolitik. Für Wilson schienen im zwischenstaatlichen Bereich grenzenlosere Gestaltungsmöglichkeiten vorhanden zu sein als in den USA selbst. Ein wesentlicher Grund für dieses Denken und Handeln lag in der begrenzten geographisch-räumlichen Perspektive des Wilsonschen Weltbildes, das recht oberflächlich, ausschnitthaft und eingeschränkt war.

> "In the twentieth century, nationalism is often regarded as a popular insistence upon some kind of inherent superiority in

regard to other nations. This meaning does not capture the origins of Wilson's understanding. Nationalism is best regarded, at least for the present purposes, as a general term that articulates the perceived interconnections between population and place. The meaning of the term is dependent upon the historical circumstances, the origins, and the values that are expressed when these interconnections are named."40)

In seiner Wahrnehmung von der eigenen und der internationalen Politik durch sein Weltbild eingeschränkt, glaubte Wilson,die Ausübung amerikanischer Machtpolitik alleine moralisch rechtfertigen zu können. Dies gelang ihm, weil er das amerikanische System mit den Begriffen wie Fortschritt, Freiheit, Frieden, Menschenrechte und Völkerrecht gleichsetzte und anderen Gesellschaftsformen die entwicklungsgeschichtliche Überlegenheit der USA gegenüberstellte. Er glaubte an die universelle Gültigkeit dieser Begriffe. Wie jedoch die eingehenden historischen, ideen- und begriffsgeschichtlichen Untersuchungen der hier erwähnten Arbeiten von Ludger Kühnhard, Gregg Lint und James H.Hutson deutlich machen, sind diese Begriffe bereits in der Frühgeschichte der USA keinesfalls in ihrer universalen Bedeutung in die politische Kultur der USA aufgenommen worden; sie wurden vielmehr im Zusammenhang mit den **spezifisch** amerikanischen Interessen interpretiert, im Sinne der Mehrheit ihrer weißen bürgerlichen Bevölkerung und der eigenen nationalen Sicherheit.[41)]

Das Theorieverständnis Wilsons war technisch [42)] und führte zum Widerspruch zu den fundamentalen liberalen Grundwerten der politischen Kultur der USA, insbesondere dem Selbstbestimmungsrecht der Völker. Es ist das Verdienst Reinhold Niebuhrs darauf hingewiesen zu haben, daß diese vom ideellen Weltbild Wilsons getrübte Sicht, weder den eigenen hohen moralischen Anforderungen noch den politischen Realitäten in den USA und in den internationalen Beziehungen gerecht wurde. Die USA waren nicht eine `Oase der Selbstlosigkeit`; sie trugen vielmehr alle Widersprüche der bürgerlichen "Bedürfnisstruktur" in sich. Mit der Stärke der USA und der qualitativen und quantitativen Intensivierung ihrer zwischenstaatlichen Machtmittel wurde auch der bisherige politische Zweck modifiziert. Wer sich entschieden und aktiv auf die Bühne der Weltpolitik begibt, steht vor ganz neuen Herausforderungen, zumal man von der internationalen Staatengemeinschaft eine größere (sicherheits-) politische Bedeutung zubemessen bekommt. Diesen Herausforderungen konnten die USA nicht nur mit rein innenpolitischen Methoden und Inhalten begegnen.[43] Mit dem nur auf Erfahrung gegründeten Theorieverständnis war Wilson in der Lage, eine Außen- und Weltpolitik zu betreiben, die sich aus den bisherigen außenpolitischen Erfahrungen der USA schließen ließ. Da sich Wilson jedoch nicht mit den theoretischen Möglichkeiten einer alternativen amerikanischen Außenpolitik [44] beschäftigt hatte, blieb nur eine Politik des Experimentierens, wie sie nicht zuletzt in der Mexikopolitik der Jahre 1913/14 zum Vorschein kam. Eine Praxisorientierung konnte und wollte eine mit Blick auf die Eigengesetzlichkeiten internationaler Politik unerfahrene amerikanische Außenpolitik unter Woodrow Wilson nicht hervorbringen: weder der mit puritanischem Eifer und Verantwortung übernommene visionäre Internationalismus Wilsons noch der auf nationalstaatliche Egoismen zurückzuführende sog. Isolationismus entsprachen den wahren Möglichkeiten und Notwendigkeiten welt-, friedens- und sicherheitspolitischer Planung und Praxis. Realitätsgerechtere Gestaltungsmöglichkeiten wären zwischen einer verantwortungsvollen Mitwirkung am internationalen System und der Anerkennung anders gearteter nationaler historisch- politischer Räume zu finden gewesen. Woodrow Wilsons Außen- und Friedenspolitik blieb von einem Theorie-Praxis-Verständnis beeinflußt, dessen Schwächen vor allem in der Ungeduld des visionären Vorausplanens und seiner mehr oder weniger unvermittelten praktischen Umsetzung lag. Diese Ungeduld wurde auf wissenschaftlichem Wege im Bereich der Innenpolitik noch rational gebremst und in eine weitgehend zutreffende Lage- und Zweckbestimmung überführt. Im Bereich der Außenpolitik kam sie jedoch angesichts des Fehlens einer eigenen Lage- und Zweckanalyse voll zum revolutionären Durchbruch. In diesem Zusammenhang gewinnen die folgenden,von Wilson an seine erste Frau, Ellen Axson, persönlich gerichteten Worte an besonderer Bedeutung:

> "The fault of my mind is that it is creative without being patient and docile in learning how to create. I am like one who would play upon the piano, not only without any knowledge of the laws and theory of music, but with only a superficial acquaintance with notation and no practice at all in the management of the fingers...A few glimpses of a great subject are enough to set me to sketching a treatment of it elaborate enough to fill a volume." 45)

Bereits die Erkenntnisse seines geistigen Lehrers Burke hätten für Wilson Mahnung genug sein müssen:

> "Bei überhasteten Reformen dagegen, bei dem, was man mit mehr Eifer als Überlegung 'ganze Arbeit' nennt, ist alles meist so unausgereift, schroff und unverdaut, so sehr mit Unüberlegtheit und Ungerechtigkeit vermischt..., daß die gleichen Leute, die eben noch die größten Eiferer waren, bald abscheulich finden, was sie angerichtet haben. ... das Ideal guter Politik gerät als Utopie unerfahrener Hitzköpfe in Mißkredit. So werden schließlich die Übel unheilbar, nicht aus sich selbst, sondern wegen der falschen undgewaltsamen Heilmittel " 46)

Die in der Tat fortschrittlichen, den moralisch-politischen und sicherheitspolitischen Bedingungen des historischen Möglichkeitsraums gemäßen Elemente im Denken Wilsons wurden durch die "ganze Arbeit", durch das im außenpolitischen Bereich theoretische und praktische Nichtanerkennen der Unterschiedlichkeit der politischen Räume in geradezu rückschrittlicher Weise neutralisiert und - angesichts der Mitteleinsätze - sogar zum Negativen gewendet. So ist Raymond Aron zuzustimmen:

> "Der Sieg der Alliierten im Jahre 1918 war fruchtlos geblieben, weil der Krieg selbst revolutionäre Kräfte entfesselt hatte." 47)

Literaturliste

Quellen,Memoiren

Baker,Ray Stannard/ Dodd,William E.(Hrsg):The Public Papers of Woodrow Wilson" 3 Doppelbände, Neuauflage New York 1970 (hier zitiert als PPWW)

Baker,Ray Stannard (Hrsg):"Woodrow Wilson.Life and Letters" 8 Bände, Neuauflage New York 1968 (hier zitiert als WWLL)

Baker,Ray Stannard (Hrsg):"Woodrow Wilson.Memoiren und Dokumente über den Vertrag von Versailles" 3 Bände,Leipzig 1922. (hier zitiert als WWMD)

Department of State (Hrsg):"Papers relating to the Foreign Relations of the United States" (hier zitiert als FRUS)

- FRUS 1916, Washington 1925,
- FRUS Supplement "The World War" Washington 1929,
- FRUS 1917,Washington 1926,
- FRUS 1917 SupplementI "The World War", Washington 1931,
- FRUS 1917 SupplementII "The World War" (2 Bände),Washington 1932.
- FRUS 1918 Supplement"The World War"(2 Bände) Washington 1933.
- FRUS "The Paris Peace Conference 1919" (13 Bände) Washington 1942-47
- FRUS "The Lansing Papers 1914-1920" (2 Bände) Washington 1939/40

Fosdick,Raymond B.(Hrsg):"Letters on the League of Nations" Princeton 1966

"Der Fiedensgedanke in Reden und Staatakten des Präsidenten Wilson" Hobbing-Verlag Berlin 1918

George,David Lloyd:"The Truth about the Peace Treaties" London 1938

"Kundgebungen des Präsidenten Wilson zur Friedensfrage" Hobbing-Verlag Berlin 1918

Link,Arthur S,Davidson,John W,Hirst,David W.und Little,John E. (Hrsg): "The Papers of Woodrow Wilson" 60 Bände Princeton University Press 1966-1989 . (hier zitiert als WWP)

Mantoux, Paul:"Les deliberations du Conseil des Quatre" (2 Bände) Paris 1955

Seymour,Charles (Hrsg):"Intimate Papers of Colonel House" (4Bände) Boston 1926/28

"Verhandlungen des Reichstages" Bd 309, Stenographische Berichte von den Sitzungen des Reichtages, Berlin 1917

Darstellungen

Ahrendt, Hannah:"Elemente und Ursprünge totaler Herrschaft" Frankfurt 1955

Ambrosius, Lloyd E.:"Woodrow Wilson and the American Diplomatic Tradition.The Treaty Fight in Perspective" Cambridge University Press 1987

Ambrosius, Lloyd E.:"Woodrow Wilson and the Quest for Orderly Progress" in: "Traditions and Values.American Diplomacy,1865-1945" herausgegeben von Graebner, Norman A.,Lanham 1985,Seite 73-100

Ambrosius, Lloyd E.:"The Orthodoxy of Revisionism.Woodrow Wilson and the New Left" in: Diplomatic History,Bd.I,Sommer 1977,S.199-214.

Ambrosius, Lloyd E.:"The United States and the Weimar Republic.America's Response to the German Problem" in:Davids, Jules (Hrsg):Perspectives in American Diplomacy:Essays on Europe,Latin America,Chine and the Cold War" New York 1976, Seite 78-104.

Ambrosius, Lloyd E.:"Wilson,The Republicans, and the French Security after World War I" in: Journal of American History,Bd.LIX,Sept.1972,S.341-352.

Ammon,Harry:"The Monroe Doctrine:Domestic Politics or National Decision?" in: Diplomatic History,Bd.5, 1981, Seite 53ff

Angermann,Erich:"Die Vereinigten Staaten von Amerika seit 1917",8.Aufl. München 1987

Angermann,Erich :"Die Amerikanische Revolution im Spiegel der Geschichte" in ders (Hrsg) "Revolution und Bewahrung",HZ Beiheft 5, München 1979, S.13ff

Arndt,Hans-Joachim:"Verfassungsstandard und Gebietsstatus" in: Studium Generale 22 (1969),S.783 - 813

Aron,Raymond: "Frieden und Krieg" Neuauflage,Frankfurt 1986

Aron,Raymond :"Clausewitz .Den Krieg denken"Frankfurt/M. 1980

Aron,Raymond:"Clausewitz - Stratege und Patriot" in :HZ,Bd.234, 1982,Seite 295ff

Aron,Raymond: "Die imperiale Republik",Stuttgart 1975

Baumgart,Winfried:"Vom Europäischen Konzert zum Völkerbund" Darmstadt 1978

Bailyn,Bernard:"The ideological Origins of the American Revolution",5.Auflage 1971

Beard,Charles A.:"An Economic Interpretation of the Constitution of the United States" Neuausgabe New York 1935

Bloch,Ruth H.:"Visionary Republic,Millennial Themes in American Thought 1765-1800" Cambridge 1985

Böckenförde,Ernst-Wolfgang (Hrsg) "Staat und Gesellschaft"

Darmstadt 1976

von Borch,Herbert : "Die unfertige Gesellschaft. Amerika:Utopie und Wirklichkeit" München 1960

Borkenau,Franz:"Der Übergang vom feudalen zum bürgerlichen Weltbild" Darmstadt 1971

Bracher, Karl-Dietrich:"Zeit der Ideologien. Eine Geschichte des politischen Denkens im 20.Jahrhundert" Stuttgart 1982
Bracher, Karl-Dietrich:"Geschichte und Gewalt. Zur Politik im 20.Jahrhundert" Berlin 1981
Bracher, Karl-Dietrich:"Europa in der Krise.Ideengeschichte und Weltpolitik seit 1917" Frankfurt, Berlin, Wien 1979

Brecht,Arnold:"Politische Theorie. Die Grundlagen politischen Denkens im 20.Jahrhundert" 2.Aufl.,Tübingen 1976

Buehrig, Edward H.: "Woodrow Wilson and the Balance of Power" Bloomington, Indiana University Press 1955
Buehrig, Edward H.(Hrsg):"Wilson's Foreign Policy in Perspective",Bloomington 1957

Bullit,William und Freud,Sigmund :"Thomas Woodrow Wilson.A Psychologhical Study" Boston 1967

Bundeszentrale für politische Bildung (Hrsg):"Westeuropa und die USA. Gemeinsamkeiten,Unterschiede,Perspektiven" Schriftenreihe Bd 226, Bonn 1988

Capra,Fritjof:"Wendezeit.Bausteine für ein neues Weltbild" München 1988.

Carlsnaes,W."Ideology and Foreign Policy" Oxford 1987

Cassirer,Ernst:"Die Philosophie der Aufklärung" Tübingen 1932.

Clausewitz,Carl von :"Vom Kriege" hrsg. v. Hahlweg, Werner. 19.Aufl., Bonn 1980
Clausewitz,Carl von : "Schriften,Aufsätze,Studien,Briefe, Dokumente aus dem Clausewitz-,Scharnhorst- und Gneisenau Nachlaß" hrsg. v. Werner Hahlweg, Göttingen 1966

Clausewitzgesellschaft (Hrsg): "Freiheit ohne Krieg" Bonn 1980

Clements,Kendrick A.: "Woodrow Wilson - World Statesman" Boston:Twayne 1987
Clements,Kendrick A.:"Woodrow Wilson's Mexican Policy,1913-15" in:Diplomatic History,Bd.4,Nr.2,Frühjahr 1980, Seite 113ff

Coffman,Edward M.:"The War to End All Wars;:The American Military Experience in World War I" New York 1968

Cooper,John Milton jr.: " "An Irony of Fate":Woodrow Wilson's Pre-World War I Diplomacy" in: Diplomatic History, Bd.3,Nr.4, Herbst 1979, Seite 425 ff

Crunden,Robert M.:"Ministers of Reform:The Progressive's in American Civilization 1889-1920" New York 1982

Czempiel,Ernst-Otto:"Die Lehre von den internationalen Beziehungen",Darmstadt 1969

Dahrendorf,Ralf:"Die angewandte Aufklärung. Gesellschaft und Soziologie in Amerika" München 1963

DeWeerd,Harvey A.:"President Wilson Fights His War:World War I and the American Intervention" New York 1968

Duchhardt,Heinz :"Gleichgewicht der Kräfte,Convenance, Europäisches Konzert" Darmstadt 1976

Düsing, Klaus:"Hegel und die Geschichte der Philosophie" Darmstadt 1983

Euchner,Walter :"Egoismus und Gemeinwohl.Studien zur Geschichte der bürgerlichen Philosophie" Frankfurt/M. 1973

Ferrel,Robert H.:"Woodrow Wilson and World War I. 1917-21" New York 1985

Fetscher,Iring:"Herrschaft und Emanzipation. Zur Philosophie des Bürgertums" München 1976
Fetscher,Iring: "Modelle der Friedenssicherung" München 1972
Fetscher,Iring und Münkler,Herfried (Hrsg): "Pipers Handbuch der politischen Ideen" Bd.1-Bd.5, München 1982-1987

Fiebig-von Hase,Ragnhild:"Amerikanische Friedensbemühungen in Europa, 1905-1914" in :Liberalitas. Festschrift für Erich Angermann, Stuttgart 1992, Seite 285ff

Floto,Inga:"Colonel House in Paris.A Study of American Policy at the Paris Peace Conference 1919" Aarhus 1973

Fraenkel, Ernst: "USA - Weltmacht wider Willen", Berlin 1957
Fraenkel, Ernst:"Das deutsche Wilsonbild" in:Jahrbuch für Amerikastudien,V,1960, Seite 66ff

Freud,Sigmund und Bullit,William C.:"Thomas Woodrow Wilson.A Psychological Study" London 1966

Freytag,Dierk:"Die Vereinigten Staaten auf dem Weg zur Intervention. Studien zur amerikanischen Außenpolitik 1910-14" Heidelberg 1971

Galbraith,John Kenneth "Anatomie der Macht" München 1987

Gall,Lothar :"Bismarck.Der weiße Revolutionär",5.Aufl.,Berlin/ Frankfurt/M 1981.
Gall,Lothar:"Europa auf dem Weg in die Moderne" Oldenbourg Grundriß der Geschichte Bd.14, München-Wien 1984

Galtung, Johan:"Strukturelle Gewalt. Beiträge zur Friedens- und Konfliktforschung",Hamburg 1975.

Gardner,Lloyd C.:"A Covenant with Power. America and World

Order from Wilson to Reagan" New York 1984
Gardner,Lloyd C.:"Woodrow Wilson and Mexican Revolution" in: Link, Arthur S.(Hrsg):"Woodrow Wilson And A Revolutionary World" The University of North Carolina Press, 1982, Seite 3ff

Gelfand, Lawrence E.:"The Inquiry. American Preparation for Peace, 1917-1919" Neuauflage Yale University Press, New Haven 1976
Gelfand, Lawrence E.:"The Mysthique of Wilsonian Statecraft" in:Diplomatic History,Bd.7,1983, Seite 87ff

Gilderhus,Mark T.:"Wilson,Carranza, and the Monroe Doctrine:A Question in Regional Organization" in: Dipl.History,Bd.7,1983, Seite 103ff

Gollwitzer, Heinz: "Geschichte des weltpolitischen Denkens" Bd I,"Vom Zeitalter der Entdeckungen bis zum Beginn des Imperialismus", Göttingen 1972.
Gollwitzer,Heinz: "Geschichte des weltpolitischen Denkens" Bd II, "Zeitalter des Imperialismus und der Weltkriege", Göttingen 1982
Gollwitzer,Heinz: "Ideologische Blockbildung als Bestandteil internationaler Politik im 19.Jahrhundert" in: HZ,Bd 201, 1965, Seite 306 ff.

Graml, Hermann:"Europa zwischen den Kriegen"dtv-Weltgeschichte des 20.Jahrhunderts,5.Auflage 1982

Grieb,Kenneth J.:"The United States and Huerta" Lincoln: University of Nebraska Press 1969

Habermas, Jürgen:"Theorie und Praxis" 2.Aufl.,Suhrkamp, Frankfurt 1971
Habermas, Jürgen: "Der philosophische Diskurs der Moderne", 3.Aufl. Suhrkamp, Frankfurt/M. 1986

Hahlweg,Werner:"Philosophie und Militättheorie im Denken und in den Aufzeichnungen des Generals von Clausewitz" in "Clausewitz,Jomini, Erzherzog Carl" hrsg. v.Gesellschaft für politisch-strategische Studien Wien und Clausewitz-Gesellschaft, Österr. Bundesverlag Wien 1988 Seite 9-21
Hahlweg,Werner:"Philosophie und Militärwissenschaft bei Clausewitz.Das Werk "Vom Kriege" als Kriegslehrbuch? in:Clausewitz heute" hrsg.v. Studiengruppe für Internationale Sicherheitspolitik Mannheim, Seite 1ff
Hahlweg,Werner:"Lenin und Clausewitz.Ein Beitrag zur politischen Ideengeschichte des 20.Jahrhunderts" in: Archiv für Kulturgeschichte Bd. XXXVI (1954), Seite 30 - 59 und 357 - 387
Hahlweg,Werner:"Clausewitz: Soldat - Politiker - Denker" Göttingen 1957, 2. Auflage Musterschmidt 1969
Hahlweg,Werner:"Carl von Clausewitz. Schriften, Aufsätze, Studien, Briefe" Bd.1 ,Deutsche Geschichtsquellen des 19. und 20. Jahrhunderts Bd.45, Göttingen 1966
Hahlweg,Werner (Hrsg):"Vom Kriege" Vollständige Ausgabe im Urtext , 19. Auflage (Jubiläumsauflage, mit erneut erweiterter historisch-kritischer Würdigung (Hahlweg)) Bonn 1980

Hahlweg,Werner:"Clausewitz und die Französische Revolution. Die methodologische Grundlage des Werkes "Vom Kriege" " in: Zeitschrift für Religions- und Geistesgeschichte,Bd.XXVII (1975) Heft 3, Köln 1975

Haltern,Utz:"Bürgerliche Gesellschaft.Sozialtheoretische und sozialhistorische Aspekte" Darmstadt 1985

Hartz,Louis:"The Liberal Tradition in America" San Diego,New York 1955

Hegel, Georg Wilhelm Friedrich :"Jenaer Schriften 1801 - 1807" Suhrkamp Werkausgabe,Bd.2 Frankfurt/M. 1970

Hegel, Georg Wilhelm Friedrich :"Phänomenologie des Geistes" Suhrkamp Werkausgabe,Bd.3,Frankfurt/M. 1970

Hegel, Georg Wilhelm Friedrich :"Nürnberger und Heidelberger Schriften 1808 - 1817" Suhrkamp Werkausgabe, Bd 4, Frankfurt/M. 1970

Hegel, Georg Wilhelm Friedrich :"Wissenschaft der Logik I" und "Wissenschaft der Logik II" Werkausgabe Bd.5. und Bd.6, Frankfurt 1970

Hegel, Georg Wilhelm Friedrich :"Philosophie des Rechts. Die Vorlesung von 1819/20 in einer Nachschrift,hrsg.v.Dieter Henrich, Frankfurt 1983,S.283

Hegel, Georg Wilhelm Friedrich:"Grundlinien der Philosophie des Rechts" Frankfurt/M. 1970 ,Suhrkamp Werkausgabe Bd.7

Hegel, Georg Wilhelm Friedrich:"Enzyklopädie der Wissenschaften I" Suhrkamp Werkausgabe Bd.8, Frankfurt/M. 1970

Hegel, Georg Wilhelm Friedrich:"Vorlesungen über die Geschichte der Philosophie I, II, III",Bd.18,19,20, Frankf./M.1970

Hegel, Georg Wilhelm Friedrich :"Vorlesungen über die Philosophie der Geschichte" Suhrkamp Werkausgabe Bd.12, Frankfurt/M.1970

Hildebrand,Klaus: "Krieg im Frieden und Frieden im Krieg. Über das Problem der Legitimität in der Geschichte der Staatengesellschaft 1931-41,HZ 244,1987,S.1ff

Hilderbrand,Robert C.:"Power and the People. Executive Management of Public Oppinion in Foreign Affairs,1897 - 1921" Chapel Hill 1981

Hillgruber,Andreas:"Gedanken zu einer politischen Geschichte moderner Prägung" Freiburger Universitätsblätter,Heft 30, Dezember 1970,Seite 33-43

Hillgruber, Andreas:"Politische Geschichte in moderner Sicht" HZ 216 (1973),Seite 529-552.

Hofstadter,Richard:"The American Political Tradition and the men who made it" Neuauflage New York 1974

Hofstadter,Richard:"The progressive historians. Turner, Beard,Parrington" New York 1968

Hunt,Michael H.:"Ideology and U.S.Foreign Policy" Yale

University Press, New Haven,London 1987

Hutson,James H.:"Intellectual Foundations of Early American Diplomacy" in:Diplomatic History 1/1977,Seite 1-19

Iriye,Akira:"Culture and Power:International Relations as Intercultural Relations" in:Diplomatic History,Bd.3,1979, Seite 115ff

Kammen, Michael:"A Season of Youth. The American Revolution and the Historical Imagination" New York, 1978

Kaplan,Lawrence S.:"Jefferson and the Constitution: The View from Paris,1786-89" in Diplomatic History 11/1987 Seite 321ff

Kennan,George F.:"American Diplomacy,1900-1950" Chicago 1951

Kessel,Eberhard "Rankes Auffassung der amerikanischen Geschichte" in: Jahrbuch für Amerikastudien, Bd.7,Heidelberg 1962,S.19ff

Kindermann, Gottfried-Karl:"Grundelemente der Weltpolitik",München 1986

Kissinger,Henry A :"A World Restored, Metternich, Castlereagh and the Problems of Peace 1812-22", London 1957, deutsch: "Großmacht Diplomatie", Wien, Düsseldorf 1980

Kissinger,Henry A: "Memoiren 1968 -1973" München 1979

Klages,Helmut : "Planung-Entwicklung-Entscheidung: Wird die Geschichte herstellbar?" in HZ 226,1978,S.529ff

Kodalle,Klaus-M.(Hrsg.):"Gott und Politik in USA.Über den Einfluß des Religiösen".Frankfurt/M.1988

Kojeve,Alexandre: "Hegel - eine Vergegenwärtigung seines Denkens . Kommentar zur Phänomenologie des Geistes" Stuttgart 1958

Kondylis ,Panajotis:"Macht und Entscheidung.Die Herausbildung der Weltbilder und die Wertfrage" Stuttgart 1984

Koselleck, Reinhart:"Kritik und Krise. Ein Beitrag zur Pathogenese der bürgerlichen Welt", Freiburg,München 1959

Koselleck, Reinhart: "Erfahrungsraum und Erwartungshorizont" in ders."Vergangene Zukunft" Frankfurt/M.1979, Seite 359ff

Kriele,Martin:"Die demokratische Weltrevolution.Warum sich die Freiheit durchsetzen wird" 2.Aufl.,Piper, München/Zürich 1987

Krippendorff,Ekkehart: "Die amerikanische Strategie. Entscheidungsprozeß und Instrumentarium der amerikanischen Außenpolitik" Frankfurt/M. 1970

Kristeller, Paul O.:"Humanismus und Renaissance",Bd I,UTB, München 1973

Kühnhardt,Ludger:"Die Universalität der Menschenrechte" hrsg.v. Bundeszentrale für Politische Bildung, Bonn 1987

LaFeber,Walter:"The New Empire:An Interpretation of American Expansion,1860-1898" New York 1963

Latham,Earl (Hrsg.)"The Philosophy and Policies of Woodrow Wilson" hrsg. von Earl Latham, Chicago 1958

Levin,Gordon:"Woodrow Wilson and World Politics. America's Response to War and Revolution" New York 1968

Lieber, Hans Joachim :"Wissen und Gesellschaft" Tübingen 1952,

Lieber, Hans Joachim: "Ideologie" Paderborn,München,Wien, Zürich, Schöningh 1985

Link, Werner: "Amerika, die Weimarer Republik und Sowjetrußland" in: Niedhart,Gottfried (Hrsg):"Der Westen und die Sowjetunion" Paderborn 1983 ,S.79ff, hier S.79

Link,Werner:"Das Konzept der friedlichen Kooperation und der Beginn des Kalten Krieges" Mannheimer Schriften zur Politik und Teitgeschichte 2, Düsseldorf 1971

Link, Werner: "Der Ost-West-Konflikt. Die Organisation der internationalen Beziehungen im 20.Jahrhundert" Stuttgart, Berlin,Köln, Mainz, Neuauflage 1989

Link,Arthur S.(Hrsg):"Woodrow Wilson And A Revolutionary World" The University of North Carolina Press, 1982

Link,Arthur S.:"Wilson the Diplomatist. A Look At His Major Foreign Policies" Baltimore 1957.

Link,Arthur S. :"Woodrow Wilson. Revolution, War and Peace" Arlington Heights 1979

Link,Arthur S.:"Wilson. The Road to the White House" Princeton,Neuauflage 1968

Link,Arthur S.:"Wilson.The New Freedom." Princeton 1956

Link,Arthur S.:"Wilson.The Struggle for Neutrality" Princeton 1960

Link,Arthur S.:"Wilson.Confusions and Crisis" Princeton 1964

Link,Arthur S.:"Wilson.Campaigns for Progressivism and Peace" Princeton 1965

Lint,Gregg L.:"The American Revolution and the Law of Nations,1776-1789" in: Diplomatic History 1/1977 Seite 20ff

Lippmann,Walter: "The Stakes of Diplomacy" New York 1915

Lippmann,Walter:"U.S.Foreign Policy.Shield of the Republic" Boston 1943; deutsch:

Lippmann,Walter:"Die Außenpolitik der Vereinigten Staaten" Zürich 1944

Ludz,Peter Christian:"Dialektik und Ideologie in der Philosophie Hegels" in Archiv für Rechts- und Sozialphilosophie 1961,Seite 133ff

Löwenthal,Richard:"Internationale Konstellation und innerstaatlicher Systemwandel" in: HZ 212,1971, Seite 41ff

Lutz,Heinrich:"Reformation und Gegenreformation" Oldenbourgh Grundriß der Geschichte Bd.10,München/Wien 1979

Mannheim, Karl:"Konservatismus" Neuauflage,Frankfurt 1984

Mannheim, Karl: "Ideologie und Utopie" 3.Aufl. Frankfurt 1952

Marx,Karl : "Die Frühschriften" hrsg.v.Siegfried Landshut Stuttgart 1953

Mathiopoulos,Margarita:"Amerika:Das Experiment des Fortschritts.Ein Vergleich des politischen Denkens in den USA und Europa" Paderborn,München,Wien,Zürich 1987

May,Henry F.:"The Enlightenment in America" New York 1976

Mayer,Arno J.:"Politics and Diplomacy of Peacemaking, Containment and Counterrevolution at Versailles 1918-1919" New York 1967.

Mayer,Arno J.:"Political Origins of the New Diplomacy 1917-1918" New Haven 1959

Meinecke, Friedrich:"Die Idee der Staatsräson in der neueren Geschichte" hrsg.v. Walther Hofer, 3.Aufl.München, 1963

McLoughlin,William G.:"Pietism and the American Character" in: American Quaterly bd.17, 1965,Seite 163ff

Meyers,Reinhard:"Die Lehre von den internationalen Beziehungen" Athenäum/Droste Taschenbücher Geschichte, Neuauflage,Düsseldorf 1981

Meyers,Reinhard:"Weltpolitik in Grundbegriffen" Düsseldorf 1979

Meyers,Reinhard:"Wie viele Schwalben machen einen Sommer? (Re-) Naissance der Internationalen politischen Ökonomie?" in:NPL 1989,Heft 1,Seite 5ff

Meyers,Reinhard:"Neuer Wein in alten Schläuchen?Anmerkungen zur neueren Theorie der internationalen Beziehungen" in: Neue Politische Literatur,1982,Heft4, Seite 405ff.

Miller,Glenn T.:"Fashionable to Prophesy:Presbyterians,the Millennium and the Revolution" in:Amerikastudien,1976,Heft2, Seite 239ff

Miller,Perry und Johnson,Thomas H.: "The Puritans" New York 1963

Moltmann,Günter:"Atlantische Blockpolitik im 19.Jahrhundert:Die Vereinigten Staaten und der deutsche Liberalismus während der Revolution von 1848/49" Düsseldorf 1973

Moltmann,Günter: "Isolation oder Intervention. Ein Prinzipienkonflikt amerikanischer Europapolitik im 19.Jahrhundert" in: HZ 1969,Bd.208,S.24ff

Mulder,John M.: "Woodrow Wilson. The Years of Preparation" Princeton 1978

Niebuhr,Reinhold:"Glaube und Geschichte. (Faith and History)" München 1951

Niebuhr,Reinhold:"The Structures of Nations and Empires"

N.Y.1958
Niebuhr,Reinhold:"Moral Man and Immoral Society" New York1932

Niebuhr,Reinhold:"The Children of Light and the Children of Darkness" N.Y.1944
Niebuhr,Reinhold:"The Irony of American History" N.Y.1952
Niebuhr,Reinhold:"The Nature and Destiny of Man,A Christian Interpretation" N.Y.1951
Niebuhr,Reinhold:"Staaten und Großmächte,Probleme staatlicher Ordnung in Vergangenheit und Gegenwart" Gütersloh 1960

Niedhart,Gottfried (Hrsg):"Der Westen und die Sowjetunion" Paderborn 1983
Niedhart, Gottfried:"Internationale Beziehungen 1917-1947",UTB Bd.1552,Paderborn,München,Zürich, Wien 1989
Niedhart, Gottfried:"Die Krise des internationalen Systems im Zeitalter des Imperialismus (1890-1914) in: Plötz "Geschichte der Weltkriege. Mächte,Ereignisse,Entwicklungen 1900-1945" hrsg. v. Andreas Hillgruber und Jost Dülffer, Freiburg,Würzburg 1981, Seite 53ff
Niedhart, Gottfried:"Weltpolitik nach 1917 (1) Zwischenkriegszeit und Zweiter Weltkrieg" in:Funk-Kolleg Geschichte Bd.2, Fischer Taschenbuch, Frankf./M. 1981 Seite 224 ff
Niedhart, Gottfried:"Internationale Beziehungen im 19. und 20.Jahrhundert" Düsseldorf 1978
Niedhart, Gottfried:"Geschichte Englands im 19. und 20.Jahrhundert" München 1987
Niedhart, Gottfried: "Das liberale Modell der Friedens-sicherung: allgemeine Grundsätze und Realisierungsversuche im 19.und 20.Jahrundert" in: "Frieden und Friedens-sicherung in Vergangenheit und Gegenwart" hrsg.v. Manfred Schlenke und Klaus-Jürgen Matz, München 1979, S.67ff
Niedhart, Gottfried: "Imperialismus,Krise,Zusammenbruch (1880-1945)" in Niemetz,Gerold und Uffelmann,Uwe (Hrsg.):"Epochen der modernen Geschichte"Sonderdruck Plötz,Freiburg,Würzburg. Seite 93 - 146

Ninkovich,Frank:"Ideology,the Open Door, and Foreign Policy" in:Diplomatic History,Bd.6,1982, Seite 185ff

Nolte,Ernst:"Deutschland und der Kalte Krieg", München 1974

Notter,Harley:"The Origins of the Foreign Policy of Woodrow Wilson" New York 1965

Nuscheler,Franz:"Walter Bagehot und die englische Verfassungstheorie" Meisenheim 1969

Oberndörfer,Dieter (Hrsg):"Wissenschaftliche Politik. Eine Einführung in die Grundfragen ihrer Tradition und Theorie" 1.Aufl.,Freiburg 1962

Opitz,Peter J. und Rittberger,Volker (Hrsg):"Forum der Welt" Schriftenreihe der Bundeszentrale f.politische Bildung,Bd.249, Bonn 1986

Osgood,Robert Endicott:"Ideals and Self-Interest in America's

Foreign Relations" London,Chicago 1953

Palmer,Robert R.:"Das Zeitalter der demokratischen Revolution. Eine vergleichende Geschichte Europas und Amerikas bis zur Französischen Revolution" Frankfurt/M. 1970

Palmer,Alan : "Glanz und Niedergang der Diplomatie. Die Geheimpolitik der europäischen Kanzleien vom Wiener Kongreß bis zum Ausbruch des Ersten Weltkrieges" Düsseldorf 1986

Pfeil,Alfred:"Der Völkerbund.Literaturbericht und kritische Darstellung seiner Geschichte"Darmstadt,Wissenschaftliche Buchgesellschaft 1976

Pfisterer,Karl-Dietrich:"Religion als ein Ferment der Freiheit in der amerikanischen Revolution" in: Amerikastudien, Heft 2, 1976, Seite 217ff

Riedel, Manfred: "Hegels "Bürgerliche Gesellschaft" und das Problem ihres geschichtlichen Ursprungs" in:Archiv f. Rechts- und Sozialphilosophie, Bd.48, 1962, Seite549ff

Riedel,Manfred :"Zwischen Tradition und Revolution. Studien zu Hegels Rechtsphilosophie" erw. Neuausgabe Stuttgart 1982

Ritter,Gerhard :"Die Dämonie der Macht. Betrachtungen über Geschichte und Wesen des Machtproblems im politischen Denken der Neuzeit", 5.umgearbeitete Auflage des Buches "Machtstaat und Utopie" Stuttgart 1960

Ritter, Joachim :"Zur Grundlegung der praktischen Philosophie bei Aristoteles",in: Archiv für Rechts- und Sozialphilosophie,Bd.46, 1960,Seite 179ff

Ritter, Joachim:"Metaphysik und Politik"Frankfurt 1969

Ritter, Joachim :"Hegel und die französische Revolution", Suhrkamp, Frankfurt/M. 1965

Rudé,George:"Die Volksmassen in der Geschichte. Unruhen, Aufstände und Revolutionen in England und Frankreich 1730-1848" 2.ergänzte Aufl.Frankfurt/New York 1978

Schieder, Theodor: "Zum Problem des Staatenpluralismus in der modernen Welt" Köln 1969

Schieder, Theodor:"Politische Ideologien und nationalstaatliche Ordnung" München/Wien 1968

Schieder, Theodor (Hrsg):"Handbuch der Europäischen Geschichte" Bd 6 "Europa im Zeitalter der Nationalstaaten und europäische Weltpolitik bis zum Ersten Weltkrieg" Stuttgart 1968

Schieder, Theodor (Hrsg):"Handbuch der Europäischen Geschichte" Bd 7, "Europa im Zeitalter der Weltmächte" Stuttgart 1979

Schlesinger,Arthur M.:"The Age of Roosevelt"Bd.1 "The Crisis of the Old Order 1919-1933" London 1957

Schmidt,Gustav:"Wozu noch "politische Geschichte"? Zum Verhältnis von Innen- und Außenpolitik am Beispiel der englischen Friedensstrategie 1918/1919" in: Aus Politik und Zeitgeschichte, B17/75,April 1975, Seite 21-45

Schmitz,David F."Woodrow Wilson and the Liberal Peace:The Problem of Italy and Imperialism" in:Peace and Change, Folge XII,Nr.1/2, 1987, Seite 27ff

Schnädelbach,Herbert:"Geschichtsphilosophie nach Hegel" Freiburg 1974

Schnur,Roman :"Revolution und Weltbürgerkrieg. Studien zur Ouvertüre nach 1789" Berlin 1983

Schnur,Roman (Hrsg):"Staatsräson. Studien zur Geschichte eines politischen Begriffs"Stuttgart 1974

Schnur,Roman (Hrsg) :"Zur Geschichte der Erklärung der Menschenrechte" Darmstadt 1964

Scholes,Walter V. und Scholes,Marie V.:"The Foreign Policies of the Taft Administration" Columbia/Missouri 1970

Schöllgen,Gregor:"Das Zeitalter des Imperialismus" Oldenbourg Grundriß der Geschichte Bd.15, München 1986

Schössler,Dietmar:"Carl von Clausewitz" Rowohlts Monographien Bd.448, Hamburg 1991

Schössler,Dietmar:"Das Wechselverhältnis von Theorie und Praxis bei Carl von Clausewitz" in:Archiv für Geschichte der Philosophie,Heft 1,1989,Seite 39ff

Schössler,Dietmar:"Eine "Revolution " des strategischen Denken? Zur gesamt- und militärstrategischen Beurteilung der Lage in der Mitte der 80er Jahre" in:Sozialwissenschaftliches Institut der Bundeswehr,Vorträge,Bd.4,München 1985

Schössler,Dietmar :"Theorie und Praxis bei Clausewitz - seine Methode und ihre Gültigkeit in der heutigen Zeit" Manuskript,Mannheim,November 1987

Schössler,Dietmar :"Hegel und die internationale Politik. Ein Beitrag zum Verhältnis von politischer Philosophie und Theorie internationaler Politik" Manuskript, Mannheim , April 1988

Schröder,Hans-Christoph :"Politisches Denken und Verfassungsgebung in der Frühzeit der Vereinigten Staaten" in: Jahrb.f.Amerikastudien 1969, Seite 259ff

Schröder, Hans-Jürgen:"Ökonomische Aspekte der amerikanischen Außenpolitik 1900-1923" in: NPL , Bd 17, 1972, Seite 298ff

Schröder, Hans-Jürgen:"Amerika als Modell? Das Dilemma der Washingtoner Außenpolitik gegenüber revolutionären Bewegungen im 20. Jahrhundert" in: Angermann,Erich (Hrsg) "Revolution und Bewahrung" HZ Beiheft 5, München 1979, Seite 189ff

Schulz,Gerhard (Hrsg):"Partisanen und Volkskrieg.Zur Revolutionierung des Krieges im 20.Jahrhundert" Göttingen 1985

Schulz,Gerhard :"Revolutionen und Friedensschlüsse 1917-1920" dtv-Weltgeschichte des 20.Jahrhunderts, Originalausgabe München 1967

Schwabe, Klaus:"Woodrow Wilson. Ein Staatsmann zwischen Puritanismus und Liberalismus" Musterschmidt Göttingen 1971

Schwabe, Klaus:"Der amerikanische Isolationismus im 20.Jahrhundert. Legende und Wirklichkeit" Frankfurter Historische Vorträge Heft 1, Wiesbaden 1975

Schwabe, Klaus:"Deutsche Revolution und Wilson-Frieden. Die amerikanische und deutsche Friedensstrategie zwischen Ideologie und Machtpolitik 1918/19" Düsseldorf 1971

Schwabe, Klaus: "Versailles - nach sechzig Jahren. Internationale Beziehungen nach dem Ersten Weltkrieg" in: NPL,24,1979, S.446ff

Schwabe,Klaus : "Amerikanische Weltpolitik in "Revisionistischer Sicht" in: HZ 221, 1975, Seite 96 ff

Schwan,Alexander:"Die Staatsphilosophie im Verhältnis zur Politik als Wissenschaft" ,in: Oberndörfer,Dieter(Hrsg):"Wissenschaftliche Politik" a.a.O. S.153ff

Schwartländer,Johannes (Hrsg):"Modernes Freiheitsethos und christlicher Glaube.Beiträge zur juristischen, philosophischen und theologischen Bestimmung der Menschenrechte" München/Mainz 1981

Seyfarth,Constans und Sprondel,Walter M. (Hrsg):"Seminar Religion und gesellschaftliche Entwicklung. Studien zu Protestantismus-Kapitalismus-These Max Webers" Frankfurt/M. 1973

Shell,Kurt L.:"Der amerikanische Konservatismus" Stuttgart u.a. 1986

Silberschmidt,Max "The United States and Europe.Rivals and Partners" London 1972

Sklar,Martin J.:"Woodrow Wilson and the Political Economy of Modern United States" in: Studies on the Left,I,Nr.3 Seite 17-47

Smith, Daniel M. "National Interest and American Intervention, 1917 : An Historiographical Appraisal" in: Journal of American History Bd 52,1965/66, Seite 5 ff

Smith,Robert Freeman:"The United States and Revolutionary Nationalism in Mexico,1916-1932" Chicago 1972

Staudinger, Hugo:"Die Problematik der herrschenden Wissenschaftskonzeption" in: Aus Politik und Zeitgeschichte,B 49/87,Dez 1987, S.3ff

Sternberger,Dolf:"Drei Wurzeln der Politik" Schriften II,1. Frankfurt 1978

Strange,Susan:"States and Markets. An Introduction to

International Political Economy" London 1988 (Pinter Publishers Ltd.) Seite 20

Stöss,Richard (Hrsg):"Parteienhandbuch" Band I, Berlin 1983

Studiengruppe f.internationale Sicherheit (SIS)(Hrsg): "Clausewitz heute" Mannheim 1988

Sutor, Bernhard:"Neue Grundlegungen politischer Bildung" Bd.1,Paderborn 1984

Thompson,John M. : Russia,Bolshevism and the Versailles Peace,Princeton,N.J. 1966

Thompson,Kenneth W."Morality and Foreign Policy,Boston,London 1980

Thompson,Kenneth W.:"Political Realism and the Crisis of World Politics,Princeton 1960,

Thompson,Kenneth W.:"Understanding World Politics,London 1975

Tillich,Paul: "R.Niebuhr's Doctrine of Knowledge" in:Kegley,Charles und Bretall,Robert(Hrsg) "Reinhold Niebuhr" S.35ff.

Tillich,Paul: "Begegnungen. P.Tillich über sich selbst und andere" Stuttgart 1975, S.337ff

Timmermann, Heinrich:"Friedenssicherungsbewegungen in den Vereinigten Staaten von Amerika und in Großbritannien während des Ersten Weltkrieges" Frankfurt/M. 1978

Tuveson,Ernest Lee:"Redeemer Nation:The Idea of America's Millenial Role" Chicago 1968

Trow,Clifford W.:"Woodrow Wilson and the Mexican Interventionist Movement of 1919" in: Journal of American History Bd.58,1971/72,Seite 46ff

Vollrath,Ernst :"Grundlegung einer philosophischen Theorie des Politischen" Würzburg 1987

Vollrath,Ernst :"Neue Wege der Klugheit" in:Zeitschrift für Politik,31.Jg., 1/1984

Vorländer,Hans:"Auf der Suche nach den moralischen Ressourcen Amerikas.Rebublikanischer Revisionismus und liberale Tradition der USA" in:Neue Politische Literatur 1988, Heft2, Seite 226ff

Vaughan,Alden T.:"The Puritan Tradition in America 1620-1730" New York,London 1972

Vaughn,Stephen:"Holding Fast the Inner Lines. Democracy, Nationalism, and the Committee on Public Information" Chapel Hill, University of North Carolina Press 1980, (Supplementband der Wilson-Papers)

Walworth,Arthur:"Wilson and His Peacemakers. American Diplomacy at the Paris Peace Conference 1919" New York 1986

Weber,Max :"Religionssoziologie",Bd.1,4.Aufl.,Tübingen 1947

Weber,Max :"Staatssoziologie" hrsg.v.Johannes Winckelmann, Berlin 1956
Weber,Max :"Gesammelte Aufsätze zur Wissenschaftslehre", 2.erw.Aufl.,Tübingen 1951

Weber-Schäfer,Peter: "Einführung in die antike politische Theorie".Bd.2, Darmstadt 1976

Wehler,Hans-Ulrich:"Moderne Politikgeschichte oder "Große Politik der Kabinette"?" in: Geschichte und Gesellschaft,Heft 2/3 1975
Wehler,Hans-Ulrich:"Sendungsbewußtsein und Krise" in: Jahrbuch für Amerikastudien,Bd 13, 1968, Seite 98 ff
Wehler,Hans-Ulrich:"Der Aufstieg des amerikanischen Imperialismus. Studien zur Entwicklung des Imperium Americanum 1865-1900" Göttingen 1974

Weinstein,Edwin A.:"Woodrow Wilson's Neurological Illness" in: The Journal of American History,Bd.57, 197071 Seite 324 ff
Weinstein,Edwin A.:"Woodrow Wilson:A Medical and Psychological Biography" (Supplementband 5 der Wilson Papers) Princeton 1981

Willms,Bernhard:"Selbstbehauptung und Anerkennung. Grundriß einer politischen Dialektik",Opladen 1977. ,

Williams,Williams A.(Hrsg):"From Colony to Empire.Essays in the History of American Foreign Relations" New York, 1972
Williams,Williams A.:"Tragedy of American Diplomacy" 2.Aufl.New York 1962
Williams,Williams A.:"Die Tragödie der amerikanischen Diplomatie" Frankfurt/M.1973
Williams,Williams A.:"Wilson", ein Literaturbericht, in New York Review of Books, 2.Dez.1971, Seite 3-6
Williams,Williams A.:Latin America :Laboratory of American Foreign Policy in the Nineteen-twenties" in: Inter-American Economic Affairs 11 (1957/58) Nr.2, Seite 3-30

Wilson,Woodrow:"The Ideals of America" in: Atlantic Monthly, Dezember 1902,Seite 721
Wilson,Woodrow:"The Making of the Nation" in: Atlantic Monthly Juli 1897, Bd.2
Wilson,Woodrow:"The New Freedom" Einleitung und Anmerkungen von William E. Leuchtenburg, Englewood Cliffs, New Jersey 1961
Wilson,Woodrow:"Der Staat.Elemente historischer und praktischer Politik" Autorisierte Übersetzung von Günter Thomas, Berlin/Leipzig 1913

Winkler, Heinrich August "Gesellschaftsform und Außenpolitik" in: HZ 214,1972, S.335ff

Wood,Gordon S.:"The Creation of the American Republic 1776-1787" New York 1969
Woyke,Wichard (Hrsg): "Handwörterbuch internationale Politik" 2.Aufl. Opladen 1980
Wurm,Clemens A. :"Internationale Kartelle und Außenpolitik" Sonderdruck Franz Steiner Verlag ,Stuttgart,1989
Ziff,Larzer:"Puritanism in America.New Culture in a New World" New York,London 1973

Anmerkungen

Abkürzungsverzeichnis:

"Wilson Papers" - "Papers of Woodrow Wilson" hrsg.v. Link,Arthur S,Davidson,John W,Hirst,David W.und Little,John Princeton University Press 1966-1990 .

"PPWW" - "Public Papers of Woodrow Wilson" hrsg.v. Baker,Ray Stannard/ Dodd,William 3 Doppelbände, Neuauflage New York 1970

"WWLL" - "Woodrow Wilson.Life and Letters" hrsg. v.Baker,Ray Stannard, 8 Bände, Neuauflage New York 1968

"WWMD" - "Woodrow Wilson.Memoiren und Dokumente über den Vertrag von Versailles" hrsg. v. Baker,Ray Stannard, 3 Bände,Leipzig 1922.

"FRUS" - "Papers relating to the Foreign Relations of the United States" hrsg. v. Department of State

Anmerkungen:

Einleitung

1)Verhandlungen des Reichstags,Stenographische Berichte von der 85.Sitzung,Donnerstag 1.März 1917,Bd 309, Berlin 1917,S.2469f
2)Siehe hierzu auch Churchill, Winston:"Der Zweite Weltkrieg" Bern 1954. Hier vor allem das einleitende Kapitel "Der Sturm zieht auf 1919 bis 10.Mai 1940.
3)Siehe grundlegend zu dieser erkenntnistheoretischen Problematik von Naturwissenschaft und politischer Theorie: Borkenau, Franz "Der Übergang vom feudalen zum bürgerlichen Weltbild" Darmstadt 1971
4)Mulder,John M. "Woodrow Wilson. The Years of Preparation" Princeton 1978
5)Georg Wilhelm Friedrich Hegel hat dieses Theorie-Praxis-Verständnis als "Kopfstand" der Moderne bezeichnet. Das vollständige Zitat lautet "...daß der Mensch sich auf den Kopf,d.i.auf den Gedanken stellt und die Wirklichkeit nach diesem erbaut". Siehe Hegel:"Vorlesungen über die Philosophie der Geschichte, Frankfurt/M.1978 , Werkausgabe Bd 12, S.529
6)Fraenkel, Ernst: "USA - Weltmacht wider Willen", Berlin 1957,Einleitung.Siehe hierzu auch Aron, Raymond: "Die imperiale Republik",Stuttgart 1975 Es ist hierbei Klaus Schwabe zuzustimmen, daß der von vielen Historikern erkannte **Isolationismus** in der amerikanischen Außenpolitik eine **Legende** ist. Es bestand nur mit Blick auf die kriegerischen Auseinandersetzungen in Europa jene grundsätzliche Position der US-Außenpolitik,sich nicht in die überkommenen Auseinandersetzungen der alten Welt hineinziehen zu lassen. Siehe Schwabe, Klaus:"Der amerikanische Isolationismus im

20.Jahrhundert. Legende und Wirklichkeit" Frankfurter Historische Vorträge Heft 1, Wiesbaden 1975

7)Wehler,Hans-Ulrich :"Sendungsbewußtsein und Krise", Jahrbuch für Amerikastudien,Bd.13,1968,S.98ff

8)Siehe Gollwitzer,Heinz;"Geschichte des weltpolitischen Denkens" Bd I,"Vom Zeitalter der Entdeckungen bis zum Beginn des Imperialismus", Göttingen 1972.Die Kapitel über "Aufklärung und Emanzipation" a.a.O.Seite 212ff zeigen, daß hierbei eine enge Beziehung zwischen den bürgerlichen Theorien des Welthandels und der Weltwirtschaft (so bei Adam Smith,Turgot und Fichte) und den politischen Theorien der "Atlantischen Revolution" zu erkennen ist. Zum Begriff "Atlantische Revolution" siehe Gollwitzer ebenda Kapitel III.(Seite 253ff) Als "Atlantische Revolution" sieht Gollwitzer jenen gemeinsamen nordamerikanisch-westeuropäischen geistig-politischen Entwicklungsprozeß des Revolutionszeitalters, dessen Beginn er auf den Unabhängigkeitskampf der englischen Kolonien Nordamerikas legt,und der sich mit der Französischen Revolution fortsetzte.Es entstand durch den Vorgang der "Atlantischen Revolution" ein übergreifendes weltpolitisches Denken, das in derzwischenstaatlichen Ordnung zu einem philosophisch (ideologisch) bedingten Systemdenken von Fraktionen (zunächst zwischen liberalem bürgerlich und aristokratischen Staaten,später zwischen demokratischen und sozialistischen Staaten),d.h. zu Blockbildungen innerhalb der internationalen Beziehungen führte. Die Amerikanische Revolution stellte innerhalb dieser weltgeschichtlichen Entwicklung eine "Revolution" im modernen Sinn dar, sowohl dem Inhalt nach, als auch im Sprachgebrauch der amerikanischen wie europäischen Zeitgenossen.Siehe Horst Dippels Beitrag in: Angermann,Erich, Frings,Marie-Luise, Wellenreuther, Hermann (Hrsg) "New Wine in Old Skins:A Comparative View of Socio-Political Structures and Values Affecting the American Revolution", Stuttgart 1976. Siehe auch den bibliographischen Überblick von Erich Angermann:"Die Amerikanische Revolution im Spiegel der Geschichte" in: ders (Hrsg) "Revolution und Bewahrung",HZ Beiheft 5,München 1979, S.13ff Grundlegend für die inhaltliche Bestimmung des Begriffs der "Atlantischen Revolution" siehe auch Robert.R.Palmers Werk:"Das Zeitalter der demokratischen Revolution. Eine vergleichende Geschichte Europas und Amerikas bis zur Französischen Revolution" Frankfurt/M. 1970.

9)Vgl.zum Begriff des Herstellens :Habermas,Jürgen "Theorie und Praxis" 2.Aufl. Frankfurt 1971, Seite 49ff.und 89ff Siehe vor allem auch Kapitel I.2.1. der vorliegenden Arbeit

10) Diese Feststellung gilt es hinsichtlich der Anpassungs- und Lernfähigkeit und der Fähigkeit zur Selbstkritik in der Praxis amerikanischer Weltpolitik im Verlauf des 20.Jahrhunderts, wie noch zu zeigen ist, zu relativieren.Bereits die konkrete Analyse Wilsonscher Außenpolitik bringt eine gewisse Offenheit des Theorie-Praxis-Verhältnisses,d.h. eine evolutionäre Anpassunsmöglichkeit an die internationalen Beziehungen, zum Ausdruck, was die Unterschiedlichkeit zum "Herstellungsdenken" der Französischen Revolution unterstreicht. Vgl.Gerhard Schulz "Revolutionen und Friedensschlüsse 1917- 1920",München 1967,S.170. Hinsichtlich der weitaus günstigeren politisch-geographisch-strategischen Lage der USA im Vergleich zu anderen Großmächten einige Bemerkungen: Fast unangreifbar liegen die Vereinigten Staaten 5.000 km von der europäischen und , von Alaska abgesehen, 8.000 km von der asiatischen Gegenküste entfernt hinter den Ozeanen in einer "Inselhaftigkeit" geschützt.Nur Staaten wie Mexiko oder Kanada, die machtpolitisch wegen ihrer Schwäche keine

Gefährdung darstellen und wirtschaftlich von den USA abhängig sind, haben eine direkte Grenze mit den Vereinigten Staaten. Auch das etwa 2.000 km entfernte Südamerika bietet keine ernsthafte militärische Gefahr. So haben sich die Vereinigten Staaten im Gegensatz zu den europäischen Staaten fast frei von Bedrohung von außen ungestört entwickeln und selbst ein eigenes "Seemachts"-Denken hervorbringen können. Darüber hinaus fehlte mit Blick auf Wilsons sicherheitspolitische Wahrnehmungsmöglichkeiten die Erfahrung eines "Pearl Harbor"- Überfalls, der durch die waffentechnischen Erneuerungen des 20.Jahrhunderts möglich wurde. Die USA haben aus dieser günstigen strategischen Position heraus an überseeischen Kriegen teilnehmen können, ohne einem unmittelbaren Angriff auf das eigene Staatsgebiet oder der Gefahr einer Besetzung durch fremde Truppen je ausgesetzt gewesen zu sein. Siehe hierzu Amerikakunde, Diesterweg-Verlag,Frankfurt/M.1966, Blume, Helmut:"USA. Eine geographische Landeskunde" Wissenschaftl.Buchgesellschaft Darmstadt,Bd.I, 2.Aufl. 1978,Bd.II 1979 Informationen zur politischen Bildung "Die Vereinigten Staaten von Amerika" hrsg.v. Bundeszentrale für politische Bildung, Bonn 1986 Aus diesen Erläuterungen heraus ist das Unverständnis der USA für die Probleme der traditionellen europäischen "Landmächte" zu begreifen. Siehe hierzu Grundlegend Mackinder,H.-J. "Democratic Ideals and Reality" London 1919 und New York 1942. Für den englischen Geographen wurde der Gegensatz zwischen Land und Meer zum Gegensatz zwischen Barbarei und Zivilisation. Und Mahan, A.T. "Der Einfluß der Seemacht auf die Geschichte" Berlin 1896-99 Zum Selbstverständnis der USA als Seemacht, die sowohl macht-/realpolitisch als auch ideengeleitet/moralisch einen Kreuzzug zur Errichtung einer Weltmacht im 20.Jahrhundert unternahm, siehe Osgood, Robert Endicott:"Ideals and Self- Interest in America's Foreign Relations" Chicago,London 1953,hier vor allem Seite 29ff und 429ff

11) Habermas"Theorie und Praxis" a.a.O. Seite 49ff, 89ff

12) Siehe hierzu Niedhart,Gottfried:"Die Geschichte Englands im 19. und 20.Jahrhundert" München 1987.Hier vor allem Kapitel II "Britische Politik im Übergang zur Moderne:Reformen im Innern und Friedenswahrung nach außen" Seite 78ff und Kapitel II.2."Die Weltmacht und das nationale Interesse am Frieden" Seite 102ff

13) Bereits in diesen einleitenden Feststellunngen wird die Problematik deutlich, die sich aus dem spezifisch amerikanischen Theorie-Praxis-Verständnis und der Notwendigkeit einer Anpassungsfähigkeit an die historischen Möglichkeiten und politischen Strukturen mit Blick auf eine auf den Erfordernissen der internationalen Politik entsprechende Friedenssicherung ergibt.

14) Zum Begriff "Atlantische Revolution" vergl. Anmerkung 8

15) Vgl. hierzu vor allem Ambrosius,Lloyd E.:"Woodrow Wilson and the American Diplomatic Tradition.The Treaty Fight in Perspective" Cambridge University Press 1987. Hier Vorwort Ambrosius' Untersuchungskriterien "Interdependenz" und "Pluralität" sind hierbei notwendig ,aber erkenntnis- wie wissenschaftstheoretisch nicht hinreichend. Siehe hierzu Kapitel I.1.1.der vorliegenden Arbeit.

16) Unterstrichen wird die notwendige Frage nach den politischen Mitteln, die von der politischen Führung der USA und insbesondere von der Wilson-Administration zur Erreichung ihrer weltweiten Interessen herangezogen wurden und werden, u.a. durch die Arbeit von Hilderbrand, Robert C."Power and the People. Executive Management of Public Oppinion in Foreign Affairs,1897 - 1921"

Chapel Hill 1981 (Supplement-Band der Wilson Papers). Hilderbrand zeigt darin die wachsende Nutzung der Medien, insbesondere der Presse-Verlautbarungen, und ihrer machtpolitischen Möglichkeiten zur Realisierung außenpolitischer Politikformulierung. Gerade in der demokratischen Massengesellschaft und in den technologischen Errungenschaften des Industriezeitalters kommt den Medien eine bedeutende Vermittlerrolle zwischen Regierung und Volk zu. Darüber hinaus wurde den Regierungen bis zu Woodrow Wilson immer deutlicher, welche Möglichkeiten die Medien auch machtpolitisch bieten, um im propagandistischen Sinne innenpolitisch-gesellschaftliche Momente auf die Außenpolitik zu übertragen.So konnte Wilson auf der Grundlage der vehementen Zustimmung seines Volkes und der ganzen produktiv wirtschaftlichen und militärischen Macht, die dieses amerikanische Volk mitbrachte,unter Beimischung gesellschaftlicher Elemente einen "Bürgerkrieg" gegen eine aus seiner Sicht unmoralische deutsche Regierung zum Zwecke der Befreiung des deutschen Volkes von einer authoritären , nicht-demokratischen Herrschaft führen. Vgl. hierzu grundlegend Vaughn, Stephen:"Holding Fast the Inner Lines. Democracy, Nationalism, and the Committee on Public Information" Chapel Hill, University of North Carolina Press 1980, (Supplementband der Wilson-Papers). Siehe hier vor allem die Einleitung und Kapitel 2 "Foundation of American Propaganda:Reformers and the Committee on Public Information" Seite 23 ff. Das von George Creel geführte Informationsbüro der Regierung Wilsons hatte spektakuläre Erfolge hinsichtlich der Mobilisierung der amerikanischen Bevölkerung im Ersten Weltkrieg in den Jahren 1917/18. So gelang es ihm die Amerikaner von der Idee zu überzeugen, daß dieser Krieg ein bedeutender Kreuzzug zur Verteidigung der Demokratie gewesen sei.Unterstrichen wird diese Feststellung von Robert Ferrel, der in seinem Werk über Wilson und den Ersten Weltkrieg herausgearbeitet hat, daß das amerikanische Volk noch nie, erst recht nicht seit dem Bürgerkrieg, eine solche Einheit gebildet hätte, wie gerade in der Phase, als die USA in den Krieg eingetreten waren. Vgl.Ferrel,Robert H.:"Woodrow Wilson and World War I. 1917-21" New York 1985, Einleitung Es hat aber diesbezüglich nicht nur die Regierung eine manipulative Chance die Bevölkerung in ihrem Sinne zu beeinflussen, sondern es besteht auch umgekehrt für das Volk die Möglichkeit, die freie Presse als ein Publikationsorgan einzusetzen, um plebiszitäre Elemente außerhalb der Wahlperioden in die aktuelle Politik miteinzubringen.Dieser wechselseitige Bezug ist ein Wesenselement politischer Kultur der USA, dem auch die Regierungen mit Blick auf die Wiederwahl gerecht werden müssen. Im Zusammenhang mit dem Begriff einer "operativen Ideenpolitik" schreibt Frank Ninkovich der "age-old dichotomy between means and ends" eine entscheidende Rolle zu. Vgl. Ninkovich, Frank: "Ideology,the Open Door, and Foreign Policy" in:Diplomatic History,Bd.6,1982, Seite 193

17) Siehe beispielhaft William A. Williams:"Die Tragödie der amerikanischen Diplomatie" Frankfurt/M.1973 Vgl. dagegen Ninkovich a.a.O. Seite 186 :"However, to state the argument so baldly, without any reference to the role of ideas, is to be unfairly reductionist."

18) Mathiopoulos, Margarita: "Amerika.Das Experiment des Fortschritts" Paderborn u.a. 1987

19) So treten gerade in neuester Zeit die teilweise unrichtigen Interpretationen der amerikanischen Revisionisten deutlich zu Tage, da in der heutigen Sowjetunion Gorbatschows eine eigene Revision der Geschichtsschreibung im Begriff ist, die

Enstehungsgründe für den Kalten Krieg in der Rolle Stalins und dessen territorialen Machtstrebens zu erkennen. Hier sind auch für die westliche Forschung erstaunliche Forschungsergebnisse und Veränderungen der Einschätzungen zu erwarten.

20) Wilson Papers (64 Bände) a.a.O. (Vgl. Abkürzungsverzeichnis)

21) Baker/Dodd a.a.O.

22) Zeugen wichtiger Äußerungen Wilsons wurden auch die in Washington akkreditierten diplomatischen Vertreter anderer Staaten, deren Aufzeichnungen über Gespräche mit Wilson in den Papers berücksichtigt wurden. Darüber hinaus wurden Dokumente in den Papers veröffentlicht, die Wilson vorgelegen haben, von ihm bearbeitet und bei seinen Entscheidungen nachweislich mitberücksichtigt worden sind. Diese Veröffentlichungspraxis ist im besonderen Maße für eventuelle Erkenntnisse über Wilsons Wahrnehmungsprozeß von Bedeutung.Ergänzt werden die genannten Dokumente von Zeitungs- und Zeitschriftenartikel, die nach Meinung der Herausgeber als "the best source of information about Wilson's activities - his puplic appearances and addresses,meetings with congressional comittees and leaders,daily activities,etc" bewertet werden. Siehe Wilson Papers Bd.27 a.a.O., Vorwort des Herausgebers S.XIII

23) Vgl.Baker "WWMD" a.a.O. Seite 1f

24) Baker,Ray Stannard (Hrsg):"WWLL" (Vgl. Abkürzungsvereichnis)

25) Neben den genannten Quellensammlungen werden insbesondere die "Papers relating to the Foreign Relations of the United States" (kurz:FRUS) herangezogen. Sie werden vom State Department herausgegeben und stellen die wichtigste offizielle Aktenedition zur amerikanischen Außenpolitik dar. Von großem Nutzen für einen Ausblick über die hier behandelte Periode 1913/14 hinaus sind die Supplementbände "The World War" ,"The Paris Peace Conference 1919" und die "Lansing Papers". Die systematische Ordnung der FRUS und die umfangreichen Dokumente der Wilson Papers ergänzen sich auch dort inhaltlich, wo die Herausgeber der Wilson-Papers auf die Wiederaufnahme von Quellen verzichtet haben, die bereits in den FRUS ausführlich abgedruckt worden waren .

Siehe :FRUS 1916, Washington 1925,Supplement "The World War" Washington 1929,FRUS 1917,Washington 1926,FRUS 1917 SupplementI "The World War", Washington 1931,FRUS 1917 SupplementII "The World War" (2 Bände),Washington 1932. FRUS 1918 Supplement"The World War"(2 Bände) Washington 1933. Diese Bände sind vor allem für die Themenbereiche Neutralität der USA .Gründe für den Kriegseintritt der USA, Verlauf des Krieges und für die Waffenstilstandsverhandlungen von größtem Interesses. FRUS "The Paris Peace Conference 1919" (13 Bände) Washington 1942-47. Diese Bände sind vor allem für die Themenbereiche "Inquiry", Kriegsziele, Entwürfe zum Völkerbund,Vorverhandlungen, Organisation und Protokolle der Konferenz von Bedeutung. FRUS "The Lansing Papers 1914-1920" (2 Bände) Washington 1939/40 Diese Bände sind vor allem für die Themenbereiche Mexikopolitik der USA, Auslegung der Monroedoktrin, Periode der Neutralität, Waffenverkäufe und Anleihen der USA an kriegführende Mächte, U-Boot-Krieg und Kriegseintritt von Bedeutung. Darüber hinaus sind die von Charles Seymour herausgegebenen "Intimate Papers of Colonel House" (4 Bände) Boston 1926/28, Paul Mantoux' "Les deliberations du Conseil des Quatre"(2 Bände) Paris 1955; Fosdick, Raymond B.:"Letters on the League of Nations" Princeton 1966 von großem Nutzen,da sie von Fall zu Fall die Wilson Papers komplettieren. Als deutsch-sprachige Quellen in diesem Zusammenhang sind die Quellensammlungen "Ursachen und Folgen.Vom deutschen Zusammenbruch 1918 und 1945" a.a.O. ,die "Verhandlungen des Reichstages"a.a.O., "Kundgebungen des Präsidenten Wilsons zur Friedensfrage" a.a.O. und "Der Friedensgedanke in Reden und Staatsakten des Präsidenten Wilson" a.a.O. recht hilfreich.

26) Link,Arthur S.:"Wilson. The Road to the White House" Princeton,Neuauflage 1968 Link,Arthur S.:"Wilson.The New Freedom." Princeton 1956 Link,Arthur S.:"Wilson.The Struggle for Neutrality" Princeton 1960 Link,Arthur S.:"Wilson.Confusions and Crisis" Princeton 1964 Link,Arthur S.:"Wilson.Campaigns for Progressivism and Peace" Princeton 1965

27) Siehe u.a. Walworth, Arthur:"Wilson and His Peacemakers. American Diplomacy at the Paris Peace Conference 1919" New York 1986 Ferrel,Robert H.:"Woodrow Wilson and World War I. 1917-21" New York 1985

28) Siehe vor allem Schwabe, Klaus:"Deutsche Revolution und Wilson-Frieden. Die amerikanische und deutsche Friedensstrategie zwischen Ideologie und Machtpolitik 1918/19" Düsseldorf 1971

29) Siehe Levin "W.W. and World Politics" a.a.O. Mayer, Arno J.:"Politics and Diplomacy of Peacemaking, Containment and Counterrevolution at Versailles 1918-1919" New York 1967. ders."Political Origins of the New Diplomacy 1917-1918" New Haven 1959. Ambrosius,:"Woodrow Wilson and the American Diplomatic Tradition" a.a.O. Kendrick A.Clements:"Woodrow Wilson - World Statesman" a.a.O. und Erich Angermann::"Die Vereinigten Staaten von Amerika seit 1917"a.a.O, und ders."Die Amerikanische Revolution im Spiegel der Geschichte" in ders (Hrsg) "Revolution und Bewahrung"a.a.O.

30) Siehe Angermann,Erich:"Die Amerikanische Revolution im Spiegel der Geschichte" in :ders (Hrsg) "Revolution und Bewahrung", a.a.O, S.5 Siehe auch Angermann,Erich:"Die Vereinigten Staaten von Amerika seit 1917",München 1987 Seite 12 Siehe weiter auch zum Selbstverständnis der "Einzigartigkeit" der amerikanischen Entwicklung den Studienfreund Woodrow Wilsons Frederick Jackson Turner:"The Frontier in American History" New York 1920, S.1-38 Mit Blick auf die Möglichkeiten und sicherheitspolitischen Folgen des enormen Kräftezuwachs der USA siehe den Beitrag des ehemaligen Beraters Wilsons Walter Lippmann:"Die Außenpolitik der Vereinigten Staaten" Zürich 1944 Siehe zur räumlichen Veränderung und zur Veränderung der Möglichkeiten amerikanischer Politik grundlegend Arndt,Hans- Joachim:"Verfassungsstandard und Gebietsstatus" in: Studium Generale 22 (1969),S.783 - 813

31) Siehe Angermann "Die Vereinigten Staatenn...",Seite 11

32) Vgl.Niedhart,Gottfried. "Das liberale Modell der Friedenssicherung: allgemeine Grundsätze und Realisierungsversuche im 19.und 20.Jahrundert" in: "Frieden und Friedenssicherung in Vergangenheit und Gegenwart" hrsg.v. Manfred Schlenke und Klaus-Jürgen Matz, München 1979, S.67ff Siehe hierzu auch Niedhart, Gottfried:"Internationale Beziehungen 1917-1947" UTB Bd.1552,Paderborn,München, Wien, Zürich 1989; hier insbesondere Kapitel I Seite 11ff:"Konkurrierende Modelle der Friedenssicherung" und "Nachkriegsordnungen in Europa und im Fernen Osten: Versailler und Washingtoner System Die Wurzeln des liberalen Friedensmodells Wilsonscher Prägung sind einerseits in den Gemeinsamkeiten mit dem Vorbild Großbritannien zu suchen,wo bereits mit Erfolg liberale Ideen des Freihandels mit traditionellen Seemachtskonzepten verbunden wurden. Andererseits ist jedoch davon auszugehen, daß die amerikanische Interpretation keine bloße Übernahme dieses Friedensmodells darstellte. Das Friedenskonzept Washingtons hat eigene,mit Blick auf die internationalen Beziehungen sogar revolutionäre Ausformungen erfahren , die dem bürgerlich- revolutionären Charakter amerikanischer Politik, insbesondere seinem besonderen Verständnis vom Verhältnis von politischer Theorie und politischer Praxis entspricht.

33) Grundlegend:Fetscher, Iring: "Modelle der Friedenssicherung" München 1972,S.7. Siehe auch Winkler.H.A.:"Gesellschaftsform und Außenpolitik" in: HZ 214,1972,S.335ff

34) Fetscher ebenda Zum Gewaltbegriff siehe Galtung, Johan:"Strukturelle Gewalt. Beiträge zur Friedens- und Konfliktforschung",Hamburg 1975. Galtung unternimmt meherer unterscheidungen von Gewalt, so z.B. von physischer und psychischer , negativer und positiver,personaler oder indirekter Gewalt. Gewalt ohne eine sofort erkennbare,offene und klare Subjekt-Objekt-Beziehung ist nach Galtung eine strukturelle Gewalt, die in die gesellschaftliche Struktur eingebaut ist. (Seite 13) Siehe hierzu auch Galtung "Eine strukturelle Theorie des Imperialismus" in:"Imperialismus und strukturelle Gewalt" hrsg.von Dieter Senghas,Frankfurt 1972,S.29ff.

35) Vgl. Fetscher "Friedensmodelle..." ebenda

36) Clements,Kendrick A.: "Woodrow Wilson - World Statesman" Boston:Twayne 1987 Seite XII Einleitung

37) Vgl. hierzu Yergin, Daniel: "Der Zerbrochene Frieden" Frankfurt/M. 1979, Seite 16. Yergin erkennt im Wilsonianismus eine liberal-nationalistische Ideologie.

38) so z.B. auch Harry S. Truman. Siehe mit Blick auf die Wilsonianistischen Elemente in der Truman Doktrin:Rohlfes,Joachim:"Die Truman-Doktrin (1947)" in: Geschichte in Wissenschaft und Unterricht,1987, Heft 12, Seite 754ff

39) Siehe zum Modell "Frieden durch Gleichgewicht der Kräfte (Balance of Powers)" Fetscher "Modelle der Friedenssicherung" a.a.O. Seite 25ff. Dieses Modell fand sich mit der Grundstruktur der internationalen Beziehungen , nämlich der Pluralität von vollständig souveränen Staaten ab, obwohl spätestens seit der Französischen Revolution deutlich geworden war, wie unzulänglich das rein machtstaatliche, rational kalkulierbare Stabilisierungsmittel der Gleichgewichtsfindung zwischen Großmächten durch Bündnispolitik war.Der Geist dieser Friedenssicherung war gerade im 19.Jahrhundert auf die Bewahrung des Bestehenden aus und bot damit den Großen den Status quo, während er den Kleinen keine absolute Garantie für ihren Bestand geben konnte. Anhänger dieser Friedenssicherung gehen davon aus,daß "Geographie, traditionelle,in der geographischen Lage und in der Geschichte begründete Tendenzen der Außenpolitik und realtives militärisches Potential für das internationale System wichtiger sind als Ideologien und Gesellschaftsordnungen." Fetscher Seite 36

40) Siehe hierzu den Aufsatz Woodrow Wilsons "The Making of the Nation" in:Atlantic Monthly,Juli 1897, Bd.LXXX,Seite 1-14. In Anlehnung an Turners "Frontier-Thesen" sieht Wilson die Vollkommenheit der amerikanischen nationalen Identität in der Findung eines den hohen zivilisatorischen Errungenschaften der USA entsprechenden ideell formulierten Internationalismus. Mit diesem Internationalismus würden die USA ein neues historisches Stadium, ihre eigentliche Bestimmung erreichen."But it is now a stage of develpment with a difference, as Professor Turner has shown, which makes it practically a new thing in our history". Dieser Aufsatz ist ebenfalls abgedruckt in: Baker,Ray Stannard/ Dodd,William E.:The Public Papers of Woodrow Wilson"(PPWW) 3

Doppelbände, Neuauflage New York 1970. Hier Bd.I.1."College and State" Seite 310ff. Zitat Seite 313

41) Vgl.zur planmäßigen Verwirklichung des liberalen Friedensmodells amerikanischer Prägung: Levin,Gordon:"Woodrow Wilson and World Politics. America's Response to War and Revolution" New York 1968. Die Absicht Levins ist es, die Kriegs- und Friedenspolitik Wilsons bei all ihrer Widersprüchlichkeit auf ihre zugrundeliegende Logik zurückzuführen, den gedanklichen Kern der Wilsonschen Weltpolitik herauszuarbeiten..Levin sieht das Grundanliegen des amerikanischen Präsidenten in dem sowohl ideell als auch interessenspolitisch motivierten Streben, die ganze Welt schrittweise zu einer liberalisierten kapitalistischen Gesellschaftsordnung hinzuführen, wie sie Amerika bereits verwirklicht hatte.Bei diesem Versuch der Interpretation wilsonscher Außen- und Friedenspolitik scheint der Autor jedoch jede Zufälligkeit der politischen Entwicklung in Europa auf die Planungen Wilsons und seiner Berater zurückführen zu müssen.Siehe hierzu die Rezension von Schwabe, Klaus in:HZ,Bd.212, 1971, Seite 193ff. Siehe auch zur Geschichte, zur Zusammensetzung und zum Zweck der von Wilson eingesetzten Inquiry: Gelfand, Lawrence E."The Inquiry. American Preparation for Peace, 1917-1919" Neuauflage Yale University Press, New Haven 1976 Siehe weiter zur Bedeutung der planmäßigen Ausgestaltung und der Geschichte der Friedenssicherungskonzepte, die zu Wilsons Vierzehn Punkten führten: Timmermann, Heinrich:"Friedenssicherungsbewegungen in den Vereinigten Staaten von Amerika und in Großbritannien während des Ersten Weltkrieges" Frankfurt/M. 1978

42) In besonders anschaulicher Weise wurde in den Wilson Papers die Arbeit der Inquiry und die unterschiedlichen Entwürfe und den letzgültigen Entwurf der Vierzehn Punkte Wilson belegt.Siehe hierzu das Memorandum von Sidney Edward Mezes, David Hunter Miller und Walter Miller (The Inquiry Memorandum) "The Present Situation:The War Aims and Peace Terms It Suggests." in: Wilson Papers Bd.45 (1917-1918) Seite 459.(hier werden u.a. wichtige Hinweise für die Schaffung eines Völkerbundes gegeben) Siehe zu den unterschiedlichen Entwürfen Wilsons ebenda Seite 476ff. Abgedruckt ist die Vierzehn-Punkte-Rede vor dem Kongress auch in: Baker/Dodd "PPWW" Band V "War and Peace" Seite 155ff und die Vier-Punkte- Rede ebenda Seite 231ff. Beide Reden in deutscher Übersetzung in: Baker "WWMD" Bd III a.a.O.Seite 40ff und Seite 43ff Siehe auch Niedhart,Gottfried "Internationale Beziehungen im 19. und 20.Jahrhundert" Düsseldorf 1978, Seite 75f Siehe auch "Der Friedensgedanke in Reden und Staatakten des Präsidenten Wilson" und "Kundgebungen des Präsidenten Wilson zur Friedensfrage" beide Hobbing-Verlag Berlin 1918

43) Bereits zu diesem Zeitpunkt, betont Werner Link,bildete sich prototypisch ein antagonistisches Muster heraus, "das fortan für die internationalen Beziehungen bezeichnend war: der ideologische und ordnungspolitische Gegensatz, das Gegeneinander von weltrevolutionärer und reformistischer Konzeption, die konträren Vorstellungen eines sozialistischen und eines liberal-demokratischen Internationalismus fanden in dem bolschewistischen Rußland Lenins und in den liberalkapitalistischen USA Wilsons den prägnantesten Ausdruck. Dabei richtete sich die Politik Wilsons nicht nur gegen den revolutionären "Anti-Imperialismus" Lenins, sondern gleichzeitig gegen den "traditionellen Imperialismus" der westeuropäischen Großmächte und des Deutschen Reiches." Siehe Link, Werner: "Amerika, die Weimarer Republik und Sowjetrußland" in: Niedhart,Gottfried (Hrsg):"Der Westen und die Sowjetunion" Paderborn 1983 ,S.79ff, hier S.79

44) Link ebenda

45) Niedhart "Das liberale Modell...",a.a.O., S.68 Siehe auch Niedhart "Internationale Beziehungen " a.a.O. Seite 18f:"Zentrale Forderungen waren "absolute Freiheit der Schiffahrt" und "Aufhebung sämtlicher wirtschaftlicher Schranken". Die Politik der "Offenen Tür", die als zentrales Element in den amerikanischen Außenbeziehungen anzusehen ist, sollte ergänzt werden durch "öffentliche Friedensverträge" und eine Diplomatie, die sich "stets frei und vor aller Öffentlichkeit" abspielen sollte, durch die Reduzierung der nationalen Rüstungen sowie durch eine "absolut unparteiische Ordnung aller kolonialen Ansprüche". Es war unverkennbar, daß damit nicht nur die Kriegsgegner, sondern auch die Verbündeten angesprochen waren. In Frage gestellt wurde der britische Herrschaftsanspruch auf den Weltmeeren ebenso wie die Fortsetzung exklusiver Bündnis- und Militärpolitik der hergebrachten Herrschaftspraktiken in den Kolonialgebieten."

46)"Wie wenig die Geschichte der letzten 200 Jahre der optimistischen Smithschen Prognose recht gibt" muß nicht noch betont werden. Siehe Fetscher a.a.O. Seite 41 Ein bedeutender Grund für eine Nichtannahme dieses Konzeptes liegt sicherlich in der Tatsache, daß der Freihandel nur für denjenigen Teilhaber am Marktgeschehen vorteilhaft ist, der über die stärkere Position verfügt.Wer möchte sich schon freiwillig angesichts einer so starken Wirtschaftsnation wie den USA einem bedingungslosen Freihandel preisgeben? Vgl.Fetscher a.a.O., Seite 43

47) Siehe Fetscher Seite 53ff

48) Siehe Rittberger, Volker:"Zur Friedensfrage von Demokratien.Betrachtungen zur politischen Theorie des Friedens" in:Aus Politik und Zeitgeschichte B 44/87,31 Oktober 1987 Seite 3-12. Rittberger kommt zu dem Ergebnis, daß es in der Tat einen unmittelbaren Zusammenhang zwischen der innenpolitischen Beschaffenheit von liberal-demokratischen Staaten und der Nichtaustragung von militärischen Konflikten gibt. Offenbar bestehe zwischen Demokratien eine "intrasystemar-spezifische Kriegshemmung". Im Hinblick aber auf unsere grundlegende Fragestellung der methodischen Umsetzung dieses Friedenskonzeptes auf Staaten mit anderer historisch-(innen-)politischer Entwicklung ist die von Rittberger geäußerte Feststellung, daß Demokratien gegenüber Staaten mit anderer Herrschaftsform kein signifikant von Nichtdemokratien unterscheidbares Konfliktverhalten zeigen, von größter Bedeutung.Rittberger möchte mit seiner Feststellung darauf hinweisen, daß auch den liberal-demokratischen Staaten nicht gestattet sein darf,eine Missionierung der Weltpolitik mit Mitteln der unmittelbaren Umsetzung,insbesondere mit Mitteln der direkten oder indirekten Gewalt vorzunehmen. Siehe zum Missionierungsdenken der Vereinigten Staaten vor allem auch Tuveson, Ernest Lee:"Redeemer Nation. The Idea of America's Millennial Role" 2.Auflage Chicago,London 1974. Tuveson arbeitet hierbei ein im Gegensatz zu Rittbergers Forderung nach einer nicht-missionarischen Außenpolitik, u.a. das auch Wilson prägende "Erlösungsdenken" amerikanischer Politik heraus. Beispielhaft für dieses Denken zitiert Tuveson folgende Worte Woodrow Wilsons "America had the infinite privilege of fulfilling her destiny and saving the world." ebenda (Titelblatt)

49) Auf die Mexikopolitik Wilsons wird diesbezüglich näher in Kapitel II der vorliegenden Arbeit eingegangen. Hinsichtlich der Deutschlandpolitik sei hier erwähnt, daß der Krieg der USA gegen

Deutschland von Wilson als "heiliger Krieg" empfunden wurde, der eine endgültige Erlösung von den kriegerischen Querelen der alten Welt und einen weltweiten Frieden auf Dauer bewirken sollte. Wie eng Woodrow Wilson die Frage eines dauerhaften Weltfriedens mit der innenpolitischen,d.h. demokratischen Beschaffenheit anderer Mitglieder in den internationalen Beziehungen verband kommt in seiner Rede vor dem Kongreß am 2.April 1917 (deutsch in: "Ursachen und Folgen.Vom deutschen Zusammenbruch 1918 und 1945 bis zur staatlichen Neuordnung in der Gegenwart" Band 1 "Die Wende des Ersten Weltkrieges"hrsg.v.Herbert Michaelis Berlin 1964, Seite 167f) besonders deutlich zum Vorschein, in der er die Notwendigkeit des Kriegseintritts der USA mit folgenden Worten begründete:"...Der gegenwärtige deutsche Unterseebootkrieg gegen den Handelsverkehr ist ein Krieg gegen die Menschheit....Unser Beweggrund soll nicht Rachsucht oder der Wunsch nach siegreicher Befestigung der physischen Macht der Nation sein, sondern allein die Vertretung des Menschenrechtes, für das wir nur ein einzelner Streiter sind. ...Wir werden nicht den Weg der Unterwerfung wählen und dulden, daß die heiligsten Rechte unserer Nation und unseres Volkes außer acht gelassen und verletzt werden. ... Wir haben keinen Streit mit dem deutschen Volke. Wir haben gegen dieses nur ein Gefühl der Sympathie und der Freundschaft.Seine Regierung hat nicht auf sein Betreiben gehandelt, als sie in den Krieg eintrat.Das geschah nicht mit vorheriger Kenntnis oder Billigung des Volkes. Es war ein Krieg, der beschlossen wurde, so wie in alten unglücklichen Zeiten Kriege beschlossen wurden..Eine feste Vereinigung für den Frieden kann nur aufrechterhalten werden, wenn die Mitglieder demokratische Nationen sind. ... Wir sind daran, den Fehdehandschuh dieses natürlichen Feindes der Freiheit aufzunehmen... Wir freuen uns,jetzt,da wir die Tatsachen nicht vom Schleier des falschen Scheins umgeben sehen, so für den endlichen Frieden der Welt und für die Befreiung der Völker, mit Einschluß des deutschen Volkes, zu kämpfen... Die Welt muß für die Demokratie sichergemacht werden...". Für Wilson stellte somit der Eintritt in den Ersten Weltkrieg ein heiliger Akt dar, dem die USA angesichts hoher Opfer für die ganze Menschheit gewissermaßen als ein Endlösungs-Krieg zu führen hätten.Im Namen der Verteidigung der Freiheit und der Menschenwürde glaubte Wilson in die alte Ordnung mit neuen moralischen Beweggründen eingreifen zu müssen,selbst wenn dieser Krieg und seine Finanzierung auf Kosten eigener amerikanischer Einschränkungen hinsichtlich liberaler Rechte in Politik und Wirtschaft gehen würde .Der Krieg mit Deutschland und die Gestaltung des zukünftigen Friedens war die direkte Fortsetzung seiner innenpolitischen Reinigung und Reformmaßnamen im Sinne des New Freedom, die er unter ähnlichen moralischen Motivationen vornahm. Siehe hierzu u.a. Coffman,Edward M.:"The War to End All Wars:The American Military Experience in World War I" New York 1968 und DeWeerd,Harvey A.:"President Wilson Fights His War:World War I and the American Intervention" New York 1968

50) Siehe Tuveson "Redeemer Nation" a.a.O. Seite 137ff: "Chosen Race ... Chosen People" Beispielhafte Quelle hierfür ist ebenfalls die unter 40) schon genannte Rede Wilsons vor dem Kongress am 2.April 1917, in der er den Kriegseintritt der USA begründet. Siehe vollen englischen Wortlaut in Baker/Dodd:"PPWW" Bd.V.a.a.O. Seite 6 , Siehe auch "An Adress to a Joint Session of Congress 2 April, 1917 (War Message to Congress)" in Wilson Papers Bd.41 a.a.O. 519-527

51) Schwabe:"Woodrow Wilson. Ein Staatsmann zwischen Puritanertum und Liberalismus" Musterschmidt Göttingen, Zürich,Frankfurt 1971, Seite 17
52)"Von Anfang an war für das politische Wirken Wilsons ein missionarischer Eifer charakteristisch, mit dem er an seine politisch-pädagogische Aufgabe herantrat : die Wahrheit zu verbreiten und das politische Leben seines Landes und in der Welt zu reinigen." Siehe hierzu Schwabe"Woodrow Wilson . Ein Staatsmann..." a.a.O., Seite 18,38. Vgl. auch Walworth Arthur "Woodrow Wilson - I. American Prophet" und ders."Woodrow Wilson - II. World Prophet" beide Bände New York,London, Toronto 1958
53) Vgl.Link "Amerika, die Weimarer Republik..." bei Niedhart a.a.O.,Seite 79 Erst nach der Befreiung der Völker von den überkommenen aristokratischen Regierungen könnten die europäischen Nationen denselben demokratischen, erfolgreichen Weg der USA gehen,der den Frieden garantiere. Die revolutionär-neue Gestaltung des Friedens sah Wilson unter dem Postulat einer liberalen Grundordnung der internationalen Gesellschaft erreichbar über das Selbstbestimmungsrecht der Völker und des weltweiten Freihandels.Der internationale Frieden sei deshalb "machbar" und "herstellbar", wenn man nur das Wertesystem der USA teile.Darum müsse die Welt für die Demokratie sicherer gemacht werden . Auch der Umkehrschluß, daß die Welt demokratisch gemacht werden müsse, um sicherer zu werden,steckt in dieser Äußerung des amerikanischen Präsidenten.
54) Insbesondere die sogenannte realistische Schule sieht wesentliche Problempunkte in der Art und Weise, wie das liberale Friedensmodell amerikanischer Prägung weltweit verwirklicht werden soll. Siehe hierzu Meyers,Reinhard:"Die Lehre von den internationalen Beziehungen" Athenäum/Droste Taschenbücher Geschichte, Neuauflage,Düsseldorf 1981.Seite 28ff und 37ff. Wichtiger Kritikpunkt an der Herstellung und Verwirklichung eines weltweiten Führungsnspruchs der USA stellt hierbei das unkritische Eigenbild, der Messianismus und die Beteuerung der moralischen Überlegenheit der USA dar;alles Elemente eines aus christlich-religiösen,metaphysischen Zusammenhängen herausgerissenen Zusammenhangs, der auf ein innerweltliches Erlösungsdenken übertragen wurde. Mit der Begründung, ein Millenium, eine Erlösung von der Geisel Krieg erreichen zu können,wird jeder Krieg ein "heiliger" Krieg, der der gesamten Menschheit dient.
55) Siehe hierzu vor allem Buehrig, Edward H. "Woodrow Wilson and the Balance of Power" Bloomington, Indiana University Press 1955. In Anlehnung an Walter Lippmann arbeitete Buehrig heraus, daß Wilsons mit dem Kriegseintritt 1917 erkannt haben mußte, daß angesichts der Schwächung Großbritanniens als befreundete Seemacht mit ähnlicher liberal-demokratischer Regierungsform (Siehe hierzu auch Gollwitzers Begriff der Weltpartei in: Gollwitzer,Heinz"Ideologische Blockbildung als Bestandteil internationaler Politik im 19.Jahrhundert" in:HZ 1965,Bd.201, Seite 306ff) sich auch ein Problem für die sicherheitspolitischen Interessen (wie auch für die wirtschaftlichen Interessen) der USA ergab. Buehrig differenziert damit Wilsons Haltung gegenüber traditionellen Mitteln der Außenpolitik.Es kommt, wie wir unter Kapitel II der vorliegenden Arbeit sehen werden, eine ambivalente, wenn nicht widersprüchliche Außenpolitik Wilsons zwischen einer national bestimmten Machtpolitik und einem ideell und materiell begründeten Internationalismus zum Vorschein. Wilson kalkulierte demnach durchaus klassische Gesichtspunkte des "Balance of power"-Denkens mit ein, sofern sie für die USA zur Sicherung ihrer

eigenen nationalen Interessen dienlich waren. Unterstrichen wird diese Aussage Buehrigs von der Arbeit Arthur M. Schlesingers:"The Age of Roosevelt"Bd.1 "The Crisis of the Old Order 1919-1933" London 1957.Danach verbanden sich amerikanische Mission mit traditioneller Machtpolitik in der Zeit Wilsons, in der Zeit der "neuen Freiheit" und des "neuen Nationalismus" Siehe auch Gardner,Lloyd C.:"A Covenant with Power. America and World Order from Wilson to Reagan" New York 1984

56) Siehe hierzu Duchhardt,Heinz "Gleichgewicht der Kräfte,Convenance, Europäisches Konzert" Darmstadt 1976

57) Siehe Fetscher a.a.O. S.8

58) Siehe zu den Wurzeln des Weltstaatsdenkens Fetscher ebenda Seite 13 ff. Wilsons System der kollektiven Sicherheit unternimmt den Versuch gegen das europäische Gleichgewichtsdenken die neuen "vernunfts-orientierten" Elemente der Politik zu seinen und aller Gunsten in die internationalen Beziehungen zu bringen.Er wendet sich damit gegen das europäische "Status-quo"-Denken, das konservativ auf die Bewahrung europäischer Großmachtinteressen zielte, und ersetzt es durch ein für ihn offenes System der freien, aber gewaltlosen Konkurrenz mit anderen (sozioökonomischen) Mitteln. Vgl. hierzu Krippendorff a.a.O. Kapitel "Pax Americana" und Angermann,Erich:"Revolution und Bewahrung",HZ Beiheft 5, München 1979,Vorwort Seite 5-12 . Dieser Charakter amerikanischer Politik wird auch in den einzelnen Beiträgen von Erich Angermann, , Hermann Wellenreuther und Hans-Jürgen Schröder unterstrichen.

59) Siehe zu den Inhalten und der Vorgeschichte des Völkerbundes Pfeil,Alfred:"Der Völkerbund.Literaturbericht und kritische Darstellung seiner Geschichte"Darmstadt,Wissenschaftliche Buchgesellschaft 1976. Die grundsätzliche Problematik des Völkerbundes aufgreifend siehe auch Rittberger,Volker:"Vereinte Nationen und internationale Friedenssicherung" in: Opitz,Peter J. und Rittberger,Volker:"Forum der Welt" Schriftenreihe der Bundeszentrale f.politische Bildung,Bd.249, Bonn 1986

60) Schindler,Dietrich: "Die Schiedsgerichtbarkeit seit 1914" in : Handbuch des Völkerrechts, Bd.5, 3.Abtlg.,Stuttgart 1938 Ferner Heidekind,Jürgen:"Völkerbund und Vereinte Nationen in der internationalen Politik" in:Aus Politik und Zeitgeschichte,B 36/83, 10.September 1983

61) Siehe z.B. Graml, Hermann:"Europa zwischen den Kriegen"dtv-Weltgeschichte des 20.Jahrhunderts,5.Auflage 1982 Seite 26ff und Seite 32. Wie wichtig eine Beteiligung der Vereinigten Staaten am Völkerbund gewesen wäre, bringt u.a.Stadtmüller,Georg:"Rechtsidee und Machtpolitik in der amerikanischen geschichte.Die Entfaltung der amerikanischen Völkerrechtsgemeinschaft" München 1957, zum Ausdruck. So hätten die USA wie keine andere Macht der neueren Geschichte ihre internationalen Beziehungen auf das Völkerrecht gegründet und dieses dadurch in den Staatenbeziehungen mehr als andere gefördert.Stadtmüller sieht in drei Gedanken die Bedeutung der werdenden Weltmacht für die Völkerrechtsgemeinschaft: im Selbstbestimmungsrecht der Völker, in der Ächtung des Krieges als einer völkerrechtlichen Straftat und in der zwischenstaatlichen Schiedsgerichtbarkeit. Der Autor erkennt damit eine wichtige, aber nur eine Seite der Medaille. Die andere Seite besteht aus dem Großmachtstreben der USA, das mit den von Stadtmüller aufgezählten Grundgedanken nicht immer vereinbar ist.

62) Vgl. dagegen den von Raymond Aron geprägten Begriff der "heterogenen" Staatengesellschaft in : Aron,Raymond:"Frieden und Krieg.Eine Theorie der Staatenwelt" Frankfurt 1986, S.123f

63) Vgl.Link,Werner:"Das Konzept der friedlichen Kooperation und der Beginn des Kalten Krieges" Mannheimer Schriften zur Politik und Zeitgeschichte 2, Düsseldorf 1971
64) Siehe hierzu Fetscher, der das Verhältnis Großmacht/weltstaatliches Völkerrecht kritisch betrachtet (a.a.O Seite 24):"Großmächte zeichnen sich also dadurch aus, daß sie die internationalen Beziehungen ungestraft durch ihre expansive Politik schwächeren Staaten gegenüber belasten dürfen, und lediglich kleineren Staaten gegenüber kann - soweit die Großmächte zustimmen und ihr Einfluß sich nicht neutralisiert - der zur Annahme von Schiedssprüchen notwendige Zwang erfolgreich ausgeübt werden.Die durchführung förmlicher Schiedsverhandlungen (z,B. vor dem Internationalen Gerichtshof) ist hierfür lediglich ein Mittel unter anderen, das keineswegs für sich selbst ausreichend ist, um Frieden zu gewährleisten.
65) Vgl.auch zum revolutionären Charakter amerikanischer Außenpolitik Hildebrand,Klaus: "Krieg im Frieden und Frieden im Krieg. Über das Problem der Legitimität in der Geschichte der Staatengesellschaft 1931-41,HZ 244,1987,S.1ff.Danach seien die USA "nicht regional, sondern weltweit orientiert , nicht graduell sondern umfassend ausgerichtet, nicht kompromißhaft, sondern revolutionär veranlagt gewesen"
66) Siehe Baker,R.S.(Hrsg):"Woodrow Wilson.Memoiren und Dokumente" Leipzig 1922,Vorwort Diese Frage steht u.a. auch hinter der Feststellung Klaus Schwabes, daß die Kriegsrhetorik Präsident Wilsons allgemeine Hoffnungen weckte, die kein zwischen Siegern und Besiegten geschlossener Frieden zu erfüllen imstande war. "Es bleibt damit die Frage, wieweit die Politiker der Siegermächte überhaupt genügend Handlungsfreiheit besaßen, um ihre Friedensziele durchzusetzen." Schwabe, Klaus: "Versailles - nach sechzig Jahren. Internationale Beziehungen nach dem Ersten Weltkrieg" in: NPL,24,1979, S.446ff , hier S.473 Ähnlich wie in Wilsons Mexikopolitik zu Beginn seiner Amtszeit blieb auch in der Deutschlandpolitik die Zustimmung der Bevölkerung zum größten Teil aus,wie u.a. die Untersuchung Ernst Fraenkels "Das deutsche Wilsonbild" deutlich macht: Fraenkel, Ernst:"Das deutsche Wilsonbild" in:Jahrbuch für Amerikastudien,V,1960, Seite 66ff
67) Siehe zu den "ideellen und materiellen" Inhalten von Interessen die Vorbemerkungen von Webers Religionssoziologie: Weber, Max:"Gesammelte Aufsätze zur Religionssoziologie",4.Aufl., Tübingen 1947, Seite 1-16 . Siehe zur problematischen Interventionspolitik Wilsons in Mexiko:Grieb, Kenneth:"The United States and Huerta" Lincoln: University of Nebraska Press,1969 Gardner, Lloyd C.:"Woodrow Wilson and Mexican Revolution" in: Link, Arthur S.(Hrsg):"Woodrow Wilson And A Revolutionary World" The University of North Carolina Press, 1982, Seite 3ff Smith,Robert Freeman:"The United States and Revolutionary Nationalism in Mexico,1916-1932" Chicago 1972 Trow, Clifford W.:"Woodrow Wilson and the Mexican Interventionist Movement of 1919" in: Journal of American History Bd.58,1971/72,Seite 46ff Clements,Kendrick A.:"Woodrow Wilson's Mexican Policy,1913-15" in:Diplomatic History,Bd.4,Nr.2,Frühjahr 1980, Seite 113 ff Gilderhus,Mark T.:"Wilson,Caranza, and the Monroe Doctrine:A Question in Regional Organization" in: Dipl. History,Bd.7, 1983, S.103 ff Link, Arthur S.:"Wilson the Diplomatist. A Look At His Major Foreign Policies" Baltimore 1957. Die überarbeitete Neuauflage erschien unter dem Titel "Woodrow Wilson. Revolution, War and Peace" Arlington Heights 1979 Link, Arthur S.:"Wilson.The

New Freedom." Princeton 1956 Schwabe "Woodrow Wilson.Ein Staatsmann..." a.a.O. Seite 42 ff

68) Siehe hierzu auch Krippendorff,Ekkehart: "Die amerikanische Strategie.Entscheidungsprozeß und Instrumentarium der amerikanischen Außenpolitik" Frankfurt/M. 1970. Krippendorff beginnt das erste Kapitel (Seite 13) "Historische Grundmuster amerikanischer Außenpolitik" mit folgenden aussagekräftigen Worten:"Am Anfang war die Revolution. Weniger als einige Jahre später bei der Französischen oder über ein Jahrhundert später bei der Sowjetischen oder drei Dekaden nach dieser bei der Chinesischen Revolution war es den außeramerikanischen Zeitgenossen wie auch vielfach den unmittelbar Beteiligten klar, daß mit der Loslösung der nordamerikanischen Kolonien vom englischen Mutterland der Weltgeschichte bzw. dem Prozeß der Herausbildung einer interdependenten Weltgesellschaft nun ein qualitativ neues Element hinzugefügt worden war."

69) Eine unter Berücksichtigung der gesamten Friedens- und Weltpolitik Wilsons vorgenommene Untersuchung der amerikanischen Mexikopolitik wurde unter diesem Aspekt noch nicht unternommen und wäre nach Meinung des deutschen Wilson-Experten Schwabe für die Wilsonforschung aufschlußreich und wichtig (Schwabe in HZ 238,S.441)

I.Der historische Möglichkeitsraum als Grundlage der Wilsonanalyse

1) Ambrosius, Lloyd E.:"Woodrow Wilson and the American Diplomatic Tradition:The Treaty Fight in Perspective" New York:Cambridge University Press, 1987. Zu Ambrosius'Kritik an den traditionellen Kategorien siehe Vorwort.Im weiteren als "Woodrow Wilson" abgekürzt. Siehe auch ders."Woodrow Wilson and the Quest for Orderly Progress" in: "Traditions and Values.American Diplomacy,1865- 1945" herausgegeben von Graebner, Norman A.,Lanham 1985 Ferner:ders."The Orthodoxy of Revisionism.Woodrow Wilson and the New Left" in: Diplomatic History,Bd.I,Sommer 1977,S.199- 214. ders.:"The United States and the Weimar Republic.America's Response to the German Problem" in:Davids, Jules (Hrsg):Perspectives in American Diplomacy:Essays on Europe,Latin America,Chine and the Cold War" New York 1976, Seite 78-104. ders.:"Wilson,The Republicans, and the French Security after World War I" in: Journal of American History,Bd.LIX,Sept.1972,S.341-352.

2)Schwabe, Klaus:"Deutsche Revolution und Wilson-Frieden. Die amerikanische und deutsche Friedensstrategie zwischen Ideologie und Machtpolitik 1918/19" Düsseldorf 1971, hier Seite 653

3)Siehe zu Links Sicht das Vorwort von Grantham, Dewey W. zu: Link,Arthur S.:"The Higher Realism of Woodrow Wilson" Nashville 1971. Link erkennt eine politische Klugheit in Wilsons Handeln.

4)Ambrosius "Woodrow Wilson" a.a.O.,Vorwort,Seite XII

5)Meyers,Reinhard:"Wie viele Schwalben machen einen Sommer? (Re-) Naissance der Internationalen politischen Ökonomie?" in:NPL 1989,Heft 1,Seite 5ff , Kindermann, Gottfried-Karl:"Grundelemente der Weltpolitik",München 1986
Die Notwendigkeit einer die traditionellen Paradigmen überwindenden methodischen Grundhaltung ergibt sich aus dem unbefriedigenden fragmentierten und polarisierten Stand der Theorie der internationalen Beziehungen. Siehe zur Lage der Theorie internationaler Beziehungen : Meyers,Reinhard:"Neuer Wein in alten Schläuchen?Anmerkungen zur neueren Theorie der internationalen Beziehungen" in: Neue Politische

Literatur,1982,Heft4, Seite 405ff. In seiner neueren Veröffentlichung "Wie viele Schwalben..." unterstreicht Meyers, daß der Ansatz der realistischen Schule einerseits einen notwendigen Ausgangspunkt darstelle aber andererseits nicht hinreichend sei, um das Geschehen in den int.Beziehungen in seinen Zusammenhängen zu erklären. Die vorliegende Arbeit wird sich nicht nur mit diesem Beitrag von Meyers weiter unten näher beschäftigen,sie wird auch , Meyers Hinweis aufnehmend, eine genauere erkenntnistheoretische Untersuchung des Vaters der Theorie internationaler Beziehungen - Reinhold Niebuhr -vornehmen.

6)Siehe hierzu folgende Rezensionen, die das "Neue" im Ansatz Ambrosius`relativieren:in:"Journal of American History",Bd 75, 1988, Seite 991f und "The International History Review",Bd.XI, Nummer 1,Febr.1989,Seite 151

7)Kammen, Michael:"A Season of Youth. The American Revolution and the Historical Imagination" New York, 1978)

8)Siehe "Hegel"Enzyklopädie der Wissenschaften I" Werkausgabe Bd.8, Frankfurt 1970,Paragraph 142,143,144,145 Seite 279ff, siehe hier auch: Zusatz Seite 282. In seiner Wesenslogik befaßt sich Georg Wilhelm Friedrich Hegel mit dem Verhältnis von Wirklichkeit und Möglichkeit. Hegel schränkt das Möglichkeitsdenken für den politisch- historischen Bereich damit ein. Hegels Kernaussage über das Mögliche sieht den Wechselbezug zur Wirklichkeit vor.

9)Brecht,Arnold:"Politische Theorie. Die Grundlagen politischen Denkens im 20.Jahrhundert" 2.Aufl.,Tübingen 1976, Seite 513

10)ebenda Seite 517

11)ebenda Seite 514

12)ebenda Seite 503

13)ebenda

14) Siehe die Arbeiten von Arthur S. Link "The Higher Realism..." a.a.O., Schwabe "Deutsche Revolution..."a.a.O.,Ambrosius "Woodrow Wilson..."a.a.O.

15) Die Bedeutung der Ideengeschichte und der Politischen Philosophie unterstreicht in besonderer Weise Willms,Bernhard:"Selbstbehauptung und Anerkennung. Grundriß einer politischen Dialektik",Opladen 1977. Siehe grundlegend zur Theorie der internationalen Beziehungen die Arbeiten von Aron,Raymond: "Frieden und Krieg" Oldenburg 1963, Meyers,Reinhard:"Die Lehre von den internationalen Beziehungen",Düseldorf 1977,und ders."Weltpolitik in Grundbegriffen" Düsseldorf 1979,Czempiel,Ernst-Otto:"Die Lehre von den internationalen Beziehungen",Darmstadt 1969, Kindermann, Gottfried-Karl:"Grundelemente der Weltpolitik" a.a.O.

16) Dieses "insulare" Denken stellt ein Grundproblem amerikanischer Außenpolitik dar.Der Universalismus der USA begreift sich nicht als eine wechselseitige Beziehung zwischen amerikanischen Interessen und den regional unterschiedlichen der übrigen Welt in dem Sinne, daß auch die regional- gebundenen Interessen anderer Staaten auch auf die Zweckformulierung der USA entscheidend,d.h. verändernd einwirken können. Vielmehr versteht sich der amerikanische Universalismus in jenem Sinne, daß die außenpolitischen Interessen der USA allen anderen vorangestellt sind, was sich aus dem der übrigen Welt überlegenen zivilisatorisch- friedlichen und geistig-geschichtlichen Entwicklungsstand hervorgehe. Die übrigen Staaten könnten sich nach dieser prinzipiellen Auffassung zu ihrem eigenen Vorteil der amerikanischen Entwicklung anpassen.Dieses Verständnis läßt sich direkt auf Woodrow Wilsons Universalismus zurückführen. Als Quelle für diese Grundanschauung Wilsons dient u.a.der von Wilson selbst verfaßte Aufsatz:"The Ideals of America" in: Atlantic Monthly, Dezember 1902,Seite 721, wo er die amerikanische Außenpolitik gegenüber den Philippinen verteidigt. (hier S.733) Vgl. auch Arndt,Hans-Joachim:"Verfassungsstandard und Gebietsstatus" in: Studium Generale 22 (1969),S.783 - 813, hier S.810 Siehe hierzu auch Schössler,Dietmar:"Eine "Revolution " des strategischen Denken? Zur gesamt- und militärstrategischen Beurteilung der Lage in der Mitte der 80er Jahre" in:Sozialwissenschaftliches Institut der Bundeswehr,Vorträge,Bd.4,München 1985. Hier vor allem Punkt 2.1:Bedingungen heutiger "Territorialität", Seite 7ff

17) Der Begriff Möglichkeitsraum geht hierbei über den Begriff des bloßen "Handlungsspielraums" hinaus.Die von der Politik erfaßten Handlungs- und Entfaltungsspielräume werden in ihren historischen,philosophischen und gesellschaftlichen Bezügen oftmals zu oberflächlich, d.h. zu sehr gegenwartsbezogen betrachtet. Handlungsspielräume werden häufig in einem Aktualitätsbezug großzügiger von Politiker ausgelegt,als es der der geschichtlichen Gesamtperspektive verpflichtete "historische Möglichkeitsraum" zulassen würde. Der politische unhistorische "Handlungsspielraum" führt durch seine eingeengte Perspektive zu einer der Vielfalt und Komplexität der internationale Lage oftmals nicht realitätsgerechten Anpassung, obwohl gerade eine Anpassung an die historisch vorgegebenen Umstände der notwendige Ausgangspunkt für den dauerhaften Friedensschluß darstellt.

18) Gerade die "Widersprüchlichkeit" in Wilsons Vermittlung von Denken und Handeln arbeitet eine neue einbändige Wilsonbiographie von Kendrick A. Clements aus.Vgl.Clements,Kendrick A.: "Woodrow Wilson - World Statesman" Boston:Twayne 1987. Trotz vieler Vorzüge,die dieser Band in seiner überblickhaften Zusammenstellung der neueren Forschung unter Einbezug fast aller Papers of Woodrow Wilson hat, vermag der Autor die Politik Wilsons nicht im Zusammenhang mit den Relationen und Wurzeln der politischen Kultur der USA und ihrer methodischen Grundprobleme in der außenpolitischen Interessensformulierung darzustellen (was sicherlich auch seiner Intention und Erkenntnisinteresse nicht entsprach). Siehe hierzu auch die Rezension in: Journal of American History Bd.75,1988, Seite 990

19) Siehe hierzu auch Vollrath,Ernst "Grundlegung einer philosophischen Theorie des Politischen" Würzburg 1987

20) Vgl. zum Verhältnis von Zweck und Mittel : Schössler, Dietmar "Das Wechselverhältnis von Theorie und Praxis bei Carl v. Clausewitz" in Archiv f. Geschichte der Philosophie, Heft 1, 1989, S.39ff

I.1.Der Möglichkeitsraum als "praxisorientiertes" Theorieverständnis

<u>Das Verständnis von einer `praktischen` Wissenschaft</u>

21) Vgl. Oberndörfer,Dieter:"Politik als praktische Wissenschaft" in ders.(Hrsg):"Wissenschaftliche Politik. Eine Einführung in die Grundfragen ihrer Tradition und Theorie" 1.Aufl.,Freiburg 1962, Seite 9ff,hier Seite 9.

22) Oberndörfer a.a.O. Seite 20

23)ebenda

24) Sternberger,Dolf:"Drei Wurzeln der Politik" Frankfurt 1978

25) Sterberger a.a.O.Seite 384

Für Sternberger scheint es im Grunde keine Gemeinsamkeiten dieser drei "Logiken" zu geben: der Politologik, der Dämonologik und der Eschatologik. Die erste habe es auf die Gemeinschaft, das gemeinsame Wohl der Bürger im Staat abgesehen, die zweite gerade nicht auf das Gemeinsame,sondern auf die Position des Dämons, auf seine Herrschaft, die er mit List und Gewalt in einem überlegenen Spiel mit Gegnern und Untertanen errichtet, und die dritte strebt weder die erste noch die zweite an, sondern eine neue auf die Scheidung der Geister ,zwischen Guten und Bösen, und die Sammlung der Heiligen, die in einen neuen, anarchisch-harmonischen innerweltlichen Enderlösungszustand übergehen soll.

26) Zitat:ebenda Seite 387/388

27) Zitat:ebenda Seite 410

28) So unterstreicht auch Bernhard Sutor die Wurzeln der heutigen westlichen Politik. Im Gegensatz zur "herstellenden" modernen Richtung,sieht die aristotelisch- praktische den gesellschaftlichen und politischen Bereich als nicht rein theoretisch- gesetzmäßig, naturwissenschaftlich erkennbar, und daher auch nicht technisch, ohne die Zufälligkeiten der Geschichte und die aus ihr entwickelten eigenständigen Strukturen, erstellbar.Das bedeutet aber nicht, daß in der Politik die Faktoren Theorie und Technik keine Rolle spielten.
Sutor, Bernhard:"Neue Grundlegungen politischer Bildung" (Bd.1,Paderborn 1984,S.42)

29) Als Einstieg in die konkreten Inhalte der praktischen Philosophie bei Aristoteles dienen die Beiträge Joachim Ritters, Alexander Schwans und Peter Weber-Schäfers.
Ritter, Joachim "Zur Grundlegung der praktischen Philosophie bei Aristoteles",in: Archiv für Rechts- und Sozialphilosophie,Bd.46, 1960,Seite 179ff,und ders.:"Metaphysik und Politik"Frankfurt 1969, Schwan,Alexander:"Die Staatsphilosophie im Verhältnis zur Politik als Wissenschaft" ,in: Oberndörfer,Dieter(Hrsg):"Wissenschaftliche Politik" a.a.O. S.153ff und Weber-Schäfer,Peter: "Einführung in die antike politische Theorie".Bd.2, Darmstadt 1976, Seite 37ff.

30) Weber-Schäfer a.a.O. Seite 37

31) Ritter"Grundlegung..." a.a.O. Seite 199

32) Vgl.Kristeller, Paul O."Humanismus und Renaissance",Bd I,UTB, München 1973

33) Ritter "Grundlegung..." a.a.O.,S.179

34) Zitat Wolffs ebenda 35)Siehe Ritter "Grundlegung..." a.a.O,Seite 180

36) Siehe Schwan a.a.O.,Seite 155f

37) Zitat:Schwan a.a.O.,Seite 166

38) Zitat:Schwan a.a.O.,Seite 169

39) Schwan a.a.O.,S.171. Siehe weiter: "Denn wenn auch das Einzelne, die Dinge, der natürlichen Wahrnehmung stets nur als Einzelnes begegnen, so doch immer in einem latenten,verborgenen,mitgängigen Zusammenhang eines Ganzen, nämlich der ganzen Welt, aus dem das Einzelne seinen Ort und seine Begegnisart empfängt.Ohne es vor Augen zu haben führen wir stets ein Weltverständnis mit uns, auf Grund dessen wir erst verstehen, was uns da an Einzelnem begegnet, und beurteilen können, wie es begegnet, ob es zum Beispiel häßlich oder schön, böse oder gut,klein oder groß, brauchbar oder unbrauchbar ist."

40)ebenda

41) Zitat : Weber-Schäfer a.a.O.,Seite 43

42) Siehe : Weber-Schäfer a.a.O., S.45

43)ebenda
Siehe auch Habermas,Jürgen "Theorie und Praxis" 2.Aufl. Frankfurt

1971, hier Seite 49:"Das Vermögen der praktischen Philosophie ist phronesis, ein kluges Situationsverständnis, auf das sich die Tradition der klassischen Politik über Ciceros prudentia bis zu Burkes prudence stützt"
44) Siehe Weber-Schäfer a.a.O., Seite 47. Hervorhebungen durch den Verfasser der vorliegenden Arbeit
45) Zitat: Schwan a.a.O.,Seite 177
46)ebenda
47) Vgl.Habermas "Theorie..." a.a.O., Seite 49
48) Zitat:Ritter "Grundlegung..." a.a.O., S.183 ; "Das ist von außerordentlicher Wichtigkeit; denn es besagt, daß für Aristoteles die Lehre vom menschlichen Handeln als praktische Philosophie nicht die Aufgabe hat, im Element des reinen Gedankens die menschliche Natur zum Prinzip einer allgemeinen Lehre vom Staat zu machen, sondern in der konkreten Bestimmung steht, im Wanken der Dinge der politischen Ordnung der Stadt auf den Grund zu gehen und diese aus ihrem Grunde zu begreifen."
49) Siehe Ritter"Grundlegung..." ,a.a.a.O.,Seite 184
50) Vgl.Habermas "Theorie..." a.a.O., Seite 49
51) Schwan a.a.O.,S.181
52)ebenda S.182f
53) Vgl.Schwan a.a.O. Seite 184 ff
54) Vgl.Weber-Schäfer a.a.O., Seite 48
55) Siehe Schwan a.a.O. S.189
56) Zitat:Ritter"Grundlegung" a.a.O.,S.186
57)ebenda S.189
58)ebenda S.191
59)ebenda S.191
60) Zitat: Schwan a.a.O, Seite 191
61) Zitat: Schwan a.a.O.,S.193f
62)ebenda . Deshalb ist auch die Anthropologie eines Reinhold Niebuhrs und seine Aussagen über die außenpolitischen Politikformulierung der USA,auf die weiter unten noch eingegangen wird, so wichtig.
63) Vgl.Schwan,a.a.O., Seite 180

I.2.Die prinzipielle Anerkennung historisch-politischer Gestaltungsgrenzen

1)Siehe Habermas, Jürgen: "Der philosophische Diskurs der Moderne", 3.Aufl. Suhrkamp, Frankfurt/M. 1986, Vorwort Die Philosophie bzw. die Theorie der Moderne bekommt die Aufgabe zugeschrieben, der praktischen Politik den Spiegel des "Idealen" vorzuhalten.
2)Habermas "Theorie..." a.a.O. S.49 .
3)ebenda
4)Siehe die Vorbemerkungen von Webers Religionssoziologie: Weber, Max:"Gesammelte Aufsätze zur Religionssoziologie",4.Aufl., Tübingen 1947, Seite 1-16
5)Vgl. Habermas,a.a.O.,S.9
6)Siehe Helmut Klages in HZ 226,1978,S.529ff: Planung-Entwicklung-Entscheidung: Wird die Geschichte herstellbar?
7)Siehe hierzu Max Webers"Gesammelte Aufsätze zur Wissenschaftslehre", 2.erw.Aufl.,Tübingen 1951,S.266
8)Klages a.a.O,Seite 529f
9)Habermas,a.a.O. S.10
10) Hegel, Georg Wilhelm Friedrich :"Phänomenologie des Geistes" Suhrkamp Werkausgabe,Bd.3,Frankfurt/M. 1970,Seite 18/19. Im weiteren als Hegel,Bd.3. zitiert.In der Vorrede der

"Phänomenologie des Geistes" bringt Hegel zum Ausdruck: "daß unsere Zeit eine Zeit der Geburt und des **Übergangs** zu einer **neuen Periode** ist. Der Geist hat mit der bisherigen Welt seines Daseins und Vorstellens gebrochen und steht im Begriff, es in die Vergangenheit hinab zu versenken, und in der Arbeit seiner Umgestaltung"
11) Vgl.Habermas ,a.a.O. S.16
12) Siehe Koselleck, Reinhart: "Erfahrungsraum und Erwartungshorizont" in ders."Vergangene Zukunft" Frankfurt/M.1979, Seite 359
13) Siehe Koselleck,a.a.O.Seite 363
14) Vgl. Gollwitzer,Heinz:"Geschichte des weltpolitischen Denkens",Bd.I, hier S.54ff,Kapitel: "Das neue Weltbild..."
15) Koselleck, Reinhart :"Kritik und Krise",Frankf./M. 1979,S.8: "Im Zuge der Entfaltung des Cogito ergo sum des Descartes als der Selbstgarantie des aus der religiösen Bindung herausgefallenen Menschen schlägt die Eschatologie in die Utopie um.Die Geschichte zu planen wird genauso wichtig, wie die Natur in den Griff zu bekommen."
16) Koselleck ebenda S.6 .Ohne "sich dessen bewußt zu werden, verwandelte die bürgerliche Geistigkeit im achzehnten Jahrhundert die Geschichte in einen Prozeß.Dieses Geschehnis, das die Neuzeit inauguriert, ist identisch mit der Genese der Geschichtsphilosophie".
17) Siehe Roman Schnur:"Revolution und Weltbürgerkrieg"Berlin 1983.
18) Zum genuin moralischen Ausgangspunkt der Ökonomie in der Moderne: Benne, Robert:"The Ethik of Democratic Capitalism. A Moral Reassesment" Chicago 1981. Hauptsächlich von den Arbeiten Reinhold Niebuhrs und John Ravies angezogen beschäftigt Benne sich mit dem Gesamtrahmen des demokratischen Kapitalismus. Benne streicht hierbei die Zusammenhänge zwischen ökonomischen Möglichkeiten und einer gerechten Gesellschaft heraus, wobei er der amerikanischen politischen Ökonomie (im Gegensatz zur sozialistischen Zentralwirtschaft) nicht nur eine materielle sondern auch eine moralisch-gerechtere Überlegenheit zuschreibt.
19) Karl Marx "Die Frühschriften" hrsg.v.Siegfried Landshut Stuttgart 1953,S.17
20) Vgl.D.Schössler, Manuskript:"Hegel und die internationale Politik",April 1988,S.17
21) Vgl.Habermas"Der Diskurs der Moderne",a.a.O.Seite 26
22) Siehe zum Verhältnis Hegels zu Aristoteles: Düsing,Klaus "Hegel und die Geschichte der Philosophie", Darmstadt 1983,S.97:Die exzeptionelle Wertschätzung beruhe darauf, daß Hegel in der Aristotelischen eine wahlverwandte Philosophie erkannte.
23) Siehe Hegel,G.W.F.:Suhrkamp Werkausgabe Bd 7,"Grundlinien der Philosophie des Rechts Frankfurt/M. 1970,S.26. Fortan als Bd7 bezeichnet.
24)ebenda Seite 28
25) Siehe hierzu Ritter "Grundlegung"a.a.O.,S.197ff
26) Vgl.Ritter "Grundlegung" a.a.O.,S.197
27)ebenda
27b) Koselleck:"Kritik und Krise",a.a.O.,S.8f
28) Ritter, a.a.O., Seite 199
Gerade mit Blick auf Woodrow Wilsons moralische Formulierung der amerikanischen Weltpolitik gilt es die Äußerungen Joachim Ritters festzuhalten.
29)ebenda
30) Inwieweit Wilsons Theorieverständnis und moralischer Anspruch der aristotelischen oder eher der technischen Richtung zuzuordnen

ist, wird weiter unten im Zusammenhang mit Wilsons Professorenzeit und Präsidentschaft in den Jahren 1913/14 ausführlicher behandelt.
31) Siehe hierzu Ritter,Joachim :"Hegel und die französische Revolution", Suhrkamp, Frankfurt/M. 1965
32) Siehe Hegel,G.W.F."Jenaer Schriften 1801 - 1807" Bd2, Werkausgabe,S20
33) Die theoretische Basis der Aufklärer ist die Vorstellung einer unveränderlichen, allgemeinen Menschennatur. Dieser Ausgangspunkt dient als Kriterium für die grundsätzliche Unterscheidung zwischen dem Natürlichen und dem Widernatürlichen des Überkommenen in der politischen Praxis,zwischen dem Vernünftigen, das sie ebenfalls aus dem Naturrecht ableiten, und dem Unvernünftigen in den Vorstellungen der Menschen und zwischen dem Legitimen und Illegitimen im normativen Bereich von Moral und Politik.Wichtig bleibt hierbei, daß Theorie und Praxis der Aufklärung nicht mit der Möglichkeit einer veränderten Rückwirkung der Geschichte auf die menschliche Natur selbst rechnet,d.h. die historische Wirklichkeit kann zu jedem Zeitpunkt der weltgeschichtlichen Entwicklung und weltweit verändert oder "hergestellt" werden ohne Rücksicht auf das Vorgegebene, da der verlauf der Geschichte die menschliche Natur nicht verändert. Siehe hierzu: Cassirer,Ernst:"Die Philosophie der Aufklärung" Tübingen 1932. Zeltner, Hermann:"Ideologie und Wahrheit" Stuttgart 1966, Seite 24ff. Ferner Schnädelbach,Herbert:"Geschichtsphilosophie nach Hegel" Freiburg 1974. Zu Descartes'und Hobbes'Naturlehre als "Ausgangspunkt für das neue Wissenschaftsideal" siehe Borkenau,Franz:"Der Übergang vom feudalen zum bürgerlichen Weltbild" Darmstadt 1971, Seite 268ff,439ff. Karl Mannheim bringt den Gegensatz zwischen naturrechtlich-liberalem und romantisch-konservativen Denkströmungen deutlich zum Ausdruck:Der deutsche Konservatismus spielte gegen das abstrakt-normative Fortschrittsdenken der Aufklärung die historische Praxis aus. Siehe Mannheim, Karl:"Konservatismus",Neuauflage,Frankfurt 1984
34) Vgl.Schössler "Hegel..." a.a.O. S.13
35) Eine bereichsonthologische Einordnung , wie sie mit der Kategorie des historischen Möglichkeitsraums vorgenommen werden soll,setzt die Möglichkeit voraus, eine seinsorientierte Systematik im Gang der (Welt-)Geschichte erkennen zu können. Hegels geschichtsphilosophische Aussagen erfüllen diese aristotelische,d.h. bereichsontologische Ganzheitssicht. In seinen Vorlesungen über die Philosophie der Geschichte arbeitet Hegel Wesenselemente der Entwicklung der Weltgeschichte heraus Siehe Hegel,Georg Wilhelm Friedrich, Werke 12 "Vorlesungen über die Philosophie der Geschichte",Suhrkamp Verlag, Frankfurt/M. 1970,S.74: "Die abstrakte Veränderung überhaupt, welche in der Geschichte vorgeht, ist längst in einer allgemeinen Weise gefaßt worden, so daß sie zugleich einen Fortgang zum Besseren, Vollkommeneren enthalte. Diese Veränderungen in der Natur, so unendlich mannigfach sie sind, zeigen nur einen Kreislauf, der sich immer wieder wiederholt; in der Natur geschieht nichts Neues unter der Sonne, und insofern führt das vielförmige Spiel ihrer Gestaltungen eine Langeweile mit sich. Nur in den Veränderungen, die auf dem geistigen Boden vorgehen, kommt Neues hervor. Diese Erscheinung am Geistigen ließ in dem Menschen eine andere Bestimmung überhaupt sehen als in den bloß natürlichen Dingen - in welchen sich immer ein und derselbe stabile Charakter kundgibt,in den alle Veränderung zurückgeht-, nämlich eine wirkliche Veränderungsfähigkeit, und zwar zum Besseren - ein Trieb der Perfektibilität."

36) Siehe Schnädelbach,Herbert: "Geschichtsphilosophie nach Hegel",a.a.O., S.10f,17,20f
37) Siehe Hegel,G.W.F. "Wissenschaft der Logik I" und "Wissenschaft der Logik II" Werkausgabe Bd.5. und Bd.6, Frankfurt 1970)
38) Siehe Hegel:"Vorlesungen über die Philosophie des Rechts",hrsg.von S.540)
39) Siehe "Grundlinien der Philosophie des Rechts" Bd.7 ,a.a.O. Paragraph 4 Zus.
40) Siehe Hegel"Vorlesungen über die Geschichte der Philosophie" Werkausgabe Bd.18, S.493. Diese subjektivistische "Verantwortungsbereitschaft" erhält gerade in der Auseinandersetzung mit Wilsons Denken und Handeln eine große Bedeutung.Ausführlichere Aussagen siehe weiter unten im Zusammenhang mit Wilsons Theorieverständnis als Gelehrter und Politiker.
41) Siehe Habermas"Diskurs"a.a.O.,S.27
42) Siehe Hegel:"Vorlesungen über die Philosophie der Geschichte, Frankfurt/M.1978 , Werkausgabe Bd 12, S.529
43) Hegel:"Vorlesungen über die Geschichte der Philosophie III",Bd.20,S.329)
44) Zitat:Habermas, "Theorie und Praxis" a.a.O.,S.131
45) Siehe Habermas J. und Luhmann,N.:"Theorie der Gesellschaft oder Sozialtechnologie" Frankfurt 1971, und Habermas "Theorie und Praxis" a.a.O. Seite 75ff
46) Siehe hierzu: Ahrendt, Hannah:"Elemente und Ursprünge totaler Herrschaft" Frankfurt 1955,S.725
47) Staudinger,Hugo/Behler,Wolfgang:"Chance und Risiko der Gegenwart- Eine kritische Analyse der wissenschaftlich-technischen Welt" Paderborn 1976, S.213ff. Staudinger, Hugo:"Die Problematik der herrschenden Wissenschaftskonzeption" in: Aus Politik und Zeitgeschichte,B 49/87,Dez 1987, S.3ff .
48) Ritter Joachim:"Hegel und die Französische Revolution" a.a.O. Seite 13.Siehe auch Ritters Studien zu Aristoteles und Hegel in: Ritter,Joachim "Metaphysik und Politik" Frankfurt/M. 1969 Siehe grundlegend zum hegelischen Theorieverständnis zwischen Herkunft und Fortschritt:Schössler "Hegel und die internationale Politik" a.a.O. Seite 12f.:"...erst eine perspektivische Theorie vermag überhaupt den bislang zurückgelegten Weg zu erkennen.Dieser ist "Fortschritt im Bewußtsein der Freiheit". Dieses Bewußtsein ist nun mehr,durch die französische Revolution, unumkehrbar allgemein,d.i. welthistorisch geworden" Siehe auch Hegel "Vorlesungen über die Philosophie der Geschichte" Bd 12 a.a.O. Seite 77:"Die Weltgeschichte stellt nun den Stufengang der Entwicklung des Prinzips, dessen Gehalt das Bewußtsein der Freiheit ist, dar."
49) Siehe hierzu das Resume in Paragraph 124 der Rechtsphilosophie: "Das Recht der subjektiven Freiheit macht den Wende- und Mittelpunkt in dem Unterschiede des Altertums und der modernen Zeit. Dieses Recht in seiner Unendlichkeit ist im Christentum ausgesprochen und zum allgemeinen wirklichen Prinzip einer neuen Form der Welt gemacht worden.Zu dessen näheren Gestaltung gehören ... alsdann die Moralität und das Gewissen, ferner die anderen Formen, die teils als Prinzip der bürgerlichen Gesellschaft und als Momente der politischen Verfassung sich hervortun, teils aber überhaupt in der Geschichte, insbesondere in der Geschichte der Kunst, der Wissenschaft und der Philosophie auftreten." Hegel, Werksausgabe Bd 7, a.a.O.,Seite 233
50) Hegel:"...dem Gehalt nach ist diese Begebenheit welthistorisch...Was die äußere Ausbreitung betrifft, so sind fast

alle modernen Staaten durch Eroberung demselben Prinzip geöffnet oder dieses ausdrücklich darin eingeführt worden..." G.W.F.Hegel:"Vorlesungen über die Philosophie der Geschichte" Werksausgabe Bd.12, a.a.O. Seite 535

51) Siehe Kriele,Martin:"Die demokratische Weltrevolution.Warum sich die Freiheit durchsetzen wird" 2.Aufl.,Piper, München/Zürich 1987 und Schössler "Hegel und..." a.a.O.S.15

52) Siehe Herbert Schnädelbach"Geschichtsphilosophie nach Hegel" a.a.O.. Sch.unterscheidet in drei Arten historistischer Geschichtsschreibung , wobei nur die dritte als direkte und systematische Reaktion auf die naturrechtliche Methode bezogen ist.Dieser letzteren "Historismus III" ordnet er Hegels Geschichtsphilosophie unter. Siehe auch Düsing, Klaus:"Hegel und die Geschichte der Philosophie" Darmstadt 1983 . Danach habe Hegel eine Philosophiegeschichtsschreibung begründet, die das geschichtliche Eigenrecht früherer Epochen anerkennt und doch zugleich systematische Einsichten hervorhebt. Diese Begründung sei nicht nur seiner allgemeinen Theorie der Geschichte der Philosophie, sondern ebenso seiner Durchführung im einzelnen zu entnehmen. Düsing unternimmt diesbezüglich den Versuch,die "Aufhebungen" ontologischer und dialektischer Ansätze antiker Philosophen wie Plato,Aristoteles und neuzeitlicher Philosophen wie Spinoza und Kant nachzuvollziehen.

53) Ritter "Hegel.."a.a.O.

54) Vgl.Habermas"Diskurs" a.a.O. Seite 33

55) Aufschluß über den grundlegenden erkenntnistheoretischen Unterschied zu Kant gibt vor allem Hegels "Dreitakt-Logik",die er in die Lehre vom Sein, in die Lehre des Wesens und in die Lehre vom Begriff aufgliedert. Hegel hebt hierbei die "Zweitakt-Logik" der kantischen Verstandeslogik auf und gibt der Philosophie die Aufgabe einer Metatheorie, die fähig ist,das Leben und seine Dialektik zu erkennen ("theoria" im aristotelischen Sinne) und als "Protokoll- Methode" die Wirklichkeit zu erfassen . Hegels Philosophie ist hierbei kein "Ding für sich" , sie hat vielmehr ihre geschichtlichen und vor allem politischen Bezüge und Wertbezüge) Siehe hierzu Hegel "Enzyklopädie der philosoph. Wissenschaften I" Werksausgabe Bd.8. a.a.O.,S.67ff

56) Vgl.Hegel,Werkausgabe Bd.1."Frühe Schriften" Seite 77

57) Vgl.Hegel,Werkausgabe Bd.3 "Die Phänomenologie des Geistes Kap.V,Paragraph 414 ff unter dem Titel "Die absolute Freiheit und der Schrecken"

58) Siehe Ritter "Hegel.." a.a.O.S.21f

3. Möglichkeiten und Grenzen der `bürgerlichen Gesellschaft`

3.1.Enstehung und Inhalte des Begriffs

59) Zitat:Koselleck:"Kritik und Krise " a.a.O., s.103

60) Walter Euchner :"Egoismus und Gemeinwohl.Studien zur Geschichte der bürgerlichen Philosophie"Frankfurt/M. 1973.Iring Fetscher: "Herrschaft und Emanzipation. Zur Philosophie des Bürgertums" München 1976. Hier werden vor allem die Widersprüche thematisiert, die sich zwischen den frühbürgerlichen Sozialtheorien und der Realität der kapitalistischen Klassengesellschaft, dem liberalen Modell politischer Herrschaft und dem an der Emanzipation aller ausgerichteten Gedanken des Gemeinwohls ergeben.

61) Siehe Haltern,Utz:"Bürgerliche Gesellschaft.Sozialtheoretische und sozialhistorische Aspekte" Darmstadt 1985,S.107f

62) Die "bürgerliche Gesellschaft" erscheint mit Blick auf gegenwärtige Probleme einmal als einzulösendes Postulat, ein anderes Mal als ideologisches Konstrukt.(Haltern a.a.O. Seite 45) Iring Fetscher versteht sie als ein noch offener Prozeß, in dem die Sicherung der liberalen Freiheitsrechte von der bewußten demokratischen Teilhabe an der Gestaltung der sozialen Verhältnisse abhängig gemacht wird.(Fetscher "Herrschaft und... a.a.O.) Christian Graf von Krockow sieht aus einer anderen Perspektive die "Entwicklung und Festigung einer politisch selbstbewußten Bürgerlichkeit" als Antwort auf die sozialen Herausforderungen der Zukunft.Danach sei die neuzeit prägende "bürgerliche Epoche" um das polare Spannungsverhältnis von Herrschaft und Freiheit zentriert, das zuerst im 17.Jahrhundert in England aufbrechenden "Konflikthaftigkeit des Verhältnisses von Staatsgewalt und bürgerlicher Gesellschaft".(Krockow, Christian Graf v."Herrschaft und Freiheit.Politische Grundpositionen der bürgerlichen gesellschaft" Stuttgart 1977,S.167
63) Siehe vor allem Hegel "Grundlinien der Philosophie des Rechts" a.a.O.
64) Vgl.Riedel, Manfred: "Hegels `Bürgerliche Gesellschaft` und das Problem ihres geschichtlichen Ursprungs" in:Archiv f. Rechts- und Sozialphilosophie, Bd.48, 1962, Seite549
65) Zitat:Riedel Art. "Gesellschaft" in Brunner, Conze,Koselleck (Hrsg) "Historische Grundbegriffe" Bd2. Stuttgart 1975,S.764
66) Habermas "Diskurs..." a.a.O. Seite 50.

3.2.Die Abkehr von der klassischen Lehre der Politik

67) Vgl.Habermas,Jürgen:"Theorie und Praxis"a.a.O. S.56
68) Habermas "Theorie" a.a.O. S.49ff
69) Habermas "Theorie" a.a.O. S.56
70) Siehe hierzu :Habermas "Theorie" a.a.O. S.57: "Im Unterschied zur ethischen Notwendigkeit der klassischen Politik verlangt sie keine theoretische Begründungen der Tugenden und Gesetze in einer Ontologie der menschlichen Natur."
71) Habermas "Theorie" a.a.O. S.57. In diesen beiden modernen Paradigmen , von Morus auf der einen von Machiavelli auf der anderen Seite begründet - erkennt vor allem Gerhard Ritter grundlegend die "Dämonie der Macht". Vgl.Ritter,Gerhard :"Die Dämonie der Macht. Betrachtungen über Geschichte und Wesen des Machtproblems im politischen Denken der Neuzeit", 5.umgearbeitete Auflage des Buches "Machtstaat und Utopie" Stuttgart 1960 Sowohl das Herrschafts- als auch sozioökonomische Problem erfaßte Hegel in der "Phänomenologie des Geistes" (Siehe die "Herr/Knecht"-These in Hegel,G.W.F."Phänomenologie des Geistes"Werkausgabe Bd.3. a.a.O.Seite 145 ff:"A.Selbstständigkeit des Selbstbewußtseins; Herrschaft und Knechtschaft") In dem von Iring Fetscher herausgegebenen Werk Alexandre Kojeves : "Hegel - eine Vergegenwärtigung seines Denkens . Kommentar zur Phänomenologie des Geistes" (Stuttgart 1958) wird dieser These im besonderen nachgegangen.
72) Siehe Habermas "Theorie" a.a.O., S.58
73) Zitat von Morus bei :Habermas "Theorie" S.59
74) Habermas "Theorie" a.a.O.,S.60
75) Habermas "Theorie",a.a.O.,S.60f
76) Vgl.Riedel,Manfred "Hegels "Bürgerliche Gesellschaft" a.a.O.,Seite 557f Das grundsätzliche der Eindämmung des wirtschaftlich emanzipierten Bereichs zugunsten des politischen

stellte sich, wie noch zu zeigen ist, in besondere Weise auch **Wilson** bei der Durchsetzung innenpolitischer Reformmaßnahmen, wo Wilson versuchte, den Primat des Staatspolitischen als Institution des politischen Zwecks und des Willens des Gemeinwesens den partikularen ökonomischen Interessen durchzusetzen.Siehe hierzu Schwabe, Klaus :"Woodrow Wilson. Ein Staatsmann zwischen Puritanismus und Liberalismus" Musterschmidt Göttingen 1971,Seite 30ff

77) Hegel,Bd 7"Grundl.der Ph. des Rechts"a.a.O., Seite 340

78) Vgl.auch die "Grundlinien der Philosophie des Rechts",hrsg.v. Johannes Hoffmeister, 4.Aufl.,Hamburg 1955, hier den zweiten Abschnitt "Die bürgerliche Gesellschaft" Paragraph 182 ff

79) Vgl.Haltern, Utz: "Bürgerliche Gesellschaft" a.a.O.,Seite 10, und Habermas "Diskurs" Seite 51

80) Habermas,"Der Diskurs" a.a.O.S51

81) Habermas "Der Diskurs" ebenda

82) Hegel,"Grundlinien der Philosophie des Rechts, Bd.7,S.407

83) Habermas "Der Diskurs" a.a.O.,S.53

84) Ein wichtiger Punkt für die staatsrechtlichen Überlegungen und die Reformpolitik Wilsons stellt der Primat der Staatspolitik dar. Vgl. u.a. Wilson, Woodrow "Der Staat" Berlin/Leipzig 1913, Seite 472 ff:Die Zwecke der Regierung

85) Diese theoretische Vorgehen fordert insbesondere die Kritik jener Philosophen und Theoretiker heraus, die die "Dialektik der Aufklärung" nicht in der geschichtlichen Realität "aufgehoben" sehen. Siehe so u.a. Habermas,S.55ff Vgl.dagegen Martin Kriele "Die demokratische Weltrevolution", der trotz solch widersprüchlicher und unmenschlicher Erscheinungsformen wie Auschwitz die Tendenz eines Fortschritts erkennen kann, die er in der Geschichte der demokratischen Revolution, im "Mündigwerden des Menschen" feststellt.Danach sei der Rechtszustand, der den Menschen und den Völkern Freiheit zur Selbstgestaltung ihres Lebens gewährleistet und diese Freiheit zugleich beschränkt,daß die anderen Menschen und Völker die gleiche Freiheit genießen, die der Natur des Menschen allein gemäße Gestalt des Zusammenlebens. Das sei der Grund, weshalb der demokratischen Revolution eine natürliche Tendenz auf universale Ausbreitung innewohnt: Sie ist Weltrevolution schlechthin.(Siehe Kriele Einleitung und Schluß)

86) Siehe "Logik für die Mittelklasse" : "Der Begriff", Paragraph 125, in: G.W.F.Hegel "Nürnberger und Heidelberger Schriften 1808-1817" Werkausgabe Bd.4,Frankfurt/M.1970.S.201 Siehe auch Hegel "Vorlesungen über die Philosophie der Geschichte" Werkausgabe Bd 12, Seite 76

3.3.Bürgerliche Gesellschaft, Politische Ökonomie und staatliche Interessen

87) Siehe Definition "Interessen" von Max Weber:"Religionssoziologie",Bd.1,4.Aufl.,Tübingen 1947,S.252

88) Siehe Riedel,Manfred "Zwischen Tradition und Revolution. Studien zu Hegels Rechtsphilosophie" erw. Neuausgabe Stuttgart 1982. Siehe vor allem III.Politische Ökonomie und politische Philosophie,5.Die Rezeption der Nationalökonomie, S.116ff)

89) Mit Blick auf die Diskussion um die revisionistische amerikanische Geschichtsschreibung ist der nun folgende Erklärungsansatz, der sich aus der Erschließung des historischen Möglichkeitsraums ergibt,von großer Bedeutung.

90) In diesem Zusammenhang arbeitete Reinhard Meyers die enge Beziehung zwischen dem Charakter der internationalen Beziehungen und der "Internationalen politischen Ökonomie" heraus:Meyers, Reinhard:"Wie viele Schwalben machen einen Sommer? (Re-)Naissance der Internationalen politischen Ökonomie?" in:NPL 1989,Heft 1,Seite 5ff

91) Siehe hierzu Strange,Susan:States and Markets. An Introduction to International Political Economy"London 1988 (Pinter Publishers Ltd.) Seite 20, siehe auch Meyers"Renaissance..."a.a.O.,Seite 6

92) Meyers ebenda

93) Siehe hierzu auch den Begriff des "Volksgeistes" von Hegel,der in dieser Arbeit unter Kapitel"Universalismus versus Volksgeister" behandelt.Siehe auch Schieder, Theodor: "Zum Problem des Staatenpluralismus in der modernen Welt"Köln 1969

94) Meyers "Renaissance" a.a.O. S.9f

95) Meyers ebenda S.12 Siehe hierzu auch Böckenförde,Ernst-Wolfgang (Hrsg) "Staat und Gesellschaft" Darmstadt 1976

96) Meyers ebenda

97) Galbraith,John Kenneth "Anatomie der Macht" München 1987,Seite 226f

98) Dies gilt es vor allem für die theoretischen Vorstellungen einer weltweiten Friedenssicherung, wie sie Wilson vorsah, festzuhalten.

99) Zitate bei Meyers "Renaissance..." a.a.O., S.11

100) Meyers ebenda S.13

101) Meyers ebenda S.14

102) Kindermann,Gottfried-Karl:"Grundelemente der Weltpolitik",München 1986

103) Kindermann, a.a.O.S.13

104) Hans-Peter Schwarz :"Der Faktor Macht im heutigen Staatensystem" in: Kaiser,Karl, Schwarz,H.-P."Weltpolitik. Strukturen-Akteure-Perspektiven" Bonn/Stuttgart 1987, S.50ff

105) Sontheimer, Kurt "Zum Begriff der Macht als Grundkategorie der politischen Wissenschaft" in: Oberndörfer a.a.O.,S.197ff

106) Sontheimer, a.a.O. S.198

107) Max Weber "Wirtschaft und Gesellschaft" a.a.O.Bd1,S.28

108) Max Weber "Staatssoziologie" hrsg.v.Johannes Winckelmann, Berlin 1956, S.27. Hervorhebungen durch den Verfassser der vorliegenden Arbeit

109) Kindermann a.a.O., Seite 119f

110)ebenda

111) Aron "Frieden und Krieg" a.a.O., vor allem Kapitel II:"Die Macht und die Kraft oder Von den Mitteln der Außenpolitik" und Kapitel III:"Die Macht, der Ruhm und die Idee oder Von den Zielen der Außenpolitik" Seite 63ff

112) Siehe hierzu Kindermann a.a.O.S.120

113) Meinecke, Friedrich:"Die Idee der Staatsräson in der neueren Geschichte" hrsg.v. Walther Hofer, 3.Aufl.München, 1963, Einleitung S.IX Siehe auch: Schnur, Roman (Hrsg):"Staatsräson. Studien zur Geschichte eines politischen Begriffs"Stuttgart 1974

114) Panajotis Kondylis "Macht und Entscheidung.Die Herausbildung der Weltbilder und die Wertfrage" Stuttgart 1984,S.80.

115) Bernhard Welte:"Über das Wesen und den rechten Gebrauch der Macht" Freiburg 1960 Siehe auch Sontheimer,a.a.O.S.207

116) Sontheimer,a.a.O.S.207

117) Vgl.Gerhard Ritter:"Die Dämonie der Macht"(Machtstaat und Utopie) a.a.O.S.111ff, Habermas "Theorie" a.a.O. S.57

118) Weber,Max:"Religionssoziologie"a.a.O.,S.252

119) Vgl.Sontheimer a.a.O.,S.208

120) Siehe hierzu im Gegensatz zum "Realisten" Morgenthau, Kindermann a.a.O.S.120

121) Schwarz "Weltpolitik" a.a.O., Seite50f.

3.4.Universalitätsanspruch - ein Grundproblem der internationalen Friedenssicherung

122) Riedel: Artikel "Bürger" in Brunner, Conze,Koselleck (Hrsg) "Historische Grundbegriffe" Bd2.a.a.O.Seite 724
123) Siehe Haltern a.a.O. Seite 15
124) Haltern a.a.O: sowohl Vorwort als auch Schlußkapitel ab Seite 106ff
125) Lieber, Hans Joachim :"Wissen und Gesellschaft" Tübingen 1952, ders.: "Ideologie" Paderborn,München,Wien,Zürich, Schöningh 1985. Vgl.auch Mannheim, Karl: "Ideologie und Utopie" 3.Aufl. Frankfurt 1952, ferner Ludz,Peter Christian:"Dialektik und Ideologie in der Philosophie Hegels" in Archiv für Rechts- und Sozialphilosophie 1961,Seite 133ff
126) Hegel:"Philosophie des Rechts. Die Vorlesung von 1819/20 in einer Nachschrift,hrsg.v.Dieter Henrich, Frankfurt 1983,S.283 ; im weiteren als "Nachschrift 1819/20" zitiert
127) Zitiert bei Schössler "Hegel..." a.a.o. Seite 22
128)ebenda
129) Schnur,Roman "Revolution und Weltbürgerkrieg. Studien zur Ouvertüre nach 1789" Berlin 1983 . Seite 14ff
130) Schnur a.a.O. Seite 16f
131)ebenda Seite 19
132)ebenda
133)ebenda Seite 20
134)ebenda
135) Siehe Gollwitzer "Geschichte des weltpolitischen Denkens" Bd.1,a.a.O. Seite 313ff:"Weltmächte und Weltparteien"
136) Schnur a.a.O.Seite 22
137)ebenda Seite 25
138) In diesem für die zwischenstaatlichen Beziehungen "revolutionären" Vorgang wird jenes Phänomen dokumentiert, das man als "heiligen Krieg" bezeichnen könnte. Gerade für eine kritische und differenzierende geschichtliche Untersuchung des Krieg-Frieden-Phänomens ist es von großer Bedeutung, idealtypisch zwei klassische Traditionen zu unterscheiden, die sich in der politischen Praxis oft überschneiden: der Begriff des "gerechten Krieges" und der Begriff des "heiligen Krieges". Während der letztere einen religiösen oder ideologischen "Kreuzzug" ,d.h. einen Kampf des Lichtes gegen das Dunkel verkündet und im Sieg die Überwindung der Sünde, der Dämonisierung des Gegners sieht, geht der "gerechte Krieg" davon aus, daß Kriege an sich nicht sein sollen, aber wenigstens in ihren rechtfertigenden Bedingungen ("ius ad bellum") und angewandten Methoden ("ius in bello") zu begrenzen sind.
Siehe Talmon,Joseph L.: "Political Messianism.The Romantic Phase",London 1960.
Es sei an dieser Stelle Herrn Pfarrer Dr.Eckehart Lorenz,Heidelberg, gedankt, der mich auf die Problematik von "gerechtem" und "heiligen Krieg" hingewiesen hat.
Siehe auch Engelhardt, Paulus "Die Lehre vom "gerechten Krieg in der vorreformatorischen und katholischen Tradition" in:Steinweg, Reiner (Redaktion) "Der gerechte Krieg: Christentum, Islam, Marxismus" Suhrkamp, Frankfurt/M. 1980, Seite 72 ff

139) Hahlweg,W."Clausewitz , Soldat, Politiker, Denker" a.a.O. Seite 84
140) Clausewitz,Carl von "Vom Kriege" hrsg. v. Hahlweg, Werner. 19.Aufl., Bonn 1980, S.997. In Buch 8,6.Kapitel B.schreibt Clausewitz:"Der Krieg ist ein Instrument der Politik":"Man weiß freilich, daß der Krieg nur durch den politischen Verkehr der Regierungen und der Völker hervorgerufen wird; aber gewöhnlich denkt man sich die Sache so, daß mit ihm jener Verkehr aufhöre und ein ganz anderer Zustand eintrete, welcher nur seinen eigenen Gesetzen unterworfen sei. Wir behaupten dagegen: Der Krieg ist nichts als die Fortsetzung des politischen Verkehrs mit Einmischung anderer Mittel , um damit zu behaupten, daß dieser politische Verkehr durch den Krieg selbst nicht aufhört, nicht in etwas ganz anderes verwandelt wird, sondern daß er in seinem Wesen fortbesteht, wie auch die Mittel gestaltet sein mögen, deren er sich bedient, und daß die Hauptlinien, an welchen die kriegerischen Ereignisse fortlaufen und gebunden sind, nur seine Lineamente sind, die sich zwischen den Krieg durch bis zum Frieden fortziehen. ... Ist der Krieg bloß eine andere Art von Schrift und Sprache ihres (Völker und Regierungen) Denkens? Er hat freilich seine eigene Grammatik, aber nicht seine eigene Logik." und "Die ungeheuren Wirkungen der französischen Revolution nach außen ... sind weniger in neuen Mitteln und Ansichten ihrer Kriegführung als in der ganz veränderten Staats - und Verwaltungskunst, in dem Charakter der Regierung, in dem Zustande des Volkes... zu suchen" ebenda S.997
141) Siehe Clausewitz"Meine Vorlesungen über den Kleinen Krieg" in:"C.v.Clausewitz,Schriften,Aufsätze,Studien,Briefe, Dokumente aus dem Clausewitz-,Scharnhorst- und Gneisenau Nachlaß" hrsg. v. Werner Hahlweg, Göttingen 1966, S.226ff. Siehe hierzu auch Schulz,Gerhard (Hrsg):"Partisanen und Volkskrieg.Zur Revolutionierung des Krieges im 20.Jahrhundert" Göttingen 1985,S.11, Siehe auch Aron,Raymond"Clausewitz .Den Krieg denken"Frankfurt/M. 1980, zusammenfassend ders. "Clausewitz - Stratege und Patriot" in :HZ,Bd.234,1982,Seite 295ff, hier insbesondere S.307:"Er (Clausewitz) hat die Verwandlung des Krieges durch die Teilnahme des Volkes,das heißt die Ablösung der Kabinettskriege miterlebt.Er hat folgerichtig daraus geschlossen,daß künftig alle Kriege Nationalkriege sein würden, ob mit oder ohne Volksbewaffnung"
142) Clausewitz,"Vom Kriege"a.a.O. S.997f Siehe auch Manuskript:Schössler,Dietmar "Theorie und Praxis bei Clausewitz - seine Methode und ihre Gültigkeit in der heutigen Zeit" Mannheim,November 1987.Im weiteren als Schössler "Clausewitz" zitiert.Dieses Manuskript beinhaltet wichtige Erkenntnisse über das Theorie-Verständnis Clausewitz'.Ich danke Herrn Professor Schössler für die Überlassung des Manuskriptes.Zum gleichen Themenbereich veröffentlichte Prof.Schössler im "Archiv für Geschichte der Philosophie" im Dezember 1989 einen weiteren Beitrag über "Das Wechselverhältnis von Theorie und Praxis bei Carl von Clausewitz", der mir dankenswerterweise ebenfalls als Sonderdruck vorlag.
Siehe auch: Schössler, D."Carl von Clausewitz" Rowohlt Monographien 448, Reinbeck bei Hamburg 1991
143) Clausewitz "Vom Kriege"a.a.O.,S.191f
144)ebenda S.194
145) Clausewitz "Vom Kriege" a.a.O.S.993
146) Schössler "Clausewitz" S.5

147) Clausewitz unterscheidet hierbei zwischen Idealität und Wirklichkeit. "Auf der einen Seite spricht Clausewitz von idealem und absolutem Krieg, von der natürlichen Tendenz und dem ursprünglichen Begriff des Krieges. Auf der anderen Seite führt er - in ständigem Bezug auf erstere - das Konzept des wirklichen Krieges und der konkreten Gestalt des Krieges ein, er spricht von der Tendenz der wirklich im Konflikt begriffenen Kräfte." Siehe hierzu Schössler in SIS(Hrsg)"Clausewitz heute" a.a.O. S.59. Siehe auch Aron "Stratege und Patriot" a.a.O.S.310.:danach sei der Begriff des "absoluten Krieges" nicht mit dem des "totalen Krieges" zu verwechseln.
148) Zitat: Maiziere,Ulrich de: "Politische Führung und militärische Macht" in: Clausewitzgesellschaft (Hrsg) "Freiheit ohne Krieg" Bonn 1980, Seite 91 . Vgl. auch Schössler "Das Wechselverhältnis von Theorie und Praxis bei Carl v. Clausewitz" a.a.O. Seite 39-41: "Die Rolle, die dabei die Theorie zu spielen hat, beruht auf Clausewitz'neuer Wirlichkeitsauffassung. Für ihn war die revolutionäre Praxis zum Erkenntnismittel geworden, indem sie das scheinbar zeitlos und geschichtsfrei auf reinem Kakül beruhende Theorie-Praxis-Verständnis der Aufklärung als unzeitgemäß entlarvte...Clausewitz kehrt also das herkömmliche Theorie-Praxis-Konzept um, indem er von der Praxis her die Anforderungen an die Theorie entwirft - genauer gesagt: von der neuen, revolutionären Praxis her (denn solange die alten Verhältnisse existierten, stimmte auch das alte Theorie-Praxis-Verhältnis).

4.Die methodische Einheit von \`Können\` und \`Wissen\` als Voraussetzung für eine \`politisch kluge\` Theorie

1) Vgl. Schössler Manuskript "Hegel und..." a.a.O. S.22/23
2) Ritter,J."Grundlegung..." a.a.O. Seite 184
3)Hahlweg, Werner "Philosophie und Militärtheorie im Denken und in den Aufzeichnungen von Clausewitz" in "Clausewitz, Jomini, Erzherzog Carl" Wien 1988; ders. "Clausewitz u. die Franz. Revolution" in: Zeitschrift für Religions- und Geistesgesch., H.3, 1975.
Schössler, Dietmar "Carl von Clausewitz" Rowohlt Monographien, Hamburg 1991; Vollrath,Ernst "Neue Wege der Klugheit" in : Zeitschrift für Politik, 1/1984; ders.:"Grundlegung einer philosophischen Theorie des Politischen",Würzburg 1987.
4)Clausewitz, Carl von "Vom Kriege" hrsg.v. W.Hahlweg, 19.Aufl. Bonn 1980,
5)in:"Verstreute kleine Schriften" hrsg.von W. Hahlweg, Osnabrück 1979, S.228
6)Vollrath "Neue Wege..." a.a.O. Seite 63
7)ebenda Seite 64
8)ebenda
9)"Vom Kriege" a.a.O., I.Buch, 1.Kapitel
10) Schössler,D. "Theorie und Praxis bei Clausewitz - seine Methode und ihre Gültigkeit in der heutigen Zeit" in: Studiengruppe Intern. Sicherheit (Hrsg) "Clausewitz heute" Mannheim 1988, Seite 53ff
11) Siehe Vollrath:"Grundlegung einer philosophischen Theorie des Politischen" Hier stellt Vollrath die These auf, daß die bereits in der Gründung und Bewahrung der Polis geübte Urteilskraft sich tatsächlich als das gesuchte ursprüngliche politische Vermögen zeigt: Hier kommt das auf die Gemeinschaft bezogene Urteilen des freien Bürgers mit dem Handeln in Deckung; hier wird die

Selbsterkenntnis des erstmals sowohl seiner Möglichkeiten wie seiner Grenzen voll bewußten Menschen im gemeinschaftlichen Beraten und Entscheiden vollzogen und hier in der Polis ist die ursprünglich soziale Dimension zu erkennen.Und wo dies geschieht, eröffnet sich der politische Raum.

12) Vollrath a.a.O. S.66:"Sich auf ein rein objektivistisch-technizistisches Wissen in diesem Phänomenfeld zu verlassen, hieße die Niederlage durch einen Gegner vorprogrammieren, der sich eines anderen Wissens - un Könnens! - bedient.An der Richtigkeit dieser Ansichten von Clausewitz hat sich auch in der Gegenwart nicht das Geringste geändert;die Niederlage der USA im Vietnam-Krieg, in welchem sie trotz - oder wegen? - ihrer absoluten technischen Überlegenheit von einer primitiv ausgerüsteten Partisanenarmee geschlagen wurden, die den politischen Charakter des Krieges vollkommen begriffen hatte und ihn rücksichtslos in ihrem Gegenhandeln, zumal im Bewußtsein - und dem Fernsehen! - der Bürger des gegnerischen Landes, auszuspielen vermochte, ist hier ausreichender Beweis."

13) Hahlweg,Werner:"Lenin und Clausewitz.Ein Beitrag zur politischen Ideengeschichte des 20.Jahrhunderts" in: Archiv für Kulturgeschichte Bd. XXXVI (1954), Seite 30 - 59 und 357 - 387 Hahlweg,Werner:"Clausewitz: Soldat - Politiker - Denker" Göttingen 1957, 2. Auflage Musterschmidt 1969 Hahlweg,Werner:"Carl von Clausewitz. Schriften, Aufsätze, Studien, Briefe" Bd.1 ,Deutsche Geschichtsquellen des 19. und 20. Jahrhunderts Bd.45, Göttingen 1966 Hahlweg,Werner (Hrsg):"Vom Kriege" Vollständige Ausgabe im Urtext, 19. Auflage (Jubiläumsauflage, mit erneut erweiterter historisch-kritischer Würdigung (Hahlweg) :"Das Clausewitzbild einst und jetzt" Bonn 1980 Hahlweg,Werner:"Clausewitz und die Französische Revolution. Die methodologische Grundlage des Werkes "Vom Kriege" " in:Zeitschrift für Religions- und Geistesgeschichte,Bd.XXVII (1975) Heft 3, Köln 1975 Hahlweg, Werner:"Philosophie und Militättheorie im Denken und in den Aufzeichnungen des Generals von Clausewitz" in "Clausewitz,Jomini, Erzherzog Carl" hrsg. v.Gesellschaft für politisch-strategische Studien Wien und Clausewitz- Gesellschaft, Österr. Bundesverlag Wien 1988 Seite 9-21 Hahlweg,Werner:"Philosophie und Militärwissenschaft bei Clausewitz.Das Werk "Vom Kriege" als Kriegslehrbuch? in:Clausewitz heute" hrsg.v. Studiengruppe für Internationale Sicherheitspolitik Mannheim, Seite 1ff Aron,Raymond:"Clausewitz .Den Krieg denken"Frankfurt/M. 1980 Aron,Raymond:"Clausewitz - Stratege und Patriot" in :HZ,Bd.234, 1982,Seite 295ff

14) Vgl. Hahlweg in "Clausewitz, Jomini..." a.a.O. Seite 18f

15) Hahlweg in "Clausewitz, Jomini..." a.a.O. Seite 15f:"Insgesamt hat Clausewitz 134 Feldzüge studiert"

16) Gerade mit diesem zentralen Punkt der Erkenntnismethode beschäftigte sich Arons Werk "Den Krieg denken" a.a.O.

5.Die umfassende Betrachtung der politischen Zweck-, Ziel und Mittelebene

1)Hahlweg,"Carl v. Clausewitz,Schriften..." Bd 1, Göttingen 1966,S.32 ff

2)Aron "Den Krieg denken" a.a.O.,S 166f

3)Siehe zur Kritik an der (neo-) realistischen Richtung: Reinhard Meyers "Renaissance der Internationalen politischen Ökonomie" a.a.O., S.25ff

4)Siehe hierzu auch : Aron:"Clausewitz - Stratege und Patriot" in: HZ 234,1982,S.295
5)Siehe Hahlweg "C.-Soldat-Politiker Denker" a.a.O. S.96
6)Hahlweg "C.- Soldat ..."S.91f
7)Vgl. hierzu Hahlweg in "Clausewitz heute" a.a.O. Seite 11. In vielen Gesprächen mit der "Arbeitsgruppe Internationale Politik und Strategieforschung" in Mannheim und mit der "Studiengruppe für internationale Sicherheitspolitik" (Mannheim), die Prof. Hahlweg bis zu seinem Tod im Mai 1989 mit Rat und Tat unterstützte, unterstrich der Clausewitzforscher die friedensfördernde Grundeigenschaft Clausewitz' für eine Theorie der internationalen Beziehungen. Wir sind Prof. Hahlweg mit Blick auf seine tiefgreifenden Erkenntnisse über den politisch-philosophisch geprägten Clausewitz und die Anstöße, die der Militärhistoriker Hahlweg uns hierbei zu geben vermochte, zu großem Dank verpflichtet.
8)Meyers,Reinhard: "Neuer Wein in alten Schläuchen?" in:NPL 1982,S.401ff Einen bedeutenden Gesichtspunkt für die lange mißverstandene Position Clausewitz' oder Hegels ist einerseits im Bereich des Forschungsstandes, aber andererseits in dem vielseitigen Mißbrauch im Bereich eines technizistischen Herstellungsdenken zu sehen. Dieser Mißbrauch , der alles andere als einer neuen politischen Klugheit im Rahmen eines historischen Möglichkeitsraumes entspricht, ist vor allem durch die fehlerhafte Rezeption Clausewitzscher Ideen im Dritten Reich (Siehe Hahlweg:Clausewitz,Soldat,Politiker,Denker) festzustellen.

6.Die Anerkennung des Neben-, Mit- und Gegeneinanders von Nationalstaat und internationalen Strukturen

9)Theodor Schieder"Zum Problem des Staatenpluralismus in der modernen Welt" Köln 1969 und ders. "Politische Ideologien und nationalstaatliche Ordnung" München/Wien 1968
Siehe auch Gall,Lothar:"Europa auf dem Weg in die Moderne" Oldenbourg Grundriß der Geschichte Bd.14, München-Wien 1984. Hier (S.1f) sind treffende Aussagen über den Grundcharakter der Staaten im 19.Jahrhundert enthalten:"Gegenüber früheren Versuchen,mit Begriffen wie "Zeitalter des Bürgertums" oder "Zeitalter der Nationalstaaten" eine gewisse Einheit und Geschlossenheit der Epoche herauszuarbeiten, erscheint diese heute in ihrem Charakter gerade dadurch bestimmt, daß es ihr an solcher Einheit und Geschlossenheit fast völlig fehlte.Als ein "Übergangs- und Durchgangszeitalter" (Th.Schieder) vereinigte sie im Bereich von Wirtschaft und Gesellschaft,Staat und Kultur jeweils hochmoderne mit althergebrachten Bauformen und Strukturelementen, die,je nach Mischungsverhältnis, das Gesamtbild ganz unterschiedlich erscheinen ließen und es mit ihren Wandlungen wie in einem Kaleidoskop ständig veränderten. Von daher kann man davon sprechen, daß das eigentlich Charakteristische des Zeitalters ein über alle bisherige historische Erfahrung beschleunigter Wandel der überkommenen Lebensverhältnisse und Lebensformen war, der zugleich zu einer tiefen Verunsicherung, zu einer vielgestaltigen Identitätskrise führte."
10) Schieder "Zum Problem..." a.a.O. Seite 7
11)ebenda Seite 10
12)ebenda
13)ebenda Seite 53

6.2. Der Nationalstaat und die Grenzen universaler Gestaltungsmöglichkeiten

14) Siehe Schieder:"Das Gefühl für die Dialektik der modernen politischen Entwicklung ist dann in der Ära des nationalen Selbstbestimmungsrechts nach dem Ersten Weltkrieg weithin verlorengegangen:die Zerschlagung und die Auflösung von Großreichen...wurde mit geringen Ausnahmen als eine natürliche Entwicklung und durchaus mit Recht als eine entscheidende Phase der Demokratisierung Europas aufgefaßt." a.a.O.Seite 15, Siehe auch Seite 19:"In der Algemeinheit, die bereits in der amerikanischen Erklärung von 1776 hervorgetreten war, wird das unveräußerliche Recht auf vollständige Freiheit in der Ausübung der Souveränität und der Integrität eines nationalen Territoriums festgestellt, nur daß dieses Recht nicht mehr abstrakt "all men" zuerkannt wird, sondern "all peoples".
15) ebenda Seite 16
16) Diese Feststellung bleibt auch dann in ihrer Aussage bestehen, wenn man die panamerikanische Bewegung mit einrechnet.Um die Gemeinsamkeiten der unterschiedlichen Räume stärker hervorzuheben, traten seit 1889 panamerikanische Konferenzen unter Einschluß der USA zusammen, die zunächst mehr oder weniger unpolitischen Charakter hatten.1910 wurde diesbezüglich die Pan American Union als gemeinsames Büro gegründet.Mit dem Zweiten Weltkrieg traten Probleme der gemeinsamen Verteidigung in den Vordergrund. Die panamerikanische Politik blieb aber trotz gemeinsamer sicherheitspolitischer Erwägungen durch die Sorge vor einer Hegemonie der USA gelähmt. Obwohl in der Folgezeit weitere gemeinsame Anstrengungen unternommen wurden, war die wachsende Entfremdung Lateinamerikas von Nordamerika nicht aufzuhalten. Vgl. Schieder a.a.O. Seite 32.
17) Schieder ebenda Seite 22
18) ebenda Seite 48

6.3 Das Verhältnis von Innen- und Außenpolitik

19) Siehe überblickend zur Hillgruber/Wehler-Kontroverse: Schmidt,Gustav:"Wozu noch "politische Geschichte"? Zum Verhältnis von Innen- und Außenpolitik am Beispiel der englischen Friedensstrategie 1918/1919" in: Aus Politik und Zeitgeschichte, B17/75,April 1975, Seite 21-45 Hillgruber,Andreas:"Gedanken zu einer politischen Geschichte moderner Prägung" Freiburger Universitätsblätter,Heft 30, Dezember 1970,Seite 33-43 Hillgruber, Andreas:"Politische Geschichte in moderner Sicht" HZ 216 (1973),Seite 529-552. Wehler,Hans-Ulrich:"Moderne Politikgeschichte oder "Große Politik der Kabinette"?" in: Geschichte und Gesellschaft,Heft 2, 1975
20) Hillgruber in HZ 216 a.a.O. Seite 529, 533
21) ebenda S. 537f und Hillgruber "Gedanken" a.a.O. Seite 38f
22) Zur Kritik Wehlers an Hillgruber siehe Schmidt a.a.O. Seite 29
23) Löwenthal,Richard:"Internationale Konstellation und innerstaatlicher Systemwandel" in: HZ 212,1971, Seite 41ff
24) Siehe hierzu: Leuchtenburg, William E."The Pertinence of Political History: Reflections on the Significance of the State in America" in:Journal of Am.History,Bd 73,1986, Seite 585

6.4 Unterschiedlichkeit und Andersartigkeit in den geistig-politischen Entwicklungsstufen von historischen Möglichkeitsräumen

25) Hegel "Philosophie des Rechts.Die Vorlesungen von 1819/20 in einer Nachschrift" hrsg. von Henrich, Dieter, Frankfurt 1983, S. 283 ,im folgenden als Nachschrift 1819/20" zitiert. Siehe auch Schössler "Hegel und" a.a.O. Seite 24
26) Nachschrift ebenda S.280 203)Nachschrift ebenda S.285
27)ebenda
28))Hegel "Enzyklopädie III" Werkausgabe Bd.10 a.a.O. Paragraph 548 Seite 347
29) Siehe Nachschrift a.a.O. S.288
30) Siehe die wertvollen methodischen Beiträge in: Mentzel,Jörg/ Pfeiler,Wolfgang "Deutschlandbilder. Die Bundesrepublik aus der Sicht der DDR und der Sowjetunion" Düsseldorf 1972, Seite 11ff

II.Der historisch-politische Raum der USA

II.1.Überblick
1)Als Theoretiker, der sich insbeondere mit den sozialgeschichtlichen Hintergründen der Moderne beschäftigte, erkannte Tocqueville in der Auseinandersetzung mit der amerikanischen Demokratie die sozialen Spannungsverhältnisse und die Möglichkeiten der USA,den sozialen Problemen zu entgegehen. Tocqueville war hierbei vor allem von dem Prozeß der Demokratie und der Revolution in den USA beeindruckt. Vor allem in der Arbeit "Demokratie in Amerika" (1835 und 1840 zum ersten Mal erschienen,Neuerscheinung:"Über die Demokratie in Amerika" hrsg.v. J.P. Mayer, Theodor Eschenburg und Hans Zbinden.Deutsche Verlagsanstalt Stuttgart 1959 (Bd.I) und 1962 (Bd.II)) beschäftigte er sich mit dem bürgerlich- revolutionären Gehalt des amerikanischen Gesellschaftssystems. Hier arbeitete Tocqueville sowohl die Unterschiede zwischen der Französischen und Amerikanischen Revolution heraus,als auch die Tatsache, daß die USA wegen ihrer günstigen Entwicklung und ihrer Größe eine bedeutende Rolle in der Zukunft der Weltpolitik spielen werde. Unter der Überschrift "Die kommenden Weltmächte" schrieb Tocqueville:"Es gibt heute zwei große Völker, die, von verschiedenen Punkten ausgegangen, dem gleichen Ziel zuzustreben scheinen. die Russen und die Angloamerikaner. Beide sind im Verborgenen groß geworden, und während die Blicke der Menschen sich anderswohin richteten, sind sie plötzlich in die vorderste Reihe der Nationen getreten, und die Welt hat fast zur gleichen Zeit von ihrer Geburt wie von ihrer Größe erfahren." (Bd.I, Seite 478f)
2)Zu Turner siehe Einleitung
3)Zitate:G.W.F.Hegel "Vorlesungen über die Philosophie der Geschichte" Werkausgabe Bd.12, a.a.O. Seite 107-114 .
4)Die oben bereits herausgearbeiteten Kriterien der Beurteilung, wie die "Bürgerliche Gesellschaft" - speziell der USA - zu diesem Raum inhaltlich und methodisch mit ihrem Theorie- Praxis-Verständnis steht, werden grundlegende Untersuchungsaspekte für die Analyse amerikanischer Politikformulierung sein.
5)Siehe Anm.3
6)Vgl.Nolte,Ernst: Deutschland und der Kalte Krieg", München 1974, Seite 89ff Siehe auch Winkler, Heinrich August "Gesellschaftsform und Außenpolitik" in: HZ 214,1972, S.335ff :"Das Verhältnis von Gesellschaftsform und Außenpolitik ist eines der zentralen Themen

der politischen und wissenschaftlichen Auseinandersetzung unserer Zeit. In diesem Interesse spiegeln sich konkrete historische Erfahrungen."

7)Siehe Krippendorff "Die amerikanische Strategie" a.a.O. In diesem zentralen historischen Ereignis der Amerikanischen Revolution wurden für den "Volksgeist" USA Werte und Dispositionen geschaffen, die wiederum ihre spätere Entwicklung bestimmten.Vgl.Hans-Christoph Schröders Aufsatz:"Politisches Denken und Verfassungsgebung in der Frühzeit der Vereinigten Staaten" in: Jahrb.f.Amerikastudien 1969, Seite 259ff, hier S.260. Siehe auch Kammen,Michael:"A Season of Youth.The American Revolution and the Historical Imagination" New York 1978. Kammens Untersuchung dient dem Nachweis,daß es sich bei der Amerikanischen Revolution "um das für das amerikanische Selbstverständnis und das ihm zugrundeliegende Wertsystem konstitutive Ereignis handle." Siehe hierzu auch Erich Angermanns Rezension zu Kammen in:HZ Bd 238,1984, Seite 408f.

8)Vgl.Hunt,Michael H."Ideology and U.S.Foreign Policy" Yale University Press, New Haven,London 1987, Seite 92. Die Amerikanische Revolution stellte eine "Revolution" im modernen Sinn dar, sowohl dem Inhalt nach, als auch im Sprachgebrauch der amerikanischen wie europäischen Zeitgenossen. Siehe hierzu Horst Dippels Beitrag in: Angermann,Erich, Frings,Marie-Luise, Wellenreuther, Hermann (Hrsg) "New Wine in Old Skins:A Comparative View of Socio-Political Structures and Values Affecting the American Revolution", Stuttgart 1976, weiter den bibliographischen Überblick in Angermann, Erich:"Revolution und Bewahrung" a.a.O. . Grundlegend auch: Dahrendorf, Ralf:"Die angewandte Aufklärung. Gesellschaft und Soziologie in Amerika" München 1963

9)Colburn,Trevor:"The Lamp of Experience.Whig History and the Intellectual Origins of the American Revolution" University of North Carolina Press,Chapel Hill 1965

10) Bernard Baylin arbeitete in seiner Untersuchung grundlegend die Literatur,die Quellen ,Tradition und Herkunft der Amerikanischen Revolution heraus und sieht die Bedeutung ihres revolutionären Charakters in der bewußten Transformation freiheitlicher, politisch-philosophischer (Menschenrechte) und sozialer Momente in die Praxis amerikanischer Politikformulierung. Siehe Baylin, Bernard:"Ideological Origins of the American Revolution" Harvard University Press,Cambridge, Massachusetts, 5.Auflage 1971

11) Zitat:Schröder,Hans-Christoph:"Politisches Denken und Verfassungsgebung in der Frühzeit der Vereinigten Staaten" in: Jahrbuch für Amerikastudien, Bd.14, 1969, Seite 259ff, hier Seite 259 . Siehe auch:ders.:"Die Amerikanische Revolution.Eine Einführung" München 1982. Schröder ordnet hier die Amerikanische Revolution in die größere internationale revolutionsgeschichtlichen Zusammenhänge ein, wobei nicht nur die anhaltende Bedeutung für die demokratische Weiterentwicklung (siehe Seite 147ff "Die Bedeutung der Revolution für Amerika"), sondern auch die Eigenständigkeit der amerikanischen Entwicklung zum Ausdruck kommt.Siehe auch Robert.R.Palmer a.a.O. ,der als Autor einer grundlegenden Arbeit über die revolutionären Gemeinsamkeiten von Amerika und Europa, den weltweiten Zusammenhang der bürgerlich-revolutionären Bewegung und die Bedeutung der Amerikanischen Revolution im Prozeß der "Atlantischen Revolution",d.h. in der Gemeinsamkeit des gesellschaftlich- politischen Wandels des 18. und 19. Jahrhunderts, herausstellt.

12) Siehe Schröder "Politisches Denken in der Frühzeit..." ebenda
13)ebenda
14) Unterstrichen wird diese Aussage durch den Literaturbericht zur Amerikanischen Revolution von Erich Angermann und den weiteren Aufsätzen in diesem Band:Angermann (Hrsg): "Revolution und Bewahrung",a.a.O. Vgl.u.a. Einleitung Die bis in die Gegenwart geführte wissenschaftliche Diskussion über das eigenständige Wesen der amerikanischen Kultur macht deutlich,daß bestimmte Formen und Inhalte des bürgerlich- revolutionären Charakters der USA auch über die 200 Jahre ihrer Entwicklung immer noch lebendig sind, auch wenn Autoren wie Erich Angermann,Hermann Wellenreuther und Hans-Jürgen Schröder überzeugend die Einschränkung vornehmen, daß der politische Grundcharakter der USA sowohl durch Elemente der bürgerlichen Revolution als auch durch Elemente der Bewahrung geprägt sind. Der moderne Mensch wird sich heute am Ende des 20.Jahrhunderts jedoch fragen ,ob diese bürgerlich-revolutionäre Eigenschaft angesichts heutiger weltpolitischer Verhältnisse noch seine Wirkung hat? Gehört der revolutionäre Charakter dieser Bürgerkultur nicht einer vergangenen Epoche an? Welche Rolle soll der bürgerlich-revolutionäre Charakter für die Außenpolitik der USA und insbesondere für Woodrow Wilson , der sein Amt im Jahre 1913 antrat, 137 Jahre nachdem die Unabhängigkeit von Großbritannien erreicht worden war,noch spielen? Die Antwort läßt sich nur in der näheren Betrachtung der Geschichte der politischen Kultur Amerikas finden.
15) Vgl.Wagner,Fritz:"Der Eintritt der USA in die Weltgeschichte" in:Geschichte in Wissenschaft und Unterricht,1.Jahrgang 1950, Seite 97ff
16)ebenda S.97
17)ebenda
18)ebenda Seite 98
19) Zitat:Gordon S. Wood in: Bundeszentrale für politische Bildung (Hrsg) "Westeuropa und die USA" Bonn 1988,S.46 Siehe auch Wood:"The Creation of the American Republic 1776- 1787" New York 1969
20) Zitat bei Schnur,Roman (Hrsg):"Zur Geschichte der Erklärung der Menschenrechte" Darmstadt 1964, Vorwort : "Es kann kaum ein zweites Thema politischer Historie geben, das so unmittelbar an brennende Lebensprobleme unserer Gegenwart rührte, wie die Frage nach Ursprung und Wesen der allgemeinen Menschenrechte."
21) Man kann davon ausgehen, daß die Gründung der amerikanischen Republik ein aristoltelisch-praktischer Vorgang darstellte. Siehe hierzu auch Sternberger "Drei Wurzeln der Politik" a.a.O.Seite 87ff : Sternberger arbeitet die Grundlagen Aristoteles heraus, die er in der staatsphilosophischen Anerkennung der Gleichheit der Bürger und der Menschen gemäß ihrer anthropologischen Prämissen und gemäß der ontisch- historischen Entfaltung von Gleichheit und Freiheit sieht. Sternberger macht darauf aufmerksam, daß im Gegensatz zum modernen Gleichheitsverständnis Aristoteles zum Zeitpunkt der griechischen Polis noch nicht von einem allgemeinen Gleichsein aller Bürger ausging. Hier in der Polis wußten nämlich nur wenige, daß sie frei waren.Hier erkennt Sternberger die "Seinsgebundenheit" des Freiheits- und Gleichheitsdenkens und hier ist zugleich die Methode der historischen "Praxis- Orientierung" festzustellen, was eine Übertragung aristotelischen Denkens auf die Moderne als eine Wurzel der Politik möglichmacht. Nachdem sich in den nordamerikanischen Kolonien eine eigene Identität herausgebildet hatte,stand die Fortführung der ideengeschichtlichen Tradition der Aufklärung in das historische

"Vakuum" Nordamerikas auf dem Boden eines eigenständigen historisch-politischen Raumes. Die amerikanischen Menschenrechtserklärungen und Verfassungen waren eine Ganzheit von philosophisch-naturrechtlicher und verfassungsrechtlicher Prinzipien und individuell-freiheitlicher Grundrechte. Die klassische Formulierung des naturrechtlichen Verständnisses der Menschenrechte enthält insbesondere die Unabhängigkeitserklärung. Vgl. Fraenkel,Ernst:"Das amerikanische Regierungssystem. Quellenbuch" Köln/Opladen 1960, Seite 28.Siehe hierzu grundlegend:Kühnhardt,Ludger:"Die Universalität der Menschenrechte" hrsg.v. Bundeszentrale für Politische Bildung, Bonn 1987 . Siehe Kriele , Martin:"Einführung in die Staatslehre" Reinbeck 1975,Seite 158 . Mit dieser Theorieformulierung entspricht die amerikanische Politik zu einem großen Teil aristotelischen Bedingungen.

22) Zitat:Kessel,Eberhard "Rankes Auffassung der amerikanischen Geschichte" in: Jahrbuch für Amerikastudien, Bd.7,Heidelberg 1962, Seite 19-52 , hier S.42 Auf der Grundlage der Berchtesgadener Vorträge Rankes zeichnet Kessel Rankes Auffassung von der Bedeutung der Vereinigten Staaten für die Weltgeschichte."Eine Frage, die die Frage nach der Eigenart und dem individuellen Charakter Amerikas nach Rankescher Manier einschließt" (S.26 ebenda) Kessel zitiert:"Ein neuer Staat wurde auf dem Prinzip der Gleichheit und der Freiheit gegründet - was man schon öfter erstrebt, aber niemals ausgeführt hatte.Der Lauf der Geschichte ist nun, daß sich dieses Prinzip später mit einer Agitation aller anderen Staaten bemächtigt hat."(S.31) In Amerika kam für Ranke das Prinzip der Freiheit und Gleichheit zur Verwirklichung."Damit wird das Grundsätzliche der amerikanischen Revolution berührt: sie leitet das Zeitalter der Revolution oder Revolutionen ein und führt das Prinzip der Wirklichkeit ein, das dann nach Europa hinüberdringt.So faßt es Ranke auf, obwohl er natürlich weiß und auch betont, daß dies Prinzip als Gedanke seinerseits aus Europa nach Amerika gekommen ist." (Kessel ebenda S.32) Materielle und ideelle Motive sind für Ranke miteinander verbunden.

23) Siehe Vossler, Otto:"Studien zur Erklärung der Menschenrechte" in: Schnur, Seite 166 ff. In differentzierender Weise nimmt Vossler hier Stellung zu Georg Jellineks "Die Erklärung der Menschen-und Bürgerrechte" (abgedruckt u.a. bei Schnur ebenda, Seite 1ff) :"Es ist offensichtlich und allgemein anerkannt, daß viele der Rechte und Freiheiten, die die Amerikaner verkünden, alte englische Rechtssätze sind, die mitunter nahezu wörtlich aus den Gesetzen des Mutterlandes übernommen sind, aus Magna Charta,Petition of Rights, Habeas Corpus oder Bill of Rights von 1689" Jedoch spielen nicht nur diese rechtlichen Traditionen, sondern auch zusätzliche rechtsphilosophische,naturrechtliche Elemente in den nordamerikanischen Kolonien und in den späteren USA eine wichtige Rolle, wie Vossler ausdrücklich betont:"Als Engländer sind die Kolonisten dem monarchischen Absolutismus ausgekommen, als Amerikaner entkommen sie nun auch dem parlamentarischen Absolutismus."(Seite 173f)

24) Siehe hierzu Kriele,a.a.O. Seite 156f

25) Siehe Jellinek bei Schnur a.a.O.

26) Zitat:Habermas "Theorie und Praxis" a.a.O. Seite 94

27)zitiert ebenda

28)zitiert ebenda. Habermas zitiert hier aus den Werken Jeffersons.

29)zitiert bei Habermas Seite 97

30)ebenda

31)ebenda Seite 110f
32)ebenda
33) Siehe Mathiopoulos, Margarita:"Amerika:Das Experiment des Fortschritts." a.a.O. Die Autorin Mathiopoulos unterstreicht in ihrer ideengeschichtlichen Untersuchung die unterschiedlichen Bewußtseinsebenen der Amerikaner und Europäer. Siehe auch Silberschmidt,Max "The United States and Europe.Rivals and Partners" London 1972
34) Mathiopoulos a.a.O. S.292 f
35) Siehe Wolfgang J.Mommsen "Die Vereinigten Staaten von Amerika im Politischen Denken Max Webers" in: HZ 213,1973, Seite 364: "Die Weite des Landes, die vergleichsweise viel geringere Bevölkerungsdichte, die größere Mobilität, das Fehlen starker geschichtlicher Traditionen, die im Gegensatz zu den europäischen Verhältnissen antiautoritäre Ausrichtung der Kirchen, all dies schaffe grundverschiedene Verhältnisse, verglichen mit jenen Europas."
36) Zitat: Dahrendorf a.a.O. Seite 13. Der Leitfaden Dahrendorfs zeigt sich in der Aussage, daß "im Falle Amerikas wie bei keinem anderen Lande der Welt... die Darstellung seiner sozialen Strukturen bruchlos hinüber zur Theorie und Erkenntnis seiner Gesellschaft" geht.(Seite 14 a.a.O.) Es sei vor allem der spezifisch amerikanische Pragmatismus,d.h. die zwar aus Europa übernommene aber ihres vernunfts-vergötternden Aspektes entkleidete Aufklärung, das optimistische Vertrauen auf die Möglichkeit der Machbarkeit der Welt und die Erziehbarkeit der Menschen, die zu jener merkwürdig engen "Affinität zwischen Amerikanern und Soziologen" geführt hätten.(Seite 19 a.a.O.)
37) Siehe auch Dahrendorf a.a.O. Seite 14:"Die "neue politische Wissenschaft" war nicht mehr Staatswissenschaft, sondern Soziologie"
38)ebenda Seite 24ff
39)ebenda Seite 26,27 und 28
40) Tocqueville:"Über die Demokratie in Amerika" a.a.O. Bd.2, S.54
41) Dahrendorf a.a.O. Seite 27f
42)ebenda S.29
43)ebenda S.28.

II.2.Die politische Kultur der USA und ihre spezifische Einstellung zum eigenen historisch-politischen Raum

II.2.1. Reinhold Niebuhr

1)Von einem einheitlichen Selbstverständnis der USA oder einem einheitlichen Theorie-Praxis-Verständnis kann man nicht sprechen. Im Grunde verstehen sich die beiden Haupt- Schulen , die "idealistische" und die "realistische" als entgegengesetzte Betrachtungsebenen, obwohl auch hier erkenntnistheoretische Gemeinsamkeiten mit Blick auf die Bewahrung des amerikanischen Status als Weltmacht festzustellen sind.Der wesentlichste Unterschied besteht darin, daß die "Realisten" den Machtfaktor in der internationalen Staatenwelt und die "Idealisten" den geistig-ideellen Faktor als primäres Wesenselement begreifen, was nicht bedeutet, daß die "Realisten" den ideellen Faktor und seine Werte wie Menschenrechte und Liberalismus negieren und daß die "Idealisten" den Faktor Macht in der Vermittlung politischer Ideen in die Praxis außer Acht lassen würden.
Folgende Werke sind für Niebuhrs Kritik an der amerikanischen und internationalen Politik von besonderer Bedeutung:Niebuhr,R.:"Moral

Man and Immoral Society" New York 1932, ders."Christianity and Power Politics" N.Y.1940, ders.:"The Children of Light and the Children of Darkness" N.Y.1944, ders.:"The Irony of American History" N.Y.1952,ders."The Nature and Destiny of Man,A Christian Interpretation" N.Y.1951,ders.:"Faith and History" (N.Y.1956),deutsch:"Glaube und Geschichte" München 1951, ders.:"The Structures of Nations and Empires" N.Y.1958, deutsch:"Staaten und Großmächte, Probleme staatlicher Ordnung in Vergangenheit und Gegenwart" Gütersloh 1960 Siehe zu der nachhaltigen Wirkung Niebuhrs auf Morgenthau: Gottfried-Karl Kindermann,in:Morgenthau : Macht und Frieden,Grundlegung einer Theorie der internationalen Politik,Gütersloh 1963,S.19ff. Die Einführung Kindermanns gibt zugleich einen guten Überblick über Niebuhrs Hauptargumente. Siehe hierzu auch Stourzh, Gerald: "Ideologie und Machtpolitik als Diskussionsthema der amerikanischen außenpolitischen Literatur" in: Viertelsjahreshefte für Zeitgeschichte, 1955,Seite 99-112. Dieser Aufsatz wurde im wesentlichen für den folgenden "Grundtenor" Niebuhrs herangezogen. Siehe ebenfalls zur Einführung in die anthropologischen Grundprämissen Niebuhrs: Kindermann:"Philosophische Grundlagen und Methodik der Realistischen Schule" in Oberndörfer (Hrsg)"Wissenschaftliche Politik..." a.a.O. Seite 251 ff Kenneth W.Thompson "Political Realism and the Crisis of World Politics" Princeton 1960, und ders. "Understanding World Politics" London 1975, ein Aufsatz- und Dokumentenband ,den Thompson Niebuhr gewidmet hatte.
Siehe auch Müller, Johann Baptist "Konservatismus und Außenpolitik", Berlin 1988, ders. "Amos der dreißiger Jahre. reinhold Niebuhrs `christlicher Realismus`" in :Religion u. Ökumene, 4/1991, S.203ff
Niebuhr ist nicht nur als Theoretiker der internationalen Beziehungen, sondern auch als Beobachter konkreter Wilsonscher Politik besonders prädestiniert, um für die Wilsonanalyse herangezogen zu werden.
2)Siehe Niebuhr "Glaube und Geschichte" a.a.O. Seite 95ff, hier vor allem S.107 Vgl. auch Stourzh a.a.O.Seite 107.
3)Kindermann in:Morgenthau "Macht und Frieden" a.a.O. Seite 22. Siehe auch:Niebuhr "Glaube und Geschichte" a.a.O. Seite 95ff
4)ebenda Seite 95f und Niebuhr "Staaten und Großmächte" a.a.O. Seite 300ff Vgl. Kindermann in Morgenthau a.a.O. Seite 32.
5)Kindermann ebenda . Siehe auch Niebuhr "Glaube und Geschichte" a.a.O. Seite 27:"Die Hoffnung, daß alles ...im Benehmen des Menschen den umfassenden Zwecken des "Verstandes" durch die gleichen Methoden unterworfen werden kann, die dem Menschen die Herrschaft über die Natur verschaffen, ist nicht nur eine nebensächliche Illusion, die durch die phänomenalen Leistungen der Naturwissenschaften entstanden ist:Sie ist der größte Irrtum im Selbstmißverständnis des Modernen Menschen".
Ein extremes Beispiel dieses allumfassenden Glaubens an die Naturwissenschaft und deren Möglichkeiten stellt Ernst Häckels Hauptwerk "Die Welträtsel.Gemeinverständliche Studien über biologische Philosophie"(1899) dar.
6)Niebuhr "Glaube und..." a.a.O. Seite 105 und Seite 95 f
7)Niebuhr "Glaube und..."S.106.
8)Diese Auseinandersetzung Niebuhrs mit der liberalen Gesellschaftstheorie und insbesondere mit den daraus resultierenden ordnungspolitischen Vorstellungen des 28.Präsidenten der USA,Woodrow Wilson, stellt einen roten Faden in der Beschäftigung mit vielen unterschiedlichen zeitgeschichtlichen

Themen dar, die alle in einer gemeinsamen Verbindung stehen,nämlich der Relevanz von christlichem Glauben und aktuellen ethischen und politischen Problemen Siehe insbesondere: Christian Realism and Political Problems,S1ff

9)Für Niebuhr ist die liberale Freiheit des Naturrechts keine voluntaristische, die es erlaubt Strukturen nach subjektivem Entwurf herzustellen, sondern eine historische Größe, die sich in den Grenzen anthropologischer Grundlagen entwickeln kann. Siehe hierzu Niebuhr "Staaten und Großmächte" a.a.O. Seite 303

10)ebenda

11)ebenda S.3ff und "Glaube und Geschichte" a.a.O. Seite 95ff

12)ebenda

13)ebenda Die Diskrepanz zwischen der Machtanwendung liberaler Staaten und ihrer Wahrnehmung faßt Niebuhr in der konkreten Frage zusammen, ob man mit Woodrow Wilson annehmen soll, daß die Geschichte der Neuzeit sowohl Raum für die in sich geschlossene Gesellschaft des modernen Nationalstaats habe als auch gleichzeitig für die universale Gemeinschaft der Menschheit, die sich im Prinzip der kollektiven Sicherheit ausdrückt,nachdem den kleineren Gemeinschaften alle Rechte der Selbstbestimmung zugebilligt wurden?

14) Niebuhr "Staaten und Großmächte" a.a.O. Seite 7f

15)ebenda Seite 12f

16)ebenda Seite 100ff Vgl.hierzu grundlegend Tuveson "Redeemer Nation. The Idea of America's Millenial Role" a.a.O.. Siehe vor allem die Kapitel "The Rationale of the Millenium" Seite 26ff und "The Politics of Providence and the Holy Utopia" Seite 52ff.

17) Niebuhr "Glaube und Geschichte" a.a.O., vor allem Kapitel 1 "Fortschritt und Erlösung" und Kapitel 5 "Die Überschätzung der Freiheit in der progressiven Geschichtsanschauung" In den christlich-protestantischen Wurzeln, die vor allem auch Wilson prägten, erkennt Niebuhr einen grundlegenden Zusammenhang mit dem innerweltlichen Messianismus in der amerikanischen Außenpolitik.Der eschatologische Charakter bestimme, so Niebuhr, die Vision einer vollkommenen und universalen Gemeinschaft im Alten wie im Neuen Testament.Von Jesaja an,der einen Frieden erhoffte,in dem die Menschen "aus ihren Schwertern Pflugscharen schmieden" sieht die Bibel einer letzten Erlösung aller Gemeinschaften entgegen, einer Erlösung, wie Niebuhr richtig betont, die die Möglichkeiten der Geschichte,so wie sie in der Natur gegründet sind , überschreitet (Staaten und Großmächte,S.103).

II.3.Erkenntnistheoretische Selbsterkenntnis und Sendungsbewußtsein in der Geschichte der USA

18) Siehe grundlegend zur Geschichte und zur Wahrnehmung des politischen Charakters der USA Vorländer,Hans:"Auf der Suche nach den moralischen Ressourcen Amerikas.Rebublikanischer Revisionismus und liberale Tradition der USA" in:Neue Politische Literatur 1988, Heft 2, Seite 226ff

19) Siehe Shell, Kurt L.:"Der amerikanische Konservatismus" Stuttgart u.a. 1986, hier Seite 28. Vgl. auch ders. "Die "neue Agenda" politischer Diskussion in den USA" in. Aus Politik und Zeitgeschichte, B 37-38/86, 13.Sept. 1986, Seite 17-30. Siehe auch Lipset, Seymour Martin:"Ist Amerika konservativ?" in: Aus Politik und Zeitgeschichte B52/87, 26.Dezember 1987, Seite 3-11 .

Die Aussage Shells würde die Kriterien unserer Untersuchungskategorie des "historischen Möglichkeitsraumes der Moderne" unterstreichen:ein gewisser aristotelischer Bezug, nämlich die praxis-orientierte Verbindung zum Wohle des Gemeinwesens bestehe danach in der politischen Kultur der USA, trotz anderer widersprüchlicher Faktoren, immer noch .

20) Vgl.Hunt a.a.O. und siehe Ninkovich,Frank:"Ideology,the Open Door, and Foreign Policy" in:Diplomatic History,Bd.6,1982, Seite 185ff

21) Grundlegend zu den "progressive historians" : Hofstadter, Richard:"The progressive historians. Turner, Beard,Parrington" New York 1968.Diese Richtung arbeitete vor allem die sozio-ökonomischen Faktoren der jungen amerikanischen Geschichte zu Beginn des 20.Jahrhunderts heraus.Die "progressive historians" schlossen von einer fortschrittshemmenden Funktion der Verfassung, wie man sie am Ende des 19. und zu Beginn des 20.Jahrhunderts deutlich in der amerikanischen Innenpolitik erkennen konnte, auf die repressiven Intentionen der Gründerväter. Vor allem der Aufweis sozialer und regionaler Konflikte durch die Historikerschule Frederick Jackson Turners gab einen wichtigen Anstoß auf Wissenschaftler wie Charles A.Beard, dessen berühmtes Werk "An Economic Interpretation of the Constitution of the United States" (Neuausgabe New York 1935) wichtige wissenschaftliche Auswirkungen bis auf die in den 1960er Jahren aktiv gewordenen "Revisionisten" der amerikanischen Geschichtsschreibung um William A.Williams hatte.

22) Grundlegend Williams,Williams A.:"Die Tragödie der amerikanischen Diplomatie" Frankfurt/M.1973 . Siehe hierzu den Literaturbericht Klaus Schwabes:"Amerikanische Weltpolitik in "Revisionistischer" Sicht" in: Neue Historische Literatur Band 221, 1975, Seite 96 ff Zu den folgenreichen Auswirkungen, die Williams auf die amerikanische Geschichtsschreibung hatte: Link, Werner "Die amerikanische Außenpolitik aus revisionistischer Sicht" in: Neue Polit.Literatur(NPL) 1971,S.205ff Schröder,Hans-Jürgen:"Zur Genesis des Kalten Krieges" in: NPL 1976,Seite 488-506 Nolte, Ernst "Kalter Krieg und deutsche Ostpolitik",NPL 1975, S.308ff Bei den unterschiedlichen revisionistischen Erscheinungsformen in der amerikanischen Geschichtswissenschaft "gingen echte historische Entdeckerfreude, moralisierender Enthüllungseifer und politische Wunschvorstellungen eine unlösbare Symbiose ein - nicht selten auf Kosten historischer Wahrheitsfindung, immer aber als Anstoß an die "konventionelle" Geschichtsschreibung, die eigenen Forschungsergebnisse erneut unter die kritische Lupe zu nehmen." Siehe Schwabe "Amerik.Weltpolitik",a.a.O. Seite 96

23) Williams a.a.O. Seite 59 Siehe auch zum expansiven,imperialistischen Charakter der USA Seite 329

24) Williams a.a.O. Seite 253

25) Kodalle,Klaus-M.(Hrsg.):"Gott und Politik in USA.Über den Einfluß des Religiösen".Frankfurt/M: 1988.Hier Einleitung Kodalles Seite 15.

26) Blanke,Gustav H.:"Das amerikanische Sendungsbewußtsein: Zur Kontinuität rhetorischer Grundmuster im öffentlichen Leben der USA" in Kodalle a.a.O. Seite 186ff

27) Kodalle a.a.O. Einleitung Seite 13

28) Siehe Tuveson :"The redeemer nation" a.a.O. Siehe auch Bloch, Ruth H.:"Visionary Republic,Millennial Themes in American Thought 1765-1800" Cambridge 1985. Die Autorin weist mit ihrer Untersuchung auf einen bisher vernachlässigten Bereich der amerikanischen Revolutionsgeschichte hin. Ebenso wie Tuveson sieht sie in dem "Millenniumsdenken" die Wurzeln für das amerikanische weltpolitische missionarische Denken, wobei sie die Verbindung zwischen Missionsdenken und sozio-ökonomischen Grundlagen amerikanischer Politikformulierung nicht offenlegt. Vgl. im Gegensatz dazu Wehler "Sendungsbewußtsein und Krise" a.a.O. Die konkrete Wirkungsgeschichte des voluntaristischen Millenniumsdenkens auf bedeutende amerikanische Politiker (darunter William Jennings Bryan und Woodrow Wilson) der Jahre 1889-1920 untersuchte Crunden,Robert M.:"Ministers of Reform" New York 1972.

29) Tuveson a.a.O. Einleitung Seite IX

30) ebenda Seite VII

31) Vgl.Bailyn,Bernard:"The ideological Origins of the American Revolution",5.Auflage 1971 Seite 246ff "Establishment of Religion"

32) Siehe hierzu auch Kessel "Rankes Auffassung der amerikanischen Geschichte" a.a.O. Seite 36:"Ja, das System des Protestantismus von England überhaupt gestattete es, diese Kolonie der französischen gegenüber zu behaupten." Ranke trägt hierbei mit unverkennbarer Sympathie den Grundsätzen eines William Penn Rechnung. Er betont seinen Umgang mit Jakob II, den er "im Prinzip der Toleranz bestärkte". (ebenda) Ranke unterstreicht die faktische Verknüpfung protestantischer Interessen mit politisch-sozialen Interessen, wie Toleranz und Freiheit des Einzelnen mit Gleichheit vor dem Gesetz.

33) Vgl.Peter Toon zur Begriffsklärung :"Der englische Puritanismus" in Angermann, Erich:"Religion - Politik - Gesellschaft im 17. und 18.Jahrhundert" in HZ 214, 1972 Seite 26ff, hier Seite 32

34) Siehe Toon a.a.O. Seite 35f

35) Vgl.Toon a.a.O. Seite 38.

36) Vgl.u.a. May, Henry F.:"The Enlightenment in America" New York 1976

37) Siehe McLoughlin, William G.:"Pietism and the American Character" in: American Quaterly ,Bd.17, 1965,Seite 163ff, hier Seite 163 McLoughlin setzt in seiner Untersuchung den Puritanismus in der amerikanische Entwicklung dem Tröltschen Begriff des Pietismus gleich.

38) ebenda Seite 166f

39) ebenda Die wechselseitige Beziehung von puritanistisch-pietistischen Denk- und Verhaltensstrukturen auf der einen und Staats- und Gesellschaftstheorie auf der anderen Seite wird u.a. von dem Werk Perry Millers und Thomas H.Johnson "The Puritans" (New York 1963) unterstrichen. Siehe vor allem Seite 181ff "The Theory of the State and of Society",Seite 281ff "This World and the Next" und Seite 379ff "Manners,Customs,and Behaviour". Die Bedeutung des puritanistischen Erbes kommt u.a. im Kapitel "Education" und "Science" zum Ausdruck (Seite 695ff), wo seit Beginn der Reublik wesentliche puritanistische Elemente über den Faktor Erziehung und Wissenschaft unmittelbar in die politische Kultur der USA einfloß - eine wichtige Grundannahme, die für das Wilsonsche "Erlösungsdenken" von großer Bedeutung ist. Perry Miller konzentriert hierbei seine bahnbrechenden Forschungen zum amerikanischen Puritanismus auf die theologisch-intellektuellen Schriften, die er als Schöpfung eines spezifischen Bewußtseins verstand, das er als "New England Mind" definiert. In einem umfassenderen Sinne will Larzer Ziff den amerikanischen Puritanismus als eine spezifisch amerikanische Kultur erfassen, die erste eigenständige Kultur in der Neuen Welt. Indem der Autor die Entwicklung der nordamerikanischen Kolonie von einem besonderen Verständnis der wirtschaftlich-gesellschaftlichen Voraussetzungen her psychologisch deutet, entsteht eine Mischung von historischer Darstellung und "Psychogramm". Das Ergebnis liegt in der Beurteilung der puritanischen "Kollektivpersönlichkeit", die er mit der ihr eigenen Schroffheit und Unabhängigkeit, aber auch in der charakteristischen Verbindung von Selbstvertrauen und gleichzeitiger nervöser Selbstanzweiflung beschreibt. Siehe Ziff, Larzer:"Puritanism in America.New Culture in a New World" New York,London 1973. Siehe zur Wirkungsgeschichte des Puritanismus auf Gesellschaft,Politik,Wirtschaft und Erziehungswesen :Vaughan, Alden T.:"The Puritan Tradition in America 1620-1730" New York,London 1972. Auf der Grundlage wichtiger Dokumente zieht Vaughan in ähnlicher Weise wie Miller/Johnson den Weg des amerikanischen Puritanismus seit den Pilgervätern bis ins 18.Jahrhundert nach.

40) Vgl.Pfisterer,Karl-Dietrich:"Religion als ein Ferment der Freiheit in der amerikanischen Revolution" in:Amerikastudien, heft 2,1976, Seite 217ff

41) Vgl. Wood, Gordon S."Creation of the American Republic" a.a.O. Seite 428

42) Siehe Pfisterer a.a.O. Seite 218

43) Miller,Glenn T.:"Fashionable to Prophesy: Presbyterians,the Millennium and the Revolution" in:Amerikastudien,1976,Heft2, Seite 239ff

44) ebenda Seite 240f

45) ebenda Seite 243

46) ebenda

47) ebenda Seite 260

48) Siehe hierzu Lutz, Heinrich:"Reformation und Gegenreformation" Oldenbourgh Grundriß der Geschichte Bd.10,Müchen 1979.Hier S. 159. Siehe u.a.den Aufsatzband von Schwartländer,Johannes (Hrsg): "Modernes Freiheitsethos und christlicher Glaube.Beiträge zur juristischen,philosophischen und theologischen Bestimmung der Menschenrechte" München/Mainz 1981. Siehe hier insbesondere den Beitrag von Martin Honecker:"Das reformatorische Freiheitsverständnis und das neuzeitliche Verständnis der "Würde des Menschen" Seite 266ff

49) Die Literatur zum Thema Religion und gesellschaftliche Entwicklung lebt fast ausschließlich von Webers Religionssoziologie und insbesondere von der protestantischen Ethik und dem Geist des Kapitalismus.Weber, Max:"Die protestantische Ethik I" Hrsg.v.Winckelmann, Johannes, Siebenstern-Taschenbuch, 1973, Seite 76. Siehe grundlegend zu dieser Problematik: Seyfarth,Constans und Sprondel,Walter M (Hrsg):"Seminar Religion und gesellschaftliche Entwicklung. Studien zu Protestantismus-Kapitalismus-These Max Webers" Frankfurt/M. 1973

50) Zitiert in:Lutz "Reformation" a.a.O. Seite 157 Hervorhebungen durch den Verfasser der vorliegenden Arbeit

51) ebenda

52) Vgl.Miller a.a.O, Seite 242:"As the world was won to liberty,it would also be won to Protestant Christianity" und Seite 243 .

53) McLoughlin a.a.O. Seite 173

54) ebenda Seite 186

55)ebenda Seite 175f "The American talks about money,because that is the symbol and measure he has at hand for success,intelligence, and power; but as to money itself, he makes, loses,spends and gives it away with a very light heart" Siehe weiter Seite 186:"These elements have produced some of the worst aspects of American self-righteousness,bigotry and naive stupdity.They have also inspired most of America's dynamic generosity, self-awareness and social concern."
56)ebenda Seite 174 "The self-righteous,rightwing fanatic ...who equates the moral law with the "American way of life" is just as heretical to the true spirit of pietism".
57) Miller"Fashionable to Prophecy" a.a.O. Seite 241
58) Siehe hierzu Schwabe:"Der amerikanische Isolationismus im 20.Jahrhundert. Legende und Wirklichkeit" Frankfurter Historische Vorträge Heft 1, Wiesbaden 1975
59) Zitat bei Tuveson "Redeemer Nation" a.a.O. Seite VIII
60)ebenda
61) Vgl.Niebuhrs Aussagen über die Machtanwendung liberaler Staaten
Der Begriff "Basiskonsens" bezieht sich auf Richard Stöß'Formulierung in: ders.(Hrsg) "Parteien-Handbuch" Band I,Berlin 1983, Seite 131. Der Basiskonsens einer Gesellschaft wird im Rahmen der vorliegenden Arbeit so verstanden, daß er nur auf dem Wege freier Willensbildung erreicht werden kann. Er ist die Grundlage eines erfolgreichen und innergesellschaftlich-friedlichen politischen Systems. Der Konsens zum politischen System spiegelt sich in der Einbeziehung aller Gesellschaftsteile wieder, die das Monopol physischer Gewaltsamkeit dem Staat bewußt übertragen. (Vertrags-theorie) Die Erhaltung dieses Basiskonsenses kann nur durch "praxis",d.h. aus der historischen Entwicklung selbst und nicht durch eine "Sozialtechnik" erreicht werden. Die Grundlage des Erfolgs des politischen Systems der USA liegt in diesem bürgerlich-liberalen Basis- und Verfassungskonsens. Jedoch bleibt die Fähigkeit,die Vielzahl der unterschiedlichen politischen Willen zu einem inneren Frieden zu bündeln,bislang auf die innenpolitische Staatsebene beschränkt.
62) Siehe Beard:"An Economic Interpretation of the Constitution of the United States" a.a.O. und Angermann "Die Amerikanische Revolution im Spiegel der Geschichte" in ders.(Hrsg.) "Revolution und Bewahrung" a.a.O. Seite 41f
63) Vgl.Kammen "Season of the Youth" a.a.O.
64) Siehe Wellenreuther,Hermann:" "First Principles of Freedom" und die Vereinigten Staaten als Kolonialmacht,1787 - 1803" in:Angermann "Revolution und Bewahrung" a.a.O. Seite 89ff. Zitat aus der Kurzzusammenfassung Angermanns im Vorwort S.9. Hervorhebungen durch den Verfasser der vorliegenden Arbeit
65) Vgl. Kaplan,Lawrence S.:"Jefferson and the Constitution: The View from Paris,1786-89" in Diplomatic History 11/1987 Seite 321ff
66) Zu den Funktionen Jeffersons im Paris der Jahre 1786-89 siehe Jellinek bei Schnur "Zur Geschichte der Erklärung der Menschenrechte" a.a.O. Seite 1ff Siehe zu den Antinomien der Bundesverfassung von 1787, die mit Blick auf die zuvor erzielten Freiheiten des Unabhängigkeitskrieges von Kritikern als konservativ bezeichnet wird, die Buchbesprechungen von H.-Chr.Schröder :"Politisches Denken und Verfassungsgebung in der Frühzeit der Ver.Staaten" a.a.O. Seite 261. Vgl. auch ders."Die amerikanische Revolution" a.a.O. Auch hier betont Schröder,daß diese stark konservative Züge trug,da man besonders die

Eigentumrechte in Gefahr sah, und da auch der Enthusiasmus und das positive Menschenbild anderer großer Revolutionen fehlte.Vor diesem Hintergrund sind auch die teilweise revisionistischen Züge, der Pessimismus, daß das Erreichte wieder von innen zerstört werden könnte und daß die Demokratie Überhand nehmen könnte, zwischen 1776 und der Verabschiedung der Verfassung verständlich." Siehe hierzu Seite 132ff "Die "Articles of Confederation" und die Bundesverfassung von 1787" und Seite 147ff "Die Bedeutung der Revolution für Amerika".

67) Kaplan a.a.O.Seite 324 Mit Blick auf den historischen Möglichkeitsraum würde eine solche staatliche Festschreibung die "sozial-technische" Einschränkung einer weiteren dialektischen Entwicklung bedeuten.

68) So glaubte u.a.Felix Gilbert zu erkennen, daß von Anfang an die internationale idealistische "Erlösung",die z.B. den internationalen Freihandel im Zusammenhang mit der Sicherung eines weltweiten Friedens sah, das eigentliche Interesse der USA bestimmte .Vgl.Gilbert:"To the Farewell Adress:Ideas of Early American Foreign Policy" Princeton 1961 Siehe hierzu die den Charakter eines "idealistischen Internationalismus" differenzierende Stellungnahme von Hutson,James H.:"Intellectual Foundations of Early American Diplomacy" in:Diplomatic History 1/1977,Seite 1-19 James H. Hutson betont, daß die einfache Rückprojektion eines ***idealischen Internationalismus***, so wie ihn Wilson zu Beginn des 20.Jahrhunderts verstand, für die Gründungsphase der USA ebenso unmöglich gewesen sei wie der Mythos eines reinen ***Isolationismus***. (S.4) Eine Außenpolitik, die nur auf die Durchsetzung universaler Werte zum Zwecke eines Ewigen Friedens angelegt war, gab es nach Hutson zu diesem Zeitpunkt nicht. So sei z.B. der "free trade" nicht in erster Linie von den Gründungsvätern als weltweite Vernetzung zur Erhaltung des Friedens gesehen worden, sondern zunächst im Sinne der Sicherung des **eigenen** Handels,der eigenen Prosperität und des eigenen sozialen Friedens im Innern.(S.4-6)

69) In ähnlicher Weise wie mit dem "idealistischen Internationalismus" verhält es sich nach Hutson mit jenem Mythos von einer Außenpolitik, die nur den Wunsch habe, nicht mit einer verdorbenen Welt in Kontakt zu kommen. Diese reine Form der isolationistischen Politikformulierung hätte es in der Praxis nie gegeben, da die Interessen der USA wesentlich von der Schiffahrt und dem Handel geprägt waren. Siehe Hutson a.a.O. Seite 8.

70) Siehe Lint, Gregg L.:"The American Revolution and the Law of Nations,1776-1789" in: Diplomatic History 1/1977 Seite 20ff

71)ebenda Seite 20

72)ebenda Seite 21

73)ebenda. Vor allem der Treaty Plan von 1776 stellte ein erster Schritt der längerfristigen US-Interessen wie z.B. allgemeine Handelsfreiheit dar.

74)ebenda Seite 34

75)ebenda Seite 33

76)ebenda Seite 18

77)ebenda Seite 18/19

II.4.Erste außenpolitische Folgen der amerikanischen Einstellung zum eigenen historisch-politischen Raum im 19.Jahrhundert

78) Vgl.Gollwitzer,Heinz:"Ideologische Blockbildung als Bestandteil internationaler Politik im 19.Jahrundert" in:HZ 1965,Bd.201,Seite 306ff, hier Seite 306
79) Moltmann, Günter: "Isolation oder Intervention. Ein Prinzipienkonflikt amerikanischer Europapolitik im 19.Jahrhundert" in: HZ 1969,Bd.208,S.24ff Siehe auch Moltmann,Günter:"Atlantische Blockpolitik im 19.Jahrhundert:Die Vereinigten Staaten und der deutsche Liberalismus während der Revolution von 1848/49" Düsseldorf 1973 Der von Heinz Gollwitzer eingeführte Begriff der "ideologischen Blockbildung" stellt für Moltmann einen wichtigen Ausgangspunkt in seiner Argumentationslinie dar.
80) Gollwitzer "Ideologische Blockbildung", a.a.O. S.331
81)ebenda Seite 306
82) Niedhart, Gottfried: "Imperialismus,Krise,Zusammenbruch (1880-1945)" in Niemetz,Gerold und Uffelmann,Uwe (Hrsg.):"Epochen der modernen Geschichte" (Sonderdruck), Plötz,Freiburg,Würzburg. Seite 116
83) Moltmann "Isolation..." a.a.O. Seite 24f
84) Zitate ebenda
85)ebenda Seite 29
86)ebenda Seite 33/34
87)ebenda Seite 45
88)ebenda Seite 47 und 50.

II.5.Die nationale `Bedürfnisstruktur` der bürgerlichen Gesellschaft USA wird evident

II.5.1 Krise,Amerikanischer Imperialismus, und`Open Door` zu Beginn des 20.Jahrhunderts

1)Siehe Wehler,Hans-Ulrich:"Der Aufstieg des amerikanischen Imperialismus. Studien zur Entwicklung des Imperium Americanum 1865-1900" Göttingen 1974. Vgl.Wehler zu der Tradition der amerikanischen Expansion (Seite 7 a.a.O.): " Die Geschichte der Vereinigten Staaten von Amerika ist seit ihren Anfängen eine Geschichte selten unterbrochener Expansion gewesen - einer Expansion im Innern und nach außen, in unterschiedlichen Formen und mit wechselnder Stoßrichtung. Blickt man auf die räumliche Ausbreitung und ökonomische Entfaltung, so wirkt die historische Kontinuität des amerikanischen "Empire-Building" bestechend. Man kann in ihm geradezu den roten Faden erblicken, der sich durch die Entwicklung dieser "Expanding Society" par excellence hindurchzieht."
2)ebenda . Siehe auch: grundlegend zum Verhältnis von Krise und Expansion: LaFeber,Walter: "The New Empire:An Interpretation of American Expansion,1860-1898" New York 1963; vor allem aber : Wehler, Hans-Ulrich:"Sendungsbewußtsein und Krise" a.a.O. ders.:"Der Aufstieg des amerikanischen Imperialismus.a.a.O. Vgl. auch Angermann."Die amerikanische Geschichte..." a.a.O. S.12ff
3)Angermann "Die Vereinigten Staaten..." a.a.O. S. 13
4)ebenda

5)Wehler "Sendungsbewußtsein und Krise" a.a.O. S. 102 . Reinhold Niebuhr betont diesbezüglich in seinem Werk "The Irony of American History" N.Y.1952, S.29, daß die USA ihre Probleme "durch ökonomische Expansion" zu lösen versucht hätten.
6)Vgl. Turner:"The Significance of the Frontier in American History" New York 1893 . Siehe vor allem Hofstadter,Richard:"The Progressive Historians.Turner,Beard,Parrington" New York 1968,Seite 57-61
7)Angermann "Die Vereinigten Staaten..." a.a.O. S.12
8)Vgl. Reifeld,Helmut "Imperialismus als politische Idee" in: Pipers Handbuch der politischen Ideen" hrsg.v. Iring Fetscher, Bd.5, München 1987 Seite 39
9)ebenda
10) Vgl.Wehler "Der Aufstieg..." a.a.O. Seite 13
11) Vgl. hierzu auch Wagner "Der Eintritt der USA in die Weltgeschichte a.a.O. Seite 98 :"Für den Eintritt der Weltpolitik kann geradezu eine Art Geburtsdatum genannt werden: das Jahr 1898, das Jahr der Erwerbung Hawaiis und der Philippinen, der entscheidenden Machtergreifung im pazifischen Raum" .
12) Gollwitzer,Bd.2,Seite 151
13) Zum Begriff des `amerikanischen Imperialismus` siehe Schöllgen,Gregor:"Das Zeitalter des Imperialismus" Oldenbourg Grundriß der Geschichte Bd.15, München 1986, Seite 2-6 und Gollwitzer "Gesch. des weltpolitischen Denkens " a.a.O. Bd.2,Seite 19. Danach entsprach der amerikanische Imperialismus um das Jahr 1898 allgemein den Kriterien des europäischen Imperialismus.
14) Vgl.Williams "Latin America :Laboratory of American foreign policy in the Nineteen-twenties" in: Inter-American Economic Affairs 11 (1957/58) Nr.2, Seite 3-30
15)"In dieser primär am Status quo orientierten Politik manifestiert sich ...ein Grunddilemma Washingtoner Außenpolitik." wobei die "zunehmend militante Durchsetzung der amerikanischen außenpolitischen Zielsetzungen" festzustellen ist.
Vgl.Schröder "Amerika als Modell?" a.a.O. S.190f
16) Reifeld a.a.O. Seite 40
17) Dies "verschaffte Großbritannien die Aussicht auf einen mächtigen Partner. Und daß eine amerikanische Flotte im Fernen Osten einen Sieg errungen hatte und die Philippinen in amerikanischen Besitz übergingen, konnte mit gutem Grund als Plus für die britische Politik in Fernost ausgelegt, als Unterstützung des Open Door-Prinzips und der Aufrechterhaltung der territorialen Unversehrtheit Chinas aufgefaßt werden.So hat man denn seitens der Befürworter einer kraftvollen Empire- Politik den Eintritt der USA in den Kreis der imperialistischen Weltmächte allgemein als eine für Großbritannien erfreuliche weltpolitische Tatsache ersten Ranges begrüßt." Vgl. Gollwitzer Bd.2. a.a.O. Seite 110
18) Gollwitzer ebenda Seite 174
19) Vgl. hierzu Gollwitzer ebenda Seite 168
20) Gollwitzer ebenda Seite 169-171 Analogien zu Wilsons Gedanken über die Einverleibung der Philipinnen werden hierbei deutlich. Siehe hierzu weiter unten Wilsons Aufsatz "The Ideals.of America" in:Atlantic Monthly,Dezember 1902, Seite 721ff, hier Seite 727
21) Angermann "Die Vereinigten Staaten a.a.O. Seite 20
22) Der Name "Manifest Destiny" wurde 1845 von John O'Sullivan, dem Herausgeber der "Democratic Review", anläßlich der Angliederung Texas zuerst benutzt. Er brachte damit die

Überzeugung von der Kulturaufgabe zum Ausdruck. Vgl. hierzu auch Wagner a.a.O. Seite 105
23) Bancroft, Frederic:"The Life of William H. Seward" New York 1900, Bd.II, Seite 67
24) Siehe hierzu Schröder "Amerika als Modell?"a.a.O. Seite 194 und Wagner a.a.O. Seite 104
25)ebenda
26) Angermann "Die Vereinigten Staaten..." a.a.O. Seite 21
27) Wagner a.a.O. Seite 104
28)ebenda
29)ebenda
30) Vgl. hierzu auch das Kapitel Heinz Gollwitzers "Zwischen Imperialismus und Internationalismus", a.a.O. Bd 2.Seite 171ff und das Kapitel "Weltpolitisches Denken der Anti-Imperialisten" Seite 253ff und hier insbesondere "Übergänge vom Imperialismus zum Internationalismus" und "Americanism versus Imperialism". Diese Kontroversen trafen sich letztendlich in der Überzeugung eines weltweiten Engagements zugunsten der Erhaltung und Verbreitung des amerikanischen Wirtschafts- und Wertesystems, wobei eine Rücknahme der weltweiten Interessenformulierung - vor allem der weltwirtschaftlichen Interessen - im Sinne eines tatsächlichen **Isolationismus nicht zur Debatte stand** .
31) Angermann "Die Vereinigten Staaten..." Seite 21

II.5.2.Progressive Movement und das `Open-Door`- Konzept als Ausdruck neuer politischer Mittel in den internationalen Beziehungen

32) Williams,Williams A.:"The Tragedy of American Diplomacy" a.a.O. S. 37ff
33) Seite 22
34) Hofstadter a.a.O.(vgl. Anm.366)
35) Angermann "Die Vereinigten Staaten..."a.a.O. Seite 16f Grundlegend zum Progressive Movement: Crunden,Robert: "Ministers of Reform. The Progressives` Achievement in American Civilization 1889-1920" New York 1982
36) Siehe zu dem Begriff "unfertige Gesellschaft" :von Borch, Herbert "Die unfertige Gesellschaft. Amerika:Utopie und Wirklichkeit" München 1960. Betrachtet man die theoretische und praktische Formulierung amerikanischer Politik, so läßt sich die anscheinend am weitesten entwickelte Macht der Völkergemeinschaft als eine dennoch unfertige Gesellschaft bezeichnen . Insbesondere mit Blick auf die Nachkriegszeit konstatiert v. Borch die Diskrepanz zwischen Fortschrittsanspruch und ernüchternder sozialer Wirklichkeit. Der amerikanische Traum von der "wissenschaftlichen Machbarkeit aller Dinge", der Optimismus, daß Freiheit und Glück alleinige Prinzipien einer Gesellschaftsordnung sein können,der selbstzufriedene Glaube an das eigene Gelobte Land und das verlockende Konzept des Isolationismus, alle diese Leitbilder,"ohne die Amerika lange, bis gestern noch, nicht leben zu können glaubte" seien gescheitert.(ebenda S.13ff).
37)im Sinne von "moral forces" statt "physical forces" . Vgl.Rudé a.a.O.
38) Siehe Angermann a.a.O. Seite 23
39) Wehler "Der Aufstieg..." a.a.O. Seite 275
40) Gardner,Lloyd C.:American Foreign Policy 1900-1921: A Second Look at the Realist Critique of American Diplomacy" in

Bernstein,Barton J.(Hrsg)"Towards a New Past" New York 1969, Seite 226

41) zumal man in den sogenannten Entwicklungsländern trotz allem die Rolle eines Rohstofflieferanten und Abnehmers veredelter Fertigprodukte sah.Vgl. Angermann "Die Vereinigten Staaten..." a.a.O. Seite 23 Bereits im Zeitalter Sewards gehörten im Süden die Karibischen Inseln ebenso wie **Mexiko** kraft der "Manifest Destiny" zum Ausdehnungsbereich der USA, wobei Mexico City im Verständnis Sewards der "Sitz eines künftigen amerikanischen Empire" darstellen solle. Vgl.Wehler "Der Aufstieg..." a.a.O. Seite 14

42) Wehler Seite "Der Aufstieg..." a.a.O. Seite 275

43) In der sogenannten "Roosevelt Corollary to the Monroedoctrine" wird deutlich, wie Roosevelt die eigenen Zielsetzungen und Ordnungsvorstellungen zu einer quasi völkerrechtlichen Norm erhob.Roosevelt behielt sich angesichts mißliebiger Regierungen in Lateinamerika jede Möglichkeit zu einer militärisch-strategischen Intervention offen, wobei die Amerikaner alleine zu entscheiden hatten, was unter einer guten Regierung zu verstehen ist. Vgl. hier Schröder "Amerika als Modell?" bei Angermann a.a.O. Seite 197/198

44) Vor allem die Untersuchung von Walter V. Scholes und Marie V.Scholes:"The Foreign Policies of the Taft Administration" (Columbia/Missouri 1970) hat die Taftschen Zielsetzungen in den Jahren 1909-13 und seine angewandten Mittel eingehender analysiert.

45) Scholes a.a.O. S.31

46) Scholes a.a.O. Seite 35

47) Scholes a.a.O. Seite 109

48) Vgl. Schröder "Ökonomische Aspekte..." a.a.O. Seite 304

49)ebenda . Die Taftsche Stabilsierungspolitik hatte durchaus ihre finanziellen Vorteile für die betroffenen Länder, während der große Nachteil jedoch darin bestand, daß die strukturelle Abhängigkeit von den USA durch die Dollar-Diplomatie eher vertärkt,anstatt im Sinne einer die internationalen Beziehungen stabilisierenden "Kooperation" abgebaut wurde.(Vgl. hierzu Werher Link:"Das Konzept der friedlichen Kooperation ..." a.a.O.)

II.5.3.Zusammenfassende Überlegungen zum Theorie-Praxis-Verhältnis im Zeitalter des amerikanischen Imperialismus

50) Ninkovich "Ideology,Open Door, and Foreign Policy" a.a.O. Seite 190

51) Akira a.a.O.S.120

52) Kennan,George F.:"American Diplomacy 1900-1950" Chicago 1951

53) Vgl. dagegen Gardner,Lloyd C."American Foreign Policy 1900-1921. A Second Look at the Realistic Critique." a.a.O.

54) Es ist der Verdienst der 'Revisonisten` amerikanischen Geschichtsschreibung, die sich aus den Arbeiten von Williams A.Williams heraus entwickelt hat, auf den Sachverhalt ökonomischer und finanzieller Machtmittel in der amerikanischen Außenpolitik hingewiesen zu haben. Diese Charakterisierung bekommt aber erst in der Einordnung in die widersprüchliche Gesamtheit politischer Zwecke und Mittel amerikanischer Interessensformulierung,also in der Einordnung zwischen globalformulierten ideelen Erlösungsvorstellungen (Menschenrechte,Selbstbestimmungsrecht u.s.w.) und national-egoistischer Machtanwendung, ihre realitätsgerechte Bedeutung.

Siehe grundsätzlich zum Herrschaftsstreben der USA mit ökonomischen Machtmitteln: Williams,Williams A.(Hrsg):"From Colony to Empire.Essays in the History of American Foreign Relations" New York, 1972 ; und ders:"Die Tragödie der amerikanischen Diplomatie" a.a.O.

55) Ninkovich a.a.O. S.187

56)ebenda

57) Amerikanische "Ideologiepolitik" setzt sich aus Ideen- und Machtpolitik zusammen, wobei die staatliche Macht durch Gewaltenteilung und Demokratie pluralistisch im Gegensatz zu totalitären Systemen verwaltet wird.

58) Ninkovich a.a.O. Seite 186

59) Wehler "Der Aufstieg... a.a.O. Seite 38

60) Siehe Gollwitzer "Geschichte..." a.a.O. Seite 149ff. Unter der Überschrift "Nationale Perspektiven:USA" beschreibt Gollwitzer wie sehr diese über die Roosevelt-Ära hinaus noch bestimmend waren.

61) Vgl. hierzu Wehler "Sendungsbewußtsein..." a.a.O. Seite 102

62) Siehe Wehler "Der Aufstieg..." a.a.O. Seite 43ff. Zitat hier Seite 13 und Wehler:"Sendungsbewußtsein und Krise" a.a.O. Seite 99 Siehe auch Wagner "Der Eintritt der USA in die Weltgeschichte" a.a.O.Seite 107.

63) Siehe auch oben "Erkenntnistheoretische Selbsterkenntnis der USA und das amerikanische Sendungsbewußtsein "

64) Es erscheint schon auf den ersten Blick nicht verwunderlich, daß gerade der gleiche innenpolitische Reformeifer des Progressive Movement auch außenpolitisch ein Missionsdenken bewirkte, was auch damit zusammenhängt, daß im Internationalismus des ausgehenden 19. und beginnenden 20.Jahrhundert fast diesselbe personelle Gruppe auftrat. Darüber hinaus entsprach mit Blick auf China dieser Internationalismus auch der Missionstätigkeit im engeren Sinne, den die neuenglische Geistlichkeit auch in der Innen- und Wirtschaftspolitik zum Ausdruck brachte.

65) Siehe hierzu Crunden a.a.O.,Seite 225ff und Ernest Lee Tuveson "The Redeemer Nation" a.a.O.,Seite 91ff,Kapitel "When Did Destiny Become Manifest".

66) Angermann "Die Vereinigten Staaten..." Seite 18

67) Vgl. Schröder "Amerika als Modell?" a.a.O. Seite 195

68) Siehe hierzu die Rezension von Vinson,Chal J. zu LaFebers "The New Empire:An Interpretation..." a.a.O. . In: American Historical Review Bd.70, 1964/65 Seite 192

69) Da gerade der internationale Frieden den umfassenderen Kategorien eines historischen Möglichkeitsraumes der internationalen Beziehungen ausgesetzt ist, ist mit Blick auf das Untersuchungskriterium einer realitätsgerechten Friedensgestaltung die Frage zu stellen, wo die Fähigkeiten bzw. Unfähigkeiten im amerikanischen und im europäischen historisch gewachsenen Theorie-Praxis-Verständnis angesichts der neugestellten friedenspolitischen Anforderungen des 20.Jahrhunderts liegen?

II.5.4.Konzepte der weltpolitischen Gestaltung in der amerikanischen Publizistik vor 1913

70) Siehe hierzu grundsätzlich :Bracher, Karl-Dietrich:"Zeit der Ideologien. Eine Geschichte des politischen Denkens im 20.Jahrhundert" Stuttgart 1982 und ders."Geschichte und Gewalt. Zur Politik im 20.Jahrhundert" Berlin 1981. Wie sehr

innenpolitische Faktoren das alte Großmächtesystem beeinflußten, geht u.a. aus dem Aufsatz Heinrich August Winklers hervor : "Gesellschaftsform und Außenpolitik" in: HZ 214,1972, S.335ff.
71) Siehe hierzu Gall,Lothar "Bismarck.Der weiße Revolutionär",5.Aufl.,Berlin-Frankfurt/M 1981. ders. "Europa auf dem Weg in die Moderne" Oldenbourg Grundriß der Geschichte Bd.14, München-Wien 1984,hier (S.1f) sind treffende Aussagen über den Grundcharakter der Staaten im 19.Jahrhundert enthalten:"Gegenüber früheren Versuchen,mit Begriffen wie "Zeitalter des Bürgertums" oder "Zeitalter der Nationalstaaten" eine gewisse Einheit und Geschlossenheit der Epoche herauszuarbeiten, erscheint diese heute in ihrem Charakter gerade dadurch bestimmt, daß es ihr an solcher Einheit und Geschlossenheit fast völlig fehlte...Von daher kann man davon sprechen, daß das eigentlich Charakteristische des Zeitalters ein über alle bisherige historische Erfahrung beschleunigter Wandel der überkommenen Lebensverhältnisse und Lebensformen war, der zugleich zu einer tiefen Verunsicherung, zu einer vielgestaltigen Identitätskrise führte."
72) Siehe Mathiopoulos, Margarita a.a.O. Seite 292f. Vgl auch Silberschmidt,Max "The United States and Europe.Rivals and Partners" London 1972 Siehe hierzu auch die Beiträge von Rudolf Hrebek,Gordon S. Wood und Richard B. Morris u.a. Autoren des Sammelbandes der Bundeszentrale für politische Bildung "Westeuropa und die USA" Bonn 1988
73) Vgl.Mathiopoulos a.a.O S.30ff
74) Hierin ist nicht nur ein Nachteil für das europäische Theorie-Praxis-Verständnis zu sehen.Im Gegensatz zu den USA entsprechen die europäischen Probleme,insbesondere der europäische Regionalismus den Verhältnissen in den gegenwärtigen internationalen Beziehungen, die von einer Vielzahl autonomer Staaten bestimmt werden. Insbesondere Großbritannien verstand als das fortschrittlichste liberale Land Europas die realen internationalen, sicherheitspolitischen Sachverhalte in seinem Theorieverständnis aufzunehmen. Siehe auch Ambrosius:"Woodrow Wilson and the Quest for Orderly Progress" in: "Traditions and Values.American Diplomacy,1865-1945" herausgegeben von Graebner, Norman A.,Lanham 1985,Seite 73-100.
75)Für diesen kurzen Überblick, der nur einige, für den Gestaltungsbedarf charakteristische Aspekte aufzeigen kann, wurden folgende Arbeiten herangezogen:
Löwenthal,Richard:"Internationale Konstellation und innerstaatlicher Systemwandel" in: HZ 212,1971, Seite 41ff und das "Handbuch der Europäischen Geschichte" Bd 6 "Europa im Zeitalter der Nationalstaaten und europäische Weltpolitik bis zum Ersten Weltkrieg" hrsg. v. Theodor Schieder,Stuttgart 1968 hier vor allem die Kapitel "Der Nationalstaat in Europa vor dem 1.Weltkrieg",Seite 23-35, "Die Expansion der europäischen Mächte über die Welt im Zeitalter des Imperialismus",Seite 78-110 und "Staatenbeziehungen und Diplomatie vor dem 1.Weltkrieg" bzw. "Internationale Organisationen und Bewegungen ",Seite 110-140.
76) Kissinger,Henry A :"A World Restored, Metternich, Castlereagh and the Problems of Peace 1812-22", London 1957, deutsch: "Großmachtdiplomatie", Wien, Düsseldorf 1962,1980 Palmer,Alan : "Glanz und Niedergang der Diplomatie. Die Geheimpolitik der europäischen Kanzleien vom Wiener Kongreß bis zum Ausbruch des Ersten Weltkrieges" Düsseldorf 1986
77) Palmer a.a.O. Seite 10

78) Kissingers Darstellung ist zugleich ein historisch-politisches Lehrbuch über die Möglichkeiten der Gestaltung eines dauerhaften Friedens. Seine auf die Gegenwart bezogene Absicht wird in der Feststellung deutlich, Daß "die Unmöglichkeit der friedlichen Ko-Existenz eines revolutionären und eines legitimen Gleichgewichts" durch die Erfahrungen des Congresses von Chatillon erwiesen wurde.(S.128). Fast wehmütig lobt Kissinger dieses Zeitalter, "when wars were limited and catastrophes almost inconceivable"(S.1). Den methodischen Schwerpunkt legt Kissinger auf diese hohe Kunst des Maßhaltens, wie sie in der Neuordnung Europas nach Napoleons endgültiger Niederlage und vor allem dank der diplomatischen Fähigkeiten des kontinentalen Staatsmannes Metternich und des insularen Politikers Castlereagh wirksam wurde.

79) Palmer a.a.O. Seite 75

80) Verstärkt wurde die ohnehin überragende Rolle der Diplomaten durch kommunikativ-technische Probleme, auf deren Bedeutung Palmer mit Blick auf die Verhandlungen im internationalen Bereich ausdrücklich hinweist. Palmer a.a.O.Seite 322

81) Henry Kissinger beantwortet diese Frage nicht.Er beschränkt sich mit seiner Darstellung auf den Zeitraum 1812-22. Auch lassen die übrigen Arbeiten Kissingers wenig Schlüsse auf das Scheitern des legitimen Systems zu.Diese Tatsache hängt sicherlich damit zusammen, daß es Kissinger im Grunde nie gelungen ist, "eine über die Gleichgewichtspolitik der Vorbilder Metternich und Bismarck hinausreichende, den Bedürfnissen des ausgehenden 20.Jahrhunderts gerecht werdende internationale Ordnungsvorstellung zu entwerfen." Siehe hierzu Erich Angermann zu Kissingers "Memoiren 1968-1973" in: Das Historisch-Politische Buch, 1980,Seite 63f Kissingers Charakterisierung der Beschaffenheit eines Staatensystems nach Maßstäben von "Legitimität" und "Revolution"ist wichtig,hier aber nicht ausreichend, da es nicht konkret auf die Hintergründe moderner Politikformulierung eingeht und den eigenen revolutionären Standpunkt der USA außer Acht läßt.Siehe auch Kissinger "Großmacht Diplomatie",a.a.O. Seite 7

82) Palmer a.a.O. Seite 377ff, auch 386f

83)ebenda

84) In welchem Maße Wilson seine eigene Außen- und Weltpolitik (gewissermaßen als Kind des bürgerlich-revolutionären Zeitalters) in sozioökonomischen Zusammenhängen wahrgenommen hatte, geht aus den folgenden Aussagen des Präsidenten hervor: Wilson wurde nach den russischen Novemberereignissen des Jahres 1917 die Frage gestellt:"What gave rise to the Russian Revolution?" Wilson fand in der allgemeinen Aussage die Antwort:"That answer can only be that it was the product of a whole social system".(Siehe J.Thompson :"Russia,Bolshevism and the Versailles Peace" a.a.O.S.385) Mit diesen Worten machte der amerikanische Präsident deutlich, daß seine Vorstellung vom Frieden nicht bloß die streng diplomatischen und militärischen, sondern auch die sozialen und innenpolitischen Aspekte einschloß.

85) Vgl.Winkler, Heinrich August "Gesellschaftsform und Außenpolitik" a.a.O. S.341

86) Gerade die eigenständige Form der Verbürgerlichung innerhalb der britischen Gesellschaft führte zu dieser liberalen Auffassung, den Gang der Geschichte nicht aufhalten zu wollen.Siehe hierzu Niedhart, Gottfried:"Geschichte Englands im 19. und 20.Jahrhundert" München 1987, hier insbesondere Seite 102 ff:"Innere Entwicklung und außenpolitisches Konfliktverhalten waren eng verzahnt.Exportinteressen verlangten nach Märkten.

...Wirtschaftliches Wachstum wiederum war fraglos ein Faktor, der die gesellschaftliche Integration und die Reformfähigkeit der staatlichen Institutionen günstig beeinflußte. Eine möglichst geringe Belastung der Gesellschaft durch Rüstung oder gar Krieg war wünschenswert im Interesse wirtschaftlicher Entfaltung und inneren Friedens. Kurz: Es bestand eine Wechselwirkung zwischen der Konsolidierung der Industriellen Revolution, der inneren Befriedung im Übergang zur Industriegesellschaft und der Politik der Friedenswahrung nach außen." In den Jahren nach dem Wiener Kongreß wurde deutlich, daß "Großbritannien eine Politik der freien Hand und der Bündnisfreiheit verfolgte." (Seite 105) So entfernte sich Castlereagh wieder von der Kongreßdiplomatie, als die Staaten der Heiligen Allianz (Rußland,Österreich und Preußen) in der Folgezeit den Interventionsgedanken gegen liberale Bewegungen und nationale Unabhängigkeitsbestrebungen in Italien, Spanien, Portugal und Griechenland strenger auslegen wollten.

87) Siehe hierzu Schieder: "Handbuch der Europäischen Geschichte" Bd.6 a.a.O., Seite 57 - 62, 131-134

88) Vgl. u.a.Schöllgen,Gregor:"Das Zeitalter des Imperialismus" a.a.O.: zum Wettrüsten (insbesondere Flottenrüstung) und Scheitern der europäischen Bündnispolitik Seite 70ff. Schöllgen sieht den europäischen Imperialismus und das internationale Friedensproblem als Erbe der industriellen Revolution,d.h. im Kontext des wirtschaftlichen und sozialen Umbruchs, der die bisherige machtstaatliche Problematik erweitert.Der Frieden im europäischen zwischenstaatlichen System wurde nicht mehr als gemeinsames Interesse wahrgenommen. Es galt alleine den nationalen Vorteil zu erzielen, das möglichst größte Stück vom Kuchen der Weltressourcen zu erhalten, wobei Bündnisse in erster Linie aus sicherheitspolitischen Erwägungen unter diesen Prämissen geschlossen wurden.

89) Siehe Niedhart: "Imperialismus,Krise,Zusammenbruch (1880-1945)" in Niemetz,Gerold und Uffelmann,Uwe (Hrsg.):"Epochen der modernen Geschichte"Sonderdruck Plötz,Freiburg, Würzburg. Seite 111f : "Vielmehr gilt es, die in die Moderne weisenden sozialen Konflikte, wirtschaftlichen Interessengegensätze und Verteilungskämpfe sowie die politischen Reformvorstellungen zu beachten. ... Die Staaten Westeuropas hatten vor dem Ersten Weltkrieg eine bessere Entsprechung von politischer und sozialer Verfassung erreicht, auch wenn sie mit vielfältigen Belastungen (Irland-Frage und Streiks in Großbritannien) und Anpassungskrisen (Dreyfus.Affäre in Frankreich) zu kämpfen hatten. ...Am Vorabend des Ersten Weltkriegs wurde also der ganze Kontinent immer noch von denselben Kräften regiert, die auch schon vierzig Jahre zuvor im Sattel gesessen hatten. ... Das internationale System schließlich sollte in seinen Grundfesten erschüttert werden. Der Krieg wirkte als Treibsatz für Veränderungen und Revolutionen und war selbst Ergebnis der Politik von zum Teil morbiden und bedrohten Regimes, die sich unfähig oder unwillig zeigten, internationale Konflikte unkriegerisch zu lösen... Die wenigen Ansätze zu internationaler Kooperation, Rüstungsbegrenzung oder gar institutionalisierter Konfliktkontrolle vor dem Ersten Weltkrieg sind gescheitert...Kaum jemand schenkte den warnenden Stimmen Glauben, die im Zeitalter der Technik und Hochindustrialisierung ein neues Kriegsbild vom "totalen" Krieg mit ungeahnten Menschen- und Materialeinsatz entwarfen."
Siehe auch Löwenthal "Internationale Konstellation und innerstaatlicher Systemwandel" a.a.O. , Seite 47f

90) Schieder"Handbuch der Europäischen Geschichte" Bd.6 a.a.O. Seite 110
91) Grundlegend zur weltpolitischen Planung und zur internationalistischen Publizistik der USA:Gollwitzer "Geschichte des weltpolitischen Denkens" Bd.II a.a.O. Seite 171ff, hier Seite 180, siehe auch zur Gründung amerikanischer Außenpolitik unter nationalen und sicherheitspolitischen Gesichtspunkten: Ammon, Harry:"The Monroe Doctrine:Domestic Politics or National Decision?" in: Diplomatic History,5, 1981, Seite 53ff
Vgl. auch Fiebig-von Hase,Ragnhild:"Amerikanische Friedensbemühungen in Europa, 1905-1914" in :Liberalitas. Festschrift für Erich Angermann, Stuttgart 1992, Seite 285ff
92)ebenda Seite 185
93)ebenda Seite 188
94)ebenda Seite 172
95) In dieser Überzeugung und theoretischen Vorstellung korrespondieren Walter Lippmann und Woodrow Wilson in beeindruckender Weise, wobei Lippmann den Schwerpunkt auf den sicherheitspolitischen ,Wilson eher auf den international-solidarisch-moralischen - und erst in zweiter Linie auf den sicherheitspolitischen - Aspekt legte. So wie Croly verknüpfte auch Lippmann, macht- und realpolitische Aspekte mit einer dauerhaften und festen Bindung an den Internationalismus im Sinne der "civilized union of nations" und "common interest of the Western World". Lippmann ging es, wie der Autor Dierk Freytag treffend formuliert, um die vernünftige Wahrnehmung des nationalen Interesses in "einer allgemeinen, der gesamten Menschheit dienenden Synthese zwischen Sendungsbewußtsein und dem eben gewonnenen Großmachtgefühl" und die Ersetzung der "europäischen Kabinettspolitik entstammenden Gleichgewichtspolitik durch eine progressive Weltpolitik". Siehe hierzu: Freytag,Dierk:"Die Vereinigten Staaten auf dem Weg zur Intervention. Studien zur amerikanischen Außenpolitik 1910-14", Heidelberg 1971, Seite 142 Hinsichtlich der Übereinstimmungen bzw. Differenzen zwischen Lippmann und Wilson grundlegend: Lippmann, Walter:"U.S.Foreign Policy.Shield of the Republic" Boston 1943; deutsch: "Die Außenpolitik der Vereinigten Staaten" Zürich 1944, Seite 22f und Seite 46ff
96) Siehe Lippmann, Walter: "The Stakes of Diplomacy" New York 1915, Seite 129, deutsches Zitat in: Gollwitzer a.a.O. Seite 181
97) Gollwitzer ebenda Seite 172f
98) Auch nach 1898 war die Innenpolitik wieder stärker in den Vordergrund amerikanischer Politikformulierung getreten.Siehe hierzu Osgood "Ideals and Self-Interest..." a.a.O. Seite 92
99) Croly "The Promise of American Life" New York 1909, Seite 289
100) Gollwitzer a.a.O.Seite 173
101) Gollwitzer ebenda Seite 188. Siehe zu dem Begriff "amerikanistisch" bzw. "Americanism" ebenda Seite 256 ff Das Ziel war eine Pazifizierung der Weltpolitik auf dem Wege der Weltwirtschaft.
102) Vgl.ebenda Seite 253
103) Gollwitzer ebenda Seite 193
104) Mayer,Arno J.:"Political Origins of the New Diplomacy 1917-1918" New Haven 1959
105) Zitat bei Gollwitzer, Bd.2, a.a.O. Seite 193f
106) Siehe hierzu die bemerkenswerte Studie von Timmermann, Heinrich :"Friedenssicherungsbewegungen in den Vereinigten Staaten von Amerika und in Großbritannien während des Ersten Weltkrieges" Frankfurt/M.,Bern, Las Vegas 1978. Zu Beginn oder im

Verlauf des Ersten Weltkrieges traten in zahlreichen Ländern an die Stelle der traditionellen Friedensgesellschaften mit ihrem klassischen, pazifistischen Programm neue Organisationen, deren spezifische Organisationsformen, Programmatik und Wirkungsmethode die gewandelte Situation in anzupassender Weise reflektieren wollten. Timmermann untersucht die beiden wichtigsten jener Organisationen im angloamerikanischen Bereich, die aufgrund bereits in der Vorkriegszeit gewonnener außenpolitischer Überzeugungen entstanden: die American League to Enforce Peace (LEP) und die britische Union of Democratic Control (UDC). Unverkennbar ist hier, wie Timmermann mit zahlreichen Details belegen kann, die folgenreiche, vielfach über House vermittelte Einwirkung der LEP auf das außenpolitische Denken und Handeln Wilsons ,seinen Entschluß, in den Ersten Weltkrieg einzutreten, und im weiteren Zeitablauf auf die Kriegszielpolitik des Präsidenten, für welche die Propaganda der LEP unter dem Slogan "Win the War for Permanent Peace" wirkungsvolle Unterstützung bot.

107) Deutsche Übersetzungen der Zitate aus Lippmann "The Stakes" bei Gollwitzer,Bd.2,a.a.O. Seite 195

108) Siehe hierzu Gollwitzer ebenda Seite 264f

109) ebenda Seite 266

110) ebenda

111) ebenda

112) Siehe Croly a.a.O. Seite 305f und Gollwitzer ebenda S. 189

III.1.Das Theorie Verständnis des Gelehrten und Staatsmannes Woodrow Wilson

III.1.1. Internationalistische Orientierung und Übernahme des spezifisch amerikanischen Theorie-Verständnisses

1) Der Begriff "Weltbild" ist i.S.von Max Weber und im Sinne eines "Bildes von der Welt",d.h. der Wahrnehmung der weltpolitischen Bedingungen, zu verstehen.

2) Grundlegend zur "Irony of Fate"-These siehe Cooper, John Milton jr.: " "An Irony of Fate":Woodrow Wilson's Pre-World War I Diplomacy" in: Diplomatic History, Bd.3,Nr.4, Herbst 1979, Seite 425 ff

3) Zitiert aus Baker, Ray St.:"Woodrow Wilson. Life and Letters", New York 1968, Bd.4, Seite 55.

4) Siehe Cooper a.a.O. Seite 425

5) Eine Neueinschätzung der "irony of fate"-Sicht ist längst überfällig.In diesem Zusammenhang ist auch die hier mit Blick auf die Wilsonsche Außenpolitik vorgenommene Untersuchung des Theorieverständnises auf der Basis der neuen Quellensammlung der Wilsonpapers für eine Neueinschätzung von großem Nutzen. Zur Erlangung eines historisch realitätsgerechteren Befundes sind seit Ende der siebziger Jahre die Bände 27 - 30 der Wilson Papers von größtem Wert, die darüber hinaus für die Analyse der Wilsonschen Mexiko-Politik heranzuziehen sind.

6) Vgl.Cooper a.a.O. Seite 428

7) ebenda Seite 426 So beschäftigte sich Wilson mit:"the dispute of Japan over California's land laws, the Panama Canal tolls exemption" und schließlich auch mit den für Wilsons außenpolitische Grundhaltung so aufschlußreichen revolutionären Ereignissen in Mexiko. Siehe auch Wilson Papers Bd.27 und 28

Darüber hinaus grundlegend: Mulder, John M.:"Woodrow Wilson: The Years of Preparation" a.a.O.
8)Cooper a.a.O. Seite 428.
9)So beschäftigt sich das Kapitel über den Gelehrten Wilson insbesondere mit dem ersten Kritikpunkt und in der erkenntnistheoretischen Untersuchung der Bestandteile des Wilsonschen Internationalismus mit dem dritten Punkt, während sich das Kapitel über die praktische Mexikopolitik Wilsons mit den Kritikpunkten zwei bis vier näher auseinandersetzt.

III.1.2.Der Gelehrte Woodrow Wilson : Die Wurzeln des Wilsonschen Internationalismus

10)Für die Problemstellung der vorliegenden Arbeit sind in erster Linie neben den konkreten Aussagen Wilsons zur amerikanischen Außenpolitik seine Gedanken über die politischen Gestaltungsmöglichkeiten der USA von Bedeutung. Mit Blick auf die bisherige Forschung gilt es festzustellen, daß in der von der Williams-Schule geprägten Forschungsrichtung bislang versäumt wurde,die theoretischen Arbeiten Wilsons hinreichend in den Gesamtzusammenhang der Widersprüchlichkeiten der politischen Kultur der USA und der praktischen Politikformulierung ihres 28.Präsidenten zu integrieren.Es ist deshalb eine differenziertere Sichtweise nötig, die insbesondere die neueren Erkenntnisse der New Left mit den konzeptionellen Zielen des Gelehrten Woodrow Wilsons in einer "Zusammenschau" verbinden kann.
11) Die vorliegende Arbeit möchte nur einige, für das Theorieverständnis Wilsons relevante, biographische Gesichtspunkte herausstellen. Grundlegend sei hier auf folgende Biographien verwiesen: Link,Arthur S.:"Wilson. The Road to the White House" Princeton,Neuauflage 1968 Clements,Kendrick:"Woodrow Wilson.World Statesman" a.a.O. Mulder,John:"W.W. The Years of Preparation" a.a.O. Thorsen,Niels Aage:"The Political Thought of Woodrow Wilson 1875-1910" Princeton,New Jersey 1988 Schwabe,Klaus::"Woodrow Wilson. Ein Staatsmann zwischen Puritanismus und Liberalismus" Musterschmidt Göttingen 1971.Im folgenden mit Schwabe "Wilson..." zitiert. Darüber hinaus sind die Quellenbände I - XXV der Wilsonpapers grundlegend für Wilsons Jugend und beruflichen Werdegang. Arbeiten, die vor der Veröffentlichung dieser Quellenbände erschienen sind, leiden oftmals an einer gewissen Zusammenhanglosigkeit und an der ihnen fehlenden historischen Genauigkeit . So z.B. Bragdon, Henry Wilkinson:"Woodrow Wilson: The Academic Years" Harvard University Press 1967.

III.1.2.1.Lebensgeschichtliche Faktoren

12) Schwabe "Wilson.." ebenda Seite 7. Der Autor spricht hier die Wurzeln des Progressive Movement an,die auch auf Wilson unmittelbar einwirkten .
13) Siehe zu der Entwicklung des Progressive Movement,d.h. von seiner Enstehung bzw. vom Beginn der Konversion bis zu seiner Auswirkung auf Präsident Wilson: Crunden, Robert "Ministers of Reform.The Progressive'Achievement in American Civilization 1889-1920" a.a.O., hier vor allem Kapitel 1 :"The Conversion to Social Reform" Seite 16ff Thorsen a.a.O. Einleitung Seite IX
14) Schwabe "Woodrow Wilson ..." a.a.O. Seite 7
15)ebenda Seite 8

16) Link "The Road to..." a.a.O. Seite 2, insbesondere Mulder nimmt sich der Persönlichkeit Joseph Ruggles Wilson an,dem er ein ganzes Kapitel widmet . a.a.O. Seite 3-28 Siehe Wilson Papers Bd.1 und Bd.2: Diese Bände behandeln mit den Jahren 1856 bis 1884 die Jugend Wilsons, seine Studenten- und Doktorandenzeit und das kurze Intermezzo seiner Rechtsanwaltstätigkeit.Der Anteil an erstmalig veröffentlichtem Material, ist,nach Angaben Klaus Schwabes (in:HZ 1969, Bd.209,Seite 227), für diesen Zeitraum besonders groß. So geben das Tagebuch, das Wilson als Student in Princeton geführt hat, sein erstes Buchmanuskript "Government by debate" (1882) und der Briefwechsel mit seinem Vater und mit seinem Freund Robert Bridges Auskunft über Wilsons geistige und lebensgeschichtliche Entwicklung. Siehe auch Thorsen a.a.O. Seite 3-17

17) Vgl. Wilson Papers Band I, Seite 149

18) Zitat bei Schwabe "Wilson..." a.a.O. Seite 9

19) Siehe hierzu den frühen Aufsatz Wilsons "Mr.Gladstone:A Character Sketch" in:Baker/Dodd "PPWW" Bd.1, Seite 63-88 bzw. "William Gladstone" April 1880,Wilson Papers Bd.1, Seite 628,635. Siehe auch Mulder a.a.O. Seite 65 Vgl. Thorsen a.a.O. Seite 17ff Mit Blick auf Wilsons erkenntnistheoretische-methodische Orientierungen wird weiter unten Wilsons Gladstone-Rezeption näher behandelt.

20) Schwabe "Wilson..." a.a.O. Seite 9

21)ebenda

22) Zitat bei Mulder a.a.O. Vorwort Seite XII Diese Überzeugung, daß Wilson im Grunde schon immer seine eigene lebensgeschichtliche Bestimmung in einem politischen Wirken sah, stellt auch den eigentlichen Ausgangspunkt für Mulders Arbeit "Woodrow Wilson. The Years of Preparation" dar. Siehe auch Thorsen a.a.O., insbesondere Kapitel II und III, Seite 41ff

23) Vgl. insbesondere die häufigen Briefwechsel Wilsons mit seinem Freund Robert Bridges und mit dem Vater in Wilson Papers Bd.1 und Bd.2. a.a.O. Vgl. auch Schwabes Rezension dieser Bände in:HZ 209, Seite 228

24) Vgl.Wilson Papers Bd.2, Seite 604

25) Siehe hierzu Weinstein,Edwin A.:"Woodrow Wilson's Neurological Illness" in: The Journal of American History,Bd.57, 1970/71 Seite 324 ff, und vor allem ders."Woodrow Wilson:A Medical and Psychological Biography" (Supplementband 5 der Wilson Papers) Princeton 1981. Der Verfasser dieser Biographie ist Neurologe und Psychotherapeut. Er arbeitet eine Krankengeschichte und Persönlichkeitsentwicklung heraus, die insbesondere in der Rolle der unkritischen und bewundernden Mutter eine Grundlage für eine gewisse Selbstüberschätzung des späteren Präsidenten sieht.Die medizinische Diagnose zeigt Wilson als eine von Natur aus robuste Persönlichkeit, die jedoch von Jugend an an psychosomatischen Störungen und, seit dem ersten Schlaganfall im Jahre 1896, an fortschreitender Ateriosklerose litt, die nach mehreren leichten den schweren Schlaganfall vom 2.10.1919 verursachte. Auch wenn Weinsteins umfangreiche Untersuchung für einen Historiker z.T. einen Kuriositätswert darstellt,so ist es dennoch sein Verdienst, die historisch recht unbrauchbare Studie von William Bullit und Sigmund Freud "Thomas Woodrow Wilson.A Psychologhical Study" (Boston 1967) nun ganz überflüssig gemacht zu haben. Vgl. hierzu die Rezension von Klaus Schwabe in HZ 1985, Bd.240,Seite 454f

26) Diese Feststellung ist mit Blick auf die Umsetzungsmethode Wilsonscher Wertvorstellungen auf dem Bereich der Außen-, Friedens- und Weltpolitik, sowie hinsichtlich der Konstruktion

Wilsonscher "Feindbilder" von Bedeutung.Feindbilder, die insbesondere durch die Nichtakzeptanz Wilsonscher Wert- und Ordnungsvorstellungen in anderen politischen Räumen bei Wilson hervorgerufen wurden. So sah Wilson durch die Brille seines subjektiven Weltbildes u.a. auch in Mexiko in den Jahren 1913/14 ein "Feindbild".

27) Obwohl Wilson mit Blick auf eine politische Betätigung zunächst Rechtswissenschaft studiert hatte, gehörte sein eigentliches Interesse der Geschichte,der Staatslehre und der Literatur . Nachdem er kurze Zeit den Rechtsanwaltsberuf ausgeübt hatte, fühlte er sich mit Blick auf seine eigentlichen Interessengebiete bewogen, eine Karriere als Professor der Politik- und Geschichtswissenschaften anzustreben. Vgl.Link,A.:"The Road to the White House" a.a.O. Seite 5ff

28) Schwabe in HZ 209,a.a.O. Seite 228. Vgl.zum Einfluß des Vaters und zur Berufsentscheidung Wilsons die Wilson Papers Bd.2, hier u.a. Seite 338,358, 500f

29) Siehe hierzu u.a. "Cabinet Government in the United States" (1879) in :"PPWW" Bd.1, a.a.O. Seite 19ff, hier Seite 39 Vgl.Link,A.:"The Road to the White House" a.a.O. Seite 15 In diesem Aufsatz geht u.a. auch Wilsons Orientierung an dem britischen Verfassungsrechtler Bagehot hervor, der im verfassungrechtlichen Bereich,vor allem mit Blick auf die Forderung nach einer starken,aus dem Parlament heraus bestimmten, aber frei agierenden Regierung, geistig großen Einfluß auf Wilson ausübte.Vgl. hierzu Seite 30 der PPWW Bd.1: "free government is self-government, - a government of the people by the people". Siehe zu Bagehot grundlegend Nuscheler,Franz:"Walter Bagehot und die englische Verfassungstheorie" Meisenheim 1969 Hinsichtlich der erkenntnistheoretischen Orientierung Wilsons wird weiter unten Bagehot nochmals behandelt.

30) Siehe "Congressional Governemt: A Study in American Politics"(Jan. 1885) in: Wilson Papers Bd.4 , Seite 13 bis 179 Siehe auch Link "The Road.." a.a.O.Seite 19:"The success of Congressional Government intensified Wilson's desire for an active political career" Thorsen a.a.O. Seite 41ff

31) Vgl. Schwabe "Wilson..." a.a.O. Seite 12 und Link,A.:"The Road to the White House" a.a.O. Seite 13f und Clements "World Statesman" a.a.O. Seite 16ff sowie Mulder "Years of Preparation" a.a.O. Seite 80ff

32) Siehe Wilson Papers Bd.7, Seite 12ff (Oktober 1890-Jan.1891) Grundsätzlich zu Wilsons Princeton-Jahre hier Mulder a.a.O. Seite 111ff und 131ff "Professor at Princeton - The Philosopher of Law" und "The Literary Historian". Wie sehr die Berufung nach Princeton und die dortigen Entfaltungsmöglichkeiten die persönliche Entwicklung und wissenschaftliche Kreativität Wilson steigerten, geht u.a. aus der Bemerkung Mulders (a.a.O. Seite 111) hervor: "Wilson was extremly happy to teach at Princeton, and although his twelve years as a professor were hardly idyllic or restful, they were among the happiest of his life". Link "The Road to the White House" a.a.O. Seite 21ff,Schwabe "Wilson.Ein Staatsmann..." a.a.O. Seite 13ff

33) Siehe z.B. Bd.5 der Wilson Papers Seite 27ff,407f,441ff zu röm. und griech. Geschichte, zur Reformation Seite 487ff

34) Vgl. Wilson Papers Bd.5, Seite 359ff "The Study of Administration". Siehe auch Wilson Papers Bd.6 Seite 484ff Bereits der Index dieses Bandes verrät wie sehr Wilson deutsche Verwaltungs- und Verfassungsrechtsliteratur für seine Studien heranzog.Bd.6. Seite 707. Siehe auch Mulder a.a.O. Seite

117f:"Wilson's interest in administration had first been stimulated by Richard T.Ely at Johns Hopkins during 1884-1885...Wilson once again relied heavily on German authorities - Johann C. Bluntschli, Heinrich Rudolf von Gneist, as well as the Volumes in Marquardsen's Handbuch des Öffentlichen Rechts der Gegenwart."

35) Ihrer ursprünglichen Konzeption folgend haben die Herausgeber der Wilson Papers nur einige charakteristische Aussagen und Bemerkungen abgedruckt, Siehe Wilson Papers Bd.8 Seite 141-48. Siehe "Division and Reunion,1829-1889" New York 1894 Vgl. auch Clements "W.W. World Statesman" a.a.O. Seite 22. Die Übereinstimmung mit Turners Thesen gehen,wie die Wilson Papers zum Vorschein bringen,u.a. durch den ständigen Gedankenaustausch der beiden Gelehrten hervor. Darüber hinaus ersuchte Wilson Turner, ihn bei diesem Vorhaben zu unterstützen. Siehe Wilson Papers Bd.6 Seite 368ff und den Kommentar Turners in Bd.8 der Wilson Papers Seite 278f:"I am one of the enthusiasts over your Division and Reunion"

36) Woodrow Wilson:"The State. Elements of historical and practical politics.A sketch of institutional history and administration" Boston 1889. Von "The State" wurden in den Wilson Papers nur einige charakteristische Abschnitte, so über die Funktion und Ziele der Regierung, abgedruckt. Siehe Wilson Papers Bd.6,Seite 253-311. Der vollständige Inhalt wurde inklusive eines Geleitwortes des amerikanischen Präsidenten Wilson im Jahre 1913 in deutscher Sprache unter dem Titel "Der Staat.Elemente historischer und praktischer Politik" in Leipzig herausgegeben.

37) Siehe Band 4 der Wilson Papers, Seite 255 Vgl. Schwabe Besprechung der Wilson Papers in HZ 215, 1972, Seite 228

38) Vgl. Schwabe "Wilson..."a.a.O. Seite 14 . Siehe auch Link "The Road to the White House" a.a.O. Seite 37ff

39) Vgl.Link,Arthur "The Road ..." a.a.O. Seite 59ff . Das Kapitel ist überschrieben mit "The Battle of Princeton", was bereits Wilsons Einsatzbereitschaft für eine von ihm bedeutende Angelegenheit zum Ausdruck bringt. Siehe grundlegend auch Wilson Papers Bde. 14-17. Sie bringen Wilsons rastlose Reformtätigkeit, die von einer Straffung und Rationalisierung der Studiengänge über die Einführung eines Tutorensystems nach englischem Vorbild bis zum Versuch einer Abschaffung des elitären Mittagstisch-Klubs und dem Neubau einer Graduiertenschule ging,und die damit im Zusammenhang stehenden Auseinandersetzungen mit den "alten Herren" und wissenschaftlichen Kollegen zum Ausdruck. Siehe zu Wilsons Rücktritt Bd.20 Seite 189 und 501.

40) Vgl.Schwabe "Wilson" a.a.O. Seite 16f

41)ebenda Seite 17. Vgl. auch Link "The Road..." a.a.O. Seite 93ff.

42) Der äußere Anlaß für den Beginn der politischen Karriere Wilsons war eine am 3.2.1906 von Harvey vor dem Lotos-Club gehaltene Rede, in der dieser der Öffentlichkeit Wilson als künftigen demokratischen Präsidentschaftskandidaten vorstellte.Vgl. Bd.16, Seite 292ff. Aufschlußreich ist die Reaktion Wilsons, der von den universitären Rückschlägen entmutigt sich bereits als Erneuerer der demokratischen Partei sah. Siehe hierzu das charakteristische Selbstzeugnis in Wilson Papers Bd.18, Seite 479f.

43) Siehe sein für die politischen Freunde verfaßtes "Credo" in Wilson Papers Bd.17, Seite 335ff. Wilson unterstrich hierin den Verzicht auf eine Beaufsichtigung der freien Wirtschaft durch Regierungskommissionen,die Erhaltung der individuellen

Vertragsfreiheit und mögliche Kontrollen wirtschaftlicher Macht nur durch Gerichte. Der erste Schlüssel in der Entwicklung Wilsonscher Ansichten über wirtschaftliche Fragen findet sich in einem Beitrag,den Wilson im Auftrag seines Professors Ely im Rahmen eines Forschungsprojektes mit dem Titel "History of Political Economy in the United States" schrieb. Der Autor William Diamond betont in seiner Untersuchung "The Economic Thought of Woodrow Wilson" (Baltimore 1943), daß in diesem Beitrag nur wenig von persönlichen Ansichten Wilsons deutlich werden."He characterized it as "a colorless... description," and observed that it both "contained little of Wilson himself" and suggested that Wilson might have been familiar with the classical economists and German historical economists." Zitat:Wilson Papers Bd 4 (1885) Seite 630 "Editorial Note. Wilson's "History of Political Economy in the United States". Zu den wirtschaftswissenschaftlichen Studien siehe Thorsen a.a.O. Seite 68ff Siehe hierzu auch Mulder a.a.O. Seite 83. Mulder betont, daß in der Tat "the essay is little more than Wilson's compendium of the views of various economists".Wilson habe in diesem Beitrag vor allem den Wünschen Ely's entsprochen "to cover American political economists from Henry C.Carey to the present... Wilson demonstrated an abiding distaste for economic theory per se. He was fond of Adam Smith, but as in in his political studies, Wilson was primarily concerned with how society funtioned, economically and polically. Ely's influence on Wilson was due in large meassure to Wilson's own desire to view society in historical terms, to see how institutions adapted to changing social conditions." Zitat:Mulder a.a.O. Seite 84. Für Wilson schienen eher die praktisch-politischen Auswirkungen einer Wirtschaftsordnung interessanter zu sein als die unterschiedlichen Theoriemodelle "considerable suspicion of all theory per se. particularly theory allegedly based upon theology; and that he was himself, at least to this point, very latitudinarian and open in approach and believed that ecomic theories and policies were the product of local situations and historical development" (Wilson Papers Bd.4.Seite 630f). Auch seine Smith-Lektüre (Wilson Papers Bd.2. Seite 537-42 "Editorial Note to Wilson's Lecture on Adam Smith") zeigt zum größten Teil Wilsons Interesse an den politischen und moral-philosophischen Aussagen,die im Grunde auch in der praktischen Politik seine eigentlichen unumstößlichen Leitlinien blieben. Auf dieser Grundlage konnte Wilson sowohl Kapitalismus,freies Spiel der wirtschaftlichen Kräfte, **Freihandel** und das ganze Wirtschaftssystem seines Landes gutheißen als auch pragmatische Reformen im Bereich der Wirtschaft als politische Notwendigkeit verteidigen.Anscheinend vertrat Wilson, wie u.a. seine späteren innenpolitischen Reformmaßnahmen zeigen, die Meinung, daß je nach Lage der Dinge die von der amerikanischen Regierung vorgenommenen Eingriffsmöglichkeiten ausreichend sein müssen, damit Gesellschaft und Wirtschaft in einen gesunden Einklang gebracht werden können (der Primat des Staates!).Wilson ging hierbei innerhalb der historischen Strukturen seines Landes in einem **pragmatisch-undogmatischen** Verständnis auf, wobei sich hinsichtlich seiner politischen Orientierungen und inhaltlichen Aussagen durchaus Widersprüche ergeben konnten, die Wilson zu einem wechselhaften und schwierigen Parteigänger machten. Vgl. Schwabe "Wilson..."a.a.O. Seite 21

44) Siehe hierzu Crunden "Ministers of Reform.The Progressives'Achievement..." a.a.O. Seite 226f. Crunden unterstreicht diesbezüglich die progressivistische Rolle von William Jennings Bryan für die Demokraten:"Although he represented the broad middle range of public opinion away from the Atlantic Coast better than any other public figure, everything about him offened politicians suddenly out of power and the journalists scaring themselves for twenty years about the raving radical from the West. At the time, few were willing to acknowledge Bryan's role in rebuilding the Democratic Party or in developing a public audience for many of the reforms for which Woodrow Wilson and Franklin D.Roosevelt later took credit."

45) Siehe grundlegend zu Wilsons Entschluß, in die große Politik einzutreten, zu Wahlkampf und -sieg als demokratischer Kandidat für den Gouverneurs-Posten: Wilson Papers Bd.19 (1909/10) - Bd.23 (1911). Clements "W.W.World Statesman" a.a.O. Seite 50ff Während dem politischen Neuling Wilson die Progressiven der eigenen und der republikanischen Partei von Tag zu Tag begeisterter zujubelten,mußten ihm seine konservativen Parteifreunde, die ihn in den Sattel hoben, "mehr oder weniger zähneknirschend Gefolgschaft leisten". Siehe Schwabe "Wilson.." a.a.O. Seite 22 Siehe auch Baker "WWLL" Bd.3, Seite 129ff:"Governor of Ne Jersey.The Crusading Reformer" Vgl. auch Link,Arthur S."The Road..." a.a.O. Seite 283ff und ders."Wilson.The New Freedom" Princeton 1956

46)"Bereits im Anfangsstadium seiner Wahlkampagne konnte Wilson sich davon überzeugen, daß die Parolen des Progressivismus die politische Szene Amerikas beherrschten.Präsident Taft als konservativer Kandidat kam gegen diese Stimmung von vornherein nicht an" . Schwabe ebenda Seite 24
Vgl. auch Link,Arthur S."The Road..." a.a.O. Seite 309ff, 316-345

47)"First Inaugural Address as President of the United States. Delivered march 4,1913" in: "PPWW" Bd.3, Seite 5f

48) Siehe hierzu Clements a.a.O. Seite 90ff.Zum engsten und einflußreichsten Beraterstab gehörten vor allem der wirtschaftspolitische Berater Louis Brandeis und die "Graue Emminenz" im Weißen Haus und Wilsonfreund : Edward M.House (Colonel House), der als Verhandlungskünstler und Manipulator, einschließlich der Friedensverhandlungen in Versailles, Wilson unentbehrliche Dienste erwies, ohne ein genau bestimmtes politisches Amt je inne gehabt zu haben.(Siehe zur besonderen Rolle House'die einleitenden Bemerkungen in Inga Flotos "Colonel House in Paris" Aarhus 1973). Ferner gehörte Wilsons Privatsekretär Joseph Tumulty zu dem inneren Kreis der Wilson-Berater.Tumulty sorgte vor allem für bessere Beziehungen des Präsidenten zur Presse und zum Militär. Siehe hierzu Link,Arthur S. "New Freedom" a.a.O. Seite 140ff auch Seite 84 und 93ff Vgl. auch Schwabe "Wilson..." a.a.O. Seite 28:"Im Vergleich zu diesen inoffiziellen Ratgebern verfügten die Mitglieder des Kabinetts nur über einen begrenzten Einfluß". Siehe zu Wilsons Auswahl des Führungspersonals und der Botschafter die verschiedenen Beiträge der Wilson Papers Bd.27 (1913),z.B. Seite 61ff,111ff

49) Schwabe "Wilson..." a.a.O. Seite 30

50) Siehe hierzu auch die von William E. Leuchtenburg verfaßte Einleitung zu "Woodrow Wilson.The New Freedom" hrsg.von William E.Leuchtenburg, Englewood Cliffs,New Jersey,1961

51) Schwabe "Wilson..." a.a.O. Seite 37

III.1.2.2.Erkenntnistheoretische Hintergründe des politischen Gestaltungswillens Woodrow Wilsons

52) Vgl.Cooper a.a.O. Seite 429
53) Die ausführlichste Beschäftigung mit Wilsons frühem außenpolitischen Denken bleibt die Arbeit von Notter, auf die mit Blick auf weitere Einzelheiten in diesem Zusammenhang hier verwiesen sein soll.Sie wird weiter unten hinsichtlich der Auseinandersetzung mit Wilsons konkreten außenpolitischen Vorschlägen nach 1898 eine grundlegende Informationsquelle darstellen. Darüber hinaus ist die Arbeit Niels Thorsens (a.a.O.), die systematisch den Wilsonschen Nationalismus und Patriotismus in den Jahren 1875-1910 aufarbeitet, für eine weitere Analyse der außenpolitischen Orientierungen des späteren Präsidenten heranzuziehen. Siehe auch Wilsons Antrittsrede vom 4.März 1913 in PPWW,Bd.3 a.a.O. und Cooper a.a.O. Seite 429
54) Vgl.Schwabe "Wilson..." a.a.O., Seite 37:"Obwohl sich Präsident Wilson in erster Linie als innerer Erneuerer verstand, hatte er doch **schon als Professor** allgemeine Vorstellungen zur Außenpolitik seines Landes entwickelt." So zeigen u.a. die Wilson Papers - mit Blick auf konkrete außenpolitische Aussagen vor 1898 - den späteren Präsidenten als dezidierten Fürsprecher für ein möglichst enges Zusammengehen der beiden angelsächsischen Brudervölker. Siehe hierzu z.B. Wilson Papers Bd. 9, Seite 365, siehe auch Schwabe in HZ 215, Seite 228. Wilsons Begeisterung für das englische Vorbild wurde nochmals bestärkt, als er im Jahre 1896 seine erste Englandreise unternahm.Wilson Papers Bd.9, Seite 523ff
55)Für die vorliegende Analyse über Wilsons Theorieverständnis galt es aus der Fülle Wilsonscher Publikationen eine Selektion aussagekräftiger Aufsätze vorzunehmen, die sowohl Wilsons erkenntnistheoretische Grundhaltung als auch die Auswirkung auf seine außenpolitische Konzepte zum Ausdruck bringen konnten.Hier kommen im Gegensatz zu den großen wissenschaftlichen Arbeiten wesentlich deutlicher die persönlichen und wertbezogenen Gedanken,Stellungnahmen und Weltanschauungen Wilsons zum Vorschein.
56) Siehe "Congressional Governemt: A Study in American Politics"(Jan. 1885) in: Wilson Papers Bd.4 , Seite 13 bis 179 Siehe auch Link "The Road.." a.a.O. Seite 12f und Mulder a.a.O. Seite 80f, Thorsen a.a.O. Seite 41ff Siehe zu Bagehot und seiner "Praxisorientierung": Nuscheler,Franz:"Walter Bagehot und die englische Verfassungstheorie" a.a.O.: "Diese Theorie der Gewaltenteilung...stand im Mittelpunkt seiner (Bagehots) polemischen Kritik.Es ging ihm in seinem ganzen Werk darum, sie ad absurdum zu führen, weil er in dem Nachweis ihrer Irrelevanz die Voraussetzung seiner Theorie parlamentarischer Regierungsweise sah." (Seite 6 und Seite 2:) "Der eigene Anspruch Bagehots, die klassischen Irrlehren Montesquieus,Blackstones, De Lolmes und ihrer Epigonen durch die Beschreibung der `rauhen Wirklichkeit', des Seins statt des Sollens oder Scheinens, überwunden zu haben, wurde sehr bald ohne kritische Überprüfung hingenommen." (Hervorhebungen durch den Verfasser der vorliegenden Arbeit)
57) Vgl. Young,Roland:"Woodrow Wilson's Congressional Government Reconsidered" in:"The Philosophy and Policies of Woodrow Wilson" hrsg. von Earl Latham, Chicago 1958, Seite 202-208
58) Zitate Mulder a.a.O. Seite 80

59) Link "The Road..." a.a.O. Seite 6
60) Mulder a.a.O. Seite 80. Schon hier ist die Bedeutung von responsible government und self-government für Wilson im Zusammenhang mit einer bewußten christlichen und religiösen Einstellung, die ein Staatsmann haben sollte, zu erkennen. Siehe auch Mulder ebenda Seite 65f
61) Im Vorwort der 15.Auflage von "Congressional Government" gibt Wilson zu, daß die neuere Verfassungspraxis mit Blick auf das Hervorteten der USA als Imperialmacht (das er grundsätzlich befürwortet) zeigt, daß sich die Stellung des Präsidenten mittlerweile gestärkt hatte. Siehe hierzu Wilson Papers Bd.11, Seite 567ff Zur Forderung eines starken Präsidentenamtes siehe "Congressional Government" in Wilson Papers Bd.4 (1885), Vorwort, danach sollte der Präsident "utter every initial judgement, take every first step of action, supply the information upon which it is to act, suggest and in large, measure control its conduct." Siehe Seite 34ff Vgl. auch Ambrosius "Woodrow Wilson and the American Diplomatic Tradition.The Treaty Fight in Perspective" a.a.O. Seite 3. Im folgenden nur als Ambrosius a.a.O. zitiert.
62) Mulder ebenda Seite 81
63) Siehe z.B. "An Outline of the Preface to "The Philosophy of Politics" (Jan. 1891) Bd.7 der Wilson Papers Seite 98ff. Siehe auch Bd.5 (1885-1888), Bd. 23 (1911-1912) der Wilson Papers
64) Zitate:siehe "Editorial Note to Wilson's First Treatise on Democratic Government" in: Wilson Papers Bd.5, Seite 54f
65) Siehe auch Journal of American History Bd.57, 1970/71 Seite 899,Buchbesprechung der Wilson Papers Bd.7/8
66) Vgl. hierzu die Rezension Siegfried Brie's (Breslau) vom 1.Nov. **1890** in : Wilson Papers Bd.7, Seite 59f
67) Siehe Wilson "Der Staat" a.a.O. Seite 472f
68)ebenda Seite 444f.Für den Begriff "Herkommen" benutzte Wilson im englischen Originaltext den Ausdruck "custom", der u.a. auch im Sinne von "Brauch","Sitte" und "Gewohnheitsrecht" übersetzt werden kann. Wilson schrieb in einer Anmerkung:"I adopt here the classification usual in English writings on Jurisprudence". Vgl."From the State" in: Wilson Papers Bd.6, Seite 266 und 270.
69) Mulder a.a.O. Seite 119
70) Wilson "Der Staat" a.a.O. Seite 446f, siehe auch Seite 463f im Zusammenhang mit den von Wilson zugeschriebenen Funktionen der Regierung den Gliederungspunkt "Die Regierung die Verkörperung der Gesellschaft" Siehe hierzu auch Thorsen a.a.O. Kapitel V:"From Family to National Society:Wilson's Idea of the Democratic State", Seite 89ff
71) "Notes on Administration (Jan.1891)", hier "III.The Idea of the State and of its Functions: 1.The real Nature of the (Historical) State", eingeleitet durch das deutsche Stein-Zitat:"Die Idee des Staats ist das Gewissen der Verwaltung", in Wilson Papers Bd.7, Seite 124. Siehe auch zu Wilsons **Staatsbestimmung** als **"höheres Sein"** Mulder a.a.O. Seite 119, Thorsen a.a.O. Seite 117ff
72) Vgl.Schwabe in HZ 215, Seite 228
73) Wilson "Der Staat" a.a.O.Seite 476
74) Siehe Wilson Papers Bd.5 Seite 359ff, Zitat Seite 360
75) Mulder a.a.O. Seite 117
76) Vgl. "The Study of Administration" a.a.O., S.363f,370,373
77) Schwabe "Wilson..." a.a.O. Seite 18f.
78) Auch die starke Betonung des menschlichen Geistes (spirit) als bewegende Kraft in der Weltgeschichte weist in den unterschiedlichen Aufsätzen und Essays Wilsons, die im

Zusammenhang mit der historischen Bestimmung seines Landes entstanden waren, auf gewisse Gemeinsamkeiten hin. Siehe z.B. auch die Rede Wilsons "The Training of Intellect" ("An Address at a Yale Phi Beta Kappa Dinner")März 1908, in Wilson Papers Bd.18, Seite 53ff, hier Seite 56

79) Siehe hierzu Link, Arthur S.:"Woodrow Wilson and the Study of Administration" in: "The Higher Realism of Woodrow Wilson" Nashville 1971 Seite 38-44.

80) Journal of American History Bd.57, 1970/71 Seite 900, Besprechung der Wilson Papers Bd.7/8

81) Ambrosius a.a.O. Seite 11 So sind auch die Wilsonschen Studien im Bereich der politischen Philosophie/internationalen Verfassungsgeschichte im Zusammenhang mit seiner Suche nach einer Erklärung und Legitimation der entwicklungsgeschichtlichen Führungsrolle moderner Demokratien zu sehen. Siehe hierzu auch Wilson Papers Bd.5 Seite 54ff: "Altogether, they will give ample what "The Philosophy of Politics" would have been had circumstances ever permitted Wilson to write it."

82) Wilson war selbst sich bewußt, daß er erst über eine allmähliche intellektuelle Entwicklung zu tieferen Erkenntnisebenen gelangt war, wie nicht zuletzt Wilsons Aufsatz "When a man comes to himself" aus dem Jahre 1899 zeigt. Siehe Wilson Papers Bd.11,Seite 263.

83) Vgl.Link "Woodrow Wilson and His Presbyterian Inheritance" in: ders "The Higher Realism" a.a.O. Seite 3-20

84) Wilson versuchte als Historiker und Politologe das kulturhistorische Herkommen und den weiteren Entwicklungsweg seines Landes in Einklang mit seinen religiösen Wertvorstellungen zu bringen.

85) Mulder a.a.O. S.119

86) Editorial Note in Wilson Papers Bd.5 Seite 55, siehe auch Bd.5. Seite 18ff "Notes for Four Lectures on the Study of History"

87) Journal of American History Bd.57,a.a.O. Seite 900 Als Historiker tritt uns Wilson insbesondere in den Bänden 11,12,14 und 15 der Wilson Papers entgegen.So als Mitarbeiter der Cambridge Modern History, in der er zwei Beiträge über die Vorgeschichte und die Folgen des Sezessionskrieges übernommen hatte, und als Verfasser der "Geschichte des amerikanischen Volkes". "Mit allen diesen seinen späteren historischen Arbeiten erscheint Wilson nicht so sehr als Forscher denn als literarisch versierter Kompilator und Vermittler von Forschungsergebnissen anderer" Zitat:Schwabe in HZ 225, Seite 751 (Rez. zu Wilson Papers)

88) Siehe hierzu Wilson Papers Bd. 11, Seite 543

89)"The True American Spirit" (Okt.1892) in Wilson Papers Bd.8, Seite 37 ; "The Proper Perspective of American History" in "The Forum" Bd.19,1895,Seite 544ff;"The Significance of American History" in Wilson Papers Bd.12 (1900-1902),Seite 179ff.

90) Winfried Baumgart "Vom europäischen Konzert zum Völkerund",a.a.O.,S.103/4

91) Vgl.grundlegend für Wilsons geistige Wurzeln im Möglichkeitsraum der modernen Politikformulierung das Kapitel "Das voluntaristische Optionsdenken " der vorliegenden Arbeit. Für den Rationalisten gibt es nur vorläufig, nicht aber grundsätzlich unlösbare Probleme. Im Zusammenhang mit dem Begriff \`Rationalismus\` entstand zu Beginn der Aufklärung auch ein neuer Begriff der Wissenschaft. "Wissenschaftlich" heißt seither "in mathematisch-naturwissenschaftlicher Sprache darstellbar bzw.

dargestellt." Der Rationalismus rechnet der Ratio eine unbeschränkte Herrschaft zu, gegen die an keine höhere Institution appelliert werden kann.Für metaphysische Denkansätze ist innerhalb der rationalistischen Methode kein Raum mehr.Metaphysik gehört, nach Meinung vieler "aufgeklärter" Wissenschaftler den älteren geistigen Epochen an; deshalb werden auch visionären Ansätzen, wie sie Lenin, aber auch Wilson vertraten,eine wissenschaftlich rationale Kausalität unterstellt.Es bleibt jedoch die Frage der Philosophen der Frankfurter Schule um Max Horheimer offen, ob nicht alte Mythen durch neue hierbei ersetzt wurden. Grundlegend : Schischkoff "Philosophisches Wörterbuch" a.a.O. Begriff "Rationalismus". Pipers Handbuch der Politischen Ideen , hrsg. v. Iring Fetscher und Herfried Münkler, Bd.3, München 1985 Siehe Ernst Cassirer "Die Philosophie der Aufklärung" a.a.O.

92) "When A Man Comes to Himself" in: Wilson Papers Bd. 11, Seite 263-273.

93) ebenda Seite 263

94) ebenda Seite 264

95) ebenda

96) ebenda

97) ebenda Seite 264f

98) ebenda Seite 268

99) "An Address on the Nature of History:The Variety and Unity of History" (20.September 1904) in Wilson Papers Bd.15, S. 472-491

100) ebenda Seite 472f

101) ebenda

102) ebenda Seite 478

103) ebenda Seite 488f

104) ebenda Seite 490

105) ebenda Seite 490f

106) ebenda Seite 480f

107) "The True American Spirit" (Oktober 1892) in Wilson Papers Bd.8, Seite 37-40

108) ebenda Seite 37

109) ebenda

110) ebenda Seite 38/39/40

111) "The Modern Democratic State" (Dezember 1885) in Wilson Papers a.a.O.

112) ebenda Seite 71

113) ebenda Seite 74f

114) ebenda Seite 77

115) Siehe Wilsons schematische Aufgliederung der "Ages of State" in:Wilson Papers Bd.5, Seite 59 (Bemerkungen der Herausgeber zu "Mod.Democratic State"

116) "The Mod.Dem.State" a.a.O. Seite 61

117) ebenda Seite 78f

118) "Religion and Patriotism" in: Wilson Papers Bd.12, Seite 474-478, hier S. 474 Siehe auch Link Arthur S."W.W. and His Presbyterian Inheritance" in ders. (Hrsg) "The Higher Realism of W.W." a.a.O., Seite 3- 20, hier Seite 11f, Kapitel IV "God's Providence and the Lordship of Jesus Christ" . Für Wilson war Gott."not only the Lord of individuals but also the Lord of history, ruler of men and nations, who turned all things to His own purpose". (Hervorhebungen durch den Verfasser der vorliegenden Arbeit) Siehe auch ders. "The New Freedom" a.a.O.. Hier finden die religiösen Grundlagen Wilsons eine präzise Würdigung. Vgl. auch Thorsen a.a.O. Seite 162ff

119)ebenda : "Liberty and reverence, obedience and free power are the things that these two nations have stood together to represent, and so it seems to me that we must conceive of patriotism as an energy of character which operates outside the narrow circle of self interest"
120) Vgl. Ambrosius a.a.O. Seite 12
121)"The Bible and Progress" in: PPWW Bd.II, Seite 291-302, hier Seite 293/4
122)ebenda 298f und 302
123) Vgl. Ambrosius a.a.O. Seite 12
124) Siehe Hunt,Michael H. "Ideology and U.S. Foreign Policy" Yale University 1987 Seite 125ff
125) Der Wunsch Wilsons nach aktiver Verantwortungsübernahme entwickelte sich aus diesem religiös-presbyterianischen Grundverständnis.
126) Schwabe "Wilson..." a.a.O. Seite 18
127) Mulder a.a.O. Seite 165,167 und 175 Siehe darüber hinaus zu Wilsons direkter Verbindung zu dem historischen Möglichkeitsraumes seines Landes Dahrendorfs Kapitel über "Die machbare Welt und ihre Grenzen" . Blättere man in den Philosophischen Papieren Benjamin Franklins, so tauchen immer wieder Begriffe wie rules, scheme oder plan auf, die auf eine eigenständige Rationalität - die zweifellos auch auf den aufklärerischen Einfluß Europas zurückgehen - in der politischen Kultur der USA schließen lassen: Alle Überlegungen seien auf praktische Zwecke gerichtet. Es werde hierbei die experimentelle Gesinnung der Amerikaner und die Bedeutung der Wissenschaft deutlich; aber diese Gesinnung setzt voraus, daß man nicht blind oder naiv handelt, sondern Handeln und Denken in der praktischen Überlegung verbindet. Darüber hinaus betont Dahrendorf: "Rationalität als amerikanische Nationaltugend heißt, daß der mündige Mensch die Welt für machbar erklärt - oder doch die machbare Welt zu seiner erklärt und sich in dieser Einstellung seinem business zuwendet. Um einen Staat rational zu machen, braucht man Überlegung, politische Theorie.Für den experimentell gesinnten Aufklärer aber verlangt diese politische Theorie Information, und zwar wissenschaftliche, also systematisch erworbene Information über die einschlägigen Fragen.

III.1.3."Orderly Progress" und Internationalismus

128) Link Arthur S."W.W. and His Presbyterian Inheritance" in ders. (Hrsg) "The Higher Realism of W.W." a.a.O., Seite 15
129)ebenda Seite 15f.
130) Wilson "Nature of Democracy in the United States" in: Wilson Papers Bd.6, Seite 238 Wie deutlich kommt auch hier Wilsons England-Orientierung zum Ausdruck!
131) Siehe Ambrosius:"Woodrow Wilson and the Quest for Orderly Progress" in: "Traditions and Values.American Diplomacy,1865-1945" herausgegeben von Graebner, Norman A.,Lanham 1985,S.73-100. Im folgenden als "Orderly Progress" zitiert. Vgl. ders."Woodrow Wilson and the American Diplomatic Tradition" a.a.O. Seite 2ff
132) Ambrosius "Orderly Progress" a.a.O. Seite 73
133) Vgl. Ambrosius "Woodrow Wilson" a.a.O. Seite 1f
134) Siehe entsprechendes Kapitel der vorl Arbeit
135) Angermann,Erich :"Die Amerikanische Revolution im Spiegel der Geschichte" in ders (Hrsg) "Revolution und Bewahrung",HZ Beiheft 5, München 1979, S.13ff, siehe hier Vorwort Seite 10
136) Ambrosius "Woodrow Wilson..." a.a.O. Seite 1/2

137) Editorial Note "Wilsons First Lecture on Burke" in: Wilson Papers Bd.8, Seite 313ff, hier Seite 316
138) Zu den unterschiedlichen Zitaten siehe ebenda Seite 316f. Wilson Vorlesungen zu Edmund Burke: "Edmund Burke:The Man and His Times" ebenda (August 1893) Seite 318ff; und "Edmund Burke:A Lecture" in Wilson Papers Bd.10, Seite 408 ff (Feb.1898).
139)"Wilsons First Lecture on Burke" a.a.O. Seite 317
140)ebenda
141) Zitat bei: Christian Graf von Krockow "Edmund Burke" in: Pipers Handbuch der politischen Ideen, hrsg.v. Iring Fetscher und Herfried Münkler, Bd.4, München 1986, Seite 71-79,hier Seite 71
142)ebenda Seite 74 Die analytischen Fähigkeiten, die Burke bei seinen Aussagen demonstrierte, treten um so deutlicher hervor, wenn man sich vor Augen hält, daß Burke bereits im Jahre 1797 starb und die weitere Entwicklung nicht mehr mitverfolgen konnte.
143)ebenda Seite 74f
144)ebenda Seite 77
145)ebenda
146)ebenda
147) Zitate aus: "Reflections on the Revolution in France" und aus einer Unterhausrede aus dem Jahre 1780, ebenda Seite 78
148) Woodrow Wilson:"The Ideals of America" in :Atlantic Monthly,Dzember 1902, Seite 721-734, hier S.721.
149)ebenda Seite 724
150)ebenda Seite 725
151)ebenda Seite 730
152)ebenda
153)ebenda
154) Siehe ebenda Seite 723 :"It was clear to us even then, in those first days when we were at the outset of our life, with what spirit and mission we had come into the world."
155) Notter a.a.O. Seite 45
156) Siehe Wilson Papers Bd.6,Seite 58. Vgl. auch Seite 88 und 118.
157) Vgl. u.a. Mulder a.a.O. Seite 135. Siehe auch die Briefwechsel der beiden Gelehrten in der Zeit, als Wilson im wissenschaftlich-publizistischen Bereich immer stärker die Frage "What it Means to be an American" in den Vordergrund stellte. Vgl. Wilson Papers Bd. 12 , Seite 238,239,240 . Siehe auch Osborn,George C."Woodrow Wilson and Frederick Jackson Turner" in: Proceedings of the New Jersey Historical Society, Bd.74 (Juli 1956), Seite 208-229. Billington, Ray Allan:"Frederick Jackson Turner;Historian,Scholar,Teacher" New York 1973 Bragdon a.a.O. Seite 193f, 236-247. Siehe auch Thorsen a.a.O. Seite 162ff
158) Vgl. Beck, Roland H.:"Die Frontiertheorie von Frederick Jackson Turner 1861-1932" in: Wirtschaft Gesellschaft Staat . Zürcher Studien zur allgemeinen Geschichte, hrsg.v. Marcel Beck und Max Silberschmidt, Bd. 14, Zürich 1955
159)ebenda Seite 79/80
160) Link "The Road..." a.a.O. Seite 30f Siehe auch Wilson "What it Means to be an American" in Wilson Papers Bd.12, Seite 238f Nicht zuletzt durch Turners Erfolg erkannte Wilson, wie sinnvoll die öffentliche Darstellung eines romantischen Patriotismus hinsichtlich einer Rückbesinnung auf traditionelle Werte und der innenpolitischen "Reinigung" war.
161) Siehe vor allem die von Turner selbst im Jahre 1903 vorgenommene Rezension zu Wilsons "A History of the American People" in Wilson Papers Bd.14, Seite 516ff,insbesondere Seite 517:"In the matter of general perspective and proportion

President Wilson has shown good judgement...Whatever criticisms may be offered, it is impossible to find in similiar compass or by another single author so sustained and vital a view of the whole first cycle of American history that rounded itself out with the nation's completion of the conquest of the west, and its steps into colonial empire".

162) Woodrow Wilson:"The Proper Perspective of American History" in: The Forum, Bd.19 (1895), Seite 545ff

163)ebenda Seite 559

164) Zitate:Woodrow Wilson "The Significance of American History" a.a.O. Seite 179,180,184

165) Notter a.a.O. Seite 63

166) Vgl. Ambrosius "Woodrow Wilson..." a.a.O. Seite 10f

167) Woodrow Wilson:"The Making of the Nation" in: Atlantic Monthly, Juli 1897, Seite 1-14, und in PPWW ,Bd.1,Seite 310ff

168)ebenda Seite 313

169) Siehe ebenda Seite 325ff

170) Vgl. "The Significance of Am. Hist." a.a.O. Seite 184

171) Ambrosius "Woodrow Wilson..." a.a.O. Seite 10

172) Tuveson "Redeemer Nation" a.a.O. Seite 115f. Dieses Verständnis einer Erlösernation hängt wohl zum einen mit dem Streben nach nationaler Größe zusammen, es ist jedoch mehr als nur das:"it has an underlying pattern of vastly greater significance; extended to the whole world, the mission of establishing all peoples `in all their rights'is not unlike what Wilson undertook...How much all this has been shaped on the model of millenialism is strikingly revealed by the final events of the prophecy. After this millennial age, the Prophet-bird goes on, there will be a period when the evil peoples again will rise up against the just.After their final defeat, and only then, will the supreme god return, and the happy times return, for good". In diesen Ausführungen klingt bereits mit Blick auf die internationalen Beziehungen ein manichäisches Weltbild Wilsons an, das in der Folgezeit Wilsonscher Außenpolitik ein revolutionäreres Theorieverständnis zum Vorschein bringt; ein anderes Theorieverständnis, als das, das Wilson im innenpolitischen Bereich gezeigt hatte.

173) Mulder a.a.O. Seite 167. Wie sehr Wilson bewußt die historische Lage als revolutionäres Zeitalter wahrgenommen hat, geht u.a. aus der Aufsatzsammlung "Woodrow Wilson and a Revolutionary World" (hrsg. v. A.S.Link, a.a.O.) hervor.

174) Link Arthur S."W.W. and His Presbyterian Inheritance" in ders. (Hrsg) "The Higher Realism of W.W." a.a.O., Seite 18f Siehe auch Crunden a.a.O. Seite 226ff

175) Zitate: Michael Hunt a.a.O.Seite 128

176)ebenda Seite 131

III.2.Wilsons Theorie-Praxis-Verständnis in der Mexikopolitik der USA 1913/14

1)Siehe Williams "Latin America :Laboratory of American foreign policy in the Nineteen-twenties" in: Inter-American Economic Affairs 11 (1957/58) Nr.2, Seite 3-30

2)Schwabe in:HZ Bd.238 (1984) Seite 441

3)Crunden a.a.O. Seite 232

4)Cooper a.a.O. Seite 434.Vor allem im Band 28 der Wilsonpapers ist diese Phase amerikanischer Außenpolitik quellenmäßig nachzuvollziehen.

Indem man den mexikanischen Schauplatz amerikanischer Außenpolitik untersucht, werden Zusammenhänge und Entwicklungen deutlich,die klare Aussagen über den Charakter Wilsonscher Politik zulassen. Diese Zusammenhänge können über die formale Darstellung Wilsonscher Mexikopolitik hinaus auch zu einer argumentativen Bereicherung für die Analyse der Grundlagen amerikanischer Friedensplanungen unter Wilson vor und nach Versailles beitragen. Ferner ist bereits in der amerikanischen und deutschen Mexikopolitik der Jahre 1912/13 ein fundamentaler Interessenskonflikt zwischen den USA und dem Deutschen Reich zu erkennen, der sowohl die Widersprüchlichkeiten Wilsonscher Neutralitätspolitik aufdeckt, als auch die Elemente Washingtoner Interessensformulierung - wie "Open Door", Sicherheitspolitik und ideelle Weltanschauung - in ihrer Einheit zum Ausdruck bringt. Zur Darstellung der Ereignisse siehe vor allem:Grieb, Kenneth J.: "The United States and Huerta" Lincoln: Univers. of Nebraska Press 1969
5)Gardner a.a.O. Seite 4
6)Cooper a.a.O. Seite 434

III.2.1.Überblick über die Ereignisse
7)Notter "the Origins of the Foreign Policy of W.W." a.a.O. Seite 18f, siehe auch Seite 62f,82,88, 118
8)Vgl.Schwabe "Wilson . Ein Staatsmann..." a.a.O. Seite 38
9)ebenda Seite 42
10)Siehe grundlegend Kenneth J.Grieb "The United States and Huerta" a.a.O., hier vor allem Kapitel I "The Rise of Victorio Huerta" Seite 1-23. Siehe auch ebenda,Einleitung:"The primary historical significance of the Huerta period stems from its role as the testing ground for Woodrow Wilson's diplomacy of morality, for this was the American President's first venture into international affairs." Grundlegend für einen ereignisgeschichtlichen und historiographischen Überblick ist auch: Mols,Manfred und Tobler, Hans Werner "Mexiko:Bilanz einer Revolution" in: Jahrbuch für Geschichte von Staat,Wirtschaft und Gesellschaft Lateinamerikas, Bd.12 (1975), Seite 284-391, hier vor allem Tobler "Zur Histographie der Mexikanischen Revolution 1910-1940" Teil I, Seite 286ff. Dieser Aufsatz gibt nicht nur einen umfassenden Überblick über die Literatur, sondern auch über die Periodisierung der mexikanischen Revolution und dem Revolutionsverlauf zwischen 1910 und 1920.
11)ebenda. Griebs Hauptthese besteht aus der Aussage, daß Wilson mit der Mexikopolitik die traditionelle Außenpolitik der USA verändert habe. Die Vorgänger Wilsons hätten im Gegensatz zu Wilsons moralischen Forderungen an die Regierung Huertas in erster Linie nur die Durchsetzung materieller Interessen beabsichtigt. Wilsons Motive seien im Zusammenhang mit der bisherigen Außenpolitik der USA nicht gebräuchlich gewesen:"Wilson abandoned the traditional American policy and substituted his own criterion, that of opposing regimes he considered morally repugnant.He justified his actions on the ground that he opposed dictatorship and sought to promote democracy in Mexico." Vgl.Einleitung S. XI Obwohl Griebs Darstellung vor der Herausgabe der entsprechenden Wilson Papers erschien, gilt sie als die bisher ausführlichste zu diesem Themenbereich.
12)Vgl. hierzu Grieb a.a.O., Seite 43ff,Crunden a.a.O., Seite 233ff, Tobler a.a.O. Seite 294ff.Grundlegend für Wilsons Mexikopolitik ist auch Lloyd Gardners Beitrag "Woodrow Wilson and the Mexican Revolution" in Link, A.S.(Hrsg.):"Woodrow Wilson and A Revolutionary World, 1913-1921" a.a.O. Seite 3-48, hier Seite 8ff,

im folgenden als Gardner zitiert; und Kendrick A.Clements Aufsatz "Woodrow Wilson's Mexican Policy,1913-15" in Dipl.History,Bd.4,Nr.2, Frühjahr 1980, Seite 113ff,im folgenden als Clements zitiert.

13) Siehe hierzu auch Wilson Papers Bd 28, Seite 54 "From Walter Hines Page to Wilson",und aus dem Tagebuch von House in Wilson Papers Bd. 28, Seite 476f,und 502

14) Gardner a.a.O. Seite 26

15)Für den weiteren Kurzüberblick wurden in erster Linie die zusammenfassenden Ausführungen Schwabes ("Wilson..."),und darüber hinaus Gardners und Griebs (a.a.O.) benutzt . Detailliertere Aussagen der übrigen umfangreichen Literatur werden bei der Auseinandersetzung mit den Antriebskräften und theoretischen Vermittlungsmethoden Wilsons in den darauf folgenden Kapiteln herangezogen.

16) Schwabe "Wilson..." a.a.O. Seite 43, vgl. auch Grieb a.a.O. Seite 142ff

17) Zu dieser Gruppe gehörten Argentinien, Brasilien und Chile. Vgl. zur "confused intervention" Wilsons und zur Konferenz von Niagara Falls: Grieb a.a.O. Seite 142ff und Seite 159ff

18)ebenda Seite 45   2.2. Materielle-realpolitische Interessen der Wilsonschen Mexikopolitik

III.2.2. Materielle-realpolitische Interessen der Wilsonschen Mexikopolitik

19) Vgl. Schröder "Amerika als Modell?" a.a.O. Seite 193

20) Siehe hierzu Williams Literaturbericht "Wilson" in New York Review of Books, 2.Dez.1971, Seite 3-6 Schröder, Hans-Jürgen:"Ökonomische Aspekte der amerikanischen Außenpolitik 1900-1923" in: NPL , Bd 17, 1972, Seite 298ff Schröder, Hans-Jürgen:"Amerika als Modell?"a.a.O.Seite 189ff

21) Vgl.Schröder "Ökonomische Aspekte" a.a.O. Seite 312

22) Williams,Williams A.:"Wilson" a.a.O.

23)ebenda,Seite 3

24)ebenda Seite 4

25) Vgl.Haley,Edward P.:"Revolution and Intervention:The Diplomacy of Taft and Wilson with Mexiko,1910-1917" Cambridge 1979

26)ebenda Seite 7 und Williams "Wilson" Seite 4

27) Williams ebenda

28) Gardner,Lloyd C.(Hrsg.):"Wilson and Revolutions:1913-21" Philadelphia 1976, Seite 13.

29) Gardner "W.W. and the Mexican Rev." a.a.O. Seite 4; siehe auch Crunden a.a.O. Seite 232f "Bryan and Wilson shared a great distaste for dollar diplomacy." Bryan hatte auch die Auffassung: "American banks charged exorbitantly high interest rates for loans to weak foreign governments, receiving the excess money because of the risk involved. They then asked the American government to protect their investments and thus remove the risk that justified the interest.He saw American foreign investment as simply another version of the trust using the government to take money from the poor."

30) Vgl. u.a. Wilsons Aufsatz "When A Man Comes To Himself", der im letzten Kapitel der vorliegenden Arbeit besprochen wurde.

31) Schwabe "Wilson..." a.a.O. Seite 39

32)ebenda

33)"An Address on Latin American Policy in Mobile,Alabama" in: Wilson Papers Bd.28, Seite 448-453. Siehe hierzu auch Crunden a.a.O., Seite 233, Gardner a.a.O.,S.19.

34)Crunden ebenda
35)ebenda
36)Mobile Speech a.a.O., Seite 451
37)Vgl. Gardner a.a.O., Seite 19
38)ebenda. Hervorhebungen durch den Verfasser der vorliegenden Arbeit
39)ebenda
40)ebenda
41)ebenda Seite 20
42)Siehe "A Statement on Relations with Latin America in Wilson Papers Bd.27, Seite 172 f. Grundlegend in diesem Zusammenhang auch Freytag,Dierk:"Die Vereinigten Staaten auf dem Weg zu Intervention.Studien zur amerikanischen Außenpolitik 1910-1914" Heidelberg 1971, hier Seite 117
43)Schröder "Amerika als Modell?" a.a.O. Seite 201
44)Gardner a.a.O. Seite 5
45)Vgl. Crunden a.a.O. Seite 232
46)ebenda
47)ebenda
48)Gardner a.a.O. Seite 5
49)Crunden Seite 236
50)Gardner a.a.O. Seite 9
51)ebenda Seite 10
52)"A Speech Accepting the Democratic Nomination in Sea Girt,New Jersey" 7.August 1912 ,in: Wilson Papers Bd.25 Seite 3ff, hier Seite 16. Siehe auch weiteren Hinweis auf Wilsons "Open Door"-Verständnis: "An Adress at a Farmer's Picnic at Washington Park,New Jersey" 15.August,1912,in: Wilson Papers Bd.25, Seite 31ff, hier insbesondere Seite 38; und "An Adress at a Workingmen's Dinner in New York" 4.September 1912, in:Wilson Paper Bd.25, Seite 98ff, hier Seite 102.
53)Schröder "Amerika als Modell?" a.a.O., Seite 202 . Wilsons starkes Engagement für außenwirtschaftliche Fragen habe sich, so Schröder, bereits zu Beginn seiner Amtszeit in der New-Freedom-Gesetzgebung niedergeschlagen, in der auch außenwirtschaftliche Probleme berücksichtigt wurden.Am deutlichsten sei jedoch die ökonomische Komponente der Wilson Politik in der Ernennung des Präsidenten der American Manufacturers Export Association, William C.Redfield, zum Secretary of Commerce hervorgegangen. Redfield galt als ein entschiedener Verfechter eines expansiven Außenhandels. Siehe zu Redfield und zur Kontinuität der expansiv-ökonomischen Komponente über den Ersten Weltkrieg hinaus: Kaufman,Burton I.: "United States Trade in Latin America:The Wilson Years" in: Journal of American History, Bd.58, 1971/72, Seite 342ff. Kaufman weist nach, daß während des Krieges Wilson seine enge Zusammenarbeit insbesondere auch dazu nutze, um die starke ökonomische Stellung Großbritanniens und Deutschlands in Mexiko aufzulösen und die USA damit als unumstrittene Führungsmacht zu etablieren.
54)Vgl. Ninkovich "Ideology,Open Door, and Foreign Policy" a.a.O. Seite 200.
55)Wilson Papers Bd.24, Seite 125, siehe auch Bd.33, Seite 245,Bd.35, Seite 313
56)"Instructions to John Lind", Wilson Papers Bd.28, Seite 110
57)Sklar,Martin J.:"Woodrow Wilson and the Political Economy of Modern United States liberalism" in: Studies on the Left, Jg. 1, 1959/61, Heft Nr.3, Seite 17.
58)Zitate:Sklar ebenda Seite 18
59)ebenda Seite 22

60)ebenda S. 21
61)Siehe hierzu Wilsons letzten Aufsatz aus dem Jahre 1923:"The Road Away from Revolution" in Atlantic Monthly,Bd.Nr.132,1923/24, Seite 146. Hier setzt sich Wilson mit Blick auch auf die Oktoberrevolution in Rußland nochmals nachdrücklich für Reformen des Kapitalismus ein.Wilson warf den Kapitalisten vor, einseitig ihre Machtposition zu ihrem Nutzen eingesetzt zu haben.
62)Sklar a.a.O. Seite 18
63)ebenda Seite 45
64)Clemens Wurm "Internationale Kartelle und Außenpolitik" a.a.O. Seite 1
65)Vgl. Cooper a.a.O. Seite 433
66)In Anlehnung an die Erkenntnisse der Williams Schule stellt Hans-Jürgen Schröder ("Ökonomische Aspekte der amerikanischen Außenpolitik" a.a.O.,Seite 312) fest, daß Autoren wie Klaus Schwabe und Arthur S. Link wohl die Auffassung Wilsons erwähnen, daß "Amerika sich um seiner Selbsterhaltung willen an dem Wettlauf um auswärtige Absatzmärkte beteiligen oder doch auf jeden Fall die Tür für die Expansion seiner Exporte offenhalten müßte", man füge aber sogleich in einer die umfassenden Zielsetzungen der amerikanischen ökonomischen Expansion begrifflich verengenden Formulierung hinzu, das "handelspolitische Motiv" sei "aus der Sicht Wilsons indessen nicht das entscheidende Argument für die amerikanische Weltpolitik" gewesen."Für wichtiger erachtete der Staatsrechtler Wilson, für den in der Politik die gleichen Gesetze galten wie in der Privatmoral, die ethische Bestimmung seines Landes, d.h. die Pflicht, für die Festigung der in den angelsächsischen Ländern erprobten parlamentarischen Regierungsform in aller Welt und für die Verbreitung des Rechtes demokratischer Selbstbestimmung zu sorgen." Zitate : Schwabe, Klaus:"Woodrow Wilson. Ein Staatsmann ..." a.a.O.Seite 38. Siehe grundsätzlich zu Wilsons ideeller Motivation in Mexiko: Link, Arthur S.:"The New Freedom" a.a.O. Seite 347ff

III.2.3. Ideelle Interessen der Wilsonschen Mexikopolitik

67)Mobile Speech Wilson Papers Bd.28 Seite 448
68)Vgl.Schwabe "Wilson" a.a.O.,Seite 40f
69)Siehe "A Statement on Relations with Latin America in Wilson Papers Bd.27, Seite 172 f oder FRUS 1913 (Washington 1920) Seite 7. Siehe hierzu auch Grieb a.a.O., Seite 69ff:"Woodrow Wilson's first presidential act regarding Latin America revealed the extreme naiveté that caused numerous errors in his policy toward Mexico." (Seite 69) und "The `President's personal statement'revealed a serious misinterpretation of the Mexican situation." (Seite 84)
70)"Our Purpose in Mexico" in Wilson Papers Bd.28, Seite 585f
71)Siehe "Memorandum :Suggestions bearing on the problem of the present relations of the United States and Mexico", 12.Mai 1913, in Wilson Papers Bd.27, Seite 419-425.
72)"From John Bassett Moore, with Enclosure:The Mexican Situation" 14.Mai 1913, Wilson Paers Bd 27, Seite 437f
73)Vgl.Schwabe "Wilson..." a.a.O. Seite 42f
74)Vgl. Cooper a.a.O., Seite 434f
75)Großbritannien,Frankreich,Deutschland und Japan hatten Huertas Regierung bereits anerkannt. Vgl. Link "The New Freedom" a.a.O., Seite 348
76)Clements "W.W.'s Mexican Policy" a.a.O. Seite 114
77)Gardner a.a.O. Seite 20

78)Vgl.Arthur S. Link "The New Freedom" a.a.O., Seite 353. Siehe zu der Interessengruppe, zu der der Botschafter Wilson zählte, ebenda Seite 348:"Finally, the large American colony in Mexico City, most of the members of which had feared and hated Madero and expected Huerta to restore the old order, joined Americans with financial and railroad interests in Mexico to demand recognition and support of the provisional government. Only Huerta, they argued, could maintain order and protect the 40.000 American living in Mexico and an American property investment in that country totaling nearly $ 1.000.000.000. The President was neither moved nor convinced by these appeals and arguments" Vgl. auch Grieb a.a.O., Seite 37:"Ambassador Wilson continued to advocate immediate action, stressing that the Huerta regime was pro-American and would meet American requests promptly."
79)Crunden a.a.O. , Seite 238
80)"From Henry Lane Wilson.Personal to the President", Mexiko, 1.Juli 1913, in: Wilson Papers Bd.28, Seite 18f Siehe auch Wilsons Pressekonferenz vom 17.Juli 1913 , in:Wilson Papers Bd.50 (1913-1919) Seite 151-1555. Hier nimmt Wilson mit kurzen Sätzen Stellung zur Hales Aufgabe als inoffizieller Informant und zu Henry Lane Wilsons Beziehung zu Huerta.
81)Zitiert bei Grieb a.a.O., Seite 85
82)Vgl.Wilson Papers (Hale) Bd.27, Seite 335,536ff, Bd.28,(Hale) Seite7,8,27,69,339,411,423. (Lind) 157,167,188,195,201,204, 356f, 376,431, 444,471,525,557 Siehe zu Hale auch Crunden a.a.O., S. 238 und 239:"The first of Wilson's amateur agents as W.B.Hale, a social gospel clergyman, who had left the Episcopal Church for a career in journalism...His enthusiasm and loyality were thus unquestioned, but except for occasional travel in Latin America, he had no competence for dealing with the situation.He spoke no Spanish and was committed to Anglo-Saxon racial superiority.In other words he shared Wilson's general prejudices as well as his ignorance of Mexico... Hale also laid a sturdy foundation for the moral foreign policy of Wilson and Bryan." Hervorhebungen durch den Verfasser der vorliegenden Arbeit
83)Vgl.u.a. Wilson Papers Bd.27 "Report by William Bayard Hale",Seite 552 Hale machte über Mexiko nach Crunden "a characteristically class analysis of the enemies of democracy". Crunden a.a.O. Seite 238/239
84)Siehe Grieb a.a.O. Seite 87
85)ebenda. Vgl. auch die Rede in Wilson Papers Bd.28,Seite 227-231 . Siehe hierzu auch:Clements "Mexican Policy..." a.a.O. S.116
86)Crunden a.a.O.,Seite 240, Grieb a.a.O., Seite 94
87)Grieb ebenda Seite 92
88)Zitiert bei Crunden a.a.O., Seite 241
89)ebenda Seite 242
90)Vgl. Clements a.a.O.,Seite 116. Siehe hierzu auch Hale an Wilson,28.September 1913, in: Wilson Papers Bd.28,339-41, Lind an Bryan,1.Oktober 1913,Wilson Papers Bd.28,Seite 382f,386f
91)Clements ebenda Seite 117
92)ebenda
93)Vgl. Gardner a.a.O., Seite 23:"If nothing had been done," schrieb ein Kommentar der New York Times wenige Tage nach Veracruz," `our European friends' would have been justified in believing that the United States could not look out for anybody's interests in Mexico".
94)Vgl. Cooper a.a.O.,Seite 436
95)Gardner a.a.O., Seite 22
96)Vgl. Clements a.a.O., Seite 117

97)"A Draft of a Circular Note to the Powers", Washington, 24.Oktober 1913, in: Wilson Papers, Bd.28, Seite 431f
98) Clements a.a.O.,Seite 117f
99)"A Memorandum by Thomas Beaumont Hohler" Washington, 9.Februar 1914, Wilson Papers Bd.29, Seite 251-255 und "A Memorandum by Thomas Beaumont Hohler" Washington, 11.Februar 1914, Wilson Papers Bd.29, Seite 255-261
100) Gardner a.a.O. Seite 22, siehe auch Memorandum Hohlers vom 11.Februar 1914,a.a.O. So hatte auch Lind im Dezember 1913 an Bryan geschrieben:"The issue in Mexico...was political only on the surface; it is essentially economic and social". Mexiko erschien für Lind als "a European annex, industrially, financially, politically." Zitiert nach Clements a.a.O.,Seite 120
101) Gardner a.a.O., Seite 21
102) Siehe Gilderhus, Mark T."Pan-American Initiatives: The Wilson Presidency and `Regional Integration,'1914-1917" in: Diplomatic History,4,1980, Seite 409ff

III.2.4.Das Zusammenwirken von `Interessen` am Beispiel der panamerikanischen Initiativen Wilsons

103)ebenda Seite 410
104)"Mobile-Speech" a.a.O., Seite 451, Siehe auch hier:"Human rights, national integrity, and opportunity as against material interests - that... is the issue which we noe have to face."
105) Gilderhus a.a.O., Seite 413
106)ebenda Seite 420
107)ebenda Seite 422
108)ebenda
109)ebenda Seite 423
110)ebenda Seite 411
111) Siehe Lippmann "Die Außenpolitik der Vereinigten Staaten" a.a.O. Seite 50f:"Die Vereinigten Staaten gingen nicht in den Krieg, weil sie einen Völkerbund zu gründen wünschten; sie gingen in den Krieg für die Sicherheit Amerikas. ...Es gelang ihm (Wilson) nicht, weil er keine dauerhaften und zwingende Gründe für seinen Entschluß gegeben hat, als er sein Volk in den Krieg führte.Die Gründe, die er anführte, waren juristischer, moralischer und idealistischer Art, den wahren und wesentlichen Grund jedoch verschwieg er: daß es nämlich die Sicherheit der Vereinigten Staaten erforderte, keine so angreiferisch expansive, imperialistische Macht wie Deutschland die Herrschaft im atlantischen Ozean gewinnen zu lassen."
112) Doerries,Reinhard R.:"Amerikanische Außenpolitik im Karibischen Raum vor dem Ersten Weltkrieg" in:Jahrbuch für Amerikastudien,Bd.18,1973, Seite 62-77, hier Seite 62
113) Zu diesem Themenbereich hat Reinhard Doerries zwei wichtige Beiträge geliefert:Doerries,Reinhard R.:"Washington - Berlin 1908/1917" Düsseldorf 1975. Als hervorragende Vorstudie zu dieser größeren Darstellung ist Doerries Aufsatz "Amerikanische Außenpolitik im Karibischen Raum vor dem Ersten Weltkrieg" (a.a.O.) zu sehen, auf den im folgenden näher eingegangen wird (im weiteren als Doerries zitiert).
114) Doerries a.a.O., Seite 70 Wilson erkannte den Standpunkt der USA, wie notwendig eine innenpolitische Angleichung ihrer Nachbarn an das eigene System auch für die zwischenstaatlichen Beziehungen waren. Aus dieser sicherheitspolitischen Perspektive erscheint die Strategie einer engen Verknüpfung von Innen- und Außenpolitik als eine der Praxis amerikanischer Politikformulierung angemessene

Schlußfolgerung.Revolutionäre Aktivitäten eines Nachbarn, der sich entweder anschickt,eine Militärdiktatur oder gar ein sozialistische Regierungsform zu etablieren,konnten zu einer sicherheitspolitischen Herausforderung für die USA werden.
115)ebenda Seite 71
116)ebenda Seite 72
117)ebenda Seite 73
118) Auf das folgende Zitat wurde weiter oben schon Bezug genommen.Wegen der Aussagekraft dieser Textstelle sei sie hier ein zweites Mal zitiert.
119) Lippmann "The Stakes of Diplomacy" a.a.O., Seite 129,vgl. deutsches Zitat bei Gollwitzer a.a.O., Seite 181.

III.2.5.Die operative Umsetzung der Wilsonschen Zweckbestimmung

120) Vgl. hierzu Klaus Schwabe."Kritische Bemerkungen zu Reinhard R. Doerries, \`Amerikanische Außenpol. im Karibischen Raum vor dem Ersten Weltkrieg\`" in: Jahrbuch für Amerikastudien, Bd.18,1973, Seite 77ff
121)ebenda Seite 79
122) Cooper a.a.O. Seite 435
123) Siehe Levin a.a.O. Vgl.dazu auch Schröder "Amerika als Modell?" a.a.O.,S.212
124)"Address at Independence Hall, Philadelphia", 4.Juli 1914, Wilson Papers Bd.30, Seite 252
125) Crunden a.a.O. Seite 233 . Siehe auch Crundens Bemerkung:"The hallmarks of the Wilson-Bryan policy outlined at Mobile never changed." Vgl. auch Mobile Speech a.a.O., Seite 452
126) Clements a.a.O., Seite 115
127) Vgl.Ninkovich a.a.O., Seite 200
128) Siehe Wilson Papers Bd.35, Seite 442,444 .
129) Der Einsatz von ökonomischen und militärischen Instrumentarien in der Interessenformulierung Wilsons deutet nicht, wie die Williams Schule herausstellt, auf ein Übergewicht des von Wilson propagierten Liberalismus hin,der die Führungsmacht der USA zementieren sollte, sondern nur auf die Nutzung wirtschaftlicher und militärischer Mittel zur Umsetzung von sowohl ideell als auch materiell motivierter theoretischer Konzepte in die Praxis amerikanischer Außenpolitik.
130) Ninkovich a.a.O., Seite 204
131)ebenda Seite 206
132) Mit Blick auf die USA stellt Iriye (a.a.O.) fest:"it (USA) prefered to play its role as a culture",d.h. als eine politische Kultur mit all ihren Interessen. Und Frank Ninkovich unterstreicht: "an ideology is a systematic and interdependent whole,noneconomic beliefs affect the economic as well as the reverse" a.a.O., S.188
133)ebenda Seite 207/208
134)ebenda Seite 208

III.2.6.Zusammenfassende Überlegungen zu Wilsons Mexikopolitik der Jahre 1913/14

2.6.1.Überblick über das methodische Verhalten Wilsons

135) Clements a.a.O, Seite 114
136) Cooper a.a.O., Seite 430/431
137)ebenda

138) Gardner a.a.O. Seite 40
139)ebenda Seite 11
140) Schröder "Amerika als Modell" a.a.O., Seite 215
141)"Wilson an Lindley M.Garrison,8.August 1914" in Wilson Papers Bd.30, Seite 362
142) Wilsons Glaube war:Hätte Mexiko erst einmal einen "reiferen" Status im Sinne demokratischer Entwicklung erreicht, so würden sich alle gesellschafts- und ordnungspolitische Probleme lösen.
143) Cooper a.a.O.,Seite 436.Siehe auch Links Deutung von Wilson als "the Diplomatist" in: "Wilson the Diplomatist", Baltimore 1957, Seite 20,23ff
144) Cooper a.a.O., Seite 433f
145) Wilson an Bryan,Wilson Papers Bd.29, Seite 152. So verdankte u.a. auch Nicaragua den USA unter Wilson das Fortbestehen seiner konservativen und korrupten Regierung, indem sie das Land besetzt hielten. "Weder Wilson noch sein weiter links stehender Außenminister Bryan dachten daran, diese Politik zu ändern. Ihre Motive hatten mit der "Neuen Freiheit" nichts zu tun. Vgl. Schwabe "Wilson..."a.a.O. Seite 40
146)"Remarks at a Press Conference" 17.Juli 1913, Wilson Papers bd.28, Seite 37
147) Woodrow Wilson an Ellen Axson Wilson,9.September 1913, in Wilson Papers Bd.28, Seite 267f.
148) Siehe Clements a.a.O., Seite 113

III.2.6.2.Auswirkungen des ideell motivierten Internationalismus Wilsons

149) Im Sinne von Edward Haley brachte Wilson seine Mexikopolitik auf die Formel "watching them narrowly and insisting that they shall take help when help is needed".Vgl. Haley a.a.O.,Seite 121
150) Crunden a.a.O., Seite 234f
151) Williams "The Tragedy..." a.a.O. Seite 107
152) Gardner,Lloyd C."A Covenant with Power.America and World Order from Wilson to Reagan" New York,Toronto 1984,Seite 9
153) Wurm a.a.O., Seite 1
154) Clements a.a.O. Seite 135
155) Doerries a.a.O., Seite 71
156) Vgl.Smith, Robert Freeman:"The United States and revolutionary nationalism in Mexico,1916-32" Chicago 1972, Einleitung, Seite X.
157) Schwabe "Wilson..." a.a.O.,Seite 47
158) Gardner a.a.O., Seite 11
159) Siehe Crunden Seite 234f.
160) Williams "Wilson" a.a.O. Seite 4
161) Gardner,Lloyd C."A Covenant with Power.America and World Order from Wilson to Reagan" a.a.O., Seite 6ff
162) Schwabe "Wilson" a.a.O., Seite 38.Siehe hierzu auch Wilson Papers Bd.18, Seite 56f und 602f
163) Ninkovich a.a.O., Seite 192
164) Siehe hierzu : Gardner "The Covenant with Power" a.a.O. Seite 8/9:
"That was still a long way, certainly, from recognizing that the Mexican Revolution could not be channeled into safe Jeffersonian lines - at least not by such methods...Indeed, if there was no room for such a mission, if America could not thus `serve` the world, liberalism (old or new) was a defunct theory".
165) Gardner"Woodrow Wilson and the Mexican Revolution"

a.a.O.,Seite 41

Ergebnisse zu Wilsons Theorieverständnis :

1.Erkenntnistheoretische Schlußfolgerungen : Woodrow Wilson und Reinhold Niebuhr

1)Siehe hierzu:Paul Tillich "R.Niebuhr's Doctrine of Knowledge" in:Kegley,Charles und Bretall,Robert(Hrsg) "Reinhold Niebuhr" S.35ff, und ders. "Begegnungen. P.Tillich über sich selbst und andere" S.337ff. Letztere Darstellung im folgenden als Tillich a.a.O. zitiert.
2)Im folgenden : Tillich a.a.O. Seite 337f
3)Siehe Hegel, "Wissenschaft der Logik",1.Band,1.Buch."Das Sein", hier die Qualitätskategorie. Faksimiledruck nach der Erstausgabe von 1812, Göttingen 1966,S.107,Anmerkung.
In ähnlicher Weise wie Tillich kritisiert Hegel auf der Grundlage seiner Seinslogik die politische Philosophie der westlichen Staatstheorie.Trotz unterschiedlicher Bewertung der Variablen und Konstanten in der Geschichte werden in der Ganzheitsbetrachtung von göttlich-schicksalhafter Vernunftsentfaltung und Verstandeslogik grundlegende Analogien deutlich. Wie in der Logik Hegels,wo eine spekulative,logische Begründung der Dialektik vorgenommen wird, kommt auch in der Rechtsphilosophie die Kritik an der Entzweiung und Reduktion in den modernen Vertragstheorien zum Ausdruck. Ein wichtiger Kritikpunkt bei Hegel stellt hier der Begriff der Atomistik im Theorie-Praxis-Verhältnis der vom Naturrecht geprägten bürgerlichen Revolutionsbewegung dar.
4)Auch hier sind Analogien im Vernunftsdenken zwischen Tillich und Hegel zu finden. Hegel ist als praktizierender Protestant (Lutheraner) fähig, Gott in seinem Vernunft-Begriff zu erkennen, indem er trotz der Sündhaftigkeit des Menschen eine Versöhnung zwischen göttlicher Offenbarung und menschlicher Fähigkeit registriert, die das Verderbnis in einem bestimmten Maß (nämlich als Fortschritt im Bewußtsein der Freiheit) zu überwinden vermag.
5)An diesem Punkt wäre Hegel lückenlos anzusetzen, der die Überwindung der Verderbnis im Laufe der Geschichte nicht in der grundlegend anthropologischen Besserung der Individuen sieht, sondern in der Offenbarung Gottes in der Geschichte, die für ihn ein Fortschritt im Bewußtsein der Freiheit, also eine Entfaltung des Vernunftsgedankens darstellt. Vgl. hierzu die oben dargestellten Ausführungen von Habermas und Ritter.
6)Tillich a.a.O. Seite 338f
7)Tillich,a.a.O. Seite 343
8)Thompson "Morality and Foreign Policy,Boston,London 1980
9)Siehe Niebuhr "Christian Realism and Political Problems" a.a.O. S.53ff
10) Die Anwendung der historischen-Möglichkeitsraum-Kriterien auf das Wilsonsche Theorie-Praxis-Verständnis zeigen, daß es über die traditionellen Grenzen einer realistischen Theorie der internationalen Beziehungen hinaus möglich ist, das politische Handeln des 28.Präsidenten der USA differenzierter darzustellen.

2.Wilsonsches Theorieverständnis und internationale Friedensgestaltung

11) Gerade diesem Gestaltungswillen und seiner erkenntnistheoretisch-methodischen Umsetzung in die Praxis der zwischenstaatlichen Beziehungen galt unser Hauptaugenmerk.
12) Die Möglichkeit eines "praxis-orientierten" Herstellungsdenkens wurde hierbei mit einem "technisch-unhistorischen" Herstellungsdenken verbunden. Die festgestellte Differenz zwischen Gestaltungsbedarf/-möglichkeit und Gestaltungswillen wird gemeinhin in der Forschung mit dem politischen "Idealismus" bzw. mit der "Ideologie" Woodrow Wilsons erklärt, was im Hinblick auf die faktische Analyse Wilsonscher und amerikanischer "Interessensformulierung" zu einer ungenauen und nicht-differenzierten Beurteilung Wilsonschens Handelns und Denkens führt.
13) Siehe hierzu auch Aron "Frieden und Krieg" a.a.O. Seite 58:"Der Versailler Vertrag war in dem Sinne künstlich, als er nicht das wirkliche Verhältnis der Kräfte zum Ausdruck brachte."
14) Siehe Baumgart,a.a.O. , S.146f, Theodor Schieder "Zum Problem des Staatenpluralismus in der modernen Welt" a.a.O.
15) Siehe Bracher in Mathiopoulos a.a.O., Vorwort
16) Siehe Werner Link:Der Ost-West-Konflikt" a.a.O.
Neue Qualitäten, wie liberale und sozialistische Ideen,Prosperität und Pauperismus in Folge der Industriellen Revolution, sprengten das alte internationale System,veränderten es auf direkte und indirekte Weise,radikalisierten es so sehr,daß neue Formen der Gestaltung der internationalen Ordnung unausweichlich erschienen. Die Gleichgewichtspolitik des 19.Jahrhunderts, die sich bestenfalls auf eine alte politische Klugheitslehre mit zum Teil unangemessenen Mitteln stützte, stellte die prinzipielle Frage nach den latenten,tieferen Wurzeln von Krieg und Frieden nicht.
17) Wilson in Atlantic Monthly,132,1923/24, Seite 146
18) wie z.B. das historisch unangemessene diplomatische Mittel der Geheimverträge. Mit Blick auf die Zwischenkriegsordnung konstatiert hierzu Raymond Aron: "Die zwischen den Alliierten abgeschlossenen Geheimverträge enthielten soviel Forderungen und soviel feierliche Versprechen, daß jede Einleitung von Verhandlungen ohne Endsieg die Gefahr in sich trug, die zerbrechliche Koalition der zukünftigen Sieger zu zerstören. Und schließlich schufen die Feindseligkeiten selbst ein neues, unauslöschliches Ergebnis, das die vorangegangene Konstellation umkehrte: die Ordnung ganz Europas schien in Frage gestellt, und die Staatsmänner glaubten nicht, daß die Rückkehr zu einem status quo ante eine Chance für die Stabilität böte".(Aron "Frieden und Krieg" a.a.O.,S.39) Siehe auch Inga Floto:"Woodrow Wilson: War Aims, Peace Strategy, and the European Left"in:Link, Arthur (Hrsg) "Woodrow Wilson and a Revolutionary World" a.a.O. Seite 127 - 145.
19) Das Problem dieser Verantwortungsübernahme für die künftige historische Entwicklung liegt wiederum in der Wahl der Mittel.
20) Diese Rolle als Großmacht verstand der amerikanische Präsident in dem Sinne, daß die USA angesichts der chaotischen Verhältnisse in den internationalen Beziehungen, die nach seiner Ansicht auf die innenpolitischen Unter- und Fehlentwicklungen von

nichtdemokratischen Staaten zurückzuführen waren, eine Führungsrolle als Reformer und Kontrollinstanz zu übernehmen hatten. Ab 1917 resultierte aus dieser Auffassung, daß die USA die Weltordnung insgesamt in ihre Hände nehmen sollten,um sie nach ihrem Vorbild zum Zwecke der weltweiten Friedensicherung umzugestalten.

21)Thorsen a.a.O.,Seite 214

22)ebenda Seite 215.

23)ebenda

24)ebenda Seite 216 und 217

25)Gollwitzer a.a.O., Seite 341

26)Vgl. hierzu den Überblick "Revolution und Bewahrung.Untersuchungen zum Spannungsgefüge von revolutionärem Selbstverständnis und politischer Praxis in den Vereinigten Staaten von Amerika" hrsg.v. Erich Angermann, in:HZ Beiheft 5,München 1979.

27)Hildebrand,Klaus "Krieg im Frieden und Frieden im Krieg. Über das Problem der Legitimität in der Geschichte der Staatengesellschaft 1931-41m,HZ 244,1987,S.1ff.

28)Dies bedeutet für die Problemstellung der vorliegenden Arbeit, daß die Amerikaner angesichts der ihnen zugewachsenen internationalen Bedeutung vor der Aufgabe standen, aus dem innerstaatlichen Erfahrungs- und Möglichkeitsraum heraus an der internationalen Ordnung mitzuwirken. Die USA befanden sich zu Beginn ihrer Teilnahme an der internationalen Ordnung noch in dem Glauben ,ihre innerstaatlichen Erfahrungen des bürgerlich-revolutionären Theorie-Praxis-Verhältnisses auf das ihr bisher unbekannte Gebiet der internationalen Friedensordnung übertragen zu können .Im Gegensatz zu der von Beginn an zweckrational-geplanten Herstellungspraxis bei Lenin ,hatten die Vereinigten Staaten keine politische Strategie für ihre Aktivitäten in den internationalen Beziehungen. Weniger bewußt und zweckrational als der Marxismus-Leninismus paßte man sich den machtpolitischen Faktoren des internationalen Systems im Laufe des 20.Jahrhunderts nach und nach an und nutzte die traditionellen Faktoren zur Durchsetzung und Bewahrung ideeller und materieller Interessen. Darüber hinaus war der Faktor der Machtanwendung für die USA keineswegs ein Novum, wie die Lateinamerika-Politik deutlich demonstriert. Sofern ein Isolationismus Amerikas überhaupt bestand, bezieht er sich auf folgenden Sachverhalt: Man wollte sich von Europa fernhalten, das die Vereinigten Staaten in den Strudel überkommener machtpolitischer und kriegerischer Auseinandersetzungen hineinziehen könnte (Siehe hierzu Klaus Schwabe "Der amerikanische Isolationismus im 20.Jahrhundert. Legende und Wirklichkeit" in:Frankfurter Historische Vorträge,Heft 1, Wiesbaden 1975).

29)Vgl.Ninkovich a.a.O.

30)auch im Sinne eines internationalen Solidarismus und der transatlantischen Blockbildung

31)Ninkovich a.a.O., Seite 194

32)Iriye "Culture and Power:International Relations as Intercultural Relations" in: Dipl.History,3,1979, Seite 115ff

33)Die eigentliche Gefahr, die sich aus der methodischen Schwäche Wilsons ergab, resultierte aus der fehlerhaften Anpassung von gutmeinender politischer Absicht und tatsächlich angewandter Mittel, was anstatt zu einer Sicherung des weltweiten Friedens zu einer Verstärkung des Phänomens des "Weltbürgerkrieges" im Sinne des von Clausewitz befürchteten "absoluten" Krieges, der alle bestehenden Ordnungsprinzipien der internationalen Beziehungen "revolutionär" in Frage stellt, führte.

34) Diese Widersprüchlichkeiten wurden angesichts der unveränderten theoretisch-methodischen Konzeption beim Eintritt der USA in den Ersten Weltkrieg und während Friedensverhandlungen von Versailles fortgesetzt.

35) Wilson hat hierbei die eigene Macht- und Sicherheitspolitik seines Landes heruntergespielt,falsch bewertet,ihre Bedeutung in der Öffentlichkeit nicht klargemacht, wie u.a. Walter Lippmann festgestellt hat.

36) Ambrosius "Wilson..." a.a.O., Vorwort

37)ebenda

38) Thorsen a.a.O. Seite 216

39)ebenda

40) Thorsen a.a.O.,Seite 217f

41) Siehe Ludger Kühnhard"Die Universalität der Menschenrechte"a.a.O. , Gregg Lint a.a.O. und James H.Hutson "Intellectual Foundations of Early American Diplomacy" a.a.O.

42) In diesem Verständnis hat sich die Praxis der Theorie einseitig anzupassen und nicht, wie es Aristoteles verstand, die Theorie der Praxis . Da Wilson sich sowohl der Auswirkung der eigenen Machtanwendung als auch den realpolitischen Verhältnissen in den internationalen Verhältnissen nicht vollkommen bewußt war, kam durch dieses unangepaßte Theorie- Praxis-Verständnis ein anderes Ergebnis heraus, als er zunächst beabsichtigt hatte,d.h. ein zwischenstaatlicher "Unfrieden" statt ein dauerhafter Friedenszustand.

43) Siehe oben

44) Erst in den folgenden Jahrzehnten nach Wilson wuchs Amerika in den historischen Möglichkeitsraum der internationalen Politik hinein.Das auf "Erfahrung" und "Experimentieren" angelegte Theorieverständnis wurde durch die beiden Weltkriege und die vielen zwischenstaatlichen Konflikte, in denen die USA sich befanden, "angereichert".Die USA zeigten sich einerseits anpassungsfähig,andererseits behielten sie ihren bürgerlich-revolutionären Impuls bei.Trotz dieser Gemengelage aus beiden Begriffsbereichen des oben beschriebenen Herstellungsdenkens der Moderne wurde eine Tendenz in Richtung "praxisorientiertes Herstellungsdenken" sichtbar.

45) Wilson Papers Bd.5, Seite 56

46) Burke-Zitate aus Reflections on the Revolution in France und aus einer Unterhausrede aus dem Jahre 1780, ebenda Seite 78

47) Aron "Frieden und Krieg" a.a.O.,Seite 40

Mannheimer Studien zur Internationalen Sicherheit und Strategieforschung

Deutschland, die NATO und Europa: die sicherheitspolitische Lage im Spiegel von Elite–Gruppen–Meinungen
1. Forschungsbericht zum EURO SIPLA–Projekt
Bd. 1, Herbst 1992, ca. 180 S., ca. 30.00 DM, br., ISBN 3–89473–398–5

Rainer Albert
Außenpolitische Planung zwischen Vision und realem Möglichkeitsraum
Woodrow Wilsons Theorieverständnis und Friedensplanung am Vorabend des 1. Weltkriegs
Bd. 2, Herbst 1992, ca. 250 S., ca. 30.00 DM, br., ISBN 3-89473-399-3

Kieler Schriften zur Friedenswissenschaft

Kiel Peace Research Series
herausgegeben vom Projektverbund Friedenswissenschaften Kiel (PFK) an der Christian-Albrechts-Universität

Christian Wellmann (Ed.)
The Baltic Sea Region: Conflict or Cooperation?
Regionmaking, Security, Disarmament and Conversion. Proceedings of the TAPRI-PFK-Workshop, Kiel, Dec. 6-8, 1991.
Bd. 1, ca. 250 S., 24,80 DM, ISBN 3-89473-311-x

Münsteraner Friedenshefte

herausgegeben von Prof. Dr. Helmut H. Koch, Prof. Dr. Wolfgang Köhnlein, Prof. Dr. Hans-Jürgen Krysmanski

Gert von Bally (Hrsg.)
Militarisierung der Hochschule?
Bd. 1, 1986, 100 S., 16.80 DM, br., ISBN 3–88660–259–1; 38.80 DM, gb., ISBN 3–88660–260–5

Heinrich W. Ahlemeyer/Heinz-Günther Stobbe (Hrsg.)
Die Universität zwischen Ökonomisierung und Militarisierung?
Zur Sinnkrise in den Wissenschaften
Bd. 2, 1986, 240 S., 29.80 DM, br., ISBN 3–88660–261–3; 58.80 DM, gb., ISBN 3–88660–262–1

Jahrbuch Migration und Minderheit
Yearbook Migration and Minority

Jahrbuch Migration und Minderheit
Yearbook Migration and Minority
Bd. 1, Frühjahr 1993, ca. 240 S., br., 29.80, ISBN 3–89473–359-4

Studien zu Migration und Minderheiten
Studies in Migration and Minorities

Dietrich Thränhardt (ed.)
Europe – A New Immigration Continent
Policies and Politics in Comparative Perspective
Bd. 1, 240 S., 48.80 DM, br., ISBN 3-89473-362-4

Institut für Allgemeine Überseeforschung
Schriftenreihe

Rainer Tetzlaff (Hrsg.)
Perspektiven der Demokratisierung in Entwicklungsländern
1992, 304 S., 28.00 DM, br., ISBN 3-89473-372-x

Ulrich Menzel
Geschichte der Entwicklungstheorie
Einführung und systematische Bibliographie
1991, 312 S., 28.00 DM, br., ISBN 3-89473-299-7

Benno Engels (Hrsg.)
Das vereinte Deutschland in der Weltwirtschaft
Beiträge zu einer deutsch-deutschen Außenwirtschaftstagung des Deutschen Übersee-Instituts
1991, 336 S., 32.00 DM, br., ISBN 3-89473-212-1

Alexander Schenz
Der EG-Agraraußenhandel mit der ASEAN
1991, 281 S., 32.00 DM, br., ISBN-3-89473-213-X

Alphons Studier
Biotechnologie: Mittel gegen den Welthunger?
1991, 318 S., 28.00 DM, br., ISBN 3-89473-214-8

Arbeiten aus dem Institut für Afrika-Kunde

Karin Fiege
Bäuerliche Exportproduktion in der Côte d'Ivoire
Fallstudien zu wirtschaftlichen und sozialen Auswirkungen der Kaffee- und Kakaoproduktion
Heft 78, 1991, 420 S., 40.00 DM, br., ISBN 3-928049-07-0

Afrika Spectrum

Jahresabonnement (3 Hefte) 80.00 DM zuzüglich Versandkosten

Institut für Asienkunde
China-Publikationen

Jutta Hebel/Günter Schucher
Zwischen Arbeitsplan und Arbeitsmarkt
Strukturen des Arbeitssystems in der VR China
1992, 336 S., 34.00 DM, br., ISBN 3-304-7

Rainer Schryen
Hong Kong und Shenzhen
Entwicklungen, Verflechtungen und Abhängigkeiten. Eine wirtschaftsgeographische Untersuchung
1992, 317 S., 34.00 DM, br., ISBN 3-89473-305-5

Uwe Herith
Migration und Mobilität in Ostchina
1991, 137 S., 24.00 DM, br., ISBN 3-88910-095-3

Ruth Cremerius, Doris Fischer, Peter Schier
Studentenprotest und Repression in China April – Juni 1989
Analyse, Chronologie, Dokumente
1991, 582 S., 4 Karten, 36.00 DM, ISBN 3-88910-077-5

Publikationen zu Südasien, Australien / Pazifik

Sushila Gosalia
Indien im südostasiatischen Wirtschaftsraum
Chancen der Entwicklung zu einem regionalen Graviationszentrum
1992, 259 S., 28.00 DM, br., ISBN 3-89473-306-3

Institut für Iberoamerika-Kunde

Stefan A. Schirm
Regionalmacht Brasilien
Außenpolitik, Wirtschaft und Sicherheit im internationalen und lateinamerikanischen Kontext (1979–1988)
Bd. 32, 1990, 188 S., 29.80 DM, br., ISBN 3-88660-627-9

Detlef Nolte (Hrsg.)
Lateinamerika im Umbruch?
Wirtschaftliche und politische Veränderungen an der Wende von den 80er zu den 90er Jahren
Bd. 33, 1991, 300 S., 39,80 DM ISBN-3-8860-687-2

Jaime Ensignia/Detlef Nolte (Hrsg.)
Modellfall Chile?
Ein Jahr nach dem demokratischen Neuanfang
Bd. 34, 1991, 210 S., 29.80 DM, br., ISBN 3-89473-187-7

Klaus Bodemer / Marta Licio / Detlef Nolte
Uruguay – Politische Perspektiven und wirtschaftliche Perspektiven für die 90er Jahre
Bd. 35, Herbst 1992, ca. 250 S., br., ca. 38.80 DM, ISBN 3-89473-376-4

Deutsches Orient-Institut

Politik, Wirtschaft und Gesellschaft des Vorderen Orients

Schriften des Deutschen Orient-Instituts und der Arbeitsstelle Politik des Vorderen Orients
(Freie Universität Berlin)
herausgegeben von Friedemann Büttner und Udo Steinbach

Ulrike Freitag
Geschichtsschreibung in Syrien 1920–1990
Zwischen Wissenschaft und Ideologie
1991, 454 S., 42.00 DM, br., ISBN-3-89473-350-0

Thomas Scheffler (Hrsg.)
Ethnizität und Gewalt
Politik, Wirtschaft und Gesellschaft des Vorderen Orients
1991, 273 S., 39.00 DM, br., ISBN 3-89173-022-5

Studien zur Friedensforschung

herausgegeben von Dr. Gert Krell (Frankfurt), Dr. Horst Fischer (Bochum), Prof. Dr. Gottfried Niedhart (Mannheim)

Bettina Wieß
Verifikation und "compliance issues": die amerikanische Diskussion um strategische Rüstungskontrolle, 1977–1985
Bd. 1, Herbst 1992, ca. 450 S., ca. 78.80 DM, ISBN 3-89473-078-1

Rüdiger Schlaga
Die Kommunisten in der Friedensbewegung – Erfolglos?
Bd. 2, 1992, 400 S., 78.80 DM, ISBN 3-89473-084-6

Gabriele Schirbel
Völkerverständigung – First Universal Races Congress, London 1911 –
Strukturen des Internationalismus zu Beginn des 20. Jahrhunderts
Bd. 3, 1992, 2 Bde., 1000 S., 98.80 DM, br., ISBN 3-89473-122-2

Berthold Meyer / Robert Zadra
Die GRÜNEN und Liste verdi – sicherheitspolitische Alternativen für Europa?
Bd. 4, 1992, 160 S., 19.80 DM, br., ISBN 3-89473-221-0

Hartwig Hummel
Rüstungsexportbeschränkungen in Japan und der Bundesrepublik Deutschland
Bd. 5, 1992, 400 S., 48.80 DM, br., ISBN 3-89473-188-5

Alexander Kelle
Deutsche NV-Politik in den 80er Jahren. Zwischen Regimezwängen und Wirtschaft
Bd. 6, 1992, 180 S., 38.80 DM, br., 3-89473-377-2

Wege der Friedenswissenschaft

Wolfgang Köhnlein/Bernhard Gonsior/Rainer Santo/ Reiner Braun (Hrsg.)
Wissenschaft und Verantwortung
Friedliche Wege in eine gemeinsame Zukunft
Bd. 1, Sommer 1991, ca. 280 S., ca. 19.80 DM, br., ISBN 3-89473-079-x

Christoph Butterwegge/Eva Senghaas-Knobloch (Hrsg.)
Von der Blockkonfrontation zur Rüstungskonvention?
Die Neuordnung der internationalen Beziehungen, Abrüstung und Regionalentwicklung nach dem Kalten Krieg
Bd. 2, 1992, 300 S., 29.80 DM, br., ISBN 3-89473-312-8

Peter Krahulec / Horst Kreth (Hrsg.)
Deutscher Alltag als Risiko
Bilanzen – Lernorte – Mittäterschaften
Bd. 3, 1992, 240 S., 29,80 DM, ISBN 3-89473-310-1

Gottfried Heil/Dieter Hooge/Karl Heinz Jungmann (Hrsg.)
Dokumentation der internationalen Friedenskonferenz des Frankfurter Aufrufs zum Frieden am Golf
Bd. 5, 1992, 196 S., 29.80 DM, br., ISBN 3-89473-180-x

© Lit Verlag Dieckstr. 56 4400 Münster 0251 / 23 50 91
Hallerplatz 5 2000 Hamburg 13 040 / 446 446